T0211343

DuD-Fachbeiträge

Reihe herausgegeben von

Gerrit Hornung, Kassel, Deutschland

Helmut Reimer, Erfurt, Deutschland

Karl Rihaczek, Bad Homburg vor der Höhe, Deutschland

Alexander Roßnagel, Kassel, Deutschland

Die Buchreihe ergänzt die Zeitschrift DuD – Datenschutz und Datensicherheit in einem aktuellen und zukunftsträchtigen Gebiet, das für Wirtschaft, öffentliche Verwaltung und Hochschulen gleichermaßen wichtig ist. Die Thematik verbindet Informatik, Rechts-, Kommunikations- und Wirtschaftswissenschaften. Den Lesern werden nicht nur fachlich ausgewiesene Beiträge der eigenen Disziplin geboten, sondern sie erhalten auch immer wieder Gelegenheit, Blicke über den fachlichen Zaun zu werfen. So steht die Buchreihe im Dienst eines interdisziplinären Dialogs, der die Kompetenz hinsichtlich eines sicheren und verantwortungsvollen Umgangs mit der Informationstechnik fördern möge.

Reihe herausgegeben von
Prof. Dr. Gerrit Hornung
Universität Kassel
Prof. Dr. Helmut Reimer
Erfurt
Dr. Karl Rihaczek
Bad Homburg v.d. Höhe
Prof. Dr. Alexander Roßnagel
Universität Kassel

Constantin Herfurth

Big Data - Big Accountability

Erkennung von Versicherungsbetrug mit Big Data nach der Datenschutz-Grundverordnung

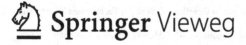 Springer Vieweg

Constantin Herfurth
München, Deutschland

Zugl. Dissertation an der Universität Kassel, Fachbereich 07 –
Wirtschaftswissenschaften
Erstgutachter: Prof. Dr. Gerrit Hornung LL.M.
Zweitgutachter: Prof. Dr. Dr. Walter Blocher
Disputation am 21.12.2021

Die Dissertation entstand im Rahmen des vom Bundesministerium
für Bildung und Forschung geförderten Forschungsprojekts
„Erkennung von Wirtschaftskriminalität und Versicherungsbetrug
(EWV)".

ISSN 2512-6997   ISSN 2512-7004   (electronic)
DuD-Fachbeiträge
ISBN 978-3-658-39286-4   ISBN 978-3-658-39287-1   (eBook)
https://doi.org/10.1007/978-3-658-39287-1

Die Deutsche Nationalbibliothek verzeichnet diese Publikation in der Deutschen National-
bibliografie; detaillierte bibliografische Daten sind im Internet über http://dnb.d-nb.de abrufbar.

Planung/Lektorat: Stefanie Probst
Springer Vieweg ist ein Imprint der eingetragenen Gesellschaft Springer Fachmedien Wiesbaden
GmbH und ist ein Teil von Springer Nature.
Die Anschrift der Gesellschaft ist: Abraham-Lincoln-Str. 46, 65189 Wiesbaden, Germany

Geleitwort

Die Verarbeitung großer, oftmals unstrukturierter Datenmengen (seit einigen Jahren auch in Deutschland „Big Data" genannt) hat in den letzten Jahren in der Praxis der Datenverarbeitung stark zugenommen. Die Erkennung spezifischer Muster (nunmehr oftmals durch den Einsatz von Algorithmen Künstlicher Intelligenz) und der Mehrwert, der damit für Wirtschaft, Verwaltung und den Einzelnen verbunden ist, eröffnen neue Möglichkeiten für Geschäftsprozesse und Verwaltungsabläufe. Gleichzeitig rufen Big-Data-Algorithmen in erheblichem Umfang rechtliche Probleme hervor. Dies betrifft maßgeblich das Datenschutzrecht. Denn in den großen Datenmengen finden sich praktisch immer auch personenbezogene Daten, oder dies kann zumindest nicht hinreichend sicher ausgeschlossen werden.

Dass die – zielgerichtete oder nicht zielgerichtete – Verarbeitung personenbezogener Datenmengen in dieser Form mit den hergebrachten Grundsätzen des Datenschutzrechts (vor allem Art. 5 DS-GVO) nur schwer in Einklang zu bringen ist, ist bereits vor einigen Jahren in der Literatur angemerkt worden. Demgegenüber ist viel weniger deutlich oder gar geklärt, wie mit diesem Dilemma umzugehen ist. Im Ergebnis wird man diese Fragen nur für konkrete Anwendungsszenarien, Verarbeitungszwecke und Verantwortliche beantworten können. Es ist deshalb verdienstvoll, dass Herr Herfurth sich mit der Mustererkennung zur Bekämpfung von Betrug in der Versicherungsbranche ein relevantes und praxisnahes Referenzfeld für seine Untersuchungen ausgewählt hat. In diesem Wirtschaftssektor gibt es bereits ganze Abteilungen, die sich (früher mit kriminalistischem Fachwissen, nunmehr zunehmend mit Technikeinsatz) mit der Identifizierung von Betrugsfällen befassen. Die Branche hat ein ganz erhebliches Interesse am Einsatz von Big Data und Künstlicher Intelligenz, wie sich auch an der Beteiligung entsprechender Unternehmen an einem Forschungsprojekt zeigt, in dessen Rahmen die Dissertation entstanden ist.

Umso erstaunlicher ist es, dass es bislang an einer umfassenden und fundierten Betrachtung der datenschutzrechtlichen Herausforderungen des Einsatzes von Big-Data-Analysen in der Versicherungswirtschaft fehlt. Eine solche Untersuchung bietet die vorliegende Arbeit von Herrn Herfurth, die Einsatzmöglichkeiten für die Betrugserkennung darstellt und diese einer detaillierten rechtswissenschaftlichen Analyse unterzieht. Ihm gelingt dabei ein anerkennenswerter Spagat: Zum einen enthält die Dissertation sehr konkrete und anwendungsorientierte Aussagen, die dem Praktiker die Bewertung einzelner Technologien, Konfigurationen und Einsatzszenarien ermöglichen. Zum anderen bleibt der Verfasser nicht bei der reinen Rechtmäßigkeitsprüfung stehen, sondern liefert umfassende Analysen zu unklaren und umstrittenen Rechtsfragen der immer noch neuen Datenschutz-Grundverordnung. Er liefert zu diesen spezifischen und praxisorientierten Aussagen auch den notwendigen Unterbau, um auf hinreichend festen Füßen zu stehen.

Hierbei werden immer wieder Grundlagenfragen thematisiert und weitergeführt, deren Ergebnisse weit über das Thema der Arbeit hinaus reichen und Beiträge zur allgemeinen Diskussion um das europäische Datenschutzrecht und die normativen und dogmatischen Grundlagen der Datenschutz-Grundverordnung liefern. Dies betrifft beispielsweise Vertiefungen zum höchstpersönlichen Charakter der Einwilligung und zu ihrer Freiwilligkeit (Kopplungsverbot), die Frage der Anwendbarkeit von Art. 6 Abs. 1 UAbs. 1 lit. b DS-GVO auf Verträge über Haftpflichtversicherungen, die spezifische Prüfung der Erforderlichkeit im Rahmen der Datenverarbeitung zur Vertragserfüllung, die Entwicklung eines eigenen Konzepts für die Interessenabwägung nach Art. 6 Abs. 1 UAbs. 1 lit. f DS-GVO, die Auslegung des Zweckbindungsgrundsatzes sowie die Überlegungen zur Datenschutz-Folgenabschätzung. Auch an vielen weiteren Stellen finden sich weiterführende, oftmals systematisierend angelegte

Überlegungen zu den Rechtsgrundlagen der Datenschutz-Grundverordnung sowie Konkretisierungen auf die Betrugsbekämpfung, die als Exemplifizierung der gewonnenen abstrakten Vorgaben geeignet sind.

Im Gesamtbild entsteht so ein ganzheitliches Konzept, in dem die Unternehmen der Versicherungswirtschaft die neuen Möglichkeiten von Big Data zur Betrugsbekämpfung nutzen können, ohne sich datenschutzrechtlichen Risiken auszusetzen. Da das hier untersuchte Spannungsfeld zwischen Unternehmensinteressen und Persönlichkeitsrechten prototypisch für etliche andere Anwendungsfelder von Big Data ist, sind viele Gestaltungsvorschläge überdies auf andere Wirtschaftszweige übertragbar. Auch aus diesem Grund leistet die Arbeit einen wichtigen Beitrag zur fortdauernden Kontroverse über die Möglichkeiten, aber auch die Grenzen der Nutzungsmöglichkeiten von Big Data in der digitalisierten Gesellschaft.

Kassel, im März 2022   *Prof. Dr. Gerrit Hornung, LL.M.*

Vorwort

Die vorliegende Arbeit wurde im Sommersemester 2021 von der Universität Kassel als Dissertation angenommen. Sie entstand überwiegend während meiner Zeit als wissenschaftlicher Mitarbeiter an der Universität Kassel am Fachgebiet für Öffentliches Recht, IT-Recht und Umweltrecht von Prof. Dr. Hornung und im Projekt „Erkennung von Wirtschaftskriminalität und Versicherungsbetrug (EWV)" des Bundesministeriums für Bildung und Forschung. Gesetzgebung, Literatur und Rechtsprechung sind auf dem Stand vom 31. Dezember 2020.

Mein besonderer Dank gilt meinem Doktorvater, Prof. Dr. Gerrit Hornung, für seine hervorragende Betreuung und Unterstützung, die zahlreichen wertvollen Anregungen sowie die exzellenten Arbeitsbedingungen, die er an unserem Fachgebiet geschaffen hat. Danken möchte ich auch Prof. Dr. Dr. Blocher für die intensive Befassung mit meiner Arbeit und die schnelle Erstellung des Zweitgutachtens.

Viele haben dazu beigetragen, dass ich diese Arbeit schreiben konnte. Bedanken möchte ich mich zunächst bei Anke Zimmer-Helfrich, die eine entscheidende Rolle dabei gespielt hat, dass ich das Rechtsgebiet des Datenschutzrechts überhaupt für mich entdeckt habe. Besonders herzlich danke ich auch meinen ehemaligen Kollegen am Fachgebiet für Öffentliches Recht, IT-Recht und Umweltrecht, für die großartige Arbeitsatmosphäre und insbesondere Anja Benner, Helmut Lurtz und Dr. Bernd Wagner für die geduldige Auseinandersetzung mit meinen zahlreichen Ideen, Modellen und Systemen sowie ihrer Bekräftigung oder Kritik. Es war eine wundervolle Zeit, die ich nicht missen möchte. Sehr dankbar bin ich auch Lena Butterweck und unseren studentischen Hilfskräften, insbesondere Friederike Engel, Clara Kottke und Maurice Ruhmann, für ihre unermüdliche Unterstützung bei unserer Arbeit am Fachgebiet. Und schließlich möchte ich mich bei Sonja Schäufler bedanken, die meine Arbeit Korrektur gelesen und mich vor so manchem Fehler bewahrt hat.

Ich widme diese Arbeit aus ganzem Herzen meinen Großeltern, meinen Eltern, meiner Schwester und meiner Frau. Für all ihre Geduld und Unterstützung.

München, im Dezember 2021   *Constantin Herfurth*

Inhaltsverzeichnis

Abkürzungsverzeichnis XIX

Abbildungsverzeichnis XXVI

Tabellenverzeichnis XXVII

1 Einführung 1

2 Versicherungsbetrug in der Kraftfahrzeug-Haftpflichtversicherung 4

   2.1 Zivilrechtliche Haftung bei Straßenverkehrsunfällen 4

      2.1.1 Haftung nach § 7 Abs. 1 StVG 6

      2.1.2 Haftung nach § 18 Abs. 1 StVG 8

      2.1.3 Haftung nach § 823 Abs. 1 und 2 BGB 9

   2.2 Grundverständnis und Funktionsweise der Kraftfahrzeug-
Haftpflichtversicherung 11

      2.2.1 Kraftfahrzeug-Haftpflichtversicherung als Teil der Kraftfahrtversicherung 12

      2.2.2 Schutzzweck der Kraftfahrzeug-Haftpflichtversicherung 13

      2.2.3 Rechtsrahmen 15

         2.2.3.1 Versicherungsvertragsrecht 15

         2.2.3.2 Versicherungsaufsichtsrecht 16

         2.2.3.3 Versicherungsunternehmensrecht 16

      2.2.4 Versichertes Risiko 16

         2.2.4.1 Primäre Risikobeschreibung 17

         2.2.4.2 Sekundäre Risikobeschreibung 17

         2.2.4.3 Tertiäre Risikobeschreibung 18

      2.2.5 Beteiligte Personen und Rechtsbeziehungen 18

         2.2.5.1 Versicherungsnehmer 19

         2.2.5.2 Mitversicherte Personen 19

         2.2.5.3 Geschädigter 19

      2.2.6 Leistungen des Versicherungsunternehmens 20

         2.2.6.1 Befriedigung von begründeten Schadensersatzansprüchen 21

         2.2.6.2 Abwehr von unbegründeten Schadensersatzansprüchen 21

         2.2.6.3 Ablauf der Schadensbearbeitung 21

   2.3 „Crash for Cash" – Versicherungsbetrug durch manipulierte
Straßenverkehrsunfälle 23

      2.3.1 Erscheinungsformen manipulierter Unfälle 24

         2.3.1.1 Der fiktive Unfall 24

2.3.1.2   Der ausgenutzte Unfall 25

2.3.1.3   Der provozierte Unfall 25

2.3.1.4   Der gestellte Unfall 26

2.3.2   Gelegenheitstäter und professionelle Täter 28

2.3.3   Verbreitung und Schadensvolumen 28

2.3.4   Geschädigte 29

3   Bekämpfung von Versicherungsbetrug mittels Big Data 31

3.1   Grundzüge der Betrugsbekämpfung durch Versicherungsunternehmen 31

3.1.1   Prävention 31

3.1.2   Erkennung 32

3.1.2.1   Bedeutung von Betrugsindikatoren 33

3.1.2.2   Einsatz von Menschen und Technologie 37

3.1.3   Aufarbeitung 38

3.2   Betrugserkennung mittels Big-Data-Verfahren 40

3.2.1   Grundlegendes zu Big Data 40

3.2.1.1   Big Data als Beschreibung des Datenvorkommens 41

3.2.1.1.1   *Volume* 41

3.2.1.1.2   *Velocity* 43

3.2.1.1.3   *Variety* 43

3.2.1.1.4   *Veracity* 44

3.2.1.1.5   *Value* 44

3.2.1.2   Big Data als Beschreibung der Datenverarbeitung und -nutzung –
insbesondere *Analytics* 46

3.2.1.2.1   Einsatz von Algorithmen 47

3.2.1.2.2   Analyseformen und -charakteristika 47

3.2.1.2.3   Verhältnis zwischen Big Data und Künstlicher Intelligenz 50

3.2.1.3   Big Data als Beschreibung der Technologielandschaft 50

3.2.1.3.1   In-Memory Datenbanken 52

3.2.1.3.2   MapReduce 53

3.2.2   Konkrete Big-Data-Verfahren zur Erkennung von Versicherungsbetrug 54

3.2.2.1   Überblick 54

3.2.2.2   Soziale Netzwerkanalyse zur Erkennung von komplexen
Betrugsnetzwerken 55

3.2.2.2.1   Erkennung von Betrugsnetzwerken als Herausforderung für
herkömmliche Technologien 56

3.2.2.2.2   Grundlagen der sozialen Netzwerkanalyse und Graphentheorie 57

        3.2.2.2.2.1 Mikroebene: Akteure 58

        3.2.2.2.2.2 Mesoebene: Gruppen 61

        3.2.2.2.2.3 Makroebene: Gesamtnetzwerk 63

      3.2.2.2.3 Anwendung der sozialen Netzwerkanalyse auf konkrete
Versicherungsfälle 63

        3.2.2.2.3.1 Festlegung der Akteure und Beziehungen 63

        3.2.2.2.3.2 Erkennung verdächtiger Teilnetzwerke 65

        3.2.2.2.3.3 Erkennung verdächtiger Akteure 65

        3.2.2.2.3.4 Aussteuerung und Visualisierung der Ergebnisse 66

    3.2.3 Zusammenfassung 67

4   Rechtsrahmen des europäischen und nationalen Datenschutzrechts 68

    4.1   Unionsrecht 70

      4.1.1 Verfassungsrecht 70

        4.1.1.1 Schutz personenbezogener Daten (Art. 8 GRCh) 71

          4.1.1.1.1 Schutzbereich 72

          4.1.1.1.2 Eingriff 72

          4.1.1.1.3 Rechtfertigung 73

        4.1.1.2 Achtung des Privat- und Familienlebens (Art. 7 GRCh) 73

          4.1.1.2.1 Schutzbereich 73

          4.1.1.2.2 Eingriff 74

          4.1.1.2.3 Rechtfertigung 74

        4.1.1.3 Adressaten und Drittwirkung 74

      4.1.2 Einfaches Recht 75

        4.1.2.1 Datenschutz-Grundverordnung 75

        4.1.2.2 Bereichsspezifisches Datenschutzrecht 79

    4.2   Bundesrecht 82

      4.2.1 Verfassungsrecht 82

        4.2.1.1 Recht auf informationelle Selbstbestimmung (Art. 2 Abs. 1 i.V.m. Art.
1 Abs. 1 GG) 82

          4.2.1.1.1 Schutzbereich 83

          4.2.1.1.2 Eingriff 84

          4.2.1.1.3 Rechtfertigung 84

        4.2.1.2 Weitere Grundrechte 84

        4.2.1.3 Adressaten und Drittwirkung 85

      4.2.2 Einfaches Recht 85

        4.2.2.1 Bundesdatenschutzgesetz 85

4.2.2.2 Bereichsspezifisches Datenschutzrecht 87

4.3   Landesrecht 88

4.4   Zusammenspiel zwischen europäischem und nationalem Datenschutzrecht und Prüfungsmaßstab 89

5   Anwendungsbereich der Datenschutz-Grundverordnung 91

5.1   Sachlicher Anwendungsbereich (Art. 2 DS-GVO) 91

5.1.1   Personenbezogene Daten als zentraler Anknüpfungspunkt 91

5.1.1.1   „Alle Informationen" 92

5.1.1.2   „die sich auf [...] beziehen" 93

5.1.1.3   „identifizierte oder identifizierbare" 94

5.1.1.3.1   Identifiziertheit 95

5.1.1.3.2   Identifizierbarkeit 96

5.1.1.4   „natürliche Person" 97

5.1.1.5   Sonderkonstellationen 98

5.1.1.5.1   Besondere Kategorien personenbezogener Daten 98

5.1.1.5.2   Personenbezogene Daten über strafrechtliche Verurteilungen und Straftaten 100

5.1.1.5.3   Anonyme Daten 102

5.1.1.5.4   Pseudonyme Daten 104

5.1.2   Ganz oder teilweise automatisierte Verarbeitung oder nichtautomatisierte Verarbeitung bei Speicherung in Dateisystem 105

5.1.3   Keine Ausnahmetatbestände – Insbesondere Abgrenzung zur Richtlinie für Justiz und Inneres (JI-RL) 110

5.2   Räumlicher Anwendungsbereich (Art. 3 DS-GVO) 111

5.3   Persönlicher Anwendungsbereich – Steigende Komplexität bei Big-Data-Anwendungen 113

5.3.1   Betroffene Person (Art. 4 Nr. 1 DS-GVO) 113

5.3.2   Verantwortlicher (Art. 4 Nr. 7 DS-GVO) 115

5.3.2.1   Geeigneter Akteur 115

5.3.2.2   Entscheidungsmacht über Zwecke und Mittel 116

5.3.2.2.1   Entscheidungsmacht aufgrund rechtlicher Umstände 117

5.3.2.2.2   Entscheidungsmacht aufgrund faktischer Umstände 118

5.3.2.3   Alleinige oder gemeinsame Verantwortlichkeit 119

5.3.2.4   Folgen der Verantwortlichkeit 121

5.3.3   Auftragsverarbeiter (Art. 4 Nr. 8 DS-GVO) 123

5.4   Zusammenfassung zur Anwendbarkeit der Datenschutz-Grundverordnung 126

6   Anforderungen der Datenschutz-Grundverordnung.................................... 128

6.1   Big Data und die Technologieneutralität der Datenschutz-Grundverordnung....... 128

6.2   Datenschutzgrundsätze in der Datenschutz-Grundverordnung........................... 130

6.2.1   Die allgemeinen Verarbeitungsgrundsätze des Art. 5 DS-GVO –
Datenschutzgrundsätze im engeren Sinne.. 130

6.2.2   Weitere Prinzipien und Charakteristika der Datenschutz-Grundverordnung
– Datenschutzgrundsätze im weiteren Sinne.. 132

6.3   Rechtmäßigkeit... 135

6.3.1   Rechtmäßigkeit nach Art. 6 DS-GVO... 136

6.3.1.1   Einwilligung (Art. 6 Abs. 1 S. 1 a) DS-GVO).............................. 137

6.3.1.1.1   Wirksame Erteilung... 138

6.3.1.1.1.1   Höchstpersönliche Erklärung?..................... 138

6.3.1.1.1.2   Vorherige Erklärung..................................... 140

6.3.1.1.1.3   Unmissverständliche Erklärung.................... 143

6.3.1.1.1.4   Freiwilligkeit 144

6.3.1.1.1.4.1   Kein Machtungleichgewicht................. 144

6.3.1.1.1.4.2   Keine Koppelung von Einwilligungen... 145

6.3.1.1.1.4.3   „Generalklausel" des EwG 42 S. 5 DS-GVO... 147

6.3.1.1.1.4.4   Einräumung zusätzlicher Wahlmöglichkeiten... 150

6.3.1.1.1.5   Bestimmtheit... 151

6.3.1.1.1.6   Informiertheit.. 152

6.3.1.1.2   Kein Widerruf.. 154

6.3.1.2   Erforderlichkeit zur Vertragserfüllung oder zum Vertragsabschluss
(Art. 6 Abs. 1 S. 1 b) DS-GVO)... 155

6.3.1.2.1   Vertrag mit betroffener Person 156

6.3.1.2.1.1   Versicherungsnehmer als betroffene Person ... 156

6.3.1.2.1.1.1   Einschränkung der Privatautonomie durch
Versicherungspflicht 157

6.3.1.2.1.1.2   Teleologische Reduktion? 159

6.3.1.2.1.2   Mitversicherte Person als betroffene Person ... 160

6.3.1.2.1.3   Geschädigter als betroffene Person 160

6.3.1.2.1.3.1   Vertragliches Schuldverhältnis aufgrund Direktanspruch
gemäß § 115 VVG?............................. 161

6.3.1.2.1.3.2   Erstreckung von Art. 6 Abs. 1 S. 1 b) DS-GVO auf Dritte? .. 161

6.3.1.2.1.4   Zeuge als betroffene Person 162

6.3.1.2.2   Erforderlichkeit der Datenverarbeitung zur Vertragserfüllung 162

6.3.1.2.2.1   Vertragserfüllung.. 163

   6.3.1.2.2.1.1   Abstrakte oder konkrete Vertragsinhalte als Maßstab?......... 163

   6.3.1.2.2.1.2   „Was ist versichert?" (A.1.1.2 und A.1.1.3 AKB 2015)........ 164

   6.3.1.2.2.1.3   „Was ist nicht versichert?" (A.1.5.1 AKB 2015).................. 165

   6.3.1.2.2.1.4   „Welche Pflichten haben Sie im Schadenfall?" (E.1.1.3
   AKB 2015)   166

6.3.1.2.2.2   Erforderlichkeit... 167

   6.3.1.2.2.2.1.1   Geeignetheit... 167

   6.3.1.2.2.2.1.2   Keine zumutbare mildere, gleich effektive Alternative... 169

    6.3.1.2.2.2.1.2.1 Subsidiarität der Betrugsprüfung 171

    6.3.1.2.2.2.1.2.2 Alternative Schadensregulierung mit definierten
    Kooperationspartnern 172

    6.3.1.2.2.2.1.2.3 Anonyme Daten.. 172

    6.3.1.2.2.2.1.2.4 Pseudonyme Daten... 172

    6.3.1.2.2.2.1.2.5 Weniger schutzwürdige Daten..................................... 172

    6.3.1.2.2.2.1.2.6 Geringere Menge an personenbezogenen Daten........ 173

    6.3.1.2.2.2.1.2.7 Personenbezogene Daten aus öffentlich
    zugänglichen Quellen.. 173

    6.3.1.2.2.2.1.2.8 Genauere, aktuellere, vollständigere
    personenbezogenen Daten.. 173

    6.3.1.2.2.2.1.2.9 Geringere Anzahl an datenverarbeitenden Akteuren .. 174

    6.3.1.2.2.2.1.2.10 Geringere Anzahl an betroffenen Personen 175

    6.3.1.2.2.2.1.2.11 Geringere Anzahl an datenverarbeitenden
    Akteuren mit Drittstaatbezug ....: 175

    6.3.1.2.2.2.1.2.12 Keine besonders risikobehaftete
    Datenverarbeitung 175

    6.3.1.2.2.2.1.2.13 Geringere Speicherdauer.. 176

    6.3.1.2.2.2.1.2.14 Seltenere Datenverarbeitung...................................... 176

 6.3.1.2.3   Ergebnis.. 176

6.3.1.3   Erforderlichkeit zur Erfüllung rechtlicher Verpflichtungen (Art. 6 Abs.
1 S. 1 c) i.V.m. Abs. 2 und 3 DS-GVO)... 176

 6.3.1.3.1   Rechtliche Verpflichtung des Verantwortlichen?............................... 177

   6.3.1.3.1.1   Auskunftspflicht (§ 31 Abs. 1 und 2, § 119 Abs. 3 VVG)............ 177

   6.3.1.3.1.2   Hauptleistung (§ 100 VVG) 178

   6.3.1.3.1.3   Risikomanagement (§ 26 VAG).. 179

 6.3.1.3.2   Ergebnis... 179

6.3.1.4 Erforderlichkeit zur Wahrung berechtigter Interessen (Art. 6 Abs. 1 S. 1 f) DS-GVO)... 180

6.3.1.4.1 Berechtigtes Interesse des Verantwortlichen oder eines Dritten 181

6.3.1.4.2 Erforderlichkeit der Datenverarbeitung zur Wahrung des berechtigten Interesses 183

6.3.1.4.3 Kein Überwiegen der Interessen, Grundrechten oder Grundfreiheiten der betroffenen Person 183

6.3.1.4.3.1 Waagschale des Verantwortlichen... 185

6.3.1.4.3.1.1 Bedeutung des berechtigten Interesses............................... 185

6.3.1.4.3.1.1.1 Anerkennung durch Grundrechte 185

6.3.1.4.3.1.1.2 Anerkennung durch andere Rechtsinstrumente.............. 186

6.3.1.4.3.1.1.3 Anerkennung durch Allgemeinheit............................... 187

6.3.1.4.3.1.2 Bedeutung der Datenverarbeitung.. 188

6.3.1.4.3.2 Waagschale der betroffenen Person 189

6.3.1.4.3.2.1 Bedeutung des Interesses.. 189

6.3.1.4.3.2.2 Bedeutung der Datenverarbeitung – Das „3x5-Modell" 189

6.3.1.4.3.2.2.1 Erste Dimension: Daten... 190

6.3.1.4.3.2.2.1.1 Personenbezug der Daten.. 190

6.3.1.4.3.2.2.1.2 Art der Daten.. 191

6.3.1.4.3.2.2.1.3 Menge der Daten 192

6.3.1.4.3.2.2.1.4 Quelle der Daten... 195

6.3.1.4.3.2.2.1.5 Qualität der Daten 196

6.3.1.4.3.2.2.2 Zweite Dimension: Akteure.. 197

6.3.1.4.3.2.2.2.1 Menge der datenverarbeitenden Akteure 197

6.3.1.4.3.2.2.2.2 Menge der betroffenen Personen................................ 198

6.3.1.4.3.2.2.2.3 Machtverhältnis zwischen dem Verantwortlichen und der betroffenen Person 199

6.3.1.4.3.2.2.2.4 Vernünftige Erwartungen der betroffenen Person 201

6.3.1.4.3.2.2.2.5 Drittstaatbezug eines datenverarbeitenden Akteurs 204

6.3.1.4.3.2.2.3 Dritte Dimension: Datenverarbeitung............................... 205

6.3.1.4.3.2.2.3.1 Art der Datenerhebung.. 205

6.3.1.4.3.2.2.3.2 Art der Datenverarbeitung.. 205

6.3.1.4.3.2.2.3.3 Dauer der Datenspeicherung 207

6.3.1.4.3.2.2.3.4 Häufigkeit der Datenverarbeitung 207

6.3.1.4.3.2.2.3.5 Zwecke der Datenverarbeitung 208

6.3.1.4.3.2.2.4 Matrix zur Bedeutung der Datenverarbeitung 209

6.3.1.4.3.3   Abwägung im engeren Sinne..211

6.3.1.4.4   Widerspruchsrecht (Art. 21 DS-GVO)..212

6.3.1.4.4.1   Voraussetzungen..213

6.3.1.4.4.2   Rechtsfolge..214

6.3.2   Besondere Verarbeitungssituationen – Automatisierte Entscheidungen im
Einzelfall einschließlich Profiling (Art. 22 DS-GVO)......................................215

6.3.2.1   Anwendungsbereich..217

6.3.2.1.1   Entscheidung mit Rechtswirkung oder ähnlicher erheblicher
Beeinträchtigung...218

6.3.2.1.2   Beruhen auf automatisierter Verarbeitung einschließlich Profiling.....220

6.3.2.1.3   Ausschließlichkeit – Taxonomie durch das „Levels of Automation
in Man-Computer Decision-Making"-Modell...222

6.3.2.2   Ergebnis...227

6.3.3   Ergebnis zur Rechtmäßigkeit..227

6.4   Treu und Glauben..228

6.5   Transparenz...229

6.5.1   Inhalt der zu erteilenden Information..230

6.5.1.1   Informationen zum Verantwortlichen...232

6.5.1.2   Informationen zur spezifischen Verarbeitung.................................233

6.5.1.3   Informationen zu den Betroffenenrechten......................................237

6.5.2   Zeitpunkt der Informationserteilung...237

6.5.3   Art und Weise der Informationserteilung..239

6.5.4   Ausnahmen von der Informationserteilung...243

6.5.4.1   Ausnahmen bei Direkterhebung nach Art. 13 DS-GVO..................243

6.5.4.2   Ausnahmen bei sonstiger Erhebung nach Art. 14 DS-GVO............244

6.5.4.3   Ausnahmen bei Auskunftserteilung nach Art. 15 DS-GVO............244

6.5.4.4   Typische Herausforderungen bei Big-Data-Verfahren...................245

6.5.4.4.1   Befreiung von Art. 13 und 14 DS-GVO wegen großer Menge
betroffener Personen?..246

6.5.4.4.2   Befreiung von Art. 15 DS-GVO wegen großer Menge verarbeiteter
personenbezogener Daten?..248

6.6   Zweckbindung..253

6.6.1   Zweckfestlegung..254

6.6.1.1   „festgelegte" – Verbot von explorativen Datenanalysen und
multifunktionaler Verwendung?...254

6.6.1.2   „eindeutige"..257

6.6.1.3   „legitime"..258

6.6.1.4 „Zwecke" – Existenz einer Höchstanzahl von Verarbeitungszwecken?...... 258

6.6.2 Zweckbindung...259

6.6.2.1 Weiterverarbeitung zu identischen Zwecken......................................260

6.6.2.2 Weiterverarbeitung zu anderen Zwecken...260

6.6.2.2.1 Einwilligung...261

6.6.2.2.2 Rechtsvorschrift der Union oder der Mitgliedstaaten.........................261

6.6.2.2.3 Vereinbarkeit von Primär- und Sekundärzwecken..............................262

6.6.2.2.3.1 Vermutete Vereinbarkeit für privilegierte Sekundärzwecke –
Big Data als wissenschaftliche Forschung oder Statistik?.....................262

6.6.2.2.3.2 Festgestellte Vereinbarkeit für sonstige Sekundärzwecke...........264

6.6.3 Ergebnis...266

6.7 Datenminimierung...269

6.7.1 Vermeidung personenbezogener Daten 269

6.7.2 Begrenzung personenbezogener Daten – Unterschiede zum Prinzip der
Datensparsamkeit aus § 3a BDSG a.F. 270

6.7.3 Datenminimierung als Widerspruch zum Big-Data-Merkmal *Volume*?...........271

6.7.4 Pseudonymisierung im Rahmen der sozialen Netzwerkanalyse......................272

6.7.4.1 Verfahren zur Pseudonymisierung..272

6.7.4.1.1 Erstellung von Pseudonymen in Listen....................................273

6.7.4.1.2 Erstellung von Pseudonymen durch Berechnungsverfahren...............273

6.7.4.1.3 Interne und externe Erstellung von Pseudonymen............................276

6.7.4.2 Aufbewahrung der zusätzlichen Informationen.................................277

6.7.4.3 Hinzuziehung der zusätzlichen Informationen.................................279

6.8 Datenrichtigkeit...280

6.8.1 Kriterien der Datenrichtigkeit 280

6.8.1.1 Sachliche Richtigkeit...280

6.8.1.2 Aktualität...281

6.8.1.3 Vollständigkeit 282

6.8.2 Implikationen für Big Data 283

6.8.2.1 Fehlerhafte Daten als Informationsgrundlage – Akzeptanz von Big Data
Veracity?...283

6.8.2.1.1 Eigene Maßnahmen des Verantwortlichen...............................284

6.8.2.1.2 Reaktion auf Betroffenenrechte...286

6.8.2.2 Fehlerhafte Verfahren 287

6.8.2.3 Fehlerhafte Daten als Ergebnis bzw. fehlerhafte Interpretation derselben
– Zulässige Verwendung von Korrelationen?.....................................290

6.9   Speicherbegrenzung 292

6.9.1   Eigene Maßnahmen des Verantwortlichen 292

6.9.2   Reaktion auf Betroffenenrechte 296

6.9.3   Implikationen für Big Data 297

6.10   Datensicherheit 301

6.10.1   Ziele der Datensicherheit 301

6.10.1.1 Vertraulichkeit personenbezogener Daten 302

6.10.1.2 Integrität personenbezogener Daten 302

6.10.1.3 Verfügbarkeit personenbezogener Daten 302

6.10.2   Technische und organisatorische Maßnahmen zur Gewährleistung von
Datensicherheit 303

6.10.2.1 Risikoangemessenes Schutzniveau 303

6.10.2.2 Geeignete technische und organisatorische Maßnahmen 304

6.10.3   Risikobewertung und Ableitung risikoangemessener Maßnahmen für
soziale Netzwerkanalyse 306

6.10.3.1 Beschreibung des Datenverarbeitungsvorgangs 307

6.10.3.2 Bewertung der Schwere möglicher Folgen 308

6.10.3.2.1   Folgen bei Verletzung der Vertraulichkeit 309

6.10.3.2.2   Folgen bei Verletzung der Integrität 309

6.10.3.2.3   Folgen bei Verletzung der Verfügbarkeit 309

6.10.3.2.4   Gesamtbewertung 310

6.10.3.3 Bewertung der Eintrittswahrscheinlichkeit möglicher Bedrohungen 310

6.10.3.4 Bewertung des Risikos für betroffene Personen 311

6.10.3.5 Ableitung risikoangemessener Maßnahmen 312

6.11   Rechenschaft 314

6.11.1   Risikobasierter Ansatz der Datenschutz-Grundverordnung 314

6.11.2   „Big Data – Big Accountability" – Elemente eines
Datenschutzmanagementsystems für Big Data 315

6.11.2.1 Governance und Organisation 316

6.11.2.1.1   Zustimmung und Unterstützung durch höchste Managementebene ... 317

6.11.2.1.2   Zuweisung von Rollen und Verantwortlichkeiten 318

6.11.2.1.3   Zusammenarbeit mit anderen Organisationsbereichen 320

6.11.2.1.4   Einrichtung eines Berichtswesens 321

6.11.2.2 Übersicht und Risikomanagement 322

6.11.2.2.1   Verzeichnis von Verarbeitungstätigkeiten 322

6.11.2.2.2   Risikomanagement und Datenschutz-Folgenabschätzung 324

6.11.2.2.2.1 Voraussetzungen der Datenschutz-Folgenabschätzung.............. 325

6.11.2.2.2.2 Methodik der Datenschutz-Folgenabschätzung........................ 329

6.11.2.2.2.3 Ergebnisse der Datenschutz-Folgenabschätzung...................... 330

6.11.2.3 Richtlinien und Prozesse 330

6.11.2.4 Kommunikation.. 332

6.11.2.5 Externe Akteure... 334

6.11.2.6 Datensicherheit und Behandlung von Sicherheitsverletzungen 335

6.11.2.7 Sensibilisierung und Schulungen 338

6.11.2.8 Prüfung, Bewertung und Evaluierung 339

7   Zusammenfassung... 343

Literaturverzeichnis...354

Abkürzungsverzeichnis

a.A.	anderer Ansicht
Abs.	Absatz
ADAC	Allgemeine Deutsche Automobil-Club
AEUV	Vertrag über die Arbeitsweise der Europäischen Union
a.F.	alte Fassung
AHB	Allgemeinen Versicherungsbedingungen für die Haftpflichtversicherung
AIP	American Institute of Physics
AIP Conf. Proc.	AIP Conference Proceeding (Zeitschrift)
AKB	Allgemeine Bedingungen für die Kraftfahrtversicherung
AktG	Aktiengesetz
AO	Abgabenordnung
AöR	Archiv des öffentlichen Rechts (Zeitschrift)
Art.	Artikel
Aufl.	Auflage
AVB	Allgemeine Versicherungsbedingungen
BaFin	Bundesanstalt für Finanzdienstleistungsaufsicht
BayLDA	Bayerisches Landesamt für Datenschutzaufsicht
BB	Betriebs-Berater (Zeitschrift)
BDSG	Bundesdatenschutzgesetz
BfDI	Bundesbeauftragter für den Datenschutz und die Informationsfreiheit
BGB	Bürgerliches Gesetzbuch
BGH	Bundesgerichtshof
Bitkom	Bundesverband Informationswirtschaft, Telekommunikation und neue Medien e.V.
BKA	Bundeskriminalamt
BKR	Zeitschrift für Bank- und Kapitalmarktrecht (Zeitschrift)
BlnBDI	Berliner Beauftragte für Datenschutz und Informationsfreiheit

BMBF	Bundesministerium für Bildung und Forschung
bpb	Bundeszentrale für politische Bildung
BRJ	Bonner Rechtsjournal (Zeitschrift)
BSA	BSA - The Software Alliance
BSI	Bundesamt für Sicherheit in der Informationstechnik
BT	Bundestag
BT-Drs.	Bundestags-Drucksache
BvD	Berufsverband der Datenschutzbeauftragten Deutschlands
BVerfG	Bundesverfassungsgericht
BVerfGE	Entscheidungen des Bundesverfassungsgerichts
bzw.	beziehungsweise
CCZ	Corporate Compliance Zeitschrift (Zeitschrift)
CLSR	Computer Law & Security Review (Zeitschrift)
CNIL	Commission Nationale de l'Informatique et des Libertés
Colum. Sci. & Tech. L. Rev.	Columbia Science and Technology Law Review (Zeitschrift)
COM	Europäische Kommission, Dokumente
CR	COMPUTER UND RECHT (Zeitschrift)
CRi	Computer Law Review International (Zeitschrift)
DANA	Datenschutz Nachrichten (Zeitschrift)
DESTATIS	Statistisches Bundesamt
digma	Zeitschrift für Datenrecht und Informationssicherheit (Zeitschrift)
DIN	Deutsches Institut für Normung e.V.
DL	Der Landkreis (Zeitschrift)
DÖV	Die Öffentliche Verwaltung (Zeitschrift)
DS-GVO	Datenschutz-Grundverordnung
DSK	Konferenz der unabhängigen Datenschutzbehörden des Bundes und der Länder

	oder
	Datenschutzkonvention
DSRI	Deutsche Stiftung für Recht und Informatik
DSRITB	DSRI Tagungsband Herbstakademie (Zeitschrift)
DSRL	Datenschutzrichtlinie
DStR	Deutsches Steuerrecht (Zeitschrift)
DuD	Datenschutz und Datensicherheit (Zeitschrift)
Düsseldorfer Kreis	Aufsichtsbehörden für den Datenschutz im nicht-öffentlichen Bereich
DVBl	Das Deutsche Verwaltungsblatt (Zeitschrift)
EDPL	European Data Protection Law Review (Zeitschrift)
EDSA	Europäischer Datenschutzausschuss
EDSB	Europäischer Datenschutzbeauftragter
EIOPA	European Insurance and Occupational Pensions Authority
EJOR	European Journal of Operational Research (Zeitschrift)
EG	Europäische Gemeinschaft
EL	Ergänzungslieferung
EMRK	Europäische Menschenrechtskonvention
engl.	Englisch
ENISA	Agentur der Europäischen Union für Cybersicherheit (früher: Europäische Agentur für Netz- und Informationssicherheit, engl. = European Network and Information Security Agency)
ePrivacy-VO	ePrivacy-Verordnung
EwG	Erwägungsgrund
EU	Europäische Union
EuGH	Europäischer Gerichtshof
EuGRZ	Europäische GRUNDRECHTE-Zeitschrift (Zeitschrift)
EuR	Europarecht (Zeitschrift)
EUV	Vertrag über die Europäische Union

EuZW	Europäische Zeitschrift für Wirtschaftsrecht (Zeitschrift)
e.V.	eingetragener Verein
f.	folgend(e)
ff.	fortfolgend(e)
Fn.	Fußnote
franz.	französisch
FTC	Federal Trade Commission
G	Geschädigter
GDD	Gesellschaft für Datenschutz und Datensicherheit
GDPR	General Data Protection Regulation
GDV	Gesamtverband der Deutschen Versicherungswirtschaft
GG	Grundgesetz
GRCh	Charta der Grundrechte der Europäischen Union
griech.	griechisch
HBM	Havard Business Manager (Zeitschrift)
HDSIG	Hessisches Datenschutz- und Informationsfreiheitsgesetz
HGB	Handelsgesetzbuch
HKHG 2011	Hessisches Krankenhausgesetz 2011
HM	Her Majesty's
Hrsg.	Herausgeber
HU	Institut für Wirtschaftsinformatik der Humboldt-Universität zu Berlin
HV	Verfassung des Landes Hessen
IBM	International Business Machines
ICDPPC	International Conference of Data Protection and Privacy Commissioners
ICO	Information Commissioner's Office
IDPL	International Data Privacy Law (Zeitschrift)
IEC	International Electrotechnical Commission
IEEE	The Institute of Electrical and Electronics Engineers
i.e.S.	im engeren Sinne

IJIM	International Journal of Information Management (Zeitschrift)
ISO	International Organization for Standardization
ITRB	Der IT-Rechts-Berater (Zeitschrift)
i.V.m.	in Verbindung mit
J. Anthropol. Res.	Journal of Anthropological Research (Zeitschrift)
JA	Juristische Arbeitsblätter (Zeitschrift)
jap.	japanisch
JASA	Journal of the American Statistical Association (Zeitschrift)
JBR	Journal of Business Research (Zeitschrift)
JI-RL	Richtlinie für Justiz und Inneres
JRI	Journal of Risk & Insurance (Zeitschrift)
Jura	Juristische Ausbildung (Zeitschrift)
JuS	Juristische Schulung (Zeitschrift)
Kap.	Kapitel
Kfz	Kraftfahrzeug
KfzPflVV	Kraftfahrzeug-Pflichtversicherungsverordnung
KOM	Europäische Kommission, Dokumente
KPMG	von „Klynveld", „Peat", „Marwick" und „Goerdeler"
K&R	Kommunikation und Recht (Zeitschrift)
KWG	Kreditwesengesetz
lat.	lateinisch
LG	Landgericht
MMR	MultiMedia und Recht (Zeitschrift)
MVP	mitversicherte Person
n. Chr.	nach Christus
NJ	Neue Justiz (Zeitschrift)
NJW	Neue Juristische Wochenschrift (Zeitschrift)
NJW-RR	NJW-Rechtsprechungs-Report (Zeitschrift)
NVwZ	Neue Zeitschrift für Verwaltungsrecht (Zeitschrift)

Nw. J. Tech. & Intell. Prop	Northwestern Journal of Technology and Intellectual Property (Zeitschrift)
NZA	Neue Zeitschrift für Arbeitsrecht (Zeitschrift)
NZV	Neue Zeitschrift für Verkehrsrecht (Zeitschrift)
Nr.	Nummer
OAIC	Office of the Australian Information Commissioner
öAT	Zeitschrift für das öffentliche Arbeits- und Tarifrecht (Zeitschrift)
OECD	Organisation für wirtschaftliche Entwicklung und Zusammenarbeit
OLG	Oberlandesgericht
OPC	Office of the Privacy Commissioner of Canada
PCPD	Privacy Commissioner for Personal Data, Hong Kong
PinG	Privacy in Germany (Zeitschrift)
PNAS	Proceedings of the national academy of sciences USA (Zeitschrift)
PflVG	Pflichtversicherungsgesetz
r + s	recht und schaden (Zeitschrift)
RDV	Recht der Datenverarbeitung (Zeitschrift)
RW	Rechtswissenschaft (Zeitschrift)
Rn.	Randnummer(n)
s.	siehe
S.	Seite, Satz
SHA	Secure Hash Algorithm
SIAM Review	Society for Industrial and Applied Mathematics Review (Zeitschrift)
SOG LSA	Gesetz über die öffentliche Sicherheit und Ordnung des Landes Sachsen-Anhalt
Stan. L. Rev.	Stanford Law Review Online (Zeitschrift)
StGB	Strafgesetzbuch
StVG	Straßenverkehrsgesetz
StVO	Straßenverkehrsordnung
SVR	Straßenverkehrsrecht (Zeitschrift)

TDWI	The Data Warehousing Institute
TKG	Telekommunikationsgesetz
UCLA L. Rev.	UCLA Law Review (Zeitschrift)
ULD	Unabhängiges Landeszentrum für Datenschutz Schleswig-Holstein
UNODC	United Nations Office on Drugs and Crime
VAG	Versicherungsaufsichtsgesetz
VersR	Versicherungsrecht (Zeitschrift)
vgl.	vergleiche
VN	Versicherungsnehmer
Vorb.	Vorbemerkung
VR	VersicherungsRundschau (Zeitschrift)
VuR	Verbraucher und Recht (Zeitschrift)
VVG	Versicherungsvertragsgesetz
WiWo	WirtschaftsWoche (Zeitschrift)
WM	Zeitschrift für Wirtschafts- und Bankrecht (Zeitschrift)
WP	Working Paper
Z	Zeuge
z.B.	zum Beispiel
ZD	Zeitschrift für Datenschutz (Zeitschrift)
ZfB	Zeitschrift für Betriebswirtschaft (Zeitschrift)
ZHR	Zeitschrift für das gesamte Handels- und Wirtschaftsrecht (Zeitschrift)
ZIS	Zeitschrift für Internationale Strafrechtsdogmatik (Zeitschrift)
ZJS	Zeitschrift für das Juristische Studium (Zeitschrift)
ZPO	Zivilprozessordnung
ZRP	Zeitschrift für Rechtspolitik (Zeitschrift)
ZVersWiss	Zeitschrift für die gesamte Versicherungswissenschaft (Zeitschrift)

Abbildungsverzeichnis

Abbildung 1: Versicherungsgeschäft als entgeltlicher Risikotransfer (eigene Darstellung)... 12

Abbildung 2: Ablauf der Schadensbearbeitung (eigene Darstellung)............................ 22

Abbildung 3: Betrugserkennung im Schadensregulierungsprozess, vgl. Viaene/Ayuso/Guillen/van Gheel/Dedene, EJOR 2007, 565, 568........................... 33

Abbildung 4: Taxonomie von Big-Data-Technologien, entnommen aus Bitkom (Hrsg.), Big Data-Technologien, 2014, S. 23. 52

Abbildung 5: „Zachary´s karate club" als soziales Netzwerk, entnommen aus Zachary, J. Anthropol. Res. 1977, 452, 456. 58

Abbildung 6: Gradzentralität in „Zachary´s karate club", entnommen aus http://www.mjdenny.com/workshops/SN_Theory_I.pdf. 59

Abbildung 7: Nähezentralität in „Zachary´s karate club", entnommen aus http://www.mjdenny.com/workshops/SN_Theory_I.pdf. 60

Abbildung 8: Dazwischenzentralität in „Zachary´s karate club", entnommen aus http://www.mjdenny.com/workshops/SN_Theory_I.pdf. 61

Abbildung 9: Größte Clique in „Zachary´s karate club", entnommen aus http://www.mjdenny.com/workshops/SN_Theory_I.pdf. 62

Abbildung 10: Typischer Lebenszyklus der Datenverarbeitung, vgl. Floridi, Information - A very short introduction, 2010, S. 5. 106

Abbildung 11: Sternförmige Einholung der Einwilligungen (eigene Darstellung) 141

Abbildung 12: Kanalisierte Einholung der Einwilligungen (eigene Darstellung) 142

Abbildung 15: Chancen und Risiken bei vollautomatisierten Entscheidungen im Sinne von Art. 22 DS-GVO (eigene Darstellung)... 217

Abbildung 14: Entscheidungen im Betrugserkennungsprozess, vgl. Viaene/Ayuso/Guillen/van Gheel/Dedene, EJOR 2007, 565, 568........................... 219

Abbildung 15: Profiling als mehrphasiger Prozess (eigene Darstellung) 222

Abbildung 16: Systematik der Zweckänderungen bei einer Vielzahl von Verarbeitungszwecken (eigene Darstellung)... 267

Abbildung 17: Mögliche Fehler bei der Konzeption von Big-Data-Verfahren, entnommen aus Bertelsmann Stiftung (Hrsg.), Wo Maschinen irren können, 2018, S. 20. ... 288

Abbildung 18: Abbildung einer 95,86-prozentigen Korrelation, entnommen aus https://www.tylervigen.com/spurious-correlations. 290

Tabellenverzeichnis

Tabelle 1: Übersicht der Betrugsindikatoren in der Kraftfahrzeug-Haftpflichtversicherung 36

Tabelle 2: Maßeinheiten von Daten 41

Tabelle 3: Zusammenspiel zwischen europäischem und nationalem Datenschutzrecht 90

Tabelle 4: Überblick der Grundsätze in DS-GVO, DSRL und DSK 131

Tabelle 5: Matrix zur Bedeutung der Datenverarbeitung 210

Tabelle 6: Taxonomie des Modells "Levels of Automation in Man-Computer Decision-Making", vgl. Sheridan/Verplank, Human and Computer Control of Undersea Teleoperators, 1978, Kap. 8, S. 17 ff.; Parasuraman/Sheridan/Wickens, IEEE Transactions on Systems, Man, and Cybernetics - Part A: Systems and Humans 2000, 286, 287. 224

Tabelle 7: Vergleich der zu erteilenden Informationen nach Art. 13, 14 und 15 DS-GVO .. 232

Tabelle 8: Übersicht der Standardlöschregeln 299

Tabelle 9: Beschreibung der Datenverarbeitung im Rahmen der sozialen Netzwerkanalyse 308

Tabelle 10: Risikomatrix für Datensicherheit 312

Tabellenverzeichnis

1 Einführung

Mit dem Phänomen „Big Data" als Teil einer datengetriebenen Zukunft verbinden sich seit Jahren enorme Hoffnungen und große Ängste.[1]

Die *Europäische Kommission* beschreibt Big Data als eine Ausprägung „einer neuen industriellen Revolution, die von digitalen Daten, Informationstechnik und Automatisierung vorangetrieben wird. Menschliche Tätigkeiten, industrielle Prozesse und Forschungsarbeiten gehen allesamt mit einer massenhaften Erfassung und Verarbeitung von Daten in einer bisher ungekannten Größenordnung einher, die neue Produkte und Dienstleistungen, aber auch neue Geschäftsprozesse und wissenschaftliche Methoden hervorbringen. Die so entstehenden Datensätze sind derart groß und komplex, dass es immer schwieriger wird, solche Massendaten („Big Data") mit den heute für das Datenmanagement zur Verfügung stehenden Mitteln und Methoden zu verarbeiten."[2] Unter Big Data versteht man jedoch nicht nur große Datenmengen, sondern auch deren Verarbeitung und Nutzung sowie die hierfür eingesetzte Technologie.

Immer mehr Akteure aus dem privaten und öffentlichen Sektor sammeln und nutzen solche großen Datenbestände zu vielfältigen Zwecken.[3] Das gilt in besonderem Maße für die Versicherungswirtschaft, einem seit jeher besonders datenreichem Sektor.[4] Dort kann Big Data in nahezu allen Bereichen nutzbringend eingesetzt werden. Das gilt insbesondere für die Produktentwicklung, die Preisgestaltung und Zeichnungsentscheidung, den Vertrieb, die Kundenbetreuung und das Schadensmanagement. Gerade im Massengeschäft der besonders betrugsanfälligen Kraftfahrzeug-Haftpflichtversicherung kann Big Data dazu verwendet werden, um in großen Datenmengen auffällige Muster zu finden und betrugsverdächtige Schadensmeldungen frühzeitig zu erkennen.

Neben zahlreichen Chancen und Möglichkeiten bringt Big Data jedoch auch erhebliche Herausforderungen für das Datenschutzrecht und dessen bewährte Prinzipien mit sich.[5] Zuweilen besteht daher der Eindruck, Big Data und Datenschutz stünden sich von vornherein unvereinbar gegenüber und Big Data bedeute zwangsläufig „Small Privacy".[6] Demgegenüber zeichnete *Giovanni Buttarelli*, der verstorbene *Europäische Datenschutzbeauftragte*, ein optimistischeres Bild: „Big data, the internet of things, cloud computing, these are today's buzz words, they have much to offer, and much to take. The collection and analysis of big data has massive scope for developing services to enhance our lives. But these benefits should not be at the expense of our fundamental rights, namely our privacy and personal information, and our rights to engage freely in the digital world and be in control of our personal data. [...] In a nutshell, big data needs equally big data protection solutions. We don't need to reinvent data protection principles, but we do need to "go digital". We need innovative thinking."[7]

Aus dem Vorstehenden leitet sich daher die zentrale Frage dieser Arbeit ab: Ist es möglich, Big-Data-Verfahren im Einklang mit der Datenschutz-Grundverordnung durchzuführen oder bedeutet Big Data zwangsläufig „Small Privacy"?

---

[1] Europäisches Parlament (Hrsg.), 2018/C 263/10, 2017, S. 83 ff.

[2] COM (2014) 442 final, S. 2.

[3] Europäisches Parlament (Hrsg.), 2018/C 263/10, 2017, S. 83.

[4] The Geneva Association (Hrsg.), Big Data and Insurance, 2018, S. 8 f.

[5] Überblick zu den Datenschutzgrundsätzen, -prinzipien und -charakteristika ab S. 130.

[6] So prägnant bei *Roßnagel*, ZD 2013, 562; *Dix*, Stadtforschung und Statistik 2016, 59.

[7] EDSB (Hrsg.), Our World in 2015, 2015.

Auf der Grundlage dieser Gedanken strukturiert sich die Arbeit in drei Teile –
„Versicherungsbetrug in der Kraftfahrzeug-Haftpflichtversicherung", „Bekämpfung von
Versicherungsbetrug mittels Big Data" und „Datenschutzrechtliche Rahmenbedingungen und
Gestaltungsziele".

Der erste Teil – Kapitel 2 – erläutert die Problematik des Versicherungsbetrugs in der
Kraftfahrzeug-Haftpflichtversicherung. Um Big Data und seine datenschutzrechtlichen
Implikationen nachvollziehen zu können, muss man zunächst verstehen, welche Probleme Big
Data zu lösen versucht. Als Beispiel und gewissermaßen als Projektionsfläche dieser Arbeit
dienen die Kraftfahrzeug-Haftpflichtversicherung und das Problem manipulierter
Straßenverkehrsunfälle. Entstehen bei Unfällen Sach- oder Personenschäden, stellt sich die
Frage, wer gegenüber dem Geschädigten haftet. Aufgrund der – teils
verschuldensunabhängigen – Haftung des Halters besteht für diesen ein erhebliches Risiko, sich
gegenüber Dritten schadensersatzpflichtig zu machen. Dieses Risiko wird durch die
Kraftfahrzeug-Haftpflichtversicherung abgesichert. Eine ständig wachsende Herausforderung
für Versicherungsunternehmen ist hierbei jedoch die Thematik des Versicherungsbetrugs.
Dabei werden Straßenverkehrsunfälle von einem oder mehreren Beteiligten in verschiedensten
Varianten manipuliert, um gegenüber dem Versicherungsunternehmen scheinbar berechtigte
Schadensersatzansprüche geltend zu machen und sich zu bereichern.

Darauf aufbauend beleuchtet der zweite Teil – Kapitel 3 – die Bekämpfung von
Versicherungsbetrug mittels Big Data. Während in der Vergangenheit die Erkennung von
betrügerischen Schadensmeldungen maßgeblich der Erfahrung und dem „Bauchgefühl" des
zuständigen Sachbearbeiters oblag, wurde in den letzten 20 Jahren vermehrt versucht, spezielle
Betrugserkennungstechnologien zu entwickeln und einzusetzen. Beide – also Mensch und
Technik – stoßen jedoch zunehmend an qualitative und quantitative Grenzen ihrer kognitiven
Leistungsfähigkeit. Diese Grenzen herkömmlicher Methoden markieren den Beginn von
Big-Data-Technologien. Begrifflich steht Big Data zunächst für große Datenmengen. Sobald
man jedoch über diesen Teilaspekt hinausschaut, werden die Definitionen uneinheitlicher.
Diese Arbeit betrachtet daher im ersten Schritt Big Data in allgemeiner Hinsicht und fokussiert
sich anschließend auf die Betrugserkennung in der Kraftfahrzeug-Haftpflichtversicherung.
Dabei geht es insbesondere um die Identifizierung komplexer Betrugsnetzwerke, die
Versicherungsunternehmen wiederholt gezielt durch provozierte und gestellte
Straßenverkehrsunfällen schädigen. Um diesen Herausforderungen zu begegnen, nutzen
Versicherungsunternehmen zunehmend eine spezielle Form der Big Data-Analyse – die soziale
Netzwerkanalyse. Gerade bei der Durchführung sozialer Netzwerkanalysen zur Erkennung
auffälliger Verbindungen zwischen den Unfällen und Unfallbeteiligten treten die wesentlichen
Vorteile von Big-Data-Verfahren im Vergleich zu herkömmlichen Technologien hervor.

Schließlich widmet sich der dritte Teil – Kapitel 4 bis 6 – den datenschutzrechtlichen
Rahmenbedingungen und Gestaltungszielen von Big-Data-Verfahren am Beispiel der sozialen
Netzwerkanalyse. Der Einsatz solcher Verfahren bringt typischerweise eine umfangreiche
Verarbeitung personenbezogener Daten mit sich und unterliegt daher datenschutzrechtlichen
Anforderungen aus dem europäischen und nationalen Datenschutzrecht. Den zentralen Maßstab
bildet hierbei die Datenschutz-Grundverordnung. In Abwesenheit eines „Lex Big Data" – also
einer spezifischen Regelung, die ausdrücklich Big Data adressiert – werden Big-Data-
Verfahren an den allgemeinen Verarbeitungsgrundsätzen des Art. 5 DS-GVO gemessen. Diese
Grundsätze dienen gleichzeitig als Rahmenbedingungen und Gestaltungsziele. Im Fokus stehen
dabei Mechanismen, die sicherstellen, dass Akteure, die große Mengen personenbezogener
Daten verarbeiten, auch eine korrespondierend große Verantwortung schultern, also „Big Data
– Big Accountability". Um dies zu erreichen, orientiert sich die Arbeit an den von *Giovanni
Buttarelli* gezeichneten großen Linien und versucht insbesondere Modelle zu entwickeln oder

zu adaptieren, um die bewährten Datenschutzgrundsätze innovativ anwenden zu können. Hierbei befasst sich die Arbeit mit einer Vielzahl von – teils strukturellen, teils operativen – Herausforderungen. Diese rechtlichen Herausforderungen lassen sich im Wesentlichen auf drei Themenkreise zurückführen – die Abstraktheit der Datenschutz-Grundverordnung selbst, die Charakteristika von Big Data und die Besonderheiten der Kraftfahrzeug-Haftpflichtversicherung.

Diese Arbeit ist mit der Hoffnung verbunden, dass sie dazu beiträgt, ein differenzierteres Bild von Big Data zu zeichnen, Wege für eine datenschutzkonforme Gestaltung aufzuzeigen und die Weiterentwicklung bestehender Mechanismen und Instrumente der Datenschutz-Grundverordnung anzuregen.

2 Versicherungsbetrug in der Kraftfahrzeug-Haftpflichtversicherung

2.1 Zivilrechtliche Haftung bei Straßenverkehrsunfällen

Straßenverkehrsunfälle sind ein Massenphänomen.[8] Anfang des Jahres 2019 waren insgesamt 57,3 Millionen Kraftfahrzeuge zugelassen, darunter 47 Millionen Personenkraftwagen.[9] Je höher die Zahl der Kraftfahrzeuge ist, die am Straßenverkehr teilnehmen, desto höher ist typischerweise auch die Zahl der Verkehrsunfälle.[10] Nach der Straßenverkehrsunfallstatistik des *Statistischen Bundesamts* wurden im Jahr 2019 insgesamt 2.685.661 Unfälle polizeilich erfasst.[11] Als Straßenverkehrsunfälle werden in diesem Zusammenhang alle Unfälle, bei denen infolge des Fahrverkehrs auf öffentlichen Wegen und Plätzen Personen getötet oder verletzt wurden oder Sachschaden entstanden ist, bezeichnet. Ihre Ursachen sind vielfältig. Typischerweise sind Straßenverkehrsunfälle nicht monokausal zu erklären, sondern beruhen auf dem Zusammenwirken verschiedener Umstände aus der Sphäre des Kraftfahrzeugs, der Straße, der Umwelt und des Menschen.[12] Der wesentliche Teil der Unfälle lässt sich jedoch auf menschliches Versagen zurückführen. Dieses äußert sich insbesondere durch vorsätzliche und fahrlässige Verstöße gegen elementare Verkehrsregeln und führt regelmäßig zu gefahrträchtigem Fehlverhalten wie dem Folgenden:[13]

- Fehler beim Abbiegen, Wenden, Rückwärtsfahren, Ein- und Anfahren

- Nichtbeachten der Vorfahrt

- Ungenügender Abstand

- Nicht angepasste Geschwindigkeit

- Falsche Straßenbenutzung (z.B. falscher Fahrstreifen, falsche Straßenseite, Radweg)

- Falsches Verhalten gegenüber Fußgängern

- Fehler beim Überholen

- Alkoholeinfluss

---

[8] *Greger*, in: Greger/Zwickel, Haftungsrecht des Straßenverkehrs, 5. Aufl. 2014, § 1, Rn. 5; *Schulz-Merkel/Meier*, JuS 2015, 201; *Neumann*, JA 2016, 167.

[9] *Statistisches Bundesamt* (DESTATIS), Fahrzeugbestand (verfügbar unter: https://www.destatis.de/DE/Themen/Branchen-Unternehmen/Transport-Verkehr/Unternehmen-Infrastruktur-Fahrzeugbestand/Tabellen/fahrzeugbestand.html).

[10] Vgl. *Meyer/Jacobi*, Typische Unfallursachen im deutschen Straßenverkehr - Band III, 1966, S. 17.

[11] *Statistisches Bundesamt* (DESTATIS), Polizeilich erfasste Unfälle (verfügbar unter: https://www.destatis.de/DE/Themen/Gesellschaft-Umwelt/Verkehrsunfaelle/Tabellen/unfaelle-verunglueckte-.html).

[12] Ausführlich hierzu *Meyer/Jacobi*, Typische Unfallursachen im deutschen Straßenverkehr - Band III, 1966, S. 20 ff.

[13] *Meyer/Jacobi*, Typische Unfallursachen im deutschen Straßenverkehr - Band III, 1966, S. 21; *Statistisches Bundesamt* (DESTATIS), Unfallursachen - Fehlverhalten der Fahrzeugführer bei Unfällen mit Personenschaden (verfügbar unter: https://www.destatis.de/DE/Themen/Gesellschaft-Umwelt/Verkehrsunfaelle/Tabellen/fehlverhalten-fahrzeugfuehrer.html).

© Der/die Autor(en), exklusiv lizenziert an
Springer Fachmedien Wiesbaden GmbH, ein Teil von Springer Nature 2022
C. Herfurth, *Big Data – Big Accountability*, DuD-Fachbeiträge,
https://doi.org/10.1007/978-3-658-39287-1_2

Die dadurch verursachten Personen- und Sachschäden sind erheblich. So kam es bei 2.385.518 Unfällen zu Sachschäden und bei 300.143 Unfällen zu Personenschäden.[14] Als Personenschadensunfälle gelten solche Unfälle, bei denen unabhängig von der Höhe des Sachschadens Personen verletzt oder getötet wurden. Bei Sachschadensunfällen entstand dagegen ausschließlich ein Sachschaden. Insgesamt verunglückten im Jahr 2019 bei Straßenverkehrsunfällen 387.276 Personen, wovon 318.986 Personen leicht verletzt, 65.244 Personen schwer verletzt und 3.046 Personen getötet wurden.[15] Als Schwerverletzte gelten solche Personen, die unmittelbar zur stationären Behandlung für mindestens 24 Stunden in einem Krankenhaus aufgenommen wurden, während Verstorbene alle Personen sind, die innerhalb von 30 Tagen an den Unfallfolgen starben.

Entstehen bei Straßenverkehrsunfällen Sach- oder Personenschäden, stellt sich die Frage, wer gegenüber dem Geschädigten haftet. Der Begriff „Haftung" meint in diesem zivilrechtlichen Kontext das Schulden von Ersatzleistungen.[16] Entsprechende Rechtsgrundlagen für Schadensersatzansprüche finden sich in erster Linie im Straßenverkehrsgesetz – in §§ 7 und 18 StVG – sowie im allgemeinen Deliktsrecht des Bürgerlichen Gesetzbuchs – in § 823 Abs. 1 und 2 BGB.[17] Sie bestimmen, wer unter welchen Voraussetzungen für welche Schäden gegenüber dem Geschädigten einstehen muss. Die zivilrechtliche Haftung bei Straßenverkehrsunfällen ist auch die Grundlage für spätere Leistungen der Kraftfahrzeug-Haftpflichtversicherung, nämlich der Befriedigung von begründeten und der Abwehr von unbegründeten Ansprüchen.[18]

Die verschiedenen Schadensersatzansprüche unterscheiden sich zunächst in ihrem Haftungssubjekt. Während § 7 Abs. 1 StVG eine Haftung des Kraftfahrzeughalters normiert, haftet nach § 18 Abs. 1 S. 1 StVG der Kraftfahrzeugführer. Dagegen können sich die Ansprüche des § 823 Abs. 1 und 2 BGB sowohl gegen den Halter als auch gegen den Führer richten. Sollten Halter und Führer des Kraftfahrzeugs personenidentisch sein, können die verschiedenen Schadensersatzansprüche nebeneinander geltend gemacht werden.[19]

Der prägendste Unterschied liegt jedoch in der Art der Haftung und der damit verbundenen Darlegungs- und Beweislast.[20] Aus Sicht des Geschädigten ist es insbesondere relevant, ob er in einem etwaigen Zivilprozess ein Verschulden des Anspruchsgegners darlegen und gegebenenfalls nachweisen muss.[21] Nach der allgemeinen Grundregel der Beweislastverteilung trägt der Anspruchsteller die Beweislast für die rechtsbegründenden Tatbestandsmerkmale, der Anspruchsgegner für die rechtshindernden, rechtsvernichtenden und rechtshemmenden Merkmale.[22] Bei Straßenverkehrsunfällen ist es besonders schwierig, ein etwaiges

---

[14] *Statistisches Bundesamt* (DESTATIS), Polizeilich erfasste Unfälle (verfügbar unter: https://www.destatis.de/DE/Themen/Gesellschaft-Umwelt/Verkehrsunfaelle/Tabellen/unfaelle-verungluekte-.html).

[15] *Statistisches Bundesamt* (DESTATIS), Polizeilich erfasste Unfälle (verfügbar unter: https://www.destatis.de/DE/Themen/Gesellschaft-Umwelt/Verkehrsunfaelle/Tabellen/unfaelle-verungluekte-.html).

[16] Vgl. *Grüneberg*, in: Palandt, BGB, 80. Aufl. 2021, Vorb. § 241, Rn. 11.

[17] *Neumann*, JA 2016, 167; *Wille*, JA 2008, 210; eine umfassende Übersicht von Haftungstatbeständen findet sich bei Greger/Zwickel, Haftungsrecht des Straßenverkehrs, 5. Aufl. 2014, § 3 bis § 18.

[18] Zu den Leistungen der Kraftfahrzeug-Haftpflichtversicherung ab S. 20.

[19] Vgl. § 16 StVG; allerdings geht der Anspruch aus § 7 Abs. 1 StVG dem aus § 18 Abs. 1 StVG vor.

[20] *Wille*, JA 2008, 210.

[21] Zur Bedeutung der Beweislast im Zivilprozess s. *Prütting*, in: MüKo ZPO, 6. Aufl. 2020, § 286 ZPO, Rn. 96 ff.

[22] *Prütting*, in: MüKo ZPO, 6. Aufl. 2020, § 286 ZPO, Rn. 114.

Fehlverhalten eines Unfallbeteiligten nachzuweisen; die Verteilung der Beweislast mit Blick auf ein mögliches Verschulden hat daher eine erhebliche praktische Bedeutung.[23]

Die Vorschrift des § 7 Abs. 1 StVG stellt eine verschuldensunabhängige Gefährdungshaftung dar. Da es auf ein etwaiges Verschulden des Anspruchsgegners nicht ankommt, muss der Geschädigte dies weder darlegen noch nachweisen.[24] Anders als § 7 Abs. 1 StVG normiert § 18 Abs. 1 StVG eine Haftung für vermutetes Verschulden. Auch hierbei muss der Geschädigte das Verschulden des Anspruchsgegners nicht darlegen und nachweisen, sondern es wird gesetzlich vermutet. Der Anspruchsgegner kann jedoch die Vermutung widerlegen und sich exkulpieren, sofern er darlegt und nachweist, dass er nicht schuldhaft gehandelt hat. Schließlich haftet der Halter oder Führer des Kraftfahrzeugs nach § 823 Abs. 1 und 2 BGB für nachgewiesenes Verschulden. In diesem Fall muss der Geschädigte ein Verschulden des Anspruchsgegners darlegen und nachweisen, wobei ihm gegebenenfalls die Grundsätze des Anscheinsbeweises und Beweiserleichterungen nach § 287 ZPO zugutekommen.[25]

Für den Geschädigten ist der Schadensersatzanspruch aus § 7 Abs. 1 StVG regelmäßig am Günstigsten, da er die für ihn geringste Darlegungs- und Beweislast bedeutet.[26] Daraus folgt jedoch nicht, dass die anderen Anspruchsgrundlagen in der Praxis irrelevant wären. In bestimmten Konstellationen kann ihnen ein erhebliches Gewicht zukommen, beispielsweise wenn einer der Ausschlusstatbestände der §§ 7 ff. StVG vorliegt oder der entstandene Schaden die Höchstbeträge des § 12 StVG übersteigt.[27]

Die verschiedenen Haftungstatbestände sollen im Folgenden kurz beleuchtet werden. Auf die haftungsrechtlichen Details und Sonderprobleme kommt es für die anschließende datenschutzrechtliche Analyse zwar im Kern nicht an, sodass auf die Darstellung von Einzelheiten verzichtet wird. Die Datenflüsse und datenschutzrechtliche Erlaubnistatbestände schließen jedoch in etlichen Fällen an die haftungsrechtlichen Grundkonstellationen an, sodass diese als Grundlage für die weitere Analyse dienen.

2.1.1 Haftung nach § 7 Abs. 1 StVG

Die zentrale Rechtsgrundlage für einen Schadensersatzanspruch des Geschädigten ist § 7 Abs. 1 StVG als verschuldensunabhängige Gefährdungshaftung. Anknüpfungspunkt der Gefährdungshaftung ist – wie der Begriff schon andeutet – die Veranlassung und Beherrschung einer besonderen Gefahr.[28] Wer ein Kraftfahrzeug hält, schafft eine besondere Gefahrenquelle.[29] Die abstrakte Gefährlichkeit des Kraftfahrzeugs ergibt sich daraus, dass die Wahrscheinlichkeit eines Schadenseintritts im Rahmen seiner Benutzung groß und das Ausmaß eines typischen Schadens nicht unerheblich ist.[30] Die Haftung des § 7 Abs. 1 StVG beinhaltet

---

[23] *Greger*, in: Greger/Zwickel, Haftungsrecht des Straßenverkehrs, 5. Aufl. 2014, § 1, Rn. 25.

[24] Überblick zur Beweislast bei § 7 StVG s. *Grüneberg*, in: Berz/Burmann, Handbuch des Straßenverkehrsrechts, 42. EL 2020, 4 A, Rn. 71 ff.

[25] Hierzu ausführlich *Burmann/Heß*, in: Berz/Burmann, Handbuch des Straßenverkehrsrechts, 42. EL 2020, 3 B, Rn. 264 ff.

[26] *Wille*, JA 2008, 210 f., *Neumann*, JA 2016, 167, 168.

[27] *Greger*, in: Greger/Zwickel, Haftungsrecht des Straßenverkehrs, 5. Aufl. 2014, § 1, Rn. 28; *Wille*, JA 2008, 210, 214.

[28] *Larenz/Canaris*, Lehrbuch des Schuldrechts - Band II/2, 13. Aufl. 1994, S. 605; *Deutsch*, NJW 1992, 73, 74 f.; *Wille*, JA 2008, 210, 211.

[29] BGH, NJW 1962, 1676, 1677; *Larenz/Canaris*, Lehrbuch des Schuldrechts - Band II/2, 13. Aufl. 1994, S. 605; *Röthel*, Jura 2012, 444, 447.

[30] S. dazu schon *Larenz/Canaris*, Lehrbuch des Schuldrechts - Band II/2, 13. Aufl. 1994, S. 607; s. dazu auch die zuvor beschriebene Straßenverkehrsunfallstatistik.

daher eine Ausgleichsfunktion; sie „bezweckt den Ausgleich von Schäden aus den Gefahren auch eines zulässigen Kraftfahrzeugbetriebs".[31]

Gemäß § 7 Abs. 1 StVG ist der Halter des Kraftfahrzeugs verpflichtet, dem Verletzten den Schaden zu ersetzen, der daraus entstanden ist, dass beim Betrieb des Kraftfahrzeugs ein Mensch getötet, der Körper oder die Gesundheit eines Menschen verletzt oder eine Sache beschädigt worden ist.

Ersatzpflichtig ist somit der Halter des Kraftfahrzeugs. Welche Person als Halter eines Kraftfahrzeugs anzusehen ist, wird nicht im Straßenverkehrsgesetz bestimmt. Nach allgemeinem Verständnis handelt es sich um diejenige Person, die das Kraftfahrzeug auf eigene Rechnung in Gebrauch hat und die tatsächliche Verfügungsmacht darüber besitzt.[32] Der Halter des Kraftfahrzeugs ist daher mehr eine tatsächliche als eine rechtliche Position.[33] Auf eigene Rechnung gebraucht das Kraftfahrzeug derjenige, der aus eigenem Interesse die fixen Betriebskosten des Kraftfahrzeugs – Steuer und Versicherung – trägt.[34] Die tatsächliche Verfügungsmacht über das Kraftfahrzeug besitzt diejenige Person, die Anlass, Ziel und Zeit des Gebrauchs selbst bestimmen kann.[35] Entfallen Kostentragung und Verfügungsmacht auf verschiedene Personen, ist die Haltereigenschaft davon abhängig, welches Merkmal im konkreten Fall mehr wiegt.[36] Regelmäßig ist der Eigentümer des Kraftfahrzeugs auch dessen Halter, dies ist jedoch keinesfalls zwingend.[37] Der Halter des Kraftfahrzeugs ist das Haftungssubjekt des § 7 Abs. 1 StVG, weil er die Gefahrenquelle geschaffen hat und aufrechterhält.[38] Er ist wirtschaftlich und tatsächlich dafür verantwortlich, dass das Kraftfahrzeug im Verkehr eingesetzt wird und andere Verkehrsteilnehmer gefährdet.[39] Mit Blick auf die Verfügungsmacht des Halters über das Kraftfahrzeug ist hier der „Gedanke der Zusammengehörigkeit von Vorteil und korrespondierendem Risiko"[40] zu berücksichtigen. Danach soll derjenige, der die Vorteile und Nutzen eines Gegenstands zieht, auch dessen Nachteile und Lasten tragen müssen.[41]

Bei dem Betrieb des Kraftfahrzeugs muss einen Personen- oder Sachschaden entstanden sein. Reine Vermögensschäden werden durch § 7 Abs. 1 StVG nicht erfasst.[42] Der Schaden muss sich also „als Verwirklichung der Gefahr darstellen, die Grund für die gesetzliche Einführung der Gefährdungshaftung war".[43] Das Kraftfahrzeug ist in Betrieb, solange es am Straßenverkehr teilnimmt und andere Verkehrsteilnehmer gefährdet – dies wird als „verkehrstechnische

---

[31] BGH, NJW 1992, 1684, 1685.
[32] BGH, NJW 1992, 900, 902; BGH, NJW 1983, 1492, 1493; BGH, NJW 1954, 1198.
[33] BGH, NJW 1983, 1492, 1493; OLG Düsseldorf, NZV 1991, 39, 40.
[34] OLG Hamm, NZV 1990, 363.
[35] OLG Düsseldorf, NZV 1991, 39, 40.
[36] *Grüneberg*, in: Berz/Burmann, Handbuch des Straßenverkehrsrechts, 42. EL 2020, 4 A, Rn. 17.
[37] So fallen Halter und Eigentümer des Kraftfahrzeugs typischerweise bei Leasingverträgen (Halter ist Leasingnehmer, Eigentümer ist Leasinggeber) auseinander, s. BGH, NJW 1983, 1492. Das Gleiche gilt bei Sicherungsübereignungen (Halter ist Sicherheitsgeber, Eigentümer ist Sicherheitsnehmer), s. *Schulz-Merkel/Meier*, JuS 2015, 201, 202.
[38] *Larenz/Canaris*, Lehrbuch des Schuldrechts - Band II/2, 13. Aufl. 1994, S. 605, 608.
[39] BGH, NJW 1983, 1492, 1493; BGH, NJW 1962, 1676, 1677; *Neumann*, JA 2016, 167, 168.
[40] *Larenz/Canaris*, Lehrbuch des Schuldrechts - Band II/2, 13. Aufl. 1994, S. 605.
[41] *Deutsch*, NJW 1992, 73, 74; *Wille*, JA 2008, 210, 211; *Röthel*, Jura 2012, 444, 445.
[42] *Burmann*, in: Burmann/Heß/Hühnermann/Jahnke/Janker, Straßenverkehrsrecht, 26. Aufl. 2020, § 7 StVG, Rn. 16; die Beschränkung der geschützten Rechtsgüter auf Leben, Leib und Eigentum ist ein Strukturmerkmal der Gefährdungshaftung s. *Larenz/Canaris*, Lehrbuch des Schuldrechts - Band II/2, 13. Aufl. 1994, S. 602 f.
[43] *Deutsch*, NJW 1992, 73, 75.

Auffassung" bezeichnet.[44] Das ist nicht nur der Fall, wenn das Kraftfahrzeug durch Motorenkraft angetrieben wird und sich im Verkehrsraum bewegt – auch „maschinentechnische Auffassung" genannt –, sondern auch wenn es in verkehrsbeeinflussender Weise ruht.[45] Ruhende Kraftfahrzeuge im fließenden Verkehr stellen mitunter sogar eine größere Gefahrenquelle dar.[46] Die durch das Kraftfahrzeug geschaffene Gefahrenlage endet erst, wenn das Kraftfahrzeug als Verkehrsmittel aus dem Straßenverkehr genommen wird.[47] Der Schaden ist bei dem Betrieb des Kraftfahrzeugs erfolgt, wenn sich in dem eingetretenen Schaden die betriebsspezifische Gefahr des Kraftfahrzeugs verwirklicht hat.[48] Unter der betriebsspezifischen Gefahr versteht man die *„Gesamtheit der Umstände*, die, durch die Eigenart als Kfz begründet, Gefahr in den Verkehr tragen."[49] Dazu gehören beispielsweise die Beschaffenheit der Kraftfahrzeugs wie Art, Größe und Gewicht, aber auch seine typische Verkehrseigenschaften wie die Fahrgeschwindigkeit.[50] Der Schaden ist dann der Betriebsgefahr zuzurechnen, wenn die Schadensursache örtlich und zeitlich mit einem Betriebsvorgang oder einer Betriebseinrichtung des Kraftfahrzeugs zusammenhängt.[51]

Auf ein Verschulden des Halters kommt es dagegen nicht an. Haftungsgrund bei § 7 Abs. 1 StVG ist nicht wie bei § 823 Abs. 1 BGB eine unerlaubte Handlung, sondern ein erlaubtes, aber gefährliches Tun.[52] In bestimmten Fällen wie beispielsweise gemäß § 7 Abs. 2 StVG ist jedoch die Haftung des Halters gesetzlich ausgeschlossen.

Sind die Tatbestandsvoraussetzungen des § 7 Abs. 1 StVG erfüllt, haftet der Halter des Kraftfahrzeugs dem Geschädigten auf Schadensersatz. Dieser bemisst sich grundsätzlich nach den allgemeinen Vorschriften der §§ 249 ff. BGB.[53] Diese werden mit Blick auf die Ersatzpflicht bei einer Tötung durch § 10 StVG und bei einer Körperverletzung durch § 11 StVG modifiziert. Zudem ist zu berücksichtigen, dass § 12 StVG – wie für die Gefährdungshaftung typisch – Höchstbeträge für die Ersatzpflicht formuliert.[54] Schließlich ist ein etwaiges Mitverschulden des Geschädigten nach §§ 9, 17 StVG, § 254 BGB zu prüfen.[55]

2.1.2 Haftung nach § 18 Abs. 1 StVG

Als weitere Anspruchsgrundlage aus dem Straßenverkehrsgesetz kommt § 18 Abs. 1 StVG in Betracht. Gemäß § 18 Abs. 1 S. 1 StVG ist in den Fällen des § 7 Abs. 1 StVG auch der Führer des Kraftfahrzeugs zum Ersatz des Schadens verpflichtet. Der Haftungstatbestand gewinnt

---

[44] *Burmann*, in: Burmann/Heß/Hühnermann/Jahnke/Janker, Straßenverkehrsrecht, 26. Aufl. 2020, § 7 StVG, Rn. 7.

[45] *Burmann*, in: Burmann/Heß/Hühnermann/Jahnke/Janker, Straßenverkehrsrecht, 26. Aufl. 2020, § 7 StVG, Rn. 8.

[46] Vgl. auch *Röthel*, Jura 2012, 444, 448.

[47] *Kuhnert*, in: Haus/Krumm/Quarch, Gesamtes Verkehrsrecht, 2. Aufl. 2017, § 7 StVG, Rn. 24; *Burmann*, in: Burmann/Heß/Hühnermann/Jahnke/Janker, Straßenverkehrsrecht, 26. Aufl. 2020, § 7 StVG, Rn. 9; Beispiele und Gegenbeispiele bei *Grüneberg*, in: Berz/Burmann, Handbuch des Straßenverkehrsrechts, 42. EL 2020, 4 A, Rn. 34 f. und bei *Kuhnert*, in: Haus/Krumm/Quarch, Gesamtes Verkehrsrecht, 2. Aufl. 2017, § 7 StVG, Rn. 26 ff.

[48] *Burmann*, in: Burmann/Heß/Hühnermann/Jahnke/Janker, Straßenverkehrsrecht, 26. Aufl. 2020, § 7 StVG, Rn. 7.

[49] *König*, in: Hentschel/König/Dauer, Straßenverkehrsrecht, 45. Aufl. 2019, § 17 StVG, Rn. 6.

[50] *König*, in: Hentschel/König/Dauer, Straßenverkehrsrecht, 45. Aufl. 2019, § 17 StVG, Rn. 6; *Kuhnert*, in: Haus/Krumm/Quarch, Gesamtes Verkehrsrecht, 2. Aufl. 2017, § 7 StVG, Rn. 5.

[51] BGH, NJW 1962, 1676, 1677.

[52] *Kuhnert*, in: Haus/Krumm/Quarch, Gesamtes Verkehrsrecht, 2. Aufl. 2017, § 7 StVG, Rn. 4.

[53] *Wille*, JA 2008, 210, 215; *Garbe/Hagedorn*, JuS 2004, 287, 294; *Röthel*, Jura 2012, 444, 449.

[54] Vgl. *Röthel*, Jura 2012, 444, 445.

[55] Hierzu *Neumann*, JA 2016, 167, 170 ff.; *Garbe/Hagedorn*, JuS 2004, 287, 290 ff.

insbesondere dann an Bedeutung, wenn Halter und Führer des Kraftfahrzeugs verschiedene Personen sind.[56] In diesem Fall erhält der Geschädigte durch § 18 Abs. 1 StVG einen weiteren Schuldner.

Der Anspruchsgegner ist anders als bei § 7 Abs. 1 StVG nicht der Halter, sondern der Führer des Kraftfahrzeugs. Eine Legaldefinition des Kraftfahrzeugführers besteht nicht. Nach allgemeinem Verständnis ist der Führer des Kraftfahrzeugs der „Fahrzeuglenker"[57], also derjenige, der im Augenblick des Unfalls die tatsächliche Gewalt über das Steuer hat.[58]

Er haftet grundsätzlich nach denselben Voraussetzungen wie der Halter.[59] Das ergibt sich aus der Formulierung „in den Fällen des § 7 Abs. 1 StVG".[60] Ein wesentlicher Unterschied besteht jedoch im Verschuldensmaßstab. Während § 7 Abs. 1 StVG eine verschuldensunabhängige Haftung darstellt, handelt es sich bei § 18 Abs. 1 StVG um eine Haftung für vermutetes Verschulden.[61] Der Haftungsgrund ist folglich nicht ein erlaubtes, aber gefährliches Tun, sondern ein Fehlverhalten des Kraftfahrzeugführers.[62] Anders wiederum als bei § 823 BGB muss der Geschädigte das Verschulden des Anspruchsgegners jedoch nicht darlegen und beweisen, sondern es wird gesetzlich vermutet. So ist gemäß § 18 Abs. 1 S. 2 StVG die Ersatzpflicht ausgeschlossen, wenn der Schaden nicht durch ein Verschulden des Führers des Kraftfahrzeugs verursacht ist. Es obliegt daher dem Anspruchsgegner – dem Führer des Kraftfahrzeugs –, diese Vermutung zu widerlegen und sich zu entlasten.[63] Der Verschuldensmaßstab entspricht dem in § 276 BGB und umfasst Vorsatz und Fahrlässigkeit.[64] Nach § 276 Abs. 2 BGB handelt fahrlässig, wer die im Verkehr erforderliche Sorgfalt außer Acht lässt. Der Führer des Kraftfahrzeugs muss folglich darlegen und nachweisen, dass er im konkreten Fall die im Straßenverkehr erforderliche Sorgfalt eingehalten hat.[65]

Zu beachten ist, dass § 18 Abs. 1 S. 1 StVG explizit auf die Vorschriften der §§ 8 bis 15 StVG verweist. Das Bestehen von Ausschlusstatbeständen – mit Ausnahme des § 7 Abs. 2 und 3 StVG – ist daher auch hier zu prüfen.[66]

2.1.3 Haftung nach § 823 Abs. 1 und 2 BGB

Neben den speziellen Haftungsgrundlagen aus dem Straßenverkehrsgesetz kann auch ein Anspruch auf Schadensersatz nach § 823 Abs. 1 und 2 BGB bestehen.[67]

---

[56] *Wille*, JA 2008, 210, 214.

[57] *Grüneberg*, in: Berz/Burmann, Handbuch des Straßenverkehrsrechts, 42. EL 2020, 4 A, Rn. 77.

[58] *Heß*, in: Burmann/Heß/Hühnermann/Jahnke/Janker, Straßenverkehrsrecht, 26. Aufl. 2020, § 18 StVG, Rn. 3; *Wille*, JA 2008, 210, 214; *Röthel*, Jura 2012, 444, 449.

[59] Insofern kann auf die Ausführungen zu § 7 Abs. 1 StVG verwiesen werden.

[60] So auch *Wille*, JA 2008, 210, 214.

[61] *Grüneberg*, in: Berz/Burmann, Handbuch des Straßenverkehrsrechts, 42. EL 2020, 4 A, Rn. 75.

[62] *Wille*, JA 2008, 210, 214.

[63] *Grüneberg*, in: Berz/Burmann, Handbuch des Straßenverkehrsrechts, 42. EL 2020, 4 A, Rn. 82; *Röthel*, Jura 2012, 444, 449.

[64] *Zeycan*, in: Haus/Krumm/Quarch, Gesamtes Verkehrsrecht, 2. Aufl. 2017, § 18 StVG, Rn. 5.

[65] *Grüneberg*, in: Berz/Burmann, Handbuch des Straßenverkehrsrechts, 42. EL 2020, 4 A, Rn. 80; *Wille*, JA 2008, 210, 215.

[66] *Heß*, in: Burmann/Heß/Hühnermann/Jahnke/Janker, Straßenverkehrsrecht, 26. Aufl. 2020, § 18 StVG, Rn. 7; *Grüneberg*, in: Berz/Burmann, Handbuch des Straßenverkehrsrechts, 42. EL 2020, 4 A, Rn. 75; *Wille*, JA 2008, 210, 215.

[67] *Wille*, JA 2008, 210; *Schulz-Merkel/Meier*, JuS 2015, 201.

Die Vorschrift des § 823 Abs. 1 BGB ist die Kernvorschrift des Deliktrechts und statuiert einen Schadensersatzanspruch für nachgewiesenes Verschulden des Schädigers.[68] Wer vorsätzlich oder fahrlässig das Leben, den Körper, die Gesundheit, die Freiheit, das Eigentum oder ein sonstiges Recht eines anderen widerrechtlich verletzt, ist gemäß § 823 Abs. 1 BGB dem anderen zum Ersatz des daraus entstehenden Schadens verpflichtet. Anders als § 7 Abs. 1 und § 18 Abs. 1 StVG kann sich § 823 Abs. 1 BGB sowohl gegen den Halter als auch gegen den Führer des Kraftfahrzeugs als Anspruchsgegner richten. Dieser muss ein nach § 823 Abs. 1 BGB geschütztes Rechtsgut verletzt haben. In Betracht kommen bei Straßenverkehrsunfällen insbesondere Leben, Körper, Gesundheit und Eigentum. Reine Vermögensschäden werden von § 823 Abs. 1 BGB nicht umfasst.[69] Die Verletzung muss rechtswidrig und schuldhaft gewesen sein. Der Geschädigte trägt hierfür die Darlegungs- und Beweislast. Insofern ist § 823 Abs. 1 BGB für den Geschädigten nachteilhafter als die zuvor beschriebenen Haftungstatbestände aus dem Straßenverkehrsgesetz.

Schließlich kommt auch ein Anspruch auf Schadensersatz aus § 823 Abs. 2 BGB in Verbindung mit einem Schutzgesetz in Betracht. Wie § 823 Abs. 1 BGB stellt auch diese Vorschrift eine Haftungsnorm für nachgewiesenes Verschulden des Schädigers dar. Gemäß § 823 Abs. 2 BGB ist derjenige zum Schadensersatz verpflichtet, der gegen ein Schutzgesetz verstößt und dadurch einem anderen Schaden zufügt. Die Regelung wird insbesondere dann relevant, wenn kein durch § 7 Abs. 1, § 18 Abs. 1 StVG oder § 823 Abs. 1 BGB geschütztes Rechtsgut beeinträchtigt wird.[70] Zahlreiche Vorschriften aus der Straßenverkehrsordnung und der Straßenverkehrs-Zulassungs-Ordnung sind Schutzgesetze im Sinne von § 823 Abs. 2 BGB.[71]

---

[68] *Larenz/Canaris*, Lehrbuch des Schuldrechts - Band II/2, 13. Aufl. 1994, S. 375.

[69] *Larenz/Canaris*, Lehrbuch des Schuldrechts - Band II/2, 13. Aufl. 1994, S. 392.

[70] *Larenz/Canaris*, Lehrbuch des Schuldrechts - Band II/2, 13. Aufl. 1994, S. 431 f.

[71] Überblick bei *Grüneberg*, in: Berz/Burmann, Handbuch des Straßenverkehrsrechts, 42. EL 2020, 4 A, Rn. 94 ff. und *Sprau*, in: Palandt, BGB, 80. Aufl. 2021, § 823, Rn. 71.

2.2 Grundverständnis und Funktionsweise der Kraftfahrzeug-Haftpflichtversicherung

Aufgrund der beschriebenen Haftungslage besteht für den Halter und den Fahrer das Risiko, sich infolge des Betriebs des Kraftfahrzeugs gegenüber Dritten schadensersatzpflichtig zu machen.[72] Das gilt insbesondere für die verschuldensunabhängige Haftung des § 7 Abs. 1 StVG. Mit diesem Risiko muss der Halter angemessen umgehen. Grundsätzlich können fünf Strategien unterschieden werden, um Risiken zu bewältigen:[73]

- – Risikoakzeptanz,

- – Risikovermeidung,

- – Risikominderung,

- – Risikobegrenzung oder

- – Risikoüberwälzung.

Im Zusammenhang mit dem Betrieb eines Kraftfahrzeugs sind die Wahlmöglichkeiten des Halters jedoch begrenzt. Gemäß § 1 PflVG ist der Halter eines Kraftfahrzeugs oder Anhängers mit regelmäßigem Standort im Inland verpflichtet, für sich, den Eigentümer und den Fahrer eine Haftpflichtversicherung zur Deckung der durch den Gebrauch des Fahrzeugs verursachten Personenschäden, Sachschäden und sonstigen Vermögensschäden abzuschließen und aufrechtzuerhalten, wenn das Fahrzeug auf öffentlichen Wegen oder Plätzen verwendet wird. Aufgrund der Regelung des § 1 PflVG muss der Halter des Kraftfahrzeugs somit sein Risiko regelmäßig auf ein anderes Subjekt überwälzen, indem er eine Versicherung abschließt.[74] Alternativ steht ihm nur noch die Risikovermeidung durch Verzicht auf das Halten des Kraftfahrzeugs offen. Außerdem verpflichtet ihn § 1 PflVG dazu, auch das Risiko des Eigentümers und des Fahrers auf die Versicherung zu überwälzen, sofern diese von ihm personenverschieden sind.[75]

Der Kern des Versicherungsgeschäfts ist somit der entgeltliche Risikotransfer.[76] Dies kommt auch in § 1 VVG deutlich zum Ausdruck. Gemäß § 1 S. 1 VVG verpflichtet sich das Versicherungsunternehmen mit dem Versicherungsvertrag, ein bestimmtes Risiko des Versicherungsnehmers oder eines Dritten durch eine Leistung abzusichern, die er bei Eintritt des vereinbarten Versicherungsfalls zu erbringen hat. Als Gegenleistung für diese Risikoübernahme ist der Versicherungsnehmer nach § 1 S. 2 VVG verpflichtet, an das Versicherungsunternehmen die vereinbarte Zahlung – auch „Prämie" genannt – zu leisten.

---

[72] Vgl. *Bauer,* Die Kraftfahrtversicherung, 6. Aufl. 2010, Rn. 739.

[73] *Nguyen/Romeike,* Versicherungswirtschaftslehre, 2013, S. 18; vgl. auch HM Treasury (Hrsg.), The Orange Book - Management of Risk, 2004, S. 27 f.

[74] *Nguyen/Romeike,* Versicherungswirtschaftslehre, 2013, S. 18 f.

[75] Der Eigentümer wird im Folgenden nicht weiter beleuchtet, da er ohne gleichzeitig Halter oder Fahrer zu sein, nicht schadensersatzpflichtig ist, vgl. *Bauer,* Die Kraftfahrtversicherung, 6. Aufl. 2010, Rn. 861.

[76] *Farny,* Versicherungsbetriebslehre, 5. Aufl. 2011, S. 33 f.

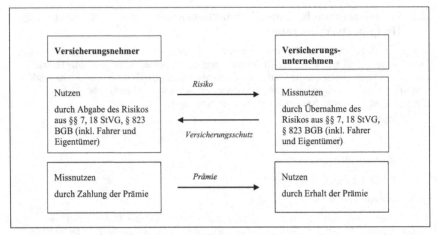

Abbildung 1: Versicherungsgeschäft als entgeltlicher Risikotransfer (eigene Darstellung)

2.2.1 Kraftfahrzeug-Haftpflichtversicherung als Teil der Kraftfahrtversicherung

Das zuvor beschriebene Risiko des Halters und des Fahrers wird durch die Kraftfahrzeug-Haftpflichtversicherung abgesichert.[77] Die Kraftfahrzeug-Haftpflichtversicherung ist ein selbstständiger Bestandteil der Kraftfahrtversicherung. Letztere ist nach den versicherungstechnischen Kennzahlen der bedeutendste Zweig der Schaden- und Unfallversicherung. Mit einer Anzahl von 121 Millionen Versicherungsverträgen (insgesamt 323,7 Millionen)[78], mit 28,5 Milliarden Euro gebuchten Brutto-Beiträgen (insgesamt 73,2 Milliarden Euro)[79] und 24,9 Milliarden Euro Brutto-Aufwendungen (insgesamt 53,3 Milliarden Euro)[80] nimmt sie gegenüber den anderen Versicherungszweigen eine herausragende Stellung ein.

Die Kraftfahrtversicherung ist keine „Einheitsversicherung"[81], sondern beinhaltet fünf verschiedene Versicherungsarten. Aus den Allgemeinen Bedingungen für die Kraftfahrtversicherung (AKB 2015) ergibt sich, dass sie die Kraftfahrzeug-Haftpflichtversicherung[82], die Kaskoversicherung[83], den Autoschutzbrief[84], die Kraftfahrzeug-Unfallversicherung[85] und die Fahrerschutzversicherung[86] zusammenfasst.

Jede Versicherungsart beruht auf einem selbstständigen Versicherungsvertrag und kann einzeln oder in Kombination mit anderen abgeschlossen werden. Im letzteren Fall spricht man von einer

---

[77] *Maier*, in: Stiefel/Maier, Kraftfahrtversicherung, 19. Aufl. 2017, A.1 AKB 2015, Rn. 3.

[78] GDV (Hrsg.), Statistisches Taschenbuch der Versicherungswirtschaft 2020, 2020, S. 64.

[79] GDV (Hrsg.), Statistisches Taschenbuch der Versicherungswirtschaft 2020, 2020, S. 60.

[80] GDV (Hrsg.), Statistisches Taschenbuch der Versicherungswirtschaft 2020, 2020, S. 61.

[81] OLG Karlsruhe, NJW-RR 2013, 544, 545.

[82] A.1 AKB 2015.

[83] A.2 AKB 2015.

[84] A.3 AKB 2015.

[85] A.4 AKB 2015.

[86] A.5 AKB 2015.

„gebündelten Versicherung"[87]. Gebündelt werden diese Versicherungen derart, dass sie in der Regel in einem einzigen Versicherungsschein zusammengefasst werden.[88] Trotz dieser formellen Zusammenfassung handelt es sich jedoch um mehrere rechtlich selbstständige Versicherungsverträge mit unterschiedlichen Zweckrichtungen.[89]

2.2.2 Schutzzweck der Kraftfahrzeug-Haftpflichtversicherung

Die Kraftfahrzeug-Haftpflichtversicherung ist eine spezielle Form der Haftpflichtversicherung.[90] Wie der Name schon andeutet, knüpft sie an die Haftung im Zusammenhang mit der Benutzung eines Kraftfahrzeugs an.[91] Sie hat eine dualistische Schutzrichtung – sie schützt sowohl den Versicherungsnehmer und die mitversicherten Personen als auch den Geschädigten vor einer Zahlungsunfähigkeit des Haftpflichtigen.[92] Der Haftpflichtige soll vor der Gefahr bewahrt werden, dass die Erfüllung von Schadensersatzansprüchen seine wirtschaftliche Existenz bedroht. Der Geschädigte soll vor der Gefahr bewahrt werden, dass seine Schadensersatzansprüche gegenüber einem vermögenslosen Haftpflichtigen praktisch wertlos werden.

Zunächst schützt die Kraftfahrzeug-Haftpflichtversicherung den Haftpflichtigen davor, dass sein Vermögen mit Schadensersatzansprüchen des Geschädigten belastet bzw. durch diese überlastet wird.[93] Das folgt schon aus dem Leitbild der Haftpflichtversicherung, das gesetzlich in § 100 VVG niedergelegt ist.[94] Danach ist das Versicherungsunternehmen verpflichtet, den Versicherungsnehmer von Ansprüchen freizustellen, die von einem Dritten aufgrund der Verantwortlichkeit des Versicherungsnehmers für eine während der Versicherungszeit eintretende Tatsache geltend gemacht werden, und unbegründete Ansprüche abzuwehren. Die aus §§ 7, 18 StVG, § 823 BGB erwachsenden Schadensersatzansprüche Dritter können schnell die finanzielle Leistungsfähigkeit des Haftpflichtigen übersteigen und seine wirtschaftliche Existenz bedrohen.[95] Im Rahmen einer Haftpflichtversicherung sorgt das Versicherungsunternehmen für die „finanzielle Abdeckung der aus dem einzelnen Haftpflichtfall erwachsenen Verantwortlichkeit des Versicherungsnehmers einem Dritten gegenüber" und bewahrt den Haftpflichtigen so vor der Gefahr einer drohenden Insolvenz.[96] Zumindest reflexartig schützt die Haftpflichtversicherung somit auch das Sozialversicherungssystem.

Wie zuvor beschrieben hat die Kraftfahrzeug-Haftpflichtversicherung jedoch eine dualistische Schutzrichtung. Anders als beispielsweise die Sach- oder Personenversicherung schützt sie

---

[87] *Maier*, in: Stiefel/Maier, Kraftfahrtversicherung, 19. Aufl. 2017, Einleitung, Rn. 7.

[88] OLG Karlsruhe, NJW-RR 2013, 544, 545; *Elsner*, in: Höra, Münchener Anwaltshandbuch Versicherungsrecht, 4. Aufl. 2017, § 13, Rn. 15.

[89] *Elsner*, in: Höra, Münchener Anwaltshandbuch Versicherungsrecht, 4. Aufl. 2017, § 13, Rn. 15.

[90] *Bauer*, Die Kraftfahrtversicherung, 6. Aufl. 2010, Rn. 747.

[91] *Bauer*, Die Kraftfahrtversicherung, 6. Aufl. 2010, Rn. 745.

[92] *Schneider*, in: Beckmann/Matusche-Beckmann, Versicherungsrechts-Handbuch, 3. Aufl. 2015, § 24, Rn. 1, 3a; *Brand*, in: Langheid/Wandt, MüKo VVG - Band 2, 2. Aufl. 2017, Vorb. §§ 113 bis 124, Rn. 5 f.

[93] *Bauer*, Die Kraftfahrtversicherung, 6. Aufl. 2010, Rn. 740; *Schneider*, in: Beckmann/Matusche-Beckmann, Versicherungsrechts-Handbuch, 3. Aufl. 2015, § 24, Rn. 1; *Burgartz*, in: Meschkat/Nauert, Betrug in der Kraftfahrzeugversicherung, 2008, Rn. 4.

[94] *Littbarski*, in: Langheid/Wandt, MüKo VVG - Band 2, 2. Aufl. 2017, § 100, Rn. 7; *Schimikowski*, in: Rüffer/Halbach/Schimikowski, VVG, 4. Aufl. 2019, § 100, Rn. 1; *Bauer*, Die Kraftfahrtversicherung, 6. Aufl. 2010, Rn. 745.

[95] *Brand*, in: Langheid/Wandt, MüKo VVG - Band 2, 2. Aufl. 2017, Vorb. §§ 113 bis 124, Rn. 5; *Heß/Höke*, in: Beckmann/Matusche-Beckmann, Versicherungsrechts-Handbuch, 3. Aufl. 2015, § 29, Rn. 2; *Greger*, in: Greger/Zwickel, Haftungsrecht des Straßenverkehrs, 5. Aufl. 2014, § 1, Rn. 1.

[96] BGH, NJW-RR 1991, 412, 413.

nicht nur den Versicherungsnehmer, sondern auch den Geschädigten.[97] Das ergibt sich schon aus der Ausgestaltung der Kraftfahrzeug-Haftpflichtversicherung als Pflichtversicherung.[98] Unter einer Pflichtversicherung versteht man nach der Legaldefinition des § 113 Abs. 1 VVG eine Haftpflichtversicherung, zu deren Abschluss eine Verpflichtung durch Rechtsvorschrift besteht.[99] Für die Kraftfahrzeug-Haftpflichtversicherung ergibt sich diese Verpflichtung aus § 1 PflVG. Danach ist der Halter eines Kraftfahrzeugs oder Anhängers mit regelmäßigem Standort im Inland verpflichtet, für sich, den Eigentümer und den Fahrer eine Haftpflichtversicherung zur Deckung der durch den Gebrauch des Fahrzeugs verursachten Personenschäden, Sachschäden und sonstigen Vermögensschäden abzuschließen und aufrechtzuerhalten, wenn das Fahrzeug auf öffentlichen Wegen oder Plätzen verwendet wird. Eine Befreiung von der Versicherungspflicht sieht § 2 PflVG nur in engen Grenzen vor. Wäre es der alleinige Zweck der Kraftfahrzeug-Haftpflichtversicherung, das Vermögen des Haftpflichtigen zu schützen, würde es dies typischerweise nicht rechtfertigen, eine zwingende Haftpflichtversicherung anzuordnen. Grundsätzlich liegt es in der Verantwortung eines jeden Einzelnen, planvoll mit seinem Vermögen umzugehen und von bestimmten Risiken Abstand zu nehmen oder diese Risiken durch den freiwilligen Abschluss einer Versicherung auf das Versicherungsunternehmen zu verlagern.

Der Schutz des Geschädigten durch die zivilrechtlichen Haftungsnormen läuft jedoch faktisch leer, wenn im Schadensfall der Haftpflichtige nicht in der Lage ist, den Schaden zu ersetzen.[100] Diese Gefahr besteht insbesondere bei der Gefährdungshaftung nach § 7 StVG, denn das Schadenspotenzial von Kraftfahrzeugen ist hoch und es besteht eine Vielzahl von potenziellen Schädigern ohne ausreichende Haftungsmasse.[101] Hierbei ist zu berücksichtigen, dass der Gebrauch von Kraftfahrzeugen ein Massenphänomen darstellt, das auch „einkommens- und vermögensschwache Bevölkerungskreise" einschließt.[102] Aus diesem Grund war die Kraftfahrzeug-Haftpflichtversicherung auch anfänglich nicht als verpflichtende Versicherung ausgestaltet, sondern wurde erst zur Pflichtversicherung, als zunehmend ärmere Bevölkerungsschichten am Straßenverkehr teilnahmen.[103] Diese galten regelmäßig als schwache Haftungssubjekte, da sie über keine oder nur geringe finanzielle Rücklagen verfügen, die als Haftungsmasse herangezogen werden können. Aus dem Vorstehenden wird daher deutlich, dass die besondere Ausgestaltung der Kraftfahrzeug-Haftpflichtversicherung als Pflichtversicherung dem Schutz des Geschädigten vor hohen Schäden und schwachen Haftungssubjekten dient. Durch die Haftpflichtversicherung wird die Stellung des Geschädigten verbessert, denn er erhält auf diese Weise das Versicherungsunternehmen als weiteren und typischerweise solventen Schuldner.[104]

---

[97] *Brand*, in: Langheid/Wandt, MüKo VVG - Band 2, 2. Aufl. 2017, Vorb. §§ 113 bis 124, Rn. 6.

[98] *Bauer*, Die Kraftfahrversicherung, 6. Aufl. 2010, Rn. 741; *Brand*, in: Langheid/Wandt, MüKo VVG - Band 2, 2. Aufl. 2017, Vorb. § 113 bis 124, Rn. 1 hält die Verwendung des Begriffs der „Pflichthaftpflichtversicherung" für passender.

[99] Insofern unterscheidet sich die Kraftfahrzeug-Haftpflichtversicherung von der Allgemeinen Haftpflichtversicherung, da bei letzterer der Abschluss nicht verpflichtend ist; ein Überblick über verpflichtende Haftpflichtversicherungen findet sich bei *Brand*, in: Langheid/Wandt, MüKo VVG - Band 2, 2. Aufl. 2017, Vorb. §§ 113 bis 124, Rn. 19 ff.

[100] *Larenz/Canaris*, Lehrbuch des Schuldrechts - Band II/2, 13. Aufl. 1994, S. 612.

[101] *Bauer*, Die Kraftfahrtversicherung, 6. Aufl. 2010, Rn. 741 f.

[102] *Brand*, in: Langheid/Wandt, MüKo VVG - Band 2, 2. Aufl. 2017, Vorb. §§ 113 bis 124, Rn. 4.

[103] *Brand*, in: Langheid/Wandt, MüKo VVG - Band 2, 2. Aufl. 2017, Vorb. §§ 113 bis 124, Rn. 12; ausführlich hierzu *Barner*, Die Einführung der Pflichtversicherung für Kraftfahrzeughalter, 1991.

[104] *Brand*, in: Langheid/Wandt, MüKo VVG - Band 2, 2. Aufl. 2017, Vorb. §§ 113 bis 124, Rn. 6; *Neumann*, JA 2016, 167, 173; *Bauer*, Die Kraftfahrtversicherung, 6. Aufl. 2010, Rn. 744.

2.2.3 Rechtsrahmen

Der Rechtsrahmen der Kraftfahrzeug-Haftpflichtversicherung setzt sich aus einer Vielzahl verschiedener Rechtsquellen zusammen.

Die Kraftfahrzeug-Haftpflichtversicherung gehört zum Privatversicherungsrecht. Dieses ist abzugrenzen vom Sozialversicherungsrecht, welches sich in der Entstehung des Versicherungsverhältnisses sowie in seinen Grundsätzen und Techniken in erheblicher Weise von ersterem unterscheidet.[105] Das Privatversicherungsrecht umfasst im Wesentlichen drei Teilbereiche – das Versicherungsvertragsrecht, das Versicherungsaufsichtsrecht und das Versicherungsunternehmensrecht.

2.2.3.1 Versicherungsvertragsrecht

Das Versicherungsvertragsrecht regelt die vertraglichen Rechtsbeziehungen zwischen dem Versicherungsunternehmen und dem Versicherungsnehmer.

Die wichtigste gesetzliche Rechtsquelle ist das Versicherungsvertragsgesetz (VVG). Dieses gliedert sich in drei Teile – allgemeiner Teil von §§ 1 bis 99 VVG, einzelne Versicherungszweige von §§ 100 bis 208 VVG sowie Schlussvorschriften von §§ 209 bis 216 VVG. Für die Kraftfahrzeug-Haftpflichtversicherung sind insbesondere die allgemeinen Vorschriften von §§ 1 bis 73 VVG, die allgemeinen Vorschriften für die Schadensicherung von §§ 74 bis 87 VVG sowie die Vorschriften für die Haftpflichtversicherung von §§ 100 bis 124 VVG von Belang.[106]

Darüber hinaus sind als spezielle Rechtsquellen das Pflichtversicherungsgesetz (PflVG) sowie die Kraftfahrzeug-Pflichtversicherungsverordnung (KfzPflVV) zu berücksichtigen.[107] Das Pflichtversicherungsgesetz formuliert verschiedene Grundregeln für die Kraftfahrzeug-Haftpflichtversicherung, wozu insbesondere die Anordnung der Versicherungspflicht für den Halter des Kraftfahrzeugs in § 1 PflVG gehört. Aus der Kraftfahrzeug-Pflichtversicherungsverordnung ergibt sich zudem der Umfang des notwendigen Versicherungsschutzes, den der Versicherungsvertrag zu gewähren hat.[108] Die Verordnung schreibt somit den Mindeststandard und die „essentialia negotii" der Kraftfahrzeug-Haftpflichtversicherung fest.[109]

Ferner sind die im Versicherungsrecht bedeutsamen Allgemeinen Versicherungsbedingungen (AVB) zu beachten. Allgemeine Versicherungsbedingungen sind – in Anlehnung an § 305 Abs. 1 S. 1 BGB – alle für eine Vielzahl von Versicherungsverträgen vorformulierten Vertragsbedingungen, die das Versicherungsunternehmen dem Versicherungsnehmer bei Abschluss des Versicherungsvertrages stellt.[110] Grundsätzlich kann jedes Versicherungsunternehmen eigene Allgemeine Versicherungsbedingungen erstellen und verwenden.[111] Typischerweise greift es jedoch auf die Musterbedingungen zurück, die der *Gesamtverband der Deutschen Versicherungswirtschaft* (GDV) entwickelt und in

---

[105] Ausführlich zu den Gemeinsamkeiten und Unterschieden *Heinze*, ZVersWiss 2000, 243.

[106] *Maier*, in: Stiefel/Maier, Kraftfahrtversicherung, 19. Aufl. 2017, Einleitung, Rn. 9; *Heß/Höke*, in: Beckmann/Matusche-Beckmann, Versicherungsrechts-Handbuch, 3. Aufl. 2015, § 29, Rn. 21.

[107] *Heß/Höke*, in: Beckmann/Matusche-Beckmann, Versicherungsrechts-Handbuch, 3. Aufl. 2015, § 29, Rn. 22 ff.; *Maier*, in: Stiefel/Maier, Kraftfahrtversicherung, 19. Aufl. 2017, Einleitung, Rn. 9 ff.

[108] Vgl. § 4 Abs. 1 PflVG.

[109] *Heß/Höke*, in: Beckmann/Matusche-Beckmann, Versicherungsrechts-Handbuch, 3. Aufl. 2015, § 29, Rn. 23; *Bauer*, Die Kraftfahrtversicherung, 6. Aufl. 2010, Rn. 23.

[110] So auch *Brömmelmeyer*, in: Rüffer/Halbach/Schimikowski, VVG, 4. Aufl. 2019, Einleitung, Rn. 61; *Armbrüster*, in: Prölss/Martin, VVG, 31. Aufl. 2020, Einleitung, Rn. 19 f.

[111] *Brömmelmeyer*, in: Rüffer/Halbach/Schimikowski, VVG, 4. Aufl. 2019, Einleitung, Rn. 63.

unregelmäßigen Abständen überarbeitet.[112] Für die Kraftfahrtversicherung existieren spezielle Allgemeine Bedingungen für die Kraftfahrtversicherung, die zuletzt im Jahr 2015 neu gefasst wurden (AKB 2015). Viele Klauseln spiegeln dabei die Vorgaben aus der Kraftfahrzeug-Pflichtversicherungsverordnung wider.[113] Im Übrigen richtet sich die Einbeziehung und Kontrolle der Allgemeinen Bedingungen für die Kraftfahrtversicherung nach den zivilrechtlichen Vorschriften der §§ 305 ff. BGB.

2.2.3.2 Versicherungsaufsichtsrecht

Das Versicherungsaufsichtsrecht hat die staatliche Aufsicht über Versicherungsunternehmen zum Gegenstand und ist im Versicherungsaufsichtsgesetz (VAG) geregelt.[114] Das Hauptziel der Beaufsichtigung ist es nach § 294 Abs. 1 VAG, den Schutz der Versicherungsnehmer und der Begünstigten von Versicherungsleistungen zu gewährleisten. Dazu überwachen die Aufsichtsbehörden – die *Bundesanstalt für Finanzdienstleistungsaufsicht (BaFin)* und die Länderaufsichtsbehörden – den gesamten Geschäftsbetrieb der Versicherungsunternehmen im Rahmen einer rechtlichen Aufsicht im Allgemeinen und einer Finanzaufsicht im Besonderen. Für die weitere Untersuchung ist insbesondere die Vorschrift des § 26 VAG über Risikomanagement von Bedeutung.[115]

2.2.3.3 Versicherungsunternehmensrecht

Das Versicherungsunternehmensrecht regelt die Gründung und den Betrieb von Versicherungsunternehmen.[116] Spezielle Vorschriften finden sich im Versicherungsaufsichtsgesetz, darüber hinaus findet das allgemeine Gesellschaftsrecht wie das Aktienrecht (AktG) Anwendung.[117] Im Folgenden ist insbesondere die Vorschrift des § 91 Abs. 2 AktG über die Einrichtung eines Überwachungssystems relevant.[118]

2.2.4 Versichertes Risiko

Nach § 1 S. 1 VVG verpflichtet sich das Versicherungsunternehmen mit dem Versicherungsvertrag, ein bestimmtes Risiko des Versicherungsnehmers oder eines Dritten durch eine Leistung abzusichern, die es bei Eintritt des vereinbarten Versicherungsfalls zu erbringen hat. Das versicherte Risiko der Kraftfahrzeug-Haftpflichtversicherung ist das Risiko des Versicherungsnehmers oder der mitversicherten Personen, sich infolge des Betriebs des Kraftfahrzeugs gegenüber Dritten schadensersatzpflichtig zu machen.[119] Dieses Risiko wird im Versicherungsvertrag möglichst präzise und trennscharf beschrieben.[120] Dazu bedient sich das Versicherungsunternehmen einer Technik aus primären, sekundären und tertiären Risikobeschreibungen, die der Systematik aus Grundsatz, Ausnahme und Rückausnahme folgen.[121] Zu berücksichtigen ist dabei, dass das versicherte Risiko bereits maßgeblich durch

---

[112] *Brömmelmeyer*, in: Rüffer/Halbach/Schimikowski, VVG, 4. Aufl. 2019, Einleitung, Rn. 63; *Bauer, Die Kraftfahrtversicherung*, 6. Aufl. 2010, Rn. 29.

[113] S. hierzu die Synopse bei *Jahnke*, in: Stiefel/Maier, Kraftfahrtversicherung, 19. Aufl. 2017, Vorb. §§ 1-11 KfzPflVV, Rn. 15.

[114] *Schimikowski*, Versicherungsvertragsrecht, 6. Aufl. 2017, Rn. 3.

[115] Zu § 26 VAG als Rechtsgrundlage ab S. 179.

[116] *Schimikowski*, Versicherungsvertragsrecht, 6. Aufl. 2017, Rn. 3.

[117] *Schimikowski*, Versicherungsvertragsrecht, 6. Aufl. 2017, Rn. 3.

[118] Zu § 91 Abs. 2 AktG als Rechtsgrundlage ab S. 179.

[119] *Schmid*, in: Buschbell/Höke, Münchener Anwaltshandbuch Straßenverkehrsrecht, 5. Aufl. 2020, § 46, Rn. 17; *Maier*, in: Stiefel/Maier, Kraftfahrtversicherung, 19. Aufl. 2017, A.1 AKB 2015, Rn. 3.

[120] *Schimikowski*, Versicherungsvertragsrecht, 6. Aufl. 2017, Rn. 291.

[121] *Looschelders*, in: Langheid/Wandt, MüKo VVG - Band 1, 2. Aufl. 2016, § 1, Rn. 13; *Armbrüster*, in: Prölss/Martin, VVG, 31. Aufl. 2020, § 1, Rn. 188 ff.

die Vorschriften des Versicherungsvertragsgesetzes, des Pflichtversicherungsgesetzes und der Kraftfahrzeug-Pflichtversicherungsverordnung vorgegeben wird.

2.2.4.1 Primäre Risikobeschreibung

Die primäre Risikobeschreibung definiert den Grundsatz und umschreibt das versicherte Risiko in allgemeiner Weise.[122] Schon durch diese positive Beschreibung werden andere Risiken abgegrenzt, die nicht unter die Merkmale gefasst werden können.[123] Für die Kraftfahrzeug-Haftpflichtversicherung wird die primäre Risikobeschreibung insbesondere durch § 2 Abs. 1 KfzPflVV weitgehend vorgegeben. Danach hat die Versicherung die Befriedigung begründeter und die Abwehr unbegründeter Schadensersatzansprüche zu umfassen, die aufgrund gesetzlicher Haftpflichtbestimmungen privatrechtlichen Inhalts gegen den Versicherungsnehmer oder mitversicherte Personen erhoben werden, wenn durch den Gebrauch des versicherten Fahrzeugs Personen verletzt oder getötet worden sind, Sachen beschädigt oder zerstört worden oder abhandengekommen sind oder Vermögensschäden herbeigeführt worden sind, die weder mit einem Personen- noch mit einem Sachschaden mittelbar oder unmittelbar zusammenhängen. Diese Vorgaben werden fast wortwörtlich durch A.1.1.1 AKB 2015 umgesetzt. Prägende Merkmale der primären Risikobeschreibung sind daher:

- Gebrauch des Fahrzeugs[124]

- Verletzung oder Tötung von Personen[125]

- Beschädigung, Zerstörung oder Abhandenkommen von Sachen[126]

- Verursachung reiner Vermögensschäden[127]

- Geltendmachung von Schadensersatzansprüchen aufgrund gesetzlicher Haftpflichtbestimmungen des Privatrechts[128]

Der Versicherungsnehmer trägt die Darlegungs- und Beweislast dafür, dass der geltend gemachte Sachverhalt von der primären Risikobeschreibung erfasst ist.[129]

2.2.4.2 Sekundäre Risikobeschreibung

Die sekundäre Risikobeschreibung formuliert Ausnahmen von diesem Grundsatz.[130] Bestimmte Risiken, die an sich unter die primäre Risikobeschreibung fallen, werden vom Versicherungsschutz wieder ausgeschlossen.[131] Die sekundäre Risikobeschreibung wird daher auch als Risikoausschluss bezeichnet. Rechtsgrundlagen für Risikoausschlüsse in der

---

[122] *Looschelders*, in: Langheid/Wandt, MüKo VVG - Band 1, 2. Aufl. 2016, § 1, Rn. 13; *Armbrüster*, in: Prölss/Martin, VVG, 31. Aufl. 2020, § 1, Rn. 188.

[123] *Bauer*, Die Kraftfahrtversicherung, 6. Aufl. 2010, Rn. 723.

[124] S. dazu *Maier*, in: Stiefel/Maier, Kraftfahrtversicherung, 19. Aufl. 2017, A.1 AKB 2015, Rn. 39 ff.

[125] S. dazu *Maier*, in: Stiefel/Maier, Kraftfahrtversicherung, 19. Aufl. 2017, A.1 AKB 2015, Rn. 23.

[126] S. dazu *Maier*, in: Stiefel/Maier, Kraftfahrtversicherung, 19. Aufl. 2017, A.1 AKB 2015, Rn. 24 ff.

[127] S. dazu *Maier*, in: Stiefel/Maier, Kraftfahrtversicherung, 19. Aufl. 2017, A.1 AKB 2015, Rn. 27 f.

[128] S. dazu *Maier*, in: Stiefel/Maier, Kraftfahrtversicherung, 19. Aufl. 2017, A.1 AKB 2015, Rn. 5 ff.

[129] *Looschelders*, in: Langheid/Wandt, MüKo VVG - Band 1, 2. Aufl. 2016, § 1, Rn. 13.

[130] *Schimikowski*, Versicherungsvertragsrecht, 6. Aufl. 2017, Rn. 292.

[131] *Armbrüster*, in: Prölss/Martin, VVG, 31. Aufl. 2020, § 1, Rn. 189.

Kraftfahrzeug-Haftpflichtversicherung finden sich insbesondere in § 103 VVG und § 4 KfzPflVV. Diese wurden weitgehend in A.1.5 AKB 2015 übernommen:[132]

- Vorsatz[133]

- Genehmigte Rennen[134]

- Beschädigung des versicherten Fahrzeugs[135]

- Beschädigung von Anhängern oder abgeschleppten Fahrzeugen[136]

- Beschädigung von beförderten Sachen[137]

- Schadensersatzanspruch gegen eine mitversicherte Person[138]

- Nichteinhaltung von Liefer- und Beförderungsfristen[139]

- Schäden durch Kernenergie[140]

Anders als bei der primären Risikobeschreibung hat das Versicherungsunternehmen das Vorliegen eines Risikoausschlusses darzulegen und zu beweisen.[141]

2.2.4.3 Tertiäre Risikobeschreibung

Die tertiäre Risikobeschreibung definiert Rückausnahmen von den Ausnahmen. Bestimmte Risiken, die an sich durch die sekundäre Risikobeschreibung ausgeschlossen sind, werden wieder in den Versicherungsschutz eingeschlossen.[142]

Für das Vorliegen von Rückausnahmen ist wiederum der Versicherungsnehmer darlegungs- und beweisbelastet.[143]

2.2.5 Beteiligte Personen und Rechtsbeziehungen

Typischerweise sind an einem Versicherungsverhältnis zwei Parteien beteiligt – das Versicherungsunternehmen und der Versicherungsnehmer. Die Haftpflichtversicherung weicht hiervon ab. Charakteristisch für sie ist ein Dreiecksverhältnis zwischen dem Versicherungsunternehmen, dem Versicherungsnehmer bzw. den mitversicherten Personen und dem Geschädigten.[144] Das gilt auch für die Kraftfahrzeug-Haftpflichtversicherung als spezieller Ausprägung der Haftpflichtversicherung. Die einzelnen Rechtsverhältnisse sind dabei streng auseinander zu halten.

---

[132] Vgl. die Synopse zwischen § 4 KfzPflVV und A.1.5 AKB 2015 bei *Jahnke*, in: Stiefel/Maier, Kraftfahrtversicherung, 19. Aufl. 2017, § 4 KfzPflVV, Rn. 2; die Bestimmung des A.1.5.8 AKB 2015 stellt dagegen keinen Risikoausschluss dar, vgl. *Maier*, in: Stiefel/Maier, Kraftfahrtversicherung, 19. Aufl. 2017, A.1 AKB 2015, Rn. 271.

[133] S. dazu *Maier*, in: Stiefel/Maier, Kraftfahrtversicherung, 19. Aufl. 2017, A.1 AKB 2015, Rn. 213 ff.

[134] S. dazu *Maier*, in: Stiefel/Maier, Kraftfahrtversicherung, 19. Aufl. 2017, A.1 AKB 2015, Rn. 222 ff.

[135] S. dazu *Maier*, in: Stiefel/Maier, Kraftfahrtversicherung, 19. Aufl. 2017, A.1 AKB 2015, Rn. 227 ff.

[136] S. dazu *Maier*, in: Stiefel/Maier, Kraftfahrtversicherung, 19. Aufl. 2017, A.1 AKB 2015, Rn. 230 ff.

[137] S. dazu *Maier*, in: Stiefel/Maier, Kraftfahrtversicherung, 19. Aufl. 2017, A.1 AKB 2015, Rn. 243 ff.

[138] S. dazu *Maier*, in: Stiefel/Maier, Kraftfahrtversicherung, 19. Aufl. 2017, A.1 AKB 2015, Rn. 257 ff.

[139] S. dazu *Maier*, in: Stiefel/Maier, Kraftfahrtversicherung, 19. Aufl. 2017, A.1 AKB 2015, Rn. 269 f.

[140] S. dazu *Maier*, in: Stiefel/Maier, Kraftfahrtversicherung, 19. Aufl. 2017, A.1 AKB 2015, Rn. 276.

[141] *Looschelders*, in: Langheid/Wandt, MüKo VVG - Band 1, 2. Aufl. 2016, § 1, Rn. 13.

[142] *Armbrüster*, in: Prölss/Martin, VVG, 31. Aufl. 2020, § 1, Rn. 190.

[143] *Looschelders*, in: Langheid/Wandt, MüKo VVG - Band 1, 2. Aufl. 2016, § 1, Rn. 13.

[144] *Armbrüster*, r + s 2010, 441.

2.2.5.1 Versicherungsnehmer

Zwischen dem Versicherungsnehmer und dem Versicherungsunternehmen besteht ein Versicherungsvertrag. Der Versicherungsnehmer ist somit Vertragspartei.[145] Typischerweise handelt es sich bei dem Versicherungsnehmer um den Halter des Kraftfahrzeugs, denn dieser ist nach § 1 PflVG verpflichtet, eine Kraftfahrzeug-Haftpflichtversicherung abzuschließen.[146] Es ist jedoch nicht ausgeschlossen, dass eine andere Person Versicherungsnehmer und somit Vertragspartner wird, um beispielsweise persönliche Prämienvorteile in Anspruch zu nehmen.[147]

2.2.5.2 Mitversicherte Personen

Neben dem Versicherungsnehmer sind auch mitversicherte Personen am Versicherungsvertrag beteiligt. Wie im Rahmen der zivilrechtlichen Haftung bei Straßenverkehrsunfällen dargestellt, können sich auch andere Personen als der Halter beim Gebrauch eines Kraftfahrzeugs schadensersatzpflichtig machen. Um einen hinreichenden Schutz des Geschädigten in diesen Fällen zu gewährleisten, werden diese Personen in den Versicherungsvertrag einbezogen und „mitversichert".[148] So verpflichtet § 1 PflVG den Halter des Kraftfahrzeugs dazu, für sich, den Eigentümer und den Fahrer eine Haftpflichtversicherung abzuschließen.[149] Dieser Personenkreis wird in § 2 Abs. 2 KfzPflVV um weitere mitversicherte Personen erweitert, nämlich den Beifahrer, den Omnibusschaffner sowie den Arbeitgeber oder den öffentlichen Dienstherren. Auch der Halter kann prinzipiell eine mitversicherte Person sein, wenn nicht er selbst schon der Versicherungsnehmer ist.[150] Durch A.1.2 AKB 2015 werden diese Personen regelmäßig in den Versicherungsvertrag inkorporiert. Sie sind jedoch keine Vertragsparteien des Versicherungsvertrags.[151] Dies sind nur das Versicherungsunternehmen und der Versicherungsnehmer.[152] Bei mitversicherten Personen handelt es sich vielmehr um durch den Versicherungsvertrag begünstigte Dritte.[153] Zwischen dem Versicherungsunternehmen und ihnen besteht daher lediglich ein vertragsähnliches Rechtsverhältnis.[154]

2.2.5.3 Geschädigter

Der Geschädigte hat typischerweise gegenüber dem Versicherungsnehmer einen Anspruch auf Schadensersatz aus §§ 7, 18 StVG, § 823 BGB. Zwischen ihnen besteht somit ein gesetzliches Schuldverhältnis. Das Gleiche gilt für das Verhältnis zwischen dem Geschädigten und den mitversicherten Personen.

Darüber hinaus hat der Geschädigte einen Direktanspruch gegen das Versicherungsunternehmen gemäß § 115 Abs. 1 S. 1 Nr. 1 VVG i.V.m. § 1 PflVG. Im Fall der Kraftfahrzeug-Haftpflichtversicherung kann der Geschädigte nach dieser Vorschrift seine

---

[145] *Bauer,* Die Kraftfahrtversicherung, 6. Aufl. 2010, Rn. 857.

[146] Zur Kraftfahrzeug-Haftpflichtversicherung als Pflichtversicherung ab S. 13.

[147] *Jahnke,* in: Stiefel/Maier, Kraftfahrtversicherung, 19. Aufl. 2017, § 1 PflVG, Rn. 4.

[148] *Bauer,* Die Kraftfahrtversicherung, 6. Aufl. 2010, Rn. 857.

[149] Zu den mitversicherten Personen im Einzelnen s. *Bauer,* Die Kraftfahrtversicherung, 6. Aufl. 2010, Rn. 860 ff.

[150] Typischerweise ist der Halter schon Versicherungsnehmer und daher nicht gleichzeitig mitversicherte Person. Der Sinn der Aufzählung ergibt sich aus anderen Vertragskonstellationen s. dazu *Bauer,* Die Kraftfahrtversicherung, 6. Aufl. 2010, Rn. 790, 858.

[151] Vgl. *Stadler,* in: Jauernig, BGB, 18. Aufl. 2021, § 328, Rn. 8; *Gottwald,* in: MüKo BGB - Band 3, 8. Aufl. 2019, § 328, Rn. 12, 25.

[152] *Samberg,* in: Buschbell/Höke, Münchener Anwaltshandbuch Straßenverkehrsrecht, 5. Aufl. 2020, § 45, Rn. 4.

[153] *Bauer,* Die Kraftfahrtversicherung, 6. Aufl. 2010, Rn. 867; *Asmus/Sonnenburg,* Kraftfahrtversicherung, 7. Aufl. 1998, S. 128; BGH, NJW 1971, 937, 938.

[154] Vgl. *Gottwald,* in: MüKo BGB - Band 3, 8. Aufl. 2019, § 328, Rn. 31.

Ansprüche gegen den Versicherungsnehmer auf Schadensersatz aus §§ 7, 18 StVG, § 823 BGB auch gegen das Versicherungsunternehmen geltend machen.[155]

Dieser Direktanspruch ist jedoch kein Anspruch des Geschädigten aus dem Versicherungsvertrag – es besteht also insbesondere kein Vertrag zugunsten Dritter –, sondern es handelt sich vielmehr um einen „Annex" seines gesetzlichen Schadensersatzanspruchs gegen den Versicherungsnehmer.[156] Dieser Schadensersatzanspruch wird verstärkt, indem die Regelung des § 115 Abs. 1 S. 1 Nr. 1 VVG einen gesetzlichen Schuldbeitritt des Versicherungsunternehmens anordnet.[157] Durch den Schuldbeitritt tritt das Versicherungsunternehmen neben den Versicherungsnehmer in das gesetzliche Schuldverhältnis ein und haftet gemäß § 115 Abs. 1 S. 4 VVG mit diesem gesamtschuldnerisch.[158] Der Geschädigte erhält auf diese Weise einen zusätzlichen und solventen Schuldner.[159] Mit dem Versicherungsunternehmen verbindet ihn aber nur – wie mit dem Versicherungsnehmer auch – ein gesetzliches Schuldverhältnis.

2.2.6 Leistungen des Versicherungsunternehmens

Die Hauptleistung eines jeden Versicherungsunternehmens besteht gemäß § 1 S. 1 VVG in der Absicherung eines bestimmten Risikos des Versicherungsnehmers oder eines Dritten. Das Versicherungsunternehmen sichert dieses Risiko ab, indem es dem Versicherungsnehmer verspricht, bei Eintritt des vereinbarten Versicherungsfalls eine bestimmte Leistung zu erbringen.

In der Haftpflichtversicherung besteht die Leistung des Versicherungsunternehmens gemäß § 100 VVG darin, den Versicherungsnehmer von Ansprüchen freizustellen, die von einem Dritten aufgrund der Verantwortlichkeit des Versicherungsnehmers für eine während der Versicherungszeit eintretende Tatsache geltend gemacht werden, und unbegründete Ansprüche abzuwehren. Die Vorschrift des § 2 Abs. 1 KfzPflVV konkretisiert dieses gesetzliche Leitbild für die Kraftfahrzeug-Haftpflichtversicherung, und die Musterbedingungen A.1.1.2 und A.1.1.3 AKB 2015 inkorporieren diese Leistungspflichten in den Versicherungsvertrag. Die entsprechenden Vertragsklauseln lauten wie folgt: „Sind Schadenersatzansprüche begründet, leisten wir Schadenersatz in Geld." und „Sind Schadenersatzansprüche unbegründet, wehren wir diese auf unsere Kosten ab. Dies gilt auch, soweit Schadenersatzansprüche der Höhe nach unbegründet sind."

Die verschiedenartigen Leistungspflichten – Befriedigung oder Abwehr – knüpfen daran an, ob die geltend gemachten Schadensersatzansprüche begründet oder unbegründet sind.[160] Tritt der vereinbarte Versicherungsfall ein, geht es für das Versicherungsunternehmen also zunächst darum, die richtige Leistungsalternative zu bestimmen. Es ist dabei verpflichtet, „sich ein hinreichend genaues, umfassendes Bild über die Umstände zu verschaffen, aus denen die drohenden Ansprüche hergeleitet werden, die Rechtslage sorgfältig zu prüfen und die Aussichten für eine Abwehr der Ansprüche nach Grund und Höhe möglichst zuverlässig

[155] *Schneider,* in: Langheid/Wandt, MüKo VVG - Band 2, 2. Aufl. 2017, § 115, Rn. 1; *Elsner,* in: Höra, Münchener Anwaltshandbuch Versicherungsrecht, 4. Aufl. 2017, § 13, Rn. 139.
[156] BGH, NJW 1979, 271, 272; BGH, NJW 1972, 387, 388; *Greger,* in: Greger/Zwickel, Haftungsrecht des Straßenverkehrs, 5. Aufl. 2014, § 15, Rn. 3; *Langheid,* in: Langheid/Rixecker, VVG, 6. Aufl. 2019, § 115, Rn. 10; *Bauer,* Die Kraftfahrtversicherung, 6. Aufl. 2010, Rn. 878.
[157] *Schneider,* in: Langheid/Wandt, MüKo VVG - Band 2, 2. Aufl. 2017, § 115, Rn. 1; vgl. BGH, NJW 1972, 387, 388; *Greger,* in: Greger/Zwickel, Haftungsrecht des Straßenverkehrs, 5. Aufl. 2014, § 15, Rn. 3.
[158] *Schneider,* in: Langheid/Wandt, MüKo VVG - Band 2, 2. Aufl. 2017, § 115, Rn. 1.
[159] BGH, NJW 1972, 387, 388; *Bauer,* Die Kraftfahrtversicherung, 6. Aufl. 2010, Rn. 883 ff.
[160] *von Rintelen,* r + s 2010, 133, 136 allerdings mit anderen Rechtsfolgen für Versicherungsunternehmen (dagegen *Armbrüster,* r + s 2010, 441, 443).

einzuschätzen."[161] Es steht dem Versicherungsunternehmen nicht frei, auf eine Prüfung der Haftpflichtlage völlig zu verzichten und „auf gut Glück" zu zahlen.[162]

2.2.6.1 Befriedigung von begründeten Schadensersatzansprüchen

Kommt das Versicherungsunternehmen nach der Prüfung der konkreten Sach- und Rechtslage zu der Einschätzung, dass die Schadensersatzansprüche begründet sind, wird es den Versicherungsnehmer regelmäßig von diesen befreien.[163] Grundsätzlich erfolgt die Befreiung dadurch, dass das Versicherungsunternehmen den Geschädigten befriedigt und so den Anspruch gegen den Versicherungsnehmer zum Erlöschen bringt. Nur ausnahmsweise leistet das Versicherungsunternehmen eine Zahlung an den Versicherungsnehmer selbst.[164]

2.2.6.2 Abwehr von unbegründeten Schadensersatzansprüchen

Ist das Versicherungsunternehmen dagegen der Auffassung, es handele sich um unbegründete Schadensersatzansprüche, wird es diese für den Versicherungsnehmer abwehren. Dabei handelt es sich um einen voll- bzw. gleichwertigen Teil des Versicherungsschutzes in der Kraftfahrzeug-Haftpflichtversicherung.[165]

2.2.6.3 Ablauf der Schadensbearbeitung

Die Entscheidung über das „ob" und „wie" der Leistungserbringung trifft das Versicherungsunternehmen im Rahmen des Schadensbearbeitungsprozesses. Dieser umfasst alle Tätigkeiten, die sich mit der Aufnahme und Behandlung des Schadensfalls beschäftigen. In der Praxis wird die Schadensbearbeitung auch als „Schadensregulierung" oder „Schadensmanagement" bezeichnet.[166] Sie ist der Kernprozess des Versicherungsverhältnisses, denn in ihr manifestiert sich das Leistungsversprechen des Versicherungsunternehmens.[167]

Ausgelöst wird die Schadensbearbeitung durch die Schadensmeldung des Versicherungsnehmers oder des Geschädigten. Die weiteren Prozessschritte unterscheiden sich von Versicherungsunternehmen zu Versicherungsunternehmen.[168] Im Kern geht es jedoch darum, die Informationen aus der Schadensmeldung mit dem Versicherungsvertrag abzugleichen und daraus eine Regulierungsentscheidung zu treffen.[169] Bestimmte Schritte wie die Ermittlung aller relevanten Informationen zum Schadensfall, die Prüfung des Versicherungsschutzes sowie die Prüfung der Leistungsansprüche bzw. der zivilrechtlichen Haftungslage finden sich daher immer wieder. Abhängig von der Regulierungsentscheidung – Befriedigung oder Abwehr – schließen sich zudem Folgeprozesse wie die Befriedigung des

---

[161] BGH, VersR 1981, 180; zustimmend für die Kraftfahrzeug-Haftpflichtversicherung *Bauer*, Die Kraftfahrtversicherung, 6. Aufl. 2010, Rn. 834.

[162] BGH, VersR 1981, 180; zustimmend für die Kraftfahrzeug-Haftpflichtversicherung *Bauer*, Die Kraftfahrtversicherung, 6. Aufl. 2010, Rn. 834.

[163] Zur Frage, ob es das Versicherungsunternehmen bei begründeten Ansprüchen auf einen gerichtlichen Prozess ankommen lassen darf, s. Überblick bei *Langheid*, in: Langheid/Rixecker, VVG, 6. Aufl. 2019, § 100, Rn. 5 f.

[164] *Lücke*, in: Prölss/Martin, VVG, 31. Aufl. 2020, § 100, Rn. 6 f.

[165] *Maier*, in: Stiefel/Maier, Kraftfahrtversicherung, 19. Aufl. 2017, A.1 AKB 2015, Rn. 81.

[166] *Farny*, Versicherungsbetriebslehre, 5. Aufl. 2011, S. 677; *Broschinski*, in: Aschenbrenner/Dicke/Karnarski/Schweiggert, Informationsverarbeitung in Versicherungsunternehmen, 2010, S. 90.

[167] *Tenbieg* in: Wagner, Gabler Versicherungslexikon, 2. Aufl. 2017, S. 809.

[168] Vgl. beispielsweise *Tenbieg*, in: Wagner, Gabler Versicherungslexikon, 2. Aufl. 2017, S. 809 ff.; *Farny*, Versicherungsbetriebslehre, 5. Aufl. 2011, S. 677 ff.; *Broschinski*, in: Aschenbrenner/Dicke/Karnarski/Schweiggert, Informationsverarbeitung in Versicherungsunternehmen, 2010, S. 90 ff.

[169] *Farny*, Versicherungsbetriebslehre, 5. Aufl. 2011, S. 678.

Geschädigten oder gegebenenfalls zivilrechtliche Verfahren an. Der Schadensbearbeitungsprozess endet mit der Schließung des Schadens durch das Versicherungsunternehmen. Ebenfalls der Schadensbearbeitung zuzuordnen sind bestimmte „Querschnittsfunktionen" wie die vorliegend relevante Betrugsabwehr:

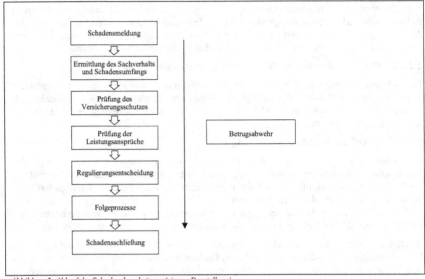

Abbildung 2: Ablauf der Schadensbearbeitung (eigene Darstellung).

2.3 „Crash for Cash" – Versicherungsbetrug durch manipulierte Straßenverkehrsunfälle

Das Phänomen Versicherungsbetrug ist vermutlich so alt wie die Versicherung selbst.[170] Auch in der Kraftfahrzeug-Haftpflichtversicherung weisen betrügerische Vorgehensweisen eine außerordentlich hohe Praxisrelevanz auf.[171] Dabei werden Straßenverkehrsunfälle von einem oder mehreren Beteiligten in verschiedensten Varianten manipuliert, falsche Angaben gemacht, Beweismittel verfälscht, Zeugen beeinflusst oder Unfälle insgesamt vorgetäuscht, um gegenüber dem Versicherungsunternehmen scheinbar berechtigte Schadensersatzansprüche geltend zu machen und sich zu bereichern.[172]

Die Kraftfahrzeug-Haftpflichtversicherung ist besonders betrugsanfällig, da für die Täter das Entdeckungsrisiko als gering einzustufen ist.[173] Straßenverkehrsunfälle sind – wie eingangs beschrieben – ein Massenphänomen und ihre Bearbeitung durch Versicherungsunternehmen ist ein Massengeschäft.[174] Dies allein erschwert schon wirksame Kontrollmaßnahmen in den Versicherungsunternehmen.[175] Problematisch ist zudem, dass viele Versicherungsunternehmen den Prozess der Schadensregulierung bewusst „kundenfreundlich", also möglichst schnell und komplikationslos, gestalten möchten.[176] Dieser Ansatz ist prinzipiell nachvollziehbar, denn die Versicherungsunternehmen stehen in einem umkämpften Markt vor der Herausforderung, bestehende Kunden zu halten und neue Kunden zu gewinnen.[177] Aus der Perspektive des Versicherungsnehmers ist die Schadensregulierung der „Moment der Wahrheit" und entscheidet maßgeblich über seine Zufriedenheit.[178] Eine kundenfreundliche Schadenschnellregulierung bringt jedoch ebenfalls Nachteile mit sich, denn sie ist in gewisser Weise der natürliche Feind der sorgfältigen, zeitintensiveren Betrugsprüfung.[179]

---

[170] *Gas*, in: Bach, Symposion gegen Versicherungsbetrug, 1990, Versicherungsbetrug als geschäftspolitische Aufgabe, S. 5; *Dannert*, r + s 1989, 381; *Edelbacher*, VR 1990, 203.

[171] *Elsner*, in: Höra, Münchener Anwaltshandbuch Versicherungsrecht, 4. Aufl. 2017, § 13, Rn. 63; *Kuhn*, in: Buschbell/Höke, Münchener Anwaltshandbuch Straßenverkehrsrecht, 5. Aufl. 2020, § 23, Rn. 410; *Born*, NZV 1996, 257, 258.

[172] *Kaufmann*, in: Geigel, Der Haftpflichtprozess, 28. Aufl. 2019, Kap. 25, Rn. 9; *Halbach*, in: Veith/Gräfe/Gebert, Der Versicherungsprozess, 4. Aufl. 2020, § 13, Rn. 336; *Dannert*, r + s 1989, 381.

[173] *Born*, NZV 1996, 257, 258; *Weber*, Die Aufklärung des Kfz-Versicherungsbetrugs, 1995, S. 1.

[174] *Born*, NZV 1996, 257, 258; *Greger*, in: Greger/Zwickel, Haftungsrecht des Straßenverkehrs, 5. Aufl. 2014, § 1, Rn. 5; *Tenbieg*, ZVersWiss 2010, 571, 572.

[175] *Weber*, Die Aufklärung des Kfz-Versicherungsbetrugs, 1995, S. 1.

[176] *Weber*, in: Berz/Burmann, Handbuch des Straßenverkehrsrechts, 42. EL 2020, 21 E, Rn. 7; *Born*, NZV 1996, 257, 258; zu den Erwartungen der Versicherungsnehmer s. *Statista*, Erwartungen von Autofahrern an Schadenservice ihrer Kfz-Versicherung (verfügbar unter: https://de.statista.com/statistik/daten/studie/226509/umfrage/erwartungen-von-autofahrern-an-schadenservice-ihrer-kfz-versicherung/) und *Statista*, Meinung zu den wichtigsten Kfz-Versicherungsleistungen im Schadensfall (verfügbar unter: https://de.statista.com/statistik/daten/studie/173183/umfrage/meinung-zu-den-wichtigsten-kfz-versicherungsleistungen-im-schadensfall/).

[177] Accenture (Hrsg.), Der digitale Versicherer - Studie zur Zufriedenheit der Kunden mit dem Schadenmanagement, 2014, S. 2.

[178] Accenture (Hrsg.), Der digitale Versicherer - Studie zur Zufriedenheit der Kunden mit dem Schadenmanagement, 2014, S. 2; *Tenbieg*, in: Wagner, Gabler Versicherungslexikon, 2. Aufl. 2017, S. 809.

[179] Vgl. *Weber*, in: Berz/Burmann, Handbuch des Straßenverkehrsrechts, 42. EL 2020, 21 E, Rn. 9; *Berthold*, Der Betrug zum Nachteil von Versicherungen, 2005, S. 22; *Viaene/Dedene*, The Geneva Papers on Risk and Insurance 2004, 313, 324; *Fähnrich*, in: Meschkat/Nauert, Betrug in der Kraftfahrzeugversicherung, 2008, Rn. 124.

Beide Faktoren zusammengenommen, also die schiere Masse der Versicherungsfälle und der zunehmende Fokus auf eine möglichst schnelle Schadensregulierung, begünstigen Versicherungsbetrug insgesamt und insbesondere die Geltendmachung manipulierter Straßenverkehrsunfälle gegenüber den Versicherungsunternehmen.

2.3.1 Erscheinungsformen manipulierter Unfälle

Die Ausgangslage ist prinzipiell immer gleich: Ein vermeintlich Geschädigter verlangt von dem vermeintlichen Schädiger – dem Versicherungsnehmer oder einer mitversicherten Person – sowie von dem Versicherungsunternehmen Schadensersatz nach §§ 7, 18 StVG, § 823 BGB, § 115 VVG für erlittene Schäden aus einem Straßenverkehrsunfall.[180] Die Besonderheit besteht darin, dass der Straßenverkehrsunfall in irgendeiner Weise manipuliert ist. Im angloamerikanischen Raum wird dieses Vorgehen auch als „Crash for Cash" bezeichnet.[181] Zwar sind erfahrungsgemäß der „Phantasie der Betrüger, die sich auf Kosten eines Haftpflichtversicherers bereichern wollen, [...] keine Grenzen gesetzt",[182] jedoch finden sich bestimmte Erscheinungsformen von manipulierten Straßenverkehrsunfällen immer wieder. Im Einzelnen sind das der fiktive Unfall, der ausgenutzte Unfall, der provozierte Unfall und der gestellte Unfall.[183] Die jeweilige Vorgehensweise, die Motivation der Beteiligten sowie die Auswirkungen für die zivilrechtliche Haftungslage sollen im Folgenden skizziert werden.

2.3.1.1 Der fiktive Unfall

Der fiktive Unfall zeichnet sich dadurch aus, dass der behauptete Straßenverkehrsunfall überhaupt nicht stattgefunden hat.[184] Vielmehr haben der Geschädigte und der Schädiger den Vorfall frei erfunden.

Typischerweise hat der Geschädigte den behaupteten Schaden anderweitig erlitten und versucht anschließend, ihn dem Versicherungsunternehmen unterzuschieben.[185] Teilweise ist sogar der behauptete Schaden fiktiv und das gesamte Geschehen existiert lediglich auf dem Papier.[186] Letzteres wird auch als „Papierschaden" bezeichnet. Dies kann als eine Manipulation des Unfallgeschehens im weiteren Sinne verstanden werden.

Es ist offensichtlich, dass dem Geschädigten bei einem fiktiven Unfall keine Schadensersatzansprüche aus §§ 7, 18 StVG, § 823 BGB zustehen können. Im Falle des Papierschadens fehlt es schon an einer Rechtsgutverletzung, im Übrigen ist die Rechtsgutverletzung jedenfalls nicht bei dem konkreten Betrieb des Kraftfahrzeugs entstanden.[187]

---

[180] *Lemcke*, r + s 1993, 121; *Schneider*, in: Berz/Burmann, Handbuch des Straßenverkehrsrechts, 42. EL 2020, 5 D, Rn. 40.

[181] S. beispielsweise *Insurance Fraud Bureau*, Crash for Cash (verfügbar unter: https://www.insurancefraudbureau.org/insurance-fraud/crash-for-cash/); in Deutschland hat sich dagegen der Begriff „Autobumser" etabliert, s. *Wikipedia*, Autobumser (verfügbar unter: https://de.wikipedia.org/wiki/Autobumser).

[182] *Dannert*, r + s 1989, 381, 382.

[183] Teilweise werden die Konstellationen leicht abweichend benannt, in der Sache ergeben sich daraus jedoch keine Unterschiede.

[184] *Jahnke*, in: Stiefel/Maier, Kraftfahrtversicherung, 19. Aufl. 2017, § 103 VVG, Rn. 76.

[185] *Jahnke*, in: Stiefel/Maier, Kraftfahrtversicherung, 19. Aufl. 2017, § 103 VVG, Rn. 76; *Lemcke*, r + s 1993, 121.

[186] *Dannert*, r + s 1989, 381, 382.

[187] Vgl. auch *Weber*, Die Aufklärung des Kfz-Versicherungsbetrugs, 1995, S. 648; *Staab*, in: Meschkat/Nauert, Betrug in der Kraftfahrzeugversicherung, 2008, S. 147; *Elsner*, in: Höra, Münchener Anwaltshandbuch Versicherungsrecht, 4. Aufl. 2017, § 13, Rn. 66.

2.3.1.2 Der ausgenutzte Unfall

Anders als beim fiktiven Unfall hat beim ausgenutzten Unfall der behauptete Straßenverkehrsunfall tatsächlich stattgefunden und der Geschädigte hat auch einen realen Schaden erlitten.[188] Der Geschädigte nutzt die Lage jedoch im Nachhinein aus und macht zusätzlich ereignisfremde Schäden geltend.[189] Ereignisfremd sind solche Schäden, die nicht auf dem Unfall beruhen. Sie waren entweder schon vor dem Unfall vorhanden – sogenannte Vor- oder Altschäden – oder wurden nachträglich absichtlich hinzugefügt, auch „Nachschäden" genannt.[190]

Die Motivation für den Einbezug von Vorschäden liegt – wie beim fiktiven Unfall – in der Abwälzung anderweitig erlittener Schäden auf das Versicherungsunternehmen.[191] Dagegen geht es beim Einbezug von Nachschäden darum, auf Reparaturkostenbasis bzw. fiktiv abzurechnen, anschließend günstiger zu reparieren und an der Differenz zu verdienen.[192]

Beim ausgenutzten Unfall bestehen Schadensersatzansprüche des Geschädigten aus §§ 7, 18 StVG, § 823 BGB nur teilweise. Es ist insofern zwischen den realen und den ereignisfremden Schäden zu differenzieren. Mit Blick auf den realen Schaden sind die Tatbestandsvoraussetzungen erfüllt.[193] Im Übrigen, also in Bezug auf die Vor- und Nachschäden, ist die Rechtsgutverletzung jedoch nicht bei dem konkreten Betrieb des Kraftfahrzeugs entstanden.[194]

2.3.1.3 Der provozierte Unfall

Auch beim provozierten Unfall hat der behauptete Straßenverkehrsunfall tatsächlich stattgefunden und der Geschädigte hat einen realen Schaden erlitten. Anders als beim ausgenutzten Unfall wurde der provozierte Unfall jedoch von dem Geschädigten absichtlich unter Ausnutzung des arglosen Schädigers herbeigeführt.[195] Letzterer fungiert dabei als bloßes Werkzeug des Geschädigten. Dabei antizipiert der Geschädigte ein typisches Fehlverhalten des

---

[188] *Jahnke*, in: Stiefel/Maier, Kraftfahrtversicherung, 19. Aufl. 2017, § 103 VVG, Rn. 77.

[189] *Dannert*, r + s 1989, 381, 383; *Born*, NZV 1996, 257, 259; *Weber*, Die Aufklärung des Kfz-Versicherungsbetrugs, 1995, S. 7.

[190] *Weber*, Die Aufklärung des Kfz-Versicherungsbetrugs, 1995, S. 7; *Lemcke*, r + s 1993, 121.

[191] *Lemcke*, r + s 1993, 121.

[192] *Lemcke*, r + s 1993, 121; ausführliche Erläuterung mit Praxisbeispiel bei *Weber*, in: Berz/Burmann, Handbuch des Straßenverkehrsrechts, 42. EL 2020, 21 E, Rn. 12 ff.

[193] Vgl. *Weber*, Die Aufklärung des Kfz-Versicherungsbetrugs, 1995, S. 648; *Elsner*, in: Höra, Münchener Anwaltshandbuch Versicherungsrecht, 4. Aufl. 2017, § 13, Rn. 66.

[194] *Weber*, Die Aufklärung des Kfz-Versicherungsbetrugs, 1995, S. 649; *Elsner*, in: Höra, Münchener Anwaltshandbuch Versicherungsrecht, 4. Aufl. 2017, § 13, Rn. 66; *Staab*, in: Meschkat/Nauert, Betrug in der Kraftfahrzeugversicherung, 2008, S. 149.

[195] *Lemcke*, r + s 1993, 121; *Born*, NZV 1996, 257, 259.

Schädigers im Straßenverkehr und provoziert so den Unfall.[196] Charakteristisch hierfür sind das Ausnutzen eines ungenügenden Abstands[197] oder einer Nichtbeachtung der Vorfahrt.[198] Maßgeblich wurde der Schaden tatsächlich durch den Unfall verursacht. Teilweise werden von dem Geschädigten jedoch auch ereignisfremde Schäden – insbesondere Vorschäden – einbezogen. Das nachträgliche Hinzufügen von weiteren Schäden ist zwar nicht ausgeschlossen, aber deutlich riskanter. Der nicht eingeweihte Schädiger hat regelmäßig das tatsächliche Ausmaß des Schadens nach dem Unfall erkannt und könnte bei einer nachträglichen Vergrößerung oder Erweiterung Verdacht schöpfen.

Die Motivation beim provozierten Unfall besteht in erster Linie in der Bereicherung durch die Kostendifferenz zwischen fiktiver und tatsächlicher Reparatur.[199]

Beim provozierten Unfall hat der Geschädigte keine Schadensersatzansprüche aus §§ 7, 18 StVG, § 823 BGB. Zwar liegt eine Rechtsgutverletzung vor und diese ist auch bei dem konkreten Betrieb des Kraftfahrzeugs entstanden, die Rechtsgutverletzung ist jedoch nicht rechtswidrig. Das folgt aus dem Grundsatz *volenti non fit iniuria* (lat. für „Dem Einwilligenden geschieht kein Unrecht").[200] Die Einwilligung des Geschädigten stellt einen Rechtfertigungsgrund dar.[201] Das gilt auch dann, wenn der Schädiger diese nicht kennt. Der Geschädigte hat daher keine Schadensersatzansprüche aus §§ 7, 18 StVG, § 823 BGB.

2.3.1.4 Der gestellte Unfall

Der gestellte Unfall ist die klassische Betrugsvariante in der Kraftfahrzeug-Haftpflichtversicherung.[202] Auch beim gestellten Unfall hat der behauptete Straßenverkehrsunfall tatsächlich stattgefunden und der Geschädigte hat einen realen Schaden erlitten. Der Unfall wurde jedoch vom Geschädigten und vom Schädiger gemeinsam verabredet

---

[196] *Weber,* Die Aufklärung des Kfz-Versicherungsbetrugs, 1995, S. 7; vgl. den Überblick zu typischem Fehlverhalten im Straßenverkehr ab S. 4.

[197] Beim Ausnutzen des ungenügenden Abstands befindet sich der Geschädigte mit seinem Kraftfahrzeug räumlich vor dem Schädiger. In einer Verkehrssituation, die an sich eine Bremsung rechtfertigt bzw. erfordert – beispielsweise eine gelbe Ampel, ein Fußgängerüberweg, eine Vorfahrtstraße –, bremst der Geschädigte plötzlich besonders stark ab. Er antizipiert, dass der Schädiger entgegen § 4 Abs. 1 S. 1 StVO keinen ausreichenden Abstand zum vorausfahrenden Kraftfahrzeug einhält. Der Schädiger kann nicht rechtzeitig bremsen und fährt auf den Geschädigten auf.

[198] Beim Ausnutzen einer Nichtbeachtung der Vorfahrt befindet sich der Geschädigte mit seinem Kraftfahrzeug „lauernd" an einer Kreuzung oder Einmündung, die Vorfahrt genießt. Die Vorfahrtstraße ist regelmäßig so gewählt, dass die Vorfahrt nicht durch Verkehrszeichen, sondern durch das allgemeine „Rechts vor Links"-Prinzip des § 8 Abs. 1 StVO geregelt ist. Die Straße ist zudem typischerweise schlecht einsehbar und hat aufgrund ihrer Beschaffenheit den Anschein, eine nachrangige Straße zu sein. Nähert sich der Schädiger auf der tatsächlichen Nachrangstraße, fährt der Geschädigte plötzlich vor. Er antizipiert, dass der Schädiger entgegen § 8 Abs. 2 StVO entweder verkennt, dass er an dieser Stelle die Vorfahrt zu beachten hat oder von einer „psychologischen Vorfahrt" ausgeht und die tatsächliche Vorfahrtstraße mit übermäßiger Geschwindigkeit passiert. Der Schädiger kann auch hier nicht rechtzeitig bremsen und kollidiert mit dem Geschädigten; geradezu lehrbuchartig bei OLG Hamm, NZV 1994, 227; allgemein hierzu *Dannert,* r + s 1989, 381, 382 f.; *Schneider,* in: Berz/Burmann, Handbuch des Straßenverkehrsrechts, 42. EL 2020, 5 D, Rn. 44.

[199] *Born,* NZV 1996, 257, 259; *Benz/Hoffmann,* SVR 2006, 95.

[200] BGH, NJW 1978, 2154, 2155; *Staab,* in: Meschkat/Nauert, Betrug in der Kraftfahrzeugversicherung, 2008, Rn. 149; ausführlich zum Grundsatz *Ohly,* Volenti non fit iniuria - Die Einwilligung im Privatrecht, 2002.

[201] *Weber,* Die Aufklärung des Kfz-Versicherungsbetrugs, 1995, S. 648.

[202] *Weber,* Die Aufklärung des Kfz-Versicherungsbetrugs, 1995, S. 7; *Lemcke,* r + s 1993, 121, 122; *Born,* NZV 1996, 257, 259; der gestellte Unfall wird bisweilen auch als „verabredeter" oder „abgesprochener" Unfall bezeichnet.

und absichtlich herbeigeführt.[203] Hierbei geht es also um ein kollusives Zusammenwirken der Unfallbeteiligten.

Die konkrete Ausgestaltung ist facettenreich, aber prinzipiell muss die Art der Kollision für die Beteiligten beherrschbar sein und darf für keinen der Beteiligten eine übermäßige Selbstgefährdung darstellen. Zudem muss das Geschehen zu einer eindeutigen Haftung des Schädigers führen.[204] Gut beherrschbar sind Kollisionen, bei denen das geschädigte Kraftfahrzeug ruht.[205] Dazu gehören insbesondere Unfälle beim Ein- und Ausparken, beim Zurücksetzen oder weil der Schädiger einem Hindernis[206] ausweicht oder die Kontrolle über sein Kraftfahrzeug „verliert" und dabei ein parkendes Kraftfahrzeug rammt.[207] Anspruchsvoller ist es, wenn beide Kraftfahrzeuge in Bewegung sind, da hierbei physikalische Bewegungsgesetze doppelt berücksichtigt werden müssen.[208] Das gilt insbesondere, wenn sich die Kraftfahrzeuge nicht in die gleiche Richtung, sondern senkrecht zueinander bewegen.[209] Naturgemäß wollen sich die Beteiligten zudem nicht übermäßig selbst gefährden, sodass Unfälle mit hoher Geschwindigkeit oder solche mit Kollisionspunkt auf der Fahrerseite des Kraftfahrzeugs eher ausscheiden.[210] Die Schäden, die anschließend gegenüber dem Schädiger und seinem Versicherungsunternehmen geltend gemacht werden, wurden primär durch die Kollision verursacht.

Wie beim provozierten Unfall besteht auch beim gestellten Unfall die Motivation vordringlich in der Bereicherung durch die Kostendifferenz zwischen fiktiver und tatsächlicher Reparatur.

Grundsätzlich lässt sich in Frage stellen, ob es sich bei einem gestellten Unfall überhaupt um einen „Unfall" handelt. So ist unter einem Unfall im Sinne von § 142 StGB „jedes – zumindest für einen der Beteiligten – plötzliche, mit den typischen Gefahren des Straßenverkehrs ursächlich zusammenhängende Ereignis zu verstehen, durch das ein nicht nur belangloser Fremdschaden verursacht wird".[211] Beim gestellten Unfall fehlt es dagegen an der Plötzlichkeit des Ereignisses für beide Beteiligte.[212] Im Haftungsrecht wird der Unfallbegriff jedoch anders definiert. Aus § 7 Abs. 2 StVG folgt, dass ein Unfall vorliegt, wenn bei dem Betrieb eines Kraftfahrzeugs ein Mensch getötet, der Körper oder die Gesundheit eines Menschen verletzt oder eine Sache beschädigt wird. Auch beim gestellten Unfall ist daher von einem „Unfall" im Sinne von § 7 Abs. 2 StVG auszugehen.[213] Nichtsdestotrotz stehen dem Geschädigten keine Schadensersatzansprüche aus §§ 7, 18 StVG, § 823 BGB zu. Ebenso wie beim provozierten Unfall ist die vorliegende Rechtsgutverletzung wegen des Grundsatzes *volenti non fit iniuria* nicht rechtswidrig.

---

[203] *Lemcke*, r + s 1993, 121; *Weber*, Die Aufklärung des Kfz-Versicherungsbetrugs, 1995, S. 7.

[204] *Weber*, Die Aufklärung des Kfz-Versicherungsbetrugs, 1995, S. 647.

[205] *Born*, NZV 1996, 257, 260.

[206] Bei den Hindernissen handelt es sich regelmäßig um Tiere, Natureinwirkungen oder unbekannte Dritte, also solche Umstände, die im Nachhinein nur schwer ermittelbar sind.

[207] *Born*, NZV 1996, 257, 260.

[208] *Born*, NZV 1996, 257, 260.

[209] *Born*, NZV 1996, 257, 260; s. aber die „Vorfahrtskonstellation" beim provozierten Unfall.

[210] S. aber auch hier die „Vorfahrtskonstellation" beim provozierten Unfall ab S. 25.

[211] *Zopfs*, in: MüKo StGB - Band 3, 3. Aufl. 2017, § 142, Rn. 34.

[212] *Zopfs*, in: MüKo StGB - Band 3, 3. Aufl. 2017, § 142, Rn. 35.

[213] So auch *Weber*, Die Aufklärung des Kfz-Versicherungsbetrugs, 1995, S. 648.

2.3.2 Gelegenheitstäter und professionelle Täter

Bei der Manipulation von Straßenverkehrsunfällen können die beteiligten Personen nach ihrem Professionalitätsgrad unterschieden werden. Grundsätzlich lassen sich die beteiligten Personen in Gelegenheitstäter und in professionelle Täter aufteilen.[214]

Gelegenheitstäter manipulieren Unfälle spontan. Der Tatentschluss reift erst nachdem sie eine günstige Gelegenheit bemerkt haben. Die typische Begehungsweise ist daher der ausgenutzte Unfall.[215] Dieser wird auch als „das Reich der kleinen Betrüger" bezeichnet.[216] Gelegenheitstäter treten aufgrund der Spontanität des Tatentschlusses typischerweise bloß allein oder gemeinsam mit dem Versicherungsnehmer auf.

Dagegen nutzen professionelle Täter keine günstige Gelegenheit aus, sondern führen die Gelegenheit selbst herbei.[217] Kennzeichnend hierfür sind der provozierte und der gestellte Unfall. Professionelle Täter agieren häufig in bandenähnlichen Strukturen.[218] Der Anteil an organisierter Kriminalität ist nicht unerheblich.[219] Typischerweise verfügen sie über Expertenwissen hinsichtlich typischer Unfallgeschehen, der Schadensregulierungsprozesse und des Reifegrads der Betrugsbekämpfung einzelner Versicherungsunternehmen.[220] Ihre Motivation besteht maßgeblich im Gewinnstreben.[221]

2.3.3 Verbreitung und Schadensvolumen

Versicherungsbetrug ist keine Randerscheinung, sondern eine ständig wachsende Herausforderung für Versicherungsunternehmen.[222]

Eine erste Annäherung zur Feststellung der Verbreitung ermöglicht die durch das *Bundeskriminalamt* erhobene Polizeiliche Kriminalstatistik.[223] Sie enthält alle der Polizei bekannt gewordenen rechtswidrigen Straftaten, die Anzahl der ermittelten Tatverdächtigen und weitere Angaben zu Fällen, Opfern oder Tatverdächtigen. Unter dem Stichwort „Betrug z.N.V. Versicherungen und Versicherungsmissbrauch" (Schlüsselnr. 517400) wurden im Jahr 2019 3.111 Fälle in Deutschland erfasst.[224] Dabei handelt es sich jedoch nur um die Spitze des Eisbergs. In der Statistik fehlen schon solche Straftaten, die nicht bei der Polizei, sondern unmittelbar bei der Staatsanwaltschaft zur Anzeige gebracht wurden. Darüber hinaus ist nicht bekannt, wieviele Straftaten von den Versicherungsunternehmen nicht angezeigt oder gar nicht erst entdeckt wurden. Es ist daher von einer erheblich höheren Dunkelziffer auszugehen.

---

[214] *Tenbieg*, ZVersWiss 2010, 571, 572.

[215] *Burgartz*, in: Meschkat/Nauert, Betrug in der Kraftfahrzeugversicherung, 2008, Rn. 8.

[216] *Dannert*, r + s 1989, 381, 383.

[217] *Köneke/Müller-Peters/Fetchenhauer*, Versicherungsbetrug verstehen und verhindern, 2015, S. 407.

[218] *Fähnrich*, in: Meschkat/Nauert, Betrug in der Kraftfahrzeugversicherung, 2008, Rn. 107.

[219] *Knoll*, Management von Betrugsrisiken in Versicherungsunternehmen, 2011, S. 140; *Burgartz*, in: Meschkat/Nauert, Betrug in der Kraftfahrzeugversicherung, 2008, Rn. 23 ff.; Insurance Europe (Hrsg.), Insurance fraud - not a victimless crime, 2019, S. 5.

[220] *Fähnrich*, in: Meschkat/Nauert, Betrug in der Kraftfahrzeugversicherung, 2008, Rn. 116.

[221] *Tenbieg*, ZVersWiss 2010, 571, 572; *Köneke/Müller-Peters/Fetchenhauer*, Versicherungsbetrug verstehen und verhindern, 2015, S. 407.

[222] *Tenbieg*, ZVersWiss 2010, 571, 578.

[223] *Bundeskriminalamt* (BKA), Polizeiliche Kriminalstatistik (verfügbar unter: https://www.bka.de/DE/AktuelleInformationen/StatistikenLagebilder/PolizeilicheKriminalstatistik/pks_node.html).

[224] *Bundeskriminalamt* (BKA), PKS 2019 - Band 1 (verfügbar unter: https://www.bka.de/DE/AktuelleInformationen/StatistikenLagebilder/PolizeilicheKriminalstatistik/PKS2019/PKSJahrbuch/pksJahrbuch_node.html)

Die Versicherungswirtschaft selbst schätzt, dass in Deutschland nahezu jede zehnte Schadensmeldung betrugsverdächtig ist.[225] In der Kraftfahrtversicherung liegt nach einer Sonderauswertung des *Gesamtverbandes der Deutschen Versicherungswirtschaft* der Anteil an auffälligen Schäden bei etwa sieben Prozent.[226] Speziell für die Kraftfahrzeug-Haftpflichtversicherung wird wiederum davon ausgegangen, dass knapp zehn Prozent der gemeldeten Straßenverkehrsunfälle manipuliert sind.[227]

Angesichts der Masse an Versicherungsfällen verursacht Versicherungsbetrug daher Schäden in Milliardenhöhe. Der *Gesamtverband der Deutschen Versicherungswirtschaft* beziffert den jährlichen Gesamtschaden in Deutschland auf vier bis fünf Milliarden Euro.[228] Nicht davon erfasst sind die indirekten Schäden der Versicherungsunternehmen. Darunter versteht man solche Schäden, die durch die Aufarbeitung, den Reputationsverlust, den Rückgang der Mitarbeitermoral sowie die Beeinträchtigung von Geschäftsbeziehungen und Beziehungen zu Aufsichtsbehörden verursacht werden.[229]

2.3.4 Geschädigte

Die durch Versicherungsbetrug verursachten Schäden gehen jedoch nicht nur zu Lasten des Versicherungsunternehmens, sondern wirken sich auch nachteilig auf die Versichertengemeinschaft aus.

Das Versicherungsunternehmen wird unmittelbar geschädigt, denn es erbringt irrtümlicherweise Versicherungsleistungen, ohne dass die Voraussetzungen des vereinbarten Versicherungsfalls vorliegen.[230] Aus Sicht des Versicherungsunternehmens verzerrt ein Versicherungsbetrug zudem die Kalkulation des Versicherungsgeschäfts.[231] Dies führt dazu, dass eine negative Differenz zwischen den zu erwartenden und den tatsächlich zu erbringenden Versicherungsleistungen entsteht.[232] Wurden die Versicherungsprämien mit Blick auf die zu erwartenden Versicherungsleistungen kalkuliert, wird die Kosten-Nutzen-Relation des Versicherungsunternehmens nachteilig verändert und es drohen Fehlbeträge zu entstehen.[233] Unter Umständen kann eine gravierende Diskrepanz sogar die Existenz des Versicherungsunternehmens bedrohen.[234]

---

[225] *Gesamtverband der Deutschen Versicherungswirtschaft* (GDV), Versicherer: Fast jede zehnte Schadenmeldung mit Ungereimtheiten (verfügbar unter: https://www.gdv.de/resource/blob/9152/db85400b936138321d17f5dea0881003/fast-jede-zehnte-schadenmeldung-mit-ungereimtheiten-793016589-data.pdf); *Köneke/Müller-Peters/Fetchenhauer*, Versicherungsbetrug verstehen und verhindern, 2015, S. 2; *Born*, NZV 1996, 257, 258.

[226] *Gesamtverband der Deutschen Versicherungswirtschaft* (GDV), Versicherer: Fast jede zehnte Schadenmeldung mit Ungereimtheiten (verfügbar unter: https://www.gdv.de/resource/blob/9152/db85400b936138321d17f5dea0881003/fast-jede-zehnte-schadenmeldung-mit-ungereimtheiten-793016589-data.pdf); so auch *Tenbieg*, ZVersWiss 2010, 571.

[227] *Fähnrich/Lindsiepe*, in: El Hage, Schadenmanagement: Grundlagen, Methoden und Instrument, praktische Erfahrungen, 2003, S. 269; *Benz/Hoffmann*, SVR 2006, 95; *Franzke/Nugel*, NJW 2015, 2071.

[228] *Gesamtverband der Deutschen Versicherungswirtschaft* (GDV), Versicherer: Fast jede zehnte Schadenmeldung mit Ungereimtheiten (verfügbar unter: https://www.gdv.de/resource/blob/9152/db85400b936138321d17f5dea0881003/fast-jede-zehnte-schadenmeldung-mit-ungereimtheiten-793016589-data.pdf).

[229] Vgl. *Bantleon/Thomann*, DStR 2006, 1714, 1717.

[230] *Knoll*, Management von Betrugsrisiken in Versicherungsunternehmen, 2011, S. 147.

[231] WNS DecisionPoint (Hrsg.), Insurance Fraud Detection and Prevention in the Era of Big Data, 2016, S. 6; zu den Hauptgrößen des Versicherungsgeschäfts *Farny*, Versicherungsbetriebslehre, 5. Aufl. 2011, S. 58 ff.

[232] *Edelbacher*, VR 1990, 203, 204.

[233] Vgl. *Farny*, Versicherungsbetriebslehre, 5. Aufl. 2011, S. 34 f.

[234] *Köneke/Müller-Peters/Fetchenhauer*, Versicherungsbetrug verstehen und verhindern, 2015, S. 4.

Um diese Fehlbeträge zu kompensieren, wird das Versicherungsunternehmen typischerweise die Versicherungsprämien erhöhen oder die Versicherungsleistungen reduzieren.[235] Es wälzt somit die durch Versicherungsbetrug entstehenden Mehrkosten auf die Versicherungsgemeinschaft ab.[236] Mittelbar wird daher auch jeder einzelne Versicherungsnehmer geschädigt, denn die Kompensationsmaßnahmen des Versicherungsunternehmens verschlechtern die Kosten-Nutzen-Relation seines Versicherungsschutzes.[237] Im Extremfall kann dies sogar dazu führen, dass besonders betrugsanfällige Versicherungsarten zu „Luxusversicherungen" werden, die sich Teile der Bevölkerung nicht mehr leisten können, oder sogar überhaupt nicht mehr versichert werden können.[238] Im Fall der Kraftfahrzeug-Haftpflichtversicherung würde dies mit Blick auf ihre Ausgestaltung als Pflichtversicherung und ihre Funktion im Haftungsrecht Folgewirkungen nach sich ziehen, die kaum zu überblicken sind.

Eine Abwälzung der durch Versicherungsbetrug entstehenden Mehrkosten auf die Versichertengemeinschaft wird für Versicherungsunternehmen jedoch zunehmend schwerer. Insbesondere in der Kraftfahrzeug-Haftpflichtversicherung besteht zwischen den verschiedenen Anbietern ein scharfer Wettbewerb.[239] Die Höhe der Versicherungsprämie ist dabei ein wesentlicher Grund, warum sich ein Versicherungsnehmer für oder gegen ein bestimmtes Versicherungsunternehmen entscheidet.[240] Eine Erhöhung der Prämien kann somit zwar kurzfristig die Mehrkosten ausgleichen, langfristig verschlechtert sie jedoch die Wettbewerbsposition des Versicherungsunternehmens. Vor diesem Hintergrund rückt die Bekämpfung von Versicherungsbetrug immer stärker in den Fokus von Versicherungsunternehmen.[241]

---

[235] *Köneke/Müller-Peters/Fetchenhauer,* Versicherungsbetrug verstehen und verhindern, 2015, S. 4; *Knoll,* Management von Betrugsrisiken in Versicherungsunternehmen, 2011, S. 146 f.; *Tenbieg,* in: Wagner, Gabler Versicherungslexikon, 2. Aufl. 2017, S. 149; *Edelbacher,* VR 1990, 203, 204.

[236] Dies führt natürlich nicht zu einem Wegfall der Schädigung beim Versicherungsunternehmen; so auch *Knoll,* Management von Betrugsrisiken in Versicherungsunternehmen, 2011, S. 146.

[237] *Köneke/Müller-Peters/Fetchenhauer,* Versicherungsbetrug verstehen und verhindern, 2015, S. 4; vgl. *Farny,* Versicherungsbetriebslehre, 5. Aufl. 2011, S. 34 f.

[238] *Köneke/Müller-Peters/Fetchenhauer,* Versicherungsbetrug verstehen und verhindern, 2015, S. 4; *Dannert,* r + s 1989, 381.

[239] Vgl. dazu *Statista,* Größte Kfz-Haftpflichtversicherer in Deutschland nach der Anzahl ihrer Verträge im Jahr 2019 (verfügbar unter: https://de.statista.com/statistik/daten/studie/462472/umfrage/kfz-haftpflichtversicherer-in-deutschland-nach-anzahl-der-vertraege/).

[240] *Statista,* Welches wären für Sie Gründe Ihre KFZ-Versicherung zu wechseln? (verfügbar unter: https://de.statista.com/statistik/daten/studie/629168/umfrage/umfrage-zu-gruenden-fuer-den-wechsel-der-kfz-versicherung-in-deutschland/).

[241] So auch *Tenbieg,* in: Wagner, Gabler Versicherungslexikon, 2. Aufl. 2017, S. 149; *Fähnrich/Lindsiepe,* in: El Hage, Schadenmanagement: Grundlagen, Methoden und Instrument, praktische Erfahrungen, 2003, S. 268 f.; WNS DecisionPoint (Hrsg.), Insurance Fraud Detection and Prevention in the Era of Big Data, 2016, S. 7.

3 Bekämpfung von Versicherungsbetrug mittels Big Data

3.1 Grundzüge der Betrugsbekämpfung durch Versicherungsunternehmen

Die Betrugsbekämpfung umfasst die Gesamtheit aller Maßnahmen eines Versicherungsunternehmens zur Prävention, Erkennung und Aufarbeitung von betrügerischen Ansprüchen.[242] Einzelne Maßnahmen dienen nicht selten mehreren Zielen. So können Maßnahmen, die die Erkennung von betrügerischen Ansprüchen fördern, gleichzeitig präventiv wirken, weil sie auch das Entdeckungsrisiko für den Täter erhöhen.[243] Das Gleiche gilt für Maßnahmen, die im Rahmen der Betrugsaufarbeitung den Täter empfindlich sanktionieren. Sie können abschreckend und damit ebenfalls präventiv wirken.[244]

Idealerweise verstärken sich die einzelnen Maßnahmen gegenseitig und bilden ein umfassendes System zur Bekämpfung von Versicherungsbetrug.[245] Ihr gemeinsames Ziel ist es, die durch Versicherungsbetrug entstehenden Schäden zu vermeiden oder zumindest bestmöglich zu reduzieren.

3.1.1 Prävention

Die Betrugsprävention umfasst alle Maßnahmen, die darauf zielen, betrügerische Ansprüche schon im Vorfeld ihrer Begehung zu verhindern.[246] Präventive Maßnahmen versuchen insbesondere Tatgelegenheiten auszuschließen, die Moral der Täter zu beeinflussen sowie das Entdeckungsrisiko und die Sanktionsschärfe zu erhöhen.[247] Hierzu ist eine Vielzahl an Einzelmaßnahmen denkbar, die vorliegend nur überblicksartig dargestellt werden können:[248]

- Entkräften moralischer Rechtfertigungen
- Imageverbesserung
- Vertragsgestaltung
- Kundenbindung
- Betreuung im Schadensfall
- Eliminierung oder Reduzierung von Gelegenheiten
- Erhöhung der Kontrolldichte
- Durchsetzung empfindlicher Sanktionen

Zu beachten ist hierbei, dass sich die präventive Wirkung dieser Maßnahmen mit Blick auf die verschiedenen Tätertypen erheblich unterscheidet.[249] Der größere Teil der Maßnahmen ist eher „weicher Natur" und adressiert Gelegenheitstäter, die Versicherungsbetrug als Kavaliersdelikt betrachten. Bei professionellen Tätern sind diese Maßnahmen dagegen typischerweise

---

[242] Vgl. *Bantleon/Thomann*, DStR 2006, 1714, 1718; ähnlich bei *Tenbieg*, in: Wagner, Gabler Versicherungslexikon, 2. Aufl. 2017, S. 149.

[243] *Köneke/Müller-Peters/Fetchenhauer*, Versicherungsbetrug verstehen und verhindern, 2015, S. 236 ff.

[244] *Köneke/Müller-Peters/Fetchenhauer*, Versicherungsbetrug verstehen und verhindern, 2015, S. 238 ff.

[245] *Berthold*, Der Betrug zum Nachteil von Versicherungen, 2005, S. 40.

[246] *Bantleon/Thomann*, DStR 2006, 1714, 1718.

[247] Vgl. *Burgartz*, in: Meschkat/Nauert, Betrug in der Kraftfahrzeugversicherung, 2008, Rn. 38 ff.

[248] Hierzu umfassend bei *Köneke/Müller-Peters/Fetchenhauer*, Versicherungsbetrug verstehen und verhindern, 2015.

[249] *Köneke/Müller-Peters/Fetchenhauer*, Versicherungsbetrug verstehen und verhindern, 2015, S. 407.

© Der/die Autor(en), exklusiv lizenziert an
Springer Fachmedien Wiesbaden GmbH, ein Teil von Springer Nature 2022
C. Herfurth, *Big Data – Big Accountability*, DuD-Fachbeiträge,
https://doi.org/10.1007/978-3-658-39287-1_3

wirkungslos. Mit Blick auf diese kann eine präventive Wirkung nur mit „harten" Maßnahmen wie einer hohen Kontrolldichte und schweren Sanktionen erreicht werden.

3.1.2 Erkennung

Idealerweise kann eine Vielzahl betrügerischer Ansprüche schon im Vorfeld ihrer Begehung verhindert werden. Jedoch können auch die effektivsten Präventionsmaßnahmen Versicherungsbetrug nicht restlos ausschließen. Für Versicherungsunternehmen ist es daher unerlässlich, betrügerische Ansprüche so früh wie möglich zu erkennen.[250] Die Betrugserkennung umfasst alle Maßnahmen, die darauf zielen, betrügerische Ansprüche während oder nach ihrer Begehung aufzudecken.[251] Ihre detaillierte Ausgestaltung unterscheidet sich zwar von Versicherungsunternehmen zu Versicherungsunternehmen, die grundlegenden Abläufe ähneln sich jedoch.

Die Betrugserkennung ist typischerweise in den Schadensregulierungsprozess des Versicherungsunternehmens eingebettet. Sie beginnt daher mit der Meldung des Schadens durch den Versicherungsnehmer oder den Geschädigten.[252] Da in einem Massengeschäft wie der Kraftfahrzeug-Haftpflichtversicherung nicht jeder Versicherungsfall einer intensiven Betrugsprüfung unterzogen werden kann, werden die Fälle durch den zuständigen Sachbearbeiter vorsortiert. Vergleichbar mit einer medizinischen Triage unterteilt dieser in einem ersten Schritt alle eingehenden Schäden in unverdächtige und verdächtige Schadensfälle.[253] Alle Fälle, die als unverdächtig gekennzeichnet wurden, durchlaufen im Anschluss den normalen Prozess der Schadensregulierung.[254] Verdächtige Fälle werden dagegen ausgesteuert und in einem zweiten Schritt intensiver untersucht.[255] Diese Aufgabe wird typischerweise durch besondere Betrugsabwehrspezialisten im Versicherungsunternehmen vorgenommen.[256] Kommen diese nach einer eingehenden Prüfung zu der Einschätzung, dass sich der anfängliche Betrugsverdacht nicht bestätigen konnte, wird der ausgesteuerte Fall wieder in den normalen Prozess der Schadensregulierung zurückgeleitet.[257] Konnte sich dagegen der Betrugsverdacht erhärten, wird das Versicherungsunternehmen den Schadensersatzanspruch abwehren und weitergehende Maßnahmen ergreifen.[258]

---

[250] *Bantleon/Thomann*, DStR 2006, 1714, 1719; *Fähnrich*, in: Meschkat/Nauert, Betrug in der Kraftfahrzeugversicherung, 2008, Rn. 128; vgl. auch *Hentrich/Pyrcek*, BB 2016, 1451, 1452.

[251] *Tenbieg*, in: Wagner, Gabler Versicherungslexikon, 2. Aufl. 2017, S. 149.

[252] *Berthold*, Der Betrug zum Nachteil von Versicherungen, 2005, S. 24.

[253] *Derrig*, JRI 2002, 271, 277; *Viaene/Ayuso/Guillen/van Gheel/Dedene*, EJOR 2007, 565, 567; so auch *Fähnrich*, in: Meschkat/Nauert, Betrug in der Kraftfahrzeugversicherung, 2008, Rn. 125 ff.

[254] *Viaene/Ayuso/Guillen/van Gheel/Dedene*, EJOR 2007, 565, 567; *Berthold*, Der Betrug zum Nachteil von Versicherungen, 2005, S. 24.

[255] *Viaene/Ayuso/Guillen/van Gheel/Dedene*, EJOR 2007, 565, 567; vgl. auch *Hentrich/Pyrcek*, BB 2016, 1451, 1452.

[256] *Viaene/Ayuso/Guillen/van Gheel/Dedene*, EJOR 2007, 565, 567; *Berthold*, Der Betrug zum Nachteil von Versicherungen, 2005, S. 24; *Tenbieg*, in: Wagner, Gabler Versicherungslexikon, 2. Aufl. 2017, S. 149.

[257] *Viaene/Ayuso/Guillen/van Gheel/Dedene*, EJOR 2007, 565, 567.

[258] *Viaene/Ayuso/Guillen/van Gheel/Dedene*, EJOR 2007, 565, 567.

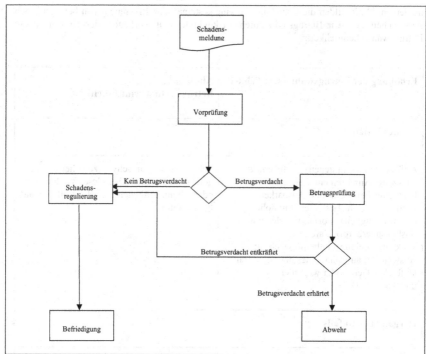

Abbildung 3: Betrugserkennung im Schadensregulierungsprozess, vgl. Viaene/Ayuso/Guillen/van Gheel/Dedene, EJOR 2007, 565, 568.

Die zentrale Herausforderung in der Betrugserkennung besteht darin, auf eine möglichst effektive und effiziente Weise verdächtige Fälle von unverdächtigen Fällen unterscheiden zu können.[259] Geht man davon aus, dass jeder zehnte Schadensfall betrügerisch ist, bedeutet das schließlich im Umkehrschluss, dass es sich in neun von zehn Fällen um reguläre Schadensmeldungen von ehrlichen Versicherungsnehmern oder Geschädigten handelt.[260]

3.1.2.1 Bedeutung von Betrugsindikatoren

Manipulierte Straßenverkehrsunfälle sind für das Versicherungsunternehmen oftmals nur schwer zu erkennen, da es den Beteiligten ja gerade darauf ankommt, den Anschein eines regulären Straßenverkehrsunfalls zu erzeugen.[261] Entscheidend für eine wirksame Betrugserkennung ist daher die Identifikation von sogenannten Betrugsindikatoren.[262] Dabei handelt es sich um Hinweise und Indizien, die nach den Erkenntnissen und der Erfahrung von Versicherungsunternehmen und Gerichten typischerweise auf einen Versicherungsbetrug

---

[259] *Derrig*, JRI 2002, 271, 276, 280; *Viaene/Dedene*, The Geneva Papers on Risk and Insurance 2004, 313, 326.

[260] Dazu auch *Tenbieg*, ZVersWiss 2010, 571, 572; *Šubelj/Furlan/Bajec*, Expert Systems with Applications 2011, 1039.

[261] *Kaufmann*, in: Geigel, Der Haftpflichtprozess, 28. Aufl. 2019, Kap. 25, Rn. 9.

[262] *Viaene/Dedene*, The Geneva Papers on Risk and Insurance 2004, 313, 326; *Berthold*, Der Betrug zum Nachteil von Versicherungen, 2005, S. 22 f.

hindeuten.[263] Sie bilden die Grundlage für eine systematische Erkennung von betrügerischen Ansprüchen. Je mehr Betrugsindikatoren im konkreten Fall vorliegen, desto höher ist die Betrugswahrscheinlichkeit:[264]

Erhöhung der Betrugswahrscheinlichkeit	Absenkung der Betrugswahrscheinlichkeit
Art des Unfalls	
Auffahren; Fahren gegen ein stehendes Fahrzeug; Anfahren eines anderen Fahrzeugs beim Ein- und Ausparken; Zurücksetzen (insbesondere mit hoher Geschwindigkeit); Vorfahrtsverletzung (insbesondere trotz klarer Verkehrsregelung); Fahrspurwechsel; Ausweichen aufgrund eines über die Straße laufenden Tieres oder wegen eines unbekannten Dritten.	Schwer zu stellen; schwer zu beherrschen; gefährlich (wegen hoher Geschwindigkeit oder – beim seitlichen Unfall – Kollision auf Fahrerseite).
Hergang des Unfalls	
Abgelegener Unfallort; Dunkelheit; fehlende Bremsung, fehlende Ausweichbewegung; starke Beschleunigung vor der Kollision; grobe Fahrfehler, insbesondere bei nicht nachprüfbarem „Auslöser" (heruntergefallene Zigarette, über die Straße laufende Katze); fehlende Plausibilität des Hergangs; kein nachvollziehbarer Grund für die Anwesenheit am Unfallort; keine unabhängigen Zeugen.	Bremsen (insbesondere Vollbremsung); Ausweichen; hohe Geschwindigkeit; Gefährdung der Insassen; unabhängige Zeugen.
Unfallfolgen	

---

[263] Vgl. auch *Unabhängiges Landeszentrum für Datenschutz Schleswig-Holstein* (ULD), Hinweis- und Informationssystem der Versicherungswirtschaft (verfügbar unter: https://www.datenschutzzentrum.de/artikel/726-Hinweis-und-Informationssystem-der-Versicherungswirtschaft.html).

[264] Die folgende Checkliste stammt aus *Born*, NZV 1996, 257, 260 ff.; ähnlich bei *Lemcke*, r + s 1993, 121, 125; *Siegel*, SVR 2017, 281, 282 ff.; *Kuhn*, in: Buschbell/Höke, Münchener Anwaltshandbuch Straßenverkehrsrecht, 5. Aufl. 2020, § 23, Rn. 426 ff.

Fehlende Kompatibilität der Schäden; erhebliche Vorschäden; Nachschäden; Ladungsschäden; hohe Folgekosten.	Kompatibilität der Schäden; hoher eigener Schaden des Schädigers; erhebliche Verletzungen der Beteiligten.

Geschädigtenfahrzeug

Älteres Fahrzeug; Luxusfahrzeug; schwer verwertbares Fahrzeug; neu angemeldetes Fahrzeug; erhebliche Vorschäden; keine Belege über Reparatur von Vorschäden; nächste TÜV-Untersuchung steht kurz bevor; unklare Eigentumsverhältnisse.	Neues Fahrzeug; gut verwertbares und marktgängiges Fahrzeug; gepflegtes Fahrzeug; Liebhaberfahrzeug.

Schädigerfahrzeug

Stabiles Fahrzeug (Transporter); Mietwagen; Schrottfahrzeug; rotes Nummernschild; neu angemeldet; Kaskoversicherung ohne Selbstbeteiligung.	Wertvolles Fahrzeug; gepflegtes Fahrzeug; keine Kaskoversicherung; kleines Fahrzeug (Verletzungsgefahr).

Beteiligte Personen

Vorbestraft; verschuldet; Luxusfahrzeug trotz beengter wirtschaftlicher Verhältnisse; zahlreiche Vorunfälle; Kfz-Bastler; Bekanntschaft der Beteiligten untereinander; gegenseitiges „Siezen" im Beisein von Dritten trotz guter Bekanntschaft; Beteiligung an Vorunfällen mit wechselnden Rollen.	Normalbürger, Betrug nicht zuzutrauen; keine Vorunfälle; geregeltes Einkommen; unbedarft; geringe Fahrpraxis.

Motiv

Abrechnung auf Gutachtenbasis; schwer verwertbares (Luxus-)Fahrzeug; vorgeschädigtes Fahrzeug; hohe Nebenforderungen (Mietwagenkosten, Ladungsschäden).	Reparatur in Fachwerkstatt; neues oder marktgängiges Fahrzeug; Bestehen einer Kaskoversicherung; geringe Nebenforderungen.

Verhalten des Geschädigten nach dem Unfall

Keine Hinzuziehung der Polizei trotz fehlender Bekanntschaft und/oder hoher Schäden; Polizei trotz Bekanntschaft; Verschweigen von Vorschäden; sonstige falsche Angaben; Verhinderung der Nachbesichtigung des beschädigten Fahrzeugs; sofortige Verschrottung des Fahrzeugs; sofortiger Verkauf des Fahrzeugs; fehlende Angabe des Käufers; mangelnde Bereitschaft zur Mitwirkung bei der Aufklärung des Unfalls und des Schadens; Abrechnung auf Gutachtenbasis; hohe Mietwagen- und sonstige Nebenkosten.	Reparatur in Fachwerkstatt; Mithilfe bei der Aufklärung (Polizei, Zeugen); geringe Nebenkosten; Anschaffung des gleichen Fahrzeugs trotz anstehenden Modellwechsels.
Verhalten des Schädigers nach dem Unfall	
Geständnis; Schuldanerkenntnis (insbesondere bei unklarer Haftungslage); sofortige Beseitigung des Unfallfahrzeugs; falsche Angaben; keine Mithilfe bei der Aufklärung (Nichtbeantwortung des Versicherungsfragebogens).	Abweichende Unfalldarstellung; Geltendmachung eigener Ansprüche.
Mietwagen als Schädigerfahrzeug	
Kein plausibler Grund für die Anmietung; beim Transporter: unklarer Transportbedarf; wirtschaftliche Situation lässt Anmietung eigentlich nicht zu; kurze Anfahrstrecke; Grund für die Anmietung des Fahrzeugs wird nicht realisiert; Anmietung eines Fahrzeugs, obwohl eigenes Fahrzeug vorhanden ist; Anmietung erst unmittelbar vor dem Unfall.	Plausibler Grund für die Anmietung; Vorhaben wird trotz des Unfalls verwirklicht; häufigere Anmietungen in der Vergangenheit; längere Mietzeit vor dem Unfall; kleines Mietfahrzeug.

Tabelle 1: Übersicht der Betrugsindikatoren in der Kraftfahrzeug-Haftpflichtversicherung

Bei Anwendung dieser Betrugsindikatoren ist zu beachten, dass diese nicht zeitlos gültig sind, sondern regelmäßig überprüft und angepasst werden müssen.[265] Nichtsdestotrotz liefern sie eine valide Grundlage für eine erste umfassende Einschätzung der Betrugswahrscheinlichkeit.

---

[265] *Born*, NZV 1996, 257, 262.

3.1.2.2 Einsatz von Menschen und Technologie

Originär obliegt die Erkennung von betrügerischen Ansprüchen dem zuständigen Sachbearbeiter und den besonderen Betrugsabwehrspezialisten.

Die Aufgabe des Sachbearbeiters besteht darin, in einer Triage alle eingehenden Schadensfälle frühzeitig in verdächtige und unverdächtige Schäden vorzusortieren. Er muss daher für Versicherungsbetrug sensibilisiert sein und die für seinen Bereich relevanten Betrugsindikatoren kennen und anwenden können.[266] Zu den Maßnahmen eines Versicherungsunternehmens zur Betrugserkennung gehört es somit auch, die Sachbearbeiter regelmäßig zu trainieren und zu schulen.[267]

Während der Sachbearbeiter summarisch prüft, ob für die jeweilige Schadensmeldung ein Anfangsverdacht besteht, untersuchen die Betrugsabwehrspezialisten die ausgesteuerten Schadensfälle tiefgehender.[268] Es ist ihre Aufgabe, alle Umstände des Einzelfalls zu ermitteln und einzuschätzen, ob der Anfangsverdacht des Sachbearbeiters aufrechtzuerhalten oder zu widerlegen ist. Die Betrugsabwehrspezialisten verfügen über besondere Fachkenntnisse und Erfahrung im Bereich der Betrugserkennung.[269] Ergänzend können sie weitere Spezialisten wie interne oder externe Sachverständige hinzuziehen. Diese Möglichkeit kommt insbesondere bei technischen Fragen, wie der Plausibilität von Schadenshergängen oder der Kompatibilität von Schäden, in Betracht.[270]

Eine wirksame Betrugserkennung gelingt nur, wenn die damit betrauten Menschen über die erforderliche Expertise verfügen. Neben einer entsprechenden Aus- und Weiterbildung ist es für jedes Versicherungsunternehmen unerlässlich, sich mit anderen Institutionen auszutauschen, die sich ebenfalls mit dem Phänomen Versicherungsbetrug beschäftigen.[271] Vornehmlich sind das andere Versicherungsunternehmen sowie die Staatsanwaltschaft und Polizei.[272] Im Fokus steht die Vernetzung von Wissen, Erfahrungen und „best practices".[273] Das gilt insbesondere für das Teilen von Informationen zu aktuellen Betrugsmustern und ihrer Erkennung.[274] Professionelle Täter zeichnen sich durch ein hohes Maß an Anpassungsfähigkeit aus und suchen fortlaufend neue Möglichkeiten, betrügerische Ansprüche geltend zu machen.[275]

Typischerweise ist der alleinige Einsatz von qualifizierten Menschen jedoch nicht ausreichend, um betrügerische Ansprüche frühzeitig zu erkennen. Zum einen ist zu berücksichtigen, dass der Prozess der Schadensregulierung in einem Massengeschäft wie der Kraftfahrzeug-

---

[266] *Berthold,* Der Betrug zum Nachteil von Versicherungen, 2005, S. 24; *Viaene/Ayuso/Guillen/van Gheel/Dedene,* EJOR 2007, 565, 566.

[267] *Berthold,* Der Betrug zum Nachteil von Versicherungen, 2005, S. 24; *Edelbacher,* VR 1990, 203, 205.

[268] *Viaene/Dedene,* The Geneva Papers on Risk and Insurance 2004, 313, 326.

[269] *Berthold,* Der Betrug zum Nachteil von Versicherungen, 2005, S. 24; *Viaene/Dedene,* The Geneva Papers on Risk and Insurance 2004, 313, 326.

[270] *Berthold,* Der Betrug zum Nachteil von Versicherungen, 2005, S. 25 f.

[271] *Tenbieg,* ZVersWiss 2010, 571, 575; *Burgartz,* in: Meschkat/Nauert, Betrug in der Kraftfahrzeugversicherung, 2008, Rn. 55 f.

[272] *Berthold,* Der Betrug zum Nachteil von Versicherungen, 2005, S. 26; zu den Kooperationsmöglichkeiten auch schon *Berg,* Staatsanwaltschaft - Kriminalpolizei - Sachversicherer, 1993.

[273] *Berthold,* Der Betrug zum Nachteil von Versicherungen, 2005, S. 40; *Burgartz,* in: Meschkat/Nauert, Betrug in der Kraftfahrzeugversicherung, 2008, Rn. 69.

[274] So auch schon *Edelbacher,* VR 1990, 203, 204.

[275] *Viaene/Dedene,* The Geneva Papers on Risk and Insurance 2004, 313, 322; *Šubelj/Furlan/Bajec,* Expert Systems with Applications 2011, 1039.

Haftpflichtversicherung zunehmend auf Effizienz ausgerichtet ist.[276] In der Folge verbleibt dem Sachbearbeiter nur wenig Zeit, um für den jeweiligen Schadensfall das Vorliegen von Betrugsindikatoren zu prüfen.[277] Das gilt insbesondere für solche Betrugsindikatoren, für deren Bejahung oder Verneinung weitere Informationen ermittelt werden müssen. Zum anderen stoßen sowohl der Sachbearbeiter als auch die Betrugsabwehrspezialisten bei bestimmten Erscheinungsformen von Versicherungsbetrug an die qualitativen und quantitativen Grenzen ihrer kognitiven Leistungsfähigkeit.[278] So ist es beispielswiese für das menschliche Auge kaum möglich, manipulierte Bilder als solche zu erkennen.[279] Das Gleiche gilt für die Erfassung von komplexen Personennetzwerken, die als sogenannte Betrugsringe operieren. Die Aufgabe, aus den verschiedenen einzelnen Datensätzen ein Netzwerk zu bilden und zu visualisieren, übersteigt schlichtweg das menschliche Merk- und Vorstellungsvermögen.

Die Versicherungsunternehmen haben daher schon frühzeitig begonnen, Technologie einzusetzen, um die mit der Betrugserkennung betrauten Menschen zu unterstützen.[280] Diese herkömmlichen Technologien wie beispielsweise die „Intelligente Schadensprüfung (ISP)" oder das „Hinweis- und Informationssystem der Versicherungswirtschaft (HIS)" stoßen jedoch bei der Verarbeitung großer Datenmengen in Echtzeit zunehmend an ihre Grenzen.[281] Versicherungsunternehmen setzen daher mehr und mehr auf Big-Data-Verfahren zur Erkennung von Versicherungsbetrug.[282]

3.1.3 Aufarbeitung

Wurden durch den Einsatz von Menschen oder von Technologie betrügerische Ansprüche erkannt, müssen diese anschließend aufgearbeitet werden. Die Betrugsaufarbeitung umfasst alle Maßnahmen, die darauf zielen, erkannte betrügerische Ansprüche während oder nach ihrer Begehung zu behandeln.

Dabei geht es zum einen um die rechtliche Behandlung des konkreten Versicherungsfalls bzw. um die Sanktionierung der Beteiligten. Das Versicherungsunternehmen kann gegenüber dem Geschädigten die Befriedigung der geltend gemachten Schadensersatzansprüche verweigern und gegenüber dem Versicherungsnehmer den Versicherungsvertrag kündigen.[283] Darüber hinaus kann es gegebenenfalls ein zivil- und strafrechtliches Verfahren anstrengen.[284]

---

[276] *Viaene/Dedene*, The Geneva Papers on Risk and Insurance 2004, 313, 324.

[277] *Viaene/Dedene*, The Geneva Papers on Risk and Insurance 2004, 313, 324.

[278] Vgl. *Bologa/Bologa/Florea*, Database Systems Journal 2013, Heft 4, 30; *Niehoff/Straker*, DSRITB 2019, 451, 455 f.

[279] Hierzu ausführlich *Marschall/Herfurth/Winter/Allwinn*, MMR 2017, 152.

[280] *Tenbieg*, in: Wagner, Gabler Versicherungslexikon, 2. Aufl. 2017, S. 149; *Tenbieg*, ZVersWiss 2010, 571, 572 ff.; *Hofer/Weiß*, in: Aschenbrenner/Dicke/Karnarski/Schweiggert, Informationsverarbeitung in Versicherungsunternehmen, 2010, S. 300 ff.

[281] Zur *Intelligenten Schadensprüfung Berthold*, Der Betrug zum Nachteil von Versicherungen, 2005, S. 23; zum *Hinweis- und Informationssystem der Versicherungswirtschaft Köneke/Müller-Peters/Fetchenhauer*, Versicherungsbetrug verstehen und verhindern, 2015, S. 267 ff.; zur datenschutzrechtlichen Bewertung *Schleifenbaum*, Datenschutz oder Tatenschutz in der Versicherungswirtschaft, 2009; *Unabhängiges Landeszentrum für Datenschutz Schleswig-Holstein* (ULD), Hinweis- und Informationssystem der Versicherungswirtschaft (verfügbar unter: https://www.datenschutzzentrum.de/artikel/726-Hinweis-und-Informationssystem-der-Versicherungswirtschaft.html).

[282] Zu konkreten Big-Data-Verfahren zur Erkennung von Versicherungsbetrug ab S. 54.

[283] *Berthold*, Der Betrug zum Nachteil von Versicherungen, 2005, S. 30; zur Beweislast ab S. 167.

[284] *Dannert*, r + s 1989, 381, 383 ff.; *Berthold*, Der Betrug zum Nachteil von Versicherungen, 2005, S. 32 ff.; *Tenbieg*, ZVersWiss 2010, 571, 577.

Zum anderen gehört es zur Betrugsaufarbeitung, die Maßnahmen der Betrugsprävention und -erkennung systematisch zu verbessern.[285] Es sind daher regelmäßig ex-post-Analysen durchzuführen, um die Wirksamkeit der Maßnahmen zu prüfen und zu bewerten.[286] Versicherungsbetrug ist ein dynamisches Phänomen und dementsprechend müssen auch Versicherungsunternehmen ihr Konzept zur Betrugsbekämpfung fortlaufend evaluieren und gegebenenfalls anpassen.[287]

---

[285] *Burgartz*, in: Meschkat/Nauert, Betrug in der Kraftfahrzeugversicherung, 2008, Rn. 40.

[286] *Hentrich/Pyrcek*, BB 2016, 1451, 1455.

[287] *Viaene/Dedene*, The Geneva Papers on Risk and Insurance 2004, 313, 327; *Šubelj/Furlan/Bajec*, Expert Systems with Applications 2011, 1039; *Tenbieg*, ZVersWiss 2010, 571, 574.

3.2 Betrugserkennung mittels Big-Data-Verfahren

3.2.1 Grundlegendes zu Big Data

Ausgehend von den Grundzügen der Betrugsbekämpfung in der Kraftfahrzeug-Haftpflichtversicherung stellt sich die Frage, welchen Beitrag Big Data zur Erkennung manipulierter Straßenverkehrsunfälle leisten kann.

Zu diesem Zweck ist zunächst das große Ganze zu betrachten; treffend beschrieben von der *Europäischen Kommission* in ihrer Mitteilung „Für eine florierende datengesteuerte Wirtschaft" im Jahr 2014: „Wir sind Zeugen einer neuen industriellen Revolution, die von digitalen Daten, Informationstechnik und Automatisierung vorangetrieben wird. Menschliche Tätigkeiten, industrielle Prozesse und Forschungsarbeiten gehen allesamt mit einer massenhaften Erfassung und Verarbeitung von Daten in einer bisher ungekannten Größenordnung einher, die neue Produkte und Dienstleistungen, aber auch neue Geschäftsprozesse und wissenschaftliche Methoden hervorbringen. Die so entstehenden Datensätze sind derart groß und komplex, dass es immer schwieriger wird, solche Massendaten („Big Data") mit den heute für das Datenmanagement zur Verfügung stehenden Mitteln und Methoden zu verarbeiten."[288]

Die *Europäische Kommission* selbst versteht Big Data als „große Mengen von Daten verschiedener Art, die mit hoher Geschwindigkeit von einer Vielzahl von Quellen unterschiedlicher Art erzeugt werden".[289] Allgemein gilt, dass nahezu alle Definitionen von Big Data um die identitätsstiftenden Merkmale „Größe", „Vielfalt" und „Geschwindigkeit" bzw. in englischer Sprache um die drei „V" – nämlich „Volume", „Variety" und „Velocity" – kreisen.[290] Untersucht man die verschiedenen Definitionen jedoch genauer, ist festzustellen, dass sie zwar ähnlich, jedoch selten deckungsgleich sind.[291] Insbesondere werden die zuvor genannten Merkmale weder einheitlich noch abschließend gebraucht. Verschiedene Aspekte werden mitunter gleich bezeichnet und gleiche Aspekte verschieden. So hat insbesondere das Merkmal „Velocity" häufig unterschiedliche Bezugspunkte.[292] Zudem beschränken sich die wenigsten Begriffsbestimmungen auf die drei „V", sondern beinhalten noch weitere charakteristische Merkmale wie „Analytics", „Value" oder „Veracity". Von einem einheitlichen Verständnis von Big Data kann daher nicht gesprochen werden.[293]

Stattdessen wird deutlich, dass Big Data vielmehr als eine Art begriffliche Klammer dient, um insbesondere drei ineinandergreifende Aspekte zu beschreiben – das Datenvorkommen, dessen Verarbeitung und Nutzung sowie die hierfür eingesetzte Technologie.[294]

---

[288] COM (2014) 442 final, S. 2.

[289] COM (2014) 442 final, S. 5.

[290] Executive Office of the President (Hrsg.), Big Data: Seizing Opportunities, preserving Values, 2014, S. 4.

[291] Dazu beispielsweise die verschiedenen Definitionen auf europäischer Ebene s. COM (2014) 442 final, S. 2; Europäisches Parlament (Hrsg.), 2018/C 263/10, 2017, S. 83; Europarat (Hrsg.), Guidelines on the protection of individuals with regard to the processing of personal data in a world of Big Data, 2017, S. 2; EDSB (Hrsg.), Bewältigung der Herausforderungen in Verbindung mit Big Data, 2015, S. 7; Artikel-29-Datenschutzgruppe (Hrsg.), WP 203, 2013, S. 35.

[292] *Dorschel/Dorschel*, in: Dorschel, Praxishandbuch Big Data, 2015, Einführung, S. 7.

[293] *Brisch/Pieper*, CR 2015, 724; zum Ursprung und der erstmaligen Verwendung des Begriffs im aktuellen Kontext s. *Diebold*, A Personal Perspective on the Origin(s) and Development of Big Data, 2012; *Press, Gil*, A Very Short History Of Big Data (verfügbar unter: https://www.forbes.com/sites/gilpress/2013/05/09/a-very-short-history-of-big-data/#7f3fcabd65a1).

[294] Ähnlich auch bei *de Mauro/Greco/Grimaldi*, AIP Conf. Proc. 2015, Heft 1644, 97, 98, 102 f.

3.2.1.1 Big Data als Beschreibung des Datenvorkommens

3.2.1.1.1 *Volume*

Der Begriff „Big Data" beschreibt zunächst einmal Daten bzw. das bestehende Datenvorkommen. So bezeichnet schon der Wortlaut (von engl. *big* = groß; *data* = Daten) eine große Menge von Daten.[295]

Die Größe von Datenmengen wird tyischerweise in Bit (Kurzform für engl. *binary digit* = Binärzeichen) oder Byte gemessen.[296] Das Bit ist die kleinste Einheit, acht Bit ergeben ein Byte:[297]

Maßeinheit	Größe in Bytes
1 Byte	1 (8 Bit)
1 Kilobyte (kB)	1.000
1 Megabyte (MB)	1.000.000
1 Gigabyte (GB)	1.000.000.000
1 Terrabyte (TB)	1.000.000.000.000
1 Exabyte (EB)	1.000.000.000.000.000
1 Zettabyte (ZB)	1.000.000.000.000.000.000
1 Yottabyte (YB)	1.000.000.000.000.000.000.000

Tabelle 2: Maßeinheiten von Daten

Seit Beginn des Informationszeitalters wächst die Menge der weltweit vorhandenen Daten stetig und mit immer höherer Geschwindigkeit. Während noch im Jahr 1992 etwa 100 Gigabyte am Tag erzeugt wurden, geschah dies im Jahr 1997 bereits innnerhalb einer Stunde und im Jahr 2002 sogar innnerhalb einer Sekunde.[298] Derzeit progonostiziert die *Europäische Kommission*, dass sich bis zum Jahr 2025 die Menge der weltweit produzierten Daten auf 175 Zettabyte erhöhen wird.[299] Das entspricht einer Zahl von 175.000.000.000.000.000.000 Byte.

Dieses erhebliche Datenwachstum ist im Wesentlichen auf zwei Faktoren zurückzuführen. Der erste Faktor besteht darin, dass die Zahl der Datenquellen in den vergangenen Jahrzehnten exponentiell gestiegen ist.[300] Immer mehr Geräte sind mittlerweile in der Lage, Daten zu erfassen und weiterzuverarbeiten. Neben mobilen Endgeräten wie Smartphones gilt das

---

[295] *Sarunski*, DuD 2016, 424.

[296] *Floridi*, Information - A Very Short Introduction, 2010, S. 26 ff.

[297] *Floridi*, Information - A Very Short Introduction, 2010, S. 28 ff.

[298] *WirtschaftsWoche* (WiWo), Big Data: 2,5 Trillionen Byte Daten jeden Tag, wächst vier Mal schneller als Weltwirtschaft (verfügbar unter: http://blog.wiwo.de/look-at-it/2015/04/22/big-data-25-trillionen-byte-daten-jeden-tag-wachst-vier-mal-schneller-als-weltwirtschaft/).

[299] COM (2020) 66 final, S. 2.

[300] *Weichert*, ZD 2013, 251, 252; Executive Office of the President (Hrsg.), Big Data: Seizing Opportunities, preserving Values, 2014, S. 4; Deutsche Bank (Hrsg.), Big Data, 2014, S. 9 ff.; Bitkom (Hrsg.), Big Data-Technologien, 2014, S. 18.

zunehmend auch für diverse Alltagsgegenstände.[301] Durch den Einsatz von Sensoren, Chips und Prozessoren sind diese Gegenstände „smart" geworden und können vernetzte Umgebungen wie beispielsweise das „Internet of Things", das „Smart Car" oder das „Smart Home" schaffen.[302] Der Zuwachs von immer neuen Datenquellen hat daher zu einer „allgegenwärtigen" Datenverarbeitung geführt, die an jeder einzelnen Quelle große Mengen an Daten generiert.[303] Ermöglicht bzw. verstärkt wird diese Entwicklung durch den zweiten Faktor – die zunehmende Verfügbarkeit von leistungsfähiger Technologie.[304] Stellvertretend hierfür steht das sogenannte Moore'sche Gesetz. Im Jahr 1965 formulierte *Gordon Moore,* ein Mitgründer des US-amerikanischen Halbleiterherstellers *Intel,* die Beobachtung, dass sich die Leistungsfähigkeit von Mikrochips etwa alle 12 bis 18 Monate verdoppeln, während sich gleichzeitig die Kosten um etwa 30 bis 50 Prozent verringern würden.[305] Diese nach wie vor anhaltende Entwicklung hat dazu geführt, dass Prozessoren immer leistungsfähiger, kleiner und konstengünstiger wurden und ihre Rechenleistung von immer mehr Akteuren genutzt werden konnte.[306] Die zunehmende Verfügbarkeit von günstiger Technologie hat also immer mehr datenverarbeitende Geräte und somit Datenquellen entstehen lassen, die wiederum dazu führen, dass immer größere Datenmengen generiert werden.

Um die Jahrtausendwende waren diese Datenmengen so groß geworden, dass sie mit den damals verfügbaren Technologien nicht mehr zeitgerecht verarbeitet werden konnten. Diese spezielle Herausforderung wurde auch in einer der ersten Veröffentlichungen, die den Begriff „Big Data" verwendete, beschrieben: „Visualization provides an interesting challenge for computer systems: data sets are generally quite large, taxing the capacities of main memory, local disk, and even remote disk. We call this the problem of *big data*."[307] Big Data meinte ursprünglich also nicht zwingend eine absolute Größe in Form einer bestimmten Byte-Zahl, sondern vielmehr eine relative Größe.[308] Man könnte insofern auch von „Too Big Data" sprechen; die Datenmengen waren zu groß für die vorhandenen Technologien mit ihren physikalischen Grenzen geworden.[309]

Dieses relative Verständnis ist heutzutage nicht mehr zutreffend, denn derzeitige Big-Data-Technologien zeichnen sich gerade durch die Fähigkeit aus, große Datenmengen

---

[301] *Roßnagel,* Datenschutz in einem informatisierten Alltag, 2007, S. 7; ULD (Hrsg.), TAUCIS - Technikfolgenabschätzung Ubiquitäres Computing und Informationelle Selbstbestimmung, 2006, S. 15.

[302] Ausführlich dazu *Roßnagel/Geminn/Jandt/Richter,* Datenschutzrecht 2016 - Smart genug für die Zukunft?, 2016, S. 1 ff.; Deutsche Bank (Hrsg.), Big Data, 2014, S. 10 ff.; Executive Office of the President (Hrsg.), Big Data and Privacy: A Technological Perspective, 2014, S. 22 ff.; *Klous,* in: van der Sloot/Broeders/Schrijvers, Exploring the Boundaries of Big Data, 2016, S. 32.

[303] Executive Office of the President (Hrsg.), Big Data: Seizing Opportunities, preserving Values, 2014, S. 4; ausführlich zur allgegenwärtigen Datenverarbeitung *Roßnagel,* Datenschutz in einem informatisierten Alltag, 2007; *Bornemann,* RDV 2013, 232; Datatilsynet (Hrsg.), Big Data - privacy principles under pressure, 2013, S. 14 f.

[304] Executive Office of the President (Hrsg.), Big Data: Seizing Opportunities, preserving Values, 2014, S. 4; Europarat (Hrsg.), "Of Data and Men", 2016, S. 5; *Bretthauer,* ZD 2016, 267; Deutsche Bank (Hrsg.), Big Data, 2014, S. 7.

[305] *Moore,* Electronics 1965, 114; s. dazu auch *Krcmar,* Informationsmanagement, 6. Aufl. 2015, S. 325 f.

[306] *Roßnagel,* Datenschutz in einem informatisierten Alltag, 2007, S. 26 f.; ULD (Hrsg.), TAUCIS - Technikfolgenabschätzung Ubiquitäres Computing und Informationelle Selbstbestimmung, 2006, S. 15, 63 ff.

[307] *Cox/Ellsworth,* in: IEEE, Proceedings of the 8th conference on Visualization, 1997, S. 235; dazu auch IBM (Hrsg.), Information Governance Principles and Practices for a Big Data Landscape, 2014, S. 2.

[308] Vgl. Bitkom (Hrsg.), Big Data im Praxiseinsatz, 2012, S. 21.

[309] Zu letzterem insbesondere *Stiemerling,* in: Conrad/Grützmacher, Recht der Daten und Datenbanken im Unternehmen, 2014, § 6, Rn. 22; Bitkom (Hrsg.), Big Data im Praxiseinsatz, 2012, S. 15; IBM (Hrsg.), Information Governance Principles and Practices for a Big Data Landscape, 2014, S. 2; *Ishwarappa/Anuradha,* Procedia Computer Science 2015, Heft 48, 319, 320.

verarbeiten zu können.[310] Richtigerweise ist daher davon auszugehen, dass Big Data nach heutigem Verständnis schlichtweg eine große Datenmenge meint, ohne aber an einen bestimmten Grenz- oder Vergleichswert gekoppelt zu sein.[311]

Während sich die ersten Beschreibungen von Big Data noch allein auf das Datenvolumen konzentrierten, erschien im Jahr 2001 ein Beitrag des *META Group*[312]-Analysten *Doug Laney* mit dem Titel „3D Data Management: Controlling Data Volume, Velocity, and Variety".[313] Nach Ansicht von *Doug Laney* resultierten die damaligen Herausforderungen des Datenmanagements nicht nur aus der zunehmenden Datenmenge, sondern vielmehr aus drei Dimensionen[314] – *Volume* (von engl. *volume* = Größe), *Velocity* (von engl. *velocity* = Geschwindigkeit) und *Variety* (von engl. *variety* = Vielfalt). Auch wenn der damalige Beitrag selbst nicht den Begriff „Big Data" enthielt, legte er doch den Grundstein für nahezu jede heutige Beschreibung des Phänomens.

3.2.1.1.2 *Velocity*

Der Merkmal *Velocity* bezieht sich auf zwei verschiedene Charakteristika des Datenvorkommens. Zum einen beschreibt es die Geschwindigkeit, mit der neue Daten an den zuvor beschriebenen Datenquellen entstehen. So hat der Zuwachs von immer neuen Datenquellen zu einer allgegenwärtigen Datenverarbeitung geführt, die ständig und an jeder einzelnen Quelle große Mengen an Daten generiert.

Zum anderen beschreibt das Merkmal *Velocity* aber auch die Geschwindigkeit, mit der diese Daten von den Datenquellen in die Speichersysteme der verschiedenen Akteure hineinströmen.[315] Letzteres kann bei konventionellen Technologien dazu führen, dass die schnell ankommenden Datenmengen die mögliche Speicherrate übersteigen und auf diese Weise einen „Rückstau" verursachen.[316]

3.2.1.1.3 *Variety*

Es entstehen jedoch nicht nur immer mehr Daten in einer immer höheren Geschwindigkeit, sondern diese Daten werden auch immer vielfältiger. Das Merkmal *Variety* beschreibt diese vielfältigen Datentypen und -quellen.[317] Nach dem Grad ihrer Strukturiertheit können Datentypen in strukturierte, semistrukturierte und unstrukturierte Daten untergliedert werden.[318]

Als strukturiert bezeichnet man Daten, die einem vorgegebenen Schema folgen.[319] Ein Beispiel für ein solches Schema in der Versicherungswirtschaft ist die Kundendatenbank des

---

[310] Bitkom (Hrsg.), Big Data im Praxiseinsatz, 2012, S. 11, 21.

[311] So im Ergebnis auch *Dorschel/Dorschel*, in: Dorschel, Praxishandbuch Big Data, 2015, Einführung, S. 3; *Stiemerling*, in: Conrad/Grützmacher, Recht der Daten und Datenbanken im Unternehmen, 2014, § 6, Rn. 20; für eine unterste Datenmenge von „Terrabyte" *Schulmeyer*, in: Dorschel, Praxishandbuch Big Data, 2015, Kap. 4.4, S. 308.

[312] *META Group* gehört mittlerweile zu dem US-amerikanischen IT-Beratungsunternehmen *Gartner*.

[313] *Laney*, 3D Data Management, 2001.

[314] Deswegen auch „3D Data Management".

[315] Bitkom (Hrsg.), Big Data im Praxiseinsatz, 2012, S. 12, 28; ENISA (Hrsg.), Big Data Security, 2015, S. 8; *Lanquillon/Mallow*, in: Dorschel, Praxishandbuch Big Data, 2015, Kap. 2.3, S. 75.

[316] Dazu ausführlich *Stiemerling*, in: Conrad/Grützmacher, Recht der Daten und Datenbanken im Unternehmen, 2014, § 5, Rn. 35.

[317] Bitkom (Hrsg.), Big Data im Praxiseinsatz, 2012, S. 21; *Dorschel/Dorschel*, in: Dorschel, Praxishandbuch Big Data, 2015, Einführung, S. 8; *Helbing*, K&R 2015, 145; dazu auch *Sarunski*, DuD 2016, 424, 425 ff.

[318] Bitkom (Hrsg.), Big Data im Praxiseinsatz, 2012, S. 21.

[319] *Stiemerling*, in: Conrad/Grützmacher, Recht der Daten und Datenbanken im Unternehmen, 2014, § 5, Rn. 33.

Versicherungsunternehmens, in der die einzelnen Daten in definierte Felder wie beispielsweise dem Datum des Vertragsbeginns eingeordnet werden.[320] Das Schema bzw. die definierten Felder beschreiben die Daten in einer formalen Weise und helfen dem Versicherungsunternehmen, zu verstehen, was diese Daten darstellen oder beinhalten.[321] Strukturierte Daten können daher leicht identifiziert und ausgewertet werden.

Semistrukturierte Daten folgen dagegen nur teilweise einem solchen Schema.[322] Deutlich wird dies am Beispiel der Schadensmeldung eines Versicherungsnehmers gegenüber dem Versicherungsunternehmen. Eine Schadensmeldung besitzt teilweise eine Struktur, bestehend aus definierten Feldern wie der Kunden- oder Vertragsnummer, dem Schadensdatum oder dem Schadensort.[323] Teilweise ist die Schadensmeldung jedoch auch unstrukturiert, denn der eigentliche Schadenshergang wird regelmäßig in einem Freitextfeld beschrieben. Die Informationen in diesem Freitextfeld sind unstrukturierte Daten, denn sie folgen keinem vorgegebenen Schema und werden nicht beschrieben. Aus diesem Grund können sie schlechter identifiziert und weniger effizient ausgewertet werden.[324] Insgesamt – also unabhängig von der Versicherungswirtschaft – wird davon ausgegangen, dass etwa 85 Prozent der Daten unstrukturiert sind und nur etwa 15 Prozent in strukturierter Form vorliegen.[325]

3.2.1.1.4 *Veracity*

Zu diesen drei „V"s sind zwischenzeitlich weitere Merkmale wie insbesondere *Veracity* (von engl. *veracity* = Richtigkeit, Wahrhaftigkeit) hinzugekommen.[326] Anders als *Volume*, *Velocity* oder *Variety* steht dieses Merkmal für eine Negativ-Eigenschaft. Es beschreibt die bei Big-Data-Datenvorkommen oftmals unbekannte oder zweifelhafte Qualität der Daten.[327] Anders als bei herkömmlichen Technologien fokussieren sich die Akteure zunehmend darauf, große und vielfältige Datenmengen in möglichst hoher Geschwindigkeit zu verarbeiten und wenden daher weniger Zeit für die Prüfung und Sicherung der Datenqualität auf.[328]

3.2.1.1.5 *Value*

Neben *Veracity* gehört auch das Merkmal *Value* (von engl. *value* = Wert) zu den später ergänzten Charakteristika von Big Data.[329] Es steht für den Wert, den die Datenmengen

---

[320] Vgl. *Klein/Tran-Gia/Hartmann*, Informatik-Spektrum 2013, Heft 3, 319, 320; *Schulmeyer*, in: Dorschel, Praxishandbuch Big Data, 2015, Kap. 4.4, S. 309; Deutsche Bank (Hrsg.), Big Data, 2014, S. 8.

[321] *Schulmeyer*, in: Dorschel, Praxishandbuch Big Data, 2015, Kap. 4.4, S. 309.

[322] *Klein/Tran-Gia/Hartmann*, Informatik-Spektrum 2013, Heft 3, 319, 320.

[323] *Klein/Tran-Gia/Hartmann*, Informatik-Spektrum 2013, Heft 3, 319, 320; vgl. dazu beispielsweise *Allgemeine Deutsche Automobil-Club* (ADAC), Europäischer Unfallbericht (verfügbar unter: https://www.adac.de/-/media/pdf/rechtsberatung/unfallbericht-englisch.pdf?la=de-de&hash=01C93F2F82FE8E11AD6213A23F0A97B0).

[324] *Stiemerling*, in: Conrad/Grützmacher, Recht der Daten und Datenbanken im Unternehmen, 2014, § 6, Rn. 2.

[325] TechAmerica Foundation (Hrsg.), Demystifying Big Data, 2012 S. 11; *Lanquillon/Mallow*, in: Dorschel, Praxishandbuch Big Data, 2015, Kap. 4.1, S. 262.

[326] *Hoffmann-Riem*, in: Hoffmann-Riem, Big Data - Regulative Herausforderungen, 2018, S. 19; KPMG (Hrsg.), Mit Daten Werte Schaffen, 2016, S. 6; IBM (Hrsg.), Information Governance Principles and Practices for a Big Data Landscape, 2014, S. 7; *Ishwarappa/Anuradha*, Procedia Computer Science 2015, Heft 48, 319, 321; *Klous*, in: van der Sloot/Broeders/Schrijvers, Exploring the Boundaries of Big Data, 2016, S. 29.

[327] *Lanquillon/Mallow*, in: Dorschel, Praxishandbuch Big Data, 2015, Kap. 4.1, S. 262; ENISA (Hrsg.), Big Data Threat Landscape and Good Practice Guide, 2016, S. 9; *Hill*, DÖV 2014, 213, 216.

[328] *Lanquillon/Mallow*, in: Dorschel, Praxishandbuch Big Data, 2015, Kap. 2.3, S. 74; *Klein/Tran-Gia/Hartmann*, Informatik-Spektrum 2013, Heft 3, 319, 321; *Hoeren*, MMR 2016, 8.

[329] IBM (Hrsg.), Information Governance Principles and Practices for a Big Data Landscape, 2014, S. 10; KPMG (Hrsg.), Mit Daten Werte Schaffen, 2016, S. 6.

verkörpern.[330] Mit *Value* ist typischerweise nicht der unmittelbare monetäre Wert der Daten gemeint, sondern vielmehr der Nutzen, den die jeweiligen Akteure aus den Daten ziehen können.[331] Worin dieser Nutzen besteht, kann sich von Akteur zu Akteur erheblich unterscheiden.[332]

In der Versicherungswirtschaft kann Big Data in nahezu allen Bereichen nutzbringend eingesetzt werden. Das gilt insbesondere für die Produktentwicklung, die Preisgestaltung und Zeichnungsentscheidung, den Vertrieb, die Kundenbetreuung und das Schadensmanagement.[333]

Im Bereich der Produktentwicklung, Preisgestaltung und Zeichnungsentscheidung ermöglicht es Big Data den Versicherungsunternehmen, detailliertere Risikobewertungen und feinere Segmentierungen der Versicherungsnehmer vorzunehmen.[334] Auf dieser Grundlage können sie individuellere Versicherungsprodukte und -dienstleistungen wie sogenannte *Usage-Based-Insurance*-Produkte entwickeln.[335] Ein typisches Beispiel hierfür sind sogenannte Telematiktarife in der Kraftfahrtversicherung, auch *Pay-as-you-drive* oder *Pay-how-you-drive* genannt.[336] Charakteristisch für diese Tarife ist, dass die Höhe der Versicherungsprämie nach dem individuellen Fahrverhalten des Fahrers kalkuliert wird.[337] Je risikoärmer das Fahrverhalten eingestuft wird, desto niedriger ist auch die Versicherungsprämie – und umgekehrt.

Für den Vertrieb können Versicherungsunternehmen mit Hilfe von Big Data umfangreiche *Customer-Relationship-Management*-Systeme entwickeln, die alle verfügbaren Informationen über ihre Kunden bündeln.[338] Dies ermöglicht es ihnen beispielsweise, profitable Versicherungsnehmer zu identifizieren, zielgerichtete und personalisierte Marketingkampagnen zu entwickeln, die Aktivitäten des Außendienstes zu steuern und die Effektivität der Vertriebsmaßnahmen zu messen.[339]

Im Rahmen der Kundenbetreuung können Versicherungsunternehmen mit Big Data zudem aussagekräftigere Erkenntnisse über ihr Beschwerdemanagement, ihr Qualitätsmanagement und ihre Mitarbeiterschulungen gewinnen. Es erlaubt ihnen zudem, individuellere

---

[330] ENISA (Hrsg.), Big Data Security, 2015, S. 8; *Hoffmann-Riem*, AöR 2017, 1, 7.

[331] Vgl. Bitkom (Hrsg.), Big Data im Praxiseinsatz, 2012, S. 51; Datatilsynet (Hrsg.), Big Data - privacy principles under pressure, 2013, S. 6; *Mayer-Schönberger/Padova*, Colum. Sci. & Tech. L. Rev. 2016, 315, 320; ausführlich zur Bestimmung des monetären Wertes von Daten OECD (Hrsg.), Exploring the Economics of Personal Data, 2013; Bitkom (Hrsg.), Management von Big Data-Projekten, 2013, S. 37 f. spricht auch von „Return on information".

[332] S. dazu die Einsatzbeispiele bei Bitkom (Hrsg.), Big Data im Praxiseinsatz, 2012, S. 51 ff.; Bitkom (Hrsg.), Big Data und Geschäftsmodell- Innovationen in der Praxis, 2015, S. 15 ff.

[333] EIOPA (Hrsg.), Big Data Analytics in motor and health insurance, 2019, S. 18 ff.; The Geneva Association (Hrsg.), Big Data and Insurance, 2018, S. 42 ff.

[334] EIOPA (Hrsg.), Big Data Analytics in motor and health insurance, 2019, S. 18; *Bitter/Uphues*, in: Hoeren, Phänomene des Big-Data-Zeitalters, 2019, S. 148 f.; Accenture (Hrsg.), Der digitale Versicherer - Studie zur Zufriedenheit der Kunden mit dem Schadenmanagement, 2014, S. 13.

[335] EIOPA (Hrsg.), Big Data Analytics in motor and health insurance, 2019, S. 19; The Geneva Association (Hrsg.), Big Data and Insurance, 2018, S. 10.

[336] EIOPA (Hrsg.), Big Data Analytics in motor and health insurance, 2019, S. 19; The Geneva Association (Hrsg.), Big Data and Insurance, 2018, S. 42; *Hoenen/Heitmann*, in: Wagner, Gabler Versicherungslexikon, 2. Aufl. 2017, S. 641.

[337] *Hoenen/Heitmann*, in: Wagner, Gabler Versicherungslexikon, 2. Aufl. 2017, S. 641.

[338] EIOPA (Hrsg.), Big Data Analytics in motor and health insurance, 2019, S. 21; zum *Customer Relationship Management Müller-Peters*, in: Wagner, Gabler Versicherungslexikon, 2. Aufl. 2017, S. 526 f.

[339] EIOPA (Hrsg.), Big Data Analytics in motor and health insurance, 2019, S. 21; Accenture (Hrsg.), Der digitale Versicherer - Studie zur Zufriedenheit der Kunden mit dem Schadenmanagement, 2014, S. 13.

Zusatzdienstleistungen anzubieten und dadurch die Kundenzufriedenheit und -loyalität zu erhöhen.[340]

Im Schadensmanagement kann Big Data den Versicherungsunternehmen helfen, Schadensmeldungen schneller und effizienter zu bearbeiten. Beispielsweise können die für Schadensbearbeitung relevanten Informationen bereits automatisiert zusammengetragen und aufbereitet werden, bevor die Schadensmeldung den zuständigen Sachbearbeiter erreicht.[341] Den größten Nutzen verspricht jedoch – als zentrales Thema dieser Arbeit – der Einsatz von Big Data zur frühzeitigen Erkennung und Abwehr von betrügerischen Ansprüchen.[342]

3.2.1.2 Big Data als Beschreibung der Datenverarbeitung und -nutzung – insbesondere Analytics

Der Begriff Big Data beschreibt jedoch nicht nur das bestehende Datenvorkommen, sondern auch dessen Verarbeitung und Nutzung.[343]

Gedanklich ist hierfür wieder am Merkmal *Value* anzuknüpfen. Das Big-Data-Datenvorkommen an sich – also die Rohdaten – sind zunächst wertlos.[344] Um ihren Wert zu extrahieren, müssen sie entsprechend bearbeitet werden.[345] Die Verarbeitung und Nutzung dieser Rohdaten ist somit ein klassischer Wertschöpfungsprozess. Typischerweise besteht die Wertschöpfungskette aus vier Schritten – Datenerhebung, Speicherung und Verdichtung, Analyse und Nutzung.[346] Was unter diesen Verarbeitungsvorgängen zu verstehen ist, wird im Rahmen von Art. 2 Abs. 1 und Art. 4 Nr. 2 DS-GVO im Detail erläutert.[347]

Das Herzstück dieser Wertschöpfungskette ist die Analyse der Daten, häufig auch *Analytics* genannt.[348] Aus diesem Grund heißt es auch teilweise: „Analytics is what makes big data come alive".[349] Unter einer Analyse (von griech. *Análysis* = Auflösung) versteht man allgemein die systematische Untersuchung eines bestimmten Objekts durch Zerlegung in seine Bestandteile. Werden Daten analysiert, geht es insbesondere darum, Erkenntnisse über die Strukturen, Auffälligkeiten, Regelmäßigkeiten oder Zusammenhänge der untersuchten Daten zu

---

[340] Accenture (Hrsg.), Der digitale Versicherer - Studie zur Zufriedenheit der Kunden mit dem Schadenmanagement, 2014, S. 13 ff.

[341] Accenture (Hrsg.), Der digitale Versicherer - Studie zur Zufriedenheit der Kunden mit dem Schadenmanagement, 2014, S. 15 f.

[342] Zu konkreten Big-Data-Verfahren zur Erkennung von Versicherungsbetrug ab S. 54.

[343] *Weichert*, ZD 2013, 251; *Roßnagel*, ZD 2013, 562; Datatilsynet (Hrsg.), Big Data - privacy principles under pressure, 2013, S. 9; *Boehme-Neßler*, DuD 2016, 419, 420; *de Mauro/Greco/Grimaldi*, AIP Conf. Proc. 2015, Heft 1644, 97, 99.

[344] Europarat (Hrsg.), "Of Data and Men", 2016, S. 8; *Gandomi/Haider*, IJIM 2015, 137, 139 f.; *Lanquillon/Mallow*, in: Dorschel, Praxishandbuch Big Data, 2015, Kap. 2.3, S. 55.

[345] Europarat (Hrsg.), "Of Data and Men", 2016, S. 8; ENISA (Hrsg.), Privacy by design in big data, 2015, S. 8; *Hoffmann-Riem*, in: Hoffmann-Riem, Big Data - Regulative Herausforderungen, 2018, S. 20 spricht mit Blick auf „Value" von „Möglichkeiten diverser Wertschöpfungen"; Executive Office of the President (Hrsg.), Big Data and Privacy: A Technological Perspective, 2014, S. 8.

[346] EDSB (Hrsg.), Privacy and competitiveness in the age of big data, 2014, S. 10; Datatilsynet (Hrsg.), Big Data - privacy principles under pressure, 2013, S. 13; ähnlich auch FTC (Hrsg.), Big Data: A tool for inclusion or exclusion?, 2016, S. 3.

[347] Zur Verarbeitung von personenbezogenen Daten ab S. 105.

[348] *Hoffmann-Riem*, in: Hoffmann-Riem, Big Data - Regulative Herausforderungen, 2018, S. 20; KPMG (Hrsg.), Mit Daten Werte Schaffen, 2016, S. 14.

[349] Executive Office of the President (Hrsg.), Big Data and Privacy: A Technological Perspective, 2014, S. 24.

gewinnen.[350] Um solche Datenanalysen durchzuführen, werden typischerweise spezielle Algorithmen verwendet.[351]

3.2.1.2.1 Einsatz von Algorithmen

Intuitiv assoziiert man Algorithmen ausschließlich mit komplexen Computerprogrammen. Dies ist jedoch keineswegs zwingend. In seinem originären Sinn versteht man unter einem Algorithmus lediglich ein genau definiertes Verfahren, das eine bestimmte Aufgabe Schritt für Schritt löst.[352]

Das Wort „Algorithmus" leitet sich von dem persischen Universalgelehrten *Abu Dscha'far Muhammad ibn Musa al-Chwarizmi* ab, der um 800 n. Chr. ein Standardwerk über mathematische Methoden verfasste.[353] Aus der lateinischen Übersetzung *Algoritmi de numero Indorum* (lat. für „al-Chwarizmi über die indischen Zahlen") entwickelte sich im Laufe der Zeit der Begriff Algorithmus für präzise definierte Rechenverfahren.

Algorithmen können grundsätzlich sowohl von Computern als auch von Menschen ausgeführt werden. Soll ein Algorithmus jedoch durch einen Computer ausgeführt werden, muss das Verfahren in einer für diesen verständlichen Maschinensprache formuliert sein.[354] Hierfür wird der Algorithmus in eine Programmiersprache und somit in ein Computerprogramm übersetzt.[355] Die Erstellung dieses Computerprogramms wird auch als „Programmierung" oder „Implementierung" bezeichnet.[356]

Wenn ein abstraktes Computerprogramm – also der in Programmiersprache formulierte Algorithmus – konkret angewendet werden soll, dann muss er mit entsprechenden Daten zusammengebracht werden. Dieser Vorgang kann anhand des „Eingabe – Verarbeitung – Ausgabe"-Prinzips strukturiert werden.[357] Zunächst wird dem Computerprogramm ein Satz von Eingabedaten zugeführt. Abhängig von den definierten Verfahrensschritten verarbeitet der Computer diese Daten. Sind alle Schritte ausgeführt, gibt das Computerprogramm einen Satz von Ausgabedaten zurück. Diese Ausgabedaten stellen die Lösung der Aufgabe im Hinblick auf die konkreten Eingabedaten dar.

Über diese grundlegenden Prinzipien hinaus können Algorithmen jedoch so vielfältig sein wie die Aufgaben, auf die sie angewendet werden sollen.[358] Das Gleiche gilt für Big-Data-*Analytics*.

3.2.1.2.2 Analyseformen und -charakteristika

Zunächst ist zu betonen, dass nicht nur eine einzige Form von Big-Data-*Analytics* existiert. Vielmehr handelt es sich um einen Sammelbegriff für eine Vielzahl von Analyseformen und -charakteristika. Ihre Kategorisierung hängt in erster Linie davon ab, welcher Aspekt besonders herausgestellt werden soll.

---

[350] *Lanquillon/Mallow*, in: Dorschel, Praxishandbuch Big Data, 2015, Kap. 2.3, S. 55.

[351] *Boehme-Neßler*, DuD 2016, 419, 421.

[352] *Hoffmann-Riem*, AöR 2017, 1, 2 f.

[353] *Steinmüller*, Informationstechnologie und Gesellschaft, 1993, S. 757.

[354] *Hoffmann-Riem*, AöR 2017, 1, 3.

[355] *Steinmüller*, Informationstechnologie und Gesellschaft, 1993, S. 215, 232; Bertelsmann Stiftung (Hrsg.), Wo Maschinen irren können, 2018, S. 16.

[356] Bertelsmann Stiftung (Hrsg.), Wo Maschinen irren können, 2018, S. 16 f.

[357] Vgl. *Krcmar*, Informationsmanagement, 6. Aufl. 2015, S. 66.

[358] Bertelsmann Stiftung (Hrsg.), Wo Maschinen irren können, 2018, S. 17.

Soll beispielsweise die Art der Fragestellung hervorgehoben werden, lassen sich deskriptive, diagnostische, prädiktive und präskriptive Analysen unterscheiden.[359]

Deskriptive Analysen (von lat. *describere* = beschreiben) untersuchen Daten, um einen bestimmten Sachverhalt zu beschreiben oder darzustellen. Ihre Leitfrage lautet „Was ist geschehen?"[360] Beispielsweise können Versicherungsunternehmen deskriptive Analysen durchführen, um feinere Segmentierungen ihrer Versicherungsnehmer zu erhalten.

Diagnostische Analysen (von griech. *diágnosis* = Unterscheidung, Beurteilung, Erkenntnis) gehen darüber hinaus und versuchen, die Ursachen für bestimmte Sachverhalte zu finden. Es geht also um die Frage „Warum ist es geschehen?". Sollen unbekannte kausale Zusammenhänge entdeckt werden, ist zu beachten, dass diagnostische Analysen typischerweise nur Korrelationen, nicht aber Kausalitäten identifizieren können.[361] Solche Zusammenhänge sind jedoch streng zu unterscheiden.[362] Kausalität bedeutet, dass ein Faktor einen anderen Faktor beeinflusst. Es besteht insofern eine Ursache-Wirkung-Beziehung. Dagegen bedeutet Korrelation lediglich, dass zwei Faktoren gleichzeitig auftreten. Eine Aussage darüber, ob der eine Faktor den anderen Faktor auch beeinflusst, kann nicht getroffen werden.[363] Es handelt sich lediglich um eine Vermutung. Wird eine signifikante Korrelation festgestellt, muss daher in einem weiteren Schritt untersucht werden, ob aus dem korrelativen Zusammenhang auch tatsächlich ein kausaler Zusammenhang abgeleitet werden kann.[364] Dennoch ist das Auffinden von Korrelationen hilfreich, da sie eine Indikation für mögliche Kausalzusammenhänge darstellen und es so ermöglichen, komplexere Untersuchungen auf bestimmte Fragestellungen zu konzentrieren.[365] Diagnostische Analysen können daher helfen, „die Stecknadel der Erkenntnis im Heuhaufen der Daten für die Ursachenforschung zu finden".[366] So können solche Analysen Versicherungsunternehmen insbesondere dabei helfen, bislang unbekannte Risikofaktoren zu identifizieren.[367]

Während deskriptive und diagnostische Analysen vergangene oder gegenwärtige Sachverhalte untersuchen, sollen prädiktive Analysen (von lat. *praedicere* = voraussagen) vor allem zukünftige Sachverhalte vorhersagen. Sie untersuchen Daten, um die Frage „Was wird bzw. könnte geschehen?" zu beantworten.[368] Darüber hinaus werden prädiktive Analysen auch zur Vorhersage unbekannter Werte eingesetzt.[369] Letztere können dabei auch in der Vergangenheit

---

[359] *Lanquillon/Mallow*, in: Dorschel, Praxishandbuch Big Data, 2015, Kap. 2.3, S. 56 f.; ENISA (Hrsg.), Privacy by design in big data, 2015, S. 11; *Sivarajah/Kamal/Irani/Weerakkody*, JBR 2017, Heft 70, 263, 266.

[360] *Lanquillon/Mallow*, in: Dorschel, Praxishandbuch Big Data, 2015, Kap. 2.3, S. 56; vgl. auch KPMG (Hrsg.), Mit Daten Werte Schaffen, 2016, S. 7.

[361] *Lanquillon/Mallow*, in: Dorschel, Praxishandbuch Big Data, 2015, Kap. 2.3, S. 57; Deutsche Bank (Hrsg.), Big Data, 2014, S. 33; *Hoffmann-Riem*, in: Hoffmann-Riem, Big Data - Regulative Herausforderungen, 2018, S. 20.

[362] S. hierzu *Deuter, Jürgen*, Big Dada statt Big Data (verfügbar unter: https://next-digital-leader.de/data-analytics/big-dada-statt-big-data/).

[363] *Simon*, JASA 1954, 467; *Weichert*, DuD 2014, 831, 834; Executive Office of the President (Hrsg.), Big Data: Seizing Opportunities, preserving Values, 2014, S. 7.

[364] *Simon*, JASA 1954, 467, 468 ff.; *Schermer*, CLSR 2011, 45, 48; so auch in Bezug auf Big Data *Weichert*, DuD 2014, 831, 834.

[365] *Deuter, Jürgen*, Big Dada statt Big Data (verfügbar unter: https://next-digital-leader.de/data-analytics/big-dada-statt-big-data/).

[366] *Mayer-Schönberger*, in: bpb, Big Data, 2015, S. 17.

[367] Vgl. EIOPA (Hrsg.), Big Data Analytics in motor and health insurance, 2019, S. 18.

[368] *Lanquillon/Mallow*, in: Dorschel, Praxishandbuch Big Data, 2015, Kap. 2.3, S. 57; vgl. auch KPMG (Hrsg.), Mit Daten Werte Schaffen, 2016, S. 7.

[369] *Lanquillon/Mallow*, in: Dorschel, Praxishandbuch Big Data, 2015, Kap. 2.3, S. 57.

oder Gegenwart liegen. Beispielsweise können Versicherungsunternehmen prädiktive Analysen durchführen, um die wahrscheinliche Anzahl von Straßenverkehrsunfällen bzw. Schadensmeldungen für bestimmte Jahreszeiten vorherzusagen oder – im Kontext dieser Arbeit besonders relevant – um einzuschätzen, ob bestimmte Schadensmeldungen betrügerisch sind.

Präskriptive Analysen (von lat. *praescribere* = vorschreiben) bauen auf den vorherigen Formen auf und untersuchen Daten, um konkrete Handlungsempfehlungen abzuleiten.[370] Die zentrale Frage lautet daher: „Was soll geschehen?"[371] Präskriptive Analysen stellen daher die stärkste Form der Entscheidungsunterstützung dar. Versicherungsunternehmen könnten solche Analysen nutzen, um etwa effektive Präventionsmaßnahmen zur Verringerung der Eintrittswahrscheinlichkeit von bestimmten Schäden zu identifizieren.[372]

Neben der beschriebenen Art der Fragestellung kann auch das Untersuchungsobjekt charakteristisch für bestimmte Formen von Big-Data-*Analytics* sein. In diese Kategorie lassen sich beispielsweise Audio-, Bild-, Text-, und Video-*Analytics* oder gewissermaßen als Kombination Multimedia- oder Social-Media-*Analytics* einordnen.[373] Beispielsweise können Versicherungsunternehmen während der Kundenbetreuung mit Hilfe von Text-*Analytics* aus den Schreiben der Versicherungsnehmer deren jeweilige Stimmung erkennen und in der Folge individuell auf die Situation reagieren.[374] Ordnet man diese Analyse gleichzeitig in die zuvor beschriebene Art der Fragestellung ein, handelt es sich somit um eine prädiktive Textanalyse, da unbekannte Werte – die Stimmung des Versicherungsnehmers – erkannt werden sollen. Ähnliche Analysen sind auch bei Audio-*Analytics* oder Video-*Analytics* denkbar.[375] Dagegen eignet sich der Einsatz von Bild-*Analytics* insbesondere für die Betrugserkennung, beispielsweise bei der Erkennung manipulierter Bilder, die Versicherungsnehmer zur Dokumentation vermeintlicher Schäden einreichen.[376]

Über die Art der Fragestellung oder des Untersuchungsobjekts hinaus sind eine Vielzahl weiterer Kategorien denkbar, wie beispielsweise die Art der betroffenen Personen bei *Customer Analytics*[377] oder *People Analytics*[378] oder die Art der Einsatzzwecke bei *Fraud Analytics* oder *Risk Analytics* oder des Analyseorts bei *In-Data Base Analytics* und *In-Memory Analytics*.[379]

Aus dem Vorstehenden folgt, dass sich jedes Analyseverfahren typischerweise in eine oder mehrere Kategorien einordnen lässt. Diese Kategorisierung hat jedoch in erster Linie eine Ordnungsfunktion und entfaltet darüber hinaus kaum Relevanz.

---

[370] *Lanquillon/Mallow*, in: Dorschel, Praxishandbuch Big Data, 2015, Kap. 2.3, S. 57; *Hoffmann-Riem*, in: Hoffmann-Riem, Big Data - Regulative Herausforderungen, 2018, S. 21.

[371] *Lanquillon/Mallow*, in: Dorschel, Praxishandbuch Big Data, 2015, Kap. 2.3, S. 57; vgl. auch KPMG (Hrsg.), Mit Daten Werte Schaffen, 2016, S. 7.

[372] Vgl. EIOPA (Hrsg.), Big Data Analytics in motor and health insurance, 2019, S. 20.

[373] *Lanquillon/Mallow*, in: Dorschel, Praxishandbuch Big Data, 2015, Kap. 2.3, S. 58 f.

[374] *Lanquillon/Mallow*, in: Dorschel, Praxishandbuch Big Data, 2015, Kap. 2.3, S. 58 f.; *Gandomi/Haider*, IJIM 2015, 137, 140; Bitkom (Hrsg.), Big Data und Geschäftsmodell- Innovationen in der Praxis, 2015, S. 98 ff.

[375] *Gandomi/Haider*, IJIM 2015, 137, 140 ff.

[376] *Marschall/Herfurth/Winter/Allwinn*, MMR 2017, 152.

[377] Ausführlich bei IBM (Hrsg.), Information Governance Principles and Practices for a Big Data Landscape, 2014, S. 49 ff.

[378] Ausführlich *Huff/Götz*, NZA-Beilage 2019, 73.

[379] *Lanquillon/Mallow*, in: Dorschel, Praxishandbuch Big Data, 2015, Kap. 2.3, S. 61 f.; Booz & Company (Hrsg.), Benefitting from Big Data, 2012, S. 7.

3.2.1.2.3 Verhältnis zwischen Big Data und Künstlicher Intelligenz

Insbesondere im Zusammenhang mit der Analyse großer Datenmengen kommen auch zunehmend Verfahren aus dem Bereich der sogenannten Künstlichen Intelligenz zum Einsatz.[380] Ähnlich wie bei Big Data hat sich für den Begriff „Künstliche Intelligenz" noch keine allgemein akzeptierte Definition herausgebildet.[381] Im Kern geht es um Verfahren zur Nachahmung menschlicher Intelligenz durch Maschinen oder wie der US-amerikanische Forscher *Marvin Minsky* es formulierte „the science of making machines do things that would require intelligence if done by men."[382]

Besonders relevante Teilbereiche der Künstlichen Intelligenz sind *Machine Learning* und *Deep Learning*.[383] Beim *Machine Learning* generiert ein künstliches System Wissen aus Erfahrung, indem es aus Beispielen lernt, daraus allgemeine Muster und Gesetzmäßigkeiten ableitet und diese anschließend auf neue Eingabedaten anwendet.[384] Das *Deep Learning* ist wiederum ein Teilbereich des *Machine Learning* und beschreibt eine mögliche Lernmethode durch die Nutzung künstlicher neuronaler Netze.[385] Ein besonders vielversprechendes Einsatzfeld im Bereich der Versicherungswirtschaft ist die selbstständige Erkennung von neuen Betrugsmustern auf der Grundlage großer Mengen von Versicherungsdaten.[386]

Aus diesem Beispiel wird auch deutlich, dass Big Data und Künstliche Intelligenz nicht etwa in einem Konkurrenzverhältnis stehen, sondern sich wechselseitig ergänzen. So ermöglichen erst das enorme Big-Data-Datenvorkommen und neue Big-Data-Technologien bestimmte Lernprozesse im Rahmen der Künstlichen Intelligenz, das gilt insbesondere für *Machine Learning*.[387] Umgekehrt erweitern Verfahren aus der Künstlichen Intelligenz das Spektrum möglicher Analysen im Rahmen von *Big Data Analytics*.[388]

3.2.1.3 Big Data als Beschreibung der Technologielandschaft

Der dritte Aspekt, den Big Data beschreibt, sind die zur Datenverarbeitung und -nutzung eingesetzten Technologien.[389] Diese Big-Data-Technologien sind die unabdingbare

---

[380] *Hoffmann-Riem*, in: Hoffmann-Riem, Big Data - Regulative Herausforderungen, 2018, S. 15; ICO (Hrsg.), Big data, artificial intelligence, machine learning and data protection, 2017, S. 6 f.; Datatilsynet (Hrsg.), Big Data - privacy principles under pressure, 2013, S. 17 f; *Klar*, BB 2019, 2243.

[381] *Herberger*, NJW 2018, 2825 ff.; *Klar*, BB 2019, 2243 f.

[382] Vgl. *Stiemerling*, CR 2015, 762; zitiert nach *Herberger*, NJW 2018, 2825, 2826.

[383] *Gausling*, DSRITB 2018, 519, 521 ff; mit Blick auf die Versicherungswirtschaft EIOPA (Hrsg.), Big Data Analytics in motor and health insurance, 2019, S. 14 f.

[384] *Gausling*, DSRITB 2018, 519, 522 f.; Datatilsynet (Hrsg.), Big Data - privacy principles under pressure, 2013, S. 17 f.

[385] *Gausling*, DSRITB 2018, 519, 523 f.; EIOPA (Hrsg.), Big Data Analytics in motor and health insurance, 2019, S. 14 f.

[386] EIOPA (Hrsg.), Big Data Analytics in motor and health insurance, 2019, S. 16; vgl. auch *Bologa/Bologa/Florea*, Database Systems Journal 2013, Heft 4, 30, 35.

[387] *Stiemerling*, CR 2015, 762, 764; The Geneva Association (Hrsg.), Big Data and Insurance, 2018, S. 8; vgl. *Gausling*, DSRITB 2018, 519, 524 f.

[388] *Hoffmann-Riem*, in: Hoffmann-Riem, Big Data - Regulative Herausforderungen, 2018, S. 20; ICO (Hrsg.), Big data, artificial intelligence, machine learning and data protection, 2017, S. 8; Datatilsynet (Hrsg.), Big Data - privacy principles under pressure, 2013, S. 17.

[389] TDWI (Hrsg.), Big Data - Ein Überblick, 2016, S. 3; *Liedke*, K&R 2014, 709; *Weichert*, ZD 2013, 251; *Zieger/Smirra*, MMR 2013, 418; *Martini*, DVBl 2014, 1481, 1482; Bitkom (Hrsg.), Big Data im Praxiseinsatz, 2012, S. 19; *Cumbley/Church*, CLSR 2013, 601, 602; Executive Office of the President (Hrsg.), Big Data and Privacy: A Technological Perspective, 2014, S. 30 ff.; *de Mauro/Greco/Grimaldi*, AIP Conf. Proc. 2015, Heft 1644, 97, 99.

Voraussetzung dafür, dass der zuvor beschriebene Wertschöpfungsprozess überhaupt stattfinden kann.[390]

Die Besonderheiten des Big-Data-Datenvorkommens – insbesondere *Volume, Velocity, Variety* und *Veracity* – und der angestrebten Big-Data-Datenverarbeitung und -nutzung – insbesondere *Analytics* – haben herkömmliche Technologien vor erhebliche Herausforderungen gestellt. Gleichzeitig haben sie auf diese Weise die technischen Gestaltungsanforderungen für Big-Data-Technologien definiert.[391] So folgt beispielsweise aus dem Merkmal *Volume*, dass Systeme sehr große Datenmengen speichern und verarbeiten können müssen. Oder insbesondere bei zeitkritischen Analysen wie *Fraud Analytics* müssen Systeme technisch fähig sein, Abfragen in Echtzeit durchzuführen, damit betrugsrelevante Sachverhalte rechtzeitig erkannt werden können.[392] Denn keine noch so fortschrittliche Analyse großer Datenmengen bringt einen Nutzen, wenn sie so lange dauert, dass sie zu spät kommt.[393] Big-Data-Technologien zeichnen sich daher gerade dadurch aus, dass sie diese beschriebenen technischen Anforderungen bestmöglich erfüllen.

Versucht man für Big-Data-Technologien eine Taxonomie zu bilden, können diese in sechs Schichten geordnet werden – Datenhaltung, Datenzugriff, Analytische Verarbeitung, Visualisierung, Datenintegration sowie Daten-Governance und -Sicherheit.[394]

---

[390] *Ishwarappa/Anuradha*, Procedia Computer Science 2015, Heft 48, 319, 321.
[391] S. auch die Tabelle "High-Level-Anforderungen für ein Big-Data-System" bei *Lanquillon/Mallow*, in: Dorschel, Praxishandbuch Big Data, 2015, Kap. 4.2, S. 263 f.
[392] *Hentrich/Pyrcek*, BB 2016, 1451, 1454.
[393] *Mayer-Schönberger*, in: bpb, Big Data, 2015, S. 14.
[394] Bitkom (Hrsg.), Big Data-Technologien, 2014, S. 23 ff.

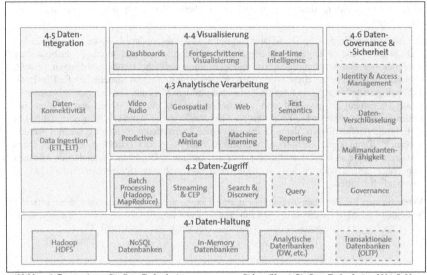

Abbildung 4: Taxonomie von Big-Data-Technologien, entnommen aus Bitkom (Hrsg.), Big Data-Technologien, 2014, S. 23.

Aus dieser Taxonomie wird deutlich, dass es sich bei Big Data nicht um eine singuläre Technologie handelt, sondern Big-Data-Technologien vielmehr als ein Zusammenspiel von herkömmlichen, weiterentwickelten und neuen Konzepten zu verstehen sind.[395]

Wegen ihrer besonderen Bedeutung für die schnelle Verarbeitung großer Datenmengen sollen insbesondere die Grundideen von *In-Memory*-Datenbanken für die Datenhaltung und *MapReduce* für den Datenzugriff herausgegriffen und erläutert werden.[396]

3.2.1.3.1 In-Memory Datenbanken

Unter einer *In-Memory*-Datenbank (von engl. *memory* = Speicher) versteht man eine Datenbank, die Daten im Hauptspeicher des Rechners hält.[397]

Bei herkömmlichen Technologien werden die Daten typischerweise auf der Festplatte gespeichert und verarbeitet.[398] Durch den erforderlichen Datentransfer zwischen Festplatte und Hauptspeicher wird der Datenzugriff naturgemäß verlangsamt. Das Konzept der *In-Memory*-Datenbank versucht daher „den langsamsten Teil der klassischen Architektur, die Festplatte, aus dem Bild zu nehmen"[399] und die Datenverarbeitung in den Hauptspeicher zu

---

[395] Bitkom (Hrsg.), Big Data im Praxiseinsatz, 2012, S. 28; *Ohrtmann/Schwiering*, NJW 2014, 2984.

[396] Vgl. *Stiemerling*, in: Conrad/Grützmacher, Recht der Daten und Datenbanken im Unternehmen, 2014, § 6, Rn. 23 f.

[397] Bitkom (Hrsg.), Big Data-Technologien, 2014, S. 127; *Fels/Schinkel*, in: Dorschel, Praxishandbuch Big Data, 2015, Kap. 4.3, S. 294 f.

[398] Bitkom (Hrsg.), Big Data-Technologien, 2014, S. 127.

[399] *Stiemerling*, in: Conrad/Grützmacher, Recht der Daten und Datenbanken im Unternehmen, 2014, § 6, Rn. 23.

verlagern.[400] Durch diese Verlagerung kann der Zugriff auf die benötigten Daten um das 1.000-bis 10.000-fache beschleunigt werden.[401]

Zu beachten ist allerdings, dass auch bei reinen *In-Memory*-Datenbanken nicht vollständig auf eine Festplatte verzichtet wird. Da der Hauptspeicher eines Rechners flüchtig ist, sind die Daten bei einem gewollten oder ungewollten Systemneustart nicht ausreichend gesichert.[402] Aus diesem Grund werden sie zusätzlich, beispielsweise durch kontinuierliche Replikation, auf einer persistenten Festplatte gespeichert.[403]

3.2.1.3.2 MapReduce

Der Begriff *MapReduce* bezeichnet ein allgemeingültiges Programmiermodell zur Ablaufsteuerung einer verteilten Parallelverarbeitung von großen Datenmengen.[404]

Herkömmliche Technologien stoßen bei der Verarbeitung großer Datenmengen regelmäßig an die Grenzen ihrer Rechenleistung. Soll die Leistung gesteigert werden, kann dies entweder durch vertikale oder horizontale Skalierung erfolgen. Bei einer vertikalen Skalierung (engl. *scale up*) wird die Rechenleistung erhöht, indem der Rechner durch weitere Ressourcen wie Prozessoren, Hauptspeicher und Festplatten aufgerüstet wird.[405] Trotz ständiger Optimierung der einzelnen Komponenten stoßen diese jedoch früher oder später an ihre physikalischen Grenzen.[406] Dagegen wird bei einer horizontalen Skalierung (engl. *scale out*) die Rechenleistung gesteigert, indem weitere Rechner hinzugeschaltet und die Datenverarbeitungsvorgänge auf diese verteilt werden.[407] Auf diese Weise können große Datenmengen aufgeteilt und durch eine Vielzahl von Rechnern parallel verarbeitet werden.[408]

Das Progammiermodell *MapReduce* wurde im Jahr 2004 durch das US-amerikanische Softwareunternehmen *Google* veröffentlicht und anschließend durch die freie Implementierung im Open Source Framework *Hadoop* zu einem Standardkonzept für Big-Data-Technologien.[409] Die Bezeichnung *MapReduce* leitet sich aus den beiden zentralen Funktionen des Modells ab. Die *Map*-Funktion zerlegt die Aufgabe in eine Vielzahl von Teilaufgaben und verteilt sie an die hinzugeschalteten Rechner.[410] Die *Reduce*-Funktion sortiert die parallel berechneten Teilergebnisse und führt sie anschließend zu einem Gesamtergebnis zusammen.[411]

---

[400] Bitkom (Hrsg.), Big Data-Technologien, 2014, S. 127.

[401] *Fels/Schinkel*, in: Dorschel, Praxishandbuch Big Data, 2015, Kap. 4.3, S. 294.

[402] Bitkom (Hrsg.), Big Data-Technologien, 2014, S. 128; *Fels/Schinkel*, in: Dorschel, Praxishandbuch Big Data, 2015, Kap. 4.3, S. 294.

[403] Bitkom (Hrsg.), Big Data-Technologien, 2014, S. 127 f.; *Fels/Schinkel*, in: Dorschel, Praxishandbuch Big Data, 2015, Kap. 4.3, S. 294.

[404] Bitkom (Hrsg.), Big Data im Praxiseinsatz, 2012, S. 27; *Fels/Schinkel*, in: Dorschel, Praxishandbuch Big Data, 2015, Kap. 4.3, S. 279.

[405] *Fels/Schinkel*, in: Dorschel, Praxishandbuch Big Data, 2015, Kap. 4.3, S. 278.

[406] *Stiemerling*, in: Conrad/Grützmacher, Recht der Daten und Datenbanken im Unternehmen, 2014, § 6, Rn. 22.

[407] *Fels/Schinkel*, in: Dorschel, Praxishandbuch Big Data, 2015, Kap. 4.3, S. 278.

[408] *Stiemerling*, in: Conrad/Grützmacher, Recht der Daten und Datenbanken im Unternehmen, 2014, § 6, Rn. 23.

[409] IBM (Hrsg.), Information Governance Principles and Practices for a Big Data Landscape, 2014, S. 3; zu *MapReduce* s. *Dean/Ghemawat*, MapReduce: Simplified Data Processing on Large Clusters, 2004; zu *Hadoop* s. *Fels/Schinkel*, in: Dorschel, Praxishandbuch Big Data, 2015, Kap. 4.3, S. 279 ff.

[410] *Stiemerling*, in: Conrad/Grützmacher, Recht der Daten und Datenbanken im Unternehmen, 2014, § 6, Rn. 34; Bitkom (Hrsg.), Big Data-Technologien, 2014, S. 38 f.

[411] *Stiemerling*, in: Conrad/Grützmacher, Recht der Daten und Datenbanken im Unternehmen, 2014, § 6, Rn. 34; Bitkom (Hrsg.), Big Data-Technologien, 2014, S. 38 f.

3.2.2 Konkrete Big-Data-Verfahren zur Erkennung von Versicherungsbetrug

3.2.2.1 Überblick

Wie bereits beschrieben, kann Big Data in der Versicherungswirtschaft in nahezu allen Bereichen nutzbringend eingesetzt werden. Im besonderen Maße gilt dies für das Schadensmanagement und die Abwehr von betrügerischen Schadensmeldungen.[412]

Fast alle Versicherungsunternehmen verwenden bereits regelbasierte Expertensysteme zur frühzeitigen Erkennung von auffälligen Schadensmeldungen.[413] Unter einem Expertensystem versteht man ein System, das „das Spezialwissen und die Schlussfolgerungsfähigkeit qualifizierter Fachleute auf eng begrenzten Aufgabengebieten nach[...]bildet".[414] In regelbasierten Expertensystemen wird dieses spezifische Wissen typischerweise durch „Wenn-Dann"-Regeln repräsentiert.[415] Mit Blick auf die Betrugserkennung bedeutet dies, dass die Expertise und Erfahrung der Sachbearbeiter und Betrugsabwehrspezialisten in eine Vielzahl von Betrugsindikatoren übersetzt wird und diese anschließend als Regeln für die Bewertung einer Schadensmeldung als betrugsverdächtig verwendet werden.[416]

Darauf aufbauend nutzen viele Versicherungsunternehmen auch sogenannte Scoring-Methoden.[417] Bei einem Score (von engl. *score* = Punkte erzielen) handelt es sich allgemein um einen Punktwert, der eine bestimmte Eigenschaft einer natürlichen Person repräsentiert.[418] In diesem Kontext ist mit Eigenschaft der Grad des Betrugsverdachts bezüglich einer Schadensmeldung gemeint. Im Rahmen der Betrugserkennung werden zunächst für die einzelnen Betrugsindikatoren Punkte vergeben und diese anschließend zueinander gewichtet.[419] Dies wird als Scorekarte bezeichnet.[420] Anschließend definiert das Versicherungsunternehmen die Schwelle, bei deren Überschreitung eine Schadensmeldung als betrugsverdächtig gelten soll.[421] Das kann entweder ein bestimmter Gesamtscore – also die Summe der Einzelpunktwerte – oder das Vorliegen sogenannter K.O.-Kriterien oder *red flags* sein.[422]

Solche regelbasierten Expertensysteme oder Scoring-Methoden können um weitere Module ergänzt werden, wie beispielsweise Bild-*Analytics*. Dabei werden mit bildforensischen

---

[412] *Bitter*, in: Hoeren/Sieber/Holznagel, Handbuch Multimedia-Recht, 54. EL 2020, Teil 15.4, Rn. 12; *Hentrich/Pyrcek*, BB 2016, 1451, 1452; *Ohrtmann/Schwiering*, NJW 2014, 2984, 2985.

[413] *Bologa/Bologa/Florea*, Database Systems Journal 2013, Heft 4, 30, 35; vgl. auch *Hentrich/Pyrcek*, BB 2016, 1451, 1454.

[414] *Puppe*, Einführung in Expertensysteme, 2. Aufl. 1991, S. 2; vgl. auch *Stiemerling*, CR 2015, 762, 765.

[415] *Puppe*, Einführung in Expertensysteme, 2. Aufl. 1991, S. 2 f.; *Hentrich/Pyrcek*, BB 2016, 1451, 1454.

[416] *Tenbieg*, ZVersWiss 2010, 571, 573 f.

[417] EIOPA (Hrsg.), Big Data Analytics in motor and health insurance, 2019, S. 26; WNS DecisionPoint (Hrsg.), Insurance Fraud Detection and Prevention in the Era of Big Data, 2016, S. 8.

[418] *Hentrich/Pyrcek*, BB 2016, 1451, 1455.

[419] WNS DecisionPoint (Hrsg.), Insurance Fraud Detection and Prevention in the Era of Big Data, 2016, S. 8; vgl. auch die Darstellung bei *Unabhängiges Landeszentrum für Datenschutz Schleswig-Holstein* (ULD), Hinweis- und Informationssystem der Versicherungswirtschaft (verfügbar unter: https://www.datenschutzzentrum.de/artikel/726-Hinweis-und-Informationssystem-der-Versicherungswirtschaft.html).

[420] Vgl. *Schulz*, in: Gola, DS-GVO, 2. Aufl. 2018, Art. 6, Rn. 107.

[421] *Tenbieg*, ZVersWiss 2010, 571, 574 f.; *Bologa/Bologa/Florea*, Database Systems Journal 2013, Heft 4, 30, 36.

[422] *Bantleon/Thomann*, DStR 2006, 1714, 1719; *Lescher*, in: Bürkle, Compliance in Versicherungsunternehmen, 3. Aufl. 2020, § 15, Rn. 87; vgl. auch die Darstellung bei *Unabhängiges Landeszentrum für Datenschutz Schleswig-Holstein* (ULD), Hinweis- und Informationssystem der Versicherungswirtschaft (verfügbar unter: https://www.datenschutzzentrum.de/artikel/726-Hinweis-und-Informationssystem-der-Versicherungswirtschaft.html).

Verfahren die Bilder untersucht, die vom Versicherungsunternehmer eingereicht werden.[423] Das Versicherungsunternehmen kann auf diese Weise erkennen, ob das Bild manipuliert wurde oder ob die Metadaten wie das Aufnahmedatum zum behaupteten Schadenshergang passen.[424] Erkennt das Modul, dass der Versicherungsnehmer ein manipuliertes Bild eingereicht hat, wird dies typischerweise als K.O.-Kriterium dazu führen, dass die Schadensmeldung als verdächtig ausgesteuert wird.

Welche konkreten Big-Data-Anwendungen darüber hinaus zur Betrugsabwehr eingesetzt werden, hängt insbesondere davon ab, welche Betrugsmethoden schwerpunktmäßig bekämpft werden sollen.[425]

3.2.2.2 Soziale Netzwerkanalyse zur Erkennung von komplexen Betrugsnetzwerken

Eine der größten Herausforderungen für Versicherungsunternehmen ist das Erkennen von komplexen Betrugsnetzwerken, die Versicherungsunternehmen gezielt durch provozierte und gestellte Straßenverkehrsunfällen schädigen.[426]

Solche Betrugsnetzwerke können eine zwei- bis dreistellige Anzahl von Personen beinhalten.[427] So umfasste der sogenannte „Speyerer Kreis" eine Gesamtzahl von 7.740 Straßenverkehrsunfällen mit 7.049 Kraftfahrzeugen und 8.087 Beteiligten.[428] Dabei handelt es sich um spezielle Netzwerke mit hohem Organisationsgrad und ausgeklügelter Funktionsteilung. Nicht selten bestehen Verbindungen zur organisierten Kriminalität.[429] Die beteiligten Personen beschränken sich nicht nur auf den Versicherungsnehmer und den Geschädigten.[430] In komplexen Netzwerken treten die Beteiligten immer wieder in verschiedenen Rollen als Halter, Fahrer, Zeuge oder Geschädigter auf.[431] Regelmäßig sind auch weitere Personen wie Sachverständige, Ärzte, Werkstattbetreiber oder Rechtsanwälte an der Durchführung beteiligt.[432] Sachverständige und Ärzte bescheinigen überhöhte Sach- und Personenschäden. In involvierten Werkstätten werden die Kraftfahrzeuge notdürftig wieder in Stand gesetzt und beteiligte Rechtsanwälte begleiten die Geltendmachung der Schadensersatzansprüche.[433] Um den Netzwerkcharakter zu verschleiern, versuchen professionelle Täter zunehmend, die beteiligten Personen voneinander zu isolieren und aus dem

---

[423] *Marschall/Herfurth/Winter/Allwinn*, MMR 2017, 152.

[424] *Marschall/Herfurth/Winter/Allwinn*, MMR 2017, 152.

[425] Dazu ausführlich WNS DecisionPoint (Hrsg.), Insurance Fraud Detection and Prevention in the Era of Big Data, 2016.

[426] *Šubelj/Furlan/Bajec*, Expert Systems with Applications 2011, 1039.

[427] Vgl. beispielsweise *SPIEGEL Online*, Großfamilie soll mehr als 70 Unfälle vorgetäuscht haben (verfügbar unter: http://www.spiegel.de/panorama/justiz/grossfamilie-soll-mehr-als-70-unfaelle-vorgetaeuscht-haben-15-festnahmen-a-880629.html).

[428] *Wolfsgruber, Axel*, Es kann jeden treffen (verfügbar unter: https://www.focus.de/auto/neuheiten/kriminalitaet-es-kann-jeden-treffen_aid_190082.html).

[429] Insurance Europe (Hrsg.), Insurance fraud - not a victimless crime, 2019, S. 5.

[430] *Knoll*, Management von Betrugsrisiken in Versicherungsunternehmen, 2011, S. 144 ff.; *Šubelj/Furlan/Bajec*, Expert Systems with Applications 2011, 1039.

[431] ULD (Hrsg.), 34. Tätigkeitsbericht 2013, 2013, S. 73; *Šubelj/Furlan/Bajec*, Expert Systems with Applications 2011, 1039.

[432] *Berthold*, Der Betrug zum Nachteil von Versicherungen, 2005, S. 19; *Born*, NZV 1996, 257, 261 f.; *Šubelj/Furlan/Bajec*, Expert Systems with Applications 2011, 1039; *Wolfsgruber, Axel*, Es kann jeden treffen (verfügbar unter: https://www.focus.de/auto/neuheiten/kriminalitaet-es-kann-jeden-treffen_aid_190082.html).

[433] Vgl. zur Beteiligung von Anwälten beispielsweise *Rohn, Jürgen*, "Unfallservice" der kriminellen Art (verfügbar unter: https://www.bo.de/lokales/ortenau/unfallservice-der-kriminellen-art).

Hintergrund zu steuern.[434] Auf diese Weise soll verhindert werden, dass einzelne Beteiligte gegenüber Versicherungsunternehmen und Strafverfolgungsbehörden das gesamte Netzwerk „auffliegen" lassen können.[435]

3.2.2.2.1 Erkennung von Betrugsnetzwerken als Herausforderung für herkömmliche Technologien

Bei der Erkennung von Betrugsnetzwerken stehen für ein Versicherungsunternehmen insbesondere zwei Fragen im Vordergrund.[436]

Erstens möchte es wissen, ob der konkret vorliegende Schadensfall auffällig ist, weil eine beteiligte Person verdächtige Verbindungen zu anderen Schadensfällen aufweist. Eine solche Verbindung stellt einen erheblichen Betrugsindikator dar und führt dazu, dass der Versicherungsfall nach der zuvor beschriebenen Triage ausgesteuert und an die Betrugsabwehrspezialisten abgegeben wird.

Zweitens möchte das Versicherungsunternehmen verstehen, wie ein solches Netzwerk funktioniert. Dabei geht es weniger um die Abwehr des konkreten unberechtigten Schadensersatzanspruchs, sondern vielmehr um die generelle Zerschlagung des Betrugsnetzwerks.[437] Dafür sollen insbesondere diejenigen Akteure sichtbar gemacht werden, die für das Netzwerk eine elementare Bedeutung haben – beispielsweise als „Makler" der provozierten und gestellten Straßenverkehrsunfälle.[438] Solche Erkenntnisse über Zentralfiguren wird das Versicherungsunternehmen typischerweise an die Staatsanwaltschaft und Polizei übergeben und die Einleitung von Ermittlungen anstoßen.

Um ein Betrugsnetzwerk erkennen zu können, kommt es entscheidend darauf an, auffällige Verbindungen zwischen den einzelnen Akteuren zu erkennen, die nach allgemeiner Lebenserfahrung nicht existieren dürften. Für Versicherungsunternehmen sind solche komplexen Verbindungen bislang kaum aufzudecken. Dies gilt umso mehr, je größer und verzweigter die Betrugsnetzwerke gesponnen sind. Um ein Netzwerk als ein solches zu identifizieren, müssen idealerweise alle Unfälle mit ihren jeweiligen Haltern, Fahrern, Geschädigten, Zeugen, Werkstätten, Sachverständigen und Rechtsanwälten systematisch erfasst und ausgewertet werden.[439] Aufgrund der Menge an Informationen ist dies für Versicherungsunternehmen nur durch den Einsatz von Technologie zu bewältigen. Jedoch stellen die massenhaften Versicherungsfälle und die damit verbundenen Datenmengen sowie der Druck, die Schadensfälle möglichst schnell zu regulieren, herkömmliche Technologien vor erhebliche Herausforderungen.[440]

Um diesen Herausforderungen zu begegnen, nutzen Versicherungsunternehmen daher zunehmend eine spezielle Form der Big-Data-Analyse – die soziale Netzwerkanalyse.[441]

[434] *Born*, NZV 1996, 257, 261 f.

[435] *Born*, NZV 1996, 257, 262; *Diesner/Carley*, in: Stegbauer/Häußling, Handbuch Netzwerkforschung, 2010, S. 726 f.

[436] Vgl. auch zu Zielsetzungen von Big-Data-Analysen auf dem Mikro- und dem Makro-Level *Roßnagel*, ZD 2013, 562.

[437] Vgl. *Diesner/Carley*, in: Stegbauer/Häußling, Handbuch Netzwerkforschung, 2010, S. 728.

[438] Vgl. Home Office (Hrsg.), Social network analysis: How to guide, 2016, S. 8.

[439] Vgl. Bitkom (Hrsg.), Big Data und Geschäftsmodell- Innovationen in der Praxis, 2015, S. 74.

[440] Zu den Big-Data-Herausforderungen bei Graph-Datenbanken *Fels/Schinkel*, in: Dorschel, Praxishandbuch Big Data, 2015, Kap. 4.3, S. 292 f.

[441] EIOPA (Hrsg.), Big Data Analytics in motor and health insurance, 2019, S. 27; Bitkom (Hrsg.), Big Data und Geschäftsmodell- Innovationen in der Praxis, 2015, S. 73 ff.; *Šubelj/Furlan/Bajec*, Expert Systems with Applications 2011, 1039, 1040; *Bologa/Bologa/Florea*, Database Systems Journal 2013, Heft 4, 30, 37.

3.2.2.2.2 Grundlagen der sozialen Netzwerkanalyse und Graphentheorie

Die soziale Netzwerkanalyse ist eine Methode aus der Soziologie, die Beziehungen zwischen Akteuren in einem sozialen Netzwerk untersucht.[442] Unter einem Netzwerk versteht man eine Menge von Elementen, die miteinander verbunden sind. Handelt es sich bei diesen Elementen um natürliche Personen bzw. Akteure, die durch Beziehungen miteinander verbunden sind, spricht man von einem „sozialen Netzwerk".[443] Ereignet sich beispielsweise ein Straßenverkehrsunfall, dann bilden die daran beteiligten Halter, Fahrer, Geschädigten, Zeugen oder sonstigen Unfallbeteiligten ein solches Netzwerk.

Die soziale Netzwerkanalyse ist ein Verfahren der relationalen Soziologie.[444] Charakteristisch für diese Form der Soziologie ist, dass sie die Gesellschaft in erster Linie als ein Geflecht von sozialen Beziehungen betrachtet.[445] Soziale Netzwerkanalysen untersuchen daher nicht die einzelnen Akteure und ihre Eigenschaften, sondern die Beziehungen, die sie mit anderen Akteuren verbinden und die sich daraus ergebenden Muster.[446]

Um die Verbindungen zwischen verschiedenen Akteuren analysieren und interpretieren zu können, werden typischerweise graphentheoretische Methoden verwendet.[447] Bei der Graphentheorie handelt es sich um einen Teilbereich der Mathematik. Ein Graph besteht aus „Knoten" bzw. „Punkten" und „Kanten" bzw. „Linien".[448] Soll ein soziales Netzwerk als Graph modelliert werden, dann stellen die Knoten die einzelnen Akteure und die Kanten die jeweiligen Beziehungen zwischen den Akteuren dar.[449] Veranschaulichen lässt sich dies am bekannten Beispiel von „Zachary's karate club".[450] Im Rahmen einer Studie wurde ein universitärer Karateklub über einen Zeitraum von drei Jahren beobachtet. Der untenstehende Graph repräsentiert die 34 Klubmitglieder und ihre Beziehungen außerhalb des Karateklubs.

---

[442] Ausführlich hierzu *Freeman,* The development of social network analysis, 2004.

[443] *Newman,* SIAM Review 2003, 167, 174.

[444] *Haas/Malang,* in: Stegbauer/Häußling, Handbuch Netzwerkforschung, 2010, S. 90 ff.

[445] Zur Theorie der relationalen Soziologie *Häußling,* in: Stegbauer/Häußling, Handbuch Netzwerkforschung, 2010, S. 63 ff.

[446] *Haas/Malang,* in: Stegbauer/Häußling, Handbuch Netzwerkforschung, 2010, S. 89.

[447] *Brandes,* in: Stegbauer/Häußling, Handbuch Netzwerkforschung, 2010, S. 345 f.

[448] *Brandes,* in: Stegbauer/Häußling, Handbuch Netzwerkforschung, 2010, S. 346.

[449] *Brandes,* in: Stegbauer/Häußling, Handbuch Netzwerkforschung, 2010, S. 346.

[450] *Zachary,* J. Anthropol. Res. 1977, 452.

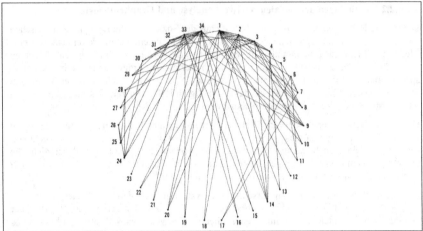

Abbildung 5: „Zachary's karate club" als soziales Netzwerk, entnommen aus Zachary, J. Anthropol. Res. 1977, 452, 456.

Sind soziale Netzwerke erst modelliert, können sie mithilfe von graphentheoretischen Kennzahlen analysiert und interpretiert werden. So kam es beispielsweise im Rahmen der „Zachary's karate club"-Studie zu einem Konflikt zwischen dem Klubpräsidenten und dem Karatelehrer.[451] In der Folge gründete der Lehrer einen neuen Karateklub und versuchte, bestehende Mitglieder zu rekrutieren. Basierend auf den bis dahin gesammelten Daten konnten die Entscheidungen – also Verbleib oder Wechsel – von 33 der 34 Mitglieder korrekt vorausgesagt werden.

Allgemein gilt, dass sich je nach Fragestellung verschiedene Analyseebenen unterscheiden lassen – der Akteur, die Gruppe und das Gesamtnetzwerk.[452]

3.2.2.2.2.1 Mikroebene: Akteure

Auf der Mikroebene können die einzelnen Netzwerkakteure und ihre jeweilige Stellung im Netzwerk untersucht werden. Aus der spezifischen Stellung lassen sich Schlussfolgerungen über ihre Bedeutung für das Netzwerk ableiten.[453] Um dies zu ermitteln, wird mit verschiedenen Kennzahlen die sogenannte Zentralität des Akteurs errechnet.[454]

Die sogenannte Gradzentralität (engl. *degree centrality*) misst die Zahl der direkten Kontakte eines Akteurs.[455] Graphentheoretisch beschreibt sie die Anzahl der Kanten eines bestimmten Knotens. Je höher die Gradzentralität eines Akteurs ist, desto bedeutsamer ist er vermutlich für das Netzwerk. Ein Akteur, der viele direkte Beziehungen zu anderen Akteuren unterhält, kann

---

[451] *Zachary*, J. Anthropol. Res. 1977, 452, 453 ff.

[452] *Müller-Prothmann*, in: Stegbauer/Häußling, Handbuch Netzwerkforschung, 2010, S. 840; Hans Böckler Stiftung (Hrsg.), Die Vermessung der Belegschaft, 2018, S. 15.

[453] Hans Böckler Stiftung (Hrsg.), Die Vermessung der Belegschaft, 2018, S. 16.

[454] Hans Böckler Stiftung (Hrsg.), Die Vermessung der Belegschaft, 2018, S. 16; *Mutschke*, in: Stegbauer/Häußling, Handbuch Netzwerkforschung, 2010, S. 365; *Freeman*, Social Networks 1979, 215.

[455] *Mutschke*, in: Stegbauer/Häußling, Handbuch Netzwerkforschung, 2010, S. 367; *Freeman*, Social Networks 1979, 215, 218 ff.

schnell und mit einer Vielzahl von anderen Akteuren interagieren.[456] Er ist auch weniger abhängig von vermittelnden Akteuren.

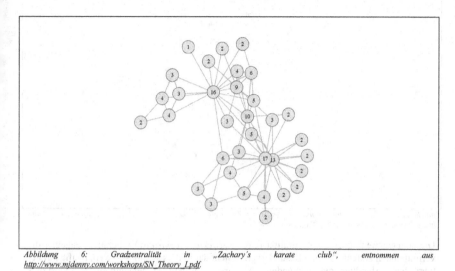

Abbildung 6: Gradzentralität in „Zachary's karate club", entnommen aus http://www.mjdenny.com/workshops/SN_Theory_I.pdf.

Während die Gradzentralität nur die direkten Kontakte eines Akteurs untersucht, betrachtet die sogenannte Nähezentralität (engl. *closeness centrality*) auch die Verbindungen eines Akteurs zu allen anderen Akteuren im Netzwerk.[457] Für jedes Paar von Akteuren existiert eine kürzeste Verbindung – auch als „geodätischer Weg" bezeichnet – durch das Netzwerk.[458] Graphentheoretisch ist das der Weg zwischen zwei Knoten mit der geringsten Anzahl von Kanten. Die Nähezentralität beschreibt die Länge der kürzesten Verbindungen zu allen anderen Akteuren im Netzwerk bzw. die Anzahl von Kanten des geodätischen Wegs zwischen einem bestimmten Knoten und allen anderen Knoten. Sie wird errechnet durch die Bildung des Kehrwerts der Summe aller geodätischen Wege.[459] Je höher die Nähezentralität eines Akteurs ist, desto bedeutsamer ist er vermutlich für das Netzwerk. Ist ein Akteur durch kurze Wege mit anderen Akteuren verbunden, kann er schneller mit ihnen interagieren und ist weniger abhängig von vermittelnden Akteuren.[460]

---

[456] *Mutschke*, in: Stegbauer/Häußling, Handbuch Netzwerkforschung, 2010, S. 367; *Freeman*, Social Networks 1979, 215, 219 f.

[457] Hans Böckler Stiftung (Hrsg.), Die Vermessung der Belegschaft, 2018, S. 18; *Freeman*, Social Networks 1979, 215, 224 ff.

[458] Grundlegend *Bavelas*, Applied Anthropology 1948, Heft 3, 16 f.; *Newman*, SIAM Review 2003, 167, 173.

[459] *Mutschke*, in: Stegbauer/Häußling, Handbuch Netzwerkforschung, 2010, S. 367.

[460] Hans Böckler Stiftung (Hrsg.), Die Vermessung der Belegschaft, 2018, S. 18; *Freeman*, Social Networks 1979, 215, 224.

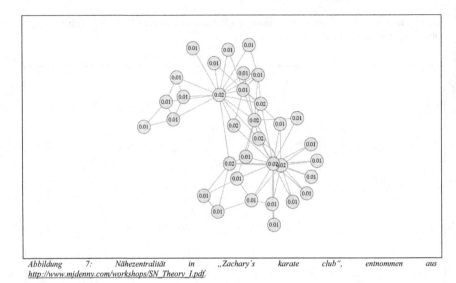

Abbildung 7: Nähezentralität in „Zachary's karate club", entnommen aus http://www.mjdenny.com/workshops/SN_Theory_I.pdf.

Die sogenannte Dazwischenzentralität (engl. *betweeness centrality*) untersucht dagegen die vermittelnden Akteure.[461] Ihre Besonderheit besteht darin, dass sie im Netzwerk häufig auf der kürzesten Verbindung zwischen anderen Akteurspaaren liegen. Graphentheoretisch wird dies durch die Anzahl der geodätischen Wege, die durch einen bestimmten Knoten laufen, errechnet. Je höher die Dazwischenzentralität eines Akteurs ist, desto bedeutsamer ist er vermutlich für das Netzwerk. Liegt ein Akteur häufig auf kürzesten Wegen, ist es für andere Akteure unmöglich oder sehr aufwändig, sie umzugehen. Indem der vermittelnde Akteur diese Wege kontrollieren kann, kann er auch Verbindungen forcieren oder blockieren und dadurch andere Akteure von sich abhängig machen.[462]

---

[461] *Freeman*, Social Networks 1979, 215, 221 ff.
[462] *Freeman*, Social Networks 1979, 215, 221.

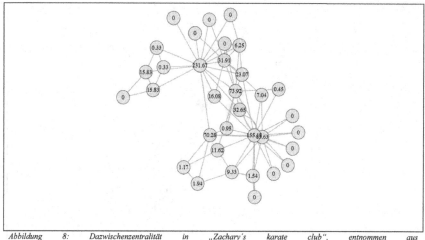

Abbildung 8: Dazwischenzentralität in „Zachary's karate club", entnommen aus http://www.mjdenny.com/workshops/SN_Theory_I.pdf.

3.2.2.2.2.2 Mesoebene: Gruppen

Auf der Mesoebene können Gruppen von Akteuren als Teilnetzwerke untersucht werden. In einem Gesamtnetzwerk ist es untypisch, dass alle Akteure gleichartig miteinander verbunden sind. Vielmehr setzen sich Netzwerke regelmäßig aus stärker, schwächer und überhaupt nicht verbundenen Teilbereichen zusammen.[463] Ein weiteres Ziel der sozialen Netzwerkanalyse ist es daher, diese Gruppen von Akteuren und ihre Struktur zu identifizieren.

Die restriktivste Form einer Gruppe von Akteuren ist eine sogenannte Clique. Eine Clique besteht aus mindestens drei Akteuren, die alle direkt miteinander verbunden sind.[464] Graphentheoretisch müssen also alle Knoten über maximal eine Kante miteinander verbunden sein.

---

[463] *Newman*, SIAM Review 2003, 167, 193.
[464] *Täube*, in: Stegbauer/Häußling, Handbuch Netzwerkforschung, 2010, S. 400.

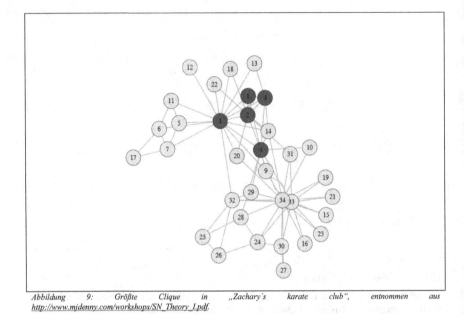

Abbildung   9:   Größte   Clique   in   „Zachary's   karate   club",   entnommen   aus http://www.mjdenny.com/workshops/SN_Theory_I.pdf.

Da Cliquen in dieser Reinform nur selten vorkommen, werden bei der sogenannten n-Clique auch indirekte Verbindungen berücksichtigt.[465] Das „n" in n-Clique definiert dabei die Anzahl von Schritten, die maximal zwischen zwei Akteuren liegen darf.[466] Ist beispielsweise „n" gleich zwei, dann müssen alle Knoten über maximal zwei Kanten miteinander verbunden sein.

Um Gruppen in einem Gesamtnetzwerk zu finden, wird häufig die sogenannte Girvan-Newmann-Methode verwendet.[467] Diese Methode identifiziert Gruppen, indem sie nach und nach die Verbindungen, die zwischen den Gruppen liegen, entfernt.[468] Dazu wird zunächst die Kante mit der höchsten Dazwischenzentralität im Gesamtnetzwerk berechnet.[469] Anders als bei der Analyse von Akteuren geht es hier also nicht um die Dazwischenzentralität von Knoten, sondern um diejenige von Kanten.[470] Graphentheoretisch wird dies durch die Anzahl der geodätischen Wege, die durch eine bestimmte Kante laufen, errechnet. Anschließend wird die Kante mit der höchsten Dazwischenzentralität entfernt und die Berechnung der Dazwischenzentralität erneut durchgeführt.[471] Diese Schritte werden so lange wiederholt bis durch das rekursive Entfernen der Verbindungsstücke aus dem Gesamtnetzwerk am Ende die Gruppen übrigbleiben.

---

[465] *Täube*, in: Stegbauer/Häußling, Handbuch Netzwerkforschung, 2010, S. 402.

[466] *Täube*, in: Stegbauer/Häußling, Handbuch Netzwerkforschung, 2010, S. 402; bei der restriktiven Form der Clique ist „n" immer gleich eins.

[467] *Girvan/Newman*, PNAS 2002, 7821; so auch bei *Šubelj/Furlan/Bajec*, Expert Systems with Applications 2011, 1039, 1041 f.

[468] *Girvan/Newman*, PNAS 2002, 7821.

[469] *Girvan/Newman*, PNAS 2002, 7821, 7822 f.

[470] *Girvan/Newman*, PNAS 2002, 7821, 7822.

[471] *Girvan/Newman*, PNAS 2002, 7821, 7822 f.

3.2.2.2.2.3 Makroebene: Gesamtnetzwerk

Auf der Makroebene kann schließlich das Gesamtnetzwerk selbst untersucht werden. Betrachtet man das Netzwerk als Ganzes, können insbesondere die Anzahl der Akteure, die Anzahl der möglichen und tatsächlich vorhandenen Verbindungen sowie die Weite des Netzwerkes untersucht werden.[472]

Die Größe (engl. *size*) des Gesamtnetzwerks beschreibt, wieviele Akteure Teil des Netzwerkes sind. Graphentheoretisch wird hierfür schlichtweg die Anzahl vorhandener Knoten im Netzwerk berechnet.

Hingegen analysiert die Dichte (engl. *density*) den Grad der Vernetzung durch die jeweiligen Beziehungen zwischen den Akteuren. Graphentheoretisch wird dies durch die Anzahl vorhandener Kanten im Verhältnis zur Anzahl potenziell möglicher Kanten im Gesamtnetzwerk errechnet.[473] Je dichter ein Netzwerk ist, desto stärker sind einzelne Akteure miteinander verbunden und desto robuster ist das Netzwerk typischerweise.[474]

Der Durchmesser (engl. *diameter*) untersucht, wie großflächig das Netzwerk ist. Errechnet wird dies durch den längsten geodätischen Weg zwischen zwei Akteuren.[475]

Typischerweise konzentriert sich das Versicherungsunternehmen jedoch zunächst auf die zuvor beschriebenen Analysen der Akteure und der Gruppen.

3.2.2.2.3 Anwendung der sozialen Netzwerkanalyse auf konkrete Versicherungsfälle

Grundsätzlich sind Big-Data-Analysen in Form von sozialen Netzwerkanalysen dazu geeignet, in großen Datenmengen komplexe Verbindungen zwischen Akteuren zu erkennen, abzubilden und zu interpretieren.[476] Um betrügerische Ansprüche möglichst früh aufzudecken und abzuwehren, sollte die soziale Netzwerkanalyse schon in den Schadensregulierungsprozess des Versicherungsunternehmens integriert werden. Sie kann mit den bereits bestehenden Betrugserkennungsmaßnahmen verbunden und als zusätzlicher Betrugsindikator genutzt werden. Dazu sind typischerweise vier Schritte zu durchlaufen – Festlegung der Akteure und Beziehungen, Erkennung verdächtiger Teilnetzwerke, Erkennung verdächtiger Akteure, und Aussteuerung und Visualisierung der Ergebnisse.[477]

3.2.2.2.3.1 Festlegung der Akteure und Beziehungen

Im Vorfeld muss das Versicherungsunternehmen festlegen, welche Akteure und Beziehungen das Netzwerk repräsentieren soll.[478] Grundsätzlich kann eine soziale Netzwerkanalyse auf alle Daten angewendet werden, die Beziehungen zwischen Akteuren beschreiben.[479] Das können die am Unfall beteiligten Personen wie Halter, Fahrer, Geschädigte, Zeugen, Werkstätten, Sachverständige und Rechtsanwälte, aber auch weitere Informationen wie Fahrzeuge,

---

[472] Vgl. *Müller-Prothmann*, in: Stegbauer/Häußling, Handbuch Netzwerkforschung, 2010, S. 840; Home Office (Hrsg.), Social network analysis: How to guide, 2016, S. 5.

[473] *Brandes*, in: Stegbauer/Häußling, Handbuch Netzwerkforschung, 2010, S. 358.

[474] Hans Böckler Stiftung (Hrsg.), Die Vermessung der Belegschaft, 2018, S. 20; Home Office (Hrsg.), Social network analysis: How to guide, 2016, S. 13.

[475] *Newman*, SIAM Review 2003, 167, 173.

[476] Executive Office of the President (Hrsg.), Big Data and Privacy: A Technological Perspective, 2014, S. 28 ff.

[477] *Šubelj/Furlan/Bajec*, Expert Systems with Applications 2011, 1039, 1042; *Bologa/Bologa/Florea*, Database Systems Journal 2013, Heft 4, 30, 37.

[478] *Šubelj/Furlan/Bajec*, Expert Systems with Applications 2011, 1039, 1042 ff.; Home Office (Hrsg.), Social network analysis: How to guide, 2016, S. 7.

[479] Home Office (Hrsg.), Social network analysis: How to guide, 2016, S. 7.

Adressen, Telefonnummern oder Bankverbindungen sein.[480] Je mehr unterschiedliche Daten in das Netzwerk einfließen, desto umfassender und informationshaltiger wird es.

Aus einer Big-Data-Perspektive ist das unproblematisch, denn Big-Data-Analysen zeichnen sich gerade dadurch aus, große und heterogene Datenmengen in Echtzeit auswerten zu können. In der Big-Data-Logik gilt sogar: „Je mehr Daten, desto besser."[481] Aus graphentheoretischer Sicht ist jedoch zu berücksichtigen, dass das Netzwerk nur gleichartige Beziehungen repräsentieren sollte. Andernfalls besteht die Gefahr, dass die Aussagekraft des Netzwerkes gemindert und graphentheoretischen Berechnungen verzerrt werden. Daraus folgt, dass nur solche Daten in das Netzwerk einfließen sollten, die dem Versicherungsunternehmen in jedem Schadensfall in gleicher Weise zur Verfügung stehen.

Um für die Kraftfahrzeug-Haftpflichtversicherung einen gemeinsamen Standard zu finden, kann man sich an dem sogenannten Europäischen Unfallbericht orientieren. Dabei handelt es sich um ein vom *Comité Européen des Assurances (CEA)* geschaffenes, europaweit einheitliches Unfallprotokoll.[482] Dieses soll es den Unfallbeteiligten erleichtern, den Ablauf eines Straßenverkehrsunfalls zu dokumentieren und dem jeweiligen Versicherungsunternehmen ermöglichen, die Schadensregulierung zu beschleunigen.[483] Soll sich das soziale Netzwerk aus den dort enthaltenen Angaben speisen, können insbesondere folgende Daten verwendet werden:

–   Name des Versicherungsnehmers (typischerweise der Halter)

–   Name des Fahrzeugführers

–   Name(n) des oder der Zeugen

–   Name des Geschädigten

–   Adresse(n) des Versicherungsnehmers, Fahrzeugführers, Geschädigten sowie des oder der Zeugen

–   Telefonnummer(n) des Versicherungsnehmers und des oder der Zeugen

–   Amtliches Kennzeichen der beteiligten Fahrzeuge

–   Unfalldatum

Weitere Informationen zu involvierten Werkstätten, Sachverständigen oder Rechtsanwälten stehen dem Versicherungsunternehmen in diesem frühen Stadium der Schadensbearbeitung häufig noch nicht zur Verfügung.[484] Sie kommen daher zu diesem Zeitpunkt nicht für die soziale Netzwerkanalyse in Betracht. Sofern sie jedoch zu einem späteren Zeitpunkt dem Versicherungsunternehmen vorliegen, könnten sie in die soziale Netzwerkanalyse einbezogen werden. Im Rahmen dieser Arbeit sind diese Personen jedoch nicht Gegenstand der Untersuchung.

---

[480] Vgl. auch *Diesner/Carley*, in: Stegbauer/Häußling, Handbuch Netzwerkforschung, 2010, S. 727.

[481] Vgl. *Broeders/Schrijvers/van der Sloot/van Brakel/de Hoog/Hirsch Ballin*, CLSR 2017, 309, 317; *Roßnagel*, ZD 2013, 562.

[482] *Allgemeine Deutsche Automobil-Club* (ADAC), Europäischer Unfallbericht (verfügbar unter: https://www.adac.de/-/media/pdf/rechtsberatung/unfallbericht-englisch.pdf?la=de-de&hash=01C93F2F82FE8E11AD6213A23F0A97B0).

[483] *Allgemeine Deutsche Automobil-Club* (ADAC), Europäischer Unfallbericht (verfügbar unter: https://www.adac.de/-/media/pdf/rechtsberatung/unfallbericht-englisch.pdf?la=de-de&hash=01C93F2F82FE8E11AD6213A23F0A97B0).

[484] *Šubelj/Furlan/Bajec*, Expert Systems with Applications 2011, 1039, 1043.

Damit die soziale Netzwerkanalyse die erforderliche Verarbeitung durchführen kann, müssen die oben bezeichneten Daten an das entsprechende System übergeben werden. Dazu ist eine Verbindung zwischen dem System, das die soziale Netzwerkanalyse durchführt, und dem Schadensregulierungssystem erforderlich. Sind die Prozesse der Schadensregulierung bereits weitgehend automatisiert, können die relevanten Daten ebenfalls automatisiert im Hintergrund übergeben werden.[485]

3.2.2.2.3.2 Erkennung verdächtiger Teilnetzwerke

Hat das Versicherungsunternehmen festlegt, welche Akteure und Beziehungen das Netzwerk repräsentieren soll und wie die Daten übergeben werden, kann anschließend das Gesamtnetzwerk modelliert und analysiert werden.

Das Gesamtnetzwerk stellt zunächst alle Straßenverkehrsunfälle dar, die dem Versicherungsunternehmen über den analysierten Zeitraum hinweg gemeldet wurden. Zu beachten ist nun, dass erfahrungsgemäß etwa 90 Prozent dieser Unfälle echt und nur 10 Prozent in irgendeiner Weise manipuliert sind. Aus diesem Grund sollen zunächst die manipulierten Unfälle als verdächtige Teilnetzwerke im Gesamtnetzwerk erkannt und die regulären Unfälle als unauffällige Teilnetzwerke verworfen werden.[486]

Verdächtige Teilnetzwerke können anhand bestimmter struktureller Muster identifiziert werden.[487] Insbesondere sind Teilnetzwerke bei manipulierten Unfällen häufiger größer und dichter als bei regulären Unfällen. Auch beinhalten sie regelmäßig einzelne Knoten bzw. Akteure mit einer auffällig hohen Gradzentralität. Aus diesen und weiteren strukturellen Mustern können daher Indikatoren abgeleitet werden, die ein Teilnetzwerk als verdächtig kategorisieren.

Die größte Herausforderung für das Versicherungsunternehmen besteht darin, geeignete Schwellwerte für die einzelnen Indikatoren zu definieren.[488] Je niedriger ein Schwellwert gewählt ist, desto wahrscheinlicher ist es, dass alle manipulierten Unfälle auch als solche erkannt werden. Gleichzeitig steigt jedoch die Wahrscheinlichkeit, dass auch reguläre Unfälle als verdächtig kategorisiert werden. Dies bezeichnet man auch als *false-positive*-Klassifikation.[489] Umgekehrt führt ein höherer Schwellwert dazu, dass kaum reguläre Unfälle als verdächtig eingestuft werden. Gleichzeitig erhöht sich jedoch das Risiko, dass manipulierte Unfälle nicht als solche identifiziert werden. In diesem Fall steigt somit die *false-negative*-Rate.[490] Die Schwellwerte für die einzelnen Indikatoren sollte das Versicherungsunternehmen daher in enger Zusammenarbeit mit den erfahrenen Betrugsabwehrspezialisten festlegen, überwachen und gegebenenfalls im Laufe der Zeit anpassen.[491]

3.2.2.2.3.3 Erkennung verdächtiger Akteure

Konnten mit Hilfe verschiedener Indikatoren verdächtige Teilnetzwerke erkannt werden, können im nächsten Schritt die verdächtigen Akteure in diesen identifiziert werden.

---

[485] Vgl. Accenture (Hrsg.), Der digitale Versicherer - Studie zur Zufriedenheit der Kunden mit dem Schadenmanagement, 2014, S. 15 f.

[486] *Šubelj/Furlan/Bajec*, Expert Systems with Applications 2011, 1039, 1044.

[487] Hierzu ausführlich *Šubelj/Furlan/Bajec*, Expert Systems with Applications 2011, 1039, 1044.

[488] *Viaene/Ayuso/Guillen/van Gheel/Dedene*, EJOR 2007, 565, 570 ff.; hierzu auch *Köneke/Müller-Peters/Fetchenhauer*, Versicherungsbetrug verstehen und verhindern, 2015, S. 270.

[489] *Broeders/Schrijvers/van der Sloot/van Brakel/de Hoog/Hirsch Ballin*, CLSR 2017, 309, 314.

[490] *Broeders/Schrijvers/van der Sloot/van Brakel/de Hoog/Hirsch Ballin*, CLSR 2017, 309, 314.

[491] *Šubelj/Furlan/Bajec*, Expert Systems with Applications 2011, 1039, 1044.

Zu berücksichtigen ist, dass in einem verdächtigen Teilnetzwerk nicht zwingend auch alle Akteure verdächtig sein müssen.[492] So ist beispielsweise beim Modell des provozierten Unfalls der Schädiger arglos und nicht Teil des eigentlichen Betrugsnetzwerks. Auch hier sind für die graphentheoretischen Kennzahlen geeignete Schwellwerte festzulegen, zu überwachen und gegebenenfalls anzupassen.

3.2.2.2.3.4 Aussteuerung und Visualisierung der Ergebnisse

Folgt aus der sozialen Netzwerkanalyse, dass der konkret vorliegende Schadensfall verdächtig ist, wird er aus dem normalen Prozess der Schadensregulierung ausgesteuert und durch die Betrugsabwehrspezialisten intensiver untersucht.[493] Das bedeutet, dass der Sachbearbeiter – je nach Ausgestaltung des Systems – zwar erfährt, dass der Schadensfall aufgrund der sozialen Netzwerkanalyse als verdächtig identifiziert wurde, er erfährt typischerweise jedoch nicht, aus welchem Grund dies erfolgte. Insbesondere kann er nicht nachvollziehen, welcher der Unfallbeteiligten – Versicherungsnehmer, mitversicherte Person, Geschädigter oder Zeuge – eine auffällige Verbindung zu anderen Straßenverkehrsunfällen aufweist.

Etwas anderes gilt für die Betrugsabwehrspezialisten. Damit diese die Fälle tiefgehender untersuchen und die Ergebnisse validieren können, müssen sie nicht nur den konkreten Auslöser für den Betrugsverdacht, sondern auch das zugrundeliegende Netzwerk nachvollziehen können. Dafür ist es unerlässlich, dass die Ergebnisse der sozialen Netzwerkanalyse aufbereitet und visualisiert werden.[494]

Eine entsprechende Visualisierung erleichtert es den Betrugsabwehrspezialisten, die zumeist komplexen Verbindungen erfassen und nachprüfen zu können.[495] Das bezieht sich nicht nur auf den konkret vorliegenden Schadensfall, sondern auch auf die Struktur des Betrugsnetzwerks. Die Visualisierung kann zudem die Grundlage für weitere Ermittlungen durch die Betrugsspezialisten oder die Staatsanwaltschaft und Polizei sein.[496]

Je mehr die technische Anwendung über eine einfache Visualisierung hinausgeht und mit zusätzlichen Interaktionsmöglichkeiten angereichert wird, desto eher spricht man auch von *Visual Analytics* (von engl. = Visuelle Analytik).[497] Das Ziel von *Visual Analytics* ist „eine synergetische Kooperation zwischen dem Analysten und dem Computer, in der beide Seiten ihre jeweiligen Stärken einbringen", namentlich die „Rechenleistung des Computers für automatische Verfahren (Statistik, Clusterverfahren, …) über sehr großen Datenmengen und/oder in Echtzeit" und die „[m]enschliche[n] kognitive[n] Fähigkeiten, insbesondere zur intuitiven Mustererkennung, Kreativität, Flexibilität und die Befähigung zum Schlussfolgern sowie zum Querdenken bzw. zu Ad-hoc-Analogieschlüssen, sowie implizites (domänenspezifisches) Hintergrundwissen".[498]

---

[492] *Šubelj/Furlan/Bajec*, Expert Systems with Applications 2011, 1039, 1042.

[493] Zum Prozess der Betrugserkennung ab S. 32.

[494] *Šubelj/Furlan/Bajec*, Expert Systems with Applications 2011, 1039, 1042; grundsätzlich zur Bedeutung der Datenvisualisierung für Compliance-Abteilungen *Copland-Cale*, CCZ 2016, 281; als High-Level-Anforderung für ein Big-Data-System *Lanquillon/Mallow*, in: Dorschel, Praxishandbuch Big Data, 2015, Kap. 4.2, S. 264; *Hentrich/Pyrcek*, BB 2016, 1451, 1455.

[495] *Copland-Cale*, CCZ 2016, 281 f.; *Lanquillon/Mallow*, in: Dorschel, Praxishandbuch Big Data, 2015, Kap. 2.3, S. 58; Home Office (Hrsg.), Social network analysis: How to guide, 2016, S. 8.

[496] Typische Ansätze für weitere Ermittlungen bei Home Office (Hrsg.), Social network analysis: How to guide, 2016, S. 13; *Copland-Cale*, CCZ 2016, 281, 282.

[497] Bitkom (Hrsg.), Big Data-Technologien, 2014, S. 84 ff.

[498] Bitkom (Hrsg.), Big Data-Technologien, 2014, S. 84.

Kommen die Betrugsabwehrspezialisten nach einer eingehenden Untersuchung des sozialen Netzwerks zu der Bewertung, dass sich der anfängliche Betrugsverdacht nicht bestätigten konnte, wird der ausgesteuerte Fall wieder in den normalen Prozess der Schadensregulierung zurückgeleitet. Konnte sich dagegen der Betrugsverdacht erhärten, wird das Versicherungsunternehmen den Schadensersatzanspruch abwehren und gegebenenfalls zivil- und strafrechtliche Schritte einleiten.

3.2.3 Zusammenfassung

Die detaillierte Betrachtung von Big Data hat gezeigt, dass keine trennscharfe Begriffsbestimmung existiert. Dies ist zu akzeptieren. Der Versuch, einseitig eine neue „wahre" Definition von Big Data einzuführen, wäre von vornherein zum Scheitern verurteilt. Die entscheidende Erkenntnis besteht vielmehr darin, dass verschiedene Akteure mit dem Phänomen Big Data ähnliche, aber nicht deckungsgleiche Vorstellungen verbinden. Die Begriffsbestimmungen, die sie verwenden, zeigen in erster Linie, aus welcher Perspektive sie das Phänomen betrachten.

Vielversprechender ist es daher, Big Data als eine Art begriffliche Klammer zu verstehen, die insbesondere drei ineinandergreifende Aspekte beschreibt – das Datenvorkommen, dessen Verarbeitung und Nutzung sowie die hierfür eingesetzte Technologie. Im Zusammenhang mit Big Data wird häufig die Metapher bemüht, Daten seien das „neue Öl".[499] Bleibt man in diesem Bild, kann Big Data somit sowohl den Rohstoff als auch den Förderungsprozess als auch den Bohrturm beschreiben.

In der Versicherungswirtschaft kann Big Data in nahezu allen Bereichen nutzbringend eingesetzt werden. Ein besonderer Mehrwert besteht jedoch im Massengeschäft der Kraftfahrzeug-Haftpflichtversicherung bei der Bekämpfung manipulierter Straßenverkehrsunfälle. Eine der größten Herausforderungen für Versicherungsunternehmen ist dabei das Erkennen von komplexen Betrugsnetzwerken, die Versicherungsunternehmen gezielt durch provozierte und gestellte Unfälle schädigen. Um diesen Herausforderungen zu begegnen, nutzen Versicherungsunternehmen daher zunehmend eine spezielle Form der Big-Data-Analyse – die soziale Netzwerkanalyse. Gerade bei der Durchführung sozialer Netzwerkanalysen zur Erkennung auffälliger Verbindungen zwischen den Unfallbeteiligten treten die wesentlichen Vorteile von Big-Data-Verfahren im Vergleich zu herkömmlichen Technologien hervor.

---

[499] *Albrecht*, ZD 2013, 49; *Dix*, Stadtforschung und Statistik 2016, 59, 60.

4 Rechtsrahmen des europäischen und nationalen Datenschutzrechts

Grundsätzlich können Big-Data-Verfahren unterschiedlichste Arten von Daten verarbeiten. Viele dieser Verfahren stützen sich auf Daten, die keinerlei Bezug zu natürlichen Personen haben.[500] So können beispielsweise große Mengen von Wetterdaten ausgewertet werden, um präzisere Wettervorhersagen zu treffen oder Massen von Verkehrsdaten, um den Verkehrsfluss in Städten effizienter zu steuern.[501] Die überwiegende Mehrheit der Big-Data-Verfahren bringt jedoch eine umfangreiche Verarbeitung von personenbezogenen Daten mit sich, also von Daten, die sich auf eine identifizierte oder identifizierbare natürliche Person beziehen.[502] Hieraus können erhebliche Risiken für den Schutz dieser Personen in ihrer Privatsphäre und hinsichtlich ihrer personenbezogenen Daten entstehen. Die Aufgabe des Datenschutzrechts besteht darin, den Schutz natürlicher Personen bei der Verarbeitung ihrer personenbezogenen Daten zu gewährleisten. Oder anders formuliert: „Wenn Daten das neue Öl sind, ist Datenschutz der neue Umweltschutz."[503]

Zuweilen besteht der Eindruck, Big Data und Datenschutz stünden sich von vornherein unvereinbar gegenüber und Big Data bedeute zwangsläufig „Small Privacy".[504] Aus rechtlicher Perspektive wäre ein solcher Zustand jedoch nicht akzeptabel.[505] Auch bei Big Data darf nicht in Frage stehen, ob die Vorschriften des Datenschutzrechts angewendet werden, sondern allenfalls wie sie angewendet werden.[506] Dabei geht es insbesondere um Mechanismen, die sicherstellen, dass Akteure, die große Mengen personenbezogener Daten verarbeiten, auch eine korrespondierend große Verantwortung schultern. Anstatt „Big Data – Small Privacy" sollte es daher „Big Data – Big Accountability" heißen. Der Rahmen dieser Verantwortlichkeit oder „Big Accountability" wird dabei maßgeblich durch das europäische und nationale Datenschutzrecht bestimmt.

Um den Schutz natürlicher Personen zu gewährleisten, reglementiert das Datenschutzrecht die Verarbeitung personenbezogener Daten. Es umfasst somit die Gesamtheit aller Rechtsakte und -vorschriften, die regeln, ob und wie personenbezogene Daten verarbeitet werden dürfen.[507] Solche Vorgaben finden sich vornehmlich im europäischen und deutschen Verfassungsrecht, in den einfachen Gesetzen sowie hinsichtlich der Anwendung und Auslegung desselben bzw.

---

[500] *Dix*, Stadtforschung und Statistik 2016, 59, 60 betont „Big Data heißt nicht notwendig Big *Personal* Data."

[501] EDSB (Hrsg.), Bewältigung der Herausforderungen in Verbindung mit Big Data, 2015, S. 7; Europarat (Hrsg.), "Of Data and Men", 2016, S. 20.

[502] Zu personenbezogenen Daten ab S. 91.

[503] Berichterstatter *Jan Philipp Albrecht* (MdEP) in dem Dokumentarfilm über den Gesetzgebungsprozess der Datenschutz-Grundverordnung Bernet (Reg.), Democracy - Im Rausch der Daten 2016.

[504] So prägnant bei *Roßnagel*, ZD 2013, 562; *Dix*, Stadtforschung und Statistik 2016, 59.

[505] *Hornung/Herfurth*, in: König/Schröder/Wiegand, Big Data - Chancen, Risiken, Entwicklungstendenzen, 2018, S. 174.

[506] EDSB (Hrsg.), Bewältigung der Herausforderungen in Verbindung mit Big Data, 2015, S. 4; so auch mit anderer Terminologie bei ENISA (Hrsg.), Privacy by design in big data, 2015, S. 10.

[507] Zur Entstehungsgeschichte des europäischen Datenschutzrechts *Simitis*, NJW 1997, 281; zur Entstehungsgeschichte des deutschen Datenschutzrechts *Simitis*, in: Simitis, BDSG, 8. Aufl. 2014, Einleitung: Geschichte - Ziele - Prinzipien, Rn. 1 ff.

© Der/die Autor(en), exklusiv lizenziert an
Springer Fachmedien Wiesbaden GmbH, ein Teil von Springer Nature 2022
C. Herfurth, *Big Data – Big Accountability*, DuD-Fachbeiträge,
https://doi.org/10.1007/978-3-658-39287-1_4

derselben in der Rechtsprechung des *Europäischen Gerichtshofs*[508] und des *Bundesverfassungsgerichts*[509].

Führt das Versicherungsunternehmen Big-Data-Verfahren wie die sozialen Netzwerkanalyse durch, muss es somit eine komplexe Architektur aus europäischem und nationalem Datenschutzrecht berücksichtigen. Eine klassische Struktur lässt sich jedoch aus dem allgemeinen Stufenbau der Rechtsordnung ableiten. Der Gedanke vom Stufenbau der Rechtsordnung geht davon aus, dass jede Rechtsnorm ihre Geltung aus einer höheren Norm bezieht.[510] Aus dieser Rangordnung ergibt sich eine Normenhierarchie.[511] Modelliert man eine spezifisch datenschutzrechtliche Normenpyramide und klammert für die weitere Untersuchung völkerrechtliche Regelungen sowie nationale Rechtsverordnungen und Satzungen weitgehend aus, lassen sich zunächst drei geographisch-politische Blöcke unterscheiden – Unionsrecht, Bundesrecht und Landesrecht.[512] Sowohl im Unionsrecht als auch im Bundes- und Landesrecht kann zudem zwischen Verfassungsrecht und einfachem Recht unterschieden werden. Das einfache Recht lässt sich seinerseits wiederum in allgemeines und besonderes Datenschutzrecht unterteilen. Diese klassische Struktur ermöglicht eine klare Orientierung und hilft dem Versicherungsunternehmen, den Prüfungsmaßstab für die Verarbeitung personenbezogener Daten im Rahmen der sozialen Netzwerkanalyse zu bestimmen.[513]

---

[508] Zur Rechtsprechung des *Europäischen Gerichtshofs Spiecker* gen. *Döhmann/Bretthauer,* Dokumentation zum Datenschutz mit Informationsfreiheitsrecht, 77. Aufl. 2020, Kap. F; *Schantz/Wolff,* in: Schantz/Wolff, Das neue Datenschutzrecht, 2017, Anhang Rechtssprechungsübersicht: Datenschutzrechtliche Entscheidungen des Europäischen Gerichtshofs; *von Danwitz,* DuD 2015, 581; *Skouris,* NVwZ 2016, 1359.

[509] Zur Rechtsprechung des *Bundesverfassungsgerichts Spiecker* gen. *Döhmann/Bretthauer,* Dokumentation zum Datenschutz mit Informationsfreiheitsrecht, 77. Aufl. 2020, Kap. F; *Papier,* in: Schmidt/Weichert, Datenschutz, 2012, S. 67 ff.; *Gurlit,* NJW 2010, 1035.

[510] *Kelsen,* Reine Rechtslehre, 2. Aufl. 1960, S. 228 ff.

[511] Ausführlich zu Normenhierarchien im EU-Recht *Nettesheim,* EuR 2006, 737.

[512] Zur Einordnung des Völkerrechts s. Art. 25 GG und Art. 59 Abs. 2 GG.

[513] Vgl. auch *Kühling/Klar/Sackmann,* Datenschutzrecht, 4. Aufl. 2018, Rn. 198 ff.

4.1 Unionsrecht

An der Spitze der Normenhierarchie steht das Unionsrecht. Das Unionsrecht ist eine eigenständige Rechtsordnung, die sich aus dem Primärrecht und dem Sekundärrecht zusammensetzt.[514]

Das Primärrecht – auch Verfassungsrecht genannt – wird durch das Zusammenwirken der Mitgliedstaaten für die Union geschaffen.[515] Es beinhaltet den Vertrag über die Europäische Union (EUV), den Vertrag über die Arbeitsweise der Europäischen Union (AEUV), die Charta der Grundrechte der Europäischen Union (GRCh) sowie die allgemeinen Rechtsgrundsätze des Unionsrechts.[516] Dagegen wird das Sekundärrecht – auch als einfaches Recht bezeichnet – durch die Organe der Union in Anwendung und in Durchführung des Primärrechts geschaffen.[517] Als Rechtsakte kommen gemäß Art. 288 Abs. 1 AEUV die Grundkategorien Verordnungen, Richtlinien, Beschlüsse, Empfehlungen und Stellungnahmen in Betracht.[518]

Datenschutzrechtliche Vorgaben finden sich sowohl im europäischen Verfassungsrecht als auch im einfachen Recht. Führt das Versicherungsunternehmen Big-Data-Verfahren wie die soziale Netzwerkanalyse durch, ergeben sich die unmittelbaren Anforderungen aus dem einfachen Recht. Dagegen gelten die verfassungsrechtlichen Vorgaben nicht unmittelbar für private Akteure.[519] Sie entfalten jedoch eine mittelbare Wirkung und sind insbesondere bei der Interpretation der einfachrechtlichen Vorgaben zu berücksichtigen.[520] Vor diesem Hintergrund muss das Versicherungsunternehmen zumindest die Grundzüge der verfassungsrechtlichen Vorgaben zum Datenschutzrecht berücksichtigen.

4.1.1 Verfassungsrecht

Im europäischen Verfassungsrecht ist der Schutz personenbezogener Daten sowohl im Vertrag über die Europäische Union als auch im Vertrag über die Arbeitsweise der Europäischen Union als auch in der Grundrechtecharta verankert.

Gemäß Art. 16 Abs. 1 AEUV hat jede Person das Recht auf Schutz der sie betreffenden personenbezogenen Daten. Richtigerweise kommt der Vorschrift jedoch nur eine symbolische Wirkung zu; sie soll die Bedeutung des Datenschutzrechts im Unionsrecht unterstreichen.[521] Das folgt aus ihrer mit Art. 8 Abs. 1 GRCh identischen Formulierung und ihrer unklaren Schrankenregelung. Darüber hinaus normiert Art. 16 Abs. 2 S. 1 AEUV eine Gesetzgebungskompetenz der Union im Bereich des Datenschutzrechts.[522] Danach erlassen das *Europäische Parlament* und der *Rat* gemäß dem ordentlichen Gesetzgebungsverfahren Vorschriften über den Schutz natürlicher Personen bei der Verarbeitung personenbezogener Daten durch die Organe, Einrichtungen und sonstigen Stellen der Union sowie durch die

---

[514] *Pieper*, in: Dauses/Ludwigs, Handbuch des EU-Wirtschaftsrechts - Band 1, 51. EL 2020, B. I., Rn. 2.

[515] *Schwarze/Wunderlich*, in: Schwarze/Becker/Hatje/Schoo, EU-Kommentar, 4. Aufl. 2019, Art. 19 EUV, Rn. 22.

[516] *König/Kleinlein*, in: Schulze/Janssen/Kadelbach, Europarecht, 4. Aufl. 2020, § 2, Rn. 1.

[517] *Schwarze/Wunderlich*, in: Schwarze/Becker/Hatje/Schoo, EU-Kommentar, 4. Aufl. 2019, Art. 19 EUV, Rn. 22.

[518] *Ruffert*, in: Calliess/Ruffert, EUV/AEUV, 5. Aufl. 2016, Art. 288 AEUV, Rn. 15; ausführlich zum „rechtlichen Instrumentarium" *Vedder*, in: Vedder/Heintschel von Heinegg, Europäisches Unionsrecht, 2. Aufl. 2018, Art. 288 AEUV, Rn. 10 ff.

[519] Zu Adressaten und Drittwirkung ab S. 74.

[520] Zur Berücksichtigung bei der Interessenabwägung nach Art. 6 Abs. 1 S. 1 f) DS-GVO ab S. 189.

[521] *Britz*, EuGRZ 2009, 1 f.; *Schröder*, in: Streinz, EUV/AEUV, 3. Aufl. 2018, Art. 16 AEUV, Rn. 4 ff.; *Hornung/Spiecker gen. Döhmann*, in: Simitis/Hornung/Spiecker gen. Döhmann, Datenschutzrecht, 2019, Einleitung, Rn. 177.

[522] Zum Umfang der Gesetzgebungskompetenz nach Art. 16 Abs. 2 S. 1 AEUV *Hornung/Spiecker gen. Döhmann*, in: Simitis/Hornung/Spiecker gen. Döhmann, Datenschutzrecht, 2019, Einleitung, Rn. 156.

Mitgliedstaaten im Rahmen der Ausübung von Tätigkeiten, die in den Anwendungsbereich des Unionsrechts fallen, und über den freien Datenverkehr.[523] Auf diese Gesetzgebungskompetenz der Union wurde insbesondere der Erlass der Datenschutz-Grundverordnung – der maßgebliche Rechtsrahmen für die Verarbeitung personenbezogener Daten im Rahmen der sozialen Netzwerkanalyse – gestützt.[524]

Ergänzend zu Art. 16 Abs. 2 Abs. 1 AEUV enthält Art. 39 S. 1 EUV eine besondere Rechtssetzungsbefugnis speziell für den Bereich der Gemeinsamen Außen- und Sicherheitspolitik. Danach erlässt der *Rat* gemäß Art. 16 AEUV und abweichend von dessen Absatz 2 S. 1 einen Beschluss zur Festlegung von Vorschriften über den Schutz natürlicher Personen bei der Verarbeitung personenbezogener Daten durch die Mitgliedstaaten im Rahmen der Ausübung von Tätigkeiten, die in den Anwendungsbereich der Gemeinsamen Außen- und Sicherheitspolitik fallen, und über den freien Datenverkehr.[525] Dies spielt jedoch im Rahmen der sozialen Netzwerkanalyse keine Rolle.

In der europäischen Grundrechtecharta wird der Schutz personenbezogener Daten durch Art. 8 und Art. 7 GRCh gewährleistet.[526] Für ihre Bedeutung und Tragweite ist zudem der Art. 52 Abs. 3 S. 1 GRCh zu berücksichtigen. Danach haben Rechte der Grundrechtecharta, die den durch die Europäische Menschenrechtskonvention (EMRK) garantierten Rechten entsprechen, die gleiche Bedeutung und Tragweite, wie sie ihnen in der genannten Konvention verliehen wird.[527] Mit dieser Regelung soll eine Kohärenz zwischen der Grundrechtecharta und der Europäischen Menschenrechtskonvention geschaffen werden.[528] Im Bereich des Datenschutzes entspricht die Achtung des Privat- und Familienlebens gemäß Art. 7 GRCh dem Recht auf Achtung des Privat- und Familienlebens nach Art. 8 EMRK.[529] Nach Art. 8 Abs. 1 EMRK hat jede Person das Recht auf Achtung ihres Privat- und Familienlebens, ihrer Wohnung und ihrer Korrespondenz. Ein unmittelbar korrespondierendes Recht zum Schutz personenbezogener Daten nach Art. 8 GRCh fehlt dagegen in der Europäischen Menschenrechtskonvention. Als Folge der Kohärenzregelung in Art. 52 Abs. 3 S. 1 GRCh ist bei der Auslegung von Art. 7 GRCh nicht nur die Rechtsprechung des *Europäischen Gerichtshofs*, sondern auch des *Europäischen Gerichtshofs für Menschenrechte* zu beachten.[530] Soweit es um den Schutz personenbezogener Daten geht, gilt dies auch für die Auslegung von Art. 8 GRCh.[531]

4.1.1.1 Schutz personenbezogener Daten (Art. 8 GRCh)

Anders als die Verfassungen vieler Mitgliedstaaten – und insbesondere das deutsche Grundgesetz – enthält die europäische Grundrechtecharta ein eigenständiges Grundrecht auf

---

[523] *Kingreen*, in: Calliess/Ruffert, EUV/AEUV, 5. Aufl. 2016, Art. 16 AEUV, Rn. 4 ff.

[524] Zum Erlass der Datenschutz-Grundverordnung ab S. 75.

[525] *Hornung/Spiecker gen. Döhmann*, in: Simitis/Hornung/Spiecker gen. Döhmann, Datenschutzrecht, 2019, Einleitung, Rn. 178.

[526] S. hierzu *Schiedermair*, Der Schutz des Privaten als internationales Grundrecht, 2012; *Marsch*, Das europäische Datenschutzgrundrecht, 2018; *Reinhardt*, AöR 2017, 528, 538 ff.

[527] Ausführlich hierzu *Naumann*, EuR 2008, 424.

[528] *Schwerdtfeger*, in: Meyer/Hölscheidt, EUGRCh, 5. Aufl. 2019, Art. 52, Rn. 52; *Becker*, in: Schwarze/Becker/Hatje/Schoo, EU-Kommentar, 4. Aufl. 2019, Art. 52 GRCh, Rn. 14.

[529] *Schwerdtfeger*, in: Meyer/Hölscheidt, EUGRCh, 5. Aufl. 2019, Art. 52, Rn. 55.

[530] *Schiedermair*, in: Simitis/Hornung/Spiecker gen. Döhmann, Datenschutzrecht, 2019, Einleitung, Rn. 163 ff.; *Schwerdtfeger*, in: Meyer/Hölscheidt, EUGRCh, 5. Aufl. 2019, Art. 52, Rn. 61; *Naumann*, EuR 2008, 424, 425 f.

[531] *Schiedermair*, in: Simitis/Hornung/Spiecker gen. Döhmann, Datenschutzrecht, 2019, Einleitung, Rn. 163; vgl. *Schwerdtfeger*, in: Meyer/Hölscheidt, EUGRCh, 5. Aufl. 2019, Art. 52, Rn. 62.

Datenschutz.[532] Nach Art. 8 Abs. 1 GRCh hat jede Person das Recht auf Schutz der sie betreffenden personenbezogenen Daten.[533]

4.1.1.1.1 Schutzbereich

Der sachliche Schutzbereich des Grundrechts auf Datenschutz umfasst gemäß Art. 8 Abs. 1 GRCh alle personenbezogenen Daten. Als personenbezogenen Daten versteht man in Anlehnung an Art. 2 a) DSRL und nunmehr Art. 4 Nr. 1 DS-GVO alle Informationen über eine bestimmte oder bestimmbare natürliche Person.[534] Was dies für die soziale Netzwerkanalyse im Einzelnen bedeutet, wird im Rahmen von Art. 2 Abs. 1 und Art. 4 Nr. 1 DS-GVO ausführlich erläutert.[535]

Der persönliche Schutzbereich von Art. 8 GRCh erfasst zunächst alle natürlichen Personen. Ob darüber hinaus auch juristische Personen Grundrechtsträger sein können, ist unklar.[536] Für ihren Einbezug spricht die Formulierung „Person" in Art. 8 Abs. 1 GRCh.[537] Grundsätzlich differenziert die europäische Grundrechtecharta zwischen „Personen" einerseits und „Menschen" andererseits.[538] Während der erste Begriff natürliche und juristische Personen umfasst, ist letzterer naturgemäß auf natürliche Personen beschränkt.[539] Die Wahl der Formulierung in Art. 8 Abs. 1 GRCh deutet daher auf einen Einbezug von juristischen Personen hin. Dagegen spricht jedoch das Verständnis von personenbezogenen Daten als Informationen über eine bestimmte oder bestimmbare natürliche Person.[540] Diese Begrenzung des sachlichen Schutzbereichs strahlt somit auf den persönlichen Schutzbereich aus. Juristische Personen sollen daher nur dann durch Art. 8 GRCh geschützt werden, „soweit der Name der juristischen Person eine oder mehrere natürliche Personen bestimmt".[541] Für die soziale Netzwerkanalyse kann dies relevant werden, wenn bestimmte Unfallbeteiligte juristische Personen sind, beispielsweise der Halter des Kraftfahrzeugs.[542]

4.1.1.1.2 Eingriff

Ein Eingriff in das Grundrecht auf Datenschutz nach Art. 8 GRCh liegt immer dann vor, wenn personenbezogene Daten verarbeitet werden.[543] Das folgt aus Art. 8 Abs. 2 S. 1 GRCh. Der Begriff der Verarbeitung ist unter Rückgriff auf Art. 2 b) DSRL und nunmehr Art. 4 Nr. 2 DS-GVO zu bestimmen und bezeichnet jeden mit oder ohne Hilfe automatisierter

---

[532] Vgl. *Bernsdorff*, in: Meyer/Hölscheidt, EUGRCh, 5. Aufl. 2019, Art. 8, Rn. 3.

[533] Ausführlich zum Schutz durch Art. 8 GRCh *Marsch, Das europäische Datenschutzgrundrecht*, 2018; *Jung, Grundrechtsschutz auf europäischer Ebene*, 2016; *Wagner, Der Datenschutz in der Europäischen Union*, 2015.

[534] *Kingreen*, in: Calliess/Ruffert, EUV/AEUV, 5. Aufl. 2016, Art. 8 GRCh, Rn. 9; *Jarass*, in: Jarass, GRCh, 4. Aufl. 2021, Art. 8, Rn. 6; *Bernsdorff*, in: Meyer/Hölscheidt, EUGRCh, 5. Aufl. 2019, Art. 8, Rn. 20.

[535] Zu personenbezogenen Daten ab S. 91.

[536] *Bretthauer*, in: Specht/Mantz, Handbuch europäisches und deutsches Datenschutzrecht, 2019, § 2, Rn. 56 f; ausführlich hierzu *Goldhammer/Sieber*, JuS 2018, 22.

[537] *Kingreen*, in: Calliess/Ruffert, EUV/AEUV, 5. Aufl. 2016, Art. 8 GRCh, Rn. 11; *Jarass*, in: Jarass, GRCh, 4. Aufl. 2021, Art. 8, Rn. 8; *Knecht*, in: Schwarze/Becker/Hatje/Schoo, EU-Kommentar, 4. Aufl. 2019, Art. 8 GRCh, Rn. 3; *Wolff*, in: Schantz/Wolff, Das neue Datenschutzrecht, 2017, Rn. 40.

[538] *Kingreen*, in: Calliess/Ruffert, EUV/AEUV, 5. Aufl. 2016, Art. 52 GRCh, Rn. 53.

[539] *Jarass*, in: Jarass, GRCh, 4. Aufl. 2021, Art. 51, Rn. 49.

[540] *Jarass*, in: Jarass, GRCh, 4. Aufl. 2021, Art. 8, Rn. 7; *Bernsdorff*, in: Meyer/Hölscheidt, EUGRCh, 5. Aufl. 2019, Art. 8, Rn. 25.

[541] EuGH, Urteil 09.11.2010, Volker und Markus Schecke GbR – C-92/09, Rn. 53; kritisch hierzu *Kingreen*, in: Calliess/Ruffert, EUV/AEUV, 5. Aufl. 2016, Art. 8 GRCh, Rn. 11; *Jarass*, in: Jarass, GRCh, 4. Aufl. 2021, Art. 8, Rn. 8; *Wolff*, in: Schantz/Wolff, Das neue Datenschutzrecht, 2017, Rn. 40.

[542] Zum Einbezug von juristischen Personen in den persönlichen Anwendungsbereich ab S. 97.

[543] *Knecht*, in: Schwarze/Becker/Hatje/Schoo, EU-Kommentar, 4. Aufl. 2019, Art. 8 GRCh, Rn. 6; *Kingreen*, in: Calliess/Ruffert, EUV/AEUV, 5. Aufl. 2016, Art. 8 GRCh, Rn. 12.

Verfahren ausgeführten Vorgang oder jede Vorgangsreihe im Zusammenhang mit personenbezogenen Daten.[544] Eine detaillierte Beschreibung des Verarbeitungsbegriffs erfolgt im Rahmen von Art. 2 Abs. 1 und Art. 4 Nr. 2 DS-GVO.[545]

4.1.1.1.3 Rechtfertigung

Jeder Eingriff in das Grundrecht auf Datenschutz aus Art. 8 GRCh ist rechtfertigungsbedürftig. Die Voraussetzungen für die Rechtfertigung einer Verarbeitung personenbezogener Daten ergeben sich aus Art. 8 Abs. 2 S. 1 GRCh und Art. 52 Abs 1 GRCh.[546]

Gemäß Art. 8 Abs. 2 S. 1 GRCh dürfen personenbezogene Daten nur nach Treu und Glauben für festgelegte Zwecke und mit Einwilligung der betroffenen Person oder auf einer sonstigen gesetzlich geregelten legitimen Grundlage verarbeitet werden.[547]

Zusätzlich verlangt Art. 52 Abs. 1 S. 1 GRCh, dass jeder Eingriff gesetzlich vorgesehen sein und den Wesensgehalt dieser Rechte und Freiheiten achten muss. Zudem dürfen nach Art. 52 Abs. 1 S. 2 GRCh Einschränkungen unter Wahrung des Grundsatzes der Verhältnismäßigkeit nur vorgenommen werden, wenn sie erforderlich sind und den von der Union anerkannten dem Gemeinwohl dienenden Zielsetzungen oder den Erfordernissen des Schutzes der Rechte und Freiheiten anderer tatsächlich entsprechen.

4.1.1.2 Achtung des Privat- und Familienlebens (Art. 7 GRCh)

Gemäß Art. 7 GRCh hat jede Person das Recht auf Achtung ihres Privat- und Familienlebens, ihrer Wohnung sowie ihrer Kommunikation.

4.1.1.2.1 Schutzbereich

Der sachliche Schutzbereich von Art. 7 GRCh umfasst vier Teilbereiche der Privatsphäre – das Privatleben, das Familienleben, die Wohnung und die Kommunikation. Im Zusammenhang mit Art. 8 GRCh ist insbesondere der Teilbereich des Privatlebens relevant. In welchem Verhältnis die beiden Grundrechte zueinanderstehen – *lex-specialis* oder überlappende Schutzbereiche – ist nicht eindeutig.[548] Insbesondere der *Europäische Gerichtshof* prüft Art. 8 und Art. 7 GRCh typischerweise nebeneinander, ohne differenzierte Schutzgehalte herauszuarbeiten.[549]

Für den Begriff des Privatlebens besteht keine allgemeingültige Definition.[550] Es kann jedoch von mindestens drei verschiedenen Ausprägungen ausgegangen werden – den Schutz der Selbstbestimmung, den Schutz der Selbstbewahrung und den Schutz der Selbstdarstellung.[551] Diese unterschiedlichen Ausprägungen sind nicht trennscharf, sondern können sich teilweise überschneiden. Der Schutz der Selbstbestimmung schützt den Einzelnen darin, selbst über seine

---

[544] *Knecht*, in: Schwarze/Becker/Hatje/Schoo, EU-Kommentar, 4. Aufl. 2019, Art. 8 GRCh, Rn. 6; *Kingreen*, in: Calliess/Ruffert, EUV/AEUV, 5. Aufl. 2016, Art. 8 GRCh, Rn. 12.

[545] Zur Verarbeitung personenbezogener Daten ab S. 105.

[546] Vgl. EuGH, Urteil 09.11.2010, Volker und Markus Schecke GbR – C-92/09, Rn. 49 f.; *Kingreen*, in: Calliess/Ruffert, EUV/AEUV, 5. Aufl. 2016, Art. 8 GRCh, Rn. 14; *Bretthauer*, in: Specht/Mantz, Handbuch europäisches und deutsches Datenschutzrecht, 2019, § 2, Rn. 60 f.

[547] Zur dogmatischen Einordnung der Einwilligung *Bretthauer*, in: Specht/Mantz, Handbuch europäisches und deutsches Datenschutzrecht, 2019, § 2, Rn. 59.

[548] Ausführlich zum Verhältnis zwischen Art. 7 und 8 GRCh *Marsch*, Das europäische Datenschutzgrundrecht, 2018, S. 203 ff.; *Michl*, DuD 2017, 349.

[549] Beispiel für Parallelprüfung bei EuGH, Urteil 16.07.2020, Facebook Ireland und Schrems – C-311/18.

[550] *Bernsdorff*, in: Meyer/Hölscheidt, EUGRCh, 5. Aufl. 2019, Art. 7, Rn. 15.

[551] *Kingreen*, in: Calliess/Ruffert, EUV/AEUV, 5. Aufl. 2016, Art. 7 GRCh, Rn. 3.

eigene Person, seine Lebensführung sowie seine persönliche Entwicklung zu entscheiden.[552] Der Schutz der Selbstbewahrung schützt den Einzelnen darin, sich aus der Öffentlichkeit zurückziehen zu können.[553] Der Schutz der Selbstdarstellung schützt den Einzelnen darin, wie er sich in der Öffentlichkeit darstellt.[554]

Der persönliche Schutzbereich umfasst grundsätzlich natürliche und juristische Personen. Das folgt aus der Formulierung „jede Person" in Art. 7 GRCh.[555] Für juristische Personen gilt jedoch die Besonderheit, dass der jeweilige Teilbereich von Art. 7 GRCh auf sie „wesensmäßig anwendbar" sein muss.[556]

4.1.1.2.2 Eingriff

Ein Eingriff in das Privatleben ist dann anzunehmen, wenn eine der geschützten Ausprägungen eingeschränkt wird. Das kann beispielsweise das Eindringen in die Privatsphäre des Einzelnen sein.[557]

4.1.1.2.3 Rechtfertigung

Auch für Art. 7 GRCh gilt, dass jeder Eingriff einer Rechtfertigung bedarf. Anders als in Art. 8 GRCh enthält Art. 7 GRCh jedoch keine speziellen Voraussetzungen für die Rechtfertigung. Sie ist daher am Maßstab der allgemeinen Voraussetzungen nach Art. 52 Abs. 1 GRCh zu messen.[558] Es gelten daher die im Rahmen von Art. 8 GRCh beschriebenen Voraussetzungen.[559]

4.1.1.3 Adressaten und Drittwirkung

Während Art. 8 Abs. 1 und Art. 7 GRCh definieren, wer Grundrechtsträger ist, muss für die Bestimmung des Grundrechtsadressaten auf Art. 51 GRCh zurückgegriffen werden. Gemäß Art. 51 Abs. 1 S. 1 GRCh gilt die europäische Grundrechtecharta für die Organe, Einrichtungen und sonstigen Stellen der Union unter Wahrung des Subsidiaritätsprinzips und für die Mitgliedstaaten ausschließlich bei der Durchführung des Rechts der Union. Durchgeführt wird das Unionsrecht vornehmlich auf legislativer Ebene durch den Erlass von Rechtsakten, auf exekutiver Ebene durch den Erlass von Einzelentscheidungen sowie auf judikativer Ebene durch den Erlass von Urteilen.[560] Sofern das Unionsrecht zwingende Vorgaben zur Durchführung macht, wird der Grundrechtsschutz prinzipiell durch die Grundrechtecharta und nicht durch nationales Verfassungsrecht gewährleistet. Weniger eindeutig ist dagegen das Verhältnis zwischen europäischer Grundrechtecharta und nationalem Verfassungsrecht in Regelungsbereichen, in denen das Unionsrecht den Mitgliedstaaten gewisse

---

[552] *Kingreen*, in: Calliess/Ruffert, EUV/AEUV, 5. Aufl. 2016, Art. 7 GRCh, Rn. 3 f.; *Jarass*, in: Jarass, GRCh, 4. Aufl. 2021, Art. 7, Rn. 14; *Knecht*, in: Schwarze/Becker/Hatje/Schoo, EU-Kommentar, 4. Aufl. 2019, Art. 7 GRCh, Rn. 7.

[553] *Kingreen*, in: Calliess/Ruffert, EUV/AEUV, 5. Aufl. 2016, Art. 7 GRCh, Rn. 5; *Bernsdorff*, in: Meyer/Hölscheidt, EUGRCh, 5. Aufl. 2019, Art. 7, Rn. 15; *Knecht*, in: Schwarze/Becker/Hatje/Schoo, EU-Kommentar, 4. Aufl. 2019, Art. 7 GRCh, Rn. 7.

[554] *Kingreen*, in: Calliess/Ruffert, EUV/AEUV, 5. Aufl. 2016, Art. 7 GRCh, Rn. 6.

[555] *Knecht*, in: Schwarze/Becker/Hatje/Schoo, EU-Kommentar, 4. Aufl. 2019, Art. 7 GRCh, Rn. 4.

[556] *Kingreen*, in: Calliess/Ruffert, EUV/AEUV, 5. Aufl. 2016, Art. 7 GRCh, Rn. 11; *Bernsdorff*, in: Meyer/Hölscheidt, EUGRCh, 5. Aufl. 2019, Art. 7, Rn. 22 stellt darauf ab, ob der Schutzbedarf „funktionell vergleichbar" ist.

[557] *Jarass*, in: Jarass, GRCh, 4. Aufl. 2021, Art. 7, Rn. 28.

[558] *Kingreen*, in: Calliess/Ruffert, EUV/AEUV, 5. Aufl. 2016, Art. 7 GRCh, Rn. 14; *Jarass*, in: Jarass, GRCh, 4. Aufl. 2021, Art. 7, Rn. 34.

[559] Zu den Voraussetzungen von Art. 52 GRCh ab S. 73.

[560] *Jarass*, in: Jarass, GRCh, 4. Aufl. 2021, Art. 51, Rn. 29 ff.

Gestaltungsspielräume – so wie auch teilweise im Rahmen der Datenschutz-Grundverordnung – belässt.[561]

Für das Versicherungsunternehmen ist diese Abgrenzung allerdings nur von nachgeordneter Bedeutung. Aus dem Wortlaut von Art. 51 Abs. 1 S. 1 GRCh und aus der primären Funktion der Grundrechte als Abwehrrechte gegen den Staat ergibt sich, dass Art. 8 und Art. 7 GRCh nicht unmittelbar für private Akteure gelten.[562] Dies ist auch im Verhältnis zwischen dem Versicherungsunternehmen und den betroffenen Personen bei der Verarbeitung ihrer personenbezogenen Daten zu berücksichtigen. Daraus folgt jedoch nicht, dass die Grundrechte für die Rechtsverhältnisse zwischen privaten Akteuren bedeutungslos wären. Sie entfalten vielmehr eine sogenannte mittelbare Drittwirkung.[563] Wie zuvor beschrieben sind die Union und die Mitgliedstaaten bei der Durchführung von Unionsrecht und damit auch beim Erlass von Rechtsakten an die Grundrechte gebunden. Unterfallen private Akteure diesen Rechtsakten, dann wirken die Grundrechte somit mittelbar auch auf sie. Darüber hinaus sind die Grundrechte auch bei der Interpretation der Rechtsakte gebührend zu berücksichtigen; die Rechtsakte sind „im Lichte der Grundrechte" auszulegen.[564] Letztere strahlen folglich nicht nur bei der Schaffung, sondern auch bei der Anwendung von Rechtsakten auf private Akteure aus. Aus dem Vorstehenden folgt also, dass Art. 8 Abs. 1 und Art. 7 GRCh nicht unmittelbar für das Versicherungsunternehmen und die betroffenen Personen gelten, die verfassungsrechtlichen Vorgaben jedoch mittelbar – insbesondere bei Anwendung der Datenschutz-Grundverordnung – zu berücksichtigen sind.

4.1.2 Einfaches Recht

4.1.2.1 Datenschutz-Grundverordnung

Das Herzstück des einfachen Datenschutzrechts auf Unionsebene ist die Datenschutz-Grundverordnung.

Die Datenschutz-Grundverordnung entstand aus der Gesamtstrategie „Der Schutz der Privatsphäre in einer vernetzten Welt – Ein europäischer Datenschutzrahmen für das 21. Jahrhundert" der *Europäischen Kommission*.[565] Im Jahr 2012 legte letztere ein umfassendes Paket zur Reform des europäischen Datenschutzrechts vor.[566] Dieses beinhaltete zwei neue Rechtsakte. Zum einen sollte eine Verordnung die bis dahin bestehende Richtlinie 95/46/EG – auch Datenschutzrichtlinie (DSRL) genannt – ablösen und einen neuen, allgemeinen Datenschutzrahmen schaffen.[567] Dabei handelte es sich um die spätere Verordnung (EU) 2019/679 – also die Datenschutz-Grundverordnung. Zum anderen war beabsichtigt, durch die Richtlinie den geltenden Rahmenbeschluss 2008/977/JI zu ersetzen und neue Regeln für den Schutz personenbezogener Daten, die zum Zweck der Verhütung, Aufdeckung, Untersuchung oder Verfolgung von Straftaten und für damit verbundene justizielle Tätigkeiten verarbeitet

---

[561] Zur Auffassung des *Europäischen Gerichtshofs* EuGH, Urteil 26.02.2013, Åkerberg Fransson – C-617/10; EuGH, Urteil 06.03.2014, Siragusa – C-206/13; zur Auffassung des *Bundesverfassungsgerichts* zuletzt BVerfG, Beschluss 06.11.2019, Recht auf Vergessen I – 1 BvR 16/13; BVerfG, Beschluss 06.11.2019, Recht auf Vergessen II – 1 BvR 276/17; guter Überblick bei *Thym*, NVwZ 2013, 889; *Ludwigs/Sikora*, JuS 2017, 385; *Kühling*, NJW 2020, 275; *Makoski*, EuZW 2020, 1012.

[562] *Jarass*, in: Jarass, GRCh, 4. Aufl. 2021, Art. 8, Rn. 3; *Streinz/Michl*, EuZW 2011, 384, 385.

[563] *Schwerdtfeger*, in: Meyer/Hölscheidt, EUGRCh, 5. Aufl. 2019, Art. 51, Rn. 58 f.

[564] EuGH, Urteil 13.05.2014, Google Spain – C-131/12, Rn. 68; *Jarass*, in: Jarass, GRCh, 4. Aufl. 2021, Art. 51, Rn. 32.

[565] KOM (2012) 9 endg., S. 1 ff.

[566] KOM (2012) 9 endg., S. 4.

[567] KOM (2012) 11 endg., S. 1 ff.

werden, festzulegen.[568] Daraus wurde die spätere Richtlinie (EU) 2016/680 – auch als Richtlinie für Justiz und Inneres (JI-RL) bezeichnet.[569] Nach langen Verhandlungen wurde schließlich im Jahr 2016 das Reformpaket verabschiedet.[570] Nach einer knapp zweijährigen Übergangsphase ist die Datenschutz-Grundordnung gemäß Art. 99 Abs. 2 DS-GVO seit dem 25. Mai 2018 anwendbar, während die Richtlinie für Justiz und Inneres nach Art. 63 Abs. 1 S. 1 JI-RL bis zum 6. Mai 2018 in nationales Recht umgesetzt werden musste.

Die Datenschutz-Grundverordnung verfolgt zwei übergeordnete Ziele – den Schutz natürlicher Personen bei der Verarbeitung ihrer personenbezogenen Daten und den Schutz des freien Verkehrs solcher Daten innerhalb der Union.[571] Diese Ziele sind direkt in Art. 1 DS-GVO verankert. Dabei versteht sich die Datenschutz-Grundverordnung selbst als notwendige Reaktion auf verschiedene technologische und wirtschaftspolitische Entwicklungen sowie auf das Scheitern ihres Vorgängers – der Datenschutzrichtlinie –, um einen ausreichend soliden, kohärenten und klar durchsetzbaren Rechtsrahmen in der Union zu schaffen.[572]

Insbesondere der rasante technologische Fortschritt und die zunehmende Globalisierung haben dazu geführt, dass das Ausmaß der Erhebung und Übermittlung personenbezogener Daten in den vergangenen Jahren massiv zugenommen hat.[573] Personenbezogene Daten sind nicht nur in einem noch nie dagewesenen Umfang verfügbar, sondern können durch neue Technologien auch wesentlich leichter von Unternehmen verarbeitet werden.[574] Darüber hinaus hat der europäische Binnenmarkt nicht nur den freien Verkehr von Waren, Personen, Dienstleistungen und Kapital begünstigt, sondern auch zu einer deutlichen Zunahme grenzüberschreitender Ströme personenbezogener Daten innerhalb der Union geführt.[575] Diese Entwicklungen stellten und stellen das europäische Datenschutzrecht vor erhebliche Herausforderungen.[576]

Schon die Datenschutzrichtlinie hatte versucht, diese Herausforderungen zu bewältigen, jedoch konnte sie nicht verhindern, dass der Schutz personenbezogener Daten in der Union unterschiedlich gehandhabt wurde.[577] Als Richtlinie war sie gemäß Art. 288 Abs. 3 AEUV für jeden Mitgliedstaat, an den sie gerichtet war, hinsichtlich des zu erreichenden Ziels verbindlich, musste jedoch den innerstaatlichen Stellen die Wahl der Form und der Mittel überlassen. Letzteres führte dazu, dass die Mitgliedstaaten die Datenschutzrichtlinie unterschiedlich umsetzten und anwandten.[578] Diese Unterschiede führten zu Schutzlücken und Wettbewerbsverzerrung und damit zu Rechtsunsicherheit bei den betroffenen Personen hinsichtlich des Schutzniveaus ihrer personenbezogenen Daten sowie zu Hemmnissen für den freien Verkehr solcher Daten innerhalb der Union.[579]

---

[568] Zum Entwurf der Europäischen Kommission *Bäcker/Hornung*, ZD 2012, 147.

[569] *Hornung/Schindler/Schneider*, ZIS 2018, 566; *Schwichtenberg*, DuD 2016, 605; ausführlich zur Richtlinie und nationalen Umsetzung *Johannes/Weinhold*, Das neue Datenschutzrecht bei Polizei und Justiz, 2018.

[570] Hintergründe zum Gesetzgebungsprozess *Albrecht/Jotzo*, Das neue Datenschutzrecht der EU, 2017, Teil 1, Rn. 11 ff.; *Selmayr/Ehmann*, in: Ehmann/Selmayr, DS-GVO, 2. Aufl. 2018, Einführung, Rn. 45 ff.

[571] *Reding*, ZD 2012, 195; *Albrecht/Janson*, CR 2016, 500, 501 spricht von „Zweigleisigkeit des gesetzgeberischen Regelungsimpulses".

[572] Vgl. EwG 6 S. 1, EwG 7 S. 1 und EwG 9 S. 1 DS-GVO.

[573] EwG 6 S. 1 und 2 DS-GVO.

[574] EwG 6 S. 3 DS-GVO.

[575] EwG 5 S. 1 und 2 DS-GVO.

[576] EwG 6 S. 1 DS-GVO.

[577] EwG 9 S. 1 DS-GVO; Überblick zum Regelungsprogramm der Datenschutzrichtlinie bei *Simitis*, NJW 1997, 281; ausführlich zur Datenschutzrichtlinie *Dammann/Simitis*, EG-Datenschutzrichtlinie, 1997.

[578] EwG 9 S. 4 DS-GVO.

[579] EwG 9 S. 1 bis 3 DS-GVO.

Vor diesem Hintergrund ist es der Anspruch der Datenschutz-Grundverordnung, ein gleichmäßiges und hohes Datenschutzniveau sicherzustellen und Unterschiede, die den freien Verkehr personenbezogener Daten im Binnenmarkt behindern könnten, zu beseitigen.[580] In formaler Hinsicht fand daher ein bewusster Wechsel der Rechtsform von einer Richtlinie zu einer Verordnung statt.[581] Bei letzterer handelt es sich um „das stärkste im Unionsrecht zu Verfügung stehende Rechtsinstrument".[582] Als Verordnung hat die Datenschutz-Grundverordnung gemäß Art. 288 Abs. 2 AEUV allgemeine Geltung, ist in allen ihren Teilen verbindlich und gilt unmittelbar in jedem Mitgliedstaat. Eine Umsetzung durch die Mitgliedstaaten fällt daher weg.[583] Dies soll bezwecken, dass die Vorschriften der Datenschutz-Grundverordnung unionsweit gleichmäßig und einheitlich angewandt werden.[584] In materieller Hinsicht soll die Datenschutz-Grundverordnung, „natürliche Personen in allen Mitgliedstaaten mit demselben Niveau an durchsetzbaren Rechten ausstatte[n], dieselben Pflichten und Zuständigkeiten für die Verantwortlichen und Auftragsverarbeiter [vorsehen] und eine gleichmäßige Kontrolle der Verarbeitung personenbezogener Daten und gleichwertige Sanktionen in allen Mitgliedstaaten sowie eine wirksame Zusammenarbeit zwischen den Aufsichtsbehörden der einzelnen Mitgliedstaaten gewährleiste[n]."[585]

Dieses materielle Programm strukturiert die Datenschutz-Grundverordnung in elf Kapitel mit insgesamt 99 Artikeln. Hinzu kommen weitere 173 Erwägungsgründe, die zur Auslegung der Artikel herangezogen werden können. In Kapitel 1 werden die allgemeinen Bestimmungen der Datenschutz-Grundverordnung niedergelegt. Dies umfasst ihren Gegenstand und ihre Ziele, den sachlichen und räumlichen Anwendungsbereich sowie die Begriffsbestimmungen.[586] Daran schließen sich in Kapitel 2 mit den Grundsätzen die ersten materiellen Regelungen, insbesondere die allgemeinen Grundsätze für die Verarbeitung personenbezogener Daten sowie die zentrale Vorschrift zur Bestimmung der Rechtmäßigkeit, an.[587] Kapitel 3 widmet sich den Rechten der betroffenen Person, was beispielsweise das Recht auf Auskunft einschließt.[588] Dagegen fokussiert sich Kapitel 4 auf den Verantwortlichen und den Auftragsverarbeiter und deren Rechte und Pflichten wie unter anderem die Verpflichtung zur Gewährleistung der Datensicherheit oder zur Bestellung eines Datenschutzbeauftragten in bestimmten Fällen.[589] Darauf folgen mit Kapitel 5 verschiedene Regelungen zur Übermittlung personenbezogener Daten an Drittländer oder an internationale Organisationen, während die Kapitel 6 und 7 die Datenschutzaufsichtsbehörden und ihre Zusammenarbeit auf europäischer Ebene adressieren.[590] Kapitel 8 regelt Rechtsbehelfe, Haftung und Sanktionen, also verschiedene Handlungsinstrumente bei Verstößen gegen die Datenschutz-Grundverordnung.[591] In Kapitel 9 finden sich zudem weitere Vorschriften für besondere Verarbeitungssituationen wie

---

[580] EwG 10 S. 1 und EwG 13 S. 1 DS-GVO.

[581] KOM (2012) 11 endg., S. 6; *Reding*, ZD 2012, 195, 196.

[582] *Selmayr/Ehmann*, in: Ehmann/Selmayr, DS-GVO, 2. Aufl. 2018, Einführung, Rn. 75; ähnlich auch *Albrecht/Jotzo*, Das neue Datenschutzrecht der EU, 2017, Teil 1, Rn. 25.

[583] Zu den Gefahren bei der Umsetzung durch Mitgliedstaaten *Selmayr/Ehmann*, in: Ehmann/Selmayr, DS-GVO, 2. Aufl. 2018, Einführung, Rn. 75 ff.

[584] EwG 10 S. 2 DS-GVO; KOM (2012) 11 endg., S. 6; *Selmayr/Ehmann*, in: Ehmann/Selmayr, DS-GVO, 2. Aufl. 2018, Einführung, Rn. 79.

[585] EwG 13 S. 1 DS-GVO.

[586] *Hornung*, ZD 2012, 99, 100 ff.

[587] *Hornung*, ZD 2012, 99, 101.

[588] *Hornung*, ZD 2012, 99, 101 ff.

[589] *Hornung*, ZD 2012, 99, 101.

[590] *Hornung*, ZD 2012, 99, 101 ff.; *Kühling/Martini*, EuZW 2016, 448, 452 f.

[591] *Hornung*, ZD 2012, 99, 101.

beispielsweise der Verarbeitung personenbezogener Daten zu im öffentlichen Interesse liegenden Archivzwecken, zu wissenschaftlichen oder historischen Forschungszwecken und zu statistischen Zwecken.[592] Schließlich enthält die Datenschutz-Grundverordnung in den Kapiteln 10 und 11 noch verschiedene technische Regelungen, die sich auf delegierte Rechtsakte und Durchführungsrechtsakte sowie auf Schlussbestimmungen wie den Geltungsbeginn beziehen.[593]

Inhaltlich handelt es sich bei der Datenschutz-Grundverordnung eher um eine Evolution als um eine Revolution des europäischen Datenschutzrechts.[594] So baut sie maßgeblich auf den bestehenden Regelungen der Datenschutzrichtlinie auf und schreibt diese größtenteils fort.[595] Zwar werden manche Regelungen „präzisiert, neu gestaltet oder erweitert", eine konzeptionelle Weiterentwicklung findet jedoch überwiegend nicht statt.[596] Gleichwohl führt die Datenschutz-Grundverordnung verschiedene neue Mechanismen oder Instrumente ein, die das bisherige Regelungssystem der Datenschutzrichtline punktuell modernisieren.[597] Das gilt beispielsweise für die Datenschutz-Folgenabschätzung in Art. 35 DS-GVO.[598]

Eine weitere Besonderheit der Datenschutz-Grundverordnung sind ihre umfangreichen Öffnungsklauseln.[599] Zwar beansprucht die Datenschutz-Grundverordnung als Verordnung allgemeine Geltung und Verbindlichkeit in allen ihren Teilen. An verschiedenen Stellen sieht sie jedoch explizit vor, dass die Mitgliedstaaten eigene nationale Regelungen treffen. Das bedeutet, dass die Mitgliedstaaten für bestimmte allgemeine oder spezifische Themengebiete, die Regelungen der Datenschutz-Grundverordnung konkretisieren, ergänzen oder modifizieren können bzw. müssen.[600] Dabei sind fakultative und obligatorische Öffnungsklauseln zu unterscheiden.[601] Fakultative Öffnungsklauseln enthalten Regelungsspielräume, aufgrund derer der nationale Gesetzgeber tätig werden darf, aber nicht muss. Dagegen sind obligatorische Öffnungsklauseln als Regelungsgebote zu verstehen, aufgrund derer der nationale Gesetzgeber tätig werden muss, dabei aber gewisse Spielräume hat.

Die Verwendung von Öffnungsklauseln in der Datenschutz-Grundverordnung berührt jedoch nicht ihren Normcharakter als Verordnung gemäß Art. 288 Abs. 2 AEUV.[602] Im Unionsrecht

---

[592] *Hornung*, ZD 2012, 99, 101.

[593] *Hornung*, ZD 2012, 99, 101.

[594] *Kühling/Martini*, EuZW 2016, 448, 454; *Selmayr/Ehmann*, in: Ehmann/Selmayr, DS-GVO, 2. Aufl. 2018, Einführung, Rn. 60.

[595] Tabellarischer Vergleich der Grundstruktur von Datenschutz-Grundverordnung und Datenschutzrichtlinie bei *Wolff*, in: Schantz/Wolff, Das neue Datenschutzrecht, 2017, Rn. 256; Synopse von Datenschutz-Grundverordnung und Datenschutzrichtlinie bei *Spiecker gen. Döhmann/Bretthauer*, Dokumentation zum Datenschutz mit Informationsfreiheitsrecht, 77. Aufl. 2020, Kap. A, 4.1; vgl. auch die Begründung der jeweiligen Regelungen bei KOM (2012) 11 endg., S. 7 ff.

[596] *Roßnagel*, in: Roßnagel, Europäische Datenschutz-Grundverordnung, 2017, § 1, Rn. 9; ähnlich auch *Kühling/Martini*, EuZW 2016, 448, 450.

[597] Überblick von neuen Mechanismen und Instrumenten in der Datenschutz-Grundverordnung bei *Hornung/Spiecker gen. Döhmann*, in: Simitis/Hornung/Spiecker gen. Döhmann, Datenschutzrecht, 2019, Einleitung, Rn. 213.

[598] Zur Datenschutz-Folgenabschätzung ab S. 324.

[599] *Selmayr/Ehmann*, in: Ehmann/Selmayr, DS-GVO, 2. Aufl. 2018, Einführung, Rn. 82 ff. spricht von „Spezifizierungs-, Verstärkungs- und Abschwächungsklauseln".

[600] *Kühling/Martini*, Die Datenschutz-Grundverordnung und das nationale Recht, 2016, S. 9 f.

[601] Überblick und Einordnung der Öffnungsklauseln der Datenschutz-Grundverordnung bei *Kühling/Martini*, Die Datenschutz-Grundverordnung und das nationale Recht, 2016, S. 15 ff.

[602] *Selmayr/Ehmann*, in: Ehmann/Selmayr, DS-GVO, 2. Aufl. 2018, Einführung, Rn. 88; so auch *Wolff*, in: Schantz/Wolff, Das neue Datenschutzrecht, 2017, Rn. 218; *Kühling/Martini*, Die Datenschutz-Grundverordnung und das nationale Recht, 2016, S. 1 spricht von „Richtlinie im Verordnungsgewand".

ist eine „hinkende" Verordnung, die durch nationale Gesetzgebungsmaßnahmen der Mitgliedstaaten vervollständigt werden muss, keineswegs ungewöhnlich.[603] Auch wenn die umfangreiche Verwendung von Öffnungsklauseln nicht die Rechtsform der Datenschutz-Grundverordnung verändert, bedeutet sie jedoch zweifellos eine Einschränkung des eigenen Anspruchs, ein gleichmäßiges und hohes Datenschutzniveau sicherzustellen und Unterschiede, die den freien Verkehr personenbezogener Daten im Binnenmarkt behindern könnten, zu beseitigen.[604] In rechtlicher Hinsicht sollte diese Ausgestaltung jedoch verschiedene unionsrechtliche Prinzipien wie die Pflicht zur loyalen Zusammenarbeit nach Art. 4 Abs. 3 EUV, den Grundsatz der begrenzten Einzelermächtigung nach Art. 5 Abs. 2 EUV sowie das Subsidiaritäts- und Verhältnismäßigkeitsprinzip nach Art. 5 Abs. 3 und 4 EUV wahren.[605] Darüber hinaus war in politischer Hinsicht das Zugeständnis bestimmter nationaler Regelungsräume erforderlich, um überhaupt eine Einigung über einen weitestgehend harmonisierten Regelungsrahmen erreichen zu können.[606]

Unabhängig davon, wie man die Datenschutz-Grundverordnung bewerten möchte, hat ihr Inkrafttreten jedoch in jedem Fall eine neue Ära des europäischen und nationalen Datenschutzrechts eingeläutet.[607] Ob sie die von ihr adressierten Herausforderungen bewältigen und ihren eigenen Ansprüchen genügen kann, wird davon abhängen, wie sie auf europäischer und nationaler Ebene mit Leben gefüllt wird.[608]

Für das Versicherungsunternehmen stellt die Datenschutz-Grundverordnung jedenfalls den zentralen Prüfungsmaßstab für die soziale Netzwerkanalyse und die Frage, ob Big-Data-Verfahren datenschutzkonform ausgestaltet werden können, dar.

4.1.2.2 Bereichsspezifisches Datenschutzrecht

Die Datenschutz-Grundverordnung als allgemeines Datenschutzrecht wird ergänzt durch verschiedene bereichsspezifische Rechtsakte und Regelungen für besondere Verarbeitungssituationen.[609] Die Datenschutz-Grundverordnung selbst erwähnt einige dieser Rechtsakte explizit und beschreibt ihr Verhältnis zu diesen.[610]

So legt sie zunächst in Art. 2 Abs. 2 d) DS-GVO fest, dass die Datenschutz-Grundverordnung keine Anwendung auf die Verarbeitung personenbezogener Daten findet, die durch die zuständigen Behörden zum Zwecke der Verhütung, Ermittlung, Aufdeckung oder Verfolgung von Straftaten oder der Strafvollstreckung, einschließlich des Schutzes vor und der Abwehr von Gefahren für die öffentliche Sicherheit, vorgenommen wird. Gemeint ist damit die schon beschriebene „kleine Schwester" der Datenschutz-Grundverordnung, die Richtlinie für Justiz und Inneres.[611] Diese spielt für das Versicherungsunternehmen selbst keine Rolle, da es keine

---

[603] *Ruffert*, in: Calliess/Ruffert, EUV/AEUV, 5. Aufl. 2016, Art. 288 AEUV, Rn. 21; *Schroeder*, in: Streinz, EUV/AEUV, 3. Aufl. 2018, Art. 288 AEUV, Rn. 46.

[604] So auch *Hornung/Spiecker gen. Döhmann*, in: Simitis/Hornung/Spiecker gen. Döhmann, Datenschutzrecht, 2019, Einleitung, Rn. 231.

[605] *Kühling/Martini*, Die Datenschutz-Grundverordnung und das nationale Recht, 2016, S. 3 f.

[606] Vgl. *Albrecht/Jotzo*, Das neue Datenschutzrecht der EU, 2017, Teil 9, Rn. 3 f.; *Hornung/Spiecker gen. Döhmann*, in: Simitis/Hornung/Spiecker gen. Döhmann, Datenschutzrecht, 2019, Einleitung, Rn. 227; *Albrecht/Janson*, CR 2016, 500, 501.

[607] *Herfurth/Schindler/Wagner*, BRJ 2018, 16.

[608] *Herfurth/Schindler/Wagner*, BRJ 2018, 16, 22; so auch *Kühling/Martini*, EuZW 2016, 448, 454.

[609] *Kühling/Klar/Sackmann*, Datenschutzrecht, 4. Aufl. 2018, Rn. 143 ff.; *Zilkens*, RDV 2007, 196, 197 ff.

[610] Übersicht zu weiteren speziellen Rechtsakten bei *Spiecker gen. Döhmann/Bretthauer*, Dokumentation zum Datenschutz mit Informationsfreiheitsrecht, 77. Aufl. 2020, Kap. A und E.

[611] *Schwichtenberg*, DuD 2016, 605; ausführlich zur Abgrenzung zwischen Datenschutz-Grundverordnung und Richtlinie für Justiz und Inneres *Hornung/Schindler/Schneider*, ZIS 2018, 566

Behörde ist.[612] Die Richtlinie für Justiz und Inneres wird allenfalls relevant, sofern das Versicherungsunternehmen strafrechtliche Schritte anstrengt und daraufhin die Staatsanwaltschaft und Polizei personenbezogene Daten in diesem Zusammenhang verarbeiten.

Weiter macht Art. 2 Abs. 3 S. 1 DS-GVO deutlich, dass für die Verarbeitung personenbezogener Daten durch die Organe, Einrichtungen, Ämter und Agenturen der Union die Verordnung (EG) Nr. 45/2001 gelten soll. Dabei handelt es sich um einen „nach innen gerichteten" Rechtsakt zum Schutz von Personen, deren personenbezogene Daten in irgendeinem Kontext durch die beschriebenen Akteure verarbeitet werden.[613] Um einen soliden und kohärenten Rechtsrahmen im Bereich des Datenschutzes in der Union zu gewährleisten, wurde die Verordnung (EG) Nr. 45/2001 – entsprechend des Anpassungsauftrags in Art. 2 Abs. 3 S. 2 DS-GVO und Art. 98 DS-GVO – mittlerweile durch die Verordnung (EU) 2018/1725 abgelöst. Gegenstand der Verordnung (EU) 2018/1725 sind weiterhin Vorschriften zum Schutz natürlicher Personen bei der Verarbeitung personenbezogener Daten durch die Organe und Einrichtungen der Union sowie Vorschriften zum freien Verkehr personenbezogener Daten untereinander oder mit sonstigen Empfängern, die in der Union niedergelassen sind. Für das Versicherungsunternehmen und die soziale Netzwerkanalyse sind diese Vorschriften dagegen nicht relevant.

Darüber hinaus stellt die Datenschutz-Grundverordnung in Art. 2 Abs. 4 DS-GVO klar, dass sie die Anwendung der Richtlinie 2000/31/EG und speziell deren Vorschriften der Artikel 12 bis 15 zur Verantwortlichkeit der Vermittler unberührt lässt. Die Richtlinie über den elektronischen Geschäftsverkehr – auch „E-Commerce-Richtlinie" genannt – soll den freien Verkehr von Diensten der Informationsgesellschaft zwischen den Mitgliedstaaten sicherstellen. Dazu enthält sie Vorgaben für eine Angleichung bestimmter für die Dienste der Informationsgesellschaft geltender innerstaatlicher Regelungen, die den Binnenmarkt, die Niederlassung der Diensteanbieter, kommerzielle Kommunikationen, elektronische Verträge, die Verantwortlichkeit von Vermittlern, Verhaltenskodizes, Systeme zur außergerichtlichen Beilegung von Streitigkeiten, Klagemöglichkeiten sowie die Zusammenarbeit zwischen den Mitgliedstaaten betreffen.[614] Auch diese Vorgaben spielen für das Versicherungsunternehmen und die soziale Netzwerkanalyse keine Rolle.

Schließlich normiert die Datenschutz-Grundverordnung in Art. 95 DS-GVO, dass sie natürlichen oder juristischen Personen in Bezug auf die Verarbeitung in Verbindung mit der Bereitstellung öffentlich zugänglicher elektronischer Kommunikationsdienste in öffentlichen Kommunikationsnetzen in der Union keine zusätzlichen Pflichten auferlegt, soweit sie besonderen in der Richtlinie 2002/58/EG festgelegten Pflichten unterliegen, die dasselbe Ziel verfolgen. Die Datenschutzrichtlinie für elektronische Kommunikation – auch als E-Privacy-Richtlinie bezeichnet – soll einen gleichwertigen Schutz der Grundrechte und Grundfreiheiten, insbesondere des Rechts auf Privatsphäre, in Bezug auf die Verarbeitung personenbezogener Daten im Bereich der elektronischen Kommunikation sowie den freien Verkehr dieser Daten und von elektronischen Kommunikationsgeräten und -diensten in der Union gewährleisten.[615] Dazu enthält sie spezifische Vorgaben zum Schutz der Privatsphäre in der elektronischen Kommunikation, die – bzw. deren nationale Umsetzungen – den Regelungen

---

[612] Zum Anwendungsbereich der Richtlinie für Justiz und Inneres ab S. 110.

[613] *Kühling/Klar/Sackmann*, Datenschutzrecht, 4. Aufl. 2018, Rn. 145.

[614] Ausführlich zur E-Commerce-Richtlinie *Marly*, in: Grabitz/Hilf, Das Recht der Europäischen Union - Band IV, 40. Aufl. 2009, A 4.

[615] Vgl. *Zilkens*, RDV 2007, 196, 198 f.

der Datenschutz-Grundverordnung gemäß Art. 95 DS-GVO vorgehen.[616] Um auch hier einen soliden und kohärenten Rechtsrahmen im Bereich des Datenschutzes in der Union zu gewährleisten, verlangt die Datenschutz-Grundverordnung in Art. 98 S. 1 und EwG 173 S. 3 DS-GVO eine Überprüfung der Richtlinie 2002/58/EG. Schon im Jahr 2017 legte daher die *Europäische Kommission* einen Entwurf für eine Verordnung über Privatsphäre und elektronische Kommunikation – die E-Privacy-Verordnung – vor.[617] Ähnlich wie bei der Datenschutz-Grundverordnung erwiesen sich die Verhandlungen jedoch bislang als äußerst komplex, sodass eine zeitnahe Einigung derzeit nicht absehbar ist. Zumindest in der beschriebenen Ausgestaltung der sozialen Netzwerkanalyse entfaltet die E-Privacy-Richtlinie keine Relevanz für die weitere Prüfung.

---

[616] *Wolff*, in: Schantz/Wolff, Das neue Datenschutzrecht, 2017, Rn. 265; Überblick zu den Regelungen der Richtlinie 2002/58/EG *Ohlenburg*, MMR 2003, 82.

[617] KOM (2017) 10 endg. S. 2 ff.; Bewertung des Kommissionsentwurfs *Engeler/Felber*, ZD 2017, 251; *Schmitz*, ZRP 2017, 172.

4.2 Bundesrecht

Auch wenn das Datenschutzrecht zuletzt durch die Einführung der Datenschutz-Grundverordnung eine starke Europäisierung erfahren hat, spielen nationale Vorgaben auch weiterhin eine nicht unbedeutende Rolle. So finden sich hier ebenfalls datenschutzrechtliche Regelungen im deutschen Verfassungsrecht sowie im einfachen Recht.

Führt das Versicherungsunternehmen Big-Data-Verfahren wie die soziale Netzwerkanalyse durch, entfalten die verfassungsrechtlichen Vorgaben – wie im Unionsrecht – lediglich eine mittelbare Wirkung.[618] Dennoch muss das Versicherungsunternehmen für die Interpretation der einfachrechtlichen Vorgaben auch hier wenigstens die Grundzüge der verfassungsrechtlichen Vorgaben zum Datenschutzrecht nachvollziehen.

4.2.1 Verfassungsrecht

Anders als die europäische Grundrechtecharta enthält das Grundgesetz kein explizites Grundrecht auf Datenschutz. Im deutschen Verfassungsrecht wird der Schutz personenbezogener Daten maßgeblich durch das Recht auf informationelle Selbstbestimmung als spezieller Ausprägung des Allgemeinen Persönlichkeitsrecht nach Art. 2 Abs. 1 i.V.m. Art. 1 Abs. 1 GG gewährleistet.[619]

Darüber hinaus wird dieser Schutz in bestimmten Lebensbereichen durch spezifische Grundrechtsgarantien flankiert. Das gilt für das Telekommunikationsgeheimnis, die Unverletzlichkeit der Wohnung sowie das Recht auf Gewährleistung der Vertraulichkeit und Integrität informationstechnischer Systeme.[620]

4.2.1.1 Recht auf informationelle Selbstbestimmung (Art. 2 Abs. 1 i.V.m. Art. 1 Abs. 1 GG)

Bei dem Recht auf informationelle Selbstbestimmung handelt es sich um eine besondere Ausprägung des Allgemeinen Persönlichkeitsrechts nach Art. 2 Abs. 1 i.V.m. Art. 1 Abs. 1 GG.[621] Es gewährleistet die Befugnis des Einzelnen, grundsätzlich selbst über die Preisgabe und Verwendung seiner persönlichen Daten zu bestimmen.[622]

Das Recht auf informationelle Selbstbestimmung wurde im Jahr 1983 durch das *Bundesverfassungsrecht* im sogenannten Volkszählungsurteil geschaffen.[623] Konzipiert ist es als Abwehrrecht des Bürgers gegen die unbegrenzte Erhebung, Speicherung, Verwendung und Weitergabe seiner persönlichen Daten.[624] Dem Urteil lagen mehrere Verfassungsbeschwerden zugrunde, die sich gegen ein Volkszählungsgesetz richteten, nach dem sämtliche Einwohner Deutschlands statistisch erfasst werden sollten.[625] Unmittelbar vor dem bedeutungsträchtigen Jahr 1984, in dem die Handlung von *George Orwells* dystopischem Roman „1984" über einen totalitären Überwachungsstaat spielt, löste die gesetzlich angeordnete Datenerhebung erhebliche Beunruhigung in weiten Teilen der Bevölkerung aus.[626] Das *Bundesverfassungsgericht* nahm dies zum Anlass, um in Übernahme wissenschaftlicher

---

[618] Zu Adressaten und Drittwirkung ab S. 85.

[619] Umfassend hierzu *Albers*, Informationelle Selbstbestimmung, 2005.

[620] Zu den verfassungsrechtlichen Grundlagen *Gurlit*, NJW 2010, 1035 f.

[621] BVerfGE 65, 1.

[622] BVerfGE 65, 1.

[623] BVerfGE 65, 1; ausführlich zur Innovation des Rechts auf informationelle Selbstbestimmung *Hornung*, Grundrechtsinnovationen, 2015, S. 266 ff.

[624] *Gurlit*, NJW 2010, 1035.

[625] BVerfGE 65, 1, 3.

[626] *Simitis*, NJW 1984, 398; *Papier*, in: Schmidt/Weichert, Datenschutz, 2012, S. 67 f.

Vorarbeiten verfassungsrechtliche Anforderungen an die Verarbeitung personenbezogener Daten zu stellen.[627] Das wegweisende Urteil wurde zur „Bergpredigt" des deutschen Datenschutzrechts und das Recht auf informationelle Selbstbestimmung zum Kern des verfassungsrechtlichen Schutzkonzepts in Deutschland.[628]

4.2.1.1.1 Schutzbereich

Den sachlichen Schutzbereich des Rechts auf informationelle Selbstbestimmung fasste das *Bundesverfassungsgericht* wie folgt zusammen: „Freie Entfaltung der Persönlichkeit setzt unter den modernen Bedingungen der Datenverarbeitung den Schutz des Einzelnen gegen unbegrenzte Erhebung, Speicherung, Verwendung und Weitergabe seiner persönlichen Daten voraus. [...] Das Grundrecht gewährleistet insoweit die Befugnis des Einzelnen, grundsätzlich selbst über die Preisgabe und Verwendung seiner persönlichen Daten zu bestimmen."[629]

Mit persönlichen Daten sind Einzelangaben über persönliche oder sachliche Verhältnisse einer bestimmten oder bestimmbaren Person gemeint, was der Definition von personenbezogenen Daten nach dem damaligen Bundesdatenschutzgesetz entsprach.[630] Wie auch bei Art. 8 GRCh orientiert sich der sachliche Schutzbereich also an der Begriffsbestimmung des einfachen Rechts.[631] Schon damals machte das *Bundesverfassungsgericht* deutlich, dass es dabei nicht auf die Art der Angaben – also ob sie beispielsweise intime Vorgänge betreffen –, sondern auf den Verwendungszusammenhang ankommt.[632] Dahinter steht der Gedanke, dass angesichts der zahlreichen Verarbeitungs- und Verknüpfungsmöglichkeiten jedes für sich gesehen belanglose Datum einen neuen Stellenwert bekommen kann.[633] Dies führte das *Bundesverfassungsgericht* zu der Schlussfolgerung, dass es unter den Bedingungen der automatischen Datenverarbeitung kein „belangloses" Datum mehr geben könne.[634]

In persönlicher Hinsicht erfasst der Schutzbereich nicht nur natürliche, sondern auch juristische Personen.[635] Das gilt jedenfalls, soweit das Grundrecht auf Art. 2 Abs. 1 GG gestützt ist. Gemäß Art. 19 Abs. 3 GG gelten die Grundrechte auch für inländische juristische Personen, soweit sie ihrem Wesen nach auf diese anwendbar sind.[636] Zwar kann sich eine juristische Person nicht auf Art. 1 Abs. 1 GG berufen, jedoch kann auch ihr Recht auf informationelle Selbstbestimmung durch staatliche Eingriffe verletzt oder gefährdet werden.[637] Ihr Schutzbedürfnis entspricht daher im Ansatz dem natürlicher Personen.

---

[627] Die wissenschaftlichen Vorarbeiten gehen vor allem auf das sogenannte Steinmüller-Gutachten zurück, vgl. *Steinmüller/Lutterbeck/Mallmann/Harbort/Kolb/Schneider*, Grundfragen des Datenschutzes, 1971, S. 1 ff.

[628] Vgl. *Schneider*, DÖV 1984, 161.

[629] BVerfGE 65, 1, 43.

[630] BVerfGE 65, 1, 42.

[631] Zum sachlichen Schutzbereich von Art. 8 GRCh ab S. 72.

[632] BVerfGE 65, 1, 45; hierzu auch *Simitis*, NJW 1984, 398, 402.

[633] BVerfGE 65, 1, 45.

[634] BVerfGE 65, 1, 45.

[635] BVerfGE 118, 168, 203 f.; ausführlich hierzu *Schnabel*, WM 2019, 1384.

[636] Dazu auch *Badura*, Staatsrecht, 7. Aufl. 2018, Kap. C, Rn. 13; *Goldhammer/Sieber*, JuS 2018, 22.

[637] BVerfGE 118, 168, 203 f.

4.2.1.1.2 Eingriff

Das Recht auf informationelle Selbstbestimmung soll den Einzelnen gegen die unbegrenzte Erhebung, Speicherung, Verwendung und Weitergabe seiner persönlichen Daten schützen.[638] Jede Form der Verarbeitung personenbezogener Daten stellt daher einen Eingriff dar.[639]

4.2.1.1.3 Rechtfertigung

Jeder Eingriff in das Recht auf informationelle Selbstbestimmung ist rechtfertigungsbedürftig. Das *Bundesverfassungsgericht* hat bereits im Volkszählungsurteil präzisiert, unter welchen Voraussetzungen der Einzelne Eingriffe hinnehmen muss.[640] Danach sind Einschränkungen des Rechts auf informationelle Selbstbestimmung nur im überwiegenden Allgemeininteresse und auf Basis einer verfassungsgemäßen gesetzlichen Grundlage, die dem rechtsstaatlichen Gebot der Normenklarheit entspricht, zulässig.[641] Bei seinen Regelungen hat der Gesetzgeber ferner den Grundsatz der Verhältnismäßigkeit zu beachten und organisatorische und verfahrensrechtliche Vorkehrungen zu treffen, welche der Gefahr einer Verletzung des Persönlichkeitsrechts entgegenwirken.[642]

4.2.1.2 Weitere Grundrechte

Flankiert wird das Recht auf informationelle Selbstbestimmung durch weitere geschriebene und ungeschriebene Grundrechte, die spezifische datenschutzrechtliche Gewährleistungen enthalten.[643]

So schützt das Fernmeldegeheimnis des Art. 10 Abs. 1 GG die auf Distanz vorgenommene Kommunikation vor der unbefugten Kenntnisnahme Dritter.[644] Die Unverletzlichkeit der Wohnung nach Art. 13 Abs. 1 GG gewährleistet dem Einzelnen einen räumlichen geschützten Bereich der Privatsphäre und das Recht, in diesem in Ruhe gelassen zu werden.[645] Das gilt sowohl für Durchsuchungen als auch für die akustische Überwachung.[646] Schließlich schützt das ebenfalls vom *Bundesverfassungsgericht* aus dem Allgemeinen Persönlichkeitsrecht entwickelte Grundrecht auf Gewährleistung der Vertraulichkeit und Integrität informationstechnischer Systeme vor Eingriffen in bestimmte selbstgenutzte informationstechnische Systeme.[647]

Anders als das Recht auf informationelle Selbstbestimmung spielen diese Grundrechte jedoch für die Verarbeitung personenbezogener Daten im Rahmen der sozialen Netzwerkanalyse keine Rolle und sind daher für das Versicherungsunternehmen nicht relevant.

---

[638] BVerfGE 65, 1, 43.

[639] *Di Fabio*, in: Maunz/Dürig, GG-Kommentar, 92. EL 2020, Art. 2, Rn. 176; *Franzius*, ZJS 2015, 259, 260.

[640] BVerfGE 65, 1, 44.

[641] BVerfGE 65, 1, 44; *Simitis*, NJW 1984, 398, 400; *Gurlit*, NJW 2010, 1035, 1038.

[642] BVerfGE 65, 1, 44; *Gurlit*, NJW 2010, 1035, 1038 f.; *Schantz*, in: Schantz/Wolff, Das neue Datenschutzrecht, 2017, Rn. 164 ff.

[643] *Gurlit*, NJW 2010, 1035 f.

[644] Ausführlich hierzu *Eichenhofer*, Jura 2020, 684; *Hohmann-Dennhardt*, NJW 2006, 545, 547.

[645] BVerfGE, 279, 309; *Hohmann-Dennhardt*, NJW 2006, 545, 546.

[646] BVerfGE, 279, 309.

[647] BVerfGE 120, 274, 303 ff.; *Hornung*, CR 2008, 299; zur Innovationsgeschichte *Hornung*, Grundrechtsinnovationen, 2015, S. 277 ff.

4.2.1.3 Adressaten und Drittwirkung

Die Adressaten der Grundrechte ergeben sich grundsätzlich aus Art. 1 Abs. 3 GG.[648] Danach binden sie die Gesetzgebung, vollziehende Gewalt und Rechtsprechung – also Legislative, Exekutive und Judikative – als unmittelbar geltendes Recht.

Auch wenn die Grundrechte nicht unmittelbar für private Akteure gelten, entfalten sie jedoch – vergleichbar wie bei Art. 51 Abs. 1 S. 1 GRCh – eine mittelbare Drittwirkung.[649] Da die Legislative unmittelbar an die Grundrechte gebunden ist, muss sie diese bei der Gesetzgebung entsprechend berücksichtigen.[650] In Bezug auf private Akteure, die diesen Gesetzen unterfallen, haben die Grundrechte somit eine mittelbare Drittwirkung. Zudem müssen die Grundrechte auch bei der Auslegung und Anwendung der Rechtsakte beachtet werden.[651]

4.2.2 Einfaches Recht

4.2.2.1 Bundesdatenschutzgesetz

Auf Bundesebene ist das allgemeine Datenschutzrecht im neugefassten Bundesdatenschutzgesetz (BDSG) geregelt.

Aufgrund der zuvor beschriebenen Reform des europäischen Datenschutzrechts mussten die Mitgliedstaaten innerhalb der zweijährigen Übergangsphase ihr bestehendes nationales Datenschutzrecht aufheben, ändern oder neu schaffen.[652] Das Ende des Gesetzgebungsprozesses auf Unionsebene bedeutete somit den Anfang der Gesetzgebungsprozesse auf nationaler Ebene.[653] Obwohl insbesondere die Datenschutz-Grundverordnung zu großen Teilen auf der Datenschutzrichtlinie aufbaut, erforderte sie erhebliche Anpassungen des nationalen Rechts.[654] In Deutschland musste insbesondere das bis dahin geltende Bundesdatenschutzgesetz (BDSG a.F.) umfassend überarbeitet werden.[655] Auch wenn die Bezeichnungen gleichgeblieben sind, haben das alte und das neue Bundesdatenschutzgesetz kaum noch etwas gemein. Letzteres ist keine in sich geschlossene und verständliche Regelung des nationalen allgemeinen Datenschutzrechts mehr.[656] Vielmehr dient es als Anpassungs- und Umsetzungsgesetz der Datenschutz-Grundverordnung und der Richtlinie für Justiz und Inneres.[657]

Wie bereits beschrieben hat die Datenschutz-Grundverordnung als Verordnung gemäß Art. 288 Abs. 2 AEUV allgemeine Geltung, ist in allen ihren Teilen verbindlich und gilt unmittelbar in jedem Mitgliedstaat. Sie enthält jedoch eine Reihe von fakultativen oder obligatorischen Öffnungsklauseln, aufgrund derer der nationale Gesetzgeber tätig werden kann oder muss. Zu diesem Zweck sieht das Bundesdatenschutzgesetz verschiedene Anpassungen vor.[658] Dagegen ist die Richtlinie für Justiz und Inneres gemäß Art. 288 Abs. 3 AEUV für jeden Mitgliedstaat, an den sie gerichtet wird, hinsichtlich des zu erreichenden Ziels verbindlich, überlässt jedoch

---

[648] *Badura*, Staatsrecht, 7. Aufl. 2018, Kap. C, Rn. 18.

[649] Grundlegend hierzu BVerfGE 7, 198, 204 ff.; *Masing*, NJW 2012, 2305, 2306.

[650] *Badura*, Staatsrecht, 7. Aufl. 2018, Kap. C, Rn. 23.

[651] BVerfGE 7, 198, 204 ff.

[652] *Kühling/Martini*, Die Datenschutz-Grundverordnung und das nationale Recht, 2016, S. 1 f.; vgl. *Schroeder*, in: Streinz, EUV/AEUV, 3. Aufl. 2018, Art. 288 AEUV, Rn. 47 ff.

[653] *Kühling/Martini*, Die Datenschutz-Grundverordnung und das nationale Recht, 2016, S. 1.

[654] KOM (2018) 43 endg., S. 1.

[655] BT-Drs. 18/11325, S. 69; zur Gesetzgebungshistorie *Kremer*, CR 2017, 367, 368 f.

[656] *Kremer*, CR 2017, 367, 368.

[657] BT-Drs. 18/11325, S. 69.

[658] BT-Drs. 18/11325, S. 73.

den innerstaatlichen Stellen die Wahl der Form und der Mittel. Der nationale Gesetzgeber musste also tätig werden, um die europäische Richtlinie in nationales Recht umzusetzen.[659] Hierzu enthält das Bundesdatenschutzgesetz verschiedene Regelungen zur Umsetzung der Richtlinie für Justiz und Inneres. Aus dieser Hybridfunktion zwischen Anpassungs- und Umsetzungsgesetz folgt eine viergeteilte Struktur des neuen Bundesdatenschutzgesetzes.

Der erste Teil enthält in den §§ 1 bis 21 BDSG gemeinsame Bestimmungen. Diese sind gewissermaßen vor die Klammer gezogen und gelten sowohl für Datenverarbeitungen im Anwendungsbereich der Datenschutz-Grundverordnung als auch für solche im Anwendungsbereich der Richtlinie für Justiz und Inneres als auch für solche Datenverarbeitungen, die weder in den einen noch in den anderen Anwendungsbereich fallen.[660] Die Regelungsschwerpunkte liegen hierbei auf der Festlegung des Anwendungsbereichs und der Begriffsbestimmungen, der Schaffung von Rechtsgrundlagen zur Verarbeitung personenbezogener Daten durch öffentliche Stellen und für die Videoüberwachung, der Ausgestaltung der Stellung von Datenschutzbeauftragten öffentlicher Stellen sowie der oder des Bundesbeauftragten für den Datenschutz und die Informationsfreiheit, der Vertretung im Europäischen Datenschutzausschuss sowie der Zusammenarbeit der Aufsichtsbehörden des Bundes und der Länder in Angelegenheiten der Europäischen Union und der Regelung von Rechtsbehelfen.[661] Diese Vorschriften sind daher prinzipiell auch für Versicherungsunternehmen relevant.

Im zweiten Teil finden sich in §§ 22 bis 44 BDSG weitere Bestimmungen, die nur für Datenverarbeitungen im Anwendungsbereich der Datenschutz-Grundverordnung gelten. Es finden sich daher Regelungen zu den Rechtsgrundlagen bei der Verarbeitung personenbezogener Daten, zu den Rechten der betroffenen Person sowie zu den Pflichten der Verantwortlichen und Auftragsverarbeiter, ferner zur Aufsichtsbehörde für die Datenverarbeitung durch nichtöffentliche Stellen sowie zu Sanktionen und Rechtsbehelfen.[662] Diese Vorgaben gelten somit auch für die Datenverarbeitung durch Versicherungsunternehmen und können insbesondere für die Beantwortung von Betroffenenrechten bedeutsam sein.

Während der zweite Teil somit Anpassungen für die Datenschutz-Grundverordnung enthält, setzt der dritte Teil in den §§ 45 bis 84 BDSG maßgeblich die Richtlinie für Justiz und Inneres in nationales Recht um.[663] Wie bereits zuvor beschrieben sind diese Vorschriften für das Versicherungsunternehmen nicht relevant. Im Rahmen der Betrugsabwehr können sie jedoch eine Rolle spielen, sofern das Versicherungsunternehmen strafrechtliche Schritte anstrengt und Strafverfolgungsbehörden in diesem Zusammenhang personenbezogene Daten verarbeiten.

Schließlich dient der vierte und letzte Teil als Auffangregelung und legt Bestimmungen für solche Datenverarbeitungen fest, die weder in den Anwendungsbereich der Datenschutz-Grundverordnung noch in denjenigen der Richtlinie für Justiz und Inneres fallen. Um eine „homogene[...] Entwicklung des allgemeinen Datenschutzrechts" zu gewährleisten, werden daher die Datenschutz-Grundverordnung sowie der zweite Teil des Bundesdatenschutzgesetzes für anwendbar erklärt.[664] Auch diese Vorgaben spielen für Versicherungsunternehmen typischerweise keine Rolle.

---

[659] BT-Drs. 18/11325, S. 69.

[660] *Greve*, NVwZ 2017, 737, 738.

[661] BT-Drs. 18/11325, S. 79 ff; *Greve*, NVwZ 2017, 737, 738.

[662] BT-Drs. 18/11325, S. 95 ff; *Greve*, NVwZ 2017, 737; BT-Drs. 7/1027, S. 738 ff.; *Kremer*, CR 2017, 367, 371 ff.

[663] BT-Drs. 18/11325, S. 110 ff.; *Greve*, NVwZ 2017, 737, 741 ff.

[664] BT-Drs. 18/11325, S. 69, 121 f.

4.2.2.2 Bereichsspezifisches Datenschutzrecht

Das deutsche Datenschutzrecht weist seit jeher eine außerordentliche Vielfalt bereichsspezifischer Rechtsakte und Regelungen auf. Der Grundgedanke hierzu wurde schon im Jahr 1973 in der Begründung zum Entwurf eines Gesetzes zum Schutz vor Mißbrauch personenbezogener Daten bei der Datenverarbeitung (Bundes-Datenschutzgesetz – BDSG) zutreffend formuliert: „Datenschutzrecht ist eine Querschnittsmaterie, die in eine Vielzahl von Rechts- und Fachgebieten mit ganz unterschiedlichen Sachgesetzlichkeiten hineinwirkt. Eine umfassende bundesgesetzliche Datenschutzregelung, die den besonderen Bedürfnissen in allen einschlägigen Bereichen in vollem Umfang und abschließend gerecht werden wollte, müßte außerordentlich umfangreich, unübersichtlich und perfektionistisch ausfallen. Damit wäre niemandem gedient. [...] Der Entwurf enthält deshalb Bestimmungen, die für spezielle Datenschutzvorschriften in Fachgesetzen gemäß den besonderen Bedürfnissen der jeweiligen Materie Raum lassen."[665] Dieser Gedanke ist nach wie vor zutreffend, auch wenn die schiere Anzahl bereichsspezifischer Regelungen zu einer erheblichen Intransparenz und Komplexität des nationalen Datenschutzrechts geführt hat.[666]

Wie die Datenschutz-Grundverordnung beschreibt auch das Bundesdatenschutzgesetz sein Verhältnis zu spezielleren Rechtsakten und Regelungen. Gemäß § 1 Abs. 2 S. 1 BDSG gehen andere Rechtsvorschriften des Bundes über den Datenschutz den Vorschriften des Bundesdatenschutzgesetzes vor. Anders als die Datenschutz-Grundverordnung nennt das Bundesdatenschutzgesetz jedoch keine bestimmten Rechtsakte. Solche finden sich zunächst in den Umsetzungsregelungen der zuvor beschriebenen europäischen Richtlinien wie beispielsweise im Telekommunikationsgesetz (TKG).[667] Darüber hinaus bestehen datenschutzrechtliche Regelungen aber auch in originär nationalen Lebensbereichen oder Sektoren wie beispielsweise dem Sozial- oder Kirchenrecht.[668]

Speziell im Versicherungsrecht ist das bereichsspezifische Datenschutzrecht jedoch nur schwach ausgeprägt. So findet sich lediglich eine einzige datenschutzrechtliche Regelung in § 213 VVG zur Erhebung personenbezogener Gesundheitsdaten bei Dritten.[669] Letztere ist jedoch für den Anwendungsfalls der sozialen Netzwerkanalyse nicht relevant.

---

[665] BT-Drs. 7/1027, S. 16.

[666] Vgl. hierzu schon *Roßnagel/Pfitzmann/Garstka*, Modernisierung des Datenschutzrechts, 2001, S. 29 ff.

[667] Ausführlich zu den datenschutzrechtlichen Regelungen im Telekommunikationsgesetz *Kühling/Klar/Sackmann*, Datenschutzrecht, 4. Aufl. 2018, Rn. 858 ff.

[668] Übersicht zu Sektorenregelungen bei *Spiecker gen. Döhmann/Bretthauer*, Dokumentation zum Datenschutz mit Informationsfreiheitsrecht, 77. Aufl. 2020, Kap. E.

[669] *Eichler/Kamp*, in: Wolff/Brink, Beck'scher Onlinekommentar Datenschutzrecht, 28. Edition 2017, Syst. K. Datenschutz im Versicherungswesen, Rn. 2; *Günthner/Krohm*, in: Bürkle, Compliance in Versicherungsunternehmen, 3. Aufl. 2020, § 14, Rn. 39 ff.; ausführlich hierzu *Voit*, in: Prölss/Martin, VVG, 31. Aufl. 2020, § 213, Rn. 1 ff.

4.3 Landesrecht

Auch das Landesrecht unterscheidet zwischen Verfassungsrecht und einfachem Recht sowie zwischen allgemeinem und bereichsspezifischem Datenschutzrecht.[670] Das Landesrecht adressiert die Landesbehörden und anderen öffentlichen Stellen der Länder und hat daher für die Verarbeitung personenbezogener Daten durch das Versicherungsunternehmen im Rahmen der sozialen Netzwerkanalyse allenfalls in Randbereichen eine Bedeutung.

In verschiedenen Landesverfassungen ist das Recht auf Datenschutz ausdrücklich verankert.[671] Im Bundesland Hessen schreibt beispielsweise Art. 12a der Verfassung des Landes Hessen (HV) fest, dass jeder Mensch berechtigt ist, über die Preisgabe und Verwendung seiner personenbezogenen Daten selbst zu bestimmen.

Auf der Ebene des einfachen Rechts sehen die jeweiligen Landesdatenschutzgesetze allgemeine Regelungen für die Verarbeitung personenbezogener Daten vor.[672] Wie die Gesetze auf Bundesebene mussten auch die Landesdatenschutzgesetze im Zuge der europäischen Datenschutzreform erheblich überarbeitet werden.[673] Aufgrund der besonderen Bedeutung des Datenschutzes in nahezu allen Bereichen der Verwaltung werden diese allgemeinen Regelungen jedoch durch eine Vielzahl bereichsspezifischer Bestimmungen ergänzt bzw. überlagert.

Nimmt man auch hier das Bundesland Hessen als Beispiel, ist das allgemeine Datenschutzrecht dort im Hessischen Datenschutz- und Informationsfreiheitsgesetz (HDSIG) geregelt.[674] Dieses gilt nach § 1 Abs. 1 HDSIG für die Verarbeitung personenbezogener Daten durch die öffentlichen Stellen des Landes, der Gemeinden und Landkreise. Soweit jedoch besondere Rechtsvorschriften über den Datenschutz auf personenbezogene Daten anzuwenden sind, gehen diese gemäß § 1 Abs. 2 HDSIG den Vorschriften dieses Gesetzes vor. Ein Beispiel für solche besonderen Rechtsvorschriften über den Datenschutz – also bereichsspezifisches Datenschutzrecht – ist das Hessische Krankenhausgesetz 2011 (HKHG 2011). Dieses gilt grundsätzlich für alle Krankenhäuser in Hessen, die der allgemeinen vollstationären, teilstationären und ambulanten Versorgung dienen und enthält in § 12 HKHG 2011 bereichsspezifische Regelungen zum Datenschutz im Krankenhaus. Vergleichbare Regelungen für die Datenverarbeitung durch Versicherungsunternehmen existieren hingegen nicht.

---

[670] *Kühling/Klar/Sackmann,* Datenschutzrecht, 4. Aufl. 2018, Rn. 203 ff.

[671] Übersicht zu den Landesverfassungen bei *Spiecker gen. Döhmann/Bretthauer,* Dokumentation zum Datenschutz mit Informationsfreiheitsrecht, 77. Aufl. 2020, Kap. C.

[672] Zu den Regelungsstrukturen *Sydow,* in: Sydow, Bundesdatenschutzgesetz, 2020, Einleitung, Rn. 66.

[673] *Hornung/Spiecker gen. Döhmann,* in: Simitis/Hornung/Spiecker gen. Döhmann, Datenschutzrecht, 2019, Einleitung, Rn. 285 ff.

[674] So galt schon das 1. Hessische Datenschutzgesetz als das erste Datenschutzgesetz weltweit, s. *Simitis,* in: Simitis, BDSG, 8. Aufl. 2014, Einleitung: Geschichte - Ziele - Prinzipien, Rn. 1.

4.4 Zusammenspiel zwischen europäischem und nationalem Datenschutzrecht und Prüfungsmaßstab

Die Vielzahl verschiedener datenschutzrechtlicher Vorgaben auf unterschiedlichen Ebenen führt – wie anfangs angedeutet – zu einer außerordentlich komplexen Regelungsarchitektur. Um zu verstehen, wie ihr Zusammenspiel funktioniert, muss zunächst die Rangordnung der Vorgaben im Kollisionsfall bestimmt werden.

Kommt es zu einer Kollision zwischen Unionsrecht und nationalem Recht – gleichgültig ob Verfassungsrecht oder einfaches Recht –, genießt das Unionsrecht Vorrang.[675] Dieser Vorrang ist Grundvoraussetzung für die Eigenständigkeit des Unionsrechts.[676] Dabei handelt es sich um einen Anwendungsvorrang, nicht aber um einen Geltungsvorrang.[677] Das bedeutet, dass im Kollisionsfall das Unionsrecht zwar vorrangig angewendet wird, das entgegenstehende nationale Recht jedoch nicht seine Gültigkeit verliert, sondern lediglich ruht. Die Grenzen des Anwendungsvorrangs sind umstritten, spielen für die datenschutzrechtliche Zulässigkeit der sozialen Netzwerkanalyse jedoch allenfalls eine untergeordnete Rolle.[678] Im Verhältnis zwischen kollidierendem Bundes- und Landesrecht, gilt dagegen gemäß Art. 31 GG das Bundesrecht vorrangig.

Betrachtet man die Binnenrangordnung des Unions-, Bundes- und Landesrechts, steht jeweils das Verfassungsrecht hierarchisch über dem einfachen Recht.[679] Kollidieren daher Rechtsnormen, die auf unterschiedlichen Stufen stehen, geht nach der Regel *Lex superior derogat legi inferiori* die höherrangige der niederrangigeren Norm vor.[680] Stehen dagegen die kollidierenden Rechtsnormen auf der gleichen Stufe, besagen die Regeln *Lex specialis derogat legi generali*, dass die speziellere die generellere Norm verdrängt, und *Lex posterior derogat legi priori*, dass die jüngere der älteren Norm vorgeht.[681]

---

[675] Grundlegend EuGH, Urteil 15.07.1964, Costa/ENEL – C-6/64, S. 1269 f.; *Bievert*, in: Schwarze/Becker/Hatje/Schoo, EU-Kommentar, 4. Aufl. 2019, Art. 288 AEUV, Rn. 6 ff.; *Fromberger/Schmidt*, ZJS 2018, 29.

[676] Ausführlich dazu EuGH, Urteil 15.07.1964, Costa/ENEL – C-6/64, S. 1269 f.

[677] *Ruffert*, in: Calliess/Ruffert, EUV/AEUV, 5. Aufl. 2016, Art. 1 AEUV, Rn. 18.

[678] Zur Auffassung des *Europäischen Gerichtshofs* EuGH, Urteil 26.02.2013, Åkerberg Fransson – C-617/10; EuGH, Urteil 06.03.2014, Siragusa – C-206/13; zur Auffassung des *Bundesverfassungsgerichts* BVerfG, Beschluss 06.11.2019, Recht auf Vergessen I – 1 BvR 16/13; BVerfG, Beschluss 06.11.2019, Recht auf Vergessen II – 1 BvR 276/17; guter Überblick bei *Thym*, NVwZ 2013, 889; *Ludwigs/Sikora*, JuS 2017, 385; *Kühling*, NJW 2020, 275; *Makoski*, EuZW 2020, 1012.

[679] Für das Unionsrecht *Nettesheim*, EuR 2006, 737, 746.

[680] *Rüthers/Fischer/Birk*, Rechtstheorie, 10. Aufl. 2018, Rn. 773.

[681] *Rüthers/Fischer/Birk*, Rechtstheorie, 10. Aufl. 2018, Rn. 771 f.

	Verfassungsrecht	Einfaches Recht	
		Bereichsspezifisches Datenschutzrecht	**Allgemeines Datenschutzrecht**
Unionsrecht	Grundrechtecharta	z.B. E-Privacy-Richtlinie	Datenschutz-Grundverordnung
Bundesrecht	Grundgesetz	z.B. Telekommunikationsgesetz	Bundesdatenschutzgesetz
Landesrecht	z.B. Hessische Verfassung	z.B. Hessisches Krankenhausgesetz 2011	z.B. Hessisches Datenschutz- und Informationsfreiheitsgesetz

Tabelle 3: Zusammenspiel zwischen europäischem und nationalem Datenschutzrecht

Für die Prüfung, inwiefern der Einsatz von Big Data zur Betrugserkennung im Einklang mit dem europäischen und nationalen Datenschutzrecht steht, gilt daher folgendes:[682]

Der Blick richtet sich zunächst auf das Unionsrecht. Mangels relevanter bereichsspezifischer Regelungen dort ist der zentrale Prüfungsmaßstab die Datenschutz-Grundverordnung. Bei dessen Auslegung und Anwendung ist die europäische Grundrechtecharta – insbesondere Art. 8 und Art. 7 GRCh – zu beachten. Wo die Datenschutz-Grundverordnung mittels Öffnungsklauseln den Mitgliedstaaten nationale Regelungen ermöglicht, ist das Bundesdatenschutzgesetz heranzuziehen. Vorrangige bereichsspezifische Regelungen auf Bundesebene sind für den konkreten Einsatz von Big Data zur Betrugserkennung nicht ersichtlich. Das gilt insbesondere für § 213 VVG, der gänzlich andere Verarbeitungssituationen adressiert. Dagegen ist Landesrecht im vorliegenden Verarbeitungskontext irrelevant und kann daher außer Betracht bleiben.

Auf Basis dieser Überlegungen kann untersucht werden, wie die soziale Netzwerkanalyse im Einklang mit der Datenschutz-Grundverordnung und dem Bundesdatenschutzgesetz zur Betrugserkennung in der Kraftfahrzeug-Haftpflichtversicherung eingesetzt werden kann.

---

[682] Vgl. *Kühling/Klar/Sackmann*, Datenschutzrecht, 4. Aufl. 2018, Rn. 198 ff.

5 Anwendungsbereich der Datenschutz-Grundverordnung

Der Ausgangspunkt der Untersuchung, ob es möglich ist, Big-Data-Verfahren im Einklang mit der Datenschutz-Grundverordnung durchzuführen oder ob Big Data zwangsläufig „Small Privacy"? bedeutet, ist die Anwendbarkeit der Datenschutz-Grundverordnung.

Die Datenschutz-Grundverordnung ist anwendbar, wenn für die soziale Netzwerkanalyse der sachliche Anwendungsbereich des Art. 2 DS-GVO und der räumliche Anwendungsbereich des Art. 3 DS-GVO eröffnet sind. Die sich aus der Datenschutz-Grundverordnung ergebenden Rechte und Pflichten sind zudem davon abhängig, dass und in welcher Rolle das Versicherungsunternehmen und die beteiligten Akteure in den persönlichen Anwendungsbereich fallen.[683]

5.1 Sachlicher Anwendungsbereich (Art. 2 DS-GVO)

Die Datenschutz-Grundverordnung ist nach Art. 2 Abs. 1 DS-GVO sachlich anwendbar, wenn das Versicherungsunternehmen im Rahmen der sozialen Netzwerkanalyse personenbezogene Daten ganz oder teilweise automatisiert verarbeitet oder wenn es personenbezogene Daten nichtautomatisiert verarbeitet und diese in einem Dateisystem speichert oder speichern will. Zudem darf die Datenverarbeitung nicht ausnahmsweise gemäß Art. 2 Abs. 2, 3 oder 4 DS-GVO vom Anwendungsbereich der Datenschutz-Grundverordnung ausgenommen sein.

5.1.1 Personenbezogene Daten als zentraler Anknüpfungspunkt

Zentraler Anknüpfungspunkt des Datenschutzrechts ist das personenbezogene Datum. Nur wenn ein solches vorliegt, ist die Datenschutz-Grundverordnung gemäß Art. 2 Abs. 1 DS-GVO sachlich anwendbar. Handelt es sich dagegen um nicht personenbezogene Daten, finden die Vorschriften der Datenschutz-Grundverordnung keine Anwendung. Es existieren keine Zwischenstufen, der sachliche Anwendungsbereich ist „binär"[684] oder „schwarz-weiß"[685].

Bei der Durchführung der sozialen Netzwerkanalyse verarbeitet das Versicherungsunternehmen regelmäßig folgende Daten:

- Name des Versicherungsnehmers (typischerweise der Halter)
- Name des Fahrzeugführers
- Name(n) des oder der Zeugen
- Name des Geschädigten
- Adresse(n) des Versicherungsnehmers, Fahrzeugführers, Geschädigten sowie des oder der Zeugen
- Telefonnummer(n) des Versicherungsnehmers und des oder der Zeugen
- Amtliches Kennzeichen der beteiligten Fahrzeuge
- Unfalldatum
- Einschätzung der Verbindung zu anderen Straßenverkehrsunfällen.

Diese Daten müssen personenbezogene Daten im Sinne von Art. 2 Abs. 1 DS-GVO sein. Als „personenbezogene Daten" werden nach der Legaldefinition des Art. 4 Nr. 1 DS-GVO alle

---

[683] So beispielsweise auch *Pollmann*, DuD 2018, 383.

[684] *Karg*, DuD 2015, 520; kritisch *Tene/Polonetsky*, Nw. J. Tech. & Intell. Prop 2013, 239, 258 f.

[685] *Dammann*, ZD 2016, 307, 313.

© Der/die Autor(en), exklusiv lizenziert an
Springer Fachmedien Wiesbaden GmbH, ein Teil von Springer Nature 2022
C. Herfurth, *Big Data – Big Accountability*, DuD-Fachbeiträge,
https://doi.org/10.1007/978-3-658-39287-1_5

Informationen bezeichnet, die sich auf eine identifizierte oder identifizierbare natürliche Person beziehen. Diese Definition lässt sich in vier Elemente zerlegen – „alle Informationen", „die sich auf [...] beziehen", „identifiziert oder identifizierbar" und „natürliche Person".[686]

5.1.1.1 „Alle Informationen"

Zunächst sind personenbezogene Daten gemäß Art. 4 Nr. 1 DS-GVO bestimmte Informationen. In der Datenschutz-Grundverordnung wird somit der Begriff des Datums im Sinne von „Information" verwendet.[687] Nach allgemeinem datenschutzrechtlichen Verständnis stellt eine Information ein „Abbild sozialer Realität" dar.[688] Diese Terminologie weicht erheblich von dem Verständnis der Informatik ab, die zwischen „Daten" einerseits und „Informationen" andererseits streng unterscheidet.[689] Da die Datenschutz-Grundverordnung an die verschiedenen Begriffe jedoch keine unterschiedlichen Rechtsfolgen knüpft, kann im Weiteren eine entsprechende Abgrenzung unterbleiben.[690]

Der sachliche Anwendungsbereich der Datenschutz-Grundverordnung erfasst alle Informationen, die mit einer natürlichen Person in Verbindung gebracht werden können.[691] Schon der Wortlaut „alle Informationen" macht deutlich, dass der Begriff weit zu verstehen ist.[692] Es kommt weder auf die Art noch auf den Inhalt, den Träger oder das Format der Information an.

Sämtliche Arten von Informationen können somit personenbezogene Daten sein.[693] Dies umfasst sowohl objektive als auch subjektive Informationen.[694] Informationen objektiver Art sind persönliche Informationen wie beispielsweise die Identifikationsmerkmale der betroffenen Person oder sachliche Informationen wie etwa die Verbindungen der betroffenen Person zu Dritten.[695] Der Name des Versicherungsnehmers, des Fahrzeugführers, des Zeugen, des Geschädigten, deren Adressen und Telefonnummern, die amtlichen Kennzeichen der Fahrzeuge sowie das Unfalldatum sind daher objektive Informationen. Das Gleiche gilt für die jeweiligen Verbindungen zwischen den Unfallbeteiligten. Unter Informationen subjektiver Art versteht man dagegen Beurteilungen, Meinungen oder Prognosen.[696] Es handelt sich um Informationen mit einem wertenden Charakter. Die durch das Versicherungsunternehmen generierte Information, ob diese Verbindungen zu anderen Unfallbeteiligten auffällig oder unauffällig sind, stellt eine Wertung dar. Es handelt sich somit um eine subjektive Information.

---

[686] Vgl. Artikel-29-Datenschutzgruppe (Hrsg.), WP 136, 2007, S. 6; *Klabunde*, in: Ehmann/Selmayr, DS-GVO, 2. Aufl. 2018, Art. 4, Rn. 8.

[687] *Ziehbart*, in: Sydow, DS-GVO, 2. Aufl. 2018, Art. 4 Nr. 1, Rn. 8; das gilt für das gesamte Datenschutzrecht vgl. *von Lewinski*, Die Matrix des Datenschutzes, 2014, S. 5; *Hoffmann-Riem*, in: Hoffmann-Riem, Big Data - Regulative Herausforderungen, 2018, S. 16.

[688] Vgl. aus verfassungsrechtlicher Sicht BVerfGE 65, 1, 44; allgemein zu Informationen *Floridi*, Information - A Very Short Introduction, 2010.

[689] Vgl. zur Unterscheidung der Begriffe schon *Steinmüller/Lutterbeck/Mallmann/Harbort/Kolb/Schneider*, Grundfragen des Datenschutzes, 1971 S. 42 f.; s. auch *Haase*, Datenschutzrechtliche Fragen des Personenbezugs, 2015, S. 121 ff.; *Spiecker gen. Döhmann*, RW 2010, 247, 250 ff.; *Pombriant*, CRi 2013, 97.

[690] S. auch *Spiecker gen. Döhmann*, RW 2010, 247, 255.

[691] Vgl. dazu KOM (92) 422 endg. - SYN 287, S. 12.

[692] *Klar/Kühling*, in: Kühling/Buchner, DS-GVO/BDSG, 3. Aufl. 2020, Art. 4 Nr. 1, Rn. 8.

[693] S. dazu die illustrative Liste bei FTC (Hrsg.), Data Brokers: A Call For Transparency and Accountability, 2014, Appendix B.

[694] Vgl. Artikel-29-Datenschutzgruppe (Hrsg.), WP 136, 2007, S. 7.

[695] *Klar/Kühling*, in: Kühling/Buchner, DS-GVO/BDSG, 3. Aufl. 2020, Art. 4 Nr. 1, Rn. 8; *Ernst*, in: Paal/Pauly, DS-GVO BDSG, 3. Aufl. 2021, Art. 4, Rn. 12.

[696] Vgl. Artikel-29-Datenschutzgruppe (Hrsg.), WP 136, 2007, Rn. 7; *Klar/Kühling*, in: Kühling/Buchner, DS-GVO/BDSG, 3. Aufl. 2020, Art. 4 Nr. 1, Rn. 10; *Gola*, in: Gola, DS-GVO, 2. Aufl. 2018, Art. 4, Rn. 7, 13 f.

Auch letztere sind vom sachlichen Anwendungsbereich der Datenschutz-Grundverordnung erfasst, auch wenn sie bestimmten rechtlichen Besonderheiten – beispielsweise hinsichtlich des Grundsatzes der Datenrichtigkeit – unterliegen.[697]

Auch alle Inhalte von Informationen können personenbezogene Daten sein. Informationen müssen nicht privat oder sensibel sein, um personenbezogene Daten sein zu können. Nach der Konzeption der Datenschutz-Grundverordnung existieren keine ungeschützten Inhalte, denn angesichts der zahlreichen Verknüpfungs- und Verwendungsmöglichkeiten existieren auch keine „belanglosen" Daten mehr.[698] Für die sachliche Anwendbarkeit macht es daher keinen Unterschied, ob Informationen trivial oder sensibel sind.[699] Zu beachten ist jedoch, dass sensible Informationen durch die Datenschutz-Grundverordnung stärker geschützt werden. Unbeachtlich ist es ebenso, ob der Inhalt bereits bekannt oder noch unbekannt ist.[700] Vorausgesetzt wird nicht einmal, dass die Informationen richtig sind.[701] Letzteres folgt schon aus dem Recht auf Berichtigung unrichtiger Daten aus Art. 16 DS-GVO. Führt beispielsweise bei der sozialen Netzwerkanalyse ein Übertragungsfehler dazu, dass einem bestimmten Unfall versehentlich ein falsches Fahrzeug zugeordnet wird, dann ist diese Informationen inhaltlich unrichtig. Dennoch führt dies nicht dazu, dass die Datenschutz-Grundverordnung unanwendbar wird.

Umfasst sind auch alle Formate oder Träger von Informationen. Der Informationsbegriff ist technologieneutral im Sinne von EwG 15 S. 1 DS-GVO.[702] Informationen können daher in alphabetischer, numerischer, grafischer, fotografischer, akustischer oder in sonstiger Form vorliegen und finden unabhängig von der Art der Speicherung auf einem bestimmten Träger Beachtung.[703] Für die soziale Netzwerkanalyse bedeutet das, dass sowohl die Informationen in dem entsprechende System des Versicherungsunternehmens als auch die Informationen in dem Unfallprotokoll auf Papier personenbezogene Daten sein können.

5.1.1.2 „die sich auf [...] beziehen"

Nicht jede Information ist jedoch zwangsläufig auch ein personenbezogenes Datum im Sinne von Art. 4 Nr. 1 DS-GVO. Wie die Formulierung „personenbezogene Daten" deutlich macht, muss sich die Information auf eine Person beziehen. Grundsätzlich kann eine Beziehung zwischen einer Information und einer Person durch den Inhalt, den Zweck oder das Ergebnis vermittelt werden.[704]

---

[697] Zum Grundsatz der Datenrichtigkeit ab S. 280.

[698] Vgl. aus verfassungsrechtlicher Sicht BVerfGE 65, 1, 45; *Simitis*, NJW 1984, 398, 402; zum einfachgesetzlichen Recht *Gola*, in: Gola, DS-GVO, 2. Aufl. 2018, Art. 4, Rn. 5; *Karg*, DuD 2015, 520, 521.

[699] *Klar/Kühling*, in: Kühling/Buchner, DS-GVO/BDSG, 3. Aufl. 2020, Art. 4 Nr. 1, Rn. 9; so auch *Ziehbart*, in: Sydow, DS-GVO, 2. Aufl. 2018, Art. 4 Nr. 1, Rn. 8.

[700] *Ziehbart*, in: Sydow, DS-GVO, 2. Aufl. 2018, Art. 4 Nr. 1, Rn. 8.

[701] *Klabunde*, in: Ehmann/Selmayr, DS-GVO, 2. Aufl. 2018, Art. 4, Rn. 9; *Ziehbart*, in: Sydow, DS-GVO, 2. Aufl. 2018, Art. 4 Nr. 1, Rn. 41; vgl. Artikel-29-Datenschutzgruppe (Hrsg.), WP 136, 2007, S. 7.

[702] *Eßer*, in: Auernhammer, DS-GVO BDSG, 7. Aufl. 2020, Art. 4 Rn. 8.

[703] *Klabunde*, in: Ehmann/Selmayr, DS-GVO, 2. Aufl. 2018, Art. 4, Rn. 9; vgl. Artikel-29-Datenschutzgruppe (Hrsg.), WP 136, 2007, S. 8 f.; Agentur der Europäischen Union für Grundrechte (Hrsg.), Handbuch zum europäischen Datenschutzrecht, 2019, S. 111.

[704] Vgl. Unterscheidung bei Artikel-29-Datenschutzgruppe (Hrsg.), WP 136, 2007, S. 11 ff.; EuGH, Urteil 20.12.2017, Nowak – C-434/16, Rn. 35; so auch *Klabunde*, in: Ehmann/Selmayr, DS-GVO, 2. Aufl. 2018, Art. 4, Rn. 10; *Klar/Kühling*, in: Kühling/Buchner, DS-GVO/BDSG, 3. Aufl. 2020, Art. 4 Nr. 1, Rn. 14.

Eine inhaltliche Beziehung liegt vor, wenn die Information eine Aussage über eine Person trifft.[705] Im Ergebnis werden praktisch alle Informationen einer Schadensmeldung oder des Unfallprotokolls dieses Kriterium erfüllen, da sie sich inhaltlich entweder auf die Person des Versicherungsnehmers, der mitversicherten Person oder des Geschädigten beziehen.

Eine Beziehung zwischen einer Information und einer Person kann jedoch auch durch den Verwendungszweck hergestellt werden. Die Voraussetzung hierfür ist, dass die Information zu dem Zweck verwendet wird oder verwendet werden kann, eine Person in einer bestimmten Weise zu behandeln oder zu beurteilen.[706] Bei der sozialen Netzwerkanalyse verarbeitet das Versicherungsunternehmen die Informationen, um die Beteiligung an Straßenverkehrsunfällen auszuwerten und um zu prüfen, ob ungewöhnliche Verbindungen zu anderen Unfällen bestehen. Die Informationen werden somit dazu verwendet, die Unfallbeteiligten in einer bestimmten Weise – auffällig oder unauffällig – zu beurteilen.

Schließlich kann eine Beziehung zwischen einer Information und einer Person auch durch das Ergebnis vermittelt werden. Das ist der Fall, wenn sich die Information eignet, sich auf die Rechte und Interessen einer Person auszuwirken. Dabei kommt es darauf an, ob diese Person aufgrund der Information anders – positiv oder negativ – behandelt wird oder werden könnte.[707] Die bei der sozialen Netzwerkanalyse verarbeiteten Informationen fließen in die Entscheidung des Versicherungsunternehmens ein, ob es den geltend gemachten Schadensersatzanspruch des Geschädigten befriedigt oder abwehrt. Jedenfalls der Geschädigte wird daher aufgrund der Informationen unterschiedlich behandelt.

Die verschiedenen Bezugselemente – Inhalt, Zweck oder Ergebnis – sind als Alternativen zu verstehen.[708] Liegt beispielsweise eine inhaltliche Beziehung vor, kommt es nicht mehr auf die Zwecke oder Auswirkungen an. Das Zweck- und das Ergebniselement sind jedoch so weit gefasst, dass in vielen Fällen eine Beziehung zwischen einer Information und einer Person hergestellt werden kann. Das Merkmal „die sich auf […] beziehen" ist daher nur selten das entscheidende Kriterium für eine Abgrenzung zwischen personenbezogenen und nicht personenbezogenen Daten.

Jedenfalls im Rahmen der sozialen Netzwerkanalyse werden Informationen verarbeitet, die sich aufgrund ihres Inhalts, ihres Zwecks und ihrer Auswirkungen auf die Unfallbeteiligten beziehen.

5.1.1.3 „identifizierte oder identifizierbare"

Darüber hinaus setzt Art. 4 Nr. 1 DS-GVO voraus, dass sich die Information auf eine identifizierte oder identifizierbare Person bezieht. Für den sachlichen Anwendungsbereich ergeben sich aus dieser Differenzierung keine Unterschiede. Der unterschiedliche Grad der Identifiziertheit kann jedoch eine Rolle spielen, wenn es um die Bewertung von Risiken für die betroffene Person geht.[709]

---

[705] Artikel-29-Datenschutzgruppe (Hrsg.), WP 136, 2007, S. 11; vgl. EuGH, Urteil 20.12.2017, Nowak – C-434/16, Rn. 37.

[706] Artikel-29-Datenschutzgruppe (Hrsg.), WP 136, 2007, S. 11 f.; vgl. EuGH, Urteil 20.12.2017, Nowak – C-434/16, Rn. 38.

[707] Artikel-29-Datenschutzgruppe (Hrsg.), WP 136, 2007, S. 13.; vgl. EuGH, Urteil 20.12.2017, Nowak – C-434/16, Rn. 39.

[708] Artikel-29-Datenschutzgruppe (Hrsg.), WP 136, 2007, S. 13.

[709] Zum Risikofaktor „Personenbezug der Daten" ab S. 190.

5.1.1.3.1 Identifiziertheit

Eine Person ist identifiziert, wenn ihre Identität tatsächlich festgestellt ist.[710] Typischerweise ist das der Fall, wenn ihr bürgerlicher Name bekannt ist.[711] Die Verknüpfung zwischen Namen und Identität ist jedoch nicht zwingend, denn zum einen sind nur wenige Namen einzigartig und zum anderen können auch andere Merkmale einzigartiger Ausdruck der Identität einer Person sein.[712] Als Regelbeispiele nennt Art. 4 Nr. 1 DS-GVO daher neben dem Namen die Zuordnung einer Person zu einer Kennnummer, zu Standortdaten, zu einer Online-Kennung oder zu einem oder mehreren besonderen Merkmalen die Ausdruck der physischen, physiologischen, genetischen, psychischen, wirtschaftlichen, kulturellen oder sozialen Identität dieser Person sind. Entscheidend kommt es somit darauf an, ob die Person „individualisiert"[713] oder „singularisiert"[714] ist. Das ist der Fall, wenn sich eine Person durch bestimmte einzigartige Merkmale von allen anderen Mitgliedern einer Personengruppe unterscheidet und deswegen ausgesondert – auch „singling out"[715] genannt – wird.[716]

Aus Art. 4 Nr. 1 DS-GVO folgt weiter, dass eine Person direkt oder indirekt identifiziert sein kann. Ergibt sich aus der vorliegenden Information allein die Identität der Person, dann ist die Person direkt identifiziert.[717] Liegt beispielsweise die Information „Bundeskanzlerin" vor, sind keine weiteren Informationen notwendig, um die betroffene Person zu identifizieren. Im Umkehrschluss ist die Person indirekt identifiziert, wenn sich ihre Identität erst aus einer Verknüpfung mit zusätzlichen Informationen ergibt.[718] So ist es beispielsweise zur Identifizierung nicht ausreichend, wenn lediglich die Information „Bundesminister" vorhanden ist. Die natürliche Person kann erst identifiziert werden, wenn diese Information mit weiteren Informationen wie dem Ressort, dem Geschlecht oder dem Alter kombiniert wird.

Für die sachliche Anwendbarkeit ist es irrelevant, ob eine Person direkt oder indirekt identifiziert ist.[719] Entscheidend ist nur, dass die natürliche Person auf irgendeine Weise identifiziert ist.

Bei der sozialen Netzwerkanalyse beziehen sich die Informationen regelmäßig auf direkt oder indirekt identifizierte Personen. Aufgrund der jeweiligen Namen sowie weiterer Informationen

---

[710] Vgl. dazu Art. 4 Nr. 1 DS-GVO, der auf die Identität der natürlichen Person abstellt; *Schantz*, in: Schantz/Wolff, Das neue Datenschutzrecht, 2017, Rn. 276; überwiegend herrscht ein anderes Verständnis des Begriffspaares „identifiziert – identifizierbar", welches jedoch das weitere Begriffspaar „direkt – indirekt" in Art. 4 Nr. 1 DS-GVO außer Acht lässt und zudem nicht hinreichend zwischen einer tatsächlich erfolgten und einer noch möglichen Identifizierung differenziert, so beispielsweise *Klar/Kühling*, in: Kühling/Buchner, DS-GVO/BDSG, 3. Aufl. 2020, Art. 4 Nr. 1, Rn. 18 f.

[711] *Eßer*, in: Auernhammer, DS-GVO BDSG, 7. Aufl. 2020, Art. 4 DS-GVO, Rn. 16; *Gola*, in: Gola, DS-GVO, 2. Aufl. 2018, Art. 4, Rn. 16.

[712] Agentur der Europäischen Union für Grundrechte (Hrsg.), Handbuch zum europäischen Datenschutzrecht, 2019, S. 106 ff; *Karg/Kühn*, ZD 2014, 285, 287 f.; *Ziebhart*, in: Sydow, DS-GVO, 2. Aufl. 2018, Art. 4 Nr. 1, Rn. 21; *Karg*, DuD 2015, 520, 523; s. dazu beispielsweise den Namen „Bernd Wagner" einerseits und das Merkmal „Bundeskanzlerin" andererseits.

[713] *Karg/Kühn*, ZD 2014, 285, 288; *Schantz*, in: Schantz/Wolff, Das neue Datenschutzrecht, 2017, Rn. 291.

[714] Artikel-29-Datenschutzgruppe (Hrsg.), WP 136, 2007, S. 16.

[715] Ausführlich zum „singling out" *Zuiderveen Borgesius*, CLSR 2016, 256.

[716] S. auch die Formulierung „Aussondern" in EwG 26 S. 3 DS-GVO; *Schantz*, in: Schantz/Wolff, Das neue Datenschutzrecht, 2017, Rn. 291; vgl. Artikel-29-Datenschutzgruppe (Hrsg.), WP 136, 2007, S. 14.

[717] Vgl. das Beispiel „Bundeskanzlerin".

[718] Vgl. EuGH, NJW 2016, 3579, 3581; Generalanwalt Campos Sánchez-Bordona, Schlussanträge 12.05.2016, Breyer – C-582/14, Rn. 59; Artikel-29-Datenschutzgruppe (Hrsg.), WP 136, 2007, S. 16.

[719] Dies kann jedoch eine Rolle bei der Interessenabwägung im Rahmen von Art. 6 Abs. 1 S. 1 f) DS-GVO spielen; zum Risikofaktor „Personenbezug der Daten" ab S. 190.

aus der Schadensmeldung oder des Unfallprotokolls wie den zugehörigen Adressen oder Telefonnummern ist die Identität der Unfallbeteiligten typischerweise festgestellt.

5.1.1.3.2 Identifizierbarkeit

Die Informationen sind jedoch nicht erst dann personenbezogene Daten, wenn die dahinterstehende Person identifiziert ist. Ausreichend ist es, wenn eine Person identifizierbar im Sinne von Art. 4 Nr. 1 DS-GVO ist. Das ist der Fall, wenn ihre Identität zwar noch nicht festgestellt ist, aber für den Verantwortlichen die Möglichkeit besteht, dies zu tun.[720] Während also die Alternative „identifiziert" einen vergangenheits- bzw. gegenwartsbezogenen Blickwinkel einnimmt, bezieht sich „identifizierbar" schon dem Wortlaut nach auf die Zukunft.

Da die Alternative „Identifizierbarkeit" zukunftsbezogen ist, erfordert sie eine Prognose. Um festzustellen, ob eine Person identifizierbar ist, sind nach EwG 26 S. 3 DS-GVO alle Mittel zu berücksichtigen, die von dem Verantwortlichen oder einer anderen Person nach allgemeinem Ermessen wahrscheinlich genutzt werden, um die natürliche Person direkt oder indirekt zu identifizieren. Eine Identifizierung muss also nicht kategorisch ausgeschlossen sein, es handelt sich vielmehr um „eine Frage der Wahrscheinlichkeit".[721]

Was unter Mitteln im Sinne von EwG 26 S. 3 DS-GVO zu verstehen ist, wird in der Datenschutz-Grundverordnung nicht weiter spezifiziert. Nach allgemeinem Verständnis umfassen die Mittel jedoch insbesondere zusätzliche Informationen, Technologie und Know-how.[722] Diese sind naturgemäß von Verantwortlichem zu Verantwortlichem unterschiedlich und können sich auch im Laufe der Zeit verändern.[723] Aus EwG 26 S. 3 DS-GVO folgt zudem, dass es für die Frage der Identifizierbarkeit nicht nur auf die Mittel des Verantwortlichen, sondern auch auf solche bestimmter Dritter ankommen kann.[724]

Zu berücksichtigen sind jedoch nicht alle überhaupt denkbaren Mittel, sondern nur diejenigen, die der Verantwortliche nach allgemeinem Ermessen wahrscheinlich zur Identifizierung nutzt. Sie müssen demzufolge vorhanden und mit angemessenem Aufwand beschaffbar sein.[725] Es gilt insofern der „Maßstab der praktischen Vernunft".[726] Dies ist gemäß EwG 26 S. 4 DS-GVO anhand aller objektiven Faktoren zu bestimmen. Dazu gehört insbesondere der finanzielle, zeitliche und technische Aufwand, den eine Identifizierung erfordern würde. Hinsichtlich des technischen Aufwands sind die zum Zeitpunkt der Verarbeitung verfügbare Technologie sowie

---

[720] Vgl. Artikel-29-Datenschutzgruppe (Hrsg.), WP 136, 2007, S. 14; Datatilsynet (Hrsg.), Big Data - privacy principles under pressure, 2013, S. 35; Ziehbart, in: Sydow, DS-GVO, 2. Aufl. 2018, Art. 4 Nr. 1, Rn. 15; Schantz, in: Schantz/Wolff, Das neue Datenschutzrecht, 2017, Rn. 276.

[721] Vgl. Roßnagel/Scholz, MMR 2000, 721, 723.

[722] So spricht beispielsweise Hornung, DuD 2004, 429 f. von „Zusatzinformationen", „technische Verfahren" und „wissenschaftliche Erfahrung"; auch Generalanwalt Campos Sánchez-Bordona, Schlussanträge 12.05.2016, Breyer – C-582/14, Rn. 61 thematisiert, ob der Verantwortliche über eigenes für die Identifizierung der Person erforderliches Zusatzwissen verfügt und ob er darüber hinaus auch in der Lage ist, es vernünftigerweise zu diesem Zweck einzusetzen. Letzteres impliziert das Vorhandensein von Technologie und Fachwissen; vgl. auch Saeltzer, DuD 2004, 218, 220 ff.

[723] Vgl. Roßnagel/Kroschwald, ZD 2014, 495, 496; zu berücksichtigende Datenbestände bei Schefzig, K&R 2014, 772, 775; zur Problematik des Hereinwachsens in den Personenbezug mit Blick auf Big Data Hornung/Wagner, CR 2019, 565 und Hornung/Herfurth, in: König/Schröder/Wiegand, Big Data - Chancen, Risiken, Entwicklungstendenzen, 2018, S. 165 f.

[724] Kriterien für die Berücksichtigung Dritter bei Generalanwalt Campos Sánchez-Bordona, Schlussanträge 12.05.2016, Breyer – C-582/14, Rn. 65 ff.; Überblick zu absoluten und relativen Ansätzen bei der Berücksichtigung von Mitteln Brink/Eckhardt, ZD 2015, 205; Bergt, ZD 2015, 365.

[725] Vgl. Saeltzer, DuD 2004, 218, 226.

[726] Vgl. Roßnagel/Scholz, MMR 2000, 721, 726; Marnau, DuD 2016, 428, 430 spricht insofern von einem „Mittelweg".

absehbare technologische Entwicklungen zu berücksichtigen.[727] Als maßgeblicher Zeithorizont für letztere erscheint die Dauer, für die die personenbezogenen Daten gespeichert werden sollen, angemessen. Verstößt die Nutzung bestimmter Mittel gegen das Gesetz, so wird sie der Verantwortliche nach allgemeinem Ermessen wahrscheinlich nicht nutzen.[728] Richtigerweise muss sich das Versicherungsunternehmen kein gesetzeswidriges Verhalten unterstellen lassen, es sei denn es existieren tatsächliche Anhaltspunkte für solche Handlungen.[729] Das gilt beispielsweise für eine unzulässige Informationsbeschaffung durch vom Versicherungsunternehmen eingeschaltete Detektive.[730]

Der für die Identifizierung erforderliche Aufwand ist sinnvollerweise nicht isoliert, sondern in Beziehung zum zu erwartenden Informationsnutzen zu beurteilen.[731] Je höher der zu erwartende Informationsnutzen, desto höher wird auch der Aufwand sein, den der Verantwortliche nach vernünftigen Maßstäben auf sich nimmt – und umgekehrt.[732] Die Berücksichtigung des Informationsnutzens ergibt sich nicht ausdrücklich aus EwG 26 S. 4 DS-GVO, allerdings handelt es sich bei den genannten objektiven Faktoren auch nicht um eine abschließende Aufzählung.[733] Der Informationsnutzen ist nicht einfach zu bestimmen, denn abhängig von den Verarbeitungs- und Verknüpfungsmöglichkeiten kann jede Information einen neuen Stellenwert erhalten.[734] Vergleichbar zur Technologie ist daher auf die festgelegten und absehbaren Verarbeitungszwecke des Verantwortlichen im Zeitraum der geplanten Speicherdauer abzustellen.[735] Grundsätzlich kann jedoch festgestellt werden, dass eine Person dann identifizierbar ist, wenn für den Verantwortlichen der Informationsnutzen den Identifizierungsaufwand überwiegt.[736]

Wie bereits beschrieben beziehen sich bei der sozialen Netzwerkanalyse die Informationen regelmäßig auf direkt oder indirekt identifizierte Personen. Ist die Identität bereits festgestellt, bleibt für eine Identifizierbarkeit kein Raum mehr.

5.1.1.4 „natürliche Person"

Schließlich verlangt Art. 4 Nr. 1 DS-GVO, dass sich die Information auf eine natürliche Person, also auf einen Menschen, bezieht.[737] Es spielt keine Rolle, ob die natürliche Person Unionsbürger im Sinne von Art. 9 S. 2 EUV ist oder ihren ständigen Aufenthalt in der Europäischen Union hat.[738] Dies folgt aus EwG 14. S. 1 DS-GVO. Handelt es sich

---

[727] *Schantz*, in: Schantz/Wolff, Das neue Datenschutzrecht, 2017, Rn. 283 f.; ausführlich zu dem Begriff *Hofmann/Johannes*, ZD 2017, 221, 224 f.; *Schefzig*, K&R 2014, 772, 775 f.

[728] Vgl. Generalanwalt Campos Sánchez-Bordona, Schlussanträge 12.05.2016, Breyer – C-582/14, Rn. 73; zustimmend EuGH, NJW 2016, 3579, 3581; kritisch *Klar/Kühling*, in: Kühling/Buchner, DS-GVO/BDSG, 3. Aufl. 2020, Art. 4 Nr. 1, Rn. 29.

[729] Hierzu ausführlich *Brink/Eckhardt*, ZD 2015, 205, 211; zustimmend *Schantz*, in: Schantz/Wolff, Das neue Datenschutzrecht, 2017, Rn. 281; *Hofmann/Johannes*, ZD 2017, 221, 224.

[730] Zur Zulässigkeit und den Grenzen der Informationsbeschaffung durch Detektive *Fricke*, VersR 2010, 308.

[731] Artikel-29-Datenschutzgruppe (Hrsg.), WP 136, 2007, S. 18 spricht ebenfalls von dem „Vorteil", den der Verantwortliche erwartet; in diese Richtung auch *Hofmann/Johannes*, ZD 2017, 221, 224.

[732] Vgl. *Roßnagel/Scholz*, MMR 2000, 721, 728.

[733] Vgl. die Formulierung „alle objektiven Faktoren, wie" in EwG 26 S. 4 DS-GVO.

[734] Dazu schon BVerfGE 65, 1, 45.

[735] Vgl. Artikel-29-Datenschutzgruppe (Hrsg.), WP 136, 2007, S. 18.

[736] So auch *Hofmann/Johannes*, ZD 2017, 221, 224.

[737] Artikel-29-Datenschutzgruppe (Hrsg.), WP 136, 2007, S. 125; s. auch EwG 4 S. 1 DS-GVO.

[738] *Ziebarth*, in: Sydow, DS-GVO, 2. Aufl. 2018, Art. 4 Nr. 1, Rn. 10; *Klar/Kühling*, in: Kühling/Buchner, DS-GVO/BDSG, 3. Aufl. 2020, Art. 4 Nr. 1, Rn. 3.

beispielsweise bei einem der Unfallbeteiligten um einen US-amerikanischen Touristen, wird dieser nicht vom Anwendungsbereich der Datenschutz-Grundverordnung ausgeschlossen.

In zeitlicher Hinsicht findet das Datenschutzrecht „von der Wiege bis zur Bahre" Anwendung.[739] So stellt EwG 27 S. 2 DS-GVO ausdrücklich klar, dass die Datenschutz-Grundverordnung nicht für die personenbezogenen Daten Verstorbener gilt.[740] Sollte daher ein Unfallbeteiligter in Folge des Straßenverkehrsunfalls oder zu einem späteren Zeitpunkt versterben, sind die auf ihn bezogenen Informationen keine personenbezogenen Daten im Sinne von Art. 4 Nr. 1 DS-GVO mehr.

Durch das Tatbestandsmerkmal „natürliche Person" werden zudem solche Informationen ausgenommen, die sich auf juristische Personen beziehen.[741] Über den Wortlaut hinaus gilt das auch für Personenmehrheiten und -gruppen.[742] Für die soziale Netzwerkanalyse kann das beispielsweise relevant werden, wenn der Halter des Kraftfahrzeugs eine juristische Person ist. Zu beachten ist allerdings, dass Informationen, die sich unmittelbar auf juristische Personen beziehen, sich dennoch mittelbar auch auf lebende natürliche Personen beziehen können.[743] Sofern diese Informationen tatsächlich „durchschlagen", sind sie ebenfalls als personenbezogene Daten zu betrachten.[744] Handelt es sich beispielsweise bei dem Versicherungsnehmer um eine Ein-Mann-GmbH, dann bezieht sich die Information über eine Beteiligung an auffälligen Straßenverkehrsunfällen typischerweise auch auf den dahinterstehenden Gesellschafter als natürliche Person.[745]

5.1.1.5 Sonderkonstellationen

5.1.1.5.1 Besondere Kategorien personenbezogener Daten

Wie bereits beschrieben erfasst der sachliche Schutzbereich der Datenschutz-Grundverordnung sämtliche personenbezogenen Daten unabhängig von ihrem Inhalt. Dem liegt der Gedanke zugrunde, dass keine belanglosen Daten existieren und somit jedes personenbezogene Datum schutzwürdig ist.[746] Gemäß EwG 51 S. 1 DS-GVO existieren jedoch darüber hinaus bestimmte personenbezogene Daten, die ihrem Wesen nach besonders sensibel sind und daher auch eines besonderen Schutzes bedürfen.[747] Daraus folgt also: Alle personenbezogenen Daten sind schutzwürdig, aber manche personenbezogenen Daten sind noch schutzwürdiger als andere. Diese personenbezogenen Daten werden in der Datenschutz-Grundverordnung als „besondere Kategorien personenbezogener Daten" oder „sensible Daten" bezeichnet.[748]

---

[739] Zur Frage, ob auch der Nasciturus einbezogen sein soll *Schild*, in: Wolff/Brink, Beck´scher Onlinekommentar Datenschutzrecht, 34. Edition 2020, Art. 4 DS-GVO, Rn. 9 f.

[740] Zu beachten ist jedoch, dass EwG 27 S. 2 DS-GVO eine Öffnungsklausel enthält, nach der die Mitgliedstaaten Vorschriften für die Verarbeitung der personenbezogenen Daten Verstorbener vorsehen können; s. zum Schutz Verstorbener auch *Gola*, in: Gola, DS-GVO, 2. Aufl. 2018, Art. 4, Rn. 26 ff.

[741] Vgl. auch EwG 14 S. 2 DS-GVO; zur Frage, ob juristische Personen in ihrem Grundrecht auf Datenschutz verletzt sein können *Heißl*, EuR 2017, 561.

[742] *Eßer*, in: Auernhammer, DS-GVO BDSG, 7. Aufl. 2020, Art. 4 DS-GVO, Rn. 12; *Ernst*, in: Paal/Pauly, DS-GVO BDSG, 3. Aufl. 2021, Art. 4, Rn. 5.

[743] S. dazu auch die Beispiele bei Artikel-29-Datenschutzgruppe (Hrsg.), WP 136, 2007, S. 26 f.

[744] *Klar/Kühling*, in: Kühling/Buchner, DS-GVO/BDSG, 3. Aufl. 2020, Art. 4 Nr. 1, Rn. 4; *Gola*, in: Gola, DS-GVO, 2. Aufl. 2018, Art. 4, Rn. 25.

[745] Vgl. BGH, NJW 1986, 2505 f.

[746] Vgl. BVerfGE 65, 1, 45; KOM (90) 314 endg., S. 20.

[747] Vgl. dazu schon KOM (90) 314 endg., S. 39; zur Entwicklung sensibler Daten *Schneider/Schindler*, ZD 2018, 463, 464.

[748] Vgl. Art. 9 und EwG 10 S. 5 DS-GVO.

Welche Daten als sensibel gelten, wird abschließend und abstrakt in Art. 9 Abs. 1 DS-GVO bestimmt.[749] Danach handelt es sich um personenbezogene Daten, aus denen die rassische und ethnische Herkunft, politische Meinungen, religiöse oder weltanschauliche Überzeugungen oder die Gewerkschaftszugehörigkeit hervorgehen, sowie genetische Daten, biometrische Daten zur eindeutigen Identifizierung einer natürlichen Person, Gesundheitsdaten oder Daten zum Sexualleben oder der sexuellen Orientierung einer natürlichen Person.

Das Motiv für die in Art. 9 Abs. 1 DS-GVO genannten Kategorien personenbezogener Daten ergibt sich aus EwG 51 S. 1 DS-GVO.[750] Danach verdienen personenbezogene Daten, die ihrem Wesen nach hinsichtlich der Grundrechte und Grundfreiheiten besonders sensibel sind, einen besonderen Schutz, da im Zusammenhang mit ihrer Verarbeitung erhebliche Risiken für die Grundrechte und Grundfreiheiten auftreten können.[751] Die Verarbeitung der in Art. 9 Abs. 1 DS-GVO aufgeführten Kategorien personenbezogener Daten führt typischerweise dazu, dass spezifische Grundrechte und Grundfreiheiten der betroffenen Personen – wie beispielsweise die Gedanken-, Gewissens- und Religionsfreiheit aus Art. 10 GRCh – berührt werden.[752] Die Datenschutz-Grundverordnung macht in EwG 4 S. 3 DS-GVO deutlich, dass sie im Einklang mit allen Grundrechten steht und alle Freiheiten und Grundsätze, die mit der Charta anerkannt wurden und in den Europäischen Verträgen verankert sind, achtet. Es ist daher von besonderer Bedeutung, dass die betroffenen Personen bei der Ausübung ihrer Grundrechte und Grundfreiheiten besonders geschützt und insbesondere vor Diskriminierung durch den Verantwortlichen bewahrt werden.[753]

Zu diesem Zweck sieht die Datenschutz-Grundverordnung ein erhöhtes Schutzprogramm für die Verarbeitung sensibler Daten vor. So formuliert Art. 9 Abs. 2 DS-GVO zusätzliche Anforderungen an die Rechtmäßigkeit der Verarbeitung von besonderen Kategorien personenbezogener Daten.[754] Darüber hinaus bezieht sich die Datenschutz-Grundverordnung in Art. 6 Abs. 4 c), Art. 22 Abs. 4, Art. 27 Abs. 2 a), Art. 30 Abs. 5, Art. 35 Abs. 3 b) und Art. 37 Abs. 1 c) DS-GVO explizit auf die Verarbeitung besonderer Kategorien personenbezogener Daten und ordnet zusätzliche oder umfangreichere Pflichten an.[755]

Im Rahmen der Kraftfahrzeug-Haftpflichtversicherung fallen regelmäßig besondere Kategorien personenbezogener Daten in Form von Gesundheitsdaten an.[756] Gemäß Art. 4 Nr. 15 DS-GVO sind darunter solche personenbezogenen Daten zu verstehen, die sich auf die körperliche oder geistige Gesundheit einer natürlichen Person, einschließlich der Erbringung von Gesundheitsdienstleistungen, beziehen und aus denen Informationen über deren Gesundheitszustand hervorgehen. Werden bei Straßenverkehrsunfällen Unfallbeteiligte verletzt, verarbeitet das Versicherungsunternehmen daher regelmäßig Gesundheitsdaten auf der

---

[749] *Weichert*, in: Kühling/Buchner, DS-GVO/BDSG, 3. Aufl. 2020, Art. 9, Rn. 19; kritisch zur abstrakten Bestimmung besonders schutzwürdiger Daten *Schneider*, ZD 2017, 303, 304; vgl. auch *Roßnagel/Pfitzmann/Garstka*, Modernisierung des Datenschutzrechts, 2001, S. 81 f.; vgl. zu den Vor- und Nachteilen verschiedener Ansätze Artikel-29-Datenschutzgruppe (Hrsg.), Advice paper on special categories of data ("sensitive data"), 2011, S. 12 ff.

[750] *Weichert*, in: Kühling/Buchner, DS-GVO/BDSG, 3. Aufl. 2020, Art. 9, Rn. 1.

[751] Vgl. Artikel-29-Datenschutzgruppe (Hrsg.), Advice paper on special categories of data ("sensitive data"), 2011, S. 4 f.

[752] *Weichert*, DuD 2017, 538, 539.

[753] *Weichert*, DuD 2017, 538, 539; vgl. Artikel-29-Datenschutzgruppe (Hrsg.), Advice paper on special categories of data ("sensitive data"), 2011, S. 4 f.

[754] *Weichert*, in: Kühling/Buchner, DS-GVO/BDSG, 3. Aufl. 2020, Art. 9, Rn. 4.

[755] *Weichert*, in: Kühling/Buchner, DS-GVO/BDSG, 3. Aufl. 2020, Art. 9, Rn. 5.

[756] Allgemein zur Verarbeitung von Gesundheitsdaten durch Versicherungsunternehmen *Waldkirch*, VersR 2020, 1141.

Grundlage von Art. 9 Abs. 2 a) DS-GVO oder Art. 9 Abs. 2 f) DS-GVO.[757] Auch zur Betrugserkennung sind die Gesundheitsdaten der Unfallbeteiligten relevant, weil etwa die Art und Schwere der körperlichen oder geistigen Schädigung für oder gegen eine Betrugswahrscheinlichkeit sprechen kann.[758] Für die soziale Netzwerkanalyse spielen diese Daten jedoch keine Rolle. Zum einen werden Informationen über körperliche oder geistige Schädigungen gar nicht erst in die soziale Netzwerkanalyse eingespeist. Auch aus der Bezeichnung als Geschädigter ergeben sich weder direkt noch indirekt Informationen über die Gesundheit dieser Person, denn die Schädigung kann auch allein aus einem Sachschaden resultieren. Etwas anderes könnte dagegen gelten, wenn das Versicherungsunternehmen die soziale Netzwerkanalyse ebenfalls auf in den Unfall involvierte Ärzte erstrecken würde. In diesem Fall ist es nicht ausgeschlossen, dass sich – insbesondere bei einer offensichtlichen Spezialisierung des jeweiligen Arztes – indirekt Informationen über die Gesundheit des Geschädigten ableiten lassen.[759] Zum anderen ist es jedoch so, dass für die soziale Netzwerkanalyse Informationen über die Gesundheit der Unfallbeteiligten typischerweise irrelevant sind. Es geht vielmehr um die Häufigkeit und Enge von Verbindungen zwischen den Beteiligten dieses Straßenverkehrsunfalls und anderer Unfälle. Selbst wenn also in der sozialen Netzwerkanalyse Informationen vorkommen sollten, aus denen sich Rückschlüsse auf die Gesundheit eines Unfallbeteiligten ergeben könnten, sprechen sowohl der Verwendungszusammenhang als auch die Verwendungsabsicht gegen ein Vorliegen von Gesundheitsdaten im Sinne von Art. 4 Nr. 15 DS-GVO.[760]

5.1.1.5.2 Personenbezogene Daten über strafrechtliche Verurteilungen und Straftaten

Neben den besonderen Kategorien personenbezogener Daten nach Art. 9 Abs. 1 DS-GVO hebt die Datenschutz-Grundverordnung eine weitere Gruppe besonders schutzwürdiger Daten hervor – die personenbezogenen Daten über strafrechtliche Verurteilungen und Straftaten oder damit zusammenhängende Sicherungsmaßregeln gemäß Art. 10 S. 1 DS-GVO.

Ähnlich wie bei besonderen Kategorien personenbezogener Daten besteht für die betroffene Person bei der Verarbeitung solcher Daten ein erhöhtes Diskriminierungsrisiko.[761] Der Grund hierfür besteht darin, dass Informationen über strafrechtliche Verurteilungen und Straftaten oder damit zusammenhängende Sicherungsmaßregeln regelmäßig ein Unwerturteil über die betroffene Person ausdrücken und somit eine stigmatisierende Wirkung haben.[762]

Die Datenschutz-Grundverordnung sieht daher solche personenbezogenen Daten als abstrakt besonders schutzbedürftig an und formuliert in Art. 10 DS-GVO zusätzliche Anforderungen an ihre Verarbeitung. So darf gemäß Art. 10 S. 1 DS-GVO die Verarbeitung personenbezogener Daten über strafrechtliche Verurteilungen und Straftaten oder damit zusammenhängende Sicherungsmaßregeln aufgrund von Art. 6 Abs. 1 S. 1 DS-GVO nur unter behördlicher Aufsicht

---

[757] *Spittka*, in: Specht/Mantz, Handbuch europäisches und deutsches Datenschutzrecht, 2019, § 12, Rn. 29; *Mainzer*, in: Diehl, Versicherungsunternehmensrecht, 2020, § 38, Rn. 33; zu Personenschäden bei Straßenverkehrsunfällen ab S. 4.

[758] Zur Bedeutung von Betrugsindikatoren ab S. 33.

[759] Vgl. *Gola*, in: Gola, DS-GVO, 2. Aufl. 2018, Art. 4, Rn. 97.

[760] Vgl. *Weichert*, in: Kühling/Buchner, DS-GVO/BDSG, 3. Aufl. 2020, Art. 4 Nr. 15 DS-GVO, Rn. 7; *Gola*, in: Gola, DS-GVO, 2. Aufl. 2018, Art. 4, Rn. 97; *Petri*, in: Simitis/Hornung/Spiecker gen. Döhmann, Datenschutzrecht, 2019, Art. 4 Nr. 15, Rn. 4; vgl. mit Blick auf Videoüberwachung EDSA (Hrsg.), Leitlinien 3/2019 zur Verarbeitung personenbezogener Daten durch Videogeräte, 2020, S. 17 f.; *Schneider/Schindler*, ZD 2018, 463, 467 f.

[761] *Schiff*, in: Ehmann/Selmayr, DS-GVO, 2. Aufl. 2018, Art. 10, Rn. 1; *Weichert*, in: Kühling/Buchner, DS-GVO/BDSG, 3. Aufl. 2020, Art. 10, Rn. 2.

[762] *Schiff*, in: Ehmann/Selmayr, DS-GVO, 2. Aufl. 2018, Art. 10, Rn. 1; *Frenzel*, in: Paal/Pauly, DS-GVO BDSG, 3. Aufl. 2021, Art. 10, Rn. 1; *Schantz*, in: Schantz/Wolff, Das neue Datenschutzrecht, 2017, Rn. 723.

vorgenommen werden oder wenn dies nach dem Unionsrecht oder dem Recht der Mitgliedstaaten, das geeignete Garantien für die Rechte und Freiheiten der betroffenen Personen vorsieht, zulässig ist. Zudem macht Art. 10 S. 2 DS-GVO deutlich, dass ein umfassendes Register der strafrechtlichen Verurteilungen nur unter behördlicher Aufsicht geführt werden darf. Darüber hinaus ordnet die Datenschutz-Grundverordnung in Art. 6 Abs. 4 c), Art. 27 Abs. 2 a), Art. 30 Abs. 5, Art. 35 Abs. 3 b) und Art. 37 Abs. 1 c) DS-GVO für die Verarbeitung personenbezogener Daten über strafrechtliche Verurteilungen und Straftaten oder damit zusammenhängende Sicherungsmaßregeln zusätzliche oder umfangreichere Pflichten für den Verantwortlichen an.[763]

Auf den ersten Blick scheint das Versicherungsunternehmen im Rahmen der sozialen Netzwerkanalyse personenbezogene Daten über Straftaten zu verarbeiten. So ist es gerade der Zweck dieser Verarbeitungstätigkeit, durch Informationen über Verbindungen zwischen Straßenverkehrsunfällen den Verdacht auf (Versicherungs-)Betrug gemäß § 263 StGB zu prüfen. Unter Umständen kommt das Versicherungsunternehmen nach weiterer Untersuchungen auch zur Einschätzung, dass im konkreten Fall eine Strafbarkeit eines oder mehrerer Unfallbeteiligter vorliegt. Richtigerweise führt dies jedoch nicht zu einer Verarbeitung personenbezogener Daten über Straftaten im Sinne von Art. 10 S. 1 DS-GVO.

Die Datenschutz-Grundverordnung beschreibt nicht genauer, was unter der Verarbeitung personenbezogener Daten über Straftaten zu verstehen ist. Auch die Richtlinie für Justiz und Inneres enthält keine ausdrückliche Begriffsbestimmung, obwohl sie schwerpunktmäßig die Verarbeitung solcher Daten regelt. In EwG 13 JI-RL heißt es lediglich, dass eine Straftat im Sinne der Richtlinie für Justiz und Inneres ein eigenständiger Begriff des Unionsrechts in der Auslegung durch den *Gerichtshof der Europäischen Union* sein sollte. Sinnvollerweise umfassen personenbezogene Daten über Straftaten im Sinne von Art. 10 S. 1 DS-GVO nur personenbezogene Daten über Maßnahmen zur Verhütung, Ermittlung, Aufdeckung und Verfolgung von Straftaten durch hoheitliche Akteure. Das gilt insbesondere für Maßnahmen in strafrechtlichen Ermittlungsverfahren durch Staatsanwaltschaft und Polizei.[764] Nicht erfasst sind dagegen solche Maßnahmen durch nicht hoheitliche Akteure wie beispielsweise im vorliegenden Fall das Versicherungsunternehmen.[765] Dafür spricht schon die Systematik von Art. 10 S. 1 DS-GVO, wonach sich „Straftaten" zwischen „strafrechtliche Verurteilungen" und „Sicherungsmaßregeln" befinden. Bei Letzteren handelt es sich um eindeutig hoheitliche Maßnahmen und Art. 10 S. 1 DS-GVO enthält keinerlei Hinweis darauf, dass der Anwendungsbereich für Straftaten bewusst auf nicht hoheitliche Maßnahmen erweitert werden soll. Auch begründet gerade der Umstand, dass die betroffene Person durch einen hoheitlichen Akteur mit einer bestimmten Straftat in Verbindung gebracht wird, die besondere Stigmatisierungsgefahr, die Art. 10 DS-GVO zugrunde liegt.[766] Zwar können auch Maßnahmen in Verbindung mit Straftaten durch einen nicht hoheitlichen Akteur eine stigmatisierende

---

[763] *Bäcker*, in: Wolff/Brink, Beck'scher Onlinekommentar Datenschutzrecht, 34. Edition 2020, Art. 10 DS-GVO, Rn. 17.

[764] *Bäcker*, in: Wolff/Brink, Beck'scher Onlinekommentar Datenschutzrecht, 34. Edition 2020, Art. 10 DS-GVO, Rn. 2 f.; *Petri*, in: Simitis/Hornung/Spiecker gen. Döhmann, Datenschutzrecht, 2019, Art. 10, Rn. 10.

[765] Speziell mit Blick auf Betrugspräventionssysteme *Gola*, in: Gola, DS-GVO, 2. Aufl. 2018, Art. 10, Rn. 5; *Bäcker*, in: Wolff/Brink, Beck'scher Onlinekommentar Datenschutzrecht, 34. Edition 2020, Art. 10 DS-GVO, Rn. 5; *Gierschmann*, in: Gierschman/Schlender/Stentzel/Veil, DS-GVO, 2018, Art. 10, Rn. 24; *Schiff*, in: Ehmann/Selmayr, DS-GVO, 2. Aufl. 2018, Art. 10, Rn. 6; vgl. auch *Schulz*, in: Gola, DS-GVO, 2. Aufl. 2018, Art. 6, Rn. 106; a.A. *Petri*, in: Simitis/Hornung/Spiecker gen. Döhmann, Datenschutzrecht, 2019, Art. 10, Rn. 10.

[766] *Bäcker*, in: Wolff/Brink, Beck'scher Onlinekommentar Datenschutzrecht, 34. Edition 2020, Art. 10 DS-GVO, Rn. 4; *Gierschmann*, in: Gierschman/Schlender/Stentzel/Veil, DS-GVO, 2018, Art. 10, Rn. 24.

Wirkung für die betroffene Person haben. Diese ist jedoch in keiner Weise vergleichbar mit derjenigen eines staatlichen Verfahrens und einem durch die Exekutive oder Judikative ausgesprochenen Unwerturteil.[767] Sie rechtfertigt nicht das durch die Datenschutz-Grundverordnung angeordnete besondere Schutzprogramm. Dieses Verständnis wird auch durch die Richtlinie für Justiz und Inneres gestützt. So enthält diese in EwG 51 JI-RL ebenfalls die Formulierung „strafrechtliche Verurteilungen und Straftaten oder damit zusammenhängende Sicherungsmaßregeln" und bezieht sich im Übrigen vordringlich auf die Verhütung, Ermittlung, Aufdeckung und Verfolgung von Straftaten durch die zuständigen Behörden und Gerichte. Da die Datenschutz-Grundverordnung und die Richtlinie für Justiz und Inneres zeitlich parallel entstanden sind, ist nicht davon auszugehen, dass die beiden Rechtsakte einer identischen Formulierung unterschiedliche Bedeutungen zumessen wollten.

Aus dem Vorstehenden folgt somit, dass die Verarbeitung personenbezogener Daten durch das Versicherungsunternehmen zur Durchführung der sozialen Netzwerkanalyse nicht unter Art. 10 DS-GVO fällt.

5.1.1.5.3 Anonyme Daten

Von den personenbezogenen Daten abzugrenzen sind anonyme Daten. Nach EwG 26 S. 5 DS-GVO versteht man unter anonymen Daten (von griech. *anonymus* = ohne Namensangabe) alle Informationen, die sich nicht auf eine identifizierte oder identifizierbare natürliche Person beziehen. Diese Formulierung ist leider ungenau. Richtigerweise sind anonyme Daten nur solche Informationen, die sich auf eine natürliche Person beziehen, ohne dass diese identifiziert oder identifizierbar ist.[768] Darin unterscheiden sie sich wesensmäßig von Daten, die sich von vornherein nicht auf eine natürliche Person, sondern auf eine Sache beziehen.[769] So sind beispielsweise die Eigenschaften eines Kraftfahrzeugs nicht anonym, sondern naturgemäß nicht personenbezogen. Zu beachten ist jedoch, dass sachbezogene Daten mit personenbezogenen Daten derart verknüpft werden können, dass erstere zu personenbezogenen Daten werden.[770] Nimmt man beispielsweise die Betrugsindikatoren zum Geschädigten-Fahrzeug wie „älteres Fahrzeug", „schwer verwertbares Fahrzeug", „erhebliche Vorschäden" oder „nächste TÜV-Untersuchung", dann handelt es sich zunächst um sachbezogene Daten.[771] Durch die Verknüpfung dieser Daten mit der Person des Geschädigten sowie der Information, dass es sich bei diesen Sachdaten um Betrugsindikatoren handelt, werden die Sachdaten zu personenbezogenen Daten des Geschädigten.

Die Datenschutz-Grundverordnung findet auf anonyme Daten keine Anwendung. Das folgt an sich schon aus Art. 2 Abs. 1 DS-GVO, da es sich nicht um personenbezogene Daten handelt. In EwG 26 S. 5 DS-GVO wird dies dennoch für anonyme Daten klargestellt.

Anonyme Daten können schon anonym erhoben oder aber nachträglich anonymisiert werden.[772] Der Begriff „Anonymisierung" beschreibt den Vorgang, bei dem personenbezogene Daten in einer Weise verändert werden, dass die betroffene Person nicht mehr identifiziert werden

---

[767] A.A. *Petri*, in: Simitis/Hornung/Spiecker gen. Döhmann, Datenschutzrecht, 2019, Art. 10, Rn. 10.

[768] *Roßnagel/Scholz*, MMR 2000, 721, 723; so auch Artikel-29-Datenschutzgruppe (Hrsg.), WP 136, 2007, S. 24; zur soziologischen Bedeutung von Anonymität *Rost*, DuD 2003, 155.

[769] Vgl. auch *Roßnagel/Scholz*, MMR 2000, 721, 723; zur Unterscheidung auch *Karg*, DuD 2015, 520, 522; insofern ungenau *Klar/Kühling*, in: Kühling/Buchner, DS-GVO/BDSG, 3. Aufl. 2020, Art. 4 Nr. 1, Rn. 32, die das anonyme Datum kategorisch als „Kehrseite" des personenbezogenen Datums bezeichnen.

[770] Vgl. hierzu *Steinmüller/Lutterbeck/Mallmann/Harbort/Kolb/Schneider*, Grundfragen des Datenschutzes, 1971, S. 54 ff.

[771] Zur Bedeutung von Betrugsindikatoren ab S. 33.

[772] *Roßnagel/Scholz*, MMR 2000, 721, 722.

kann.[773] Anonymisierung ist somit ein De-Identifizierungsverfahren.[774] Um personenbezogene Daten zu anonymisieren, können prinzipiell zwei Methoden unterschieden werden – die Randomisierung und die Generalisierung. Die Methode der Randomisierung verfälscht ursprünglich personenbezogene „Daten in einer Weise [...], dass die direkte Verbindung zwischen Daten und betroffener Person entfernt wird".[775] Dies kann beispielsweise durch Techniken wie „Stochastische Überlagerung", „Vertauschung" oder „Differential Privacy" erfolgen.[776] Dagegen versucht die Methode der Generalisierung alle identifizierenden Merkmale durch generalisierte, also vergröberte Werte zu ersetzen.[777] Hierfür kommen insbesondere die Techniken der „Aggregation und k-Anonymität" sowie der „L-Diversität und t-Closeness" in Betracht.[778]

Eine wirksame Anonymisierung und damit ein Ausschluss des Personenbezugs liegt nur dann vor, wenn die De-Identifizierung hinreichend „robust", also nicht umkehrbar, ist.[779] Die natürliche Person darf nach der Anonymisierung nicht re-identifizierbar sein.[780] Um festzustellen, ob dies der Fall ist, sollten gemäß EwG 26 S. 3 DS-GVO alle Mittel berücksichtigt werden, die von dem Verantwortlichen oder einer anderen Person nach allgemeinem Ermessen wahrscheinlich genutzt werden, um die natürliche Person direkt oder indirekt zu re-identifizieren.[781] Im Einzelnen kann dazu auf die vorherigen Ausführungen verwiesen werden.[782] Die Anforderungen an die Identifizierbarkeit und die Re-Identifizierbarkeit sind insofern deckungsgleich.

Um als anonyme Daten im Sinne der Datenschutz-Grundverordnung zu gelten, ist es ausreichend, wenn die personenbezogenen Daten „faktisch" anonymisiert wurden.[783] Dies ist der Fall, wenn nach allgemeiner Lebenserfahrung eine Re-Identifizierung der natürlichen Person nicht zu erwarten ist, weil der Aufwand für den Verantwortlichen oder einen Dritten nicht im Verhältnis zum erwartbaren Informationsnutzen steht.[784] Nicht erforderlich ist dagegen eine „absolute" Anonymisierung, also dass eine Re-Identifizierung kategorisch ausgeschlossen ist.[785]

---

[773] Vgl. EwG 26 S. 5 DS-GVO; zur Frage, inwiefern der Anonymisierungsvorgang selbst einer Rechtsgrundlage bedarf *Hornung/Wagner*, ZD 2020, 223.

[774] Artikel-29-Datenschutzgruppe (Hrsg.), WP 216, 2014, S. 6; vgl. auch Information and Privacy Commissioner Ontario (Hrsg.), De-identification Guidelines for Structured Data, 2016.

[775] Artikel-29-Datenschutzgruppe (Hrsg.), WP 216, 2014, S. 14.

[776] Ausführlich zu den Techniken sowie ihren Stärken und Schwächen Artikel-29-Datenschutzgruppe (Hrsg.), WP 216, 2014, S. 14 ff.

[777] Artikel-29-Datenschutzgruppe (Hrsg.), WP 216, 2014, S. 19.

[778] Ausführlich zu den Techniken sowie ihren Stärken und Schwächen Artikel-29-Datenschutzgruppe (Hrsg.), WP 216, 2014, S. 19 ff.

[779] Artikel-29-Datenschutzgruppe (Hrsg.), WP 216, 2014, S. 16.

[780] Ausführlich zu den Herausforderungen einer Anonymisierung bei Big Data *Ohm*, UCLA L. Rev. 2010, 1701; *Baeriswyl*, digma 2013, 14, 15 ff.; *Boehme-Neßler*, DuD 2016, 419, 422 ff.; anschaulich im *Netflix*-Fall bei *Narayanan/Shmatikov*, Robust De-anonymization of Large Datasets, 2008.

[781] *Klar/Kühling*, in: Kühling/Buchner, DS-GVO/BDSG, 3. Aufl. 2020, Art. 4 Nr. 1, Rn. 32 f.; *Ernst*, in: Paal/Pauly, DS-GVO BDSG, 3. Aufl. 2021, Art. 4, Rn. 50; vgl. Artikel-29-Datenschutzgruppe (Hrsg.), WP 216, 2014, S. 6, 9 ff.

[782] Zur Identifizierbarkeit ab S. 96 ff.

[783] *Ziebhart*, in: Sydow, DS-GVO, 2. Aufl. 2018, Art. 4 Nr. 1, Rn. 30; kritisch zur fehlenden Rechtssicherheit vgl. *Kühling/Klar*, NJW 2013, 3611.

[784] *Roßnagel/Scholz*, MMR 2000, 721, 723 f.; so auch schon KOM (90) 314 endg., S. 21.

[785] *Ziebhart*, in: Sydow, DS-GVO, 2. Aufl. 2018, Art. 4 Nr. 1, Rn. 29 f.

Im Rahmen der sozialen Netzwerkanalyse macht es für das Versicherungsunternehmen keinen Sinn, personenbezogene Daten zu anonymisieren. Eine Anonymisierung würde es unmöglich machen, Straßenverkehrsunfälle mit denselben Beteiligten miteinander zu verknüpfen. Sollte es dem Versicherungsunternehmen jedoch lediglich um statistische Aussagen über die Gesamtheit der Betrugsfälle gehen, kann die Auswertung eines anonymen Datenbestands ausreichend sein.

5.1.1.5.4 Pseudonyme Daten

Von anonymen Daten abzugrenzen sind wiederum pseudonyme Daten. Bei pseudonymen Daten (von griech. *pseudonymos* = mit falschem Namen) handelt es sich um Informationen, die sich auf eine natürliche Person beziehen, die ohne Hinzuziehung zusätzlicher Informationen nicht identifiziert oder identifizierbar ist.

Auf pseudonyme Daten finden die Vorschriften der Datenschutz-Grundverordnung Anwendung. Das ergibt sich grundsätzlich aus Art. 2 Abs. 1 DS-GVO und explizit aus EwG 26 S. 2 DS-GVO.

Wie auch anonyme Daten können pseudonyme Daten schon pseudonym erhoben oder aber nachträglich pseudonymisiert werden.[786] Der Begriff „Pseudonymisierung" wird in Art. 4 Nr. 5 DS-GVO legal definiert. Danach handelt es sich um die Verarbeitung personenbezogener Daten in einer Weise, dass die personenbezogenen Daten ohne Hinzuziehung zusätzlicher Informationen nicht mehr einer spezifischen betroffenen Person zugeordnet werden können, sofern diese zusätzlichen Informationen gesondert aufbewahrt werden und technischen und organisatorischen Maßnahmen unterliegen, die gewährleisten, dass die personenbezogenen Daten nicht einer identifizierten oder identifizierbaren natürlichen Person zugewiesen werden. Diese Definition ist leider missverständlich. Sie beschreibt nicht den Vorgang des Pseudonymisierens, sondern vielmehr das Ergebnis, das eine Pseudonymisierung erfüllen muss, um durch die Datenschutz-Grundverordnung anerkannt zu werden.[787] Richtigerweise versteht man unter einer „Pseudonymisierung" den Vorgang, bei dem personenbezogene Daten in einer Weise verändert werden, dass die betroffene Person ohne Hinzuziehung zusätzlicher Informationen nicht mehr identifiziert werden kann. Dabei werden alle Identifikationsmerkmale der natürlichen Person mit Hilfe einer Zuordnungsregel durch ein bestimmtes Kennzeichen – ein Pseudonym – ersetzt.[788] Dieses Pseudonym ermöglicht es, die natürliche Person in bestimmten Fällen identifizieren zu können.[789]

In diesem Punkt unterscheiden sich die Ziele von Anonymisierung und Pseudonymisierung grundlegend. Eine Anonymisierung soll die Identifizierbarkeit einer natürlichen Person dauerhaft ausschließen. Dagegen soll eine Pseudonymisierung die Identifizierbarkeit einer natürlichen Person nur im Regelfall ausschließen, in bestimmten Ausnahmefällen aber ermöglichen.[790] Bei letzterem soll die Identität der natürlichen Person bloß „verschleiert" werden.[791]

---

[786] *Schleipfer*, ZD 2020, 284, 286.

[787] So auch *Jandt*, in: Kühling/Buchner, DS-GVO/BDSG, 3. Aufl. 2020, Art. 32, Rn. 18 in Fn. 58; *Roßnagel*, ZD 2018, 243, 246; *Hansen/Walczak*, RDV 2019, 53.

[788] Agentur der Europäischen Union für Grundrechte (Hrsg.), Handbuch zum europäischen Datenschutzrecht, 2019, S. 113; *Hammer/Knopp*, DuD 2015, 503, 507; *Geschonneck/Meyer/Scheben*, BB 2011, 2677.

[789] Artikel-29-Datenschutzgruppe (Hrsg.), WP 136, 2007, S. 21.

[790] *Roßnagel/Scholz*, MMR 2000, 721, 724; ähnlich auch *Klar/Kühling*, in: Kühling/Buchner, DS-GVO/BDSG, 3. Aufl. 2020, Art. 4 Nr. 5, Rn. 1 f.; *Knopp*, DuD 2015, 527, 529.

[791] Artikel-29-Datenschutzgruppe (Hrsg.), WP 136, 2007, S. 21.

Die Durchführung der sozialen Netzwerkanalyse auf der Grundlage von pseudonymisierten Daten ist für das Versicherungsunternehmen grundsätzlich möglich und aus datenschutzrechtlicher Perspektive empfehlenswert.[792]

5.1.2 Ganz oder teilweise automatisierte Verarbeitung oder nichtautomatisierte Verarbeitung bei Speicherung in Dateisystem

Das personenbezogene Datum für sich genommen stellt für die betroffene Person zunächst kein Risiko dar. Erst die Verarbeitung der personenbezogenen Daten durch andere Akteure schafft spezifische Gefährdungen.[793] Dieser Gedanke kommt auch im Gegenstand und in den Zielen der Datenschutz-Grundverordnung zum Ausdruck. Gemäß Art. 1 Abs. 1 DS-GVO enthält die Verordnung Vorschriften zum Schutz natürlicher Personen „bei der Verarbeitung" personenbezogener Daten.

Was unter einer Verarbeitung personenbezogener Daten zu verstehen ist, wird in Art. 4 Nr. 2 DS-GVO legal definiert. Der Begriff „Verarbeitung" meint danach jeden mit oder ohne Hilfe automatisierter Verfahren ausgeführten Vorgang oder jede solche Vorgangsreihe im Zusammenhang mit personenbezogenen Daten. Mit einem Vorgang ist eine Handlung gemeint, die „einen Zustand (insbes. der Datenkenntnis und -struktur) in einen anderen Zustand" überführt.[794] Ein solch weit gefasster Verarbeitungsbegriff deckt jeden datenschutzrechtlich relevanten Umgang mit personenbezogenen Daten ab und vermeidet dadurch Schutzlücken.[795] Zur besseren Veranschaulichung beinhaltet Art. 4 Nr. 2 DS-GVO zudem eine nicht abschließende Aufzählung von Verarbeitungsvorgängen, die sich lose am typischen Lebenszyklus der Datenverarbeitung orientiert.[796]

[792] Zur Pseudonymisierung im Rahmen der sozialen Netzwerkanalyse ab S. 272.

[793] Vgl. *Steinmüller/Lutterbeck/Mallmann/Harbort/Kolb/Schneider,* Grundfragen des Datenschutzes, 1971 S. 57; *Tiedemann,* NJW 1981, 945, 947 spricht insofern von einer „sozialübliche[n] oder sogar sozialnützliche[n], jedoch gefahrbringende[n], Tätigkeit"; Kategorisierung der Risiken bei *Drackert,* Die Risiken der Verarbeitung personenbezogener Daten, 2014.

[794] *Reimer,* in: Sydow, DS-GVO, 2. Aufl. 2018, Art. 4 Nr. 2, Rn. 47.

[795] Vgl. auch *Roßnagel/Pfitzmann/Garstka,* Modernisierung des Datenschutzrechts, 2001, S. 67 f.

[796] Ähnlich auch *Kühling/Klar/Sackmann,* Datenschutzrecht, 4. Aufl. 2018, Rn. 285; *Räther,* ZHR 2019, 94, 95.

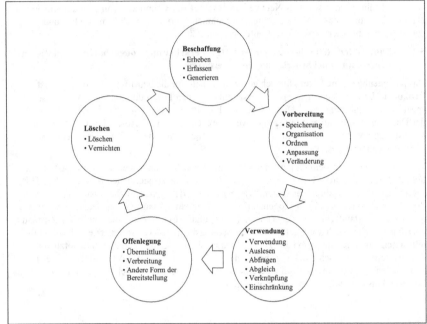

Abbildung 10: Typischer Lebenszyklus der Datenverarbeitung, vgl. Floridi, Information - A very short introduction, 2010, S. 5.

Zunächst müssen die personenbezogenen Daten von der Datenquelle in die Sphäre des Versicherungsunternehmens gelangen.[797] Dazu werden sie von diesem erhoben oder erfasst. Die Begriffe sind nicht völlig trennscharf. „Erheben" bezeichnet die gezielte Beschaffung der personenbezogenen Daten, während „Erfassen" eher die „kontinuierliche Aufzeichnung eines Datenstroms" meint.[798] Gelangen dagegen die personenbezogenen Daten ohne eigenes Zutun und unaufgefordert in die Sphäre des Versicherungsunternehmens, liegt keine Erhebung oder Erfassung vor.[799] Ebenfalls in diese Gruppe gehört das Generieren von personenbezogenen Daten durch das Versicherungsunternehmen selbst. Dabei erhebt oder erfasst es die personenbezogenen Daten nicht aus einer fremden Quelle, sondern erschafft sie selbst. Bei der sozialen Netzwerkanalyse erhebt das Versicherungsunternehmen die personenbezogenen Daten aus der jeweiligen Schadensmeldung sowie aus der Kommunikation mit den Unfallbeteiligten. Dagegen generiert es die Einschätzung des Straßenverkehrsunfalls als auffällig oder unauffällig selbst.

Befinden sich die personenbezogenen Daten in der Sphäre des Versicherungsunternehmens, können sie für ihre spätere Verwendung vorbereitet werden. Dabei handelt es sich gewissermaßen um Hilfstätigkeiten, die die spätere Verwendung ermöglichen oder erleichtern sollen. Das bedeutet zunächst, dass das Versicherungsunternehmen die personenbezogenen Daten speichert. Dazu werden sie auf einem Datenträger aufgenommen und in der Folgezeit

---

[797] Vgl. *Herbst*, in: Kühling/Buchner, DS-GVO/BDSG, 3. Aufl. 2020, Art. 4 Nr. 2 DS-GVO, Rn. 21.

[798] *Herbst*, in: Kühling/Buchner, DS-GVO/BDSG, 3. Aufl. 2020, Art. 4 Nr. 2 DS-GVO, Rn. 22.

[799] *Herbst*, in: Kühling/Buchner, DS-GVO/BDSG, 3. Aufl. 2020, Art. 4 Nr. 2 DS-GVO, Rn. 21.

aufbewahrt.[800] Dies ermöglicht es dem Versicherungsunternehmen, auch künftig auf die Daten zuzugreifen.[801] Soll die nachfolgende Verwendung erleichtert werden, werden die personenbezogenen Daten zudem organisiert und geordnet.[802] Mit Blick auf Art. 4 Nr. 6 DS-GVO meint dies, dass das Versicherungsunternehmen die personenbezogenen Daten in eine strukturierte Sammlung bringt, die nach bestimmten Kriterien zugänglich ist.[803] Gegebenenfalls umfasst die Vorbereitung auch eine Veränderung oder Anpassung der personenbezogenen Daten. Das Versicherungsunternehmen „verändert" personenbezogene Daten, indem er ihnen einen neuen Informations- oder Aussagegehalt gibt.[804] Auch die Anpassung von personenbezogenen Daten ist eine Änderung, allerdings mit der Besonderheit, dass die personenbezogenen Daten inhaltlich an bestimmte andere personenbezogene Daten angeglichen werden.[805] Regelmäßig ist dies der Fall, wenn das Versicherungsunternehmen personenbezogene Daten auf Verlangen der betroffenen Person gemäß Art. 16 DS-GVO berichtigt. Für das Versicherungsunternehmen sind die Vorbereitungshandlungen in erster Linie solche, die die Speicherung der erhobenen Daten in dem sozialen Netzwerk ermöglichen.

Funktional lässt sich in diese Gruppe auch die Einschränkung der personenbezogenen Daten einordnen, da das Versicherungsunternehmen durch sie die späteren Verwendungsmöglichkeiten vorbereitet. In Art. 4 Nr. 3 DS-GVO wird die „Einschränkung" als Markierung gespeicherter personenbezogener Daten mit dem Ziel, ihre künftige Verarbeitung einzuschränken, bezeichnet. Eine Markierung bedeutet gemäß EwG 67 S. 3 DS-GVO, dass die Daten durch das Hinzufügen eines unmissverständlichen Hinweises entsprechend gekennzeichnet werden. Aus Art. 18 Abs. 2 DS-GVO wird deutlich, dass das Versicherungsunternehmen die Daten in der Folge zwar weiterhin speichern, aber nicht anderweitig verarbeiten darf. Dies kommt immer dann in Betracht, wenn die Interessen des Versicherungsunternehmens und der betroffenen Person so gelagert sind, dass die Daten schon nicht mehr verwendet, aber noch nicht gelöscht werden sollen.[806] Die Einschränkung der Verarbeitung führt daher zu einem relativen Verwendungsverbot. Nach EwG 67 S. 2 DS-GVO ist dies auch durch technische Mittel abzusichern. Insbesondere in automatisierten Dateisystemen muss gewährleistet werden, dass die gegenständlichen personenbezogenen Daten in keiner Weise weiterverarbeitet oder verändert werden können. Die Methoden können unter anderem darin bestehen, dass ausgewählte personenbezogenen Daten vorübergehend auf ein anderes Verarbeitungssystem übertragen werden, dass sie für Nutzer gesperrt werden oder dass veröffentliche Daten vorübergehend von einer Website entfernt werden. Die Einschränkung der Verarbeitung ist nur ein relatives und kein absolutes Verwendungsverbot, denn Art. 18 Abs. 2 DS-GVO sieht Ausnahmen von der Einschränkung vor. Danach ist die Verarbeitung der eingeschränkten personenbezogenen Daten zulässig, wenn die betroffene Person einwilligt oder das Versicherungsunternehmen die personenbezogenen Daten zur Geltendmachung, Ausübung oder Verteidigung von Rechtsansprüchen oder zum Schutz der Rechte einer anderen natürlichen oder juristischen Person oder aus Gründen eines wichtigen öffentlichen Interesses der Union oder eines Mitgliedstaats verarbeitet.

---

[800] *Roßnagel*, in: Simitis/Hornung/Spiecker gen. Döhmann, Datenschutzrecht, 2019, Art. 4 Nr. 2, Rn. 19; *Kühling/Klar/Sackmann*, Datenschutzrecht, 4. Aufl. 2018, Rn. 290.

[801] *Herbst*, in: Kühling/Buchner, DS-GVO/BDSG, 3. Aufl. 2020, Art. 4 Nr. 2 DS-GVO, Rn. 24.

[802] *Herbst*, in: Kühling/Buchner, DS-GVO/BDSG, 3. Aufl. 2020, Art. 4 Nr. 2 DS-GVO, Rn. 23.

[803] *Roßnagel*, in: Simitis/Hornung/Spiecker gen. Döhmann, Datenschutzrecht, 2019, Art. 4 Nr. 2, Rn. 17; *Herbst*, in: Kühling/Buchner, DS-GVO/BDSG, 3. Aufl. 2020, Art. 4 Nr. 2 DS-GVO, Rn. 23.

[804] *Kühling/Klar/Sackmann*, Datenschutzrecht, 4. Aufl. 2018, Rn. 291.

[805] *Herbst*, in: Kühling/Buchner, DS-GVO/BDSG, 3. Aufl. 2020, Art. 4 Nr. 2 DS-GVO, Rn. 26.

[806] *Herbst*, in: Kühling/Buchner, DS-GVO/BDSG, 3. Aufl. 2020, Art. 18 DS-GVO, Rn. 1.

Das Herzstück der Verarbeitung ist die eigentliche Verwendung der personenbezogenen Daten. Der Begriff „Verwendung" ist ein Ober- und Auffangbegriff, der „jeden Gebrauch des Informationsgehalts personenbezogener Daten für bestimmte Zwecke" umfasst.[807] Dazu gehören insbesondere das Auslesen, Abfragen, Abgleichen und Verknüpfen der personenbezogenen Daten. Das Versicherungsunternehmen liest personenbezogene Daten aus, wenn es zielgerichtet von bestimmten bei sich gespeicherten Daten Kenntnis nimmt.[808] Dagegen meint „Abfragen" mehr die Durchsuchung und Filterung der gespeicherten personenbezogenen Daten nach bestimmten Kriterien.[809] Bei einem Abgleich – beispielsweise zum Zweck der sozialen Netzwerkanalyse – werden die personenbezogenen Daten mit einem anderen Datenbestand verglichen, um Übereinstimmungen oder Abweichungen erkennen zu können.[810] Hingegen werden beim Verknüpfen verschiedene personenbezogenen Daten zusammengeführt und miteinander verbunden.[811] Das ist beispielsweise der Fall, wenn ein Profil über eine betroffene Person gebildet wird.[812] Im Rahmen der sozialen Netzwerkanalyse sind dies insbesondere diejenigen Verarbeitungstätigkeiten, die die Erkennung verdächtiger Teilnetzwerke, die Erkennung verdächtiger Akteure sowie die Aussteuerung und Visualisierung der Ergebnisse ermöglichen.[813]

In bestimmten Situationen möchte oder muss das Versicherungsunternehmen die personenbezogenen Daten auch anderen Akteuren offenlegen. Eine Offenlegung von personenbezogenen Daten findet statt, indem das Versicherungsunternehmen sie anderen Akteuren zugänglich macht und diese dadurch die Möglichkeit erhalten, sie ihrerseits zu verarbeiten.[814] Die Datenschutz-Grundverordnung nennt beispielhaft zwei aktive Formen (engl. *Push*) und eine passive Form (engl. *Pull*) der Offenlegung.[815] Gibt das Versicherungsunternehmen die personenbezogenen Daten aktiv an einen bestimmten Kreis von Empfängern weiter, dann spricht man von einer „Übermittlung".[816] Keine Rolle spielt es dabei, ob der Empfängerkreis groß oder klein ist; entscheidend ist nur die Bestimmtheit der Empfänger. Ist der Kreis von Empfängern dagegen unbestimmt, handelt es sich um eine „Verbreitung".[817] Dies ist gleichzusetzen mit einer Veröffentlichung, wie es beispielsweise in Art. 37 Abs. 7 DS-GVO genannt wird.[818] Eine passive Form der Offenlegung ist dagegen die „andere Form der Bereitstellung". Anders als bei der aktiven Weitergabe wird hierbei einem bestimmten oder unbestimmten Empfängerkreis die Möglichkeit eingeräumt, durch eigenes Tätigwerden auf die personenbezogenen Daten zugreifen zu können.[819] Im Falle eines Betrugsverdachts wird das Versicherungsunternehmen gegebenenfalls ein zivil- oder strafrechtliches Verfahren anstrengen. In diesem Zusammenhang wird es typischerweise die relevanten personenbezogenen Daten aus der sozialen Netzwerkanalyse an Gerichte und Behörden – insbesondere die Staatsanwaltschaft und Polizei – sowie an externe Berater wie Rechtsanwaltskanzleien übermitteln. Ebenso ist eine Offenlegung denkbar, wenn das

---

[807] *Herbst*, in: Kühling/Buchner, DS-GVO/BDSG, 3. Aufl. 2020, Art. 4 Nr. 2 DS-GVO, Rn. 28.

[808] *Reimer*, in: Sydow, DS-GVO, 2. Aufl. 2018, Art. 4 Nr. 2, Rn. 63.

[809] *Reimer*, in: Sydow, DS-GVO, 2. Aufl. 2018, Art. 4 Nr. 2, Rn. 64.

[810] *Roßnagel*, in: Simitis/Hornung/Spiecker gen. Döhmann, Datenschutzrecht, 2019, Art. 4 Nr. 2, Rn. 27.

[811] *Roßnagel*, in: Simitis/Hornung/Spiecker gen. Döhmann, Datenschutzrecht, 2019, Art. 4 Nr. 2, Rn. 28.

[812] So auch *Roßnagel*, in: Simitis/Hornung/Spiecker gen. Döhmann, Datenschutzrecht, 2019, Art. 4 Nr. 2, Rn. 28.

[813] Zur Anwendung der sozialen Netzwerkanalyse auf konkrete Versicherungsfälle ab S. 63.

[814] Vgl. *Roßnagel*, in: Simitis/Hornung/Spiecker gen. Döhmann, Datenschutzrecht, 2019, Art. 4 Nr. 2, Rn. 25.

[815] *Roßnagel*, in: Simitis/Hornung/Spiecker gen. Döhmann, Datenschutzrecht, 2019, Art. 4 Nr. 2, Rn. 26.

[816] *Reimer*, in: Sydow, DS-GVO, 2. Aufl. 2018, Art. 4 Nr. 2, Rn. 69.

[817] *Reimer*, in: Sydow, DS-GVO, 2. Aufl. 2018, Art. 4 Nr. 2, Rn. 69.

[818] Vgl. *Herbst*, in: Kühling/Buchner, DS-GVO/BDSG, 3. Aufl. 2020, Art. 4 Nr. 2 DS-GVO, Rn. 32.

[819] *Roßnagel*, in: Simitis/Hornung/Spiecker gen. Döhmann, Datenschutzrecht, 2019, Art. 4 Nr. 2, Rn. 24.

Versicherungsunternehmen die soziale Netzwerkanalyse gemeinsam mit einem oder mehreren anderen Versicherungsunternehmen betreiben würde. Das Gleiche gilt, falls das Versicherungsunternehmen einen auf Big-Data-Verfahren spezialisierten Dienstleister mit der Verarbeitung personenbezogenen Daten im Zusammenhang mit der sozialen Netzwerkanalyse betrauen würde.

Am Ende des Lebenszyklus der Verarbeitung personenbezogener Daten beim Versicherungsunternehmen stehen das Löschen und die Vernichtung. Das Versicherungsunternehmen löscht die personenbezogenen Daten, indem es sie auf dem Datenträger derart unkenntlich macht, dass sie nicht mehr verwendet werden können.[820] Der Datenträger selbst bleibt dabei jedoch funktionstüchtig.[821] Dagegen tilgt die Vernichtung nicht die personenbezogenen Daten von dem Datenträger, sondern es wird der gesamte Datenträger – und damit auch die personenbezogenen Daten – physisch zerstört.[822] Bei der sozialen Netzwerkanalyse werden die personenbezogenen Daten regelmäßig nach vier Jahren ab ihrer Erhebung gelöscht.[823]

Grundsätzlich differenziert die Datenschutz-Grundverordnung in ihren Vorschriften nicht zwischen einzelnen Verarbeitungsvorgängen, sondern knüpft an den Oberbegriff der Verarbeitung an. Nur ausnahmsweise wird in einzelnen Vorschriften auf spezielle Verarbeitungsformen Bezug genommen.[824]

Zu beachten ist jedoch, dass nicht jede Verarbeitung personenbezogener Daten dem sachlichen Anwendungsbereich der Datenschutz-Grundverordnung unterfällt.[825] Nach Art. 2 Abs. 1 DS-GVO gilt die Verordnung nur für die ganz oder teilweise automatisierte Verarbeitung personenbezogener Daten sowie für die nichtautomatisierte Verarbeitung personenbezogener Daten, die in einem Dateisystem gespeichert sind oder gespeichert werden sollen. Ausgenommen ist folglich eine nichtautomatisierte Verarbeitung personenbezogener Daten, die nicht in einem Dateisystem gespeichert sind oder gespeichert werden sollen.

Automatisiert ist jede Datenverarbeitung, die mit Hilfe einer Datenverarbeitungsanlage vorgenommen wird.[826] Der Begriff stellt nicht auf eine bestimmte technische Leistungsfähigkeit ab, sondern orientiert sich an Prozessschritten.[827] Eine ganz automatisierte Datenverarbeitung erfolgt ohne jegliche manuelle Zwischenschritte, eine teilweise automatisierte Datenverarbeitung beinhaltet dagegen mindestens einen manuellen Zwischenschritt.[828] Werden personenbezogene Daten ausschließlich manuell verarbeitet, findet die Datenschutz-Grundverordnung nur Anwendung, wenn sie in einem Dateisystem gespeichert sind oder gespeichert werden sollen.[829] Unter einem Dateisystem versteht man

---

[820] *Roßnagel*, in: Simitis/Hornung/Spiecker gen. Döhmann, Datenschutzrecht, 2019, Art. 4 Nr. 2, Rn. 30.

[821] *Reimer*, in: Sydow, DS-GVO, 2. Aufl. 2018, Art. 4 Nr. 2, Rn. 75.

[822] *Reimer*, in: Sydow, DS-GVO, 2. Aufl. 2018, Art. 4 Nr. 2, Rn. 76; Überblick bei *Leeb/Lorenz*, ZD 2018, 573; ausführlich hierzu GDD (Hrsg.), Datenschutzgerechte Datenträgervernichtung, 2019.

[823] Zur Bestimmung der Speicherdauer von vier Jahren ab S. 297.

[824] Beispielsweise stellen Art. 13 und 14 DS-GVO auf die „Erhebung" von personenbezogenen Daten ab.

[825] Zu den weiteren Ausnahmetatbeständen ab S. 110.

[826] *Ernst*, in: Paal/Pauly, DS-GVO BDSG, 3. Aufl. 2021, Art. 2, Rn. 5; *Kühling/Raab*, in: Kühling/Buchner, DS-GVO/BDSG, 3. Aufl. 2020, Art. 2, Rn. 15; Agentur der Europäischen Union für Grundrechte (Hrsg.), Handbuch zum europäischen Datenschutzrecht, 2019, S. 119.

[827] Vgl. *Ernestus*, in: Simitis, BDSG, 8. Aufl. 2014, § 9, Rn. 62.

[828] *Kühling/Raab*, in: Kühling/Buchner, DS-GVO/BDSG, 3. Aufl. 2020, Art. 2, Rn. 16; *Ernst*, in: Paal/Pauly, DS-GVO BDSG, 3. Aufl. 2021, Art. 2, Rn. 6.

[829] S. dazu auch die Besonderheit in § 26 Abs. 7 BDSG bei Datenverarbeitungen für Zwecke des Beschäftigungsverhältnisses.

gemäß Art. 4 Nr. 6 DS-GVO jede strukturierte Sammlung personenbezogener Daten, die nach bestimmten Kriterien zugänglich sind, unabhängig davon, ob diese Sammlung zentral, dezentral oder nach funktionalen oder geografischen Gesichtspunkten geordnet geführt wird.

Da die soziale Netzwerkanalyse typischerweise nicht rein manuell durchgeführt werden kann, erfüllt sie zumindest das Kriterium der teilautomatisierten Verarbeitung. Auf die Abgrenzungsfragen der Dateisysteme kommt es deshalb nicht an.

5.1.3 Keine Ausnahmetatbestände – Insbesondere Abgrenzung zur Richtlinie für Justiz und Inneres (JI-RL)

Werden personenbezogene Daten im Sinne von Art. 2 Abs. 1 DS-GVO verarbeitet, ist der sachliche Anwendungsbereich der Datenschutz-Grundverordnung grundsätzlich eröffnet. Etwas anderes gilt, wenn einer der Ausnahmetatbestände gemäß Art. 2 Abs. 2 bis 4 DS-GVO vorliegt.

So scheidet gemäß Art. 2 Abs. 2 a) und b) DS-GVO eine Anwendung der Datenschutz-Grundverordnung aus, wenn die Datenverarbeitung im Rahmen von Tätigkeiten stattfindet, die nicht in den Anwendungsbereich des Unionsrechts oder aber in den Anwendungsbereich über die Gemeinsame Außen- und Sicherheitspolitik fallen. Ebenso ist die Datenschutz-Grundverordnung nach Art. 2 Abs. 2 c) und d) DS-GVO nicht anwendbar auf die Datenverarbeitung durch natürliche Personen zur Ausübung ausschließlich persönlicher oder familiärer Tätigkeiten oder durch die zuständigen Behörden im Bereich des Strafrechts und der öffentlichen Sicherheit.[830] Ferner bestimmt Art. 2 Abs. 3 DS-GVO, dass die Datenschutz-Grundverordnung ebenfalls nicht für die Datenverarbeitung durch die Organe, Einrichtungen, Ämter und Agenturen der Union gelten soll. Schließlich ordnet Art. 2 Abs. 4 DS-GVO an, dass die Datenschutz-Grundverordnung im Wege der Spezialität hinter die E-Commerce-Richtlinie zurücktritt.

Die vorliegende Datenverarbeitung im Rahmen der sozialen Netzwerkanalyse verwirklicht keinen der zuvor genannten Ausnahmetatbestände. Das gilt insbesondere für die Regelung des Art. 2 Abs. 2 d) DS-GVO. Danach findet die Datenschutz-Grundverordnung keine Anwendung auf die Verarbeitung personenbezogener Daten durch die zuständigen Behörden zum Zwecke der Verhütung, Ermittlung, Aufdeckung oder Verfolgung von Straftaten oder der Strafvollstreckung, einschließlich des Schutzes vor und der Abwehr von Gefahren für die öffentliche Sicherheit. Der Hintergrund der Regelung ist, dass der Schutz natürlicher Personen bei solchen Datenverarbeitungen speziell in einem eigenen Unionrechtsakt – der Richtlinie für Justiz und Inneres (JI-RL) – geregelt ist.[831] Der Ausnahmetatbestand des Art. 2 Abs. 2 d) DS-GVO findet jedoch im vorliegenden Fall keine Anwendung, da schon keine Datenverarbeitung „durch die zuständigen Behörden" vorliegt. Vielmehr werden die personenbezogenen Daten durch das Versicherungsunternehmen verarbeitet. Als nicht öffentlicher Akteur wird dieses nicht von Art. 2 Abs. 2 d) DS-GVO erfasst.[832] Der Umstand, dass auch das Versicherungsunternehmen die soziale Netzwerkanalyse zumindest teilweise zum Zwecke der Verhütung, Ermittlung, Aufdeckung oder Verfolgung von Straftaten durchführt, bleibt unbeachtlich.

---

[830] Zur Problematik privater Nutzer als datenschutzrechtliche Verantwortliche *Wagner*, ZD 2018, 307.

[831] EwG 19 S. 3 DS-GVO.

[832] *Plath*, in: Plath, BDSG/DSGVO, 3. Aufl. 2018, Art. 2 DS-GVO, Rn. 29; *Kühling/Raab*, in: Kühling/Buchner, DS-GVO/BDSG, 3. Aufl. 2020, Art. 2, Rn. 30; *Zerdick*, in: Ehmann/Selmayr, DS-GVO, 2. Aufl. 2018, Art. 2, Rn. 13.

5.2 Räumlicher Anwendungsbereich (Art. 3 DS-GVO)

Für die soziale Netzwerkanalyse muss die Datenschutz-Grundverordnung nicht nur in sachlicher, sondern auch in räumlicher Hinsicht anwendbar sein. Da es sich um Unionsrecht handelt, muss die fragliche Verarbeitung personenbezogener Daten einen räumlichen Bezug zur Europäischen Union aufweisen.[833] Dies kann in Frage stehen, wenn die Datenverarbeitung eine sogenannte Drittlandberührung aufweist. Unter einem Drittland versteht man alle Länder, die weder zur Europäischen Union noch zum Europäischen Wirtschaftsraum gehören. Ob und in welchem Umfang in solchen Fällen die Datenschutz-Grundverordnung zur Anwendung kommt, bestimmt sich nach Art. 3 DS-GVO.[834]

Der primäre Anknüpfungspunkt für einen Unionsbezug der Datenverarbeitung ist die Niederlassung des Verantwortlichen oder Auftragsverarbeiters.[835] Dies wird auch als „Niederlassungsprinzip" bezeichnet.[836] Gemäß Art. 3 Abs. 1 DS-GVO findet die Datenschutz-Grundverordnung Anwendung auf die Verarbeitung personenbezogener Daten, soweit diese im Rahmen der Tätigkeiten einer Niederlassung eines Verantwortlichen oder eines Auftragsverarbeiters in der Union erfolgt. Das gilt unabhängig davon, ob die Verarbeitung in der Union stattfindet. Nach EwG 22 S. 2 DS-GVO setzt eine Niederlassung die effektive und tatsächliche Ausübung einer Tätigkeit durch eine feste Einrichtung voraus.[837] Betreibt das Versicherungsunternehmen das Versicherungsgeschäft – also hier die Kraftfahrzeug-Haftpflichtversicherung – von einer Niederlassung in der Europäischen Union aus, dann ist die Datenschutz-Grundverordnung gemäß Art. 3 Abs. 1 DS-GVO in räumlicher Hinsicht anwendbar.

Sekundär kann der Unionsbezug der Datenverarbeitung auch in dem vom Verantwortlichen oder Auftragsverarbeiter adressierten Markt bestehen. Nach dem sogenannten Marktortprinzip findet die Datenschutz-Grundverordnung gemäß Art. 3 Abs. 2 DS-GVO ebenfalls Anwendung auf die Verarbeitung personenbezogener Daten von betroffenen Personen, die sich in der Union befinden, durch einen nicht in der Union niedergelassenen Verantwortlichen oder Auftragsverarbeiter, wenn die Datenverarbeitung im Zusammenhang damit steht, betroffenen Personen in der Union Waren oder Dienstleistungen anzubieten oder das Verhalten betroffener Personen zu beobachten, soweit ihr Verhalten in der Union erfolgt.[838] In der Versicherungswirtschaft ist eine solch grenzüberschreitende Geschäftätigkeit nur eingeschränkt möglich. Gemäß § 67 Abs. 1 S. 1, § 68 Abs. 1 S. 1 VAG müssen Versicherungsunternehmen eines Drittstaats, die im Inland das Erst- oder Rückversicherungsgeschäft betreiben wollen, grundsätzlich eine Niederlassung im Inland errichten. Ausnahmsweise kann gemäß § 67 Abs. 1 S. 2 VAG davon abgesehen werden, wenn das Versicherungsunternehmen eines Drittstaats von seinem Sitz aus im Inland ausschließlich das Rückversicherungsgeschäft betreibt und die *Europäische Kommission* gemäß Art. 172 Abs. 2 oder 4 der Richtlinie 2009/138/EG entschieden hat, dass die

---

[833] *Hanloser*, in: Wolff/Brink, Beck´scher Onlinekommentar Datenschutzrecht, 34. Edition 2020, Art. 3 DS-GVO, Rn. 1.

[834] Ausführlich zum räumlichen Anwendungsbereich EDSA (Hrsg.), Leitlinien 3/2018 zum räumlichen Anwendungsbereich der DSGVO (Artikel 3), 2019; *Golland*, DuD 2018, 351; *Wieczorek*, DuD 2013, 644.

[835] Ausführlich zum Niederlassungsbegriff *Kartheuer/Schmitt*, ZD 2016, 155.

[836] *von Lewinski*, in: Auernhammer, DS-GVO BDSG, 7. Aufl. 2020, Art. 3 DS-GVO, Rn. 6; *Ennöckl*, in: Sydow, DS-GVO, 2. Aufl. 2018, Art. 3, Rn. 4.

[837] Vgl. dazu auch EuGH, Urteil 01.10.2015, Weltimmo – C-230/14, Rn. 28 ff.; EuGH, Urteil 13.05.2014, Google Spain – C-131/12, Rn. 48 ff.

[838] *von Lewinski*, in: Auernhammer, DS-GVO BDSG, 7. Aufl. 2020, Art. 3 DS-GVO, Rn. 11 f.; *Ennöckl*, in: Sydow, DS-GVO, 2. Aufl. 2018, Art. 3, Rn. 11; ausführlich zum Marktortprinzip in der Datenschutz-Grundverordnung *Pollmann*, DuD 2018, 383.

Solvabilitätssysteme für Rückversicherungstätigkeiten von Unternehmen in diesem Drittstaat dem in dieser Richtlinie beschriebenen System gleichwertig sind oder aufgrund eines Abkommens der Europäischen Union mit einem Drittstaat Versicherungsunternehmen aus dem jeweiligen Drittstaat ohne das Erfordernis einer Erlaubnis oder einer Niederlassung Rückversicherungsgeschäfte im Inland tätigen dürfen und die im Abkommen geregelten Voraussetzungen erfüllt sind. Mit Blick auf die hier untersuchte Kraftfahrzeug-Haftpflichtversicherung als Erstversicherungsgeschäft kommt daher eine Eröffnung des räumlichen Anwendungsbereichs aufgrund von Art. 3 Abs. 2 DS-GVO nicht in Betracht.

Tertiär kann sich der Unionsbezug der Datenverarbeitung auch aus dem Völkerrecht ergeben. Gemäß Art. 3 Abs. 3 DS-GVO findet die Datenschutz-Grundverordnung Anwendung auf die Verarbeitung personenbezogener Daten durch einen nicht in der Union niedergelassenen Verantwortlichen an einem Ort, der aufgrund des Völkerrechts dem Recht eines Mitgliedstaats unterliegt. Letzteres betrifft gemäß EwG 25 DS-GVO beispielsweise diplomatische oder konsularische Vertretungen eines Mitgliedstaats. Diese Konstellation ist jedoch für die hier untersuchte soziale Netzwerkanalyse nicht relevant.

Die räumliche Anwendbarkeit der Datenschutz-Grundverordnung für die Verarbeitung personenbezogener Daten im Rahmen der sozialen Netzwerkanalyse folgt daher regelmäßig aus Art. 3 Abs. 1 DS-GVO. Das gilt für Versicherungsunternehmen, die typischerweise eine Niederlassung in der Europäischen Union haben. Versicherungsunternehmen ohne Niederlassung in der Europäischen Union kommen nur für das Rückversicherungsgeschäft in Betracht, welches jedoch nicht Gegenstand dieser Arbeit ist. Darüber hinaus ist eine Drittlandberührung denkbar, wenn ein Versicherungsunternehmen mit Niederlassung in der Europäischen Union beispielsweise einen Auftragsverarbeiter aus einem Drittland mit Verarbeitungstätigkeiten betrauen würde. Je nach konkreter Ausgestaltung könnte für den Auftragsverarbeiter die Datenschutz-Grundverordnung gemäß Art. 3 Abs. 2 b) DS-GVO Anwendung finden. Die Einschaltung von außereuropäischen Auftragsverarbeitern ist jedoch ebenfalls nicht Gegenstand dieser Arbeit.

5.3 Persönlicher Anwendungsbereich – Steigende Komplexität bei Big-Data-Anwendungen

Der persönliche Anwendungsbereich der Datenschutz-Grundverordnung ist – anders als der sachliche und räumliche – nicht explizit geregelt. Er ergibt sich jedoch aus Art. 4 DS-GVO und der Gesamtschau der übrigen Vorschriften. Der persönliche Anwendungsbereich legt fest, auf welche Personen die Datenschutz-Grundverordnung Anwendung findet. Prinzipiell können an der Verarbeitung personenbezogener Daten verschiedene Akteure beteiligt sein. Die Datenschutz-Grundverordnung unterscheidet dabei im Wesentlichen drei Rollen:

- Betroffene Person (Art. 4 Nr. 1 DS-GVO)

- Verantwortlicher (Art. 4 Nr. 7 DS-GVO)

- Auftragsverarbeiter (Art. 4 Nr. 8 DS-GVO)

Der Verantwortliche und der Auftragsverarbeiter sind diejenigen Akteure, die personenbezogene Daten verarbeiten, während die betroffene Person, derjenige Akteur ist, dessen Daten verarbeitet werden. Für eine ordnungsgemäße Anwendung der Vorschriften ist es unabdingbar, zu verstehen, welcher Beteiligte welche Rolle einnimmt. Andernfalls ist es kaum möglich, seine jeweiligen Rechte und Pflichten zu bestimmen. Bei einfachen Datenverarbeitungsvorgängen ist die Zuordnung mit wenig Aufwand möglich. Je komplexer jedoch die Prozesse ausgestaltet sind, desto anspruchsvoller ist es, die an der Datenverarbeitung beteiligten Akteure richtig einzuordnen.

An der sozialen Netzwerkanalyse sind verschiedene juristische und natürliche Personen beteiligt. Auf der einen Seite sind dies das Versicherungsunternehmen sowie die Sachbearbeiter und Betrugsabwehrspezialisten. Auf der anderen Seite stehen insbesondere der Versicherungsnehmer, die mitversicherte Person, der Geschädigte sowie der Zeuge. Je nach Ausgestaltung der sozialen Netzwerkanalyse können noch weitere Personen hinzukommen, wie beispielsweise andere Versicherungsunternehmen, externe Dienstleister sowie Ärzte, Werkstätten oder Anwälte. Nicht alle dieser beteiligten Personen sind jedoch auch Träger von Rechten oder Pflichten aus der Datenschutz-Grundverordnung.

5.3.1 Betroffene Person (Art. 4 Nr. 1 DS-GVO)

Unter einer betroffenen Person versteht man gemäß Art. 4 Nr. 1 DS-GVO jede identifizierte oder identifizierbare natürliche Person, deren personenbezogene Daten verarbeitet werden. Die betroffene Person ist das Schutzsubjekt der Datenschutz-Grundverordnung. Sie soll gemäß Art. 1 Abs. 1 DS-GVO vor den Risiken der Verarbeitung ihrer personenbezogenen Daten geschützt werden.

Der Versicherungsnehmer, die mitversicherte Person, der Geschädigte sowie der Zeuge sind betroffene Personen, sofern es sich bei ihnen um natürliche Personen handelt.[839] Dies ist regelmäßig der Fall, es sei denn der Halter des Kraftfahrzeugs ist eine juristische Person. Das Gleiche gilt für die Konstellation, dass die an den Straßenverkehrsunfällen bzw. deren Aufarbeitung beteiligten Werkstätten, Anwaltskanzleien, Arztpraxen oder Sachverständigenbüros in die soziale Netzwerkanalyse aufgenommen würden. Sofern es sich bei ihnen um natürliche Personen handelt, sind es betroffene Personen. Handelt es sich dagegen um juristische Personen oder Personenmehrheiten, können sie grundsätzlich keine betroffenen Personen sein.

---

[839] Zur natürlichen Person ab S. 97.

Versteht man die betroffene Person als „Schutzsubjekt", darf sie nicht bloß auf eine passive Rolle beschränkt sein. Sie soll vielmehr den datenverarbeitenden Akteuren auf Augenhöhe gegenübertreten. Zu diesem Zweck werden ihr durch die Datenschutz-Grundverordnung verschiedene Rechte eingeräumt, die es ihr ermöglichen, die sie betreffende Datenverarbeitung nachzuvollziehen, zu überprüfen und gegebenenfalls zu beeinflussen. Diese Rechte stärken die Souveränität der betroffenen Person und bilden die Grundlage dafür, dass sie ihre personenbezogenen Daten selbstbestimmt schützen kann. Möchte man die Betroffenenrechte systematisieren, kann zwischen Transparenz-, Steuerungs-, Kompensations- und Beschwerderechten unterschieden werden.[840]

Die Transparenzrechte ermöglichen es der betroffenen Person, die Verarbeitung ihrer personenbezogenen Daten nachzuvollziehen. Im Einzelnen dienen dazu:

- Informationspflicht des Verantwortlichen (Art. 13 oder 14 DS-GVO)

- Recht auf Auskunft (Art. 15 DS-GVO)

- Benachrichtigungspflicht des Verantwortlichen (Art. 34 DS-GVO)

Die betroffene Person soll die Verarbeitung ihrer personenbezogenen Daten jedoch nicht nur nachvollziehen, sondern auch beeinflussen können. Gemäß EwG 7 S. 2 DS-GVO sollten natürliche Personen die Kontrolle über ihre eigenen Daten besitzen. Die Datenschutz-Grundverordnung sieht daher verschiedene Rechte vor, die es der betroffenen Person erlauben, „steuernd in den Prozess der Datenverarbeitung einzugreifen".[841] Mit Hilfe dieser Steuerungsrechte kann sie über das „ob" und das „wie" der Datenverarbeitung entscheiden und sie entsprechend erlauben, lenken oder verhindern:

- Einwilligung (Art. 6 Abs. 1 S. 1 a) DS-GVO)

- Recht auf Widerruf der Einwilligung (Art. 7 Abs. 3 DS-GVO)

- Recht auf Berichtigung (Art. 16 DS-GVO)

- Recht auf Löschung (Art. 17 DS-GVO)

- Recht auf Einschränkung der Verarbeitung (Art. 18 DS-GVO)

- Recht auf Datenübertragbarkeit (Art. 20 DS-GVO)

- Recht auf Widerspruch (Art. 21 DS-GVO)

Entstehen der betroffenen Person durch einen Verstoß gegen die Datenschutz-Grundverordnung materielle oder immaterielle Schäden, sollen diese Schäden kompensiert werden. Das spezielle Kompensationsrecht aus der Datenschutz-Grundverordnung wird dabei durch die allgemeinen Vorschriften aus dem Zivilrecht ergänzt:

- Recht auf Schadensersatz (Art. 82 DS-GVO)

- Recht auf Schadensersatz (§ 823 BGB)

- Recht auf Schadensersatz (§ 280, § 311 Abs. 1 oder 2 BGB)

Die betroffene Person muss dem Verantwortlichen oder Auftragsverarbeiter nicht zwingend alleine gegenübertreten. Sie hat das Recht, sich bei innerorganisatorischen oder staatlichen

---

[840] Vgl. *Dix*, in: Schmidt/Weichert, Datenschutz, 2012, S. 290; *Franck*, RDV 2016, 111.
[841] Vgl. *Tinnefeld/Buchner/Petri*, Einführung in das Datenschutzrecht, 5. Aufl. 2012, S. 275.

Kontrollstellen zu beschweren und insbesondere die zuständige Aufsichtsbehörde einzuschalten:

- Recht auf Einschaltung des Datenschutzbeauftragten (Art. 38 Abs. 4 DS-GVO)
- Recht auf Beschwerde bei einer Aufsichtsbehörde (Art. 77 DS-GVO)
- Recht auf gerichtlichen Rechtsbehelf (Art. 79 DS-GVO).

Jedenfalls stehen dem Versicherungsnehmer, der mitversicherten Person, dem Geschädigten sowie dem Zeugen als betroffene Personen diese Rechte gegenüber dem Versicherungsunternehmen zu. Dieses muss daher von Anfang an geeignete Maßnahmen ergreifen, um den betroffenen Personen die Ausübung ihrer Rechte zu erleichtern und um auf ein entsprechendes Verlangen reagieren zu können.[842]

5.3.2 Verantwortlicher (Art. 4 Nr. 7 DS-GVO)

Wer für die Datenverarbeitung verantwortlich ist, wird in Art. 4 Nr. 7 DS-GVO bestimmt. Danach ist der Verantwortliche diejenige natürliche oder juristische Person, Behörde, Einrichtung oder andere Stelle, die allein oder gemeinsam mit anderen über die Zwecke und Mittel der Verarbeitung von personenbezogenen Daten entscheidet.

Die Zuweisung von Verantwortung ist für den Schutz der betroffenen Personen elementar. So wird in EwG 79 DS-GVO ausdrücklich festgestellt, dass es zum Schutz der Rechte und Freiheiten der betroffenen Personen sowie bezüglich der Verantwortung und Haftung der Verantwortlichen und der Auftragsverarbeiter – auch mit Blick auf die Überwachungs- und sonstigen Maßnahmen von Aufsichtsbehörden – einer klaren Zuteilung der Verantwortlichkeiten durch die Datenschutz-Grundverordnung bedarf. Dahinter steht der Gedanke, dass die Regelungen zum Schutz der betroffenen Personen nur effektiv umgesetzt werden können, wenn klar ist, wer die daraus folgenden Maßnahmen ergreifen soll.[843] Dies gilt insbesondere, wenn mehrere Akteure an der Datenverarbeitung beteiligt sind. Wenn hierbei die Verantwortlichkeit nicht deutlich zugewiesen ist, kann nicht ausgeschlossen werden, dass sich kein Akteur zuständig fühlt. In diesem Fall ist zu befürchten, dass keinerlei Maßnahmen ergriffen werden und der Schutz der betroffenen Personen praktisch leerläuft.[844] Es ist daher unabdingbar, zu bestimmen, wer die Verantwortung für die datenschutzrechtlichen Maßnahmen trägt.

Wird die soziale Netzwerkanalyse allein durch das Versicherungsunternehmen durchgeführt, ist die Bestimmung des Verantwortlichen eindeutig. Kommen hierfür jedoch mehr als ein Akteur in Betracht – etwa weil das Versicherungsunternehmen mit anderen Versicherungsunternehmen zusammenarbeitet oder weil es einen externen Dienstleister mit der Durchführung der sozialen Netzwerkanalyse beauftragt –, so muss im Einzelfall untersucht werden, welcher Akteur für die Datenverarbeitung verantwortlich ist.

5.3.2.1 Geeigneter Akteur

Wer überhaupt Verantwortlicher sein kann, ergibt sich aus Art. 4 Nr. 7 DS-GVO. Danach kommen natürliche oder juristische Personen, Behörden, Einrichtungen oder andere Stellen als geeignete Akteure in Betracht. Die Aufzählung beinhaltet dabei eine immanente Trennung

---

[842] Zu den erforderlichen Richtlinien und Prozessen ab S. 330.

[843] Vgl. Artikel-29-Datenschutzgruppe (Hrsg.), WP 169, 2010, S. 6.

[844] Vgl. Artikel-29-Datenschutzgruppe (Hrsg.), WP 169, 2010, S. 9.

zwischen privaten und öffentlichen Stellen.[845] Der hier relevante private Bereich umfasst natürliche oder juristische Personen oder andere private Stellen. Datenschutzrechtlicher Akteur ist stets der Rechtsträger.[846] Erfolgt die Verarbeitung personenbezogener Daten im Rahmen der Tätigkeit einer juristischen Person, dann ist diese auch der maßgebliche Akteur.[847] Dagegen verarbeiten ihre Organe, Organisationsbereiche oder Mitarbeiter die Daten „nicht für sich persönlich, sondern in Vertretung und mit Wirkung für die juristische Person".[848] Dies kommt auch in Art. 4 Nr. 10 DS-GVO zum Ausdruck, wenn solche Personen als „Personen, die unter der unmittelbaren Verantwortung des Verantwortlichen oder des Auftragsverarbeiters befugt sind, die personenbezogenen Daten zu verarbeiten", bezeichnet werden. Auch wenn eine juristische Person einer bestimmten Person – beispielsweise dem Datenschutzbeauftragten – die Gesamtzuständigkeit für den Schutz personenbezogener Daten zuweist, wird diese Person dadurch nicht zum Verantwortlichen im Sinne von Art. 4 Nr. 7 DS-GVO.[849]

Für die soziale Netzwerkanalyse folgt daraus zunächst, dass nur das Versicherungsunternehmen Verantwortlicher nach Art. 4 Nr. 7 DS-GVO sein kann. Sowohl der Organisationsbereich der Sachbearbeiter als auch derjenige der Betrugsabwehrspezialisten verarbeitet die personenbezogenen Daten lediglich für das Versicherungsunternehmen und kommt daher nicht als eigener Verantwortlicher in Betracht. Das Gleiche gilt für den Datenschutzbeauftragten des Versicherungsunternehmens. Auch wenn das Versicherungsunternehmen mit anderen Versicherungsunternehmen oder externen Dienstleistern zusammenarbeitet kommen nur deren Rechtsträger als Akteure, nicht aber einzelne Organisationsbereiche oder Mitarbeiter, in Betracht.

5.3.2.2   Entscheidungsmacht über Zwecke und Mittel

Das prägende Merkmal des Verantwortlichen ist seine Entscheidungsmacht.[850] Er ist derjenige, der über die Zwecke und Mittel der Verarbeitung von personenbezogenen Daten entscheidet. Dabei geht es nicht darum, wer formal über die Datenverarbeitung entscheidet, sondern wer sie wirklich veranlasst und maßgeblich beeinflusst.[851]

Aus Art. 4 Nr. 7 DS-GVO folgt, dass sich die Entscheidungsmacht auf die Zwecke und Mittel – also auf das „warum" und „wie" – der Datenverarbeitung beziehen muss. Was unter einem „Zweck" zu verstehen ist, wird in der Datenschutz-Grundverordnung nicht weiter präzisiert. Nach allgemeinem Verständnis ist damit jedoch das Ziel der Datenverarbeitung gemeint.[852] Die Bestimmung des Zwecks ist eine wesentliche Weichenstellung für die weitere Datenverarbeitung. Aufgrund dieser Bedeutung muss die Entscheidungshoheit hierüber zwingend beim Verantwortlichen liegen. Oder umgekehrt formuliert: Wer über den Zweck der

---

[845] Die „private Stelle" wird insbesondere in Art. 55 Abs. 2 S. 1 DS-GVO erwähnt. Die Bezeichnung „öffentliche Stelle" findet sich insbesondere in Art. 27 Abs. 2 b), Art. 37 Abs. 1 a) und 3, Art. 41 Abs. 6, Art. 46 Abs. 2 a) und 3 b) sowie in Art. 83 Abs. 7 DS-GVO.

[846] *Schantz*, in: Schantz/Wolff, Das neue Datenschutzrecht, 2017, Rn. 359; vgl. auch Agentur der Europäischen Union für Grundrechte (Hrsg.), Handbuch zum europäischen Datenschutzrecht, 2019, S. 123.

[847] EDSA (Hrsg.), Guidelines 07/2020 on the concept of controller and processor in the GDPR, 2020, S. 10.

[848] Vgl. *Dammann/Simitis*, EG-Datenschutzrichtlinie, 1997, Art. 2, Rn. 11.

[849] EDSA (Hrsg.), Guidelines 07/2020 on the concept of controller and processor in the GDPR, 2020, S. 10; Artikel-29-Datenschutzgruppe (Hrsg.), WP 243, 2017, S. 5.

[850] EDSA (Hrsg.), Guidelines 07/2020 on the concept of controller and processor in the GDPR, 2020, S. 10.

[851] Vgl. Artikel-29-Datenschutzgruppe (Hrsg.), WP 169, 2010, S. 12.

[852] Zur Definition und Bedeutung des Zwecks ab S. 253.

Datenverarbeitung entscheidet, ist stets Verantwortlicher gemäß Art. 4 Nr. 7 DS-GVO.[853] Auch die Mittel der Datenverarbeitung werden in der Datenschutz-Grundverordnung nicht definiert. Nach allgemeinem Verständnis bezeichnen die Mittel in diesem Zusammenhang die „Art und Weise, wie ein Ergebnis oder Ziel erreicht wird".[854] Die Mittel der Datenverarbeitung können inhaltliche oder technische und organisatorische Aspekte betreffen. Es ist nicht erforderlich, dass der Verantwortliche über jedes Mittel der Datenverarbeitung entscheidet, jedoch müssen ihm die wesentlichen Entscheidungen vorbehalten bleiben.[855] In Art. 28 Abs. 3 S. 1 DS-GVO bestimmt die Datenschutz-Grundverordnung, welche Elemente der Datenverarbeitung der Verantwortliche festlegen muss, wenn er einen Auftragsverarbeiter mit einer Datenverarbeitung betrauen möchte. Daraus lässt sich vorsichtig ableiten, welche Entscheidungen die Datenschutz-Grundverordnung als wesentlich ansieht – den Gegenstand und die Dauer der Verarbeitung, die Art und den Zweck der Verarbeitung, die Art der personenbezogenen Daten sowie die Kategorien betroffener Personen.[856] Über die Auflistung in Art. 28 Abs. 3 S. 1 DS-GVO hinaus sind noch die Empfänger der personenbezogenen Daten zu ergänzen.[857] Bei diesen Mitteln handelt es sich um solche, die „traditionell und naturgemäß" in der Entscheidungsmacht des Verantwortlichen liegen.[858] Dagegen können nicht wesentliche Mittel – beispielsweise technische und organisatorische Aspekte der Datenverarbeitung – auch an den Auftragsverarbeiter delegiert werden.[859]

Wer die tatsächliche Entscheidungsmacht über diese Zwecke und wesentlichen Mittel der Datenverarbeitung innehat, wird anhand von rechtlichen und faktischen Umständen ermittelt, die typischerweise einen Rückschluss auf den tatsächlichen Einfluss erlauben.[860]

5.3.2.2.1 Entscheidungsmacht aufgrund rechtlicher Umstände

Als rechtliche Umstände kommen Rechtsvorschriften aus dem Unionsrecht oder dem Recht eines Mitgliedstaats sowie die Vertragsbeziehungen zwischen den an der Datenverarbeitung beteiligten Akteuren in Betracht. So sieht die Datenschutz-Grundverordnung in Art. 4 Nr. 7 DS-GVO die Möglichkeit vor, dass Rechtsvorschriften den Verantwortlichen oder die bestimmten Kriterien seiner Benennung festlegen können. In den meisten Fällen jedoch regeln Rechtsvorschriften die Verantwortlichkeit der Datenverarbeitung nicht ausdrücklich, sondern gewähren einem bestimmten Akteur lediglich ein Recht oder erlegen ihm eine Pflicht auf, bestimmte personenbezogene Daten zu verarbeiten.[861] Der Träger eines solchen Rechts oder einer solchen Pflicht ist in diesem Fall der Verantwortliche für die entsprechende Datenverarbeitung.[862]

---

[853] Vgl. Artikel-29-Datenschutzgruppe (Hrsg.), WP 169, 2010, S. 18; vgl. EDSB (Hrsg.), Leitlinien des EDSB zu den Begriffen „Verantwortlicher", „Auftragsverarbeiter" und „gemeinsam Verantwortliche" nach der Verordnung (EU) 2018/1725, 2019, S. 9.

[854] Vgl. Artikel-29-Datenschutzgruppe (Hrsg.), WP 169, 2010, S. 16.

[855] EDSA (Hrsg.), Guidelines 07/2020 on the concept of controller and processor in the GDPR, 2020, S. 13 f.; vgl. EDSB (Hrsg.), Leitlinien des EDSB zu den Begriffen „Verantwortlicher", „Auftragsverarbeiter" und „gemeinsam Verantwortliche" nach der Verordnung (EU) 2018/1725, 2019, S. 9 f.

[856] EDSA (Hrsg.), Guidelines 07/2020 on the concept of controller and processor in the GDPR, 2020, S. 14.

[857] EDSA (Hrsg.), Guidelines 07/2020 on the concept of controller and processor in the GDPR, 2020, S. 14.

[858] Vgl. Artikel-29-Datenschutzgruppe (Hrsg.), WP 169, 2010, S. 17

[859] EDSA (Hrsg.), Guidelines 07/2020 on the concept of controller and processor in the GDPR, 2020, S. 13.

[860] EDSA (Hrsg.), Guidelines 07/2020 on the concept of controller and processor in the GDPR, 2020, S. 10; vgl. Artikel-29-Datenschutzgruppe (Hrsg.), WP 169, 2010, S. 12.

[861] EDSA (Hrsg.), Guidelines 07/2020 on the concept of controller and processor in the GDPR, 2020, S. 11; vgl. EDSB (Hrsg.), Leitlinien des EDSB zu den Begriffen „Verantwortlicher", „Auftragsverarbeiter" und „gemeinsam Verantwortliche" nach der Verordnung (EU) 2018/1725, 2019, S. 8 f.

[862] EDSA (Hrsg.), Guidelines 07/2020 on the concept of controller and processor in the GDPR, 2020, S. 11.

Neben den Rechtsvorschriften aus dem Unionsrecht oder dem Recht eines Mitgliedstaats sind zudem die Vertragsbeziehungen zwischen den beteiligten Akteuren zu berücksichtigen. So ist es auch hier möglich, dass in einem Vertrag einem Akteur ausdrücklich die Verantwortung für die Datenverarbeitung zugewiesen wird.[863] Sollte das nicht der Fall sein, lässt sich zumeist aus den vertraglich formulierten Rechten und Pflichten erkennen, welche Vertragspartei eine vorherrschende Rolle in Bezug auf die Datenverarbeitung einnehmen soll.[864] Insbesondere bei vertraglichen Zuweisungen ist jedoch sorgfältig zu prüfen, ob diejenige Vertragspartei, der formal die Verantwortung zugewiesen ist, auch tatsächlich Einfluss auf die Datenverarbeitung nehmen kann.[865] Ist letzteres nicht der Fall, ist die vertragliche Regelung unbeachtlich, denn die Akteure können ihre Rolle als Verantwortlicher nicht vertraglich abwälzen.[866]

Betrachtet man die rechtlichen Umstände im Zusammenhang mit der sozialen Netzwerkanalyse, wird deutlich, dass das Versicherungsunternehmen für diese Datenverarbeitung Verantwortlicher im Sinne von Art. 4 Nr. 7 DS-GVO ist. Zwar legen keine Rechtsvorschriften im Versicherungsrecht das Versicherungsunternehmen ausdrücklich oder aufgrund bestimmter Kriterien als Verantwortlichen fest. Jedoch gewähren insbesondere die Vorschriften aus § 31 Abs. 1 und 2, § 100 und § 119 Abs. 2 VVG dem Versicherungsunternehmen das Recht, bestimmte personenbezogene Daten zu verarbeiten.[867] Diese Bewertung ändert sich nicht, wenn es mit anderen Versicherungsunternehmen zusammenarbeitet oder es einen externen Dienstleister mit der Durchführung der sozialen Netzwerkanalyse beauftragt, denn das Versicherungsunternehmen kann seine Verantwortlichkeit nicht auf andere Akteure übertragen. Für andere eventuell beteiligte Versicherungsunternehmen gilt ebenfalls, dass die genannten versicherungsrechtlichen Vorschriften ihre Rolle als Verantwortlicher implizieren, denn ihnen stehen die gleichen Rechte und Pflichten wie dem ersten Versicherungsunternehmen zu. Über die Rolle von externen Dienstleistern geben rechtliche Umstände dagegen nur selten Aufschluss. Dies gilt auch, wenn die Akteure eine Auftragsverarbeitungsvereinbarung nach Art. 28 Abs. 3 DS-GVO abgeschlossen haben und den externen Dienstleister als Auftragsverarbeiter bezeichnen. Externe Dienstleister sind nicht Auftragsverarbeiter, weil sie eine Auftragsverarbeitungsvereinbarung abgeschlossen haben, sondern sie schließen eine Auftragsverarbeitungsvereinbarung ab, weil bzw. wenn sie Auftragsverarbeiter sind. Ihre Rolle muss daher typischerweise aufgrund faktischer Umstände bestimmt werden.

5.3.2.2.2 Entscheidungsmacht aufgrund faktischer Umstände

Häufig erlauben die rechtlichen Umstände bereits einen Rückschluss auf den Einfluss der beteiligten Akteure. Wie jedoch anfangs beschrieben, geht es bei der Bestimmung des Verantwortlichen nicht darum, wer formal über die Datenverarbeitung entscheidet, sondern wer sie tatsächlich veranlasst und maßgeblich beeinflusst.[868] Wenn sich die Verantwortlichkeit nicht schon aus Rechtsvorschriften aus dem Unionsrecht oder dem Recht eines Mitgliedstaats ergibt, ist daher zu prüfen, wer tatsächlich über die Datenverarbeitung entscheiden kann. In der Datenschutz-Grundverordnung finden sich hierzu keine weiteren Vorgaben. Es existieren jedoch verschiedene faktische Umstände, die typischerweise für die tatsächliche Entscheidungsmacht eines Akteurs sprechen.

---

[863] EDSA (Hrsg.), Guidelines 07/2020 on the concept of controller and processor in the GDPR, 2020, S. 12; vgl. Artikel-29-Datenschutzgruppe (Hrsg.), WP 169, 2010, S. 14.

[864] Vgl. Artikel-29-Datenschutzgruppe (Hrsg.), WP 169, 2010, S. 14.

[865] Vgl. Artikel-29-Datenschutzgruppe (Hrsg.), WP 169, 2010, S. 14.

[866] EDSA (Hrsg.), Guidelines 07/2020 on the concept of controller and processor in the GDPR, 2020, S. 12.

[867] Ausführlich zu den Vorschriften der § 31 Abs. 1 und 2, § 100 und § 119 Abs. 2 VVG ab S. 177.

[868] Vgl. Artikel-29-Datenschutzgruppe (Hrsg.), WP 169, 2010, S. 12.

So ist der Verantwortliche regelmäßig derjenige, der die Datenverarbeitung veranlasst und sie auch wieder beenden kann.[869] Andere Akteure würden die konkreten Daten nicht verarbeiten, wenn sie nicht von diesem ersten Akteur dazu veranlasst worden wären.[870] Diese Veranlassung der Datenverarbeitung beruht zumeist darauf, dass der Verantwortliche aus der Datenverarbeitung einen Nutzen ziehen kann.[871] Das sogenannte Cui-Bono-Prinzip (von lat. *cui bono* = Wem zum Vorteil) ist auch für die Bestimmung des Verantwortlichen im Datenschutzrecht ein starker Indikator. Ein solcher Nutzen darf jedoch nicht lediglich darin bestehen, für bestimmte Verarbeitungsvorgänge Zahlungen zu erhalten.[872] Ein Nutzen besteht insbesondere dann, wenn ein Akteur aufgrund oder mit Hilfe der Datenverarbeitung Entscheidungen über die betroffenen Personen treffen kann. Letzteres wird regelmäßig der Fall sein, wenn dieser Akteur in einer Beziehung zu den betroffenen Personen steht.[873] Diese vier Umstände – Veranlassung der Datenverarbeitung, Nutzen aus der Datenverarbeitung, Folgeentscheidungen aufgrund der Datenverarbeitung und Beziehung zu den betroffenen Personen – liefern regelmäßig starke Indizien für oder gegen die tatsächliche Entscheidungsmacht eines Akteurs.

Bei der sozialen Netzwerkanalyse ist das Versicherungsunternehmen typischerweise derjenige Akteur, der die Datenverarbeitung veranlasst. Das gilt spiegelbildlich auch für die anderen Versicherungsunternehmen, mit denen es eventuell zusammenarbeitet. Dagegen würde ein externer Dienstleister, der mit der Durchführung der sozialen Netzwerkanalyse betraut ist, die konkreten personenbezogenen Daten nicht verarbeiten, wenn er nicht vom Versicherungsunternehmen dazu veranlasst worden wäre. Abgesehen von Zahlungen für die Durchführung der sozialen Netzwerkanalyse zieht der externe Dienstleister keinen Nutzen aus der Datenverarbeitung. Letztere nützt allein den Versicherungsunternehmen, denn die Datenverarbeitung hilft ihnen dabei, betrugsverdächtige Schadensmeldungen zu erkennen und unbegründete Ansprüche von Geschädigten abzuwehren.[874] Auch haben nur die Versicherungsunternehmen eine Beziehung zu den betroffenen Personen. Aus den faktischen Umständen der sozialen Netzwerkanalyse folgt daher, dass das Versicherungsunternehmen sowie andere Versicherungsunternehmen, mit denen es möglicherweise zusammenarbeitet, als Verantwortliche einzuordnen sind. Würde das Versicherungsunternehmen dagegen einen externen Dienstleister mit der Datenverarbeitung betrauen, ist dieser regelmäßig Auftragsverarbeiter im Sinne von Art. 28 DS-GVO.

5.3.2.3 Alleinige oder gemeinsame Verantwortlichkeit

Ein Verantwortlicher muss nicht zwingend allein über die Datenverarbeitung entscheiden. Die Datenschutz-Grundverordnung macht in Art. 4 Nr. 7 und Art. 26 Abs. 1 S. 1 DS-GVO deutlich, dass auch zwei oder mehr Verantwortliche die Zwecke und Mittel gemeinsam festlegen können. In diesem Fall werden sie als gemeinsam Verantwortliche bezeichnet. Nicht jede Datenverarbeitung, an der mehrere Verantwortliche beteiligt sind, führt jedoch zwangsläufig zu einer gemeinsamen Verantwortlichkeit.[875] Die beteiligten Akteure können auch getrennt

---

[869] Vgl. Artikel-29-Datenschutzgruppe (Hrsg.), WP 169, 2010, S. 11; *Gierschmann*, ZD 2020, 69, 72.

[870] Vgl. Artikel-29-Datenschutzgruppe (Hrsg.), WP 169, 2010, S. 16.

[871] EDSA (Hrsg.), Guidelines 07/2020 on the concept of controller and processor in the GDPR, 2020, S. 46; *Gierschmann*, ZD 2020, 69, 72.

[872] EDSA (Hrsg.), Guidelines 07/2020 on the concept of controller and processor in the GDPR, 2020, S. 46.

[873] EDSA (Hrsg.), Guidelines 07/2020 on the concept of controller and processor in the GDPR, 2020, S. 46; *Gierschmann*, ZD 2020, 69, 72.

[874] Zur wirtschaftlichen Dimension von Versicherungsbetrug ab S. 28.

[875] EDSA (Hrsg.), Guidelines 07/2020 on the concept of controller and processor in the GDPR, 2020, S. 17; DSK (Hrsg.), Kurzpapier Nr. 16 - Gemeinsam für die Verarbeitung Verantwortliche, Art. 26 DS-GVO, 2018, S. 2.

Verantwortliche sein.[876] Es kommt vielmehr darauf an, dass die Verantwortlichen gemeinsam über die Zwecke und Mittel entscheiden.[877]

Eine gemeinsame Entscheidung über die Zwecke der Datenverarbeitung liegt regelmäßig dann vor, wenn die Verantwortlichen mit der konkreten Verarbeitung identische oder zumindest einheitliche Zwecke verfolgen.[878] Während eine Zweckidentität dieselben Zwecke erfordert, umfasst eine Zweckeinheit solche Zwecke, die eng miteinander verbunden sind oder sich wechselseitig ergänzen.[879] Darüber hinaus müssen die Verantwortlichen auch gemeinsam über die Mittel entscheiden. Wie bei der Bestimmung des Verantwortlichen kommt es dabei auf die wesentlichen Mittel an, also auf den Gegenstand und die Dauer der Verarbeitung, die Art der Verarbeitung, die Art der personenbezogenen Daten, die Kategorien betroffener Personen sowie die Empfänger der personenbezogenen Daten. Nicht erforderlich ist es dagegen, dass auch jeder Verantwortliche Zugang zu den verarbeiteten personenbezogenen Daten hat.[880]

Eine gemeinsame Entscheidung im Sinne von Art. 4 Nr. 7 DS-GVO und Art. 26 Abs. 1 S. 1 DS-GVO kann verschiedene Formen aufweisen.[881] Gemeinsamkeit bedeutet nicht Gleichwertigkeit und Gleichmäßigkeit.[882] Vielmehr können die Verantwortlichen „in die Verarbeitung personenbezogener Daten in verschiedenen Phasen und in unterschiedlichem Ausmaß in der Weise einbezogen sein, dass der Grad der Verantwortlichkeit eines jeden von ihnen unter Berücksichtigung aller maßgeblichen Umstände des Einzelfalls zu beurteilen ist".[883] Die beteiligten Akteure können daher für bestimmte Verarbeitungsvorgänge gemeinsam verantwortlich, dagegen für andere – beispielsweise vor- oder nachgelagerte – Verarbeitungsvorgänge getrennt oder nur teilweise verantwortlich sein.[884]

Beispielsweise könnte das Versicherungsunternehmen beschließen, mit anderen Versicherungsunternehmen zusammenzuarbeiten und eine unternehmensübergreifende soziale Netzwerkanalyse durchzuführen. Insbesondere im Bereich der Betrugsbekämpfung sind unternehmensübergreifende Kooperationen nicht selten.[885] Dazu könnte das Versicherungsunternehmen entweder sein bestehendes System für andere Versicherungsunternehmen öffnen oder ein neues, gemeinsames System implementieren. Dabei würde jedes Versicherungsunternehmen typischerweise seine eigenen Daten über

---

[876] EDSA (Hrsg.), Guidelines 07/2020 on the concept of controller and processor in the GDPR, 2020, S. 22 f.; *Gierschmann*, ZD 2020, 69, 70.

[877] EDSA (Hrsg.), Guidelines 07/2020 on the concept of controller and processor in the GDPR, 2020, S. 17.

[878] Vgl. Generalanwalt Bobek, Schlussanträge 19.12.2018, Fashion ID – C-40/17, Rn. 105.

[879] Vgl. Generalanwalt Bobek, Schlussanträge 19.12.2018, Fashion ID – C-40/17, Rn. 105; *Gierschmann*, ZD 2020, 69, 71.

[880] Vgl. EuGH, Urteil 05.06.2018, Wirtschaftsakademie Schleswig-Holstein – C-210/16, Rn. 38; EuGH, Urteil 10.07.2018, Zeugen Jehovas – C-25/17, Rn. 69; EuGH, Urteil 29.07.2019, Fashion ID – C-40/17, Rn. 69.

[881] EDSA (Hrsg.), Guidelines 07/2020 on the concept of controller and processor in the GDPR, 2020, S. 18; *Gierschmann*, ZD 2020, 69, 70.

[882] DSK (Hrsg.), Kurzpapier Nr. 16 - Gemeinsam für die Verarbeitung Verantwortliche, Art. 26 DS-GVO, 2018, S. 2.

[883] Vgl. EuGH, Urteil 05.06.2018, Wirtschaftsakademie Schleswig-Holstein – C-210/16, Rn. 43; EuGH, Urteil 10.07.2018, Zeugen Jehovas – C-25/17, Rn. 66; EuGH, Urteil 29.07.2019, Fashion ID – C-40/17, Rn. 70; zur Bestimmung des Grades an Verantwortung *Schreiber*, ZD 2019, 55, 58.

[884] Vgl. EuGH, Urteil 29.07.2019, Fashion ID – C-40/17, Rn. 74; Generalanwalt Bobek, Schlussanträge 19.12.2018, Fashion ID – C-40/17, Rn. 101; EDSA (Hrsg.), Guidelines 07/2020 on the concept of controller and processor in the GDPR, 2020, S. 18 f.

[885] Vgl. *Unabhängiges Landeszentrum für Datenschutz Schleswig-Holstein* (ULD), Hinweis- und Informationssystem der Versicherungswirtschaft (verfügbar unter: https://www.datenschutzzentrum.de/artikel/726-Hinweis-und-Informationssystem-der-Versicherungswirtschaft.html)

Straßenverkehrsunfälle in das System einspeisen und könnte gleichzeitig die Daten von anderen Versicherungsunternehmen nutzen, um soziale Netzwerkanalysen durchzuführen. Aus Big-Data-Perspektive verspricht ein größeres Datenvolumen mehr Nutzen für die beteiligten Versicherungsunternehmen, da sich auch unternehmensübergreifende Verbindungen und Muster erkennen lassen.

In einem solchen Fall sind die beteiligten Versicherungsunternehmen für diese Datenverarbeitung als gemeinsam Verantwortliche im Sinne von Art. 26 Abs. 1 S. 1 DS-GVO anzusehen.[886] Sie verfolgen mit der konkreten Verarbeitung identische Zwecke, nämlich betrugsverdächtige Schadensmeldungen zu erkennen und unbegründete Ansprüche von Geschädigten abzuwehren. Sie entscheiden auch gemeinsam über den Gegenstand und die Dauer der Verarbeitung, die Art der Verarbeitung, die Art der personenbezogenen Daten, die Kategorien betroffener Personen sowie die Empfänger der personenbezogenen Daten. Für die anderen Versicherungsunternehmen gilt das auch dann, wenn sie das bereits bestehende System des ersten Versicherungsunternehmens verwenden, denn in diesem Fall machen sie die Vorentscheidungen des ersten Versicherungsunternehmens zu ihren eigenen Entscheidungen.[887] Auch würde es nicht gegen eine gemeinsame Verantwortlichkeit sprechen, wenn die Versicherungsunternehmen bzw. deren Betrugsabwehrspezialisten nur Zugang zu pseudonymisierten Daten der sozialen Netzwerkanalyse, aber keinen weitergehenden Zugang zu den dahinterstehenden Versicherungsfällen der anderen Versicherungsunternehmen erhalten. Für die Einordnung als gemeinsam Verantwortliche ist es nicht erforderlich, dass jeder Verantwortliche Zugang zu den personenbezogenen Daten hat. Zu beachten ist in jedem Fall, dass die beteiligten Versicherungsunternehmen nur für die Datenverarbeitung im Zusammenhang mit der sozialen Netzwerkanalyse – also insbesondere die Übermittlung, Speicherung und Verwendung der personenbezogenen Daten – gemeinsam verantwortlich wären. Für die vorgelagerten Vorgänge – wie beispielsweise die Datenerhebung bei den Unfallbeteiligten – oder die nachgelagerten Vorgänge – wie etwa der Kombination der Ergebnisse aus der sozialen Netzwerkanalyse mit anderen Betrugserkennungsmaßnahmen – bleibt jedes Versicherungsunternehmen getrennt verantwortlich.

5.3.2.4 Folgen der Verantwortlichkeit

Ist ein Akteur für eine bestimmte Datenverarbeitung der Verantwortliche im Sinne von Art. 4 Nr. 7 DS-GVO, so ist er der zentrale Träger von Pflichten in der Datenschutz-Grundverordnung. Nach dem Grundsatz der Rechenschaftspflicht gemäß Art. 5 Abs. 2 DS-GVO ist er für die Einhaltung der Grundsätze der Datenverarbeitung nach Art. 5 Abs. 1 DS-GVO verantwortlich und muss dessen Einhaltung nachweisen können.[888] Darüber hinaus verpflichtet Art. 24 Abs. 1 S. 1 DS-GVO ihn dazu, unter Berücksichtigung der Art, des Umfangs, der Umstände und der Zwecke der Verarbeitung sowie der unterschiedlichen Eintrittswahrscheinlichkeit und Schwere der Risiken für die Rechte und Freiheiten natürlicher Personen geeignete technische und organisatorische Maßnahmen umzusetzen, um sicherzustellen und den Nachweis dafür erbringen zu können, dass die Verarbeitung gemäß der Datenschutz-Grundverordnung erfolgt.[889] Es liegt also in der Verantwortung des

---

[886] Vgl. Artikel-29-Datenschutzgruppe (Hrsg.), WP 169, 2010, S. 28; vgl. auch Agentur der Europäischen Union für Grundrechte (Hrsg.), Handbuch zum europäischen Datenschutzrecht, 2019, S. 128.

[887] Vgl. EDSA (Hrsg.), Guidelines 07/2020 on the concept of controller and processor in the GDPR, 2020, S. 20.

[888] EDSA (Hrsg.), Guidelines 07/2020 on the concept of controller and processor in the GDPR, 2020, S. 8; vgl. EDSB (Hrsg.), Leitlinien des EDSB zu den Begriffen „Verantwortlicher", „Auftragsverarbeiter" und „gemeinsam Verantwortliche" nach der Verordnung (EU) 2018/1725, 2019, S. 13.

[889] EDSA (Hrsg.), Guidelines 07/2020 on the concept of controller and processor in the GDPR, 2020, S. 8; vgl. EDSB (Hrsg.), Leitlinien des EDSB zu den Begriffen „Verantwortlicher", „Auftragsverarbeiter" und „gemeinsam Verantwortliche" nach der Verordnung (EU) 2018/1725, 2019, S. 13.

Versicherungsunternehmens, sicherzustellen, dass die personenbezogenen Daten im Zusammenhang mit der sozialen Netzwerkanalyse nachweisbar im Einklang mit der Datenschutz-Grundverordnung verarbeitet werden.

Aus Art. 5 Abs. 2, Art. 24 Abs. 1 S. 1 und EwG 79 DS-GVO folgt, dass Verantwortung eine prospektive – also eine zukunftsbezogene – und eine retrospektive – also eine vergangenheitsbezogene – Perspektive hat. Prospektiv geht es um die Frage, wer bestimmte Aufgaben übernehmen und erfüllen soll. Man könnte dies auch als Zuständigkeit bezeichnen. Retrospektiv steht die Frage im Vordergrund, wer für etwaige Fehler einstehen soll. Verantwortung bedeutet somit auch immer Haftung. Insbesondere in Fällen, in denen mehrere Akteure an der Datenverarbeitung beteiligt sind – weil mehrere Verantwortliche die Zwecke und Mittel gemeinsam festlegen oder weil ein Akteur im Auftrag für einen Verantwortlichen Verarbeitungstätigkeiten durchführt – ist es gemäß EwG 79 DS-GVO unabdingbar, dass die Verantwortlichkeiten klar zugeteilt sind. Aus diesem Grund verpflichtet die Datenschutz-Grundverordnung die beteiligten Akteure dazu, nach bestimmten Maßgaben entsprechende Vereinbarungen zu treffen.[890] Führt das Versicherungsunternehmen die soziale Netzwerkanalyse allein durch, ist es eindeutig, wer welche Pflichten trägt. Arbeitet das Versicherungsunternehmen jedoch mit anderen Versicherungsunternehmen zusammen oder beauftragt es einen externen Dienstleister mit der Durchführung der sozialen Netzwerkanalyse, müssen die jeweiligen Verantwortlichkeiten klar zugeteilt werden.

So müssen gemeinsam Verantwortliche gemäß Art. 26 Abs. 1 S. 2 DS-GVO in einer Vereinbarung in transparenter Form festlegen, wer von ihnen welche Verpflichtung aus der Datenschutz-Grundverordnung erfüllt, insbesondere was die Wahrnehmung der Rechte der betroffenen Person angeht, und wer welchen Informationspflichten gemäß den Art. 13 und 14 DS-GVO nachkommt, sofern und soweit die jeweiligen Aufgaben der Verantwortlichen nicht durch Rechtsvorschriften der Union oder der Mitgliedstaaten, denen die Verantwortlichen unterliegen, festgelegt sind. Dabei ist die Vereinbarung nicht auf die in Art 26 Abs. 1 S. 2 DS-GVO explizit genannten Inhalte beschränkt.[891] Sinnvollerweise erstreckt sie sich auf alle weiteren wesentlichen Pflichten der Verantwortlichen aus der Datenschutz-Grundverordnung.[892] Bei der Verteilung der Pflichten untereinander besitzen die gemeinsam Verantwortlichen eine gewisse Flexibilität. Insbesondere ist es nicht erforderlich, dass die Verantwortlichkeiten gleichmäßig zwischen den Akteuren verteilt werden.[893] In jedem Fall muss jedoch die Vereinbarung nach Art. 26 Abs. 1 S. 2 die jeweiligen tatsächlichen Funktionen und Beziehungen der gemeinsam Verantwortlichen gegenüber den betroffenen Personen gebührend widerspiegeln. Das folgt deutlich aus Art. 26 Abs. 2 S. 1 DS-GVO. Der Grund hierfür ist derselbe wie auch schon bei der Bestimmung des Verantwortlichen zuvor. Ist jemand aufgrund rechtlicher oder faktischer Umstände für die Datenverarbeitung verantwortlich, soll er nicht die damit verbundenen Pflichten vertraglich auf einen anderen Akteur abwälzen dürfen.[894] Beschließt beispielsweise das Versicherungsunternehmen, mit anderen Versicherungsunternehmen eine unternehmensübergreifende soziale Netzwerkanalyse durchzuführen, dann müssen die beteiligten Versicherungsunternehmen eine solche

---

[890] *Dovas*, ZD 2016, 512, 514; zum systematischen Vorgehen zur Festlegung der Rollen und Verantwortlichkeiten *Gierschmann*, ZD 2020, 69, 71 f.

[891] EDSA (Hrsg.), Guidelines 07/2020 on the concept of controller and processor in the GDPR, 2020, S. 41.

[892] Zu weiteren Beispielen für sinnvolle Inhalte EDSA (Hrsg.), Guidelines 07/2020 on the concept of controller and processor in the GDPR, 2020, S. 41; *Schreiber*, ZD 2019, 55, 57; *Gierschmann*, ZD 2020, 69, 72.

[893] EDSA (Hrsg.), Guidelines 07/2020 on the concept of controller and processor in the GDPR, 2020, S. 42.

[894] *Dovas*, ZD 2016, 512, 514 f.

Vereinbarung gemäß Art. 26 DS-GVO abschließen und ihre jeweiligen Verantwortlichkeiten im Zusammenhang mit dieser Datenverarbeitung zuordnen.

Auch ein Verantwortlicher und ein Auftragsverarbeiter müssen gemäß Art. 28 Abs. 3 S. 1 DS-GVO eine Vereinbarung abschließen, um ihre jeweiligen Rechte und Pflichten zu regeln. Anders als bei gemeinsam Verantwortlichen definiert die Datenschutz-Grundverordnung jedoch in Art. 28 Abs. 3 DS-GVO einen umfangreichen Katalog von Pflichtinhalten, die zwingend in dieser Vereinbarung enthalten sein müssen. Wie schon zuvor erwähnt muss die Vereinbarung gemäß Art. 28 Abs. 3 S. 1 DS-GVO den Gegenstand und die Dauer der Verarbeitung, die Art und den Zweck der Verarbeitung, die Art der personenbezogenen Daten, die Kategorien betroffener Personen und die Pflichten und Rechte des Verantwortlichen festgelegen. Darüber hinaus listet Art. 28 Abs. 3 S. 2 DS-GVO verschiedene Pflichten des Auftragsverarbeiters auf, die die Vereinbarung zwingend beinhalten muss:[895]

- Weisungsgebundenheit (Art. 28 Abs. 3 S. 2 a) DS-GVO),

- Gewährleistung von Vertraulichkeit (Art. 28 Abs. 3 S. 2 b) DS-GVO),

- Ergreifung erforderlicher Maßnahmen zur Datensicherheit (Art. 28 Abs. 3 S. 2 c) DS-GVO),

- Einhaltung der Vorgaben zur Einschaltung von Unterauftragsverarbeitern (Art. 28 Abs. 3 S. 2 d) DS-GVO),

- Unterstützung des Verantwortlichen bei der Beantwortung von Betroffenenrechten (Art. 28 Abs. 3 S. 2 e) DS-GVO),

- Unterstützung des Verantwortlichen bei der Gewährleistung von Datensicherheit (Art. 28 Abs. 3 S. 2 f) DS-GVO),

- Unterstützung des Verantwortlichen beim Umgang mit Datensicherheitsverletzungen (Art. 28 Abs. 3 S. 2 f) DS-GVO),

- Unterstützung des Verantwortlichen bei der Durchführung von Datenschutz-Folgenabschätzungen (Art. 28 Abs. 3 S. 2 f) DS-GVO),

- Löschung oder Rückgabe von personenbezogenen Daten nach Abschluss der Auftragsverarbeitung (Art. 28 Abs. 3 S. 2 g) DS-GVO) und

- Bereitstellung von Informationen sowie Ermöglichung von und Beitrag zu Überprüfungen des Verantwortlichen (Art. 28 Abs. 3 S. 2 h) DS-GVO)

Beauftragt das Versicherungsunternehmen einen externen Dienstleister mit der Durchführung von Verarbeitungstätigkeiten im Rahmen der sozialen Netzwerkanalyse, dann müssen sie folglich zwingend eine solche Vereinbarung nach Art. 28 Abs. 3 DS-GVO abschließen.

5.3.3 Auftragsverarbeiter (Art. 4 Nr. 8 DS-GVO)

Wie eingangs beschrieben sieht die Datenschutz-Grundverordnung zwei Arten von Akteuren vor, die personenbezogene Daten verarbeiten – Verantwortliche und Auftragsverarbeiter. Ein Auftragsverarbeiter ist nach Art. 4 Nr. 8 DS-GVO eine natürliche oder juristische Person, Behörde, Einrichtung oder andere Stelle, die personenbezogene Daten im Auftrag des Verantwortlichen verarbeitet.

---

[895] Zu den einzelnen Pflichtinhalten EDSA (Hrsg.), Guidelines 07/2020 on the concept of controller and processor in the GDPR, 2020, S. 33 ff.

Die Auftragsverarbeitung ist Ausfluss einer Organisationsentscheidung des Verantwortlichen. Dieser kann grundsätzlich frei entscheiden, wie er die Verarbeitung von personenbezogenen Daten in seiner Einflusssphäre organisiert.[896] Er kann die Daten intern durch Personen, die unter seiner unmittelbaren Verantwortung stehen, verarbeiten lassen. Er kann die Datenverarbeitung aber auch ganz oder teilweise auslagern und einen externen Akteur damit beauftragen. Im letzteren Fall handelt es sich typischerweise um eine Auftragsverarbeitung im Sinne von Art. 4 Nr. 8 DS-GVO, wobei der Verantwortliche der Auftraggeber und der Auftragsverarbeiter der Auftragnehmer ist.[897] Gerade im Bereich von Big Data verfügen viele Akteure zwar über große Mengen personenbezogener Daten, es fehlt ihnen jedoch die Technologie und das Know-how, um diese Daten auswerten zu können.[898] Sie entscheiden sich daher vermehrt dazu, mit anderen Akteuren zusammenzuarbeiten, die auf Big-Data-Verfahren spezialisiert sind. [899]

Zu beachten ist jedoch, dass nicht jede Zusammenarbeit mit einem externen Akteur dazu führt, dass dieser als Auftragsverarbeiter anzusehen ist. Je nach Ausgestaltung der Zusammenarbeit kann er auch ein getrennt oder gemeinsam Verantwortlicher sein.[900] Letzteres gilt umso mehr, je größer der Entscheidungsspielraum bei Big-Data-*Analytics* – etwa in Bezug auf die zu erhebenden Daten – ist.[901] Das prägende Merkmal des Auftragsverarbeiters ist, dass er personenbezogene Daten im Auftrag verarbeitet.[902] Er entscheidet also gerade nicht über die Zwecke und wesentlichen Mittel der Datenverarbeitung, sondern befolgt lediglich die Weisungen des Verantwortlichen. Der Auftragsverarbeiter ist nicht derjenige, der die Datenverarbeitung veranlasst oder einen Nutzen aus ihr zieht – mit Ausnahme von Zahlungen für seine Tätigkeit.

Wie bereits zuvor beschrieben, treffen diese Voraussetzungen auch auf die Rolle des externen Dienstleisters bei der sozialen Netzwerkanalyse zu. Es ist nicht der externe Dienstleister, sondern das Versicherungsunternehmen, das die konkrete Datenverarbeitung veranlasst. Abgesehen von Zahlungen für die Durchführung der sozialen Netzwerkanalyse zieht der externe Dienstleister keinen Nutzen aus der Datenverarbeitung. Die Erkennung betrugsverdächtiger Schadensmeldungen und Abwehr unbegründeter Ansprüche von Geschädigten nützt allein dem Versicherungsunternehmen. Und der externe Dienstleister unterhält auch keine anderweitige Beziehung zu den betroffenen Personen.

Die Datenschutz-Grundverordnung lässt eine Auslagerung der Datenverarbeitung an externe Akteure ausdrücklich zu. Der Verantwortliche muss jedoch sicherstellen, dass die Auslagerung nicht zu einem Absinken des Schutzniveaus für die betroffenen Personen führt.[903] Entscheidet sich der Verantwortliche dazu, externe Akteure mit der Verarbeitung der personenbezogenen Daten zu betrauen, ist er verpflichtet, diese Auftragsverarbeiter sorgfältig auswählen.[904] Nach Art. 28 Abs. 1 DS-GVO darf er nur solche Auftragsverarbeiter beauftragen, die hinreichend Garantien dafür bieten, dass geeignete technische und organisatorische Maßnahmen so

---

[896] Vgl. Artikel-29-Datenschutzgruppe (Hrsg.), WP 169, 2010, S. 30.

[897] Vgl. *Ingold*, in: Sydow, DS-GVO, 2. Aufl. 2018, Art. 4 Nr. 8, Rn. 149 f.

[898] Datatilsynet (Hrsg.), Big Data - privacy principles under pressure, 2013, 45 f.; zur Bedeutung von Know-how bei Big Data *Mantelero*, CLSR 2014, 643, 650; mit Blick auf die Versicherungswirtschaft *Mainzer*, in: Diehl, Versicherungsunternehmensrecht, 2020, § 38, Rn. 50.

[899] ICO (Hrsg.), Big data and data protection, 2014, S. 29.

[900] Speziell mit Blick auf Big Data s. ICO (Hrsg.), Big data and data protection, 2014, S. 29.

[901] ICO (Hrsg.), Big data, artificial intelligence, machine learning and data protection, 2017, S. 57.

[902] EDSA (Hrsg.), Guidelines 07/2020 on the concept of controller and processor in the GDPR, 2020, S. 24 f.

[903] Vgl. Artikel-29-Datenschutzgruppe (Hrsg.), WP 169, 2010, S. 30; *Ingold*, in: Sydow, DS-GVO, 2. Aufl. 2018, Art. 28, Rn. 1.

[904] EDSA (Hrsg.), Guidelines 07/2020 on the concept of controller and processor in the GDPR, 2020, S. 29 f.

durchgeführt werden, dass die Verarbeitung im Einklang mit den Anforderungen der Datenschutz-Grundverordnung erfolgt und den Schutz der Rechte der betroffenen Person gewährleistet. Aus EwG 81 S. 1 DS-GVO folgt, dass Auftragsverarbeiter insbesondere über entsprechendes Fachwissen, Zuverlässigkeit und Ressourcen verfügen müssen.

Auch wenn der Verantwortliche die Datenverarbeitung auf einen sorgfältig ausgewählten Auftragsverarbeiter auslagert, bleibt er weiterhin dafür verantwortlich, dass die Verarbeitung personenbezogener Daten die Anforderungen der Datenschutz-Grundverordnung erfüllt. Das bedeutet jedoch nicht, dass der Auftragsverarbeiter keinerlei Pflichten hat. Ergänzend zum Verantwortlichen legt die Datenschutz-Grundverordnung dem Auftragsverarbeiter verschiedene eigene Pflichten auf. Das sind zum einen die vertraglichen Pflichten, die sich zwingend aus Art. 28 Abs. 3 DS-GVO ergeben und in die jeweiligen Auftragsverarbeitungsvereinbarung inkorporiert werden. Zum anderen handelt es sich um die gesetzlichen Pflichten, die sich direkt an den Auftragsverarbeiter richten und in verschiedenen Vorschriften der Datenschutz-Grundverordnung verankert sind:

- Benennung eines Vertreters (Art. 27 DS-GVO),

- Führung eines Verzeichnisses von Verarbeitungstätigkeiten (Art. 30 Abs. 2 DS-GVO),

- Zusammenarbeit mit der Aufsichtsbehörde (Art. 31 DS-GVO),

- Gewährleistung von Datensicherheit (Art. 32 Abs. 1 DS-GVO),

- Meldung von Datensicherheitsverletzungen (Art. 33 Abs. 2 DS-GVO),

- Benennung eines Datenschutzbeauftragten (Art. 37 Abs. 1 DS-GVO) und

- Datenübermittlungen in Drittländer (Art. 44 ff. DS-GVO).

Verarbeitet also ein externer Dienstleister im Rahmen der sozialen Netzwerkanalyse personenbezogene Daten im Auftrag des Versicherungsunternehmens, dann muss dieser nicht nur diejenigen Pflichten erfüllen, die sich aus der Auftragsverarbeitungsvereinbarung ergeben, sondern auch solche, die direkt aus der Datenschutz-Grundverordnung folgen. Zusammen mit der verbleibenden Verantwortlichkeit der Verantwortlichen stellt dieses abgespeckte Pflichtenprogramm sicher, dass die Auslagerung der Datenverarbeitung nicht zu einem Absinken des Schutzniveaus für die betroffenen Personen führt.

5.4 Zusammenfassung zur Anwendbarkeit der Datenschutz-Grundverordnung

Die Datenschutz-Grundverordnung ist in sachlicher, räumlicher und persönlicher Hinsicht auf die soziale Netzwerkanalyse und auf die beteiligten Akteure anwendbar.

Der sachliche Anwendungsbereich der Datenschutz-Grundverordnung ist eröffnet, da das Versicherungsunternehmen im Rahmen der sozialen Netzwerkanalyse personenbezogene Daten ganz oder teilweise automatisiert verarbeitet. Bei den personenbezogenen Daten handelt es sich insbesondere um folgende Daten:

- Name des Versicherungsnehmers (typischerweise der Halter)
- Name des Fahrzeugführers
- Name(n) des oder der Zeugen
- Name des Geschädigten
- Adresse(n) des Versicherungsnehmers, Fahrzeugführers, Geschädigten sowie des oder der Zeugen
- Telefonnummer(n) des Versicherungsnehmers und des oder der Zeugen
- Amtliches Kennzeichen der beteiligten Fahrzeuge
- Unfalldatum
- Einschätzung der Verbindung zu anderen Straßenverkehrsunfällen.

Dabei werden weder besondere Kategorien personenbezogener Daten noch personenbezogenen Daten über strafrechtliche Verurteilungen und Straftaten oder damit zusammenhängende Sicherungsmaßregeln durch das Versicherungsunternehmen verarbeitet. Grundsätzlich kann und soll die Versicherungsunternehmen die soziale Netzwerkanalyse auf der Basis von pseudonymen Daten durchführen. Die Verarbeitung anonymer Daten scheidet dagegen aus, in andernfalls keine konkreten Schadensmeldungen mehr auf Betrugsverdacht geprüft werden könnten.

In räumlicher Hinsicht findet die Datenschutz-Grundverordnung Anwendung, da die Verarbeitung personenbezogener Daten typischerweise im Rahmen der Tätigkeiten einer Niederlassung des Versicherungsunternehmens in der Union erfolgt.

Mit Blick auf den persönlichen Anwendungsbereich der Datenschutz-Grundverordnung ist zwischen denjenigen Akteuren, die personenbezogene Daten verarbeiten und denjenigen, deren Daten verarbeitet werden, zu unterscheiden.

Verantwortlicher und damit maßgeblicher Träger der Pflichten der Datenschutz-Grundverordnung ist das Versicherungsunternehmen. Es entscheidet über die Zwecke und wesentlichen Mittel der Datenverarbeitung bei der sozialen Netzwerkanalyse. Beschließt das Versicherungsunternehmen die soziale Netzwerkanalyse gemeinsam mit anderen Versicherungsunternehmen durchzuführen, sind diese typischerweise gemeinsam Verantwortlich. Würde das Versicherungsunternehmen zudem einen externen Dienstleister damit beauftragen, bestimmte Verarbeitungstätigkeiten zu übernehmen, ist letzterer regelmäßig als Auftragsverarbeiter einzustufen. Als Auftragsverarbeiter obliegt ihm unter der Datenschutz-Grundverordnung ein eigenes, abgespecktes Pflichtenprogramm.

Betroffene Personen sind bei der sozialen Netzwerkanalyse der Versicherungsnehmer, die mitversicherte Person, der Geschädigte sowie der Zeuge. Erstreckt man die soziale Netzwerkanalyse auf Werkstätten, Anwaltskanzleien, Arztpraxen oder Sachverständigenbüros, kommen diese nur dann als weitere betroffene Personen in Betracht, sofern es sich bei ihnen um natürliche Personen und nicht etwa um juristische Personen handelt. Als betroffene

Personen sind sie Träger verschiedener Betroffenenrechte unter der Datenschutz-Grundverordnung.

6 Anforderungen der Datenschutz-Grundverordnung

6.1 Big Data und die Technologieneutralität der Datenschutz-Grundverordnung

Eine Vorschrift, die ausdrücklich Big-Data-Anwendungen adressiert – ein „Lex Big Data" –, sucht man in der Datenschutz-Grundverordnung vergeblich. Zwar hatte der Gesetzgeber bei der Schaffung der Datenschutz-Grundverordnung neue Entwicklungen wie Big Data vor Augen, er hat sich jedoch bewusst für einen technologieneutralen Ansatz entschieden.[905]

Gemäß EwG 15 S. 1 DS-GVO soll der Schutz natürlicher Personen technologieneutral sein und nicht von den verwendeten Techniken abhängen, um ein ernsthaftes Risiko einer Umgehung der Vorschriften zu vermeiden. Technologieneutralität in diesem Sinne bedeutet, dass die Datenschutz-Grundverordnung keine Regelungen zu bestimmten Technologien wie etwa Big Data oder Künstlicher Intelligenz enthält.[906] Vielmehr sollen die Vorschriften zum Schutz betroffener Personen für alle verwendeten Technologien gleichermaßen gelten.

Dahinter steht der Gedanke, dass sich Technologie in einem steten Wandel befindet und kontinuierlich weiterentwickelt. Diese technologische Entwicklung verläuft typischerweise erheblich schneller als die rechtliche Entwicklung.[907] Würde der Gesetzgeber versuchen, spezifische Technologien in Vorschriften abzubilden und detailliert zu regeln, bestünde stets die Gefahr, der technologischen Entwicklung hinterherzulaufen.[908] Neue Technologien wären regelmäßig nicht erfasst und könnten Schutzlücken für die betroffenen Personen aufreißen. Der Gesetzgeber versucht diese Problematik zu lösen, indem er den Detailgrad der rechtlichen Regelungen verändert. Anstatt detaillierte Regelungen für spezifische Technologien zu beschreiben, formuliert er allgemeine Grundsätze, die für alle Technologien „gleichermaßen maßgeblich, gültig und anwendbar" sein sollen.[909] Er versucht somit das Geschwindigkeitsproblem durch Abstraktion zu lösen.[910] Je abstrakter dabei die Regelungen gefasst sind, desto robuster sind sie auch gegen den „Zustrom technologischer Veränderungen".[911] Gleichzeitig führt eine Erhöhung des Abstraktionsgrads jedoch dazu, dass es für Rechtsanwender immer schwieriger wird, konkrete rechtliche Verhaltenspflichten vorzusehen und zu erfüllen bzw. durchzusetzen.[912] Die zentrale Herausforderung bei der Schaffung von technologieneutralen Rechtsrahmen besteht daher darin, durch die Wahl eines angemessenen Abstraktionslevels die Gegenpole Robustheit und Vorhersehbarkeit auszutarieren. Nichtsdestotrotz führt es vorliegend dazu, dass die Detailregelungen für bestimmte technologische Fragestellungen wie Big Data aus der

---

[905] *Sydow/Kring*, ZD 2014, 271; vgl. *Art. 29-Datenschutzgruppe*, WP 168, 2009, S. 14 ff.; *Reding*, ZD 2012, 195, 198 sieht die Technologieneutralität als einen „Grundbaustein" der Datenschutz-Grundverordnung.

[906] *Richter*, DuD 2016, 89, 92; kritisch *Roßnagel*, MMR 2020, 222, 227; vgl. auch *Cumbley/Church*, CLSR 2013, 601, 604.

[907] Ausführlich dazu *Ossenbühl*, in: Nordrhein-Westfälische Akademie der Wissenschaften, Vorträge: Geisteswissenschaften, Band: 367, 2000, S. 11 ff.

[908] *Ossenbühl*, in: Nordrhein-Westfälische Akademie der Wissenschaften, Vorträge: Geisteswissenschaften, Band: 367, 2000, S. 18.

[909] Artikel-29-Datenschutzgruppe (Hrsg.), WP 168, 2009, S. 14.

[910] *Sydow/Kring*, ZD 2014, 271, 272 f.; *Bieker/Hansen*, DuD 2017, 285, 286; *Ossenbühl*, in: Nordrhein-Westfälische Akademie der Wissenschaften, Vorträge: Geisteswissenschaften, Band: 367, 2000, S. 19.

[911] Artikel-29-Datenschutzgruppe (Hrsg.), WP 168, 2009, S. 14.

[912] Am Beispiel von Art. 6 Abs. 1 S. 1 f) DS-GVO *Sydow/Kring*, ZD 2014, 271, 272; *Richter*, DuD 2016, 89, 92.; kritisch mit Blick auf Big-Data-Anwendungen Bitkom (Hrsg.), Leitlinien für den Big Data- Einsatz, 2015, S. 88.

C. Herfurth, *Big Data – Big Accountability*, DuD-Fachbeiträge, https://doi.org/10.1007/978-3-658-39287-1_6

Datenschutz-Grundverordnung herausgenommen und auf andere Akteure oder Ebenen verlagert werden.[913] Daraus folgt, dass es insbesondere dem *Europäischen Datenschutzausschuss* und dem *Europäischen Gerichtshof* sowie den nationalen Aufsichtsbehörden und Gerichten obliegt, die entsprechenden Regelungen zu konkretisieren und nachzuschärfen.[914] In der Vergangenheit hat in erster Linie die *Artikel-29-Datenschutzgruppe* neue technologische Entwicklungen aufgegriffen und aus europäischer Perspektive umfassende Orientierungshilfen zur Datenschutzrichtlinie oder zur Datenschutz-Grundverordnung formuliert.[915] Es ist daher zu erwarten, dass zukünftig ihr Nachfolger, der *Europäische Datenschutzausschuss*, diese Rolle einnehmen wird.[916] Bedauerlicherweise existiert jedoch noch keine spezifische Orientierungshilfe zur Zulässigkeit von Big-Data-Anwendungen im Rahmen der Datenschutz-Grundverordnung.[917]

Aus der Technologieneutralität der Datenschutz-Grundverordnung ergeben sich somit drei grundlegende Schlussfolgerungen für Big-Data-Anwendungen: Erstens enthält die Datenschutz-Grundverordnung bewusst keine spezielle Regelung für Big Data. Daraus folgt, zweitens, dass sich mangels spezieller Regelung jede Big-Data-Anwendung an den allgemeinen Grundsätzen der Datenschutz-Grundverordnung messen lassen muss.[918] Da diese sehr abstrakt gefasst sind, erfordert dies, drittens, „innovative Denkansätze [...] für die Art und Weise, wie manche dieser sowie andere wesentliche Datenschutzgrundsätze konkret umgesetzt werden" können.[919]

Diese allgemeinen Schlussfolgerungen geben somit auch das Prüfungsprogramm für die soziale Netzwerkanalyse und den Fokus auf die allgemeinen Datenschutzgrundsätze des Art. 5 DS-GVO vor.

---

[913] Vgl. zur allgemeinen Problematik *Ossenbühl*, in: Nordrhein-Westfälische Akademie der Wissenschaften, Vorträge: Geisteswissenschaften, Band: 367, 2000, S. 19.

[914] So auch *Roßnagel*, ZD 2018, 339, 343; *Hornung*, in: Roßnagel/Friedewald/Hansen, Die Fortentwicklung des Datenschutzes, 2018, S. 315 ff.

[915] So beispielsweise zum „Cloud Computing" Artikel-29-Datenschutzgruppe (Hrsg.), WP 196, 2012.

[916] So beispielsweise zu "Connected Cars" EDSA (Hrsg.), Guidelines 1/2020 on processing personal data in the context of connected vehicles and mobility related applications, 2020.

[917] Artikel-29-Datenschutzgruppe (Hrsg.), WP 221, 2014 stellt schon vom Umfang her keine substanzielle Orientierungshilfe dar.

[918] Vgl. Artikel-29-Datenschutzgruppe (Hrsg.), WP 221, 2014, S. 2 f.; EDSB (Hrsg.), Bewältigung der Herausforderungen in Verbindung mit Big Data, 2015, S. 20; ENISA (Hrsg.), Privacy by design in big data, 2015, S. 20; ICDPPC (Hrsg.), Resolution Big Data, 2014, S. 1 f.

[919] Artikel-29-Datenschutzgruppe (Hrsg.), WP 221, 2014; EDSB (Hrsg.), Bewältigung der Herausforderungen in Verbindung mit Big Data, 2015, S. 20.

6.2 Datenschutzgrundsätze in der Datenschutz-Grundverordnung

Die Grundsätze der Datenschutz-Grundverordnung gehen auf ihr ultimatives Ziel – den Schutz natürlicher Personen bei der Verarbeitung ihrer personenbezogenen Daten – zurück.[920] Um dieses Ziel zu erreichen, hat sich im europäischen Raum über viele Jahrzehnte ein umfassendes Schutzkonzept herausgebildet. Es besteht aus einem Bündel allgemeiner Datenschutzgrundsätze und -prinzipien.[921] Diese Grundsätze und Prinzipien bestimmen das Wesen des Datenschutzrechts und geben ihm sein typisches Gepräge.

Einige dieser Grundsätze werden explizit, konzentriert und abschließend in Art. 5 DS-GVO aufgezählt. Dabei handelt es sich um die Datenschutzgrundsätze im engeren Sinne. Daneben basiert die Datenschutz-Grundverordnung auf einer Vielzahl weiterer Prinzipien und -charakteristika.[922] Diese kommen zwar in diversen Vorschriften zum Ausdruck, sie werden jedoch nicht wie in Art. 5 DS-GVO ausdrücklich hervorgestellt und sind auch kaum abschließend zu bestimmen. Sie können daher als Datenschutzgrundsätze im weiteren Sinne verstanden werden.

6.2.1 Die allgemeinen Verarbeitungsgrundsätze des Art. 5 DS-GVO – Datenschutzgrundsätze im engeren Sinne

Die Vorschrift des Art. 5 DS-GVO legt als „erste materielle Regelung" der Datenschutz-Grundverordnung die Grundsätze für die Verarbeitung personenbezogener Daten fest.[923] Konkret müssen personenbezogene Daten nach Art. 5 Abs. 1 DS-GVO

- auf rechtmäßige Weise verarbeitet werden,

- nach Treu und Glauben verarbeitet werden,

- in einer für die betroffene Person nachvollziehbaren Weise verarbeitet werden,

- für festgelegte, eindeutige und legitime Zwecke erhoben und dürfen nicht in einer mit diesen Zwecken nicht zu vereinbarenden Weise weiterverarbeitet werden,

- dem Zweck angemessen und erheblich sowie auf das für die Zwecke der Verarbeitung notwendige Maß beschränkt sein,

- sachlich richtig und erforderlichenfalls auf dem neuesten Stand sein,

- in einer Form gespeichert werden, die die Identifizierung der betroffenen Personen nur so lange ermöglicht, wie es für die Zwecke, für die sie verarbeitet werden, erforderlich ist und

- in einer Weise verarbeitet werden, die eine angemessene Sicherheit der personenbezogenen Daten gewährleistet.

Darüber hinaus ist der Verantwortliche gemäß Art. 5 Abs. 2 DS-GVO für die Einhaltung dieser Grundsätze verantwortlich und muss dessen Einhaltung nachweisen können.

---

[920] Vgl. Art. 1 Abs. 1 DS-GVO; kritisch zum Schutzgut *Veil*, NVwZ 2018, 686, 690 ff.

[921] *de Hert*, EDPL 2017, 160 spricht auch von „data protection law as a bundle of principles".

[922] *Roßnagel*, in: Simitis/Hornung/Spiecker gen. Döhmann, Datenschutzrecht, 2019, Art. 5, Rn. 29; für eine Unterscheidung von „Grundsätze[n], die in Art. 5 DS-GVO normiert sind", „Prinzipien, die der DS-GVO als Kodifikation zugrunde liegen" und „Prinzipien, die außerhalb der DS-GVO gelten" *Wolff*, in: Schantz/Wolff, Das neue Datenschutzrecht, 2017, Rn. 381.

[923] *Roßnagel*, ZD 2018, 339.

Was Art. 5 DS-GVO beschreibt, ist der rechtlich beabsichtigte Idealzustand der Datenverarbeitung.[924] Wenn jeder der dort aufgezählten Datenschutzgrundsätze verwirklicht wird, werden nach der Vorstellung des Gesetzgebers die natürlichen Personen bei der Verarbeitung ihrer personenbezogenen Daten geschützt. Die einzelnen Datenschutzgrundsätze des Art. 5 DS-GVO bilden somit die Subziele und Eckpfeiler des Schutzkonzeptes von Art. 1 Abs. 1 DS-GVO.[925]

Das Voranstellen von allgemeinen Grundsätzen ist im europäischen Datenschutzrecht nicht neu.[926] Betrachtet man die verschiedenen Rechtsrahmen als Evolution, dann knüpft Art. 5 DS-GVO an Art. 6 DSRL[927] und dieser wiederum an Art. 5 Datenschutzkonvention (DSK)[928] an.[929] Auch inhaltlich führen die in Art. 5 DS-GVO genannten Grundsätze keine revolutionär neuen Ideen ein, sondern schreiben viele bekannte und bewährte Schutzmechanismen in ähnlicher Weise fort.

Grundsatz\Rechtsrahmen	DS-GVO	DSRL	DSK
Rechtmäßigkeit	Art. 5 Abs. 1 a)	Art. 6 Abs. 1 a)	Art. 5 a)
Treu und Glauben	Art. 5 Abs. 1 a)	Art. 6 Abs. 1 a)	Art. 5 a)
Transparenz	Art. 5 Abs. 1 a)	Kein Grundsatz[930]	Kein Grundsatz
Zweckbindung	Art. 5 Abs. 1 b)	Art. 6 Abs. 1 b)	Art. 5 b)
Datenminimierung	Art. 5 Abs. 1 c)	Art. 6 Abs. 1 c)	Art. 5 c)
Richtigkeit	Art. 5 Abs. 1 d)	Art. 6 Abs. 1 d)	Art. 5 d)
Speicherbegrenzung	Art. 5 Abs. 1 e)	Art. 6 Abs. 1 e)	Art. 5 e)
Integrität und Vertraulichkeit	Art. 5 Abs. 1 f)	Kein Grundsatz[931]	Kein Grundsatz[932]
Rechenschaftspflicht	Art. 5 Abs. 2	Art. 6 Abs. 2	Kein Grundsatz

Tabelle 4: Überblick der Grundsätze in DS-GVO, DSRL und DSK

Ein besonderes Gewicht erhalten die Datenschutzgrundsätze des Art. 5 DS-GVO zudem dadurch, dass viele von ihnen unmittelbar in Art. 8 GRCh verankert sind.[933] So finden sich die Grundsätze Rechtmäßigkeit, Treu und Glauben sowie Zweckbindung in Art. 8 Abs. 2 S. 1

---

[924] *Roßnagel*, in: Simitis/Hornung/Spiecker gen. Döhmann, Datenschutzrecht, 2019, Art. 5, Rn. 21.

[925] *Roßnagel*, ZD 2018, 339, 342.

[926] In Deutschland hatte die Formulierung von allgemeinen Grundprinzipien keinen Einzug in das Bundesdatenschutzgesetz, dafür jedoch in einige Landesdatenschutzgesetze – beispielsweise in § 5 Abs. 1 LDSG Schleswig-Holstein – gefunden, vgl. *Albrecht/Jotzo*, Das neue Datenschutzrecht der EU, 2017, Teil 2, Rn. 1.

[927] *de Hert*, EDPL 2017, 160, 173 spricht von „Article 5 GDPR [...] is a slightly enriched copy-paste of Article 6 of the Directive suggesting a solid *acquis* that continues to hold a central place in personal data processing.".

[928] KOM (92) 422 endg. - SYN 287, S. 18.

[929] Dazu auch *Schantz*, in: Wolff/Brink, Beck'scher Onlinekommentar Datenschutzrecht, 34. Edition 2020, Art. 5 DS-GVO, Rn. 1.

[930] S. aber EwG 38 DSRL.

[931] S. aber Art. 17 DSRL.

[932] S. aber Art. 7 DSK.

[933] *Roßnagel*, ZD 2018, 339.

GRCh, während sich die Grundsätze Transparenz und Richtigkeit aus Art. 8 Abs. 2 S. 2 GRCh ableiten lassen.

Ihre Bedeutung erschöpft sich jedoch nicht in ihrem Charakter als Subziele und Eckpfeiler des Schutzkonzepts von Art. 1 Abs. 1 DS-GVO. Anders als bloße Programmsätze ohne weitere Rechtswirkung stellen die Grundsätze des Art. 5 DS-GVO selbst verbindliche Regelungen dar, deren Nichtbefolgung mit Bußgeld sanktioniert werden kann.[934] Sie bestimmen somit die „allgemeinsten Anforderungen" an die Datenverarbeitung, die der Verantwortliche von sich aus befolgen muss.[935] An vielen Stellen der Datenschutz-Grundverordnung werden sie wieder aufgegriffen und durch detaillierte Regelungen konkretisiert.[936] So wird beispielsweise der Transparenzgrundsatz des Art. 5 Abs. 1 a) DS-GVO durch die Vorschriften der Art. 13 ff. DS-GVO ausgestaltet. Im Verhältnis der Grundsätze zu den Detailvorschriften sind letztere als *lex specialis* vorrangig anzuwenden.[937] Die Detailvorschriften sind jedoch häufig nicht abschließend.[938] Sofern ein Sachverhalt nicht in ihren Regelungsbereich fällt, können und müssen wieder die allgemeinen Verarbeitungsgrundsätze des Art. 5 DS-GVO berücksichtigt werden.

Für Big-Data-Verfahren sind die Datenschutzgrundsätze von überragender Bedeutung, denn sie definieren die allgemeinsten Anforderungen für die Art und Weise der beabsichtigten Datenverarbeitung.[939] Sie dienen daher als Katalog von Gestaltungszielen für die Konzeption und Entwicklung einer Big-Data-Anwendung wie der sozialen Netzwerkanalyse.[940]

6.2.2 Weitere Prinzipien und Charakteristika der Datenschutz-Grundverordnung – Datenschutzgrundsätze im weiteren Sinne

Neben den Datenschutzgrundsätzen des Art. 5 DS-GVO enthält die Datenschutz-Grundverordnung noch weitere Prinzipien und Charakteristika, die das typische Wesen des Datenschutzrechts prägen.[941] Es besteht jedoch kein gemeinsames Verständnis, welche davon als weitere Datenschutzgrundsätze zu betrachten sind. Jede Aufzählung ist daher in erheblicher Weise subjektiv geprägt.[942]

Nicht weniger bedeutend für das Schutzkonzept als die Grundsätze des Art. 5 DS-GVO ist die Vorfeldfrage, was überhaupt geschützt werden soll. Dabei geht es um die sachlichen, räumlichen und persönlichen Schutzräume, die die Datenschutz-Grundverordnung gewährleistet sowie deren Grenzen:[943]

– Schutzwürdigkeit aller personenbezogenen Daten (keine Erheblichkeitsschwelle)

---

[934] Vgl. Art. 83 Abs. 5 a) DS-GVO; kritisch zur Sanktionierung wegen fehlender Bestimmtheit von Art. 5 DS-GVO *Frenzel*, in: Paal/Pauly, DS-GVO BDSG, 3. Aufl. 2021, Art. 5, Rn. 2.

[935] *Roßnagel*, in: Simitis/Hornung/Spiecker gen. Döhmann, Datenschutzrecht, 2019, Art. 5, Rn. 24; vgl. *Brühann*, in: Grabitz/Hilf, Das Recht der Europäischen Union - Band IV, 40. Aufl. 2009, A 30, Art. 6, Rn. 6.

[936] *Roßnagel*, in: Simitis/Hornung/Spiecker gen. Döhmann, Datenschutzrecht, 2019, Art. 5, Rn. 26; *Frenzel*, in: Paal/Pauly, DS-GVO BDSG, 3. Aufl. 2021, Art. 5, Rn. 11.

[937] *Frenzel*, in: Paal/Pauly, DS-GVO BDSG, 3. Aufl. 2021, Art. 5, Rn. 11.

[938] *Frenzel*, in: Paal/Pauly, DS-GVO BDSG, 3. Aufl. 2021, Art. 5, Rn. 11.

[939] Vgl. Artikel-29-Datenschutzgruppe (Hrsg.), WP 221, 2014, S. 3.

[940] Vgl. *Roßnagel*, ZD 2018, 339, 342.

[941] Umfassender Überblick bei *Hornung/Spiecker gen. Döhmann*, in: Simitis/Hornung/Spiecker gen. Döhmann, Datenschutzrecht, 2019, Einleitung, Rn. 212 f.

[942] S. dazu beispielsweise die weiteren „Grundsätze" bei *Wolff*, in: Schantz/Wolff, Das neue Datenschutzrecht, 2017, Rn. 450 ff.; *Roßnagel*, ZD 2018, 339, 341 f.

[943] So auch bei *Wolff*, in: Schantz/Wolff, Das neue Datenschutzrecht, 2017, Rn. 451 ff.

- Besondere Schutzwürdigkeit sensibler Daten (mit abstrakter Bestimmung von Sensibilität)

- Natürliche Personen als Schutzsubjekte (kein Schutz für juristische Personen)

- Keine Anknüpfung an Staatsangehörigkeit oder Wohnort

- Spezifische europäische Anknüpfung (insbesondere „Niederlassungs- und Marktortprinzip")

- Gleiches Schutzniveau innerhalb der EU/EWR

Daran schließen sich Grundüberlegungen dazu an, wovor die betroffenen Personen eigentlich geschützt werden sollen:[944]

- Risiko durch jede Form der automatisierten Datenverarbeitung (keine Erheblichkeitsschwelle)

- Besonderes Risiko durch bestimmte automatisierte Datenverarbeitungen (insbesondere systematische Überwachung)

- Risiko durch jeden verfolgten Zweck

- Privilegierung bestimmter Zwecke (im öffentlichen Interesse liegende Archivzwecken, wissenschaftliche oder historische Forschungszwecke oder statistische Zwecke)

Prägend sind auch die speziellen Mechanismen, mit Hilfe derer die betroffenen Personen vor Risiken geschützt werden sollen:

- Vorfeldschutz (insbesondere Verbotsprinzip und Datenschutz-Folgenabschätzung)

- Rechtliche, technische und organisatorische Maßnahmen

- Datenschutz durch Technikgestaltung und durch datenschutzfreundliche Voreinstellungen[945] (engl. *data protection by design* und *data protection by default*)

- Risikobasierter Ansatz[946]

Und schließlich ist es ein weiteres fundamentales Prinzip der Datenschutz-Grundverordnung, dass die Einhaltung der Regelungen durch den Verantwortlichen auf verschiedenen Ebenen kontrolliert werden muss:

- Individuelle Kontrolle durch betroffene Personen

- Betriebliche oder behördliche Kontrolle durch Datenschutzbeauftragte

- Staatliche Kontrolle durch Aufsichtsbehörden und Gerichte

- Gesellschaftliche Kontrolle durch bestimmte Einrichtungen, Organisationen oder Vereinigungen sowie durch Wettbewerber

Wie zuvor beschrieben, besteht die Systematik des Datenschutzrechts aus mehr als nur den Datenschutzgrundsätzen des Art. 5 DS-GVO. Letztere stehen jedoch im Folgenden als zentrale Gestaltungsziele für die soziale Netzwerkanalyse im Vordergrund. Auch wenn sie im weiteren Verlauf zunächst einzeln beschrieben werden, dürfen sie nicht isoliert voneinander verstanden werden. Sie beeinflussen sich gegenseitig und ergeben zusammengesetzt – wie die Puzzleteile

---

[944] Instruktiv dazu *Steinmüller,* Informationstechnologie und Gesellschaft, 1993, S. 676 ff.

[945] S. EwG 78 S. 2 DS-GVO, in dem sie ausdrücklich als „Grundsätze" bezeichnet werden.

[946] *Wolff,* in: Schantz/Wolff, Das neue Datenschutzrecht, 2017, Rn. 469.

eines Gesamtbildes – eine möglichst vollständige Beschreibung des Schutzkonzepts der Datenschutz-Grundverordnung. Dieses gilt es anschließend mit rechtlichen, technischen und organisatorischen Maßnahmen umzusetzen.

6.3 Rechtmäßigkeit

Der erste Grundsatz bestimmt in Art. 5 Abs. 1 a) DS-GVO, dass personenbezogene Daten auf rechtmäßige Weise verarbeitet werden müssen. Die Datenverarbeitung ist nur dann rechtmäßig, wenn sie mit Einwilligung der betroffenen Person oder aufgrund einer sonstigen zulässigen Rechtsgrundlage erfolgt.[947] Kann die Datenverarbeitung nicht auf eine Rechtsgrundlage gestützt werden, ist sie verboten. Dies wird auch als Verbotsprinzip bezeichnet.[948] Bildlich betrachtet bildet das datenschutzrechtliche Verbotsprinzip somit eine Art „Firewall"[949]: Grundsätzlich wird die betroffene Person vor der Verarbeitung ihrer personenbezogenen Daten geschützt, es sei denn, sie selbst oder der Gesetzgeber heben diesen Schutz für bestimmte Verarbeitungsvorgänge auf.

Der Grundsatz der Rechtmäßigkeit im Sinne von Art. 5 Abs. 1 a) DS-GVO ist eng zu verstehen und darauf beschränkt, dass sich jede Verarbeitung personenbezogener Daten auf eine Rechtsgrundlage stützen muss. In einem weiten Sinne bedeutet „Rechtmäßigkeit" dagegen, dass die Verarbeitung personenbezogener Daten mit allen datenschutzrechtlichen Vorschriften im Einklang stehen muss. Sie ist folglich eher als „Datenschutzkonformität" zu begreifen. Letzteres ist jedoch nicht im Rahmen von Art. 5 Abs. 1 a) DS-GVO gemeint.[950]

Rechtsgrundlagen für die Verarbeitung personenbezogener Daten können sich aus der Datenschutz-Grundverordnung oder – wann immer in der Datenschutz-Grundverordnung darauf Bezug genommen wird – aus dem sonstigen Unionsrecht oder dem Recht der Mitgliedstaaten, dem der Verantwortliche unterliegt, ergeben.[951] In der Datenschutz-Grundverordnung ist Art. 6 DS-GVO die zentrale Vorschrift zur Rechtmäßigkeit der Verarbeitung von personenbezogenen Daten.

Flankierend bestehen für verschiedene spezielle Verarbeitungssituationen Sonderregelungen, die die Erlaubnistatbestände des Art. 6 DS-GVO modifizieren oder ergänzen.[952] Diesen Sonderregelungen ist gemein, dass die zugrundeliegende Verarbeitungssituation typischerweise ein höheres Risiko für die betroffene Person beinhaltet. So verschärfen beispielsweise Art. 9 und 10 DS-GVO die Anforderungen für eine rechtmäßige Verarbeitung von personenbezogenen Daten, die für die betroffene Person besonders schutzbedürftig sind. Dagegen adressiert Art. 22 DS-GVO solche Datenverarbeitungen, die Teil eines vollautomatisierten Entscheidungsprozesses des Verantwortlichen sind und für die betroffene Person erhebliche Auswirkungen haben können. Ferner statuieren Art. 28 und 44 ff. DS-GVO zusätzliche Anforderungen in Verarbeitungssituationen, in denen der Verantwortliche die personenbezogenen Daten an einen anderen Akteur oder in ein Drittland übermittelt und die

---

[947] Vgl. Art. 6 Abs. 1 S. 1 und EwG 40 DS-GVO.

[948] Statt vieler *Buchner*, DuD 2016, 155, 157; der Begriff „Verbotsprinzip" ist geeigneter als die Formulierung „Verbot mit Erlaubnisvorbehalt", da letztere in Deutschland mit einer behördlichen Erlaubnis assoziiert wird vgl. *Scholz/Sokol*, in: Simitis, BDSG, 8. Aufl. 2014, § 4, Rn. 3; kritisch *Roßnagel*, NJW 2019, 1, 4 f.

[949] *Karg*, DuD 2013, 75, 78; *Rost*, DL 2014, 72, 74 in Fn. 5.

[950] Vgl. EwG 40 DS-GVO; a.A. *Frenzel*, in: Paal/Pauly, DS-GVO BDSG, 3. Aufl. 2021, Art. 5, Rn. 14 ff.

[951] EwG 40 DS-GVO.

[952] *Albrecht/Jotzo*, Das neue Datenschutzrecht der EU, 2017, Teil 3, Rn. 56; zu besonderen Verarbeitungssituationen ab S. 215.

Gefahr besteht, dass dadurch das gewährleistete Schutzniveau für die betroffene Person untergraben wird.[953]

6.3.1 Rechtmäßigkeit nach Art. 6 DS-GVO

Nach Art. 6 Abs. 1 S. 1 DS-GVO ist die Verarbeitung nur rechtmäßig, wenn mindestens einer der nachstehenden Erlaubnistatbestände erfüllt ist:

- Einwilligung (Art. 6 Abs. 1 S. 1 a) DS-GVO)

- Erforderlichkeit zur Vertragserfüllung oder zum Vertragsabschluss (Art. 6 Abs. 1 S. 1 b) DS-GVO)

- Erforderlichkeit zur Erfüllung rechtlicher Verpflichtungen (Art. 6 Abs. 1 S. 1 c) DS-GVO)

- Erforderlichkeit zum Schutz lebenswichtiger Interessen (Art. 6 Abs. 1 S. 1 d) DS-GVO)

- Erforderlichkeit zur Wahrnehmung öffentlicher Aufgaben (Art. 6 Abs. 1 S. 1 e) DS-GVO)

- Erforderlichkeit zur Wahrung berechtigter Interessen (Art. 6 Abs. 1 S. 1 f) DS-GVO)

Durch die einzelnen Erlaubnistatbestände wird der generelle Schutz punktuell aufgehoben und die Verarbeitung personenbezogener Daten ausnahmsweise zugelassen. Dabei lassen sich zwei Arten der Legitimation unterscheiden.[954] Im ersten Fall – in Art. 6 Abs. 1 S. 1 a) DS-GVO – ist die Datenverarbeitung zulässig, weil die betroffene Person selbst mit der Verarbeitung ihrer personenbezogenen Daten einverstanden ist. In den anderen fünf Fällen – in Art. 6 Abs. 1 S. 1 b) bis f) DS-GVO – ist die Datenverarbeitung zulässig, weil sie in einem bestimmten Kontext zur Verfolgung eines berechtigten Interesses erforderlich ist.[955] Während Art. 6 Abs. 1 S. 1 b) bis e) DS-GVO bestimmte berechtigte Interessen in spezifischen Kontexten beschreiben, bezieht sich Art. 6 Abs. 1 S. 1 f) DS-GVO allgemein auf berechtigte Interessen jeder Art in beliebigen Kontexten.[956]

Die sechs verschiedenen Erlaubnistatbestände in Art. 6 Abs. 1 S. 1 DS-GVO stehen gleichrangig nebeneinander.[957] Die gesetzlich gewählte Reihenfolge impliziert keine Rangfolge.[958] Die Rechtsgrundlagen können sowohl unabhängig voneinander als auch nebeneinander herangezogen werden.[959] Weder muss die erstgenannte Einwilligung zwingend

---

[953] Die Verankerung bei der Rechtmäßigkeit der Datenverarbeitung kommt insbesondere durch die charakteristische zweistufige Prüfung zum Ausdruck. Auf der ersten Stufe muss der Verantwortliche die Datenverarbeitung auf eine Rechtsgrundlage nach Art. 6 DS-GVO stützen können, auf der zweiten Stufe muss er die zusätzlichen Anforderungen der Art. 28 f. oder Art. 44 ff. DS-GVO erfüllen; vgl. *Ingold*, in: Sydow, DS-GVO, 2. Aufl. 2018, Art. 28, Rn. 31 und *Pauly*, in: Paal/Pauly, DS-GVO BDSG, 3. Aufl. 2021, Art. 44 DS-GVO, Rn. 9.

[954] *Stemmer*, in: Wolff/Brink, Beck'scher Onlinekommentar Datenschutzrecht, 34. Edition 2020, Art. 7, Rn. 2 spricht insofern von einem „dualistische[n] Vorbehaltsprinzip"; vgl. auch *Veil*, NJW 2018, 3337, 3338.

[955] Vgl. Artikel-29-Datenschutzgruppe (Hrsg.), WP 217, 2014, S. 17; *Reimer*, in: Sydow, DS-GVO, 2. Aufl. 2018, Art. 6, Rn. 12; *Rüpke*, in: Rüpke/v. Lewinski/Eckhardt, Datenschutzrecht, 2018, § 12, Rn. 17; der Erlaubnistatbestand des Art. 6 Abs. 1 S. 1 b) DS-GVO ist in gewisser Weise ein Grenzfall, da er zwar einen gesetzlichen Erlaubnistatbestand darstellt, jedoch auf einen entsprechenden Willensakt der betroffenen Person zurückgeht.

[956] Vgl. Artikel-29-Datenschutzgruppe (Hrsg.), WP 217, 2014, S. 12, 17.

[957] Vgl. Artikel-29-Datenschutzgruppe (Hrsg.), WP 217, 2014, S. 13, 20.

[958] *Veil*, NJW 2018, 3337, 3338; *Krusche*, ZD 2020, 232, 233.

[959] Das folgt aus dem Wortlaut „mindestens eine der nachstehenden Bedingungen" in Art. 6 Abs. 1 S. 1 DS-GVO; ausführlich hierzu *Krusche*, ZD 2020, 232, 233 f.

vorrangig geprüft werden noch ist das Heranziehen der letztgenannten Wahrung berechtigter Interessen nur nachrangig möglich.[960] Letzteres folgt auch aus dem Umkehrschluss zu Art. 49 Abs. 1 S. 2 DS-GVO, in dem ausdrücklich die Subsidiarität der Interessenabwägung angeordnet wird.

Das Versicherungsunternehmen muss die Verarbeitung personenbezogener Daten zur Durchführung einer sozialen Netzwerkanalyse auf mindestens einen der Erlaubnistatbestände des Art. 6 Abs. 1 S. 1 DS-GVO stützen können. In Betracht kommen hierfür insbesondere die Rechtsgrundlagen aus Art. 6 Abs. 1 S. 1 a) bis c) und f) DS-GVO.

6.3.1.1 Einwilligung (Art. 6 Abs. 1 S. 1 a) DS-GVO)

Orientiert man sich an der Reihenfolge des Art. 6 Abs. 1 S. 1 DS-GVO ist zunächst zu fragen, ob sich das Versicherungsunternehmen auf eine Einwilligung der betroffenen Personen stützen kann.

Nach Art. 6 Abs. 1 S. 1 a) DS-GVO ist die Datenverarbeitung rechtmäßig, wenn die betroffene Person ihre Einwilligung zur Verarbeitung der sie betreffenden personenbezogenen Daten für einen oder mehrere bestimmte Zwecke gegeben hat.[961] Die Einwilligung ist Ausdruck der Privatautonomie der betroffenen Person.[962] Sie soll eigenverantwortlich darüber entscheiden dürfen, ob sie die Verarbeitung ihrer personenbezogenen Daten erlaubt, verweigert oder zu einem späteren Zeitpunkt widerruft.[963] Die Datenschutz-Grundverordnung nennt jedoch nicht nur die Möglichkeit einer legitimierenden Einwilligung durch die betroffene Person, sondern sie definiert auch die Anforderungen, die an eine wirksame Einwilligung zu stellen sind.

Nach der Legaldefinition in Art. 4 Nr. 11 DS-GVO versteht man unter einer Einwilligung jede freiwillig für den bestimmten Fall, in informierter Weise und unmissverständlich abgegebene Willensbekundung in Form einer Erklärung oder einer sonstigen eindeutigen bestätigenden Handlung, mit der die betroffene Person zu verstehen gibt, dass sie mit der Verarbeitung der sie betreffenden personenbezogenen Daten einverstanden ist. Weitere allgemeine Anforderungen finden sich in Art. 7 DS-GVO. In besonderen Verarbeitungssituationen sind zudem Modifikationen durch speziellere Vorschriften wie beispielsweise Art. 8 oder 9 DS-GVO zu berücksichtigen.[964]

Die genannten Anforderungen sollen in ihrer Gesamtheit die Privatautonomie der betroffenen Person schützen und gewährleisten, dass sie eine selbstbestimmte Entscheidung hinsichtlich der Verarbeitung ihrer personenbezogenen Daten treffen kann.[965] Nur wenn alle

---

[960] A.A. *Frenzel*, in: Paal/Pauly, DS-GVO BDSG, 3. Aufl. 2021, Art. 6, Rn. 26, der Art. 6 Abs. 1 S. 1 f) DS-GVO als nachrangig ansieht.

[961] Zur Entwicklung der Einwilligung auf europäischer Ebene Artikel-29-Datenschutzgruppe (Hrsg.), WP 187, 2011, S. 5 f.; ausführlich zum Instrument der Einwilligung *Rogosch,* Die Einwilligung im Datenschutzrecht, 2013; *Radlanski,* Das Konzept der Einwilligung in der datenschutzrechtlichen Realität, 2016.

[962] *Buchner/Kühling*, in: Kühling/Buchner, DS-GVO/BDSG, 3. Aufl. 2020, Art. 7, Rn. 9; *Albers/Veit*, in: Wolff/Brink, Beck'scher Onlinekommentar Datenschutzrecht, 34. Edition 2020, Art. 6 DS-GVO, Rn. 19; vgl. Artikel-29-Datenschutzgruppe (Hrsg.), WP 187, 2011, S. 10; *Veil*, NVwZ 2018, 686, 688 hält dagegen die Einwilligung für das „schlechteste Instrument zur Sicherstellung informationeller Selbstbestimmung".

[963] *Buchner/Petri*, in: Kühling/Buchner, DS-GVO/BDSG, 3. Aufl. 2020, Art. 6, Rn. 17; *Heckmann/Paschke*, in: Ehmann/Selmayr, DS-GVO, 2. Aufl. 2018, Art. 7, Rn. 14; vgl. auch die Ziele „Permission" und „Intervention" bei *Franck*, RDV 2016, 111; *Carolan*, CLSR 2016, 462, 463 f.

[964] Guter Überblick bei *Stemmer*, in: Wolff/Brink, Beck'scher Onlinekommentar Datenschutzrecht, 34. Edition 2020, Art. 7, Rn. 6 ff.

[965] Vgl. zu diesem Auftrag auch *Buchner*, DuD 2010, 39, 43.

Voraussetzungen der Art. 4 Nr. 11, Art. 6 Abs. 1 a) und Art. 7 DS-GVO kumulativ erfüllt sind, ist die Einwilligung wirksam und legitimiert die darauf gestützte Datenverarbeitung.[966]

6.3.1.1.1 Wirksame Erteilung

Zunächst muss die betroffene Person die Einwilligung wirksam erteilen. In formeller Hinsicht muss sie vor der Datenverarbeitung eine unmissverständliche Willensbekundung abgeben, mit der sie zu verstehen gibt, dass sie mit der Verarbeitung ihrer personenbezogenen Daten einverstanden ist. In materieller Hinsicht muss die betroffene Person die Einwilligung freiwillig, bestimmt und informiert abgeben.

6.3.1.1.1.1 Höchstpersönliche Erklärung?

Grundsätzlich soll die betroffene Person selbst ihre Einwilligung zur Verarbeitung der sie betreffenden personenbezogenen Daten geben. Da sie durch das prinzipielle Verbot, personenbezogene Daten zu verarbeiten, geschützt wird, soll die Entscheidung, diesen Schutz punktuell aufzuheben, ebenfalls bei ihr liegen.[967]

Es ist zwar nicht ausgeschlossen, dass der Versicherungsnehmer, die mitversicherte Person, der Geschädigte und die sonstigen Unfallbeteiligten selbst ihr Einverständnis zur Verarbeitung ihrer personenbezogenen Daten geben. Typischerweise wird jedoch nur eine Person mit dem Versicherungsunternehmen in Kontakt treten – zumeist der Versicherungsnehmer oder der Geschädigte. Fraglich ist, ob die anderen Personen diese Person als Stellvertreter mit der Erklärung ihrer Einwilligung betrauen könnten.

Die Beantwortung der Frage hängt davon ab, ob man der Einwilligung einen höchstpersönlichen Charakter beimisst.[968] Höchstpersönliche Rechtsgeschäfte zeichnen sich dadurch aus, dass sie als so bedeutsam angesehen werden, dass sie nur vom Rechtsträger selbst vorgenommen werden können.[969] Eine Stellvertretung – ob gewillkürt oder gesetzlich – ist in diesen Fällen ausgeschlossen.[970] Durch das Erfordernis der Höchstpersönlichkeit soll sichergestellt werden, dass sich der Rechtsträger bei der Ausübung seiner Privatautonomie seiner Entscheidung bewusst ist und deren Tragweite selbstständig durchdenkt. Eine explizite Regelung zur Höchstpersönlichkeit der Einwilligung oder zur Möglichkeit, diese im Rahmen einer gewillkürten Stellvertretung zu delegieren, findet sich in der Datenschutz-Grundverordnung nicht.

Für eine Höchstpersönlichkeit der Einwilligung sprechen zunächst der Wortlaut von Art. 6 Abs. 1 S. 1 a) DS-GVO „Die betroffene Person hat ihre Einwilligung [...] gegeben" und von Art. 4 Nr. 11 DS-GVO „[...] mit der die betroffene Person zu verstehen gibt, dass sie mit der Verarbeitung der sie betreffenden personenbezogenen Daten einverstanden ist".[971] Beide Formulierungen deuten darauf hin, dass nur die betroffene Person selbst eine wirksame

---

[966] *Albers/Veit*, in: Wolff/Brink, Beck´scher Onlinekommentar Datenschutzrecht, 34. Edition 2020, Art. 6 DS-GVO, Rn. 23; die Rechtsgrundlage bleibt dennoch allein Art. 6 Abs. 1 S. 1 a) DS-GVO.

[967] Ähnlich *Liedke*, Die Einwilligung im Datenschutzrecht, 2012, S. 10; *Gola*, in: Gola, DS-GVO, 2. Aufl. 2018, Art. 4 Nr. 11, Rn. 86.

[968] Dafür *Ernst*, in: Paal/Pauly, DS-GVO BDSG, 3. Aufl. 2021, Art. 4, Rn. 65; *Heckmann/Paschke*, in: Ehmann/Selmayr, DS-GVO, 2. Aufl. 2018, Art. 7, Rn. 34; *Gola*, in: Gola, DS-GVO, 2. Aufl. 2018, Art. 4, Rn. 86 allerdings mit anderen Konsequenzen; dagegen *Ingold*, in: Sydow, DS-GVO, 2. Aufl. 2018, Art. 7, Rn. 19; unklar bei *Buchner/Kühling*, in: Kühling/Buchner, DS-GVO/BDSG, 3. Aufl. 2020, Art. 7, Rn. 31 die nur von „höchstpersönlich [...] ausüben" sprechen.

[969] *Stoffels*, in: Heidel/Hüßtege/Mansel/Noack, BGB - Band 1, 3. Aufl. 2016, § 164, Rn. 43.

[970] Statt vieler *Ellenberger*, in: Palandt, BGB, 80. Aufl. 2021, Einf. § 164, Rn. 4; a.A. *Gola*, in: Gola, DS-GVO, 2. Aufl. 2018, Art. 4, Rn. 86.

[971] In diese Richtung auch *Heckmann/Paschke*, in: Ehmann/Selmayr, DS-GVO, 2. Aufl. 2018, Art. 7, Rn. 13.

Einwilligung erklären kann. Für eine Höchstpersönlichkeit der Einwilligung spricht zudem, dass der Verantwortliche die Pflichtinformationen im Vorfeld der Einwilligung nur gegenüber der betroffenen Person erteilen muss.[972] Wenn der Stellvertreter aber nicht Adressat der Pflichtinformationen ist, kann er auch nicht die Vor- und Nachteile der konkreten Datenverarbeitung überblicken und ist demzufolge außerstande eine informierte Einwilligung zu treffen. Diese ist jedoch nach Art. 4 Nr. 11 DS-GVO zwingende Voraussetzung für eine wirksame Einwilligung.

Richtigerweise handelt es sich bei der Einwilligung jedoch nicht um ein höchstpersönliches Rechtsgeschäft, bei dem eine Stellvertretung kategorisch ausgeschlossen ist.[973] Solange die Privatautonomie der betroffenen Person gewährleistet bleibt, besteht kein Grund ihr die Möglichkeit einer Delegation der Einwilligung zu versagen.[974] Entscheidend gegen die Höchstpersönlichkeit einer Einwilligung spricht Art. 8 DS-GVO.[975] Diese Vorschrift regelt die Bedingungen für die Einwilligung eines Kindes in Bezug auf Dienste der Informationsgesellschaft. In Art. 8 Abs. 1 S. 2 DS-GVO wird klargestellt, dass bei unter 16-jährigen Kindern die Einwilligung durch den Träger der elterlichen Verantwortung für das Kind oder mit dessen Zustimmung erteilt werden muss. Folgt man der Prämisse, dass bei höchstpersönlichen Rechtsgeschäften jede Form der Stellvertretung – sei es gewillkürt, sei es gesetzlich – ausgeschlossen ist, dann folgt aus der expliziten Nennung der gesetzlichen Stellvertretung für die Einwilligung in Art. 8 Abs. 1 S. 2 DS-GVO, dass die Einwilligung kein höchstpersönliches Rechtsgeschäft sein kann.

Auch können die zuvor genannten Argumente für eine Höchstpersönlichkeit entkräftet werden. So beschreibt der Wortlaut von Art. 6 Abs. 1 S. 1 a) und Art. 4 Nr. 11 DS-GVO lediglich den Normalfall der Einwilligung, der darin besteht, dass die betroffene Person selbst die Einwilligung erteilt. Die Stellvertretung hingegen ist ein Sonderfall, der weder ausdrücklich erlaubt noch ausdrücklich verboten wird. Eine Höchstpersönlichkeit der Einwilligung kann daraus nicht abgeleitet werden. Genauso wenig schließt eine Stellvertretung zwingend eine informierte Einwilligung im Sinne von Art. 4 Nr. 11 DS-GVO aus. Die betroffene Person kann auf der Grundlage der im Vorfeld erhaltenen Informationen eine privatautonome Entscheidung treffen und einen Stellvertreter bevollmächtigen, eine entsprechende Einwilligung zu erteilen. In diesem Fall ist die Erteilung der Vollmacht jedoch an die gleichen Bedingungen geknüpft, die auch für die Erteilung der Einwilligung gelten.[976] Die Vollmacht muss dementsprechend vorab, unmissverständlich, freiwillig, bestimmt und informiert erklärt werden. Das schließt insbesondere eine spätere Genehmigung der betroffenen Person bezüglich eines Vertreters ohne Vertretungsmacht sowie eine Generalvollmacht aus.

Grundsätzlich sollen zwar der Versicherungsnehmer, die mitversicherte Person, der Geschädigte und die sonstigen Unfallbeteiligten selbst ihr Einverständnis zur Verarbeitung ihrer personenbezogenen Daten geben. Dies kann sodann unproblematisch über eine Erklärung desjenigen übermittelt werden, der die Schadensmeldung vornimmt. Alternativ ist es jedoch auch möglich, dass eine oder mehrere der betroffenen Personen einen Stellvertreter mit der

---

[972] *Ingold*, in: Sydow, DS-GVO, 2. Aufl. 2018, Art. 7, Rn. 19; zur Informiertheit S. 152.

[973] Die Möglichkeit der Stellvertretung bejahen auch *Buchner/Kühling*, in: Kühling/Buchner, DS-GVO/BDSG, 3. Aufl. 2020, Art. 7, Rn. 31; *Gola*, in: Gola, DS-GVO, 2. Aufl. 2018, Art. 4, Rn. 70; *Ingold*, in: Sydow, DS-GVO, 2. Aufl. 2018, Art. 7, Rn. 19.

[974] So auch *Gola*, in: Gola, DS-GVO, 2. Aufl. 2018, Art. 4, Rn. 86.

[975] So im Ergebnis auch *Ingold*, in: Sydow, DS-GVO, 2. Aufl. 2018, Art. 7, Rn. 19; a.A. *Ernst*, ZD 2017, 110, 111.

[976] *Buchner/Kühling*, in: Kühling/Buchner, DS-GVO/BDSG, 3. Aufl. 2020, Art. 7, Rn. 31; mit besonderer Betonung der Bestimmtheit auch *Gola*, in: Gola, DS-GVO, 2. Aufl. 2018, Art. 4, Rn. 86; *Ingold*, in: Sydow, DS-GVO, 2. Aufl. 2018, Art. 7, Rn. 19.

Erklärung der Einwilligung betrauen. In diesem Fall muss die Vollmacht jedoch dieselben Anforderungen wie die Einwilligung einhalten. Daraus wird deutlich, dass eine Delegation der Einwilligung die praktischen Herausforderungen ihrer Einholung nicht beseitigt, sondern lediglich von der Einwilligung auf die Vollmacht verlagert.

6.3.1.1.1.2 Vorherige Erklärung

In zeitlicher Hinsicht muss die Einwilligung erklärt werden, bevor die personenbezogenen Daten verarbeitet werden.[977] Ausdrücklich wird diese Anforderung nicht formuliert, jedoch ergibt sich das Erfordernis einer vorherigen Erklärung schon aus der Formulierung „hat [...] gegeben" in Art. 6 Abs. 1 S. 1 a) DS-GVO.[978] Wird die Einwilligung erst später oder gar nicht erklärt und besteht auch keine andere Rechtsgrundlage, ist die Datenverarbeitung rechtswidrig.[979] Eine nachträgliche Genehmigung oder Heilung der Rechtswidrigkeit sieht die Datenschutz-Grundverordnung nicht vor.[980] Erklärt die betroffene Person dennoch nachträglich, dass sie mit der bereits erfolgten Verarbeitung ihrer personenbezogenen Daten einverstanden sei, kann darin aber ein Verzicht auf etwaige Schadensersatzansprüche gesehen werden.[981]

Sollen personenbezogene Daten von mehreren betroffenen Personen verarbeitet werden, muss der Verantwortliche somit alle betroffenen Personen zuvor kontaktieren, informieren und um ihre Einwilligung bitten.[982] Das setzt voraus, dass der Verantwortliche die Identität der betroffenen Personen kennt und über eine Kontaktmöglichkeit verfügt. Gerade für Big-Data-Verfahren, die typischerweise personenbezogene Daten einer großen Menge von betroffenen Personen verarbeiten, ist daher ein solches Vorgehen kaum praktikabel.[983] Auch bei der sozialen Netzwerkanalyse führt dies zu verschiedenen Herausforderungen.

In Bezug auf den Versicherungsnehmer ist der Kontakt unproblematisch möglich, denn diesen kann das Versicherungsunternehmen bereits im Zusammenhang mit dem Abschluss des Versicherungsvertrags ansprechen und um eine Einwilligung – hier in die Verarbeitung zum Zweck der Betrugsbekämpfung – bitten.[984] In diesem Fall sind allerdings die besonderen Transparenzanforderungen des Art. 7 Abs. 2 S. 1 DS-GVO zu berücksichtigen, da die Einwilligung der betroffenen Person durch eine schriftliche Erklärung erfolgt, die noch andere Sachverhalte betrifft.[985]

Stehen die betroffenen Personen dagegen außerhalb des Versicherungsverhältnisses – dazu gehören auch die mitversicherten Personen und der Geschädigte –, dann ist die vorherige

---

[977] EDSA (Hrsg.), Guidelines 05/2020 on consent under Regulation 2016/679, 2020, S. 20; *Schild*, in: Wolff/Brink, Beck'scher Onlinekommentar Datenschutzrecht, 34. Edition 2020, Art. 4 DS-GVO, Rn. 126.

[978] EDSA (Hrsg.), Guidelines 05/2020 on consent under Regulation 2016/679, 2020, S. 20; *Ingold*, in: Sydow, DS-GVO, 2. Aufl. 2018, Art. 7, Rn. 17.

[979] *Schild*, in: Wolff/Brink, Beck'scher Onlinekommentar Datenschutzrecht, 34. Edition 2020, Art. 4 DS-GVO, Rn. 126.

[980] *Ernst*, in: Paal/Pauly, DS-GVO BDSG, 3. Aufl. 2021, Art. 4, Rn. 64; *Schild*, in: Wolff/Brink, Beck'scher Onlinekommentar Datenschutzrecht, 34. Edition 2020, Art. 4 DS-GVO, Rn. 126.

[981] Vgl. *Simitis*, in: Simitis, BDSG, 8. Aufl. 2014, § 4a, Rn. 29; *Gola/Klug/Körffer*, in: Gola/Schomerus, BDSG, 12. Aufl. 2015, § 4a, Rn. 32.

[982] *Schulz*, in: Gola, DS-GVO, 2. Aufl. 2018, Art. 6, Rn. 21; vgl. zum Ubiquitous Computing s. ULD (Hrsg.), TAUCIS - Technikfolgenabschätzung Ubiquitäres Computing und Informationelle Selbstbestimmung, 2006, S. 206.

[983] *Katko/Babaei-Beigi*, MMR 2014, 360, 362; *Ulmer*, RDV 2013, 227, 229.

[984] *Naujok*, in: Roßnagel, Handbuch Datenschutzrecht, 2003, Kap. 7.3, Rn. 28.

[985] Zur Informiertheit ab S. 152.

Einholung von Einwilligungen für den Verantwortlichen deutlich komplexer.[986] Die Möglichkeit, die Einwilligung bereits im Zusammenhang mit dem Abschluss des Versicherungsvertrags einzuholen, fällt naturgemäß weg. Das Versicherungsunternehmen weiß zu diesem Zeitpunkt eben noch nicht, ob in der Zukunft überhaupt der Schadensfall eintritt und falls ja, wer dann mitversicherte Person, Geschädigter oder sonstige betroffene Person sein wird. Gerade diese Ungewissheit über das „ob" und „wie" des Schadeneintritts ist der Wesenskern des Versicherungsgeschäfts. Erst mit der Schadensmeldung und der Nennung der am Schadensfall beteiligten Personen erfährt das Versicherungsunternehmen die Identität der sonstigen betroffenen Personen. Damit die Einwilligung vor der Verarbeitung der personenbezogenen Daten erklärt werden kann, müsste das Versicherungsunternehmen an dieser Stelle das Schadensmanagement unterbrechen, alle betroffenen Personen sternförmig kontaktieren und dürfte die Datenverarbeitung erst fortsetzen, wenn die Einwilligungen erteilt wurden.[987] Diese Vorgehensweise wird für das Versicherungsunternehmen jedoch kaum praktikabel sein.

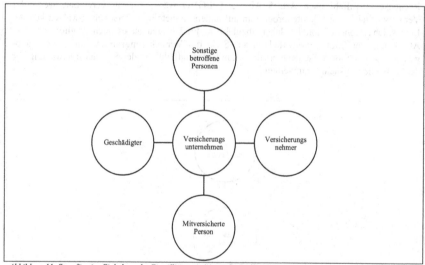

Abbildung 11: Sternförmige Einholung der Einwilligungen (eigene Darstellung)

Denkbar ist eine Kanalisierung der Einwilligungen in der Weise, dass die anderen betroffenen Personen ihre Einwilligung an den Versicherungsnehmer delegieren. Wie zuvor festgestellt ist das prinzipiell möglich, da die Einwilligung keinen höchstpersönlichen Charakter hat. Bei weiterer Betrachtung wäre dieses Verfahren jedoch ähnlich unpraktikabel, denn für die Erteilung der Vollmacht gelten die gleichen Bedingungen wie für die Erteilung der Einwilligung.[988] Die Vollmacht müsste dementsprechend vorab, unmissverständlich freiwillig,

---

[986] Zur Problematik unbekannter betroffener Personen beim Smart Home *Geminn*, DuD 2016, 575, 578.

[987] Kritisch hierzu mit Blick auf Ubiquitous Computing *Roßnagel,* Datenschutz in einem informatisierten Alltag, 2007, S. 137.

[988] *Buchner/Kühling*, in: Kühling/Buchner, DS-GVO/BDSG, 3. Aufl. 2020, Art. 7, Rn. 31; mit besonderer Betonung der Bestimmtheit auch *Gola*, in: Gola, DS-GVO, 2. Aufl. 2018, Art. 4, Rn. 86; *Ingold*, in: Sydow, DS-GVO, 2. Aufl. 2018, Art. 7, Rn. 19.

bestimmt und informiert erklärt werden. Das setzt wiederum zwingend voraus, dass das Versicherungsunternehmen vorab die betroffenen Personen kontaktiert, um sie entsprechend zu informieren.

Zwar wäre es denkbar, dass das Versicherungsunternehmen seine Informationspflichten an den Versicherungsnehmer delegiert. Die rechtliche Zulässigkeit einer solchen Konstruktion ist jedoch fraglich. Grundsätzlich ist der Verantwortliche dafür verantwortlich, dass die Verarbeitung personenbezogener Daten im Einklang mit der Datenschutz-Grundverordnung erfolgt. Dazu gehört insbesondere die Erfüllung der Transparenzpflichten. Zwar sind der Datenschutz-Grundverordnung Vereinbarungen, die festlegen, welcher Akteur welchen Informationspflichten gemäß Art. 13 und 14 DS-GVO nachkommt, nicht fremd.[989] Dies gilt jedoch nur für gemeinsam Verantwortliche im Sinne von Art. 26 Abs. 1 S. 1 DS-GVO, also für den Fall, dass an sich beide Akteure die Informationspflichten erfüllen müssen. Diese Konstellation ist nicht vergleichbar mit der vorliegenden, denn hier ist nur das Versicherungsunternehmen, nicht aber der Versicherungsnehmer verpflichtet, die betroffenen Personen gemäß Art. 4 Nr. 11 DS-GVO zu informieren. Mit dem Sinn und Zweck der Rechenschaftspflicht nach Art. 5 Abs. 2 DS-GVO wäre es nicht vereinbar, wenn der Verantwortliche sein Pflichtenprogramm auf andere, unbeteiligte Personen abwälzen könnte. Eine solche Konstruktion ist daher abzulehnen. Im Übrigen ist es auch fraglich, ob eine Abwälzung der Informationspflichten aus Sicht des Versicherungsunternehmens überhaupt gewollt ist, denn sie verschlechtert die „Kundenfreundlichkeit" der Schadensregulierung für den Versicherungsnehmer ungemein.

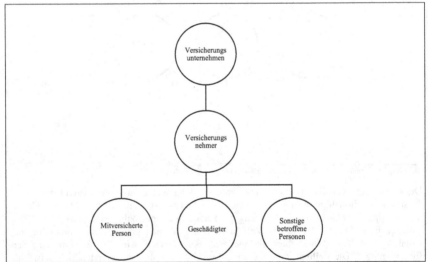

Abbildung 12: Kanalisierte Einholung der Einwilligungen (eigene Darstellung)

Grundsätzlich ist daher festzustellen, dass das Versicherungsunternehmen nur schwerlich vorherige Einwilligungen von betroffenen Personen einholen kann, die es nicht schon von Anfang an identifizieren kann. Die Alternative, die notwendigen Einwilligungen im Rahmen

---

[989] Vgl. Art. 26 Abs. 1 S. 2 DS-GVO.

des Schadensmanagements ad hoc einzuholen, bleibt zwar theoretisch möglich, würde jedoch zu einer erheblichen Verlangsamung des gesamten Prozesses führen. Schon aufgrund der Voraussetzung „vorherige Erklärung" scheidet die Einwilligung daher als praktikable Rechtsgrundlage für die soziale Netzwerkanalyse aus.

6.3.1.1.1.3 Unmissverständliche Erklärung

Darüber hinaus setzt eine Einwilligung voraus, dass die betroffene Person in unmissverständlicher Weise den Willen bekundet, dass sie mit der Verarbeitung der sie betreffenden personenbezogenen Daten einverstanden ist. Gemäß Art. 4 Nr. 11 DS-GVO kann dies in Form einer Erklärung oder einer sonstigen eindeutig bestätigenden Handlung geschehen.

Eine Einwilligung durch Erklärung der betroffenen Person kann beispielsweise durch die Formulierung „Ich willige ein, dass..." oder „Ich bin einverstanden, dass..." erfolgen.[990] Eine bestimmte Form ist dabei nicht einzuhalten. Aus EwG 32 S. 1 DS-GVO folgt, dass die Erklärung schriftlich, elektronisch oder mündlich erfolgen kann. Ohne weitere Maßnahmen wird die mündliche Erklärung für den Verantwortlichen jedoch regelmäßig nicht praktikabel sein, da er gemäß Art. 7 Abs. 1 DS-GVO nachweisen können muss, dass die betroffene Person in die Verarbeitung ihrer personenbezogenen Daten eingewilligt hat.[991]

Soll die Einwilligung dagegen durch eine sonstige eindeutig bestätigende Handlung erfolgen, muss es sich um eine Verhaltensweise handeln, mit der die betroffene Person in dem jeweiligen Kontext eindeutig ihr Einverständnis mit der beabsichtigten Verarbeitung ihrer personenbezogenen Daten signalisiert. Beispielhaft nennt die Datenschutz-Grundverordnung in EwG 32 S. 2 DS-GVO das Anklicken eines Kästchens – sogenanntes Opt-in-Modell[992] – beim Besuch einer Internetseite und die Auswahl technischer Einstellungen für Dienste der Informationsgesellschaft. Generell deuten die Formulierungen „Willensbekundung", „Erklärung" und „Handlung" in Art. 4 Nr. 11 DS-GVO darauf hin, dass stets ein aktives Handeln der betroffenen Person erforderlich ist.[993] Dieses Verständnis wird durch EwG 32 S. 3 DS-GVO bestätigt, wonach Stillschweigen, bereits angekreuzte Kästchen – sogenanntes Opt-out-Modell[994] – oder die bloße Untätigkeit der betroffenen Person nicht als eindeutig bestätigende Handlungen anzusehen sind.[995]

Das Erfordernis einer unmissverständlichen Erklärung ist einer der zentralen Gründe dafür, warum eine umfassende soziale Netzwerkanalyse kaum jemals auf Einwilligungen gestützt werden kann. Denn hierzu müssten alle betroffenen Personen – Versicherungsnehmer, mitversicherte Personen, Geschädigte, Zeugen und je nach Ausgestaltung noch weitere Unfallbeteiligte – aktiv in eine Datenverarbeitung einwilligen, deren zentrales Ziel es ist, einen Betrugsversuch aus dieser Gruppe heraus zu verhindern.[996] Auch wenn es dem

---

[990] Vgl. weitere Positivbeispiele für unmissverständliche Erklärungen bei Düsseldorfer Kreis (Hrsg.), Gestaltungshinweise zur datenschutzrechtlichen Einwilligungserklärung in Formularen, 2016, S. 2.

[991] *Ernst*, in: Paal/Pauly, DS-GVO BDSG, 3. Aufl. 2021, Art. 4, Rn. 88.

[992] S. hierzu *Buchner*, DuD 2010, 39, 42.

[993] EDSA (Hrsg.), Guidelines 05/2020 on consent under Regulation 2016/679, 2020, S. 18; EuGH, Urteil 01.10.2019, Planet 49 – C-673/17, Rn. 62; mit Fokus auf „Willensbekundung" *Ingold*, in: Sydow, DS-GVO, 2. Aufl. 2018, Art. 4 Nr. 11, Rn. 169; *Veil*, NJW 2018, 3337, 3338; zum aktiven Handeln als Ausfluss von „Data protection by default" (engl. = datenschutzfreundliche Voreinstellungen) gemäß Art. 25 Abs. 2 DS-GVO *Herfurth/Benner*, ZD-Aktuell 2017, 5901.

[994] S. hierzu *Buchner*, DuD 2010, 39, 42.

[995] Vgl. ausführlich hierzu Artikel-29-Datenschutzgruppe (Hrsg.), WP 187, 2011, S. 28 f.; *Buchner*, DuD 2016, 155, 158 spricht diesbezüglich von „unterstellten Einwilligungen".

[996] Zum Erfordernis der Aktivität der betroffenen Person als Nachteil für den Verantwortlichen *Veil*, NJW 2018, 3337, 3338.

Versicherungsunternehmen gelingen sollte, alle übrigen Voraussetzungen einer wirksamen Einwilligung zu erfüllen, wird es häufig daran scheitern, dass Unfallbeteiligte, die tatsächlich in einem Betrugsnetzwerk operieren, kaum jemals ihr Einverständnis in die Verarbeitung ihrer personenbezogenen Daten zur Durchführung von sozialen Netzwerkanalysen erklären werden.

6.3.1.1.1.4 Freiwilligkeit

Die Einwilligung setzt nach Art. 4 Nr. 11 DS-GVO ferner voraus, dass die betroffene Person sie freiwillig erklärt. Das Prinzip der Freiwilligkeit ist das „normative Fundament" der Einwilligung und begründet ihren Charakter als Ausdruck der Privatautonomie der betroffenen Person.[997] Nach EwG 42 S. 5 DS-GVO ist die Einwilligung nur dann freiwillig, wenn die betroffene Person eine echte Wahl hat und in der Lage ist, ihre Einwilligung zu verweigern oder zurückzuziehen, ohne Nachteile zu erleiden.

In verschiedenen Konstellationen erscheint es zweifelhaft, ob die betroffene Person tatsächlich frei in ihrer Wahl ist. Die Datenschutz-Grundverordnung spricht in Art. 7 Abs. 4 DS-GVO und EwG 43 DS-GVO zwei spezifische Konstellationen ausdrücklich an. Dabei handelt es sich zum einen um Machtungleichgewichte zwischen den beteiligten Akteuren sowie zum anderen um Koppelungen von Einwilligungen. Im Übrigen ist die Freiwilligkeit der Einwilligung an der „Generalklausel" des EwG 42 S. 5 DS-GVO zu messen. Ob die betroffenen Personen ihre Einwilligung freiwillig geben können, ist daher auch für das Versicherungsunternehmen eine entscheidende Frage.

6.3.1.1.1.4.1 Kein Machtungleichgewicht

Im Idealfall treten sich der Verantwortliche und die betroffene Person auf Augenhöhe gegenüber.[998] In einigen Fällen kann jedoch der Verantwortliche eine mehr oder weniger beherrschende Rolle in Bezug auf die betroffene Person einnehmen.[999]

Sie kann beispielsweise aus einem rechtlichen Über-Unterordnungsverhältnis resultieren, wie es insbesondere im Rahmen der staatlichen Eingriffsverwaltung oder im Arbeitgeber-Arbeitnehmer-Verhältnis zu finden ist.[1000] Die beherrschende Stellung des Verantwortlichen kann aber auch aus der besonderen Schutzbedürftigkeit der betroffenen Person resultieren.[1001] Dies ist zunächst abstrakt zu bestimmen. Besonderen Schutz bedürfen insbesondere Kinder, aber auch andere natürliche Personen, die über eine fehlende oder nur eingeschränkte Einsichtsfähigkeit verfügen.[1002] Eine besondere Schutzbedürftigkeit von Verbrauchern ist dagegen zu weitgehend und daher richtigerweise abzulehnen.[1003] Das Vorliegen eines Machtungleichgewichts ist eine Ausnahme, die die Freiwilligkeit der Einwilligung ausschließt und sollte aufgrund dieses Charakters auch restriktiv angewendet werden.

Nach EwG 43 S. 1 DS-GVO ist es regelmäßig unwahrscheinlich, dass eine Einwilligung freiwillig erfolgt, wenn zwischen der betroffenen Person und dem Verantwortlichen ein klares Ungleichgewicht besteht. Zu beachten ist allerdings, dass ein solches Ungleichgewicht die

---

[997] *Schantz*, in: Schantz/Wolff, Das neue Datenschutzrecht, 2017, Rn. 500; vgl. auch *Buchner*, DuD 2010, 39, 41.

[998] *Menzel*, DuD 2008, 400, 404.

[999] Artikel-29-Datenschutzgruppe (Hrsg.), WP 217, 2014, S. 51.

[1000] Vgl. EwG 43 S. 1 DS-GVO; EDSA (Hrsg.), Guidelines 05/2020 on consent under Regulation 2016/679, 2020, S. 8 f.; *Buchner/Kühling*, in: Kühling/Buchner, DS-GVO/BDSG, 3. Aufl. 2020, Art. 7, Rn. 42 bezeichnen dies als „faktische[...] Zwangssituation"; vgl. *Kamp/Rost*, DuD 2013, 80 f. mit weiteren Vorschlägen; zur Einwilligung im Arbeitsverhältnis *Hitzelberger-Kijima*, öAT 2020, 133; *Tinnefeld/Conrad*, ZD 2018, 391, 395 ff.

[1001] Vgl. EwG 75 DS-GVO; Artikel-29-Datenschutzgruppe (Hrsg.), WP 217, 2014, S. 52.

[1002] Vgl. EwG 38 S. 1 DS-GVO.

[1003] So auch *Schantz*, in: Schantz/Wolff, Das neue Datenschutzrecht, 2017, Rn. 512.

Unfreiwilligkeit der Einwilligung bloß indiziert.[1004] Auch wenn bestimmte Faktoren regelmäßig auf ein erhebliches Machtgefälle hindeuten, kann das Machtverhältnis zwischen dem Verantwortlichen und der betroffenen Person nicht abstrakt bestimmt werden.[1005] Aus EwG 43 S. 1 DS-GVO folgt deutlich, dass es entscheidend auf die Betrachtung aller Umstände in dem speziellen Fall ankommt. Es ist daher zusätzlich zu prüfen, ob sich das Machtungleichgewicht auch in der konkreten Entscheidungssituation niederschlägt.[1006] Eine abweichende Bewertung kann sich beispielsweise daraus ergeben, dass der betroffenen Person bei einer Verweigerung ihrer Einwilligung keinerlei Nachteile drohen.[1007]

Zwischen dem Versicherungsunternehmen und den am Unfall beteiligten betroffenen Personen besteht kein klares Machtungleichgewicht im vorstehenden Sinne. Insbesondere liegt zwischen dem Versicherungsunternehmen und dem Versicherungsnehmer kein Über-Unterordnungsverhältnis wie bei bestimmten Behörden oder bei Arbeitgebern vor. Eine besondere Schutzbedürftigkeit der betroffenen Personen liegt nur in Ausnahmefällen vor, wenn beispielsweise Kinder am Unfallgeschehen beteiligt sind oder ein Zeuge ein Beschäftigter des Versicherungsunternehmens ist.

6.3.1.1.1.4.2 Keine Koppelung von Einwilligungen

Eine weitere Bedrohung für die Freiwilligkeit der Einwilligung sieht die Datenschutz-Grundverordnung in einer vertikalen oder horizontalen Koppelung der Einwilligung.[1008] In beiden Fällen besteht für die betroffene Person häufig eine „Take it or leave it"-Situation, die zusätzlichen Druck auf ihre Entscheidungsfreiheit ausübt.[1009]

Unter einer vertikalen Koppelung versteht man gemäß Art. 7 Abs. 4 DS-GVO eine Situation, in der der Verantwortliche die Erfüllung eines Vertrags, einschließlich der Erbringung einer Dienstleistung, von der Einwilligung zu einer Verarbeitung von personenbezogenen Daten abhängig macht, die für die Erfüllung des Vertrags nicht erforderlich sind. Aus Sicht der Datenschutz-Grundverordnung besteht bei einer solchen Koppelung die Gefahr, dass die Grenzen zwischen den Rechtsgrundlagen der Einwilligung und der Vertragserfüllung zu Lasten der betroffenen Personen verschwimmen.

Welche Rechtsfolgen sich aus der unerwünschten Koppelung ergeben, ist nicht eindeutig.[1010] Nach EwG 43 S. 2 DS-GVO gilt die Einwilligung als nicht freiwillig erteilt, wenn die Erfüllung eines Vertrags, einschließlich der Erbringung einer Dienstleistung, von der Einwilligung abhängig ist, obwohl diese Einwilligung für die Erfüllung nicht erforderlich ist. Dagegen macht Art. 7 Abs. 4 DS-GVO deutlich, dass bei der Beurteilung, ob die Einwilligung freiwillig erteilt wurde, dem Umstand in größtmöglichem Umfang Rechnung getragen werden muss, ob unter anderem die Erfüllung eines Vertrags, einschließlich der Erbringung einer Dienstleistung, von der Einwilligung zu einer Verarbeitung von personenbezogenen Daten abhängig ist, die für die Erfüllung des Vertrags nicht erforderlich sind. Anders als bei EwG 43 S. 2 DS-GVO ist demnach eine gekoppelte Einwilligung nicht zwingend als eine unfreiwillige Einwilligung

---

[1004] Vgl. EDSA (Hrsg.), Guidelines 05/2020 on consent under Regulation 2016/679, 2020, S. 8 f.

[1005] *Ingold*, in: Sydow, DS-GVO, 2. Aufl. 2018, Art. 7, Rn. 28; *Buchner/Kühling*, in: Kühling/Buchner, DS-GVO/BDSG, 3. Aufl. 2020, Art. 7, Rn. 44.

[1006] *Stemmer*, in: Wolff/Brink, Beck´scher Onlinekommentar Datenschutzrecht, 34. Edition 2020, Art. 7, Rn. 50; *Buchner/Kühling*, in: Kühling/Buchner, DS-GVO/BDSG, 3. Aufl. 2020, Art. 7, Rn. 45.

[1007] EDSA (Hrsg.), Guidelines 05/2020 on consent under Regulation 2016/679, 2020, S. 8 f.; *Stemmer*, in: Wolff/Brink, Beck´scher Onlinekommentar Datenschutzrecht, 34. Edition 2020, Art. 7, Rn. 50.

[1008] Zu den Begrifflichkeiten *Gola*, in: Gola, DS-GVO, 2. Aufl. 2018, Art. 4, Rn. 85; *Krohm*, ZD 2016, 368, 373.

[1009] *Buchner/Kühling*, in: Kühling/Buchner, DS-GVO/BDSG, 3. Aufl. 2020, Art. 7, Rn. 46; *Schantz*, in: Schantz/Wolff, Das neue Datenschutzrecht, 2017, Rn. 517; vgl. *Buchner*, DuD 2010, 39, 41.

[1010] *Schantz*, in: Schantz/Wolff, Das neue Datenschutzrecht, 2017, Rn. 516.

anzusehen.[1011] Die durch Art. 7 Abs. 4 DS-GVO angeordnete Rechtsfolge genießt Vorrang, da es sich bei dieser Vorschrift im Gegensatz zu EwG 43 S. 2 DS-GVO um den verfügenden Teil der Datenschutz-Grundverordnung handelt.[1012] Aus dem Vorstehenden folgt daher, dass eine vertikale Koppelung die Unfreiwilligkeit der Einwilligung bloß indiziert.[1013] Wie bei Machtungleichgewichten kann sich aufgrund der Umstände des Einzelfalls jedoch auch eine abweichende Bewertung ergeben.

Im Gegensatz zu einer vertikalen Koppelung liegt eine horizontale Koppelung vor, wenn der Verantwortliche für mehrere verschiedene Verarbeitungszwecke nur eine einzige, gebündelte Einwilligung von der betroffenen Person einholt.[1014] Nach EwG 32 S. 4 DS-GVO sollte sich die Einwilligung jedoch auf alle zu demselben Zweck oder denselben Zwecken vorgenommenen Verarbeitungsvorgänge beziehen. Wenn die Verarbeitung mehreren Zwecken dient, sollte gemäß EwG 32 S. 5 DS-GVO für alle diese Verarbeitungszwecke eine Einwilligung gegeben werden. Die Datenschutz-Grundverordnung möchte der betroffenen Person eine differenzierte bzw. granulare Einwilligung ermöglichen.[1015] Mit Blick auf die Freiwilligkeit formuliert EwG 43 S. 2 DS-GVO deutlich, dass die Einwilligung nicht als freiwillig erteilt gilt, wenn zu verschiedenen Verarbeitungsvorgängen von personenbezogenen Daten nicht gesondert eine Einwilligung erteilt werden kann, obwohl dies im Einzelfall angebracht ist. Aus der Formulierung „obwohl dies im Einzelfall angebracht ist" sowie aus Art. 7 Abs. 4 DS-GVO folgt jedoch auch hier, dass es für die Beurteilung der Freiwilligkeit auf die Umstände des Einzelfalls ankommt.[1016]

Mit Blick auf die soziale Netzwerkanalyse liegt hinsichtlich des Versicherungsnehmers keine unzulässige vertikale Kopplung im Sinne von Art. 7 Abs. 4 und EwG 43 S. 2 DS-GVO vor. Das Versicherungsunternehmen macht die Erfüllung des Versicherungsvertrags nicht von der Einwilligung zu einer Datenverarbeitung, die für die Erfüllung des Vertrags nicht erforderlich ist, abhängig. Die Verarbeitung der personenbezogenen Daten ist für die Erfüllung des Versicherungsvertrags – nämlich zur Leistungsprüfung und zur Verhinderung von Versicherungsbetrug – erforderlich.[1017] Somit liegt keine unzulässige Koppelung vor. In Bezug auf den Versicherungsnehmer ist allerdings ein besonderes Augenmerk auf das Vorliegen einer horizontalen Koppelung gemäß EwG 43 S. 2 DS-GVO zu legen. Typischerweise wird das Versicherungsunternehmen den Versicherungsnehmer im Zusammenhang mit dem Abschluss des Versicherungsvertrags um die Erteilung seiner Einwilligung zu verschiedenen Verarbeitungsvorgängen – beispielsweise die Verarbeitung seiner personenbezogenen Daten zur Direktwerbung – bitten. Dabei ist zwingend darauf zu achten, dass der Versicherungsnehmer keine Globaleinwilligung erteilen muss, sondern differenziert einwilligen kann.

Hinsichtlich der sonstigen betroffenen Personen ist es schon fraglich, ob das Koppelungsverbot überhaupt Anwendung findet, da zwischen ihnen und dem Versicherungsunternehmen keine vertragliche Beziehung besteht. Es kommt darauf an, wie die Formulierung „Erfüllung eines

---

[1011] EDSA (Hrsg.), Guidelines 05/2020 on consent under Regulation 2016/679, 2020, S. 11.

[1012] So auch *Schantz*, in: Schantz/Wolff, Das neue Datenschutzrecht, 2017, Rn. 516; *Heckmann/Paschke*, in: Ehmann/Selmayr, DS-GVO, 2. Aufl. 2018, Art. 7, Rn. 99.

[1013] Vgl. EDSA (Hrsg.), Guidelines 05/2020 on consent under Regulation 2016/679, 2020, S. 11; *Heckmann/Paschke*, in: Ehmann/Selmayr, DS-GVO, 2. Aufl. 2018, Art. 7, Rn. 98.

[1014] *Schantz*, in: Schantz/Wolff, Das neue Datenschutzrecht, 2017, Rn. 517 bezeichnet diese als „Globaleinwilligungen".

[1015] EDSA (Hrsg.), Guidelines 05/2020 on consent under Regulation 2016/679, 2020, S. 12.

[1016] *Schantz*, in: Schantz/Wolff, Das neue Datenschutzrecht, 2017, Rn. 518.

[1017] Zur Erforderlichkeit zur Vertragserfüllung ab S. 155.

Vertrags" in Art. 7 Abs. 4 DS-GVO zu verstehen ist. In Anlehnung an Art. 6 Abs. 1 S. 1 b) DS-GVO wäre es denkbar, den Zusatz „die Erfüllung eines Vertrags [dessen Vertragspartei die betroffene Person ist]" hineinzulesen. In diesem Fall würde Art. 7 Abs. 4 DS-GVO auf die sonstigen betroffenen Personen keine Anwendung finden, da diese nicht Vertragspartei des Versicherungsunternehmens sind. Man könnte die Formulierung allerdings auch als „die Erfüllung [irgend]eines Vertrags" verstehen. Ausreichend wäre es demnach, dass zwischen dem Versicherungsnehmer und dem Versicherungsunternehmen einen Vertrag besteht, der erfüllt werden soll. In der vorliegenden Konstellation bedeuten jedoch die verschiedenen Alternativen keinen Unterschied. Im Ergebnis ist die Datenverarbeitung zur Erfüllung des Vertrags mit dem Versicherungsnehmer erforderlich, daher findet auch nach der zweiten Alternative das Koppelungsverbot keine Anwendung auf die sonstigen betroffenen Personen. Auch die Problematik einer horizontalen Koppelung stellt sich bei den sonstigen betroffenen Personen typischerweise nicht, da sie – anders als beim Versicherungsnehmer – nur im Schadensfall mit dem Versicherungsunternehmen in Berührung kommen.

6.3.1.1.1.4.3 „Generalklausel" des EwG 42 S. 5 DS-GVO

Über die vorgenannten speziellen Konstellationen hinaus ist die Freiwilligkeit der Einwilligung zudem am Maßstab der Generalklausel des EwG 42 S. 5 DS-GVO zu messen. Eine Einwilligung ist daher nur freiwillig, wenn die betroffene Person eine echte Wahl hat und in der Lage ist, ihre Einwilligung zu verweigern oder zurückzuziehen, ohne Nachteile zu erleiden.

Über den Wortlaut von EwG 42 S. 5 DS-GVO hinaus ist allerdings nicht jeder noch so geringe Nachteil geeignet, die freie Entscheidungsfindung der betroffenen Person auszuschließen.[1018] Andernfalls würde man ihr jegliche Souveränität hinsichtlich ihrer Privatautonomie absprechen.[1019] Dies liefe jedoch der Vorstellung der Datenschutz-Grundverordnung von der betroffenen Person zuwider. Sie geht von einer vernünftigen Person aus, die sich auf Basis der Informationen, die ihr der Verantwortliche vorab mitteilen muss, ein Bild von der Datenverarbeitung macht, die Vor- und Nachteile abwägt und dementsprechend eine Entscheidung trifft. Diese Konzeption würde konterkariert, wenn jeder noch so geringe Nachteil die Freiwilligkeit der Einwilligung ohnehin ausschließen würde. Richtigerweise sind daher nur Nachteile von einem gewissen Gewicht zu berücksichtigen.

Die Nachteile haben für die betroffene Person ein umso höheres Gewicht je weniger sie über zumutbare Alternativen verfügt und je weniger sie auf die begehrte Leistung verzichten kann.[1020] Anders formuliert bleibt die Einwilligung für die betroffene Person freiwillig, wenn sie dem Verantwortlichen ausweichen oder die Nachteile aushalten kann.

Die Einwilligung beruht auf der freien Entscheidung der betroffenen Person, wenn sie in zumutbarer Weise auf gleichwertige Leistungen zurückgreifen kann.[1021] Eine Leistung ist als gleichwertig anzusehen, wenn sie „in ihrem Kern" denselben Inhalt hat.[1022] Gleichwertig bedeutet nicht identisch. Es ist der betroffenen Person zuzumuten, auf eine teurere oder weniger attraktive Leistung zurückzugreifen, sofern die Inhalte gleichwertig sind.[1023] Das folgt daraus,

---

[1018] EDSA (Hrsg.), Guidelines 05/2020 on consent under Regulation 2016/679, 2020, S. 9 spricht von "significant negative consequences"; *Ernst*, ZD 2017, 110, 112 spricht von „wesentlichen Nachteilen"; *Schantz*, in: Schantz/Wolff, Das neue Datenschutzrecht, 2017, Rn. 502.

[1019] Vgl. *Veil*, NJW 2018, 3337, 3339; *Schantz*, NJW 2016, 1841, 1845; *Heckmann/Paschke*, in: Ehmann/Selmayr, DS-GVO, 2. Aufl. 2018, Art. 7, Rn. 95.

[1020] So auch bei *Schantz*, in: Schantz/Wolff, Das neue Datenschutzrecht, 2017, Rn. 503 ff.

[1021] *Buchner/Kühling*, in: Kühling/Buchner, DS-GVO/BDSG, 3. Aufl. 2020, Art. 7, Rn. 52.

[1022] *Buchner/Kühling*, in: Kühling/Buchner, DS-GVO/BDSG, 3. Aufl. 2020, Art. 7, Rn. 53.

[1023] *Buchner/Kühling*, in: Kühling/Buchner, DS-GVO/BDSG, 3. Aufl. 2020, Art. 7, Rn. 53; dazu auch schon *Buchner*, DuD 2010, 39, 41.

dass ein höheres Entgelt sowie eine geringere Attraktivität gerade auf dem Verzicht auf eine umfangreichere Datenverarbeitung beruhen können.[1024] Auf der anderen Seite bedeutet dies aber auch, dass Alternativen nur dann berücksichtigt werden müssen, wenn sie datenschutzfreundlicher sind.[1025] Ein Ausweichen ist der betroffenen Person nicht zumutbar, wenn sie aus datenschutzrechtlicher Perspektive „vom Regen in die Traufe" käme. Beim Vergleich von Leistungen kommt es richtigerweise nicht nur auf gleichwertige Leistungen des Verantwortlichen an, sondern es sind auch die Leistungen anderer Verantwortlicher zu berücksichtigen.[1026] Auch die Datenschutz-Grundverordnung macht bestimmte Rechte und Pflichten des Verantwortlichen nicht nur von diesem selbst, sondern auch von seinem Umfeld abhängig.[1027] Schon die zentrale Frage, ob die Datenschutz-Grundverordnung gemäß Art. 2 Abs. 1 DS-GVO überhaupt in sachlicher Hinsicht anwendbar ist, kann – wie EwG 26 S. 3 DS-GVO deutlich zeigt – im Zweifelsfall von den Informationen, dem Know-how und der Technologie Dritter abhängen. Richtigerweise sind daher auch gleichwertige Leistungen von Dritten zu berücksichtigen, sofern sie die betroffene Person nach allgemeinem Ermessen wahrscheinlich nutzt.

Unabhängig von dem Bestehen einer gleichwertigen Alternative ist die Einwilligung auch dann freiwillig, wenn es der betroffenen Person zumutbar ist, auf die Leistung zu verzichten.[1028] Hierbei ist insbesondere zu prüfen, wie stark die betroffene Person auf die Leistung des Verantwortlichen angewiesen ist.[1029] In jedem Fall unzumutbar ist der betroffenen Person ein Verzicht auf Leistungen der „zivilisatorischen Grundversorgung".[1030] Das können beispielsweise „Telekommunikation, Internetzugang, Kranken- und Rentenversicherung, Girokonto, Kreditkarte, medizinische Behandlung" sein.[1031] Was im Einzelnen darunter fällt, unterliegt jedoch naturgemäß im Laufe der Zeit gewissen Änderungen. Insbesondere könnten neuere Leistungen wie beispielsweise soziale Medien in ihrer Bedeutung steigen oder sinken. Im Übrigen ist die Bedeutung der Leistung für die betroffene Person von den Umständen des Einzelfalls abhängig.

In der vorliegenden Konstellation ist bezüglich der Freiwilligkeit der Einwilligung zwischen den verschiedenen betroffenen Personen zu differenzieren. Dabei ist zunächst festzustellen, dass keine der betroffenen Personen in zumutbarer Weise auf gleichwertige Alternative zurückgreifen kann.

Auf den ersten Blick könnte der Versicherungsnehmer bei der Auswahl seiner Kraftfahrzeug-Haftpflichtversicherung auch die Leistung eines anderen Versicherungsunternehmens in Anspruch nehmen. Kein Versicherungsunternehmen in der Kraftfahrzeug-Haftpflichtversicherung verfügt über eine Monopolstellung auf dem Markt. Es handelt es sich vielmehr um ein Polypol mit vielen Anbietern und vielen Nachfragern.[1032] Trotz dieser Vielfalt von Anbietern ist jedoch aus datenschutzrechtlicher Perspektive eine monopolvergleichbare

---

[1024] *Buchner/Kühling*, in: Kühling/Buchner, DS-GVO/BDSG, 3. Aufl. 2020, Art. 7, Rn. 53.

[1025] *Schantz*, in: Schantz/Wolff, Das neue Datenschutzrecht, 2017, Rn. 505.

[1026] A.A. EDSA (Hrsg.), Guidelines 05/2020 on consent under Regulation 2016/679, 2020, S. 11 f.

[1027] Widersprüchlich bei EDSA (Hrsg.), Guidelines 05/2020 on consent under Regulation 2016/679, 2020, S. 12.

[1028] *Schantz*, in: Schantz/Wolff, Das neue Datenschutzrecht, 2017, Rn. 503.

[1029] *Buchner*, DuD 2010, 39, 41.

[1030] Vgl. *Roßnagel/Pfitzmann/Garstka*, Modernisierung des Datenschutzrechts, 2001, S. 93; so auch *Kamp/Rost*, DuD 2013, 80; ähnlich *Ingold*, in: Sydow, DS-GVO, 2. Aufl. 2018, Art. 7, Rn. 27.

[1031] *Roßnagel/Pfitzmann/Garstka*, Modernisierung des Datenschutzrechts, 2001, S. 93.

[1032] Vgl. GDV (Hrsg.), Statistisches Taschenbuch der Versicherungswirtschaft 2020, 2020, S. 67; *Looschelders*, in: Langheid/Wandt, MüKo VVG - Band 1, 2. Aufl. 2016, § 1, Rn. 114; *Nguyen/Romeike*, Versicherungswirtschaftslehre, 2013, S. 70 f.

Marktlage anzunehmen. Das folgt daraus, dass die betroffene Person keinen Zugang zu vergleichbaren, aber datenschutzschonenderen Versicherungsleistungen hat.[1033] Es ist vielmehr so, dass ein „Wettbewerb über die datenschutzrechtlichen Konditionen im Versicherungsfall" nicht festgestellt werden kann.[1034] Wenn jedoch sämtliche Versicherungsunternehmen die vertragliche Leistung zu vergleichbaren datenschutzrechtlichen Bedingungen anbieten, ist die Leistung des einzelnen Versicherungsunternehmens – wie in einem Monopol – für die betroffene Person alternativlos. Diese besondere Stellung des Versicherungsunternehmens wird noch dadurch verstärkt, dass für den Halter des Kraftfahrzeugs der Abschluss einer Kraftfahrzeug-Haftpflichtversicherung gemäß § 1 PflVG verpflichtend ist. Dies ist entsprechend zu berücksichtigen.

Auch die übrigen betroffenen Personen können nicht auf gleichwertige Alternativen zurückgreifen, denn sie sind von der Wahl des Versicherungsunternehmens durch den Versicherungsnehmer abhängig. So wird die mitversicherte Person durch das vom Versicherungsnehmer ausgewählte Versicherungsunternehmen „mitversichert". Im Schadensfall kann ihr daher auch nur dieses Versicherungsunternehmen Versicherungsschutz gewähren. Das Gleiche gilt für den Geschädigten. Sein Direktanspruch gegen das Versicherungsunternehmen aus § 115 Abs. 1 Nr. 1 VVG richtet sich nur gegen das Versicherungsunternehmen des Versicherungsnehmers. Dasselbe gilt für sonstige Unfallbeteiligte, sofern sie in die soziale Netzwerkanalyse einbezogen werden.

Wie zuvor ausgeführt ist die Freiwilligkeit der Einwilligung jedoch nicht nur davon abhängig, ob die betroffene Person dem Verantwortlichen ausweichen kann, sondern auch, ob es ihr zumutbar ist, die Nachteile einer verweigerten Einwilligung auszuhalten. Im vorliegenden Fall ist nicht jede betroffene Person in gleicher Weise auf die Leistung des Versicherungsunternehmens angewiesen. Entscheidende Merkmale sind die abstrakte zivilrechtliche Haftungslage und die konkrete Schadenshöhe.

Der Versicherungsnehmer und die mitversicherte Person sind regelmäßig abstrakt auf die Versicherungsleistung des Versicherungsunternehmens angewiesen, da sie als Halter und Führer des Kraftfahrzeugs Schuldner der Schadensersatzansprüche aus §§ 7, 18 StVG, § 823 BGB sind. Der Grad der Abhängigkeit bestimmt sich nach den konkreten Vermögensverhältnissen und der konkreten Schadenshöhe. Je eher dem Versicherungsnehmer und der mitversicherten Person eine finanzielle Überlastung droht, desto abhängiger sind sie von einer Befreiung oder Abwehr der Schadensersatzansprüche durch das Versicherungsunternehmen.

Auch der Geschädigte ist regelmäßig abstrakt auf die Versicherungsleistung des Versicherungsunternehmens angewiesen, da er als Geschädigter des Straßenverkehrsunfalls Gläubiger der Schadensersatzansprüche aus §§ 7, 18 StVG, § 823 BGB ist. Zwar stehen ihm mit dem Halter und dem Führer des Kraftfahrzeugs sowie dem Versicherungsunternehmen mehrere Schuldner zur Verfügung, jedoch sind die Ansprüche gegen Erstere mit einem nicht zu vernachlässigenden Zahlungsausfallrisiko verbunden. Dieses ist wiederum abhängig von den konkreten Vermögensverhältnissen und der konkreten Schadenshöhe.

[1033] *Schantz*, in: Schantz/Wolff, Das neue Datenschutzrecht, 2017, Rn. 504 f.

[1034] BVerfG, MMR 2007, 93, 94; diese Feststellung ist allerdings nur überzeugend, wenn man auf die subjektive Perspektive der betroffenen Person abstellt. Bei objektiver Betrachtung existieren durchaus erhebliche Unterschiede im Datenschutzniveau – beispielsweise in Bezug auf die Datenschutzorganisation – zwischen den verschiedenen Versicherungsunternehmen. Diese sind jedoch für die betroffene Person oftmals nicht „ersichtlich", daher ist es nachvollziehbar, sie unberücksichtigt zu lassen.

Für Zeugen gilt dies dagegen nicht. Sie sind schon nicht abstrakt auf die Versicherungsleistung des Versicherungsunternehmens angewiesen, da sie weder Schuldner noch Gläubiger der Schadensersatzansprüche aus §§ 7, 18 StVG, § 823 BGB sind.

Unter Berücksichtigung der vorstehenden Erwägungen ist daher anzunehmen, dass für den Versicherungsnehmer, die mitversicherte Person und den Geschädigten die Einwilligung nicht freiwillig ist, für Zeugen dagegen schon.

6.3.1.1.1.4.4 Einräumung zusätzlicher Wahlmöglichkeiten

Die vorherigen Erwägungen machen deutlich, dass die Einwilligung für den Versicherungsnehmer, die mitversicherte Person und den Geschädigten nicht freiwillig ist. Sie sind entgegen EwG 42 S. 5 DS-GVO nicht in der Lage, ihre Einwilligung zu verweigern oder zurückzuziehen, ohne Nachteile zu erleiden oder in einer Weise zu befürchten, die die Freiwilligkeit ausschließt. Die vorläufige Feststellung der Unfreiwilligkeit bedeutet jedoch nicht in jedem Fall, dass die Einwilligung ausgeschlossen ist. Dem Verantwortlichen stehen weiterhin Gestaltungsmöglichkeiten offen, mit denen eine wirksame Einwilligung gewährleistet werden kann.

Beispielsweise könnte das Versicherungsunternehmen den vorstehenden betroffenen Personen eine zusätzliche Wahlmöglichkeit einräumen.[1035] Sofern diese Wahlmöglichkeit eine gleichwertige Leistung darstellt, wird die Freiwilligkeit der Einwilligung im Sinne von EwG 42 S. 5 DS-GVO wiederhergestellt.

Das Versicherungsunternehmen könnte den betroffenen Personen beispielsweise eine alternative Schadensregulierung mit definierten Kooperationspartnern anbieten.[1036] Das gilt insbesondere für Gutachter und Werkstätten.[1037] In diesem Fall würde das Versicherungsunternehmen auf Maßnahmen der Betrugserkennung – einschließlich der Durchführung einer sozialen Netzwerkanalyse – verzichten.

Nutzt das Versicherungsunternehmen ein Netzwerk aus ausgewählten Partnern, besteht eine erheblich geringere Gefahr, dass diese Kooperationspartner überhöhte Schäden bescheinigen oder die Kraftfahrzeuge nur notdürftig wieder in Stand setzen.[1038] In Erwartung weiterer Aufträge haben sie vielmehr ein Eigeninteresse daran, eine vertrauensvolle Beziehung zu dem Versicherungsunternehmen aufrechtzuerhalten.[1039] Etwaige Anreize für ein kollusives Zusammenwirken mit den Unfallbeteiligten zu Lasten des Versicherungsunternehmens werden dadurch erheblich gemindert. Entscheidende Elemente der Betrugsnetzwerke könnten auf diese Weise ausgeschaltet werden.

Für den Geschädigten als betroffene Person ist eine solche alternative Schadensregulierung mit definierten Kooperationspartnern regelmäßig eine gleichwertige Leistung, auf die er in zumutbarer Weise zurückgreifen kann. Für die Frage der Zumutbarkeit ist gegebenenfalls die Dichte des Partnernetzwerkes zu berücksichtigen und ob für den Geschädigten im Einzelfall ein unverhältnismäßiger Aufwand besteht, den nächsten Kooperationspartner einzuschalten. Etwaige „Löcher" im Netzwerk könnten jedoch über weitere Serviceleistungen kompensiert werden. In jedem Fall ist diese Alternative für den Geschädigten datenschutzfreundlicher, da

---

[1035] Vgl. *Weichert*, in: Kühling/Buchner, DS-GVO/BDSG, 3. Aufl. 2020, Art. 9, Rn. 51.

[1036] Vgl. *Köneke/Müller-Peters/Fetchenhauer*, Versicherungsbetrug verstehen und verhindern, 2015, S. 298 ff.; *Berthold*, Der Betrug zum Nachteil von Versicherungen, 2005, S. 35 f.

[1037] Zu Partnerwerkstätten *Hoenen/Heitmann*, in: Wagner, Gabler Versicherungslexikon, 2. Aufl. 2017, S. 639.

[1038] *Köneke/Müller-Peters/Fetchenhauer*, Versicherungsbetrug verstehen und verhindern, 2015, S. 299; *Berthold*, Der Betrug zum Nachteil von Versicherungen, 2005, S. 35.

[1039] *Köneke/Müller-Peters/Fetchenhauer*, Versicherungsbetrug verstehen und verhindern, 2015, S. 299.

auf eine weitere Verarbeitung seiner personenbezogenen Daten zur Betrugserkennung verzichtet wird. Allein das Anbieten einer solchen alternativen Schadensregulierung mit Kooperationspartnern durch das Versicherungsunternehmen führt dazu, dass der Geschädigte nun gemäß EwG 42 S. 5 DS-GVO in der Lage ist, seine Einwilligung zu verweigern oder zurückzuziehen, ohne Nachteile zu erleiden. Seine Einwilligung ist somit freiwillig.

Etwas anderes gilt für den Versicherungsnehmer und die mitversicherte Person als betroffene Personen. Für sie entfaltet die beschriebene alternative Schadensregulierung mit ausgewählten Kooperationspartnern keine Wirkung, denn sie haben typischerweise keinen Einfluss auf die Auswahl der Dienstleister. Die Einräumung der zusätzlichen Wahlmöglichkeit führt daher nicht dazu, dass auch ihre Einwilligung als freiwillig zu bewerten ist.

Insgesamt ist daher festzuhalten, dass jedenfalls für den Versicherungsnehmer und die mitversicherte Person die Einwilligung mangels Freiwilligkeit als taugliche Rechtsgrundlage ausscheidet. Damit scheidet die Einwilligung jedoch auch insgesamt als praktikable Rechtsgrundlage für die soziale Netzwerkanalyse aus, denn typischerweise liegt es im Interesse des Versicherungsunternehmens, nicht zwischen einzelnen betroffenen Personen differenzieren zu müssen.

6.3.1.1.1.5 Bestimmtheit

Als weitere Voraussetzung muss die betroffene Person ihre Einwilligung für einen bestimmten Fall geben. Gemeint ist damit, dass sie in die Verarbeitung ihrer personenbezogenen Daten für einen oder mehrere bestimmte Zwecke einwilligen muss. Das folgt aus Art. 4 Nr. 11 und Art. 6 Abs. 1 S. 1 a) DS-GVO.

Die Bestimmtheit der Einwilligung ist eng verwandt mit dem Grundsatz der Zweckbindung gemäß Art. 5 Abs. 1 b) DS-GVO.[1040] Dieser verlangt von dem Verantwortlichen, dass er vor jeder Verarbeitung personenbezogener Daten eindeutige und legitime Zwecke für die Verarbeitung festlegt. Hat der Verantwortliche auf diese Weise einen oder mehrere Verarbeitungszwecke festgelegt, muss aus der Einwilligung der betroffenen Person klar hervorgehen, auf welchen oder welche dieser bestimmten Zwecke sie sich bezieht.[1041] Umgekehrt bedeutet dies, dass eine Pauschal- oder Blankoeinwilligung ohne Bezug zu einem oder mehreren Verarbeitungszwecken zu unbestimmt und daher unzulässig ist.[1042]

Darüber hinaus setzt die Bestimmtheit der Einwilligung voraus, dass die Einwilligung gegebenenfalls granular erfolgen muss.[1043] Wie zuvor beschrieben folgt aus EwG 32 S. 4 DS-GVO, dass sich die Einwilligung auf alle zu demselben Zweck oder denselben Zwecken vorgenommenen Verarbeitungsvorgänge beziehen sollte. Wenn die Verarbeitung mehreren Zwecken dient, sollte gemäß EwG 32 S. 5 DS-GVO für alle diese Verarbeitungszwecke eine Einwilligung gegeben werden. Sofern dies im Einzelfall angebracht ist, muss der Verantwortliche somit die Einwilligung differenzieren und eine granulare Zustimmung ermöglichen.

Sofern verschiedene Varianten von Big-Data-Verfahren darin bestehen, eine möglichst große Menge von personenbezogenen Daten zu erheben und aufzubewahren, um sie in der Zukunft

---

[1040] EDSA (Hrsg.), Guidelines 05/2020 on consent under Regulation 2016/679, 2020, S. 14.

[1041] EDSA (Hrsg.), Guidelines 05/2020 on consent under Regulation 2016/679, 2020, S. 14; *Veil*, NJW 2018, 3337, 3340.

[1042] *Ernst*, in: Paal/Pauly, DS-GVO BDSG, 3. Aufl. 2021, Art. 4, Rn. 78; eine Lockerung bezüglich der Bestimmtheit der Verarbeitungszwecke kommt nur bei einer Einwilligung zur wissenschaftlichen Forschung in Betracht, s. EwG 33 DS-GVO.

[1043] EDSA (Hrsg.), Guidelines 05/2020 on consent under Regulation 2016/679, 2020, S. 14.

für beliebige Zwecke zu nutzen, kollidiert dies nicht nur mit dem Grundsatz der Zweckbindung gemäß Art. 5 Abs. 1 b) DS-GVO, sondern führt auch dazu, dass eine etwaige Einwilligung wegen ihrer Unbestimmtheit unwirksam wäre.[1044] Für die soziale Netzwerkanalyse stellt sich dieses Problem jedoch nicht. Sofern das Versicherungsunternehmen zumindest von manchen betroffenen Personen eine Einwilligung einholen würde, könnte der Kern der Einwilligung daher wie folgt lauten: „Hiermit willige ich widerruflich ein, dass [Versicherungsunternehmen] meine personenbezogenen Daten über meine Beteiligung an Straßenverkehrsunfällen, wie in den Datenschutzinformationen [Link zu Datenschutzinformationen] beschrieben, verarbeiten darf, um zu prüfen, ob ungewöhnliche Verbindungen zu anderen Straßenverkehrsunfällen bestehen."[1045]

6.3.1.1.1.6 Informiertheit

Die betroffene Person muss die Einwilligung zudem in informierter Weise abgeben. Sie muss folglich wissen, dass und in welchem Umfang sie die Verarbeitung ihrer personenbezogenen Daten erlaubt.[1046]

Zunächst muss der betroffenen Person überhaupt bewusst sein, dass ihr der Verantwortliche eine Entscheidung abverlangt und dass sie ihm im Falle einer Zustimmung die Verarbeitung ihrer personenbezogenen Daten erlaubt.[1047] Sie muss die Entscheidung als solche wahrnehmen und darf nicht bloß versehentlich ihr Einverständnis erteilen.[1048] Dies impliziert bereits gewisse Gestaltungsanforderungen an die Einwilligung. Das Ersuchen des Verantwortlichen bzw. die Erklärung der betroffenen Person ist als datenschutzrechtliche „Einwilligung", „Einverständnis" oder „Zustimmung" zu bezeichnen bzw. zu übertiteln.[1049] In jedem Fall muss das Wesensmerkmal der Erlaubnis durch die betroffene Person klar und deutlich hervortreten.

Erfolgt die Einwilligung der betroffenen Person durch eine schriftliche Erklärung, die noch andere Sachverhalte betrifft, ist das Risiko einer versehentlich erteilten Einwilligung besonders groß. In solchen Konstellationen ist daher die Regelung des Art. 7 Abs. 2 S. 1 DS-GVO zu beachten. Danach muss das Ersuchen des Verantwortlichen um Einwilligung in verständlicher und leicht zugänglicher Form in einer klaren und einfachen Sprache so erfolgen, so dass es von den anderen Sachverhalten klar zu unterscheiden ist.[1050] Dies kann beispielsweise durch Fettdruck, eine andere Schriftart oder -größe sowie durch eine farbliche Hervorhebung oder Umrahmung der Erklärung erfolgen.[1051]

Für das Versicherungsunternehmen ist dies insbesondere zu beachten, wenn die Einwilligung im Rahmen der Vertragsanbahnung oder zusammen mit der Schadensanzeige erklärt werden soll.

[1044] Vgl. *Mantelero*, CLSR 2014, 643, 652; zu dieser Problematik auch *Mayer-Schönberger/Padova*, Colum. Sci. & Tech. L. Rev. 2016, 315, 322.

[1045] Zu den Datenschutzinformationen ab S. 239.

[1046] EwG 42 S. 2 DS-GVO; *Krüger*, ZRP 2016, 190; zu den Herausforderungen bei immer komplexeren Verarbeitungen personenbezogener Daten *Pollmann/Kipker*, DuD 2016, 378.

[1047] Vgl. auch *Schantz*, in: Schantz/Wolff, Das neue Datenschutzrecht, 2017, Rn. 522.

[1048] *Heckmann/Paschke*, in: Ehmann/Selmayr, DS-GVO, 2. Aufl. 2018, Art. 7, Rn. 75 und 78.

[1049] *Schantz*, in: Schantz/Wolff, Das neue Datenschutzrecht, 2017, Rn. 522; vgl. Positiv- und Negativbeispiele bei Düsseldorfer Kreis (Hrsg.), Gestaltungshinweise zur datenschutzrechtlichen Einwilligungserklärung in Formularen, 2016, S. 2; zu großzügig *Schulz*, in: Gola, DS-GVO, 2. Aufl. 2018, Art. 7, Rn. 43.

[1050] S. dazu *Heckmann/Paschke*, in: Ehmann/Selmayr, DS-GVO, 2. Aufl. 2018, Art. 7, Rn. 75 ff.; *Schantz*, in: Schantz/Wolff, Das neue Datenschutzrecht, 2017, Rn. 521.

[1051] Vgl. Düsseldorfer Kreis (Hrsg.), Gestaltungshinweise zur datenschutzrechtlichen Einwilligungserklärung in Formularen, 2016, S. 3.

Während die zuvor genannten Anforderungen das Bewusstsein der betroffenen Person für die Entscheidungssituation schärfen sollen, geht es im Folgenden um die der Entscheidung zugrundeliegenden Informationsbasis. Eine informierte Einwilligung setzt voraus, dass die betroffene Person in Kenntnis der Sachlage ist.[1052] Damit sie die Vor- und Nachteile der geplanten Datenverarbeitung überblicken und abwägen kann, muss der Verantwortliche ihr alle entscheidungsrelevanten Informationen zur Verfügung stellen.[1053]

Welche Informationen der Verantwortliche der betroffenen Person zur Verfügung stellen muss, damit diese eine informierte Entscheidung treffen kann, regelt die Datenschutz-Grundverordnung nicht ausdrücklich, sondern ergibt sich aus einer Gesamtschau verschiedener Vorschriften.

Der Ausgangspunkt ist Art. 6 Abs. 1 S. 1 a) DS-GVO selbst, wonach die betroffene Person ihre Einwilligung zu der Verarbeitung der sie betreffenden personenbezogenen Daten für einen oder mehrere bestimmte Zwecke geben muss. Das setzt voraus, dass sie über die Verarbeitung ihrer personenbezogenen Daten zu diesem oder diesen bestimmten Zwecken informiert ist. Die Relevanz dieser Informationen wird durch EwG 42 S. 4 DS-GVO bestätigt und ergänzt.[1054] Danach sollte die betroffene Person mindestens wissen, wer der Verantwortliche ist und für welche Zwecke ihre personenbezogenen Daten verarbeitet werden sollen, damit sie in Kenntnis der Sachlage ihre Einwilligung geben kann. Aus Art. 7 Abs. 3 S. 3 DS-GVO folgt zudem, dass der Verantwortliche die betroffene Person vorab darüber informieren muss, dass sie ihre Einwilligung jederzeit mit Wirkung für die Zukunft widerrufen kann.

Die zuvor beschriebenen Informationen – Identität des Verantwortlichen, Verarbeitung personenbezogener Daten, Verarbeitungszwecke und Widerruflichkeit der Einwilligung – gelten allgemein und sind vor jeder Einwilligung zu erteilen.[1055] Darüber hinaus bestehen jedoch besondere Einwilligungssituationen, die typischerweise ein höheres Risiko für die betroffene Person mit sich bringen. Die Datenschutz-Grundverordnung hebt diese risikobehafteten Situationen hervor, indem sie in solchen Fällen eine ausdrückliche Einwilligung der betroffenen Person in die Verarbeitung ihrer personenbezogenen Daten verlangt.[1056] Das gilt für die Verarbeitung besonderer Kategorien personenbezogener Daten nach Art. 9 Abs. 2 a) DS-GVO, die Verarbeitung im Rahmen vollautomatisierter Entscheidungen im Einzelfall nach Art. 22 Abs. 2 c) DS-GVO und die Übermittlung in ein Drittland nach Art. 49 Abs. 1 S. 1 a) DS-GVO.[1057] Bei Art. 49 Abs. 1 S. 1 a) DS-GVO folgt aus der Vorschrift selbst, dass der Verantwortliche die betroffene Person zuvor über die für sie bestehenden möglichen Risiken derartiger Datenübermittlungen ohne Vorliegen eines Angemessenheitsbeschlusses und ohne geeignete Garantien unterrichten muss.[1058] Auch wenn sich dies nicht ohne weiteres auf die Einwilligungen gemäß Art. 9 Abs. 2 a) und Art. 22 Abs. 2 c) DS-GVO übertragen lässt, sprechen gute Argumente dafür, dass der Verantwortliche die betroffene Person zumindest darüber informieren muss, dass sie in die Verarbeitung besonderer Kategorien personenbezogener Daten bzw. in vollautomatisierte Entscheidungen im Einzelfall

---

[1052] EwG 42 S. 4 DS-GVO; EDSA (Hrsg.), Guidelines 05/2020 on consent under Regulation 2016/679, 2020, S. 15.

[1053] *Ingold*, in: Sydow, DS-GVO, 2. Aufl. 2018, Art. 7, Rn. 34; s. dazu auch schon KOM (90) 314 endg., S. 29.

[1054] EDSA (Hrsg.), Guidelines 05/2020 on consent under Regulation 2016/679, 2020, S. 15.

[1055] EDSA (Hrsg.), Guidelines 05/2020 on consent under Regulation 2016/679, 2020, S. 15.

[1056] EDSA (Hrsg.), Guidelines 05/2020 on consent under Regulation 2016/679, 2020, S. 20.

[1057] *Veil*, NJW 2018, 3337, 3338.

[1058] EDSA (Hrsg.), Guidelines 05/2020 on consent under Regulation 2016/679, 2020, S. 16.

einwilligt.[1059] In den beschriebenen besonderen Einwilligungssituationen muss der Verantwortliche der betroffenen Person diese Informationen zusätzlich zu den allgemein geltenden Informationen erteilen, damit die Einwilligung als informiert gilt.

Darüber hinaus ist zu berücksichtigen, dass der Verantwortliche auch weiterhin dazu verpflichtet ist, die betroffene Person gemäß Art. 13 und 14 DS-GVO zu informieren.[1060] Insbesondere wenn die Datenverarbeitung von Anfang an auf eine Einwilligung gestützt werden soll, kann der Verantwortliche einen integrierten Ansatz verfolgen und die verschiedenen Informationspflichten gemeinsam erfüllen.[1061] Letzteres ist typischerweise auch im Interesse des Versicherungsunternehmens.

6.3.1.1.2 Kein Widerruf

Die Einwilligung rechtfertigt die Verarbeitung personenbezogener Daten nur so lange wie die betroffene Person sie nicht widerruft. Gemäß Art. 7 Abs. 3 S. 1 DS-GVO hat die betroffene Person das Recht, ihre Einwilligung jederzeit zu widerrufen. So wie sie privatautonom darüber entscheiden kann, die Verarbeitung ihrer personenbezogenen Daten zu erlauben, darf sie in gleicher Weise beschließen, diese Datenverarbeitung wieder zu untersagen.[1062] Nicht zu verwechseln ist das Widerrufsrecht gemäß Art. 7 Abs. 3 DS-GVO mit dem Widerspruchsrecht nach Art. 21 DS-GVO. Beide Betroffenenrechte unterscheiden sich erheblich in ihren Voraussetzungen und Rechtsfolgen.[1063]

Das Widerrufsrecht der betroffenen Person ist an keine Voraussetzungen geknüpft und unterliegt auch keiner zeitlichen Beschränkung.[1064] Notwendiger Adressat des Widerrufs ist der Verantwortliche. Im Übrigen bestehen keine weiteren Anforderungen an die Ausübung des Widerrufsrechts. Vielmehr muss nach Art. 7 Abs. 3 S. 4 DS-GVO der Widerruf der Einwilligung so einfach wie die Erteilung der Einwilligung sein.

Durch die Erklärung des Widerrufs gegenüber dem Verantwortlichen wird die erteilte Einwilligung *ex nunc* beseitigt.[1065] Die Rechtmäßigkeit der aufgrund der Einwilligung bis zum Widerruf erfolgten Verarbeitung wird jedoch nicht berührt. Das folgt ausdrücklich aus Art. 7 Abs. 3 S. 2 DS-GVO. Die weitere Datenverarbeitung wird mit dem Widerruf der Einwilligung rechtswidrig, es sei denn, der Verantwortliche kann die Datenverarbeitung auf eine andere Rechtsgrundlage stützen. Letzteres bedeutet jedoch nicht, dass der Verantwortliche die Rechtsgrundlage der Datenverarbeitung nachträglich und nach Belieben auswechseln kann.[1066] Oder anders formuliert: „Wer a) sagt, kann nicht mehr b) oder f) sagen.", weil er ansonsten der betroffenen Person eine nicht vorhandene Entscheidungsmacht suggeriert.[1067] Etwas anderes gilt jedoch, wenn der Verantwortliche die Datenverarbeitung von Anfang auf mehrere Rechtsgrundlagen stützen kann und dies der betroffenen Person auch kommuniziert.[1068] Das folgt aus Art. 6 Abs. 1 S. 1 und Art. 17 Abs. 1 b) DS-GVO.[1069]

[1059] EDSA (Hrsg.), Guidelines 05/2020 on consent under Regulation 2016/679, 2020, S. 15; vgl. Artikel-29-Datenschutzgruppe (Hrsg.), WP 187, 2011, S. 24; *Tinnefeld/Conrad*, ZD 2018, 391, 395.
[1060] *Veil*, NJW 2018, 3337, 3339.
[1061] EDSA (Hrsg.), Guidelines 05/2020 on consent under Regulation 2016/679, 2020, S. 17.
[1062] *Ernst*, ZD 2020, 383.
[1063] *Veil*, NJW 2018, 3337, 3341; zu den Voraussetzungen des Widerspruchsrechts ab S. 212.
[1064] *Ernst*, ZD 2020, 383, 384 f.
[1065] *Ingold*, in: Sydow, DS-GVO, 2. Aufl. 2018, Art. 7, Rn. 48.
[1066] DSK (Hrsg.), Kurzpapier Nr. 20 - Einwilligung, 2019, S. 3.
[1067] *Uecker*, ZD 2019, 248, 249; *Veil*, NJW 2018, 3337, 3342.
[1068] *Tinnefeld/Conrad*, ZD 2018, 391, 392; *Veil*, NJW 2018, 3337, 3342 hält dies nicht für zwingend erforderlich.
[1069] *Tinnefeld/Conrad*, ZD 2018, 391, 392.

Letztlich liegt in der Widerruflichkeit der Einwilligung ein weiterer wesentlicher Grund, warum die Einwilligung nicht für Big-Data-Analysen geeignet ist.[1070] Das Versicherungsunternehmen müsste jederzeit damit rechnen, dass eine oder mehrere betroffene Personen ihre Einwilligung widerrufen, womit die weitere Verarbeitung der entsprechenden Daten nicht mehr zulässig wäre und die soziale Netzwerkanalyse damit deutlich erschwert oder unmöglich gemacht würde. Ein solcher Widerruf wäre gerade in solchen Fällen zu besorgen, in denen bestimmte Akteure befürchten, durch eine derartige Analyse mit kriminellen Aktivitäten aufzufallen.

6.3.1.2 Erforderlichkeit zur Vertragserfüllung oder zum Vertragsabschluss (Art. 6 Abs. 1 S. 1 b) DS-GVO)

Scheidet die Einwilligung als Rechtsgrundlage für die soziale Netzwerkanalyse aus, ist zu prüfen, ob die Datenverarbeitung gegebenenfalls zur Erfüllung des Versicherungsvertrags erforderlich ist.

Gemäß Art. 6 Abs. 1 S. 1 b) DS-GVO ist die Verarbeitung personenbezogener Daten rechtmäßig, wenn sie zur Erfüllung eines Vertrags, dessen Vertragspartei die betroffene Person ist, oder zur Durchführung vorvertraglicher Maßnahmen, die auf Anfrage der betroffenen Person erfolgen, erforderlich ist.

Hinter der Vorschrift des Art. 6 Abs. 1 S. 1 b) DS-GVO steht der Gedanke, dass auch in dieser Konstellation die betroffene Person selbst über die Datenverarbeitung entschieden hat – wenn auch in schwächerer Ausprägung als bei der Einwilligung.[1071] Die Regelung geht davon aus, dass „der Betroffene eine autonome Entscheidung für einen Vertragsabschluss (oder die Begründung eines Vertrauensverhältnisses) getroffen hat, womit er zugleich auch sein informationelles Selbstbestimmungsrecht ausgeübt hat."[1072] Dabei handelt es sich in erster Linie um eine technische Konstruktion, denn es werden zwei – an sich zu trennende – privatautonome Akte miteinander verschmolzen. Das Prinzip der Privatautonomie gewährleistet die Freiheit des Einzelnen, seine Rechtsverhältnisse nach seinem Willen zu gestalten.[1073] Im Vertragsrecht bedeutet Privatautonomie maßgeblich Vertragsfreiheit. Jede Person soll grundsätzlich selbst entscheiden können, ob, mit wem und mit welchem Inhalt sie Verträge schließt.[1074] Im Datenschutzrecht bedeutet Privatautonomie dagegen, dass jede Person grundsätzlich selbst entscheiden können soll, was mit ihren personenbezogenen Daten passiert.[1075] Die Verschmelzung dieser beiden Entscheidungen bzw. Akte lässt sich jedoch auf die Grundannahme stützen, dass sich eine Person typischerweise widerspruchsfrei verhält. Wer eine Entscheidung trifft, trifft im Normalfall nicht im selben Moment eine zweite Entscheidung, welche die erste Entscheidung konterkarieren würde. Auf den Fall bezogen bedeutet das, dass typischerweise die betroffene Person nicht erst eine vertragskonstituierende Willenserklärung abgibt und im selben Moment die zur Erfüllung dieses Vertrags erforderliche

---

[1070] *Mayer-Schönberger/Padova*, Colum. Sci. & Tech. L. Rev. 2016, 315, 326.

[1071] *Albers/Veit*, in: Wolff/Brink, Beck'scher Onlinekommentar Datenschutzrecht, 34. Edition 2020, Art. 6 DS-GVO, Rn. 29; *Reimer*, in: Sydow, DS-GVO, 2. Aufl. 2018, Art. 6, Rn. 18; *Heinzke/Engel*, ZD 2020, 189 f.; *Ziegenhorn/von Heckel*, NVwZ 2016, 1585, 1588; *Albrecht/Jotzo*, Das neue Datenschutzrecht der EU, 2017, Teil 3, Rn. 45 spricht von „privatautonomen Schuldverhältnissen"; vgl. auch schon *Dammann/Simitis*, EG-Datenschutzrichtlinie, 1997, Art. 7, Rn. 5.

[1072] OLG Frankfurt a.M., NJW-RR 2005, 1280, 1282 zu § 28 Abs. 1 Nr. 1 BDSG a.F.; ähnlich auch BVerfG, MMR 2007, 93; a.A. hinsichtlich tatsächlicher Privatautonomie *Simitis*, NJW 1984, 398, 401 und *Simitis*, in: Simitis, BDSG, 8. Aufl. 2014, § 4a, Rn. 3 ff.

[1073] BVerfGE 89, 214, 231.

[1074] BVerfGE 89, 214, 231.

[1075] BVerfGE 65, 1, 43.

Datenverarbeitung verweigern würde.[1076] Die Regelung des Art. 6 Abs. 1 S. 1 b) DS-GVO geht daher davon aus, dass die Entscheidung der betroffenen Person, den konkreten Vertrag zu schließen, auch die Entscheidung, die dazu erforderliche Datenverarbeitung zu gestatten, umfasst.[1077]

Mit Blick auf die soziale Netzwerkanalyse sind die Tatbestandsvoraussetzungen von Art. 6 Abs. 1 S. 1 b) DS-GVO erfüllt, wenn erstens ein Vertrag besteht, dessen Vertragspartei die betroffene Person ist, und zweitens die konkrete Datenverarbeitung zur Erfüllung dieses Vertrags erforderlich ist.

6.3.1.2.1 Vertrag mit betroffener Person

Zunächst muss ein Vertrag bestehen, dessen Vertragspartei die betroffene Person ist. Als Vertrag kommt jeder wirksame bürgerlich-rechtliche oder öffentlich-rechtliche Vertrag in Betracht.[1078] Über den Wortlaut hinaus werden auch alle vertragsähnlichen Rechtsverhältnisse umfasst, sofern sie auf den Willen der betroffenen Person zurückzuführen sind.[1079] Gesetzliche Rechtsverhältnisse unterfallen dagegen nicht Art. 6 Abs. 1 S. 1 b) DS-GVO, sondern allenfalls Art. 6 Abs. 1 S. 1 c) DS-GVO.[1080] Der Vertrag muss nicht unbedingt zwischen dem Verantwortlichen und der betroffenen Person bestehen. Ausweislich des Wortlauts muss nur die betroffene Person Vertragspartei sein, nicht dagegen der Verantwortliche.[1081] Sofern der Verantwortliche nicht selbst Vertragspartei ist, muss er jedoch zumindest durch die bzw. eine andere Vertragspartei mit der Vertragsdurchführung betraut worden sein.[1082]

6.3.1.2.1.1 Versicherungsnehmer als betroffene Person

Sofern die betroffene Person der Versicherungsnehmer ist, scheinen diese Voraussetzungen auf den ersten Blick erfüllt.[1083] Die Kraftfahrzeug-Haftpflichtversicherung beruht auf einem Versicherungsvertrag zwischen dem Versicherungsunternehmen und dem Versicherungsnehmer.[1084] Der Versicherungsvertrag ist ein bürgerlich-rechtlicher Vertrag und der Versicherungsnehmer ist Vertragspartei desselben.

Fraglich ist jedoch, ob Art. 6 Abs. 1 S. 1 b) DS-GVO auch in Konstellationen Anwendung findet, in denen der Vertrag nicht auf einer uneingeschränkt autonomen Entscheidung der betroffenen Person beruht.[1085] Diese Frage stellt sich vor dem Hintergrund, dass der

---

[1076] Vgl. auch *Taeger*, in: Taeger/Gabel, BDSG, 2. Aufl. 2013, § 28, Rn. 48.

[1077] Vgl. auch *Menzel*, DuD 2008, 400, 404; *Uecker*, ZD 2019, 248, 249.

[1078] *Reimer*, in: Sydow, DS-GVO, 2. Aufl. 2018, Art. 6, Rn. 19.

[1079] *Albers/Veit*, in: Wolff/Brink, Beck'scher Onlinekommentar Datenschutzrecht, 34. Edition 2020, Art. 6 DS-GVO, Rn. 30; *Buchner/Petri*, in: Kühling/Buchner, DS-GVO/BDSG, 3. Aufl. 2020, Art. 6. Rn. 30 mit Beispielen in Rn. 29.

[1080] *Wolff*, in: Schantz/Wolff, Das neue Datenschutzrecht, 2017, Rn. 546; *Reimer*, in: Sydow, DS-GVO, 2. Aufl. 2018, Art. 6, Rn. 19.

[1081] *Albers/Veit*, in: Wolff/Brink, Beck'scher Onlinekommentar Datenschutzrecht, 34. Edition 2020, Art. 6 DS-GVO, Rn. 30; *Plath*, in: Plath, BDSG/DSGVO, 3. Aufl. 2018, Art. 6 DS-GVO, Rn. 13 f.; *Wolff*, in: Schantz/Wolff, Das neue Datenschutzrecht, 2017, Rn. 545, 550.

[1082] *Laue/Kremer,* Das neue Datenschutzrecht in der betrieblichen Praxis, 2. Aufl. 2019, § 2, Rn. 30.

[1083] So auch *Spittka*, in: Specht/Mantz, Handbuch europäisches und deutsches Datenschutzrecht, 2019, § 12, Rn. 17.

[1084] Vgl. *Maier/Biela*, Die Kraftfahrt-Haftpflichtversicherung, 2001, Rn. 5; *Bauer*, Die Kraftfahrtversicherung, 6. Aufl. 2010, Rn. 133; *Asmus/Sonnenburg,* Kraftfahrtversicherung, 7. Aufl. 1998, S. 123.

[1085] Ohne Problematisierung *Zurlutter*, Datenschutzrechtliche Aspekte der Auskunfts- und Aufklärungsobliegenheit über Kfz-Daten in der Kfz-Haftpflichtversicherung, 2016, S. 87.

Versicherungsnehmer die Kraftfahrzeug-Haftpflichtversicherung nicht immer aus freien Stücken abschließt.

6.3.1.2.1.1.1 Einschränkung der Privatautonomie durch Versicherungspflicht

Wie eingangs erläutert handelt es sich bei der Kraftfahrzeug-Haftpflichtversicherung um eine Pflichtversicherung, deren Abschluss durch § 1 PflVG gesetzlich vorgeschrieben ist.[1086] Der Halter eines Kraftfahrzeugs oder Anhängers mit regelmäßigem Standort im Inland ist danach verpflichtet, für sich, den Eigentümer und den Fahrer eine Haftpflichtversicherung zur Deckung der durch den Gebrauch des Fahrzeugs verursachten Personenschäden, Sachschäden und sonstigen Vermögensschäden abzuschließen und aufrechtzuerhalten, wenn das Fahrzeug auf öffentlichen Wegen oder Plätzen verwendet wird. Ein vorsätzlicher Verstoß gegen § 1 PflVG wird gemäß § 6 Abs. 1 PflVG mit Freiheitsstrafe bis zu einem Jahr oder mit Geldstrafe geahndet.

Die gesetzliche Verpflichtung zum Abschluss einer Haftpflichtversicherung greift in nicht unerheblicher Weise in die Privatautonomie des Einzelnen ein.[1087] Der Grundsatz der Privatautonomie ist eine der tragenden Säulen des Zivilrechts und wird verfassungsrechtlich durch die Allgemeine Handlungsfreiheit nach Art. 2 Abs. 1 GG geschützt.[1088] Die Privatautonomie gewährleistet die Freiheit des Einzelnen, seine Rechtsverhältnisse nach seinem Willen zu gestalten.[1089] Eine besondere Ausprägung hiervon ist die Vertragsfreiheit.[1090] Der Einzelne soll bei der Gestaltung seiner Rechtsverhältnisse frei entscheiden dürfen, ob und mit wem er Verträge schließt und welchen Inhalt diese Verträge haben.[1091] Man spricht diesbezüglich auch von einer Abschluss- und Inhaltsfreiheit. Zwingt eine Rechtsvorschrift wie § 1 PflVG den Einzelnen zum Abschluss einer Haftpflichtversicherung, kann er nicht mehr frei darüber entscheiden, ob er einen Versicherungsvertrag schließt oder stattdessen auf Versicherungsschutz verzichtet. Eine zwingende Haftpflichtversicherung beeinträchtigt somit seine negative Abschlussfreiheit.[1092] Darüber hinaus gibt § 114 Abs. 1 VVG die Mindestversicherungssumme des Versicherungsvertrags vor, was dazu führt, dass auch die Inhaltsfreiheit des Einzelnen eingeschränkt wird.[1093] Es wird ihm dadurch versperrt, sich in einem geringeren Maße als dem vorgeschriebenen Mindestumfang zu versichern.[1094]

Zwar ist einzuräumen, dass ein gewisser Anteil von Haltern eine Kraftfahrzeug-Haftpflichtversicherung ohnehin freiwillig abschließen würde, dies gilt jedoch nicht für alle Halter und mutmaßlich noch nicht einmal für die Mehrheit. Die historische Erfahrung legt vielmehr nahe, dass ohne Versicherungspflicht ein nicht unwesentlicher Teil der Halter ohne Versicherungsschutz am Straßenverkehr teilnehmen würde.[1095] Die gesetzliche Verpflichtung

---

[1086] Zur Kraftfahrzeug-Haftpflichtversicherung als Pflichtversicherung ab S. 13.

[1087] *Brand*, in: Langheid/Wandt, MüKo VVG - Band 2, 2. Aufl. 2017, Vorb. §§ 113 bis 124, Rn. 3.

[1088] Statt vieler *Di Fabio*, in: Maunz/Dürig, GG-Kommentar, 92. EL 2020, Art. 2, Rn. 101.

[1089] BVerfGE 89, 214, 231.

[1090] *Di Fabio*, in: Maunz/Dürig, GG-Kommentar, 92. EL 2020, Art. 2, Rn. 101; *Badura*, Staatsrecht, 7. Aufl. 2018, Kap. A, Rn. 6 nennt neben der Vertragsfreiheit die Eigentumsfreiheit und die Testierfreiheit.

[1091] BVerfGE 89, 214, 231.

[1092] *Roth*, in: Hamburger Gesellschaft zur Förderung des Versicherungswesens, Pflichtversicherung - Segnung oder Sündenfall, 2005, S. 145.

[1093] *Brand*, in: Langheid/Wandt, MüKo VVG - Band 2, 2. Aufl. 2017, Vorb. §§ 113 bis 124, Rn. 3; *Looschelders*, in: Langheid/Wandt, MüKo VVG - Band 1, 2. Aufl. 2016, § 1, Rn. 114.

[1094] *Nell*, in: Hamburger Gesellschaft zur Förderung des Versicherungswesens, Pflichtversicherung - Segnung oder Sündenfall, 2005, S. 87.

[1095] Ausführlich zur historischen Entwicklung der Pflichtversicherung *Barner*, Die Einführung der Pflichtversicherung für Kraftfahrzeughalter, 1991.

zum Abschluss einer Haftpflichtversicherung greift daher in die Privatautonomie des Einzelnen ein, denn dieser kann nicht mehr frei darüber entscheiden, ob er einen Versicherungsvertrag schließt oder stattdessen auf Versicherungsschutz verzichtet. Alternativ kann er nur von dem Halten eines Kraftfahrzeugs Abstand nehmen.[1096]

Nun bedeutet Privatautonomie aber auch, dass der Einzelne bei der Gestaltung seiner Rechtsverhältnisse frei entscheiden darf, mit wem er Verträge schließt und welchen Inhalt diese Verträge haben.[1097] Bei einer Gesamtbetrachtung könnte ein „mehr" an Freiheit bei der Bestimmung des Vertragspartners und -inhalts möglicherweise ein „weniger" an Freiheit bei der Entscheidung über den Abschluss des Vertrags ausgleichen.

Jedoch ist auch die Inhaltsfreiheit des Einzelnen bei der Kraftfahrzeug-Haftpflichtversicherung eingeschränkt. Der Mindestinhalt des Versicherungsvertrags wird durch das Versicherungsvertragsgesetz, das Pflichtversicherungsgesetz und die Kraftfahrzeug-Pflichtversicherungsverordnung gesetzlich vorgegeben.[1098] Faktisch werden die Vertragsinhalte zudem wesentlich durch die Allgemeinen Kraftfahrtversicherungsbedingungen geprägt.[1099] Zwar handelt es sich bei diesen nur um unverbindliche Musterbedingungen des *Gesamtverbandes der Deutschen Versicherungswirtschaft*, allerdings sorgen sie für eine deutliche Präformierung der Versicherungsverträge der einzelnen Versicherungsunternehmen.[1100] Die Musterbedingungen waren bereits Gegenstand zahlreicher gerichtlicher Entscheidungen und bieten den Versicherungsunternehmen daher eine gewisse Rechtssicherheit.[1101] Diese Rechtssicherheit geben die Versicherungsunternehmen nur ungern durch die Verwendung eigener abweichender Bedingungen auf. Zu berücksichtigen ist jedoch, dass die Inhaltsfreiheit des Einzelnen nur mit Blick auf den Mindestinhalt beeinträchtigt ist. Es steht ihm frei, mit dem Versicherungsunternehmen Inhalte zu vereinbaren, die über das zwingende Mindestniveau hinausgehen.[1102] Das kann beispielsweise die Vereinbarung einer höheren Versicherungssumme sein.[1103]

In der Wahl seines Vertragspartners ist der Versicherungsnehmer dagegen vollkommen frei.[1104] Auch wenn die Anzahl der Anbieter stetig sinkt, bieten derzeit noch 89 Versicherungsunternehmen Kraftfahrzeug-Haftpflichtversicherungen an.[1105] Mikroökonomisch betrachtet ist der Markt somit ein Polypol – viele Anbieter treffen auf viele Nachfrager.[1106] Zwar ist der Inhalt des Versicherungsschutzes aufgrund gesetzlicher und faktischer Vorgaben angeglichen, das bedeutet jedoch nicht, dass sich die Versicherungsunternehmen in der Wahrnehmung des Versicherungsnehmers nicht erheblich unterscheiden. Relevante Kriterien bei der Entscheidung für oder gegen ein bestimmtes Versicherungsunternehmen können beispielsweise die empfundene Fairness und Sicherheit des

---

[1096] *Looschelders*, in: Langheid/Wandt, MüKo VVG - Band 1, 2. Aufl. 2016, § 1, Rn. 113 mit Betonung der Einschränkung von Art. 2 Abs. 1 GG.

[1097] BVerfGE 89, 214, 231.

[1098] *Bauer*, Die Kraftfahrtversicherung, 6. Aufl. 2010, Rn. 802 ff.; *Jahnke*, in: Stiefel/Maier, Kraftfahrtversicherung, 19. Aufl. 2017, Vorb. §§ 1-11 KfzPflVV, Rn. 5.

[1099] Zu den Allgemeinen Kraftfahrtversicherungsbedingungen ab S. 15.

[1100] *Bauer*, Die Kraftfahrtversicherung, 6. Aufl. 2010, Rn. 29.

[1101] *Heß/Höke*, in: Beckmann/Matusche-Beckmann, Versicherungsrechts-Handbuch, 3. Aufl. 2015, § 29, Rn. 25a.

[1102] Vgl. BGH, NJW 1973, 751.

[1103] Vgl. *Jahnke*, in: Stiefel/Maier, Kraftfahrtversicherung, 19. Aufl. 2017, Vorb. §§ 1-11 KfzPflVV, Rn. 11.

[1104] *Looschelders*, in: Langheid/Wandt, MüKo VVG - Band 1, 2. Aufl. 2016, § 1, Rn. 114.

[1105] Vgl. GDV (Hrsg.), Statistisches Taschenbuch der Versicherungswirtschaft 2020, 2020, S. 67; *Looschelders*, in: Langheid/Wandt, MüKo VVG - Band 1, 2. Aufl. 2016, § 1, Rn. 114.

[1106] Vgl. *Nguyen/Romeike*, Versicherungswirtschaftslehre, 2013, S. 70 f.

Versicherungsunternehmens, die Erfüllung individueller Bedürfnisse, günstige Prämien, Produkttransparenz sowie die Servicequalität sein.[1107]

Blickt man zusammenfassend auf die verschiedenen Facetten der Vertragsfreiheit des Versicherungsnehmers im Rahmen der Kraftfahrzeug-Haftpflichtversicherung, so ist dieser in seiner Abschlussfreiheit erheblich eingeschränkt, in seiner Inhaltsfreiheit nicht geringfügig eingeschränkt und in der Wahl seines Vertragspartners frei.

6.3.1.2.1.1.2 Teleologische Reduktion?

Fraglich ist, welche Konsequenzen die eingeschränkte Privatautonomie des Versicherungsnehmers für die Anwendung des Art. 6 Abs. 1 S. 1 b) DS-GVO hat. Insbesondere steht in Frage, ob die Vorschrift teleologisch reduziert werden muss, sodass sie in solchen Konstellationen nicht anwendbar ist.

Für eine teleologische Reduktion spricht, dass der Versicherungsvertrag in gewisser Weise seinen Charakter als Instrument zur Gestaltung eigener Rechtsverhältnisse verliert. Wo viel vorgegeben wird, kann nur wenig gestaltet werden. Zwang und Privatautonomie schließen sich gegenseitig aus.[1108] Vor dem Hintergrund von Versicherungspflicht und Mindestinhalt wird der Vertrag vielmehr zu einem bloßen „technische[n] Mittel des Gesetzesvollzugs" degradiert.[1109] Insofern erscheint es womöglich passender, die auf einem solchen Vertrag beruhende Datenverarbeitung am Maßstab des Art. 6 Abs. 1 S. 1 c) oder f) DS-GVO zu beurteilen.

Richtigerweise ist jedoch eine teleologische Reduktion von Art. 6 Abs. 1 S. 1 b) DS-GVO abzulehnen. Die Kraftfahrzeug-Haftpflichtversicherung entsteht nicht kraft Gesetzes, sondern erst durch den Abschluss eines Versicherungsvertrags.[1110] Ohne eine entsprechende Willenserklärung der betroffenen Person kommt kein Versicherungsverhältnis zustande. Dadurch unterscheidet sich beispielsweise das Privatversicherungsrecht vom Sozialversicherungsrecht.[1111] Der der Kraftfahrzeug-Haftpflichtversicherung zugrundeliegende Versicherungsvertrag wird auch nicht zu einem Gesetz, nur weil die Privatautonomie eingeschränkt ist. Auch im sonstigen Zivilrecht wird die Privatautonomie nicht uneingeschränkt gewährleistet.[1112] So sind beispielsweise im Miets- und Arbeitsrecht große Regelungsbereiche der Disposition der Vertragsparteien entzogen.[1113] Die Einschränkung der Privatautonomie hat hier jedoch nicht zur Folge, dass die allgemeinen Regelungen des Vertragsrechts auf diese Verträge keine Anwendung mehr finden.[1114] Es ist nicht ersichtlich, aus welchem Grund für das Datenschutzrecht etwas anderes gelten sollte. Jedenfalls mit Blick auf Art. 6 Abs. 1 S. 1 f) DS-GVO ist es typischerweise auch im Interesse der betroffenen Person, wenn die Zulässigkeit der Datenverarbeitung anhand des vorgezeichneten Korridors des Art. 6 Abs. 1 S. 1 b) DS-GVO und nicht anhand der vergleichsweise offenen allgemeinen Interessenabwägung des Art. 6 Abs. 1 S. 1 f) DS-GVO zu bestimmen ist.

[1107] Vgl. Bain&Company (Hrsg.), Was Versicherungskunden wirklich wollen, 2012, S. 18 ff.; vgl. auch *Statista*, Welches wären für Sie Gründe Ihre KFZ-Versicherung zu wechseln? (verfügbar unter: https://de.statista.com/statistik/daten/studie/629168/umfrage/umfrage-zu-gruenden-fuer-den-wechsel-der-kfz-versicherung-in-deutschland/).

[1108] *Flume*, Allgemeiner Teil des Bürgerlichen Rechts - Band 2, 4. Aufl. 1992, S. 10.

[1109] Vgl. *Flume*, Allgemeiner Teil des Bürgerlichen Rechts - Band 2, 4. Aufl. 1992, S. 10.

[1110] *Looschelders*, in: Langheid/Wandt, MüKo VVG - Band 1, 2. Aufl. 2016, § 1, Rn. 112.

[1111] *Looschelders*, in: Langheid/Wandt, MüKo VVG - Band 1, 2. Aufl. 2016, § 1, Rn. 112.

[1112] *Busche*, in: MüKo BGB - Band 1, 8. Aufl. 2018, Vorb. § 145, Rn. 12.

[1113] *Flume*, Allgemeiner Teil des Bürgerlichen Rechts - Band 2, 4. Aufl. 1992, S. 16.

[1114] Vgl. *Busche*, in: MüKo BGB - Band 1, 8. Aufl. 2018, Vorb. § 145, Rn. 12.

Zusammenfassend ist daher festzustellen, dass die Regelung des Art. 6 Abs. 1 S. 1 b) DS-GVO trotz der Versicherungspflicht auch für den Versicherungsvertrag der Kraftfahrzeug-Haftpflichtversicherung gilt.

6.3.1.2.1.2 Mitversicherte Person als betroffene Person

Sofern die betroffene Person eine mitversicherte Person ist, sind die Voraussetzungen des Art. 6 Abs. 1 S. 1 b) DS-GVO in jedem Fall nicht erfüllt.[1115] Mitversicherte Personen sind nach § 1 PflVG, § 2 Abs. 2 KfzPflVV und A.1.2 AKB 2015 der Halter[1116], der Eigentümer, der Fahrer, der Beifahrer, der Omnibusschaffner sowie der Arbeitgeber oder öffentliche Dienstherr. Bei ihnen handelt es sich um durch den Versicherungsvertrag begünstigte Dritte.[1117] Als solche sind sie keine Vertragsparteien des Versicherungsvertrags.[1118] Dies sind nur das Versicherungsunternehmen und der Versicherungsnehmer.[1119] Zwischen dem Versicherungsunternehmen und den mitversicherten Personen besteht allerdings ein vertragsähnliches Rechtsverhältnis.[1120] Vertragsähnliche Rechtsverhältnisse werden dann von Art. 6 Abs. 1 S. 1 b) DS-GVO erfasst, wenn sie auf den Willen der betroffenen Person zurückzuführen sind.[1121] Diese Einschränkung ist geboten, um einen Gleichlauf mit Verträgen und vorvertraglichen Maßnahmen herzustellen, die ebenfalls auf willentlichen Entscheidungen beruhen. So macht Art. 6 Abs. 1 S. 1 b) DS-GVO für vorvertragliche Maßnahmen deutlich, dass sie „auf Anfrage der betroffenen Person" erfolgen müssen. An einem solchen Willensakt der mitversicherten Personen fehlt es jedoch. Das vertragsähnliche Rechtsverhältnis liegt zwar im Interesse der mitversicherten Personen, es entsteht jedoch ohne ihre willentliche Entscheidung.[1122] Mit Blick auf die mitversicherten Personen scheidet daher Art. 6 Abs. 1 S. 1 b) DS-GVO als Rechtsgrundlage aus.

6.3.1.2.1.3 Geschädigter als betroffene Person

Sofern die betroffene Person der Geschädigte ist, sind die Voraussetzungen des Art. 6 Abs. 1 S. 1 b) DS-GVO ebenfalls nicht erfüllt.[1123] Wie die mitversicherten Personen ist der Geschädigte ebenfalls nicht Vertragspartei des Versicherungsvertrags.[1124]

[1115] Ebenso *Spittka*, in: Specht/Mantz, Handbuch europäisches und deutsches Datenschutzrecht, 2019, § 12, Rn. 17; a.A. zu § 28 Abs. 1 S. 1 Nr. 1 BDSG a.F. *Zurlutter*, Datenschutzrechtliche Aspekte der Auskunfts- und Aufklärungsobliegenheit über Kfz-Daten in der Kfz-Haftpflichtversicherung, 2016, S. 87.

[1116] Typischerweise ist der Halter schon Versicherungsnehmer und daher nicht gleichzeitig mitversicherte Person. Der Sinn der Aufzählung ergibt sich aus anderen Vertragskonstellationen, s. dazu *Bauer,* Die Kraftfahrtversicherung, 6. Aufl. 2010, Rn. 858.

[1117] *Bauer,* Die Kraftfahrtversicherung, 6. Aufl. 2010, Rn. 867; *Asmus/Sonnenburg,* Kraftfahrtversicherung, 7. Aufl. 1998, S. 128; BGH, NJW 1971, 937, 938.

[1118] Vgl. *Stadler*, in: Jauernig, BGB, 18. Aufl. 2021, § 328, Rn. 8; *Gottwald*, in: MüKo BGB - Band 3, 8. Aufl. 2019, § 328, Rn. 25.

[1119] *Samberg*, in: Buschbell/Höke, Münchener Anwaltshandbuch Straßenverkehrsrecht, 5. Aufl. 2020, § 45, Rn. 4.

[1120] Vgl. *Gottwald*, in: MüKo BGB - Band 3, 8. Aufl. 2019, § 328, Rn. 31.

[1121] *Albers/Veit*, in: Wolff/Brink, Beck´scher Onlinekommentar Datenschutzrecht, 34. Edition 2020, Art. 6 DS-GVO, Rn. 30; *Buchner/Petri*, in: Kühling/Buchner, DS-GVO/BDSG, 3. Aufl. 2020, Art. 6. Rn. 30.

[1122] Vgl. *Gottwald*, in: MüKo BGB - Band 3, 8. Aufl. 2019, § 328, Rn. 3; vgl. *Buchner/Petri*, in: Kühling/Buchner, DS-GVO/BDSG, 3. Aufl. 2020, Art. 6, Rn. 31 mit denselben Erwägungen für eine Geschäftsführung ohne Auftrag.

[1123] So auch *Spittka*, in: Specht/Mantz, Handbuch europäisches und deutsches Datenschutzrecht, 2019, § 12, Rn. 17.

[1124] *Bauer,* Die Kraftfahrtversicherung, 6. Aufl. 2010, Rn. 744; *Mainzer*, in: Diehl, Versicherungsunternehmensrecht, 2020, § 38, Rn. 32.

6.3.1.2.1.3.1 Vertragliches Schuldverhältnis aufgrund Direktanspruch gemäß § 115 VVG?

Etwas anderes ergibt sich auch nicht aus dem Direktanspruch des Geschädigten gegen das Versicherungsunternehmen gemäß § 115 Abs. 1 S. 1 Nr. 1 VVG und § 1 PflVG. Im Fall der Kraftfahrzeug-Haftpflichtversicherung kann der Geschädigte nach dieser Vorschrift seine Ansprüche gegen den Versicherungsnehmer auf Schadensersatz aus §§ 7, 18 StVG, § 823 BGB auch gegen das Versicherungsunternehmen geltend machen.[1125]

Der Direktanspruch ist jedoch kein Anspruch des Geschädigten aus dem Versicherungsvertrag, sondern vielmehr ein „Annex" seines gesetzlichen Schadensersatzanspruchs gegen den Versicherungsnehmer.[1126] Dieser Schadensersatzanspruch wird verstärkt, indem die Regelung des § 115 Abs. 1 S. 1 Nr. 1 VVG einen gesetzlichen Schuldbeitritt des Versicherungsunternehmens anordnet.[1127] Durch den Schuldbeitritt tritt das Versicherungsunternehmen neben den Versicherungsnehmer in das gesetzliche Schuldverhältnis ein und haftet gemäß § 115 Abs. 1 S. 4 VVG mit diesem gesamtschuldnerisch.[1128] Der Geschädigte erhält auf diese Weise einen zusätzlichen und solventen Schuldner.[1129] Mit dem Versicherungsunternehmen verbindet ihn aber nur – wie mit dem Versicherungsnehmer auch – ein gesetzliches Schuldverhältnis. Auf gesetzliche Schuldverhältnisse findet Art. 6 Abs. 1 S. 1 b) DS-GVO jedoch keine Anwendung.

6.3.1.2.1.3.2 Erstreckung von Art. 6 Abs. 1 S. 1 b) DS-GVO auf Dritte?

Zu erwägen ist aber, ob Art. 6 Abs. 1 S. 1 b) DS-GVO nicht auch dann herangezogen werden kann, wenn die systematische Verarbeitung von personenbezogenen Daten von Dritten für die Erfüllung des Vertrags mit dem Versicherungsnehmer erforderlich ist.[1130]

Es existiert eine Vielzahl von Vertragstypen, die ohne die systematische Verarbeitung von personenbezogenen Daten von Personen, die nicht am Vertrag beteiligt sind, nicht vollzogen werden können.[1131] Zu diesen Verträgen gehört insbesondere die Kraftfahrzeug-Haftpflichtversicherung.[1132] Wie alle Haftpflichtversicherungen weist sie ein charakteristisches Dreiecksverhältnis zwischen dem Versicherungsunternehmen, dem Versicherungsnehmer und

---

[1125] *Schneider*, in: Langheid/Wandt, MüKo VVG - Band 2, 2. Aufl. 2017, § 115, Rn. 1; *Elsner*, in: Höra, Münchener Anwaltshandbuch Versicherungsrecht, 4. Aufl. 2017, § 13, Rn. 139.

[1126] BGH, NJW 1979, 271, 272; BGH, NJW 1972, 387, 388; *Greger*, in: Greger/Zwickel, Haftungsrecht des Straßenverkehrs, 5. Aufl. 2014, § 15, Rn. 3; *Langheid*, in: Langheid/Rixecker, VVG, 6. Aufl. 2019, § 115, Rn. 10; *Bauer*, Die Kraftfahrtversicherung, 6. Aufl. 2010, Rn. 878.

[1127] *Schneider*, in: Langheid/Wandt, MüKo VVG - Band 2, 2. Aufl. 2017, § 115, Rn. 1; vgl. BGH, NJW 1972, 387, 388; *Greger*, in: Greger/Zwickel, Haftungsrecht des Straßenverkehrs, 5. Aufl. 2014, § 15, Rn. 3.

[1128] *Schneider*, in: Langheid/Wandt, MüKo VVG - Band 2, 2. Aufl. 2017, § 115, Rn. 1.

[1129] BGH, NJW 1972, 387, 388; *Bauer*, Die Kraftfahrtversicherung, 6. Aufl. 2010, Rn. 883 ff.

[1130] Dafür mit Bezug auf § 28 Abs. 1 S. 1 Nr. 1 BDSG a.F. vgl. *Taeger*, in: Taeger/Gabel, BDSG, 2. Aufl. 2013, § 28, Rn. 41; *Simitis*, in: Simitis, BDSG, 8. Aufl. 2014, § 28, Rn. 62 ff.; *Roßnagel*, SVR 2014, 281, 285; dagegen mit Bezug auf § 28 Abs. 1 S. 1 Nr. 1 BDSG a.F. vgl. *Hoeren*, in: Roßnagel, Handbuch Datenschutzrecht, 2003, Kap. 4.6, Rn. 18; *Cebulla*, ZD 2015, 507, 508; *Zurlutter*, Datenschutzrechtliche Aspekte der Auskunfts- und Aufklärungsobliegenheit über Kfz-Daten in der Kfz-Haftpflichtversicherung, 2016, S. 91 ff.; dagegen mit Bezug auf Art. 6 Abs. 1 S. 1 b) DS-GVO *Schantz*, in: Simitis/Hornung/Spiecker gen. Döhmann, Datenschutzrecht, 2019, Art. 6 Abs. 1, Rn. 20; *Wolff*, in: Schantz/Wolff, Das neue Datenschutzrecht, 2017, Rn. 545; wohl auch dagegen *Buchner/Petri*, in: Kühling/Buchner, DS-GVO/BDSG, 3. Aufl. 2020, Art. 6, Rn. 26; *Reimer*, in: Sydow, DS-GVO, 2. Aufl. 2018, Art. 6, Rn. 19.

[1131] *Simitis*, in: Simitis, BDSG, 8. Aufl. 2014, § 28, Rn. 62.

[1132] Ähnlich auch *Simitis*, in: Simitis, BDSG, 8. Aufl. 2014, § 28, Rn. 62; *Cebulla*, ZD 2015, 507, 508.

dem Geschädigten auf.[1133] Bei diesem Dreiecksverhältnis besteht die Besonderheit, dass erst das Handeln des Geschädigten die Leistungspflichten des Versicherungsunternehmens auslöst.[1134] Erhebt der Geschädigte Schadensersatzansprüche gegen den Versicherungsnehmer, ist das Versicherungsunternehmen nach § 100 VVG, § 2 Abs. 1 KfzPflVV und A.1.1.2 und A.1.1.3 AKB 2015 verpflichtet, diese Ansprüche zu befriedigen, sofern sie begründet sind, oder abzuwehren, sofern sie unbegründet sind. Ohne die systematische Verarbeitung von personenbezogenen Daten des Geschädigten, wäre es dem Versicherungsunternehmen folglich nicht möglich, seine vertraglichen Leistungspflichten in der Kraftfahrzeug-Haftpflichtversicherung zu erfüllen.

Aber auch wenn man im Rahmen des Art. 6 Abs. 1 S. 1 b) DS-GVO den Gedanken der Vertragserfüllung noch stärker in den Vordergrund rückt, rechtfertigt das nicht die Verarbeitung personenbezogener Daten von Personen, die nicht Vertragspartei sind.[1135] Schon der Wortlaut „dessen Vertragspartei die betroffene Person ist" macht deutlich, dass die personenbezogenen Daten der betroffenen Person nur dann verarbeitet dürfen, wenn diese auch Vertragspartei ist.[1136] Diese Betrachtung wird auch durch den Sinn und Zweck der Vorschrift gestärkt. Aufgrund von Art. 6 Abs. 1 S. 1 b) DS-GVO sollen nur personenbezogene Daten von solchen Personen verarbeitet werden, die sich willentlich für einen Vertragsschluss entschieden haben. Hieran fehlt es jedoch gerade beim Geschädigten.[1137] Die Verarbeitung seiner personenbezogenen Daten lässt sich daher nicht auf Art. 6 Abs. 1 S. 1 b) DS-GVO stützen.

6.3.1.2.1.4 Zeuge als betroffene Person

Sofern die betroffene Person Zeuge ist, sind die Voraussetzungen des Art. 6 Abs. 1 S. 1 b) DS-GVO nicht erfüllt.[1138] Zwischen dem Versicherungsunternehmen und ihm besteht keinerlei Schuldverhältnis.

6.3.1.2.2 Erforderlichkeit der Datenverarbeitung zur Vertragserfüllung

Besteht ein Vertrag, dessen Vertragspartei die betroffene Person ist, muss nach Art. 6 Abs. 1 S. 1 b) DS-GVO die Verarbeitung der personenbezogenen Daten für die Erfüllung dieses Vertrags auch erforderlich sein. Es kommt damit auf den Inhalt und den Zweck des Versicherungsvertrags mit dem Versicherungsnehmer an.

[1133] *Jahnke*, in: Stiefel/Maier, Kraftfahrtversicherung, 19. Aufl. 2017, Vorb. § 113 VVG, Rn. 16; *Armbrüster*, r + s 2010, 441; *Littbarski*, in: Langheid/Wandt, MüKo VVG - Band 2, 2. Aufl. 2017, Vorb. §§ 100 bis 112, Rn. 65.

[1134] *Langheid*, in: Langheid/Rixecker, VVG, 6. Aufl. 2019, § 100, Rn. 19; *Maier*, in: Stiefel/Maier, Kraftfahrtversicherung, 19. Aufl. 2017, A.1 AKB 2015, Rn. 4.

[1135] Vgl. *Hoeren*, in: Roßnagel, Handbuch Datenschutzrecht, 2003, Kap. 4.6, Rn. 20; *Schantz*, in: Simitis/Hornung/Spiecker gen. Döhmann, Datenschutzrecht, 2019, Art. 6 Abs. 1, Rn. 20; etwas missverständlich bei *Buchner/Petri*, in: Kühling/Buchner, DS-GVO/BDSG, 3. Aufl. 2020, Art. 6, Rn. 26, wenn es heißt „Stets muss eine Verarbeitung solcher Daten zulässig sein, ohne deren Kenntnis die datenverarbeitende Stelle ein (vor-)vertragliches Schuldverhältnis überhaupt nicht durchführen könnte.".

[1136] *Wolff*, in: Schantz/Wolff, Das neue Datenschutzrecht, 2017, Rn. 545; vgl. *Cebulla*, ZD 2015, 507, 508 f.; *Zurlutter*, Datenschutzrechtliche Aspekte der Auskunfts- und Aufklärungsobliegenheit über Kfz-Daten in der Kfz-Haftpflichtversicherung, 2016, S. 91.

[1137] Vgl. auch *Reimer*, in: Sydow, DS-GVO, 2. Aufl. 2018, Art. 6, Rn. 19 bezüglich Arbeitnehmern und -gebern, die Kollektivverträgen unterworfen sind.

[1138] Vgl. auch *Berg*, Staatsanwaltschaft - Kriminalpolizei - Sachversicherer, 1993, S. 28.

6.3.1.2.2.1 Vertragserfüllung

Ein Vertrag wird erfüllt, wenn die vertraglich geschuldeten Haupt- und Nebenpflichten bewirkt werden.[1139] Gemeint sind damit nicht nur Leistungspflichten, sondern auch Rücksichtnahme- und Schutzpflichten.[1140] Darüber hinaus ist der Begriff „Erfüllung" weit zu verstehen und umfasst sämtliche Stadien des Vertrags – Vertragsschluss, Vertragsdurchführung und Vertragsbeendigung – sowie sämtliche den Vertrag betreffenden Datenverarbeitungen.[1141] Die Vorschrift des Art. 6 Abs. 1 S. 1 b) DS-GVO bezieht sich aber nicht nur auf die Erfüllung von Vertragspflichten, sondern auch auf die Wahrnehmung von Vertragsrechten.[1142] Um beurteilen zu können, ob die Verarbeitung personenbezogener Daten erforderlich ist, sind daher zunächst die maßgeblichen vertraglichen Pflichten und Rechte zu bestimmen.[1143]

6.3.1.2.2.1.1 Abstrakte oder konkrete Vertragsinhalte als Maßstab?

Aus Art. 6 Abs. 1 S. 1 b) DS-GVO geht nicht eindeutig hervor, ob die maßgeblichen Vertragsinhalte auf abstrakte oder auf konkrete Weise bestimmt werden.[1144]

Eine abstrakte Bestimmung der Vertragsinhalte untersucht nicht den konkreten Vertrag, sondern stellt auf den abstrakten Vertragstypus – hier den Versicherungsvertrag – ab. Für diesen gilt es herauszuarbeiten, was seinen „Wesenskern" ausmacht und welche Vertragsinhalte ihm sein charakteristisches Gepräge geben.[1145] Letztere bilden im Folgenden den Maßstab für die Erforderlichkeit der Datenverarbeitung. Nur solche Datenverarbeitungsvorgänge, die den vertragscharakteristischen Inhalten dienen, können somit zur Vertragserfüllung im Sinne von Art. 6 Abs. 1 S. 1 b) DS-GVO erforderlich sein.[1146] Für eine abstrakte Bestimmung der Vertragsinhalte spricht ihre Robustheit gegenüber missbräuchlichen Vertragsgestaltungen.[1147] Akzeptiert man nur vertragscharakteristische Inhalte als Bezugspunkt von Art. 6 Abs. 1 S. 1 b) DS-GVO, lässt sich verhindern, dass Verträge so formuliert werden, dass jede gewünschte Datenverarbeitung auch zur erforderlichen Datenverarbeitung wird.

Richtigerweise sind jedoch der konkrete Vertrag und die darin geregelten Vertragsinhalte als Maßstab für die Erforderlichkeit der Datenverarbeitung heranzuziehen.[1148] Sofern es sich um

[1139] Schulz, in: Gola, DS-GVO, 2. Aufl. 2018, Art. 6, Rn. 28; Wolff, in: Schantz/Wolff, Das neue Datenschutzrecht, 2017, Rn. 553; Heinzke/Engel, ZD 2020, 189, 191.

[1140] Buchner/Petri, in: Kühling/Buchner, DS-GVO/BDSG, 3. Aufl. 2020, Art. 6, Rn. 33; Albers/Veit, in: Wolff/Brink, Beck'scher Onlinekommentar Datenschutzrecht, 34. Edition 2020, Art. 6 DS-GVO, Rn. 31; vgl. auch schon Dammann/Simitis, EG-Datenschutzrichtlinie, 1997, Art. 7, Rn. 5.

[1141] Laue/Kremer, Das neue Datenschutzrecht in der betrieblichen Praxis, 2. Aufl. 2019, § 2, Rn. 30; Schulz, in: Gola, DS-GVO, 2. Aufl. 2018, Art. 6, Rn. 28; Albers/Veit, in: Wolff/Brink, Beck'scher Onlinekommentar Datenschutzrecht, 34. Edition 2020, Art. 6 DS-GVO, Rn. 31.

[1142] Schulz, in: Gola, DS-GVO, 2. Aufl. 2018, Art. 6, Rn. 38; vgl. auch Tiedemann, NJW 1981, 945, 950.

[1143] Wolff, in: Schantz/Wolff, Das neue Datenschutzrecht, 2017, Rn. 576.

[1144] S. hierzu Engeler, ZD 2018, 55, 56 ff.; für abstrakte Bestimmung Buchner/Petri, in: Kühling/Buchner, DS-GVO/BDSG, 3. Aufl. 2020, Art. 6, Rn. 39; für konkrete Bestimmung Engeler, ZD 2018, 55, 57 f.; Wolff, in: Schantz/Wolff, Das neue Datenschutzrecht, 2017, Rn. 576; Reimer, in: Sydow, DS-GVO, 2. Aufl. 2018, Art. 6, Rn. 20; Schulz, in: Gola, DS-GVO, 2. Aufl. 2018, Art. 6, Rn. 37; unklar bei Albers/Veit, in: Wolff/Brink, Beck'scher Onlinekommentar Datenschutzrecht, 34. Edition 2020, Art. 6 DS-GVO, Rn. 32.

[1145] Engeler, ZD 2018, 55, 57; Buchner/Petri, in: Kühling/Buchner, DS-GVO/BDSG, 3. Aufl. 2020, Art. 6, Rn. 39; EDSA (Hrsg.), Guidelines 2/2019 on the processing of personal data under Article 6(1)(b) GDPR in the context of the provision of online services to data subjects, 2019, S. 10.

[1146] Engeler, ZD 2018, 55, 57; Buchner/Petri, in: Kühling/Buchner, DS-GVO/BDSG, 3. Aufl. 2020, Art. 6, Rn. 40.

[1147] Engeler, ZD 2018, 55, 57.

[1148] Engeler, ZD 2018, 55, 57 f.; so auch Wolff, in: Schantz/Wolff, Das neue Datenschutzrecht, 2017, Rn. 576; Reimer, in: Sydow, DS-GVO, 2. Aufl. 2018, Art. 6, Rn. 20.

einen zivilrechtlich wirksam vereinbarten Vertrag handelt, ist dies auf datenschutzrechtlicher Ebene zu akzeptieren.[1149] Die Funktion des Erforderlichkeitsgrundsatzes besteht darin, die Verarbeitung von personenbezogenen Daten zu hinterfragen, nicht aber den Inhalt von Verträgen. Letzteres ist eine ureigene Aufgabe der zivilrechtlichen Rechtsgeschäftslehre und insbesondere der Sittenwidrigkeit gemäß § 138 BGB und der Kontrolle Allgemeiner Geschäftsbedingungen gemäß §§ 305 ff. BGB.[1150] Ihre Vorschriften sind dazu konzipiert, missbräuchliche Vertragsgestaltungen zu erfassen und entsprechend zu korrigieren. Diese speziellen Instrumente und Wertungen dürfen nicht durch eine datenschutzrechtliche Ermittlung der Vertragscharakteristika unterlaufen werden. Das gilt umso mehr angesichts der erheblichen praktischen Schwierigkeit, den Wesenskern eines Vertrags zuverlässig zu bestimmen.[1151] Selbst wenn eine abstrakte Bestimmung bei traditionellen und einfach konstruierten Vertragstypen noch möglich sein sollte, stößt sie bei modernen, komplexen Vertragstypen an ihre Grenzen und öffnet der Rechtsunsicherheit Tür und Tor. Im Rahmen von Art. 6 Abs. 1 S. 1 b) DS-GVO sind daher zivilrechtlich wirksam vereinbarte Verträge als solche zu akzeptieren und die darin geregelten Vertragsinhalte als Maßstab für die Erforderlichkeit der Datenverarbeitung festzulegen. Missbräuchliche Vertragsgestaltungen sind dagegen mit Hilfe der Instrumente der zivilrechtlichen Rechtsgeschäftslehre zu berichtigen.

Vorliegend ist davon auszugehen, dass sich der konkrete Kraftfahrzeug-Haftpflichtversicherungsvertrag an den Allgemeinen Bedingungen für die Kraftfahrtversicherung (AKB 2015) orientiert.[1152] Untersucht man diese, kommen als relevante Vertragsrechte und -pflichten, die mittels einer Verarbeitung personenbezogener Daten erfüllt werden, insbesondere die Musterbedingungen A.1.1.2, A.1.1.3, A.1.5.1 und E.1.1.3 AKB 2015 in Betracht.

6.3.1.2.2.1.2 „Was ist versichert?" (A.1.1.2 und A.1.1.3 AKB 2015)

In den Musterbedingungen A.1.1.2 und A.1.1.3 AKB 2015 finden sich die Hauptleistungspflichten des Versicherungsunternehmens. So heißt es in A.1.1.2 AKB 2015: „Sind Schadenersatzansprüche begründet, leisten wir Schadenersatz in Geld." und in A.1.1.3 AKB 2015: „Sind Schadenersatzansprüche unbegründet, wehren wir diese auf unsere Kosten ab. Dies gilt auch, soweit Schadenersatzansprüche der Höhe nach unbegründet sind."

Diese Hauptleistungspflichten entsprechen dem gesetzlichen Leitbild der Haftpflichtversicherung.[1153] Gemäß § 100 VVG ist bei der Haftpflichtversicherung das Versicherungsunternehmen verpflichtet, den Versicherungsnehmer von Ansprüchen freizustellen, die von einem Dritten aufgrund der Verantwortlichkeit des Versicherungsnehmers für eine während der Versicherungszeit eintretende Tatsache geltend gemacht werden – auch „Befreiungsfunktion" genannt –, und unbegründete Ansprüche abzuwehren – auch als „Abwehrfunktion" bezeichnet.[1154] Für die Kraftfahrzeug-Haftpflichtversicherung wird dies in § 2 Abs. 1 KfzPflVV konkretisiert und durch A.1.1.2 und A.1.1.3 AKB 2015 in den Versicherungsvertrag inkorporiert.

[1149] *Engeler*, ZD 2018, 55, 57 f.; *Heinzke/Engel*, ZD 2020, 189, 190.

[1150] *Heinzke/Engel*, ZD 2020, 189, 190; in eine ähnliche Richtung *Schulz*, in: Gola, DS-GVO, 2. Aufl. 2018, Art. 6, Rn. 37.

[1151] *Engeler*, ZD 2018, 55, 57.

[1152] Zu den Allgemeinen Kraftfahrtversicherungsbedingungen ab S. 15.

[1153] *Maier*, in: Stiefel/Maier, Kraftfahrtversicherung, 19. Aufl. 2017, A.1 AKB 2015, Rn. 2.

[1154] *Langheid*, in: Langheid/Rixecker, VVG, 6. Aufl. 2019, § 100, Rn. 4; *Maier/Biela*, Die Kraftfahrt-Haftpflichtversicherung, 2001, Rn. 10 f.

Diese verschiedenartigen Leistungspflichten – Befreiung oder Abwehr – knüpfen daran an, ob die geltend gemachten Schadensersatzansprüche begründet oder unbegründet sind.[1155] Die Hauptleistungspflichten der Kraftfahrzeug-Haftpflichtversicherung setzen also voraus, dass das Versicherungsunternehmen vorgelagert die Haftpflicht des Versicherungsnehmers prüft.[1156] Es ist dabei verpflichtet, sich „ein hinreichend genaues, umfassendes Bild über die Umstände zu verschaffen, aus denen die drohenden Ansprüche hergeleitet werden, die Rechtslage sorgfältig zu prüfen und die Aussichten für eine Abwehr der Ansprüche nach Grund und Höhe möglichst zuverlässig einzuschätzen."[1157] Es steht ihm nicht frei, auf eine Prüfung der Haftpflichtlage völlig zu verzichten und „auf gut Glück" zu zahlen.[1158] Die Prüfung der Haftpflichtlage umfasst auch die Untersuchung, ob der Straßenverkehrsunfall gegebenenfalls manipuliert war. Das folgt schon daraus, dass bei Vorliegen eines manipulierten Straßenverkehrsunfalls keine Haftung des Versicherungsnehmers besteht.[1159]

6.3.1.2.2.1.3 „Was ist nicht versichert?" (A.1.5.1 AKB 2015)

Die Musterbedingung A.1.5.1 AKB 2015 beinhaltet einen subjektiven Risikoausschluss.[1160] Der Inhalt lautet: „Kein Versicherungsschutz besteht für Schäden, die Sie vorsätzlich und widerrechtlich herbeiführen."

Diese Bedingung beruht auf dem gesetzlichen Risikoausschluss des § 103 VVG, der *lex specialis* zu § 81 VVG ist.[1161] Nach § 103 VVG ist das Versicherungsunternehmen nicht zur Leistung verpflichtet, wenn der Versicherungsnehmer vorsätzlich und widerrechtlich den bei dem Dritten eingetretenen Schaden herbeigeführt hat. Durch diesen Ausschluss sollen etwaige Anreize des Versicherungsnehmers zu missbräuchlichem Verhalten unterbunden werden.[1162]

Der Risikoausschluss bewirkt, dass ein vorsätzlich und widerrechtlich verursachter Schaden von vornherein vom Umfang des Versicherungsschutzes ausgenommen ist.[1163] Liegen die Voraussetzungen von A.1.5.1 AKB 2015 vor, ist das Versicherungsunternehmen folglich nicht verpflichtet, Versicherungsschutz zu gewähren. Das gilt nicht nur gegenüber dem Versicherungsnehmer und den mitversicherten Personen, sondern auch gegenüber dem

---

[1155] *von Rintelen*, r + s 2010, 133, 136 allerdings mit anderen Rechtsfolgen für Versicherungsunternehmen; dagegen *Armbrüster*, r + s 2010, 441, 443.

[1156] *Maier*, in: Stiefel/Maier, Kraftfahrtversicherung, 19. Aufl. 2017, A.1 AKB 2015, Rn. 88; *Maier/Biela*, Die Kraftfahrt-Haftpflichtversicherung, 2001, Rn. 10; *von Rintelen*, r + s 2010, 133, 136; bei der allgemeinen Haftpflichtversicherung wird dies auch deutlich in den Allgemeinen Versicherungsbedingungen für die Haftpflichtversicherung herausgestellt. So lautet 5.1 AHB 2015: „Der Versicherungsschutz umfasst die Prüfung der Haftpflichtfrage, die Abwehr unberechtigter Schadensersatzansprüche und die Freistellung des Versicherungsnehmers von berechtigten Schadensersatzverpflichtungen."

[1157] BGH, VersR 1981, 180; zustimmend für die Kraftfahrzeug-Haftpflichtversicherung *Bauer*, Die Kraftfahrtversicherung, 6. Aufl. 2010, Rn. 834.

[1158] BGH, VersR 1981, 180; zustimmend für die Kraftfahrzeug-Haftpflichtversicherung *Bauer*, Die Kraftfahrtversicherung, 6. Aufl. 2010, Rn. 834.

[1159] Für gestellte Unfälle ab S. 26; für provozierte Unfälle ab S. 25; für ausgenutzte Unfälle ab S. 25; für fiktive Unfälle ab S. 24.

[1160] *Maier*, in: Stiefel/Maier, Kraftfahrtversicherung, 19. Aufl. 2017, A.1 AKB 2015, Rn. 206; vgl. *Langheid*, in: Langheid/Rixecker, VVG, 6. Aufl. 2019, § 103, Rn. 2.

[1161] *Maier*, in: Stiefel/Maier, Kraftfahrtversicherung, 19. Aufl. 2017, A.1 AKB 2015, Rn. 205; vgl. *Breideneichen*, r + s 2013, 417 f.

[1162] Vgl. BT-Drs. 16/3945, S. 79 zu § 81 VVG; vgl. *Looschelders*, in: Langheid/Wandt, MüKo VVG - Band 1, 2. Aufl. 2016, § 81, Rn. 1.

[1163] *Maier*, in: Stiefel/Maier, Kraftfahrtversicherung, 19. Aufl. 2017, A.1 AKB 2015, Rn. 207; *Maier/Biela*, Die Kraftfahrt-Haftpflichtversicherung, 2001, Rn. 103.

Geschädigten.[1164] Nach § 117 Abs. 3 S. 1 VVG ist das Versicherungsunternehmen gegenüber dem Geschädigten nur im Rahmen der von ihm übernommenen Gefahr zur Leistung verpflichtet.[1165] Die vom Versicherungsunternehmen übernommene Gefahr umfasst gerade nicht vorsätzlich und widerrechtliche verursachte Schäden.[1166] Der Geschädigte hat daher von vornherein keinen Direktanspruch nach § 115 Abs. 1 S. 1 Nr. 1 VVG gegen das Versicherungsunternehmen.

6.3.1.2.2.1.4 „Welche Pflichten haben Sie im Schadenfall?" (E.1.1.3 AKB 2015)

Die Musterbedingung E.1.1.3 AKB 2015 beinhaltet eine Aufklärungspflicht des Versicherungsnehmers. Relevant sind insbesondere der allgemeine Grundsatz „Sie müssen alles tun, was zur Aufklärung des Versicherungsfalls und des Umfangs unserer Leistungspflicht erforderlich ist." und das Regelbeispiel „Sie müssen uns Untersuchungen zu den Umständen des Schadenereignisses und zu unserer Leistungspflicht ermöglichen, soweit es Ihnen zumutbar ist.".

Die Aufklärungspflicht beruht auf § 31 VVG.[1167] Nach dessen Absatz 1 kann das Versicherungsunternehmen nach dem Eintritt des Versicherungsfalls verlangen, dass der Versicherungsnehmer jede Auskunft erteilt, die zur Feststellung des Versicherungsfalls oder des Umfanges der Leistungspflicht des Versicherungsunternehmens erforderlich ist. Zudem kann das Versicherungsunternehmen Belege insoweit verlangen, als deren Beschaffung dem Versicherungsnehmer billigerweise zugemutet werden kann.

Der Zweck der Aufklärungspflicht besteht darin, dem Versicherungsunternehmen diejenigen Informationen zu beschaffen, die es benötigt, um sachgemäße Entscheidungen über die Behandlung des Versicherungsfalls zu treffen.[1168] Das Versicherungsunternehmen ist dabei auf die Mitwirkung des Versicherungsnehmers angewiesen, da zwischen ihnen typischerweise eine Informationsasymmetrie besteht.[1169] Im Gegensatz zum Versicherungsunternehmen verfügt der Versicherungsnehmer über ein überlegenes Wissen, da zunächst nur er den tatsächlichen Hergang des Versicherungsfalls kennt. Diese strukturelle Unterlegenheit des Versicherungsunternehmens kann ein unredlicher Versicherungsnehmer dazu nutzen, betrügerische Schadensersatzansprüche geltend zu machen.[1170] Mit Hilfe der Aufklärungspflicht soll dieses Informationsgefälle ausgeglichen werden.[1171]

Inhaltlich umfasst die Aufklärungspflicht des E.1.1.3 AKB 2015 diejenigen Informationen, die das Versicherungsunternehmen zur sachgerechten Prüfung seiner Leistungspflicht bedarf.[1172] Dazu gehört auch die Untersuchung von „Verdachtsmomenten [...], die gegen die Berechtigung der geltend gemachten Forderungen sprechen".[1173] Als Unterfall der Aufklärungspflicht muss

---

[1164] *Maier*, in: Stiefel/Maier, Kraftfahrtversicherung, 19. Aufl. 2017, A.1 AKB 2015, Rn. 207; *Bauer*, Die Kraftfahrtversicherung, 6. Aufl. 2010, Rn. 838; *Maier/Biela*, Die Kraftfahrt-Haftpflichtversicherung, 2001, Rn. 104.

[1165] *Maier*, in: Stiefel/Maier, Kraftfahrtversicherung, 19. Aufl. 2017, A.1 AKB 2015, Rn. 217.

[1166] OLG Nürnberg, r + s 2015, 542.

[1167] *Maier*, in: Stiefel/Maier, Kraftfahrtversicherung, 19. Aufl. 2017, E AKB 2015, Rn. 22.

[1168] *Wandt*, in: Langheid/Wandt, MüKo VVG - Band 1, 2. Aufl. 2016, § 31, Rn. 4.

[1169] *Zurlutter*, Datenschutzrechtliche Aspekte der Auskunfts- und Aufklärungsobliegenheit über Kfz-Daten in der Kfz-Haftpflichtversicherung, 2016, S. 21; *Derrig*, JRI 2002, 271, 275; allgemein zur Informationsasymmetrie *Ricke/Kamp*, BKR 2003, 527.

[1170] *Burgartz*, in: Meschkat/Nauert, Betrug in der Kraftfahrzeugversicherung, 2008, Rn. 6.

[1171] *Rixecker*, in: Langheid/Rixecker, VVG, 6. Aufl. 2019, § 31, Rn. 1.

[1172] Vgl. BGH, r + s 2006, 185 f.; *Rixecker*, in: Langheid/Rixecker, VVG, 6. Aufl. 2019, § 31, Rn. 1.

[1173] OLG Saarbrücken, r + s 2004, 231, 232; vgl. auch *Rixecker*, in: Langheid/Rixecker, VVG, 6. Aufl. 2019, § 31, Rn. 6.

der Versicherungsnehmer auch zumutbare Untersuchungen des Versicherungsunternehmens gestatten.[1174]

6.3.1.2.2.2 Erforderlichkeit

Art. 6 Abs. 1 S. 1 b) DS-GVO erlaubt die Verarbeitung der personenbezogenen Daten jedoch nur, sofern und soweit sie für die Erfüllung des Vertrags erforderlich ist. Es handelt sich um eine von vornherein begrenzte Erlaubnis.[1175]

Unter welchen Voraussetzungen eine Datenverarbeitung als erforderlich angesehen werden kann, wird in der Datenschutz-Grundverordnung nicht weiter spezifiziert. Nach allgemeinem Verständnis beschreibt das Merkmal der Erforderlichkeit die Relation zwischen einem Zweck und einem Mittel.[1176] Eine weitere Annäherung lässt sich aus EwG 39 S. 9 DS-GVO ableiten.[1177] Danach sollten personenbezogene Daten nur verarbeitet werden dürfen, wenn der Zweck der Verarbeitung nicht in zumutbarer Weise durch andere Mittel erreicht werden kann. Auf Art. 6 Abs. 1 S. 1 b) DS-GVO bezogen ist die Verarbeitung personenbezogener Daten demnach erforderlich, wenn sie zur Vertragserfüllung geeignet ist und keine mildere, gleich effektive Alternative besteht, die dem Verantwortlichen zumutbar ist.[1178]

6.3.1.2.2.2.1.1 Geeignetheit

Die Datenverarbeitung muss zunächst zur Vertragserfüllung geeignet sein. Das ist der Fall, wenn sie objektiv dem Verantwortlichen die Wahrnehmung von Vertragsrechten oder die Erfüllung von Vertragspflichten ermöglicht oder erleichtert.[1179] Konkret muss also die Durchführung der sozialen Netzwerkanalyse die Wahrnehmung oder Erfüllung der Musterbedingungen A.1.1.2, A.1.1.3, A.1.5.1 und E.1.1.3 AKB 2015 fördern.

In Bezug auf die Musterbedingungen A.1.1.2 und A.1.1.3 AKB 2015 erleichtert die Durchführung der sozialen Netzwerkanalyse es dem Versicherungsunternehmen, die Begründetheit von Schadensersatzansprüchen zu prüfen und gegebenenfalls unbegründete Ansprüche abzuwehren.[1180] Ein Schadensersatzanspruch ist begründet, wenn er entstanden, nicht erloschen und durchsetzbar ist. Fehlt eine dieser Voraussetzungen, ist er unbegründet. Die Abwehr unbegründeter Ansprüche erfolgt typischerweise im Rahmen des zivilprozessualen Verfahrens. Im Zuge dessen versucht der Anspruchsgegner alle anspruchsbegründenden Tatsachen zu bestreiten und alle rechtshindernden, rechtsvernichtenden und rechtshemmenden Tatsachen darzulegen sowie gegebenenfalls zu beweisen.

Wie schon bei der Darstellung der Erscheinungsformen manipulierter Unfälle ausgeführt hat der Geschädigte beim provozierten und beim gestellten Unfall keine Schadensersatzansprüche

---

[1174] *Maier*, in: Stiefel/Maier, Kraftfahrtversicherung, 19. Aufl. 2017, E AKB 2015, Rn. 183; *Rixecker*, in: Langheid/Rixecker, VVG, 6. Aufl. 2019, § 31, Rn. 32; *Armbrüster*, in: Prölss/Martin, VVG, 31. Aufl. 2020, § 31, Rn. 31 f.

[1175] Vgl. *Roßnagel/Pfitzmann/Garstka*, Modernisierung des Datenschutzrechts, 2001, S. 98.

[1176] *Roßnagel/Pfitzmann/Garstka*, Modernisierung des Datenschutzrechts, 2001, S. 98.

[1177] So auch *Heinzke/Engel*, ZD 2020, 189, 191.

[1178] Vgl. auch *Albers/Veit*, in: Wolff/Brink, Beck'scher Onlinekommentar Datenschutzrecht, 34. Edition 2020, Art. 6 DS-GVO, Rn. 32; *Buchner/Petri*, in: Kühling/Buchner, DS-GVO/BDSG, 3. Aufl. 2020, Art. 6, Rn. 15, 45; *Frenzel*, in: Paal/Pauly, DS-GVO BDSG, 3. Aufl. 2021, Art. 6, Rn. 14; *Wolff*, in: Schantz/Wolff, Das neue Datenschutzrecht, 2017, Rn. 432, 575; DSK (Hrsg.), Das Standard-Datenschutzmodell, 2020, S. 16.

[1179] *Schantz*, in: Schantz/Wolff, Das neue Datenschutzrecht, 2017, Rn. 433.

[1180] Vgl. auch *Wolff*, in: Schantz/Wolff, Das neue Datenschutzrecht, 2017, Rn. 582; *Buchner/Petri*, in: Kühling/Buchner, DS-GVO/BDSG, 3. Aufl. 2020, Art. 6, Rn. 70; unklar bei Artikel-29-Datenschutzgruppe (Hrsg.), WP 217, 2014, S. 22, die jedenfalls „Betrugsprävention" nicht unter Art. 7 b) DSRL fallen lassen möchte.

aus §§ 7, 18 StVG, § 823 BGB.[1181] Nach dem Grundsatz *volenti non fit iniuria* hat er in die Rechtsgutverletzung mit rechtfertigender Wirkung eingewilligt. Die vom Geschädigten geltend gemachten Schadensersatzansprüche sind daher schon nicht entstanden und unbegründet. Zu deren Abwehr muss das Versicherungsunternehmen im Zivilprozess die rechtfertigende Einwilligung des Geschädigten darlegen und beweisen.[1182]

Nur in seltenen Fällen wird es möglich sein, dem Geschädigten die absichtliche Herbeiführung des Unfalls unmittelbar nachzuweisen.[1183] Die Beweisführung erfolgt daher regelmäßig aufgrund von Indizien, die den Schluss auf den diesbezüglichen Willen des Geschädigten erlauben. Jedes Indiz muss tatsächlich feststehen und überzeugungskräftig sein. Letzteres ist nur dann der Fall, wenn das Indiz mit der zu beweisenden Haupttatsache weit eher zu vereinbaren ist als mit einer abweichenden Fallgestaltung. Als Indiz für die behauptete Haupttatsache „Einwilligung" tragfähig ist ein Umstand dann, wenn es für ihn entweder – bei im Übrigen unveränderter Ausgangslage – bei der Annahme eines echten Unfalls keine plausible Erklärung gibt oder wenn dieser Umstand bei einem gestellten Unfall signifikant häufiger zu beobachten ist als bei einem echten Unfall.[1184] Dazu ist ein Rückgriff auf Erfahrungssätze geboten.[1185]

Ein besonders starkes Indiz für gestellte Unfälle liegt vor, wenn zwischen den am Schadensereignis beteiligten Personen eine Verbindung besteht, die bei lebensnaher Betrachtung nicht mit Zufall erklärt werden kann.[1186] Vor dem Hintergrund der großen Anzahl an Verkehrsteilnehmern ist es äußerst unwahrscheinlich, bei einem Unfall genau mit einem Bekannten zusammenzutreffen.[1187] Zwar kann es im Einzelfall eine plausible Erklärung für ihr Zusammentreffen geben, wie beispielsweise ein gemeinsamer Ausflug von Bekannten mit mehreren Kraftfahrzeugen.[1188] Im Regelfall ist es jedoch so, dass bei gestellten Unfällen eine Verbindung zwischen den Beteiligten existiert und bei echten Unfällen keine solche Verbindung zu finden ist.[1189] Dabei ist es nicht zwingend notwendig, dass sich die Beteiligten auch tatsächlich kennen.[1190] Die Verbindung kann sich auch durch gemeinsame Bekannte ergeben.[1191] Entscheidend ist vielmehr, dass eine Verstrickung vorliegt, die nicht durch Zufall erklärt werden kann. Das gilt umso mehr, je häufiger Unfälle im Umfeld der Beteiligten stattfinden.[1192]

Die Durchführung einer sozialen Netzwerkanalyse versetzt das Versicherungsunternehmen in die Lage, ungewöhnliche Verbindungen zwischen den Unfallbeteiligten und auffällige Unfallhäufigkeiten zu erkennen. Sie erleichtert es dem Versicherungsunternehmen daher, die Begründetheit von Schadensersatzansprüchen zu prüfen und gegebenenfalls unbegründete Ansprüche abzuwehren. Die zugrundeliegende Datenverarbeitung ist daher zur Wahrnehmung und Erfüllung der Musterbedingungen A.1.1.2 und A.1.1.3 AKB 2015 geeignet.

[1181] Zum provozierten und gestellten Unfall ab S. 25.

[1182] *Staab*, in: Meschkat/Nauert, Betrug in der Kraftfahrzeugversicherung, 2008, S. 156.

[1183] *Staab*, in: Meschkat/Nauert, Betrug in der Kraftfahrzeugversicherung, 2008, S. 168.

[1184] *Staab*, in: Meschkat/Nauert, Betrug in der Kraftfahrzeugversicherung, 2008, S. 168.

[1185] *Born*, NZV 1996, 257, 263.

[1186] OLG Hamm, NZV 2001, 374, 375; *Halbach*, in: Veith/Gräfe/Gebert, Der Versicherungsprozess, 4. Aufl. 2020, § 13, Rn. 357; *Born*, NZV 1996, 257, 264.

[1187] *Lemcke*, r + s 1993, 121, 123; *Born*, NZV 1996, 257, 264.

[1188] *Born*, NZV 1996, 257, 264.

[1189] *Staab*, in: Meschkat/Nauert, Betrug in der Kraftfahrzeugversicherung, 2008, S. 169.

[1190] OLG Hamm, NZV 2001, 374, 375.

[1191] *Dannert*, r + s 1989, 381, 383.

[1192] OLG Köln, BeckRS 1998, 4702.

Bezüglich der Musterbedingung A.1.5.1 AKB 2015 erleichtert die Durchführung der sozialen Netzwerkanalyse es dem Versicherungsunternehmen zu prüfen, ob der Versicherungsnehmer vorsätzlich und widerrechtlich den bei dem Dritten eingetretenen Schaden herbeigeführt hat. Wie die rechtfertigende Einwilligung des Geschädigten lässt sich auch der Vorsatz des Versicherungsnehmers nur in seltenen Fällen unmittelbar nachweisen. Auch hier muss das Versicherungsunternehmen Indizien sammeln, die erfahrungsgemäß auf eine entsprechende Willensrichtung des Versicherungsnehmers hindeuten. Diese Indizien sind dieselben, die auch auf eine rechtfertigende Einwilligung des Geschädigten weisen.[1193] Die vorstehenden Ausführungen gelten daher entsprechend. Die zugrundeliegende Datenverarbeitung ist daher auch zur Wahrnehmung der Musterbedingung A.1.5.1 AKB 2015 geeignet.

Hinsichtlich der Musterbedingung E.1.1.3 AKB 2015 ermöglicht die Durchführung der sozialen Netzwerkanalyse es dem Versicherungsunternehmen, Untersuchungen zu den Umständen des Schadenereignisses und zur Leistungspflicht durchzuführen. Insbesondere dient die soziale Netzwerkanalyse dazu, Verdachtsmomente zu prüfen, die gegen die Begründetheit der geltend gemachten Schadensersatzansprüche sprechen.

Zusammenfassend ist daher festzustellen, dass die Durchführung der sozialen Netzwerkanalyse die Wahrnehmung oder Erfüllung der Musterbedingungen A.1.1.2, A.1.1.3, A.1.5.1 und E.1.1.3 AKB 2015 fördert. Die zugrundeliegende Datenverarbeitung ist daher zur Vertragserfüllung geeignet.

6.3.1.2.2.2.1.2 Keine zumutbare mildere, gleich effektive Alternative

Ist die Datenverarbeitung zur Vertragserfüllung geeignet, darf darüber hinaus keine mildere aber gleich effektive Alternative bestehen, die dem Verantwortlichen zumutbar ist.[1194] Die Datenverarbeitung muss somit für die Vertragserfüllung zwar nicht unverzichtbar, aber bei vernünftiger Würdigung doch objektiv sinnvoll sein.[1195]

Eine mildere Alternative besteht, wenn ein anderes Mittel existiert, das im Vergleich zur geplanten Datenverarbeitung gleich geeignet, aber datenschutzschonender ist.[1196] Datenschutzschonender ist jede Alternative, die die betroffene Person weniger belastet.[1197]

Weniger klar ist, welche Alternativen der Verantwortliche berücksichtigen muss. Denkbar ist es, auf die vier Bezugspunkte „Personenbezug", „Daten", „Datenverarbeitung" und „Speicherdauer" abzustellen.[1198] Das gilt insbesondere dann, wenn man den Grundsatz der Erforderlichkeit als übergeordnetes Prinzip für die Datenminimierung nach Art. 5 Abs. 1 c) DS-GVO und die Speicherbegrenzung nach Art. 5 Abs. 1 e) DS-GVO versteht. Die genannten vier Bezugspunkte lassen sich zudem überzeugend aus Art. 5 Abs. 1 c) und e), Art. 6 Abs. 1 S. 1 b) und EwG 39 S. 9 DS-GVO ableiten. Aus EwG 39 S. 9 DS-GVO folgt, dass personenbezogene

---

[1193] *Staab*, in: Meschkat/Nauert, Betrug in der Kraftfahrzeugversicherung, 2008, S. 169.

[1194] Vgl. auch *Albers/Veit*, in: Wolff/Brink, Beck'scher Onlinekommentar Datenschutzrecht, 34. Edition 2020, Art. 6 DS-GVO, Rn. 32; *Buchner/Petri*, in: Kühling/Buchner, DS-GVO/BDSG, 3. Aufl. 2020, Art. 6, Rn. 15, 45; *Frenzel*, in: Paal/Pauly, DS-GVO BDSG, 3. Aufl. 2021, Art. 6, Rn. 14; *Wolff*, in: Schantz/Wolff, Das neue Datenschutzrecht, 2017, Rn. 434.

[1195] *Schulz*, in: Gola, DS-GVO, 2. Aufl. 2018, Art. 6, Rn. 38; *Albers/Veit*, in: Wolff/Brink, Beck'scher Onlinekommentar Datenschutzrecht, 34. Edition 2020, Art. 6 DS-GVO, Rn. 32; *Wolff*, in: Schantz/Wolff, Das neue Datenschutzrecht, 2017, Rn. 576; EDSA (Hrsg.), Guidelines 2/2019 on the processing of personal data under Article 6(1)(b) GDPR in the context of the provision of online services to data subjects, 2019, S. 9 f.

[1196] *Wolff*, in: Schantz/Wolff, Das neue Datenschutzrecht, 2017, Rn. 434 f.; *Buchner/Petri*, in: Kühling/Buchner, DS-GVO/BDSG, 3. Aufl. 2020, Art. 6, Rn. 45; EDSB (Hrsg.), Beurteilung der Erforderlichkeit von Maßnahmen, die das Grundrecht auf Schutz personenbezogener Daten einschränken: Ein Toolkit, 2017, S. 20.

[1197] *Wolff*, in: Schantz/Wolff, Das neue Datenschutzrecht, 2017, Rn. 435.

[1198] Vgl. *Roßnagel/Pfitzmann/Garstka*, Modernisierung des Datenschutzrechts, 2001, S. 98 ff.

Daten nur verarbeitet werden dürfen, wenn der Zweck der Verarbeitung nicht in zumutbarer Weise durch andere Mittel erreicht werden kann. Eine mildere Alternative könnte daher die Verarbeitung von anonymen Daten sein. Über den Wortlaut hinaus schließt das auch die Verarbeitung von pseudonymen Daten ein.[1199]

Gemäß Art. 5 Abs. 1 c) DS-GVO müssen personenbezogene Daten dem Zweck angemessen und erheblich sowie auf das für die Zwecke der Verarbeitung notwendige Maß beschränkt sein. Der Verantwortliche muss daher prüfen, ob er die Vertragserfüllung alternativ auch mit weniger personenbezogenen Daten erreichen könnte. Die Regelung des Art. 6 Abs. 1 S. 1 b) DS-GVO selbst adressiert die Erforderlichkeit der Verarbeitung personenbezogener Daten. Eine mildere Alternative könnte in einer Reduzierung der Verarbeitungsvorgänge oder -vorgangsreihen im Sinne von Art. 4 Nr. 2 DS-GVO bestehen. So könnte der Verantwortliche in Frage stellen, ob er die Vertragserfüllung beispielsweise auch ohne eine Offenlegung der personenbezogenen Daten erreichen könnte. Nach Art. 5 Abs. 1 e) DS-GVO müssen personenbezogene Daten in einer Form gespeichert werden, die die Identifizierung der betroffenen Personen nur so lange ermöglicht, wie es für die Zwecke, für die sie verarbeitet werden, erforderlich ist. Der Verantwortliche muss in diesem Fall prüfen, ob er die Vertragserfüllung auch mit einer kürzeren Speicherdauer erreichen könnte.

Die vorstehend erläuterten vier Bezugspunkte überzeugen durch ihre Klarheit, sie führen jedoch zu einer zu starken Verengung der zu prüfenden Alternativen. Es sind zahlreiche weitere Alternativen denkbar, die für die betroffene Person auf unterschiedliche Weise datenschutzschonender sind. Das Blickfeld des Verantwortlichen ist daher zu weiten. Dabei sollte er insbesondere folgende Fragen berücksichtigen:[1200]

– Kann die Vertragserfüllung alternativ mit anonymen oder pseudonymen Daten erreicht werden?

– Kann die Vertragserfüllung alternativ mit weniger schutzwürdigen Daten erreicht werden?[1201]

– Kann die Vertragserfüllung alternativ mit einer geringeren Menge an personenbezogenen Daten erreicht werden?

– Kann die Vertragserfüllung alternativ mit personenbezogenen Daten, die aus öffentlich zugänglichen Quellen stammen, erreicht werden?

– Kann die Vertragserfüllung alternativ mit genaueren, aktuelleren, vollständigeren personenbezogenen Daten erreicht werden?

– Kann die Vertragserfüllung alternativ mit einer geringeren Anzahl an datenverarbeitenden Akteuren erreicht werden?

– Kann die Vertragserfüllung alternativ mit einer geringeren Anzahl an betroffenen Personen erreicht werden?

– Kann die Vertragserfüllung alternativ ohne datenverarbeitende Akteure mit Drittstaatbezug erreicht werden?

[1199] Eine Verarbeitung pseudonymer Daten stellt eine Verarbeitung personenbezogener Daten dar. Sie ist jedoch weniger belastend; zu pseudonymen Daten ab S. 104.

[1200] Der Fragenkatalog beruht auf der Bedeutung bzw. Belastung der Datenverarbeitung für die betroffene Person; zur Belastung der Datenverarbeitung für die betroffene Person ab S. 189; vgl. auch ENISA (Hrsg.), Recommendations on shaping technology according to GDPR provisions - Part II, 2018, S. 29 ff.

[1201] Das gilt dann, wenn die Verarbeitung sensibler Daten nach Art. 9 Abs. 2 DS-GVO zusätzlich auf eine weitere Rechtsgrundlage gestützt werden muss oder es gilt für die Verarbeitung von Daten nach Art. 10 DS-GVO.

- Kann die Vertragserfüllung alternativ mit personenbezogenen Daten, die aus einer Direkterhebung stammen, erreicht werden?
- Kann die Vertragserfüllung alternativ ohne eine besonders risikobehaftete Datenverarbeitung erreicht werden?
- Kann die Vertragserfüllung alternativ mit einer geringeren Speicherdauer erreicht werden?
- Kann die Vertragserfüllung alternativ mit einer selteneren Datenverarbeitung erreicht werden?

Teilweise widersprechen sich einzelne Alternativen wie beispielsweise die Frage nach einer geringeren Menge an personenbezogenen Daten einerseits und die Frage nach vollständigeren personenbezogenen Daten andererseits. Sollte dies der Fall sein, ist im Einzelfall abzuwägen, welche Alternative für die betroffene Person die mildere Alternative ist. Wenn es dem Verantwortlichen zumutbar ist, könnte er die Alternativen der betroffenen Person sogar zur Wahl zu stellen.

Hat der Verantwortliche mildere Alternativen identifizieren können, ist anschließend ihre Effektivität zu prüfen.[1202] Die mildere Alternative stellt die angestrebte Datenverarbeitung nur dann in Frage, wenn sie gleich effektiv, also zur Vertragserfüllung mindestens genauso gut geeignet ist. Umgekehrt bleibt die geplante Datenverarbeitung erforderlich, wenn die Alternative erheblich datenschutzschonender, aber geringfügig weniger geeignet ist.[1203]

Schließlich muss der Verantwortliche eine datenschutzschonendere Maßnahme nur dann vorziehen, wenn diese ihm auch zumutbar ist.[1204] Das einschränkende Kriterium der Zumutbarkeit ergibt sich ausdrücklich aus EwG 39 S. 9 DS-GVO. Grundsätzlich ist dem Verantwortlichen eine datenschutzschonendere Maßnahme zumutbar, wenn er diese ergreifen kann, ohne seine grundsätzliche Organisationsform und Arbeitsweise signifikant ändern zu müssen.[1205]

6.3.1.2.2.1.2.1 Subsidiarität der Betrugsprüfung

Eine mildere Alternative könnte eine angeordnete Subsidiarität der Betrugsprüfung sein. Die Anordnung einer Subsidiarität (von lat. *subsidium* = Reserve) bestimmt eine Rangfolge bzw. Reihenfolge von verschiedenen Maßnahmen. Für den Ablaufprozess der Schadensregulierung könnte das bedeuten, dass das Versicherungsunternehmen vorrangig prüft, ob es im konkreten Versicherungsfall aus anderen Gründen – beispielsweise wegen Zahlungsverzug bei Folgeprämie nach § 38 Abs. 2 VVG – leistungsfrei ist.[1206] Erst nachrangig wird das Leistungsbegehren des Versicherungsnehmers oder Anspruchsstellers eine Betrugsprüfung unterzogen. Die vorrangige Prüfung von anderen Gründen der Leistungsfreiheit ist im Regelfall für die betroffene Person datenschutzschonender. Zudem ist sie zur Vertragserfüllung mindestens genauso gut geeignet, da unberechtigte Ansprüche abgewehrt werden. Typischerweise wird eine angeordnete Subsidiarität der Betrugsprüfung auch keinen

---

[1202] EDSB (Hrsg.), Beurteilung der Erforderlichkeit von Maßnahmen, die das Grundrecht auf Schutz personenbezogener Daten einschränken: Ein Toolkit, 2017, S. 21 f.

[1203] A.A. *Wolff*, in: Schantz/Wolff, Das neue Datenschutzrecht, 2017, Rn. 433, welcher es ausreichen lässt, wenn die Alternative die Zwecke „in vergleichbarer Weise erreichen kann".

[1204] *Frenzel*, in: Paal/Pauly, DS-GVO BDSG, 3. Aufl. 2021, Art. 6, Rn. 14; *Albers/Veit*, in: Wolff/Brink, Beck´scher Onlinekommentar Datenschutzrecht, 34. Edition 2020, Art. 6 DS-GVO, Rn. 32; *Tiedemann*, NJW 1981, 945, 949.

[1205] Vgl. *Wolff*, in: Schantz/Wolff, Das neue Datenschutzrecht, 2017, Rn. 434 ff.

[1206] Zum Ablaufprozess der Schadensregulierung ab S. 21.

übermäßigen Eingriff in die Organisationshoheit des Versicherungsunternehmens darstellen und diesem daher zumutbar sein. Da diese Alternative in bestimmten Fällen die gesamte Betrugsprüfung und damit auch die damit verbundene Datenverarbeitung entfallen lässt, verwirklicht sie das Idealziel der Erforderlichkeit und der Datenminimierung, nämlich die Vermeidung personenbezogener Daten.[1207]

6.3.1.2.2.2.1.2.2 Alternative Schadensregulierung mit definierten Kooperationspartnern

Wie schon im Rahmen der Einwilligung vorgeschlagen, könnte das Versicherungsunternehmen den betroffenen Personen als milderes Mittel auch eine alternative Schadensregulierung mit definierten Kooperationspartnern anbieten.[1208] In diesem Fall würde es auf Maßnahmen der Betrugserkennung – einschließlich der Durchführung einer sozialen Netzwerkanalyse – verzichten. Diese datenschutzschonendere Alternative ist zur Vertragserfüllung genauso effektiv, da unberechtigte Ansprüche abgewehrt werden. Zudem ist davon auszugehen, dass eine solche Alternative dem Versicherungsunternehmen zumutbar ist. Auch hier ließe die alternative Schadensregulierung mit definierten Kooperationspartnern in bestimmten Fällen die gesamte Betrugsprüfung und damit auch die damit verbundene Datenverarbeitung entfallen.

6.3.1.2.2.2.1.2.3 Anonyme Daten

Die Verarbeitung von anonymen Daten wäre zwar ein milderes Mittel, es ist jedoch weniger effektiv. Bei anonymen Daten handelt es sich um solche Informationen, die sich auf eine natürliche Person beziehen, ohne dass diese identifiziert oder identifizierbar ist.[1209] Aus anonymen Daten könnte kein soziales Netzwerkwerk zur Betrugserkennung erstellt werden, denn es wäre unmöglich, Straßenverkehrsunfälle mit denselben Beteiligten miteinander zu verknüpfen. Wenn keine natürlichen Personen im sozialen Netzwerk identifiziert werden können, kann das Versicherungsunternehmen auch nicht prüfen, ob zwischen den am konkreten Schadensfall beteiligten Personen ungewöhnliche Verbindungen bestehen.

6.3.1.2.2.2.1.2.4 Pseudonyme Daten

Die Verarbeitung von pseudonymen Daten ist ein milderes Mittel und gleich effektiv.[1210] Geht man davon aus, dass im Regelfall die untersuchte Schadensmeldung von ehrlichen Versicherungsnehmern oder Geschädigten stammt und nur ausnahmsweise – etwa in jedem zehnten Fall – betrügerisch ist, ist es auch nur im Ausnahmefall erforderlich, das soziale Netzwerk bzw. die hinter dem Pseudonym stehenden Unfallbeteiligten aufzudecken.[1211] Das Versicherungsunternehmen kann die soziale Netzwerkanalyse daher auch auf der Basis von pseudonymisierten Daten durchzuführen und verdächtige Teilnetzwerke und Akteure nur bei „Treffern", also bei Vorliegen einer auffälligen Verbindung, aufdecken.

6.3.1.2.2.2.1.2.5 Weniger schutzwürdige Daten

Im Rahmen der sozialen Netzwerkanalyse werden keine besonders schutzbedürftigen Daten gemäß Art. 9 Abs. 1 oder Art. 10 S. 1 DS-GVO verarbeitet. Das Versicherungsunternehmen kann daher kein milderes Mittel ergreifen.

So werden in die soziale Netzwerkanalyse weder Informationen über körperliche oder geistige Schädigungen eingespeist noch sind Informationen über die Gesundheit der Unfallbeteiligten

---

[1207] Zur Vermeidung personenbezogener Daten ab S. 269.

[1208] Zur alternativen Schadensregulierung mit definierten Kooperationspartnern zur Herstellung von Freiwilligkeit im Rahmen der Einwilligung ab S. 150.

[1209] Zu anonymen Daten ab S. 102.

[1210] Zu pseudonymen Daten ab S. 104.

[1211] Zur Pseudonymisierung im Rahmen der sozialen Netzwerkanalyse ab S. 272.

für diese Art der Betrugserkennung von Interesse.[1212] Es geht vielmehr um die Häufigkeit und Enge von Verbindungen zwischen den Beteiligten dieses Straßenverkehrsunfalls und anderer Unfälle. Selbst wenn in der sozialen Netzwerkanalyse Informationen vorkommen sollten, aus denen sich Rückschlüsse auf die Gesundheit eines Unfallbeteiligten ergeben könnten, sprechen sowohl der Verwendungszusammenhang als auch die Verwendungsabsicht gegen ein Vorliegen von Gesundheitsdaten. Ebenso wenig führt ein sich aus der sozialen Netzwerkanalyse ergebendes Verdachtsmoment für einen Versicherungsbetrug dazu, dass das Versicherungsunternehmen personenbezogene Daten über strafrechtliche Verurteilungen und Straftaten oder damit zusammenhängende Sicherungsmaßregeln im Sinne von Art. 10 S. 1 DS-GVO verarbeitet.[1213]

6.3.1.2.2.2.1.2.6 Geringere Menge an personenbezogenen Daten

Die Verarbeitung einer geringeren Menge an personenbezogenen Daten wäre zwar ein milderes Mittel, es ist jedoch weniger effektiv. Bei Durchführung der sozialen Netzwerkanalyse verarbeitet das Versicherungsunternehmen regelmäßig folgende Daten:

- Name des Versicherungsnehmers (typischerweise der Halter)

- Name des Fahrzeugführers

- Name(n) des oder der Zeugen

- Name des Geschädigten

- Adresse(n) des Versicherungsnehmers, Fahrzeugführers, Geschädigten sowie des oder der Zeugen

- Telefonnummer(n) des Versicherungsnehmers und des oder der Zeugen

- Amtliches Kennzeichen der beteiligten Fahrzeuge

- Unfalldatum

- Einschätzung zu Verbindungen zu anderen Straßenverkehrsunfällen

Um ein Betrugsnetzwerk erkennen zu können, kommt es für das Versicherungsunternehmen darauf an, auffällige Verbindungen zwischen den einzelnen Akteuren zu erkennen.[1214] Je größer und verzweigter die Betrugsnetzwerke gesponnen sind, desto mehr personenbezogene Daten müssen systematisch erfasst und ausgewertet werden. Verzichtet man auf einzelne dieser Daten, bleiben bestimmte Verbindungen – wie beispielsweise gemeinsam genutzte Telefonnummern – verborgen. Die soziale Netzwerkanalyse würde dadurch weniger effektiv.

6.3.1.2.2.2.1.2.7 Personenbezogene Daten aus öffentlich zugänglichen Quellen

Die personenbezogenen Daten, die im Rahmen der sozialen Netzwerkanalyse verarbeitet werden, sind typischerweise nicht in öffentlich zugänglichen Quellen enthalten. Das Versicherungsunternehmen kann daher kein milderes Mittel ergreifen.

6.3.1.2.2.2.1.2.8 Genauere, aktuellere, vollständigere personenbezogenen Daten

Die personenbezogenen Daten, die für die soziale Netzwerkanalyse verarbeitet werden, sind bereits auf einem hohen Genauigkeitslevel.[1215] Die Frage nach dem Einbezug aktuellerer personenbezogener Daten stellt sich nicht, da die verarbeiteten Daten den Lebenssachverhalt

---

[1212] Zu besonderen Kategorien personenbezogener Daten ab S. 98.

[1213] Zu personenbezogener Daten über strafrechtliche Verurteilung und Straftaten ab S. 100.

[1214] Zur sozialen Netzwerkanalyse ab S. 55.

[1215] Zur sachlichen Richtigkeit von personenbezogenen Daten ab S. 280.

zu einem bestimmten Zeitpunkt abbilden.[1216] Sie repräsentieren die Beteiligung verschiedener Personen an einem konkreten Straßenverkehrsunfall. Es besteht daher nicht die Gefahr, dass diese Daten veralten. Grundsätzlich wäre es jedoch für das Versicherungsunternehmen möglich, mehr personenbezogenen Daten über die betroffenen Personen zu verarbeiten, um ein vollständigeres Bild über die Verbindungen zwischen ihnen zu bekommen.[1217]

Wie zuvor beschrieben basiert die soziale Netzwerkanalyse zur Betrugserkennung auf der Grundannahme, dass es bei der großen Anzahl an Verkehrsteilnehmern äußerst unwahrscheinlich ist, bei einem Unfall genau mit einem Bekannten zusammenzutreffen.[1218] Im Regelfall ist es daher so, dass bei gestellten Unfällen eine Verbindung zwischen den Beteiligten existiert und bei echten Unfällen keine solche Verbindung zu finden ist. Ausnahmsweise kann es jedoch im Einzelfall eine plausible Erklärung für ungewöhnliche Verbindungen geben, wie beispielsweise eine Unfallhäufung im Umfeld von Fahrgemeinschaften. Unter Umständen kann das Versicherungsunternehmen solche zusätzlichen entlastenden oder belastenden Informationen in öffentlich zugänglichen Quellen finden.

Hierbei ist jedoch zu bedenken, dass die Verarbeitung einer größeren Menge personenbezogener Daten die betroffene Person wiederum stärker belastet und die Eigenschaft als milderes Mittel in Frage stellt. In Frage steht, ob die betroffene Person im Einzelfall ein Interesse an weniger personenbezogenen Daten und einem unvollständigeren Bild über sich hat oder das Interesse an mehr personenbezogenen Daten und einem vollständigeren Bild über sich überwiegt.[1219]

Im vorliegenden Fall ist daher ein gestuftes Verfahren vorzuziehen. Im Rahmen der sozialen Netzwerkanalyse verarbeitet das Versicherungsunternehmen zunächst keine zusätzlichen personenbezogenen Daten. Die Gefahr eines unvollständigen Bildes über die betroffene Person wird jedoch dadurch abgemildert, dass die betroffene Person nachgelagert die Möglichkeit erhält, unvollständige personenbezogene Daten zu vervollständigen. Diese Lösung entspricht auch dem Gedanken von Art. 16 S. 2 DS-GVO.

6.3.1.2.2.2.1.2.9 Geringere Anzahl an datenverarbeitenden Akteuren

Wird die soziale Netzwerkanalyse allein durch das Versicherungsunternehmen durchgeführt, ist die Anzahl datenverarbeitender Akteure auf ein Minimum reduziert. In diesem Fall kann das Versicherungsunternehmen kein milderes Mittel ergreifen.

Arbeitet das Versicherungsunternehmen jedoch mit anderen Versicherungsunternehmen zusammen oder beauftragt es einen externen Dienstleister mit der Durchführung der sozialen Netzwerkanalyse, muss im Einzelfall untersucht werden, ob ein Verzicht auf diese zusätzlichen datenverarbeitenden Akteure nicht als ein gleich effektives, aber milderes Mittel wäre. Das hängt maßgeblich davon ab, aus welchen Gründen das Versicherungsunternehmen mit diesen Akteuren zusammenarbeitet. Kooperieren beispielsweise verschiedene Versicherungsunternehmen zusammen, um mit Hilfe der sozialen Netzwerkanalyse unternehmensübergreifende Betrugsringe aufdecken zu können, wäre ein Verzicht auf diese Zusammenarbeit kein gleich effektives Mittel.[1220] Das Gleiche gilt für den Fall, dass das

---

[1216] Zur Aktualität von personenbezogenen Daten ab S. 281.

[1217] Zur Vollständigkeit von personenbezogenen Daten ab S. 282.

[1218] Zur Geeignetheit der sozialen Netzwerkanalyse als Betrugsindikator ab S. 167.

[1219] *Mallmann*, Zielfunktionen des Datenschutzes, 1977, S. 77.

[1220] Zur gemeinsamen Verantwortlichkeit ab S. 119.

Versicherungsunternehmen ohne das Know-how und die Technologie des externen Dienstleisters die soziale Netzwerkanalyse nicht durchführen könnte.[1221]

6.3.1.2.2.2.1.2.10   Geringere Anzahl an betroffenen Personen

Die Verarbeitung von personenbezogenen Daten von einer geringeren Anzahl an betroffenen Personen ist zwar ein milderes Mittel, es wäre jedoch weniger effektiv.

Wie beschrieben kommt es für das Versicherungsunternehmen darauf an, auffällige Verbindungen zwischen den einzelnen Unfallbeteiligten zu erkennen. Dazu ist es erforderlich, das gesamte soziale Netzwerk abzubilden und zu analysieren. Schließt man bestimmte Kategorien betroffener Personen von Anfang an aus oder würde beispielsweise nur jeder zehnte Unfall erfasst, könnte die soziale Netzwerkanalyse kein aussagekräftiges Bild mehr zeichnen. Als Folge wäre das Versicherungsunternehmen nicht mehr in der Lage, ungewöhnliche Verbindungen zwischen den Unfallbeteiligten und auffällige Unfallhäufigkeiten zu erkennen. Die soziale Netzwerkanalyse ist zwingend darauf angewiesen, alle Unfallbeteiligungen systematisch zu erfassen und auszuwerten.

6.3.1.2.2.2.1.2.11   Geringere Anzahl an datenverarbeitenden Akteuren mit Drittstaatbezug

Wird die soziale Netzwerkanalyse allein durch das Versicherungsunternehmen durchgeführt, ist die Anzahl datenverarbeitender Akteure mit Drittstaatbezug auf ein Minimum reduziert. Wie zuvor beschrieben kommen Versicherungsunternehmen ohne Niederlassung in der Europäischen Union nur im Rückversicherungsgeschäft in Betracht, welches jedoch nicht Gegenstand dieser Arbeit ist.[1222] Das Versicherungsunternehmen kann daher kein milderes Mittel ergreifen.

Beauftragt das Versicherungsunternehmen dagegen einen externen Dienstleister in einem Drittland mit der Durchführung der sozialen Netzwerkanalyse, muss im Einzelfall untersucht werden, ob ein Verzicht auf diesen datenverarbeitenden Akteur in einem Drittland nicht ein gleich effektives, aber milderes Mittel wäre. Das ist typischerweise nur dann der Fall, wenn das Versicherungsunternehmen in gleicher Weise einen externen Dienstleister aus der Europäischen Union mit der Datenverarbeitung beauftragten könnte. Gerade bei Big-Data-Verfahren wie der sozialen Netzwerkanalyse existieren typischerweise jedoch nur sehr wenige Dienstleister, die über das notwendige Know-how und die entsprechende Technologie verfügen, um diese Datenverarbeitung gleich effektiv erbringen zu können.

6.3.1.2.2.2.1.2.12   Keine besonders risikobehaftete Datenverarbeitung

Der Verzicht auf eine besonders risikobehaftete Datenverarbeitung wäre zwar ein milderes Mittel, jedoch ist es weniger effektiv.

Die Durchführung einer sozialen Netzwerkanalyse beinhaltet zwingend verschiedene Elemente, die voraussichtlich zu einem hohen Risiko für die betroffenen Personen im Sinne von Art. 35 Abs. 1 S. 1 DS-GVO führen.[1223] Dabei handelt es sich jedenfalls um eine Bewertung oder Einstufung der betroffenen Personen, eine Datenverarbeitung in großem Umfang, eine innovative Nutzung oder Anwendung neuer technologischer oder organisatorischer Lösungen und eine mögliche Hinderung betroffener Personen an der Ausübung eines Rechts oder der Nutzung einer Dienstleistung bzw. Durchführung eines Vertrags. Das Versicherungsunternehmen kann auf diese Elemente nicht verzichten ohne die Wirksamkeit der sozialen Netzwerkanalyse in Gänze oder in wesentlichen Teilen in Frage zu stellen.

[1221] Zum Auftragsverarbeiter ab S. 123.

[1222] Zum räumlichen Anwendungsbereich der Datenschutz-Grundverordnung ab S. 111.

[1223] Zu den Voraussetzungen der Datenschutz-Folgenabschätzung ab S. 325.

6.3.1.2.2.2.1.2.13   Geringere Speicherdauer

Die Speicherung der im Rahmen der sozialen Netzwerkanalyse verarbeiteten Daten für eine geringere Dauer als vier Jahre wäre zwar ein milderes Mittel, es ist jedoch weniger effektiv.[1224] Viele Betrugsnetzwerke manipulieren Straßenverkehrsunfälle über viele Jahre hinweg. Eine Reduzierung der Speicherdauer würde dazu führen, dass das Versicherungsunternehmen nicht mehr in der Lage wäre, ungewöhnliche Verbindungen zwischen den Unfallbeteiligten und auffällige Unfallhäufigkeiten zu erkennen. Typischerweise werden hierzu Betrachtungszeiträume von zwei bis fünf Jahren zugrunde gelegt.

6.3.1.2.2.2.1.2.14   Seltenere Datenverarbeitung

Eine seltenere Verarbeitung personenbezogener Daten wäre zwar ein milderes Mittel, es ist jedoch weniger effektiv. Würde beispielsweise nur jeder zehnte Unfall erfasst, könnte die soziale Netzwerkanalyse kein aussagekräftiges Bild der Beziehungen zwischen den Unfallbeteiligten mehr zeichnen. Das Versicherungsunternehmen wäre nicht mehr in der Lage, ungewöhnliche Verbindungen zwischen den Unfallbeteiligten und auffällige Unfallhäufigkeiten zu erkennen. Das Gleiche gilt, wenn die soziale Netzwerkanalyse nur stichprobenartig bei Schadensmeldungen eingesetzt würde. Vielmehr ist die soziale Netzwerkanalyse zwingend darauf angewiesen, alle Unfälle systematisch zu erfassen und auszuwerten.

6.3.1.2.3 Ergebnis

Aus dem Vorstehenden folgt, dass die Rechtsgrundlage des Art. 6 Abs. 1 S. 1 b) DS-GVO nicht geeignet ist, um die soziale Netzwerkanalyse zu rechtfertigen. Sie kommt lediglich mit Blick auf den Versicherungsnehmer als betroffene Person in Betracht, sofern das Versicherungsunternehmen die soziale Netzwerkanalyse insbesondere auf Basis pseudonymisierter Daten durchführt.

In allen anderen Konstellationen liegt schon das erste Tatbestandsmerkmal „Vertrag, dessen Vertragspartei die betroffene Person ist" nicht vor. Zwischen den mitversicherten Personen und dem Versicherungsunternehmen besteht zwar ein vertragsähnliches Verhältnis, dieses kann jedoch nicht auf einen Willensakt der mitversicherten Personen zurückgeführt werden. Zwischen dem Geschädigten und dem Versicherungsunternehmen besteht nur ein gesetzliches Schuldverhältnis. Ein solches wird in keinem Fall von Art. 6 Abs. 1 S. 1 b) DS-GVO erfasst. Zwischen dem Zeugen und dem Versicherungsunternehmen besteht dagegen überhaupt kein Schuldverhältnis.

6.3.1.3 Erforderlichkeit zur Erfüllung rechtlicher Verpflichtungen (Art. 6 Abs. 1 S. 1 c) i.V.m. Abs. 2 und 3 DS-GVO)

Kann die soziale Netzwerkanalyse weder auf eine Einwilligung noch auf die Erforderlichkeit zur Vertragserfüllung gestützt werden, kommt für das Versicherungsunternehmen gegebenenfalls eine entsprechende gesetzliche Verpflichtung als Rechtsgrundlage in Betracht. Gemäß Art. 6 Abs. 1 S. 1 c) DS-GVO ist die Verarbeitung personenbezogener Daten rechtmäßig, wenn sie zur Erfüllung einer rechtlichen Verpflichtung, der der Verantwortliche unterliegt, erforderlich ist.

Der Erlaubnistatbestand trägt dem Umstand Rechnung, dass im Unionsrecht oder im Recht eines Mitgliedstaats auch solche Vorschriften bestehen, die den Verantwortlichen zu einer bestimmten Datenverarbeitung verpflichten.[1225] In diesen Fällen kollidiert ein spezifisches

---

[1224] Zur Bestimmung der Speicherdauer von vier Jahren ab S. 297.
[1225] Vgl. *Reimer*, in: Sydow, DS-GVO, 2. Aufl. 2018, Art. 6, Rn. 22.

Datenverarbeitungsgebot mit dem grundsätzlichen Datenverarbeitungsverbot der Datenschutz-Grundverordnung. Damit der Verantwortliche den ihm obliegenden Pflichten nachkommen kann, lässt Art. 6 Abs. 1 S. 1 c) DS-GVO unter engen Voraussetzungen eine Datenverarbeitung zu.

Die Tatbestandsvoraussetzungen des Art. 6 Abs. 1 S. 1 c) DS-GVO sind erfüllt, wenn erstens eine rechtliche Verpflichtung zur Datenverarbeitung besteht, der der Verantwortliche unterliegt, zweitens die speziellen Anforderungen des Art. 6 Abs. 2 und 3 DS-GVO eingehalten sind und drittens die konkrete Datenverarbeitung zur Erfüllung dieser rechtlichen Verpflichtung erforderlich ist.

Die Vorschrift des Art. 6 Abs. 1 S. 1 c) DS-GVO wirkt also nicht „aus sich heraus", sondern nur in Verbindung mit einer Rechtsgrundlage aus dem Unionsrecht oder dem Recht eines Mitgliedstaats.[1226] Im Unionsrecht sind keine Vorschriften ersichtlich, die das Versicherungsunternehmen zur Betrugserkennung verpflichten. Im deutschen Recht kommen hingegen die Vorschriften der § 31 Abs. 1 und 2, § 100, § 119 Abs. 2 VVG, § 26 VAG in Betracht. Zu prüfen ist, ob diese tatsächlich eine entsprechende Verarbeitungspflicht enthalten und daneben auch den Anforderungen des Art. 6 Abs. 1 S. 1 c), Abs. 2 und 3 DS-GVO genügen.

6.3.1.3.1 Rechtliche Verpflichtung des Verantwortlichen?

Zunächst muss eine rechtliche Verpflichtung zur Datenverarbeitung bestehen, der der Verantwortliche unterliegt. Der Begriff „rechtliche Verpflichtung" meint dabei alle Verpflichtungen, die durch objektives Recht begründet werden.[1227] Vertraglich begründete Verpflichtungen fallen somit nicht unter Art. 6 Abs. 1 S. 1 c) DS-GVO, sondern gegebenenfalls unter Art. 6 Abs. 1 S. 1 b) DS-GVO. Die rechtliche Verpflichtung muss sich aus dem Unionsrecht oder dem Recht eines Mitgliedstaats ergeben.[1228] In Betracht kommen hierfür alle materiellen, abstrakt-generellen Rechtsakte mit Außenwirkung, wozu insbesondere Gesetze, Verordnungen und Satzungen gehören.[1229] Diese Rechtsgrundlage muss zudem eine Pflicht des Verantwortlichen vorsehen, die sich ausdrücklich auf eine Datenverarbeitung bezieht.[1230]

6.3.1.3.1.1 Auskunftspflicht (§ 31 Abs. 1 und 2, § 119 Abs. 3 VVG)

Die § 31 Abs. 1 und 2, § 119 Abs. 3 VVG scheiden als Rechtsgrundlage im Sinne von Art. 6 Abs. 1 S. 1 c) DS-GVO aus. Sie stellen schon keine rechtlichen Verpflichtungen dar, der der Verantwortliche unterliegt.

Nach § 31 Abs. 1 S. 1 VVG kann das Versicherungsunternehmen nach dem Eintritt des Versicherungsfalls verlangen, dass der Versicherungsnehmer jede Auskunft erteilt, die zur Feststellung des Versicherungsfalls oder des Umfanges der Leistungspflicht des Versicherungsunternehmens erforderlich ist. Gemäß § 31 Abs. 2 VVG gilt das Gleiche für die mitversicherten Personen. Für den Sonderfall der verpflichtenden Haftpflichtversicherung ordnet § 119 Abs. 3 VVG eine entsprechende Pflicht des Geschädigten an.

[1226] *Reimer*, in: Sydow, DS-GVO, 2. Aufl. 2018, Art. 6, Rn. 13; vgl. auch *Albers/Veit*, in: Wolff/Brink, Beck'scher Onlinekommentar Datenschutzrecht, 34. Edition 2020, Art. 6 DS-GVO, Rn. 35.

[1227] *Frenzel*, in: Paal/Pauly, DS-GVO BDSG, 3. Aufl. 2021, Art. 6, Rn. 16.

[1228] Vgl. EwG 45 S. 1 DS-GVO.

[1229] *Frenzel*, in: Paal/Pauly, DS-GVO BDSG, 3. Aufl. 2021, Art. 6, Rn. 35 f.

[1230] *Wolff*, in: Schantz/Wolff, Das neue Datenschutzrecht, 2017, Rn. 595; vgl. Artikel-29-Datenschutzgruppe (Hrsg.), WP 217, 2014, S. 25.

Es fehlt hier schon an einer Verpflichtung des Verantwortlichen. Eine Verpflichtung liegt vor, wenn der Adressat nicht die Wahl hat, ob er die vorgesehene Handlung vornimmt oder nicht.[1231] Die genannten Vorschriften statuieren zwar Auskunftspflichten, allerdings ist die betroffene Person der Adressat dieser Pflichten. Aus der Perspektive des Versicherungsunternehmens handelt es sich dagegen um Auskunftsrechte.[1232] Etwaige Rechte oder Befugnisse zur Datenverarbeitung sind jedoch nicht Gegenstand von Art. 6 Abs. 1 S. 1 c) DS-GVO.[1233] Die Vorschrift bezieht sich ausdrücklich nur auf Datenverarbeitungspflichten.[1234] In dieser Hinsicht ist Art. 6 Abs. 1 S. 1 c) DS-GVO strenger als Art. 6 Abs. 1 S. 1 b) DS-GVO, der sowohl Vertragspflichten als auch Vertragsrechte umfasst. Die § 31 Abs. 1 und 2, § 119 Abs. 3 VVG scheiden daher als Legitimationsgrundlage aus.

6.3.1.3.1.2 Hauptleistung (§ 100 VVG)

Auch § 100 VVG normiert keine rechtliche Verpflichtung im Sinne von Art. 6 Abs. 1 S. 1 c) DS-GVO.

Gemäß § 100 VVG ist bei der Haftpflichtversicherung das Versicherungsunternehmen verpflichtet, den Versicherungsnehmer von Ansprüchen freizustellen, die von einem Dritten aufgrund der Verantwortlichkeit des Versicherungsnehmers für eine während der Versicherungszeit eintretende Tatsache geltend gemacht werden, und unbegründete Ansprüche abzuwehren. Das setzt voraus, dass das Versicherungsunternehmen vorgelagert die Haftpflicht des Versicherungsnehmers prüft. Es ist dabei verpflichtet, sich „ein hinreichend genaues, umfassendes Bild über die Umstände zu verschaffen, aus denen die drohenden Ansprüche hergeleitet werden, die Rechtslage sorgfältig zu prüfen und die Aussichten für eine Abwehr der Ansprüche nach Grund und Höhe möglichst zuverlässig einzuschätzen."[1235] Dazu gehört auch die Prüfung von etwaigen Verdachtsmomenten.

Zwar formuliert § 100 VVG eine Verpflichtung, der der Verantwortlichen unterliegt, allerdings bezieht sich diese Verpflichtung nicht ausdrücklich auf die Verarbeitung personenbezogener Daten.[1236] Dieser ausdrückliche Bezug ist jedoch mit Blick auf Art. 6 Abs. 1 S. 1 c) DS-GVO zwingend erforderlich. Eine rechtliche Verpflichtung kann die Datenverarbeitung nur dann legitimieren, wenn die in Frage stehende Vorschrift den Gegenstand der Datenverarbeitung auch hinreichend präzise beschreibt.[1237] Als Faustregel sollten zumindest die Art der Daten sowie die Art der Datenverarbeitung im Sinne von Art. 4 Nr. 2 DS-GVO beschrieben sein, wie beispielsweise „wenn Arbeitgeber den Sozialversicherungs- oder Steuerbehörden Angaben zu den Löhnen und Gehältern ihrer Beschäftigten mitteilen müssen oder wenn Finanzinstitutionen verpflichtet sind, den zuständigen Behörden gegenüber im Rahmen der Vorschriften zur Bekämpfung von Geldwäsche bestimmte verdächtige Transaktionen zu melden".[1238] Nicht

---

[1231] *Wolff*, in: Schantz/Wolff, Das neue Datenschutzrecht, 2017, Rn. 591; vgl. Artikel-29-Datenschutzgruppe (Hrsg.), WP 217, 2014, S. 25.

[1232] Vgl. schon die Formulierung „kann […] verlangen".

[1233] Datenverarbeitungsbefugnisse können jedoch zur Gewichtung des berechtigten Interesses im Rahmen von Art. 6 Abs. 1 S. 1 f) DS-GVO herangezogen werden; zur Anerkennung durch andere Rechtsinstrumente ab S. 186.

[1234] So auch *Albers/Veit*, in: Wolff/Brink, Beck'scher Onlinekommentar Datenschutzrecht, 34. Edition 2020, Art. 6 DS-GVO, Rn. 35; *Laue/Kremer*, Das neue Datenschutzrecht in der betrieblichen Praxis, 2. Aufl. 2019, § 2, Rn. 32; *Wolff*, in: Schantz/Wolff, Das neue Datenschutzrecht, 2017, Rn. 594; unklar bei *Albrecht/Jotzo*, Das neue Datenschutzrecht der EU, 2017, Teil 3, Rn. 46.

[1235] BGH, VersR 1981, 180; zustimmend für die Kraftfahrzeug-Haftpflichtversicherung *Bauer*, Die Kraftfahrtversicherung, 6. Aufl. 2010, Rn. 834.

[1236] Vgl. zu Vorschriften des VVG *Eichler/Kamp*, in: Wolff/Brink, Beck'scher Onlinekommentar Datenschutzrecht, 28. Edition 2017, Syst. K. Datenschutz im Versicherungswesen, Rn. 2.

[1237] Vgl. Artikel-29-Datenschutzgruppe (Hrsg.), WP 217, 2014, S. 25.

[1238] Vgl. Artikel-29-Datenschutzgruppe (Hrsg.), WP 217, 2014, S. 25.

ausreichend ist es daher, wenn die rechtliche Verpflichtung – wie bei § 100 VVG – eine Datenverarbeitung bloß denknotwendig voraussetzt.[1239] Auch unter diesem Aspekt ist Art. 6 Abs. 1 S. 1 c) DS-GVO strenger als Art. 6 Abs. 1 S. 1 b) DS-GVO, der es ausreichen lässt, wenn die Vertragspflichten oder Vertragsrechte eine Verarbeitung von personenbezogenen Daten logisch voraussetzen. Somit scheidet auch § 100 VVG als Legitimationsgrundlage aus.

6.3.1.3.1.3 Risikomanagement (§ 26 VAG)

Die Vorschrift des § 26 VAG stellt ebenfalls keine rechtliche Verpflichtung im Sinne von Art. 6 Abs. 1 S. 1 c) DS-GVO dar.

Nach § 26 Abs. 1 S. 1 und 2 VAG müssen Versicherungsunternehmen über ein wirksames Risikomanagementsystem verfügen.[1240] Dieses muss die Strategien, Prozesse und internen Meldeverfahren umfassen, die erforderlich sind, um Risiken, denen das Unternehmen tatsächlich oder möglicherweise ausgesetzt ist, zu identifizieren, zu bewerten, zu überwachen und zu steuern sowie aussagefähig über diese Risiken zu berichten. Gemäß § 26 Abs. 5 S. 1 VAG hat das Risikomanagementsystem sämtliche Risiken des Versicherungsunternehmens zu umfassen, wozu auch operationelle Risiken wie Betrugsrisiken gehören.

Die Vorschrift des § 26 VAG verpflichtet das Versicherungsunternehmen zu einer wirksamen Betrugserkennung.[1241] Typischerweise muss es dazu auch personenbezogene Daten verarbeiten. Dennoch enthält § 26 VAG keine Aussagen zu einer konkreten Datenverarbeitung wie es beispielsweise in § 25h Abs. 2 KWG der Fall ist.[1242] Dem Versicherungsunternehmen steht es vielmehr weitgehend frei, wie es die Vorgaben aus § 26 VAG erfüllt. Das Gleiche gilt für § 91 Abs. 2 AktG. Damit erhält der Verantwortliche jedoch einen zu großen Ermessensspielraum hinsichtlich der erforderlichen Datenverarbeitung.[1243] Die Vorschrift des § 26 VAG weist daher nicht die nötige Bestimmtheit auf, um in Verbindung mit Art. 6 Abs. 1 S. 1 c) DS-GVO eine Datenverarbeitung zu legitimieren.[1244]

6.3.1.3.2 Ergebnis

Die Rechtsgrundlage des Art. 6 Abs. 1 S. 1 c), Abs. 2 und 3 DS-GVO kommt als Erlaubnistatbestand nicht in Betracht. Es fehlt schon am Tatbestandmerkmal der „rechtlichen Verpflichtung, der der Verantwortliche unterliegt".

Die Vorschriften der § 31 Abs. 1 und 2, § 119 Abs. 2 VVG stellen keine Verpflichtungen des Verantwortlichen dar, sondern richten sich an die betroffene Person. Die § 100 VVG, § 26 VAG ordnen zwar Pflichten des Verantwortlichen an, sie sind jedoch zu unbestimmt, um die in Frage stehende Datenverarbeitung zu legitimieren.

[1239] Vgl. *Wolff*, in: Schantz/Wolff, Das neue Datenschutzrecht, 2017, Rn. 595; vgl. auch *Eichler/Kamp*, in: Wolff/Brink, Beck'scher Onlinekommentar Datenschutzrecht, 28. Edition 2017, Syst. K. Datenschutz im Versicherungswesen, Rn. 2.

[1240] Zur Vorgängervorschrift § 64a VAG *Dreher*, VersR 2008, 998; *Wirth/Paul*, CCZ 2010, 95.

[1241] Vgl. auch BayLDA (Hrsg.), 5. Tätigkeitsbericht 2011/2012, 2013, S. 38.

[1242] Mit gleicher Wertung zum ähnlichen § 25a KWG ULD (Hrsg.), Scoringsysteme zur Beurteilung der Kreditwürdigkeit, 2005, S. 80 f.; BlnBDI (Hrsg.), Arbeitspapier Datenschutzrechtliche Anforderungen für Research-Systeme zur Aufdeckung von Geldwäsche, 2007, S. 2 (dort in Fn. 1.); so wohl auch *Bitter*, in: Hoeren/Sieber/Holznagel, Handbuch Multimedia-Recht, 54. EL 2020, Teil 15.4, Rn. 13.

[1243] Artikel-29-Datenschutzgruppe (Hrsg.), WP 217, 2014, S. 25.

[1244] So im Ergebnis wohl auch *Eichler/Kamp*, in: Wolff/Brink, Beck'scher Onlinekommentar Datenschutzrecht, 28. Edition 2017, Syst. K. Datenschutz im Versicherungswesen, Rn. 3.

6.3.1.4   Erforderlichkeit zur Wahrung berechtigter Interessen (Art. 6 Abs. 1 S. 1 f) DS-GVO)

Scheiden die Rechtsgrundlagen der Einwilligung, der Erforderlichkeit zur Vertragserfüllung oder zur Erfüllung einer rechtlichen Pflicht aus, kann das Versicherungsunternehmen die soziale Netzwerkanalyse nur noch auf seine überwiegenden berechtigten Interessen stützen.

Gemäß Art. 6 Abs. 1 S. 1 f) DS-GVO ist die Datenverarbeitung rechtmäßig, wenn sie zur Wahrung der berechtigten Interessen des Verantwortlichen oder eines Dritten erforderlich ist, sofern nicht die Interessen oder Grundrechte und Grundfreiheiten der betroffenen Person, die den Schutz personenbezogener Daten erfordern, überwiegen, insbesondere dann, wenn es sich bei der betroffenen Person um ein Kind handelt.[1245]

Nahezu allen Vorschriften der Datenschutz-Grundverordnung liegt der Auftrag zugrunde, die divergierenden Interessen zu einem gerechten Ausgleich zu bringen, nämlich einerseits das Interesse des Verantwortlichen an der Datenverarbeitung und andererseits das Interesse der betroffenen Person am Schutz ihrer personenbezogenen Daten.[1246] Am Klarsten tritt dieses Austarieren in der Vorschrift des Art. 6 Abs. 1 S. 1 f) DS-GVO hervor; sie ist die „zentrale Abwägungsklausel" der Verordnung.[1247]

Die Vorschrift des Art. 6 Abs. 1 S. 1 f) DS-GVO ist gewissermaßen „auf den Kern" reduziert.[1248] Die Datenverarbeitung wird legitimiert, wenn eine Interessenabwägung zugunsten des Verantwortlichen ausfällt. Darüber hinaus ist die Vorschrift bewusst allgemein formuliert – klare Vorgaben zu den abzuwägenden Interessen oder zum Abwägungsvorgang finden sich nicht.[1249]

Eine solch offen gehaltene Generalklausel hat den Vorteil, dass sie flexibel ist und auf eine Vielzahl von Fallkonstellationen angewendet werden kann.[1250] Als Kehrseite dieser Flexibilität führen jedoch die fehlenden Zulässigkeitskriterien zu mangelnder Vorhersehbarkeit und Rechtsunsicherheit bei allen Akteuren.[1251]

Es ist daher unerlässlich, die Interessenabwägung im Rahmen des Art. 6 Abs. 1 S. 1 f) DS-GVO in geordnete Bahnen zu lenken. Dies sorgt nicht nur für eine Selbstdisziplinierung des Verantwortlichen beim Abwägungsvorgang, sondern fördert auch die Nachvollziehbarkeit des gefundenen Abwägungsergebnisses für die betroffene Person oder die Aufsichtsbehörde. Es gilt daher, aus Art. 6 Abs. 1 S. 1 f) DS-GVO „das Maximum an vernünftiger Interessenabwägung herauszulesen".[1252]

Aus dem Aufbau des Erlaubnistatbestands lässt sich zumindest eine dreiteilige Grobstruktur ableiten.[1253] Erstens muss der Verantwortliche oder ein Dritter ein berechtigtes Interesse

---

[1245] Der folgende Abschnitt findet sich in komprimierter Form auch in *Herfurth*, ZD 2018, 514.

[1246] Vgl. auch *Albrecht/Jotzo*, Das neue Datenschutzrecht der EU, 2017, Teil 3, Rn. 51; *Laue/Kremer*, Das neue Datenschutzrecht in der betrieblichen Praxis, 2. Aufl. 2019, § 2, Rn. 38; *Veil*, NVwZ 2018, 686, 694.

[1247] *Schulz*, in: Gola, DS-GVO, 2. Aufl. 2018, Art. 6, Rn. 56; *Albrecht/Jotzo*, Das neue Datenschutzrecht der EU, 2017, Teil 3, Rn. 51 spricht von „eine[r] der zentralen Stellschrauben".

[1248] *Albrecht/Jotzo*, Das neue Datenschutzrecht der EU, 2017, Teil 3, Rn. 50.

[1249] Zu den Positionen im Gesetzgebungsverfahren Artikel-29-Datenschutzgruppe (Hrsg.), WP 217, 2014, S. 11.

[1250] *Buchner*, DuD 2016, 155, 159; *Heberlein*, in: Ehmann/Selmayr, DS-GVO, 2. Aufl. 2018, Art. 6, Rn. 32; *Schantz*, in: Simitis/Hornung/Spiecker gen. Döhmann, Datenschutzrecht, 2019, Art. 6 Abs. 1, Rn. 86.

[1251] *Buchner*, DuD 2016, 155, 159; vgl. auch Artikel-29-Datenschutzgruppe (Hrsg.), WP 217, 2014, S. 6; *Schantz*, in: Simitis/Hornung/Spiecker gen. Döhmann, Datenschutzrecht, 2019, Art. 6 Abs. 1, Rn. 86.

[1252] Vgl. *Bull*, ZRP 1975, 7, 8.

[1253] *Frenzel*, in: Paal/Pauly, DS-GVO BDSG, 3. Aufl. 2021, Art. 6, Rn. 27; *Buchner/Petri*, in: Kühling/Buchner, DS-GVO/BDSG, 3. Aufl. 2020, Art. 6, Rn. 146.

verfolgen. Zweitens muss die Datenverarbeitung zur Wahrung dieses Interesses erforderlich sein. Und drittens dürfen die entgegenstehenden Interessen der betroffenen Person nicht überwiegen. Erst an dieser Stelle wird die eigentliche Abwägung zwischen den widerstreitenden Interessen vorgenommen.

6.3.1.4.1 Berechtigtes Interesse des Verantwortlichen oder eines Dritten

Zunächst muss das Versicherungsunternehmen mit der Datenverarbeitung, also hier der sozialen Netzwerkanalyse, ein berechtigtes Interesse verfolgen.

Was unter einem „berechtigten Interesse" zu verstehen ist, wird in der Datenschutz-Grundverordnung nicht näher ausgeführt.[1254] Legt man ein allgemeines Verständnis zugrunde, beschreibt das berechtigte Interesse das Motiv des Versicherungsunternehmens. Es weist somit eine gewisse Ähnlichkeit zum Zweck der Datenverarbeitung im Sinne von Art. 5 Abs. 1 b) DS-GVO auf. Während jedoch der Zweck mehr das Ziel der Datenverarbeitung nachzeichnet, bezieht sich das Interesse eher auf den Nutzen oder Vorteil, den das Versicherungsunternehmen daraus ziehen möchte.[1255] In welchem Verhältnis das berechtigte Interesse einerseits und der Zweck andererseits stehen, ergibt sich nicht eindeutig aus der Datenschutz-Grundverordnung. Es lässt sich lediglich feststellen, dass der Zweck nicht weiter gefasst sein darf als das berechtigte Interesse. Das folgt daraus, dass der vom Versicherungsunternehmen verfolgte Zweck der Datenverarbeitung sich innerhalb der Rechtsgrundlage der Datenverarbeitung bewegen muss.[1256]

Als berechtigtes Interesse kommen alle Interessen rechtlicher, wirtschaftlicher oder ideeller Art in Betracht.[1257] Ihre jeweilige Bedeutung spielt an dieser Stelle noch keine Rolle. Auch ein triviales Interesse kann ein berechtigtes Interesse sein.[1258] Eine entsprechende Gewichtung erfolgt erst im Rahmen der späteren Abwägung. Das Versicherungsunternehmen muss das Interesse jedoch gegenwärtig oder in naher Zukunft verfolgen.[1259] Rein spekulative Interessen scheiden dagegen aus. Aus dem Wortlaut folgt zudem, dass das berechtigte Interesse ein eigenes Interesse des Versicherungsunternehmens oder das eines Dritten sein muss. Hingegen können Popularinteressen, also Interessen, die ausschließlich im Interesse der Allgemeinheit liegen, keine berechtigten Interessen im Sinne von Art. 6 Abs. 1 S. 1 f) DS-GVO sein.[1260] Sofern sie sich mit dem berechtigten Interesse des Versicherungsunternehmens überschneiden, können sie jedoch letzterem bei der Abwägung mehr Gewicht verleihen.[1261]

„Berechtigt" im Sinne von Art. 6 Abs. 1 S. 1 f) DS-GVO ist ein Interesse, wenn es im Einklang mit dem Unionsrecht sowie dem Recht des jeweiligen Mitgliedstaats steht.[1262] Die Berechtigung des Interesses ist folglich keine subjektiv-wertende, sondern eine objektiv-

---

[1254] Die beispielhaft aufgeführten Interessen in den EwG 47 bis 49 DS-GVO sind zu beliebig, um Rückschlüsse grundsätzlicher Art auf den Begriff des „berechtigten Interesse" zuzulassen.

[1255] Artikel-29-Datenschutzgruppe (Hrsg.), WP 217, 2014, S. 30 f.; ähnlich auch *Heberlein*, in: Ehmann/Selmayr, DS-GVO, 2. Aufl. 2018, Art. 6, Rn. 25.

[1256] So *Wolff*, in: Schantz/Wolff, Das neue Datenschutzrecht, 2017, Rn. 402.

[1257] *Buchner/Petri*, in: Kühling/Buchner, DS-GVO/BDSG, 3. Aufl. 2020, Art. 6, Rn. 146a; *Schulz*, in: Gola, DS-GVO, 2. Aufl. 2018, Art. 6, Rn. 57.

[1258] Artikel-29-Datenschutzgruppe (Hrsg.), WP 217, 2014, S. 31.

[1259] Artikel-29-Datenschutzgruppe (Hrsg.), WP 217, 2014, S. 31.

[1260] *Buchner/Petri*, in: Kühling/Buchner, DS-GVO/BDSG, 3. Aufl. 2020, Art. 6, Rn. 146a; *Robrahn/Bremert*, ZD 2018, 291, 292.

[1261] Zur Anerkennung durch Allgemeinheit ab S. 187; *Robrahn/Bremert*, ZD 2018, 291, 292.

[1262] *Schulz*, in: Gola, DS-GVO, 2. Aufl. 2018, Art. 6, Rn. 57; *Heberlein*, in: Ehmann/Selmayr, DS-GVO, 2. Aufl. 2018, Art. 6, Rn. 25; *Robrahn/Bremert*, ZD 2018, 291 f.; vgl. auch das verwandte Merkmal der „legitimen" Zwecke in Art. 5 Abs. 1 b) DS-GVO.

normative Frage.[1263] Offensichtlich unberechtigte Interessen wie beispielsweise strafbare oder diskriminierende Motive sollen früh ausgeschieden werden.[1264] Sie können in keinem Fall die Verarbeitung personenbezogener Daten legitimieren. Verfolgt das Versicherungsunternehmen ausschließlich unberechtigte Interessen, ist die Prüfung bereits auf dieser Stufe vorzeitig zu beenden. In solchen Konstellationen kann Art. 6 Abs. 1 S. 1 f) DS-GVO nicht als Rechtsgrundlage herangezogen werden.

Aus den nachfolgenden Prüfungsschritten ergibt sich zudem die Notwendigkeit, dass das Versicherungsunternehmen das von ihm verfolgte berechtigte Interesse hinreichend konkret zum Ausdruck bringt.[1265] Andernfalls ist es nicht möglich, das Interesse zu gewichten und mit den entgegenstehenden Interessen, Grundrechten und Grundfreiheiten der betroffenen Person abzuwägen.[1266] Nur vage formulierte Interessen können daher nicht berücksichtigt werden.

Die Datenschutz-Grundverordnung nennt in den EwG 47 ff. DS-GVO verschiedene Beispiele für berechtigte Interessen:

- Verhinderung von Betrug (EwG 47 S. 6 DS-GVO)

- Direktwerbung (EwG 47 S. 7 DS-GVO)

- Datenübermittlung innerhalb der Unternehmensgruppe für interne Verwaltungszwecke (EwG 48 S. 1 DS-GVO)

- Gewährleistung der Netz- und Informationssicherheit (EwG 49 DS-GVO)

Aus den Formulierungen ergibt sich nicht eindeutig, welche Rechtsfolgen an diese Beispiele geknüpft sind. Denkbar wäre es, sie als gesetzliche Vermutungen zu interpretieren mit der Folge, dass in diesen Fällen typischerweise von einem überwiegenden berechtigten Interesse des Verantwortlichen auszugehen ist und die Datenverarbeitung durch Art. 6 Abs. 1 S. 1 f) DS-GVO erlaubt wird. Das ist jedoch zu weitgehend und daher abzulehnen.[1267] Auch an sich berechtigte Interessen können keine „carte blanche" für uferlose Datenverarbeitungen sein.

Richtigerweise haben die genannten Beispiele eine Klarstellungsfunktion für die Frage, ob ein berechtigtes Interesse vorliegt.[1268] Dies ergibt sich schon aus dem Wortlaut, wonach beispielsweise gemäß EwG 47 S. 6 DS-GVO die Verarbeitung personenbezogener Daten im für die Verhinderung von Betrug unbedingt erforderlichen Umfang ebenfalls ein berechtigtes Interesse des jeweiligen Verantwortlichen darstellt. Über diese Klarstellungsfunktion hinaus sind die Beispiele aber auch von Bedeutung, wenn es darum geht, dem verfolgten Interesse ein bestimmtes Gewicht beizumessen. Es ist davon auszugehen, dass die Datenschutz-Grundverordnung den explizit genannten berechtigten Interessen im Rahmen der Abwägung ein stärkeres Gewicht verleihen möchte.[1269] Eine bloße Klarstellungfunktion erscheint angesichts der grundsätzlichen Weite des berechtigten Interesses einerseits und der

---

[1263] *Schulz*, in: Gola, DS-GVO, 2. Aufl. 2018, Art. 6, Rn. 57; *Albers/Veit*, in: Wolff/Brink, Beck´scher Onlinekommentar Datenschutzrecht, 34. Edition 2020, Art. 6 DS-GVO, Rn. 49.

[1264] Vgl. auch die ähnlichen Erwägungen zum legitimen Zweck nach Art. 5 Abs. 1 b) DS-GVO; dazu *Schantz*, in: Wolff/Brink, Beck´scher Onlinekommentar Datenschutzrecht, 34. Edition 2020, Art. 5 DS-GVO, Rn. 17.

[1265] Artikel-29-Datenschutzgruppe (Hrsg.), WP 217, 2014, S. 31.

[1266] *Heberlein*, in: Ehmann/Selmayr, DS-GVO, 2. Aufl. 2018, Art. 6, Rn. 25.

[1267] *Albers/Veit*, in: Wolff/Brink, Beck´scher Onlinekommentar Datenschutzrecht, 34. Edition 2020, Art. 6 DS-GVO, Rn. 49.

[1268] Vgl. auch *Albrecht/Jotzo*, Das neue Datenschutzrecht der EU, 2017, Teil 3, Rn. 51; *Veil*, NJW 2018, 3337.

[1269] *Wolff*, in: Schantz/Wolff, Das neue Datenschutzrecht, 2017, Rn. 652; insofern zutreffend auch *Plath*, in: Plath, BDSG/DSGVO, 3. Aufl. 2018, Art. 6 DS-GVO, Rn. 87 mit Blick auf „Betrugsprävention".

nicht offensichtlichen Kontroversität der ausdrücklich genannten Interessen andererseits, als wenig sinnvoll.

Aus den vorstehenden Erwägungen ergibt sich, dass das Tatbestandsmerkmal des berechtigten Interesses nur ein grober Filter ist.[1270] Herausgefiltert werden nur solche Interessen, die vage oder spekulativ sind, ausschließlich im Interesse der Allgemeinheit liegen oder die nicht mit der Rechtsordnung im Einklang stehen. Dies schmälert jedoch nicht den Schutz der betroffenen Person, denn ihre Belange werden bei der nachfolgenden Abwägung noch gebührend berücksichtigt.[1271]

Vorliegend wird das Interesse des Versicherungsunternehmens, Betrug zu verhindern, zu erkennen und aufzuarbeiten ausdrücklich durch EwG 47 S. 6 DS-GVO als berechtigtes Interesse im Sinne von Art. 6 Abs. 1 S. 1 f) DS-GVO anerkannt.[1272]

6.3.1.4.2 Erforderlichkeit der Datenverarbeitung zur Wahrung des berechtigten Interesses

Die konkrete Datenverarbeitung muss zur Wahrung der verfolgten Interessen erforderlich sein.[1273] Diesbezüglich ergeben sich keine Unterschiede zur Prüfung der Erforderlichkeit im Rahmen des Art. 6 Abs. 1 S. 1 b) DS-GVO.[1274] Die soziale Netzwerkanalyse ist unter den dort genannten Vorgaben auch im Sinne von Art. 6 Abs. 1 S. 1 f) DS-GVO erforderlich.

6.3.1.4.3 Kein Überwiegen der Interessen, Grundrechte oder Grundfreiheiten der betroffenen Person

Konnte bis hierhin festgestellt werden, dass die konkrete Datenverarbeitung im Rahmen der sozialen Netzwerkanalyse zur Wahrung berechtigter Interessen erforderlich ist, bedeutet das noch nicht, dass sie auch nach Art. 6 Abs. 1 S. 1 f) DS-GVO zulässig ist. Die vorherigen Schritte öffnen nur die Tür zur eigentlichen Abwägung. Den berechtigten Interessen des Versicherungsunternehmens sind hierbei die Interessen, Grundrechte oder Grundfreiheiten der am Unfall beteiligten betroffenen Personen gegenüber zu stellen. Keine der Seiten kann sich auf einen absoluten Vorrang berufen.[1275] Vielmehr sind die konkreten widerstreitenden Positionen zu gewichten und gegeneinander abzuwägen.[1276]

Hinsichtlich des Abwägungsergebnisses stellt Art. 6 Abs. 1 S. 1 f) DS-GVO klar, dass die Datenverarbeitung zulässig ist, wenn die Interessen der betroffenen Person nicht überwiegen.[1277] Aus dieser Formulierung folgt dreierlei:

– Die Datenverarbeitung ist rechtmäßig, wenn das Interesse des Verantwortlichen überwiegt.

[1270] *Robrahn/Bremert*, ZD 2018, 291, 292.

[1271] So auch *Schulz*, in: Gola, DS-GVO, 2. Aufl. 2018, Art. 6, Rn. 57.

[1272] *Schulz*, in: Gola, DS-GVO, 2. Aufl. 2018, Art. 6, Rn. 106; *Spittka*, in: Specht/Mantz, Handbuch europäisches und deutsches Datenschutzrecht, 2019, § 12, Rn. 19; *Wybitul*, CCZ 2016, 194, 196; EDSA (Hrsg.), Guidelines 2/2019 on the processing of personal data under Article 6(1)(b) GDPR in the context of the provision of online services to data subjects, 2019, S. 14.

[1273] Vgl. Artikel-29-Datenschutzgruppe (Hrsg.), WP 217, 2014, S. 70; *Veil*, NJW 2018, 3337, 3338.

[1274] Zur Erforderlichkeit der Datenverarbeitung ab S. 167.

[1275] Vgl. *Simitis*, in: Simitis, BDSG, 8. Aufl. 2014, § 28, Rn. 125.

[1276] *Robrahn/Bremert*, ZD 2018, 291, 293.

[1277] *Robrahn/Bremert*, ZD 2018, 291, 293; kritisch *Wolff*, in: Schantz/Wolff, Das neue Datenschutzrecht, 2017, Rn. 660; zur Typologie von Abwägungsergebnissen vgl. *Kühling/Seidel/Sivridis*, Datenschutzrecht, 3. Aufl. 2015, S. 171 f.

- Die Datenverarbeitung ist ebenfalls rechtmäßig, wenn das Interesse des Verantwortlichen und das Interesse der betroffenen Person gleich zu gewichten sind.
- Die Datenverarbeitung ist dagegen rechtswidrig, wenn das Interesse der betroffenen Person überwiegt.

Als Formel ausgedrückt folgt daraus, dass das Interesse des Versicherungsunternehmens größer-gleich dem Interesse der betroffenen Person sein muss. Etwas anderes gilt dagegen für den Fall, dass die betroffene Person in berechtigter Weise ihr Widerspruchsrecht nach Art. 21 Abs. 1 DS-GVO ausübt.[1278] Berechtigt ist der Widerspruch, wenn Gründe vorliegen, die sich aus der besonderen Situation der betroffenen Person ergeben.[1279] Als Rechtsfolge ist die Datenverarbeitung nur noch dann rechtmäßig, wenn das Interesse des Versicherungsunternehmens überwiegt. Anders als zuvor ist die Datenverarbeitung nunmehr rechtswidrig, wenn das Interesse des Versicherungsunternehmens und das Interesse der betroffenen Person gleich zu gewichten sind. Die Formel würde sich nun insofern ändern, dass das Interesse des Versicherungsunternehmens größer dem Interesse der betroffenen Person sein muss.

Hinsichtlich des Abwägungsvorgangs dagegen gibt Art. 6 Abs. 1 S. 1 f) DS-GVO dem Rechtsanwender kaum klare Kriterien an die Hand. Das bedeutet jedoch nicht, dass die Abwägung zur Einbruchsstelle für freie Argumentation verkommen soll.[1280] Es bedarf vielmehr einer Methodik, die einerseits genügend Stabilität aufweist, um dem Rechtsanwender als Orientierung zu dienen, und die andererseits über genügend Flexibilität verfügt, um unvorhergesehene Konstellationen berücksichtigen zu können.[1281] In jedem Fall muss die Entscheidung, ob die Verarbeitung personenbezogener Daten auf Art. 6 Abs. 1 S. 1 f) DS-GVO gestützt werden kann, begründ- und nachvollziehbar sein.

Hilfreich ist es, sich den Abwägungsvorgang am Bild einer Balkenwaage vorzustellen. Eine Balkenwaage besteht aus einem waagerechten Balken und zwei Waagschalen, die an den jeweiligen Enden des Balkens hängen. Zum (Ab)Wägen werden die Waagschalen befüllt und ihre Gewichte miteinander verglichen. Das Ziel ist es, die Waagschalen in ein Gleichgewicht zu bringen. Besteht ein Ungleichgewicht zwischen den Waagschalen, werden einer Waagschale solange Gewichtsstücke hinzugefügt, bis ein Zustand des Gleichgewichts erreicht ist.

Auf den Abwägungsvorgang des Art. 6 Abs. 1 S. 1 f) DS-GVO bezogen wird zunächst die Waagschale des Versicherungsunternehmens untersucht.[1282] Hierfür muss seinem berechtigten Interesse, das zuvor ermittelt wurde, ein bestimmtes Gewicht beigemessen werden. Anschließend wird die Waagschale der am Unfall beteiligten betroffenen Personen geprüft. Hierbei sind die Interessen, Grundrechte und Grundfreiheiten der betroffenen Personen festzustellen und ebenfalls zu gewichten. Anschließend werden die so gewichteten entgegenstehenden Interessen gegeneinander abgewogen. Sollte das Interesse des Versicherungsunternehmens überwiegen oder gleich schwer wiegen, ist die Datenverarbeitung nach Art. 6 Abs. 1 S. 1 f) DS-GVO zulässig. Sollte das Interesse der betroffenen Person überwiegen, ist in einem weiteren Schritt zu prüfen, ob das Versicherungsunternehmen durch

---

[1278] Zum Widerspruchsrecht nach Art. 21 Abs. 1 DS-GVO ab S. 212.

[1279] Zu den Voraussetzungen des Widerspruchsrechts nach Art. 21 Abs. 1 DS-GVO ab S. 213.

[1280] So auch *Robrahn/Bremert*, ZD 2018, 291.

[1281] *Albers/Veit*, in: Wolff/Brink, Beck´scher Onlinekommentar Datenschutzrecht, 34. Edition 2020, Art. 6 DS-GVO, Rn. 48 spricht von der Möglichkeit einer „innovationsoffene[n] Interpretation"; ähnlich auch *Heberlein*, in: Ehmann/Selmayr, DS-GVO, 2. Aufl. 2018, Art. 6, Rn. 32.

[1282] Vgl. dazu auch die Methodik bei Artikel-29-Datenschutzgruppe (Hrsg.), WP 217, 2014, S. 43 und *Wolff*, in: Schantz/Wolff, Das neue Datenschutzrecht, 2017, Rn. 649.

die Einführung zusätzlicher Schutzmaßnahmen zumindest eine Ausgewogenheit herstellen kann. Ist letzteres nicht möglich, muss die Datenverarbeitung unterbleiben oder kann zumindest nicht auf Art. 6 Abs. 1 S. 1 f) DS-GVO gestützt werden.

6.3.1.4.3.1 Waagschale des Verantwortlichen

6.3.1.4.3.1.1 Bedeutung des berechtigten Interesses

Im Rahmen der Prüfung, ob das Versicherungsunternehmen ein berechtigtes Interesse verfolgt, spielt die jeweilige Bedeutung des Interesses noch keine Rolle. Dies ist nun anders.[1283] Soll das berechtigte Interesse des Versicherungsunternehmens mit den Interessen, Grundrechten und Grundfreiheiten der am Unfall beteiligten betroffenen Personen abgewogen werden, muss es taxiert werden. In Ermangelung einer expliziten Anleitung zur Bestimmung des spezifischen Gewichts eines Interesses, kann dabei auf allgemeine Grundsätze zurückgegriffen werden.[1284]

Danach ist ein berechtigtes Interesse umso gewichtiger, wenn es nicht nur für das Versicherungsunternehmen von Belang ist, sondern auch durch Außenstehende anerkannt wird. Die höchste Form der Anerkennung ist die Anerkennung des berechtigten Interesses durch das Verfassungsrecht. Weniger gewichtig, aber trotzdem positiv zu berücksichtigen ist die Anerkennung durch andere Rechtsvorschriften. Ferner kann auch die Anerkennung des berechtigten Interesses durch die Allgemeinheit diesem ein größeres Gewicht verleihen.

6.3.1.4.3.1.1.1 Anerkennung durch Grundrechte

Grundsätzlich weist ein berechtigtes Interesse ein höheres Gewicht auf, wenn es verfassungsrechtlich anerkannt wird. Dies ist beispielsweise der Fall, wenn es dem sachlichen Schutzbereich eines Grundrechts unterfällt.[1285] Grundrechte sind nicht nur subjektive Rechte der Grundrechtsträger, sondern stellen auch objektive Wertentscheidungen dar.[1286] Sie verkörpern die höchsten Grundwerte einer Gesellschaft und sind mit diesem Gewicht im Rahmen der Abwägung zu berücksichtigen. Prinzipiell gilt das auch für das Grundrecht auf allgemeine Handlungsfreiheit nach Art. 2 Abs. 1 GG, sofern dieses im konkreten Fall neben den Grundrechten aus der Grundrechtecharta anwendbar sein sollte. Aufgrund seines sehr weiten sachlichen Anwendungsbereichs ist es jedoch nur mit einem äußerst geringen Gewicht zu bemessen. Darüber hinaus gilt, dass je mehr Grundrechte durch die Datenverarbeitung betroffen werden, desto gewichtiger das berechtigte Interesse des Versicherungsunternehmens zu bewerten ist. Zugunsten des Versicherungsunternehmens kann das entsprechende Grundrecht jedoch nur berücksichtigt werden, wenn für dieses auch der persönliche Schutzbereich eröffnet ist. Die Datenverarbeitung zur Wahrung des berechtigten Interesses muss also aus seiner Perspektive die Wahrnehmung dieses Grundrechts bedeuten.

Die Maßnahmen des Versicherungsunternehmens zur Betrugserkennung werden prinzipiell durch die Grundrechte aus Art. 16 und 17 GRCh anerkannt.

Das Versicherungsunternehmen kann sich bei der Datenverarbeitung zur Erkennung und Verhinderung von Betrug auf seine durch Art. 16 GRCh verbürgte unternehmerische Freiheit stützen. Gemäß Art. 16 GRCh wird die unternehmerische Freiheit nach dem Unionsrecht und

---

[1283] Vgl. auch *Buchner/Petri*, in: Kühling/Buchner, DS-GVO/BDSG, 3. Aufl. 2020, Art. 6, Rn. 152.

[1284] Zu den allgemeinen Grundsätzen vgl. Artikel-29-Datenschutzgruppe (Hrsg.), WP 217, 2014, S. 43 ff.; vgl. auch *Wolff*, in: Schantz/Wolff, Das neue Datenschutzrecht, 2017, Rn. 652; speziell mit Blick auf Big Data *Polonetsky/Tene*, Stan. L. Rev. 2013, 25, S. 28 ff.

[1285] Vgl. auch EwG 4 S. 3 DS-GVO; Artikel-29-Datenschutzgruppe (Hrsg.), WP 217, 2014, S. 43 ff.; *Buchner/Petri*, in: Kühling/Buchner, DS-GVO/BDSG, 3. Aufl. 2020, Art. 6, Rn. 147; *Schulz*, in: Gola, DS-GVO, 2. Aufl. 2018, Art. 6, Rn. 59; *Reimer*, in: Sydow, DS-GVO, 2. Aufl. 2018, Art. 6, Rn. 62.

[1286] Statt vieler *Badura*, Staatsrecht, 7. Aufl. 2018, Kap. C, Rn. 2.

den einzelstaatlichen Rechtsvorschriften und Gepflogenheiten anerkannt. Das ist weit zu verstehen und erfasst jede Ausübung einer Wirtschafts- oder Geschäftstätigkeit.[1287] Dazu gehören alle Aspekte der Aufnahme, Durchführung oder Beendigung der unternehmerischen Tätigkeit.[1288] Dies umfasst auch die Dispositionsfreiheit, also das Recht „in den Grenzen seiner Verantwortlichkeit für seine eigenen Handlungen frei über seine wirtschaftlichen, technischen und finanziellen Ressourcen verfügen zu können".[1289] Schon die Frage, ob das Versicherungsunternehmen Maßnahmen zur Betrugserkennung einführt oder ob es die entstehenden Mehrkosten komplett auf die Versichertengemeinschaft abwälzt, ist eine organisatorische Entscheidung, die vom sachlichen Schutzbereich des Art. 16 GRCh gedeckt ist.[1290] Das Gleiche gilt für die Frage nach dem „wie" der Betrugserkennung, also die Entscheidung für oder gegen bestimmte Maßnahmen wie eine soziale Netzwerkanalyse sowie ihre Durchführung.

Darüber hinaus kann sich das Versicherungsunternehmen auch auf sein Eigentumsrecht aus Art. 17 GRCh stützen. Nach Art. 17 Abs. 1 S. 1 GRCh hat jede Person das Recht, ihr rechtmäßig erworbenes Eigentum zu besitzen, zu nutzen, darüber zu verfügen und es zu vererben. Das Eigentum umfasst nicht nur Sachwerte, sondern auch geldwerte Vermögenspositionen wie Forderungen.[1291] Maßnahmen zur Betrugserkennung dienen dem Schutz des erworbenen Eigentums vor unberechtigten Zugriffen bzw. Ansprüchen und der Verfügung über das Eigentum bei berechtigten Ansprüchen.[1292]

6.3.1.4.3.1.1.2 Anerkennung durch andere Rechtsinstrumente

Dem berechtigten Interesse des Versicherungsunternehmens ist ebenfalls mehr Gewicht beizumessen, wenn es in anderen Rechtsinstrumenten anerkannt wird.[1293] Es kann sich dabei um Rechtsvorschriften aus dem Unionsrecht oder aus dem Recht des jeweiligen Mitgliedstaats handeln.[1294] Auch solchen Rechtsvorschriften, die normenhierarchisch unter den Grundrechten stehen, können bestimmte Wertentscheidungen entnommen werden. In Betracht kommen aber auch andere Rechtsinstrumente von öffentlichen Stellen, sofern sie die Anerkennung des berechtigten Interesses des Verantwortlichen hinreichend zum Ausdruck bringen.

Beginnend in der Datenschutz-Grundverordnung wird das berechtigte Interesse des Versicherungsunternehmens ausdrücklich in EwG 47 S. 6 DS-GVO anerkannt. Dort wird deutlich herausgestellt, dass die Verarbeitung personenbezogener Daten im für die Verhinderung von Betrug unbedingt erforderlichen Umfang ein berechtigtes Interesse des jeweiligen Verantwortlichen darstellt. Aus der expliziten Aufzählung lässt sich zudem ableiten,

---

[1287] *Bernsdorff*, in: Meyer/Hölscheidt, EUGRCh, 5. Aufl. 2019, Art. 16, Rn. 11.

[1288] *Jarass*, in: Jarass, GRCh, 4. Aufl. 2021, Art. 16, Rn. 10; Überblick zu den einzelnen Facetten bei *Frenz*, Handbuch Europarecht - Band 4, 2009, Rn. 2691 ff.

[1289] EuGH, Urteil 27.03.2014, UPC – C-314/12, Rn. 49; *Blanke*, in: Stern/Sachs, GRCh, 2016, Art. 16, Rn. 7.

[1290] Vgl. *Frenz*, Handbuch Europarecht - Band 4, 2009, Rn. 2696; vgl. zu Art. 12 GG *Kruchen*, Telekommunikationskontrolle zur Prävention und Aufdeckung von Straftaten im Arbeitsverhältnis, 2013, S. 11.

[1291] *Vosgerau*, in: Stern/Sachs, GRCh, 2016, Art. 17, Rn. 43, 45; *Frenz*, Handbuch Europarecht - Band 4, 2009, Rn. 2826 ff.

[1292] Im Ergebnis so auch zu Art. 14 GG *Kruchen*, Telekommunikationskontrolle zur Prävention und Aufdeckung von Straftaten im Arbeitsverhältnis, 2013, S. 11; vgl. auch *Reimer*, in: Sydow, DS-GVO, 2. Aufl. 2018, Art. 6, Rn. 55, der die "Verteidigung des eigenen Vermögens, namentlich gegen Betrug" nennt; *Salvenmoser/Hauschka*, NJW 2010, 331 sprechen von Maßnahmen „zum Schutz des Vermögens des Unternehmens".

[1293] Artikel-29-Datenschutzgruppe (Hrsg.), WP 217, 2014, S. 46; in diese Richtung wohl auch die Formulierung „mögliche Aufgaben oder Pflichten" bei *Schulz*, in: Gola, DS-GVO, 2. Aufl. 2018, Art. 6, Rn. 59.

[1294] Artikel-29-Datenschutzgruppe (Hrsg.), WP 217, 2014, S. 46.

dass die Datenschutz-Grundverordnung den genannten Interessen ein besonderes Gewicht im Abwägungsprozess beimessen möchte. Die Formulierung „im [...] unbedingt erforderlichen Umfang" macht jedoch deutlich, dass die Verhinderung von Betrug nicht um jeden Preis erfolgen darf.

Weiter können diejenigen Rechtsvorschriften herangezogen werden, die bei der vorherigen Prüfung von Art. 6 Abs. 1 S. 1 c) DS-GVO ausscheiden mussten. So wird in § 26 VAG anerkannt, dass ein Versicherungsunternehmen bestimmten Risiken unterliegt und verpflichtet dieses, ein entsprechendes Risikomanagement zu implementieren. Zwar enthält die Vorschrift keine hinreichend bestimmte Verpflichtung zu einer konkreten Datenverarbeitung im Sinne von Art. 6 Abs. 1 S. 1 c) DS-GVO, jedoch wird die Einführung von Maßnahmen zur Betrugserkennung durch § 26 VAG mindestens bestärkt.[1295] Ferner ergibt sich aus der Zusammenschau von §§ 31, 100 und 103 VVG, dass das Versicherungsunternehmen berechtigt bzw. verpflichtet ist, Untersuchungen zu den Umständen des Schadenereignisses vorzunehmen, um zu prüfen, ob die Schadensersatzansprüche wegen vorsätzlichem Verhalten des Versicherungsnehmers oder einer rechtfertigenden Einwilligung des Geschädigten unbegründet sind.

Auch die Empfehlung Rec (2002) 9 des Ministerkomitees an die Mitgliedstaaten über den Schutz von zu Versicherungszwecken erhobenen und verarbeiteten personenbezogenen Daten stellt explizit heraus, dass Versicherungsunternehmen personenbezogene Daten auch zur Verhinderung, Aufdeckung oder Verfolgung von Versicherungsbetrug erheben dürfen.[1296]

6.3.1.4.3.1.1.3 Anerkennung durch Allgemeinheit

Ein berechtigtes Interesse ist ebenfalls gewichtiger zu bewerten, wenn es nicht nur im Interesse des Versicherungsunternehmens oder eines Dritten, sondern auch im Interesse der Allgemeinheit liegt.[1297] Je größer der Kreis der Allgemeinheit ist, der ebenfalls ein Interesse an der Datenverarbeitung hat und je deutlicher dieses Interesse hervortritt, umso mehr Gewicht kommt dem berechtigten Interesse des Versicherungsunternehmens bei der Abwägung zu.[1298] Der Umstand, dass sich die Interessen des Versicherungsunternehmens und der Allgemeinheit womöglich aus unterschiedlichen Beweggründen überschneiden, ist dabei unbeachtlich.

Die Verhinderung von Versicherungsbetrug liegt nicht nur im Interesse des Versicherungsunternehmens, sondern auch im Interesse der Allgemeinheit. Das gilt in jedem Fall für diejenigen, die eine Versichertengemeinschaft bei dem jeweiligen Versicherungsunternehmen bilden.[1299] Wälzt das Versicherungsunternehmen die durch Versicherungsbetrug entstehenden Mehrkosten in Form einer Erhöhung der Versicherungsprämien auf die Versichertengemeinschaft ab, erleidet jeder einzelne Versicherungsnehmer einen individuellen Schaden.[1300] Aus Gründen der Prämienstabilität hat

---

[1295] Vgl. auch BayLDA (Hrsg.), 5. Tätigkeitsbericht 2011/2012, 2013, S. 38; ohne Bezug auf § 26 VAG auch *Brink/Schmidt*, MMR 2010, 592, 593.

[1296] Europarat (Hrsg.), Empfehlung Rec (2002) 9 des Ministerkomitees an die Mitgliedstaaten über den Schutz von zu Versicherungszwecken erhobenen und verarbeiteten personenbezogenen Daten, 2002, Anhang 4.4.

[1297] Artikel-29-Datenschutzgruppe (Hrsg.), WP 217, 2014, S. 45; zustimmend *Reimer*, in: Sydow, DS-GVO, 2. Aufl. 2018, Art. 6, Rn. 62.

[1298] Artikel-29-Datenschutzgruppe (Hrsg.), WP 217, 2014, S. 45.

[1299] BayLDA (Hrsg.), 5. Tätigkeitsbericht 2011/2012, 2013, S. 38.

[1300] Zu den Geschädigten ab S. 29.

der Versicherungsnehmer ein ureigenes Interesse daran, dass das Versicherungsunternehmen betrügerische Leistungsbegehren abwehrt.[1301]

Über die jeweilige Versichertengemeinschaft hinaus hat die Allgemeinheit ein Grundinteresse an der Aufrechterhaltung der öffentlichen Sicherheit und Ordnung. Unter „öffentliche Sicherheit" versteht man die Unverletzlichkeit der Rechtsordnung, der subjektiven Rechte und Rechtsgüter des Einzelnen sowie des Bestandes, der Einrichtungen und Veranstaltungen des Staates oder sonstiger Träger der Hoheitsgewalt.[1302] Eine Verletzung der öffentlichen Sicherheit liegt insbesondere beim Verstoß gegen Straftatbestände vor, wozu auch die Vorschriften des (Versicherungs-)Betrugs nach § 263 StGB und des Versicherungsmissbrauchs nach § 265 StGB gehören.[1303] Die Allgemeinheit hat somit zumindest ein prinzipielles Interesse daran, dass Versicherungsbetrug erkannt und verhindert wird.[1304]

6.3.1.4.3.1.2 Bedeutung der Datenverarbeitung

Nachdem das Gewicht des berechtigten Interesses des Versicherungsunternehmens taxiert wurde, ist zu prüfen, wie bedeutsam die Datenverarbeitung für die Wahrung dieses Interesses ist. Vorliegend ist also zu ermitteln, wie wichtig die Durchführung einer sozialen Netzwerkanalyse für die Erkennung und Verhinderung von Versicherungsbetrug durch das Versicherungsunternehmen ist.

Prinzipiell erhöht jede zusätzliche Betrugserkennungsmaßnahme die Wahrscheinlichkeit für das Versicherungsunternehmen, betrügerische Leistungsbegehren aufzudecken. Eine soziale Netzwerkanalyse ist dabei ein wichtiger Baustein des Betrugserkennungssystems, denn sie ermöglicht die Aufdeckung von gestellten und provozierten Unfällen durch komplexe Betrugsnetzwerke. Bei diesen Erscheinungsformen von manipulierten Unfällen ist die Aufdeckung besonders anspruchsvoll, denn sie lassen sich typischerweise nicht durch die üblichen Kompatibilitäts- und Plausibilitätsprüfungen erkennen.[1305] Der individuelle Beitrag der sozialen Netzwerkanalyse zur Erhöhung der Aufdeckungswahrscheinlichkeit lässt sich aufgrund des Dunkelfeldes nicht konkret beziffern. Viele gestellte und provozierte Unfälle bleiben gerade unerkannt. Es kann jedoch festgestellt werden, dass ohne ihren Einsatz das Versicherungsunternehmen für bestimmte real vorkommende Betrugsmuster blind bleibt und darauf hoffen muss, dass professionelle Täter diesen „blinden Fleck" nicht gezielt ausnutzen.[1306]

Sofern die Bedeutung einer sozialen Netzwerkanalyse für die Erkennung und Verhinderung von Versicherungsbetrug durch das Versicherungsunternehmen nur geschätzt werden kann, muss das Versicherungsunternehmen den Erfolg dieser Maßnahme dokumentieren und regelmäßig evaluieren. Eine solche Evaluierung könnte beispielsweise alle drei Jahre erfolgen.

[1301] Vgl. *Armbrüster*, in: Prölss/Martin, VVG, 31. Aufl. 2020, Einleitung, Rn. 235; zum Interesse an der Prämienstabilität *Greger*, in: Greger/Zwickel, Haftungsrecht des Straßenverkehrs, 5. Aufl. 2014, § 1, Rn. 4; The Geneva Association (Hrsg.), Big Data and Insurance, 2018, S. 45; kritisch *Schleifenbaum*, Datenschutz oder Tatenschutz in der Versicherungswirtschaft, 2009, S. 85 f.

[1302] Vgl. beispielsweise § 3 Nr. 1 SOG LSA.

[1303] Vgl. BVerfGE 69, 315, 352.

[1304] So auch zu Wirtschaftskriminalität im Allgemeinen vgl. *Bundesministerium für Bildung und Forschung* (BMBF), Bekanntmachung: "Zivile Sicherheit – Schutz vor Wirtschaftskriminalität" vom 12.12.2012 (verfügbar unter: https://www.bmbf.de/foerderungen/bekanntmachung-794.html).

[1305] Vgl. *Knoll*, Management von Betrugsrisiken in Versicherungsunternehmen, 2011, S. 162.

[1306] Zur Gefahr gezielter Aktivitäten von professionellen Tätern *Fähnrich*, in: Meschkat/Nauert, Betrug in der Kraftfahrzeugversicherung, 2008, Rn. 116.

Für den Fall, dass die soziale Netzwerkanalyse einen geringeren Beitrag zur Betrugserkennung leistet als ursprünglich angenommen, muss ihre Bedeutung neu bewertet werden.

6.3.1.4.3.2 Waagschale der betroffenen Person

6.3.1.4.3.2.1 Bedeutung des Interesses

Den berechtigten Interessen des Versicherungsunternehmens sind die Interessen, Grundrechte und Grundfreiheiten der am Unfall beteiligten betroffenen Personen entgegenzustellen.

Der Wortlaut von Art. 6 Abs. 1 S. 1 f) DS-GVO spricht in Bezug auf die betroffene Person nur von „Interessen". Zu ihren Gunsten sind also – jedenfalls nach dem Wortlaut – auch unberechtigte Interessen zu berücksichtigen.[1307] In diesem Fall ist ihnen jedoch entweder kein oder nur ein geringes Gewicht beizumessen. Im Ergebnis spielen sie also weithin keine Rolle. Ob man das Interesse, als Täter eines Versicherungsbetrugs nicht identifiziert zu werden, schon gar nicht in die Abwägung einstellt oder sehr gering gewichtet, ergibt für die Abwägung typischerweise keinen signifikanten Unterschied.

Das Interesse der betroffenen Person besteht im Ausschluss der Nutzung ihrer personenbezogenen Daten für die soziale Netzwerkanalyse.[1308] Die im Rahmen der Abwägung zu berücksichtigenden Grundrechte ergeben sich insbesondere aus Art. 8 und 7 GRCh.[1309] Unklar ist, ob die Formulierung „die den Schutz personenbezogener Daten erfordern" in Art. 6 Abs. 1 S. 1 f) DS-GVO die Berücksichtigung weiterer Grundrechte ausschließt.[1310] Richtigerweise ist dies jedoch zu verneinen. Die Regelung des Art. 6 Abs. 1 S. 1 f) DS-GVO stellt eine Verknüpfung zu Art. 1 Abs. 2 DS-GVO her. Danach schützt die Datenschutz-Grundverordnung die Grundrechte und Grundfreiheiten natürlicher Personen und insbesondere deren Recht auf Schutz personenbezogener Daten. Bekräftigt wird dies durch EwG 4 S. 3 DS-GVO, der betont, dass die Datenschutz-Grundverordnung im Einklang mit allen Grundrechten steht und alle Freiheiten und Grundsätze achtet, die mit der Charta anerkannt wurden. Eine Beschränkung der Grundrechte, die im Rahmen der Interessenabwägung zugunsten der betroffenen Person berücksichtigt werden dürfen, widerspräche diesen zentralen Prämissen der Datenschutz-Grundverordnung. Aus dem Vorstehenden folgt daher, dass über Art. 8 und 7 GRCh hinaus auch alle anderen Grundrechte und Grundfreiheiten zu prüfen sind. Je mehr Grundrechte durch die Datenverarbeitung betroffen werden, desto gewichtiger ist das Interesse der betroffenen Person zu bewerten. Die entgegenstehenden Interessen der betroffenen Personen, nicht von der sozialen Netzwerkanalyse erfasst zu werden, werden prinzipiell durch die Grundrechte aus Art. 8 und 7 GRCh anerkannt. Andere betroffene Grundrechte sind nicht ersichtlich.

6.3.1.4.3.2.2 Bedeutung der Datenverarbeitung – Das „3x5-Modell"[1311]

Die Bedeutung der Datenverarbeitung für die Interessen, Grundrechte und Grundfreiheiten der betroffenen Person bemisst sich nach ihrer Belastung. Je belastender die Datenverarbeitung ist, desto bedeutsamer ist sie auch für die betroffene Person.

[1307] *Schulz*, in: Gola, DS-GVO, 2. Aufl. 2018, Art. 6, Rn 58.

[1308] Vgl. BlnBDI (Hrsg.), Arbeitspapier Datenschutzrechtliche Anforderungen für Research-Systeme zur Aufdeckung von Geldwäsche, 2007, S. 2.

[1309] Vgl. EuGH, Urteil 24.11.2011, ASNEF – C-468/10, Rn. 40; *Heberlein*, in: Ehmann/Selmayr, DS-GVO, 2. Aufl. 2018, Art. 6, Rn. 28.

[1310] Unklar bei *Wolff*, in: Schantz/Wolff, Das neue Datenschutzrecht, 2017, Rn. 648; EuGH, Urteil 24.11.2011, ASNEF – C-468/10, Rn. 37 und 40.

[1311] Die Ausführungen in diesem Kapitel sind eine überarbeitete Fassung von *Herfurth*, ZD 2018, 514.

Ein ausdrücklicher Katalog zur Bestimmung der Belastung der Datenverarbeitung findet sich weder in Art. 6 Abs. 1 S. 1 f) DS-GVO noch an anderer Stelle in der Datenschutz-Grundverordnung. Das bedeutet jedoch nicht, dass ihre Beurteilung im Belieben des jeweiligen Rechtsanwenders steht. Sie ist vielmehr an den Grundentscheidungen und -wertungen der Datenschutz-Grundverordnung auszurichten und soll das „zur Geltung [...] bringen, was bei der Rechtssetzung nicht deutlich genug ausgedrückt werden konnte".[1312]

Die Verordnung enthält eine Fülle expliziter und impliziter Wertungsgesichtspunkte, die für die Beurteilung herangezogen werden können.[1313] Die Schwierigkeit besteht darin, aus ihnen funktionsfähige Kriterien zu bilden, die den Vorgang handhabbar machen. Funktionsfähigkeit setzt voraus, dass einerseits möglichst alle Umstände des Einzelfalls erfasst werden, andererseits aber der Vorgang nicht ins Uferlose getrieben wird.

Unter Berücksichtigung dieser Prämissen soll versucht werden, die Bedeutung der Datenverarbeitung in einem „3x5-Modell" abzubilden. Dieses setzt sich aus den drei Dimensionen „Daten", „Akteure" und „Datenverarbeitung" sowie aus jeweils fünf Kriterien zusammen. Für jedes Kriterium wird zudem festgestellt, ob aus diesem eine geringe, mittlere oder schwere Belastung für die betroffene Person resultiert. Zu beachten ist, dass bei manchen Kriterien eine geringe oder eine schwere Belastung von vornherein ausscheiden, sodass nur die Entscheidung „gering/mittel" oder „mittel/schwer" verbleibt.

6.3.1.4.3.2.2.1 Erste Dimension: Daten

Die erste Dimension „Daten" beinhaltet die Kriterien Personenbezug der Daten, Art der Daten, Menge der Daten, Quelle der Daten sowie Qualität der Daten.

6.3.1.4.3.2.2.1.1 Personenbezug der Daten

Zunächst ist der Personenbezug der Daten, die von dem Versicherungsunternehmen verarbeitet werden, zu berücksichtigen[1314] Dies kann aus EwG 28 S. 1 DS-GVO abgeleitet werden.

Der Personenbezug eines Datums ist der zentrale Anknüpfungspunkt des Datenschutzrechts. Liegt ein personenbezogenes Datum vor, ist die Datenschutz-Grundverordnung sachlich anwendbar. Ist dies nicht der Fall, finden die Vorschriften keine Anwendung. Zwischenstufen existieren nicht, es handelt sich vielmehr um ein Binärsystem.[1315] So sinnvoll dieses Binärsystem für den sachlichen Anwendungsbereich ist, so unzureichend spiegelt es die Belastung für die betroffene Person im Übrigen wider.

Unbestritten hat es für die betroffene Person die größte Bedeutung, ob ein Rückschluss auf ihre Identität möglich oder faktisch ausgeschlossen ist. Die Differenzierung zwischen anonymen und personenbezogenen Daten kann jedoch nicht den Endpunkt der Betrachtung bedeuten. Aus Sicht der betroffenen Person beinhaltet auch die Verarbeitung personenbezogener Daten Abstufungen in ihrer Belastung. Letztere können daran gemessen werden, wie wahrscheinlich die Ermittlung der Identität der betroffenen Person ist.[1316] Je höher die Wahrscheinlichkeit, desto höher ist auch die Belastung für die betroffene Person.

[1312] Vgl. *Bull*, ZRP 1975, 7, 8.

[1313] Vgl. auch *Wolff*, in: Schantz/Wolff, Das neue Datenschutzrecht, 2017, Rn. 659.

[1314] Vgl. *Herbst*, NVwZ 2016, 902, 905 f.; für Einbezug von pseudonymen Daten in Interessenabwägung auch *Härting*, NJW 2013, 2065, 2067; *Roßnagel*, ZD 2018, 243, 246; so wohl auch *Robrahn/Bremert*, ZD 2018, 291, 295.

[1315] Zu personenbezogenen Daten ab S. 91.

[1316] Vgl. dazu Artikel-29-Datenschutzgruppe (Hrsg.), WP 217, 2014, S. 54; vgl. *Saeltzer*, DuD 2004, 218, 225.

Werden pseudonyme Daten verarbeitet, ist dies für die betroffene Person weniger belastend als die Verarbeitung sonstiger personenbezogener Daten.[1317] Durch die Pseudonymisierung wird ihre Identität gezielt verschleiert, während im Übrigen ein Rückschluss „ohne weiteres" möglich ist.[1318] Innerhalb der Pseudonymisierung kann zudem zwischen den verschiedenen Pseudonymarten und ihrer jeweiligen Robustheit differenziert werden.[1319]

Werden sonstige personenbezogene Daten verarbeitet, spielt es für die betroffene Person zudem eine Rolle, ob ihre Identität bereits festgestellt oder ob die Feststellung bloß möglich ist. Und auch wenn die betroffene Person nur identifizierbar ist, ist es von Bedeutung, ob sich ihre Identität direkt aus dem maßgeblichem Datum oder erst indirekt aus der Verknüpfung mit anderen Daten ergibt.[1320] Schließlich ist bei einer indirekten Identifizierbarkeit zu fragen, ob der Verantwortliche wenige oder viele Daten verknüpfen muss, um die betroffene Person identifizieren zu können.[1321] In all diesen Facetten personenbezogener Daten lassen sich unterschiedliche Grade der Belastung für die betroffene Person ausmachen, weil die Ermittlung ihrer Identität etwas mehr oder etwas weniger wahrscheinlich ist.

Im Rahmen der sozialen Netzwerkanalyse werden pseudonyme Daten verarbeitet.[1322] Für das Kriterium „Personenbezug der Daten" ist daher eine niedrige Belastung anzunehmen.

6.3.1.4.3.2.2.1.2 Art der Daten

Zu berücksichtigen ist die Art der personenbezogenen Daten, die von dem Versicherungsunternehmen verarbeitet werden.[1323] Dieser Gesichtspunkt ergibt sich aus EwG 75 DS-GVO und den Art. 6 Abs. 4 c), Art. 9, Art. 10, Art. 22 Abs. 4, Art. 27 Abs. 2 a), Art. 30 Abs. 5, Art. 35 Abs. 3 b) und Art. 37 Abs. 1 c) DS-GVO.

Hinsichtlich der Art der personenbezogenen Daten ist zwischen besonders schutzwürdigen und regulären personenbezogenen Daten zu unterscheiden.[1324] Die Datenschutz-Grundverordnung hat sich prinzipiell für einen abstrakten Regelungsansatz entschieden, in dem sie in Art. 9 DS-GVO besondere Kategorien personenbezogener Daten und in Art. 10 DS-GVO personenbezogene Daten über strafrechtliche Verurteilungen und Straftaten unter einen besonderen Schutz gestellt hat. Welche personenbezogenen Daten als besonders schutzwürdig anzusehen sind, wird somit abstrakt und abschließend in Art. 9 Abs. 1 und Art. 10 S. 1 DS-GVO definiert.

Sensible Daten gemäß Art. 9 Abs. 1 DS-GVO können nur aufgrund der speziellen Rechtsgrundlagen in Art. 9 Abs. 2 DS-GVO verarbeitet werden. Die Sensibilität der Daten darf jedoch im Rahmen der Interessenabwägung von Art. 6 Abs. 1 S. 1 f) DS-GVO geprüft werden, da Art. 6 und 9 DS-GVO in bestimmten Konstellationen kumulativ zur Anwendung kommen

---

[1317] Vgl. EwG 28 S. 1 DS-GVO; *Buchner/Petri*, in: Kühling/Buchner, DS-GVO/BDSG, 3. Aufl. 2020, Art. 6, Rn. 154.

[1318] Zu pseudonymen Daten ab S. 104.

[1319] Vgl. *Roßnagel/Scholz*, MMR 2000, 721, 725, 727.

[1320] Artikel-29-Datenschutzgruppe (Hrsg.), WP 217, 2014, S. 54.

[1321] Ähnliche Erwägungen liegen auch der Stärke einer k-Anonymität zugrunde, vgl. Artikel-29-Datenschutzgruppe (Hrsg.), WP 216, 2014, S. 20.

[1322] Zur Verarbeitung pseudonymer Daten ab S. 272.

[1323] Vgl. Artikel-29-Datenschutzgruppe (Hrsg.), WP 217, 2014, S. 49; *Wolff*, in: Schantz/Wolff, Das neue Datenschutzrecht, 2017, Rn. 654; *Schulz*, in: Gola, DS-GVO, 2. Aufl. 2018, Art. 6, Rn. 59; *Reimer*, in: Sydow, DS-GVO, 2. Aufl. 2018, Art. 6, Rn. 61; *Thoma*, ZD 2013, 578, 579; *Veil*, ZD 2015, 347, 352; *Robrahn/Bremert*, ZD 2018, 291, 294.

[1324] *Raschauer*, in: Sydow, DS-GVO, 2. Aufl. 2018, Art. 24, Rn. 18; *Piltz*, in: Gola, DS-GVO, 2. Aufl. 2018, Art. 24, Rn. 33; *Jandt*, in: Kühling/Buchner, DS-GVO/BDSG, 3. Aufl. 2020, Art. 32, Rn. 12; so auch schon KOM (90) 314 endg., S. 39.

können.[1325] So rechtfertigen manche der speziellen Rechtsgrundlagen des Art. 9 Abs. 2 DS-GVO die Verarbeitung sensibler Daten selbstständig, andere wiederum bedürfen einer zusätzlichen Rechtsgrundlage in Art. 6 Abs. 1 S. 1 DS-GVO.[1326] Soll im letzteren Fall die Verarbeitung sensibler Daten zusätzlich auf Art. 6 Abs. 1 S. 1 f) DS-GVO gestützt werden, spielt die Art der Daten bei der Interessenabwägung eine Rolle. Darüber hinaus umfassen besonders schutzwürdige Daten auch personenbezogene Daten über strafrechtliche Verurteilungen und Straftaten oder damit zusammenhängende Sicherungsmaßregeln gemäß Art. 10 S. 1 DS-GVO.

Wenn besonders schutzwürdige Daten verarbeitet werden, stellt dies für die betroffene Person eine besonders belastende Datenverarbeitung dar.[1327] Nach EwG 51 S. 1 DS-GVO ergibt sich die besondere Sensibilität dieser Daten und damit auch die verbundene Belastung für die betroffene Person daraus, dass im Zusammenhang mit ihrer Verarbeitung erhebliche Risiken für die Grundrechte und Grundfreiheiten der betroffenen Person auftreten können. Ist im Verhältnis zur Gesamtmenge der verarbeiteten Daten nur ein Bruchteil der personenbezogenen Daten besonders schutzwürdig im Sinne von Art. 9 Abs. 1 oder Art. 10 S. 1 DS-GVO kann dies entsprechend berücksichtigt werden.

Im Rahmen der sozialen Netzwerkanalyse werden keine besonders schutzbedürftigen Daten gemäß Art. 9 Abs. 1 oder Art. 10 S. 1 DS-GVO verarbeitet. In die soziale Netzwerkanalyse werden weder Gesundheitsdaten eingespeist noch sind sie für diese Art der Betrugserkennung von Interesse.[1328] Auch wenn in der sozialen Netzwerkanalyse Informationen vorkommen sollten, aus denen sich Rückschlüsse auf die Gesundheit eines Unfallbeteiligten ergeben könnten, sprechen sowohl der Verwendungszusammenhang als auch die Verwendungsabsicht gegen ein Vorliegen von Gesundheitsdaten. Darüber hinaus führt auch die Analyse betrugsverdächtiger Verbindungen zwischen den Unfallbeteiligten nicht dazu, dass das Versicherungsunternehmen personenbezogene Daten über strafrechtliche Verurteilungen und Straftaten oder damit zusammenhängende Sicherungsmaßregeln im Sinne von Art. 10 S. 1 DS-GVO verarbeitet.[1329]

Für das Kriterium „Art der Daten" scheidet eine geringe Belastung von vornherein aus. Im vorliegenden Fall ist daher eine normale Belastung anzunehmen.

6.3.1.4.3.2.2.1.3 Menge der Daten

Zu berücksichtigen ist die Menge der personenbezogenen Daten, die von dem Versicherungsunternehmen verarbeitet wird.[1330] Das folgt aus EwG 75 DS-GVO sowie aus den Formulierungen „Umfang" oder „umfangreich" in Art. 24 Abs. 1, Art. 25 Abs. 1 und 2, Art. 27 Abs. 2 a), Art. 32 Abs. 1, Art. 35 Abs. 1 und 3 b) und c), Art. 37 Abs. 1 b) und c), Art. 39 Abs. 1 und Art. 83 Abs. 2 a) DS-GVO.

Eine umfangreiche Verarbeitung liegt nach EwG 91 S. 1 DS-GVO insbesondere vor, wenn große Mengen personenbezogener Daten verarbeitet werden. Bestimmte Schwellwerte, die

---

[1325] Ausführlich hierzu *Matejek/Mäusezahl*, ZD 2019, 551, 553 ff.

[1326] DSK (Hrsg.), Kurzpapier Nr. 17 - Besondere Kategorien personenbezogener Daten, 2018, S. 2; vgl. Artikel-29-Datenschutzgruppe (Hrsg.), WP 217, 2014, S. 18 ff.

[1327] *Weichert*, in: Kühling/Buchner, DS-GVO/BDSG, 3. Aufl. 2020, Art. 9, Rn. 4.

[1328] Zu besonderen Kategorien personenbezogener Daten ab S. 98.

[1329] Zu personenbezogener Daten über strafrechtliche Verurteilungen und Straftaten ab S. 100.

[1330] Vgl. Artikel-29-Datenschutzgruppe (Hrsg.), WP 217, 2014, S. 50; *Schantz*, in: Schantz/Wolff, Das neue Datenschutzrecht, 2017, Rn. 734; vgl. auch schon BVerfGE 65, 1, 46; *Thoma*, ZD 2013, 578, 579.

definieren, ab welcher Größe kleine, mittlere oder große Datenmengen vorliegen, sind jedoch nicht ersichtlich.[1331]

Ebenfalls unklar ist, ob die Größe der Datenmenge relativ oder absolut zu bestimmen ist. Eine relative Betrachtung stellt auf die Anzahl der Datensätze pro betroffene Person ab, während eine absolute Betrachtung die Anzahl der Datensätze, die insgesamt bei dem Verantwortlichen verarbeitet werden, ins Auge fasst.[1332] Sinnvollerweise ist beides gemeint, denn beide Alternativen führen zu erhöhten Risiken für die betroffene Person.[1333]

Sobald das Versicherungsunternehmen über mindestens zwei Datensätze zu einer betroffenen Person verfügt, kann es diese miteinander verknüpfen bzw. „verketten".[1334] Ab einer gewissen Datenmenge und -breite kann aus den verknüpften Datensätzen ein Profil der betroffenen Person erstellt werden.[1335] Die Erstellung eines Profils ist nicht identisch mit dem in Art. 4 Nr. 4 DS-GVO definierten Profiling.[1336] Profiling in diesem Sinne meint jede Art der automatisierten Verarbeitung personenbezogener Daten, die darin besteht, dass diese personenbezogenen Daten verwendet werden, um bestimmte persönliche Aspekte, die sich auf eine natürliche Person beziehen, zu bewerten, insbesondere um Aspekte bezüglich Arbeitsleistung, wirtschaftliche Lage, Gesundheit, persönliche Vorlieben, Interessen, Zuverlässigkeit, Verhalten, Aufenthaltsort oder Ortswechsel dieser natürlichen Person zu analysieren oder vorherzusagen. Der Fokus liegt hierbei auf der Einschätzung der betroffenen Person.[1337] Ein Profil dagegen meint eine Datensammlung, die einen „strukturierten Überblick über die zu der betreffenden Person […] zu findenden Informationen" ermöglicht.[1338] Je mehr personenbezogene Daten miteinander verknüpft werden, desto umfangreichere und detailliertere Persönlichkeitsbilder der betroffenen Person entstehen.[1339] Letzteres erlaubt zahlreiche, teilweise weitreichende Einblicke über bestimmte persönliche Aspekte der betroffenen Person, die dieser prinzipiell unerwünscht sind.[1340]

Je größer die Menge der personenbezogenen Daten ist, die von dem Verantwortlichen verarbeitet wird, desto höher ist auch das Risiko einer sogenannten Informationsemergenz[1341] zu Lasten der betroffenen Person.[1342] Unter dem Begriff „Informationsemergenz" (von lat. *emergere* = auftauchen, zum Vorschein kommen) lässt sich der Vorgang verstehen, bei dem

---

[1331] *Piltz*, in: Gola, DS-GVO, 2. Aufl. 2018, Art. 24, Rn. 34; Artikel-29-Datenschutzgruppe (Hrsg.), WP 243, 2017, S. 9.

[1332] Wohl für relativen Ansatz *Martini*, in: Paal/Pauly, DS-GVO BDSG, 3. Aufl. 2021, Art. 24, Rn. 33.

[1333] Vgl. auch *Colonna*, Mo' Data, Mo' Problems? Personal Data Mining and the challenge to the data minimization principle, 2013.

[1334] S. dazu auch ULD (Hrsg.), Verkettung digitaler Identitäten, 2007.

[1335] *Schantz*, in: Schantz/Wolff, Das neue Datenschutzrecht, 2017, Rn. 732; *Scholz*, in: Roßnagel, Handbuch Datenschutzrecht, 2003, Kap. 9.2, Rn. 35.

[1336] *Schantz*, in: Schantz/Wolff, Das neue Datenschutzrecht, 2017, Rn. 732.

[1337] *Schantz*, in: Schantz/Wolff, Das neue Datenschutzrecht, 2017, Rn. 732; *Buchner*, in: Kühling/Buchner, DS-GVO/BDSG, 3. Aufl. 2020, Art. 4 Nr. 4, Rn. 6.

[1338] EuGH, Urteil 13.05.2014, Google Spain – C-131/12, Rn. 80; in diese Richtung auch BVerfGE 65, 1, 53 mit der Formulierung „Registrierung und Katalogisierung der Persönlichkeit durch die Zusammenführung einzelner Lebensdaten und Personaldaten zur Erstellung von Persönlichkeitsprofilen".

[1339] *Roßnagel/Pfitzmann/Garstka*, Modernisierung des Datenschutzrechts, 2001, S. 118 f.; *Martini*, in: Paal/Pauly, DS-GVO BDSG, 3. Aufl. 2021, Art. 24, Rn. 33; *Robrahn/Bremert*, ZD 2018, 291, 294; mit Blick auf Big Data *Koch*, ITRB 2015, 13, 14.

[1340] Vgl. EuGH, Urteil 13.05.2014, Google Spain – C-131/12, Rn. 80 zur Bildung eines Persönlichkeitsprofils der betroffenen Person durch die Suchergebnisliste von *Google*.

[1341] Zum Begriff „Informationsemergenz" *Drackert*, Die Risiken der Verarbeitung personenbezogener Daten, 2014, S. 30, 304 f.

[1342] *Schantz*, in: Schantz/Wolff, Das neue Datenschutzrecht, 2017, Rn. 732.

aus der Kombination verschiedener Informationen neue Informationen entstehen, die sich nicht oder nicht offensichtlich aus den ursprünglichen Informationen ergeben.[1343] Je größer nun die Menge der verarbeiteten Daten ist, desto größer ist auch die Wahrscheinlichkeit, dass sich durch verschiedenartige Verknüpfungen von Informationen emergente Informationen herausbilden. Die spezifische Gefährdung für die betroffene Person entsteht dadurch, dass bei diesem Vorgang auch sensible, diskriminierende oder unrichtige Informationen zum Vorschein kommen können.[1344] Das gilt insbesondere für solche Big-Data-Analysen, die darauf abzielen, noch unbekannte Korrelationen aufzuspüren.[1345] So konnte beispielsweise die US-Supermarktkette *Target* durch die Auswertung des Konsumverhaltens bezüglich 25 ausgewählter Produkte für jeden Konsumenten die Wahrscheinlichkeit einer bestehenden Schwangerschaft errechnen.[1346] Hinweise auf eine etwaige Schwangerschaft ergaben sich nicht oder nicht offensichtlich aus den einzelnen Produkten, jedoch entstand aus ihrer Verknüpfung die neue Information einer wahrscheinlichen Schwangerschaft – mithin ein sensibles Datum im Sinne von Art. 9 Abs. 1 DS-GVO.[1347] Aus der Perspektive der betroffenen Person wiegen solch sensible emergente Informationen besonders schwer, da die betroffene Person sie typischerweise nicht von sich aus gegenüber dem Verantwortlichen preisgegeben hätte.

Weitere Risiken resultieren aus der Anzahl der Datensätze, die insgesamt bei dem Verantwortlichen verarbeitet werden. Die personenbezogenen Daten der betroffenen Person können vor dem Hintergrund einer großen Gesamtdatenmenge besser interpretiert werden.[1348] Je größer die Datenmenge ist, die insgesamt von dem Verantwortlichen verarbeitet wird, desto aussagekräftigere Rückschlüsse, Vergleiche und Einordnungen lassen sich mit Blick auf die einzelne betroffene Person vornehmen.[1349] Für letztere besteht dabei die Gefahr einer „anonymen Vergemeinschaftung" sowie ein nicht unerheblicher Konformitätsdruck.[1350]

Je größer die Menge der Daten ist – gleich ob relativ oder absolut –, desto größer ist auch die Gefahr eines illegalen Zugriffs auf die Datenbestände.[1351]

[1343] *Drackert,* Die Risiken der Verarbeitung personenbezogener Daten, 2014, S. 30.

[1344] Artikel-29-Datenschutzgruppe (Hrsg.), WP 217, 2014, S. 50.

[1345] Internationale Arbeitsgruppe für Datenschutz in der Telekommunikation (Hrsg.), Arbeitspapier zu Big Data und Datenschutz, 2014, S. 6 f.; Datatilsynet (Hrsg.), Big Data - privacy principles under pressure, 2013, S. 28 f.; *Schantz,* in: Schantz/Wolff, Das neue Datenschutzrecht, 2017, Rn. 732.

[1346] *Hill, Kashmir,* How Target Figured Out A Teen Girl Was Pregnant Before Her Father Did (verfügbar unter: https://www.forbes.com/sites/kashmirhill/2012/02/16/how-target-figured-out-a-teen-girl-was-pregnant-before-her-father-did/#376b9bab6668): „[Pole] ran test after test, analyzing the data, and before long some useful patterns emerged. Lotions, for example. Lots of people buy lotion, but one of Pole's colleagues noticed that women on the baby registry were buying larger quantities of unscented lotion around the beginning of their second trimester. Another analyst noted that sometime in the first 20 weeks, pregnant women loaded up on supplements like calcium, magnesium and zinc. Many shoppers purchase soap and cotton balls, but when someone suddenly starts buying lots of scent-free soap and extra-big bags of cotton balls, in addition to hand sanitizers and washcloths, it signals they could be getting close to their delivery date."

[1347] Zu dem Risiko einer „Infektionswirkung" bei Big Data mit möglichen Folgen für die Rechtmäßigkeit *Schneider,* ZD 2017, 303, 306.

[1348] *Scholz,* in: Roßnagel, Handbuch Datenschutzrecht, 2003, Kap. 9.2, Rn. 35.

[1349] *Martini,* in: Paal/Pauly, DS-GVO BDSG, 3. Aufl. 2021, Art. 24, Rn. 33; *Roßnagel,* ZD 2013, 562, 566.

[1350] *Roßnagel,* ZD 2013, 562, 566; vgl. auch *Leopold,* Vorgänge 2012, 74, 80; zu sogenannten Chilling Effects Datatilsynet (Hrsg.), Chilling down in Norway, 2014.

[1351] *Robrahn/Bremert,* ZD 2018, 291, 294; ENISA (Hrsg.), Big Data Security, 2015, S. 20; *Dix,* Stadtforschung und Statistik 2016, 59, 63; BVerfGE 125, 260, 325; dazu auch *Marschall/Herfurth/Winter/Allwinn,* MMR 2017, 152, 157; *Brookman/Gautam,* Why Collection Matters: Surveillance as a De Facto Privacy Harm, 2013, S. 2.

Im Rahmen der sozialen Netzwerkanalyse werden pro betroffene Person nur wenige Datensätze verarbeitet. Zu berücksichtigen ist allerdings, dass die Anzahl der Datensätze, die insgesamt bei dem Verantwortlichen verarbeitet werden, sehr hoch ist. Für das Kriterium „Menge der Daten" ist daher eine schwere Belastung anzunehmen.

6.3.1.4.3.2.2.1.4 Quelle der Daten

Zu berücksichtigen ist, ob die personenbezogenen Daten aus öffentlich zugänglichen Quellen stammen und inwiefern die betroffene Person an der Veröffentlichung beteiligt war.[1352] Das ergibt sich aus einem Erst-recht-Schluss zu Art. 9 Abs. 2 e) DS-GVO.

Was man unter einer öffentlich zugänglichen Quelle versteht, wird in der Datenschutz-Grundverordnung nicht definiert. Nach allgemeinem Verständnis wird damit jedoch eine Quelle bezeichnet, die jedermann, sei es ohne oder nach vorheriger Anmeldung, Zulassung oder Entrichtung eines Entgelts, nutzen kann.[1353] Richtigerweise beseitigt eine „Paywall" nicht die öffentliche Zugänglichkeit der Quelle, es sei denn die konkrete Entgelthöhe führt zu einer faktischen Unzugänglichkeit. Entscheidend kommt es darauf an, dass die personenbezogenen Daten bzw. die maßgebliche Quelle für einen unbestimmten Personenkreis zugänglich sind bzw. ist.[1354] Keine öffentlich zugängliche Quelle liegt dagegen vor, wenn der Zugang nicht der gesamten Öffentlichkeit, sondern nur solchen Personen eröffnet ist, die ein berechtigtes Interesse nachweisen können.[1355]

Auf den ersten Blick scheint es, als sei eine Verarbeitung personenbezogenen Daten für die betroffene Person prinzipiell weniger belastend, wenn diese aus öffentlich zugänglichen Quellen stammen.[1356] Dies könnte sich auf die Erwägung stützen, dass die die Verarbeitung von personenbezogenen Daten, die aus öffentlich zugänglichen Quellen stammen, keine Vertraulichkeitserwartungen der betroffenen Person verletzt.[1357] Aus EwG 47 S. 1 DS-GVO folgt, dass die vernünftigen Erwartungen der betroffenen Personen bei der Interessenabwägung zu berücksichtigen sind. Sobald ihre personenbezogenen Daten in öffentlich zugänglichen Quellen enthalten sind, liegt eine Situation vor, in der die betroffene Person vernünftigerweise damit rechnen muss, dass diese Daten von anderen Akteuren verarbeitet werden. Etwaige Vertraulichkeitserwartungen bestehen nicht und können daher auch nicht verletzt werden.[1358]

Richtigerweise vermag jedoch allein der Umstand, dass die personenbezogenen Daten aus öffentlich zugänglichen Quellen stammen, noch keine geringere Belastung für die betroffene

---

[1352] Vgl. EuGH, Urteil 24.11.2011, ASNEF – C-468/10, Rn. 44; Artikel-29-Datenschutzgruppe (Hrsg.), WP 217, 2014, S. 50; *Wolff*, in: Schantz/Wolff, Das neue Datenschutzrecht, 2017, Rn. 655; *Plath*, in: Plath, BDSG/DSGVO, 3. Aufl. 2018, Art. 6 DS-GVO, Rn. 75; *Schulz*, in: Gola, DS-GVO, 2. Aufl. 2018, Art. 6, Rn. 53; *Robrahn/Bremert*, ZD 2018, 291, 294.

[1353] So *Franck*, in: Gola, DS-GVO, 2. Aufl. 2018, Art. 14, Rn. 14 mit Verweis auf § 10 Abs. 5 S. 2 BDSG a.F.; a.A. *Schmidt-Wudy*, in: Wolff/Brink, Beck'scher Onlinekommentar Datenschutzrecht, 34. Edition 2020, Art. 14 DS-GVO, Rn. 75, der eine entgeltfreie Zugänglichkeit verlangt.

[1354] Vgl. *Schulz*, in: Gola, DS-GVO, 2. Aufl. 2018, Art. 9, Rn. 26; *Weichert*, in: Kühling/Buchner, DS-GVO/BDSG, 3. Aufl. 2020, Art. 9, Rn. 78; *Schiff*, in: Ehmann/Selmayr, DS-GVO, 2. Aufl. 2018, Art. 9, Rn. 45.

[1355] Dieses Verständnis wohl auch bei Art. 49 Abs. 1 S. 1 g) DS-GVO; vgl. ebenfalls *Simitis*, in: Simitis, BDSG, 8. Aufl. 2014, § 28, Rn. 153 ff. mit Beispielen.

[1356] *Wolff*, in: Schantz/Wolff, Das neue Datenschutzrecht, 2017, Rn. 655; *Schulz*, in: Gola, DS-GVO, 2. Aufl. 2018, Art. 6, Rn. 59; *Polenz*, in: Kilian/Heussen, Computerrechts-Handbuch, 35. Aufl. 2020, Kap. 135, Rn. 3; vgl. auch BVerfG, NJW 2008, 2099, 2100.

[1357] In diese Richtung wohl auch bei Artikel-29-Datenschutzgruppe (Hrsg.), WP 217, 2014, S. 50, wenn es heißt „realistischen Erwartung der weiteren Verwendung dieser Daten".

[1358] Vgl. auch BVerfGE 115, 320, 348.

Person zu begründen.[1359] Zwar wird eine solche Datenverarbeitung des Verantwortlichen durch Art. 11 Abs. 1 S. 2 GRCh privilegiert.[1360] Diese Privilegierung bewirkt jedoch bloß eine Stärkung des berechtigten Interesses des Verantwortlichen, nicht aber eine Verringerung der Belastung der betroffenen Person.[1361] Es muss daher hinzukommen, dass die betroffene Person die personenbezogenen Daten offensichtlich selbst veröffentlicht hat.[1362] Das folgt für Art. 6 Abs. 1 S. 1 f) DS-GVO aus dem Erst-recht-Schluss zu Art. 9 Abs. 2 e) DS-GVO. Nur in diesem Fall „verzichtet"[1363] die betroffene Person gewissermaßen auf den Schutz durch die Datenschutz-Grundverordnung und lässt vermuten, dass die Verarbeitung dieser personenbezogenen Daten ihren Interessen nicht zuwiderläuft.[1364] Etwas anderes gilt, wenn sie zur Veröffentlichung ihrer personenbezogenen Daten verpflichtet war oder aber eine andere Person ihre Daten veröffentlicht hat.[1365] In diesen Konstellationen lässt sich kaum von einem Verzicht sprechen. Für die betroffene Person liegt daher typischerweise eine normal belastende Datenverarbeitung vor.

Im Rahmen der sozialen Netzwerkanalyse werden keine personenbezogenen Daten aus öffentlich zugänglichen Quellen verarbeitet. Für das Kriterium „Quelle der Daten" scheidet eine schwere Belastung von vornherein aus. Im vorliegenden Fall ist daher eine normale Belastung anzunehmen.

6.3.1.4.3.2.2.1.5 Qualität der Daten

Zu berücksichtigen ist die Qualität der verarbeiteten Daten. Die Verarbeitung unrichtiger, veralteter oder unvollständiger Daten stellt eine Belastung für die betroffene Person dar.[1366] Für sie besteht die Gefahr, dass das Versicherungsunternehmen aufgrund unzutreffender Daten Entscheidungen trifft, die für sie nachteilig sind.

Im Rahmen der sozialen Netzwerkanalyse werden personenbezogene Daten verarbeitet, die typischerweise auf einem hohen Qualitätslevel sind.[1367] Auf die soziale Netzwerkanalyse bezogen sind die personenbezogenen Daten richtig, wenn sie den real stattgefunden Unfall wahrheitsgemäß abbilden. Sie sind dagegen unrichtig, wenn beispielsweise eine Person fälschlicherweise als Unfallbeteiligter definiert wird, obwohl sie an diesem Unfall nicht beteiligt war oder wenn ein falsches Kraftfahrzeug mit dem Unfall verknüpft wird. Da die personenbezogenen Daten direkt bei dem Versicherungsnehmer oder dem Geschädigten erhoben werden, schließt dies die Unrichtigkeit von Daten zum Nachteil der betroffenen Person typischerweise aus. Die personenbezogenen Daten sind zudem alterungsunabhängig, da sie

---

[1359] *Kampert*, in: Sydow, DS-GVO, 2. Aufl. 2018, Art. 9, Rn. 32; *Weichert*, in: Kühling/Buchner, DS-GVO/BDSG, 3. Aufl. 2020, Art. 9, Rn. 79; a.A. aber ohne nachvollziehbare Begründung EuGH, Urteil 24.11.2011, ASNEF – C-468/10, Rn. 44 f.; Artikel-29-Datenschutzgruppe (Hrsg.), WP 217, 2014, S. 50; *Wolff*, in: Schantz/Wolff, Das neue Datenschutzrecht, 2017, Rn. 655.

[1360] *von Coelln*, in: Stern/Sachs, GRCh, 2016, Art. 11, Rn. 22; *Jarass*, in: Jarass, GRCh, 4. Aufl. 2021, Art. 11, Rn. 15; *Calliess*, in: Calliess/Ruffert, EUV/AEUV, 5. Aufl. 2016, Art. 11 EUGRCh, Rn. 9.

[1361] In diesem Sinne muss auch § 28 Abs. 1 S. 1 Nr. 3 BDSG a.F. verstanden werden. Nicht nachvollziehbar ist dagegen die Vermutung, dass die Verarbeitung öffentlich zugänglicher Daten den Interessen der betroffenen Person nicht zuwiderlaufe; vgl. *Simitis*, in: Simitis, BDSG, 8. Aufl. 2014, § 28, Rn. 162.

[1362] *Schulz*, in: Gola, DS-GVO, 2. Aufl. 2018, Art. 6, Rn. 59; ausführlich hierzu *Hornung/Gilga*, CR 2020, 367

[1363] *Weichert*, in: Kühling/Buchner, DS-GVO/BDSG, 3. Aufl. 2020, Art. 9, Rn. 77.

[1364] *Dammann/Simitis*, EG-Datenschutzrichtlinie, 1997, Art. 8, Rn. 16 spricht von „Daten in eigener Entscheidung freigegeben".

[1365] *Schulz*, in: Gola, DS-GVO, 2. Aufl. 2018, Art. 6, Rn. 59; *Weichert*, in: Kühling/Buchner, DS-GVO/BDSG, 3. Aufl. 2020, Art. 9, Rn. 77 ff.

[1366] *Ziehbart*, in: Sydow, DS-GVO, 2. Aufl. 2018, Art. 4 Nr. 1, Rn. 41.

[1367] Zur sachlichen Richtigkeit von personenbezogenen Daten ab S. 280.

einen Lebenssachverhalt zu einem bestimmten Zeitpunkt abbilden.[1368] Sie repräsentieren die Beteiligung verschiedener Personen an einem konkreten Straßenverkehrsunfall. Die personenbezogenen Daten sind für die Verarbeitungszwecke auch hinreichend vollständig.[1369]

Unter Berücksichtigung der vorstehenden Erwägungen ist für das Kriterium „Qualität der Daten" eine geringe Belastung der betroffenen Personen anzunehmen.

6.3.1.4.3.2.2.2 Zweite Dimension: Akteure

Die zweite Dimension „Akteure" beinhaltet die Kriterien Menge der datenverarbeitenden Akteure, Menge der betroffenen Personen, Machtverhältnis zwischen Verantwortlichem und betroffener Person, begründete Erwartungen der betroffenen Person und Drittstaatbezug eines datenverarbeitenden Akteurs.

6.3.1.4.3.2.2.2.1 Menge der datenverarbeitenden Akteure

Zu berücksichtigen ist zunächst die Menge der datenverarbeitenden Akteure. Diese ist ein wesentlicher Aspekt der Umstände der Verarbeitung.[1370]

Je mehr Verantwortliche, Auftragsverarbeiter und Empfänger in die Datenverarbeitung involviert sind, desto mehr Personen nehmen bestimmungsgemäß die personenbezogenen Daten wahr.[1371] Sie erhalten dadurch Einblicke in die Privatsphäre der betroffenen Person, die dieser typischerweise unerwünscht sind. Zudem steigt mit der Menge der an der Datenverarbeitung beteiligten Akteure auch die Menge der potenziellen Risikoquellen für eine Verletzung des Schutzes personenbezogener Daten. Ferner besteht bei mehreren Verantwortlichen im Sinne von Art. 26 S. 1 DS-GVO oder bei der Einschaltung von Auftragsverarbeitern gemäß Art. 28 DS-GVO ein höheres Risiko dafür, dass die datenschutzrechtlichen Pflichten nicht klar verteilt sind und deshalb unzureichend erfüllt werden.[1372]

Besonders schwerwiegend ist aus Sicht der betroffenen Person eine Veröffentlichung ihrer personenbezogenen Daten im Internet, da diese so einer unüberschaubaren Menge an Personen zugänglich gemacht werden.[1373] Die dort auffindbaren personenbezogenen Daten können „fast jederzeit von einer unbestimmten Zahl von Personen von den verschiedensten Orten aus abgerufen werden".[1374]

Wird die soziale Netzwerkanalyse allein durch das Versicherungsunternehmen durchgeführt, ist die Anzahl datenverarbeitender Akteure auf ein Minimum reduziert. Als Empfänger kommen gegebenenfalls noch Gerichte, Behörden sowie externe Berater hinzu, an die das Versicherungsunternehmen betrugsverdächtige Fälle übermittelt. Eine Veröffentlichung der personenbezogenen Daten ist dagegen ausgeschlossen. Arbeitet das Versicherungsunternehmen jedoch mit anderen Versicherungsunternehmen zusammen oder beauftragt es einen externen Dienstleister mit der Durchführung der sozialen Netzwerkanalyse, steigt die Menge der datenverarbeitenden Akteure. Bestimmte Schwellwerte, die definieren, ab

---

[1368] Zur Aktualität von personenbezogenen Daten ab S. 281.

[1369] Zur Vollständigkeit von personenbezogenen Daten ab S. 282.

[1370] In diese Richtung wohl auch *Jandt*, in: Kühling/Buchner, DS-GVO/BDSG, 3. Aufl. 2020, Art. 32, Rn. 12; *Thoma*, ZD 2013, 578, 579; *Robrahn/Bremert*, ZD 2018, 291, 295.

[1371] So im Ergebnis auch *Hartung*, in: Kühling/Buchner, DS-GVO/BDSG, 3. Aufl. 2020, Art. 24, Rn. 14.

[1372] In diese Richtung auch *Plath*, in: Plath, BDSG/DSGVO, 3. Aufl. 2018, Art. 24 DS-GVO, Rn. 15; vgl. EwG 79 DS-GVO.

[1373] *Schulz*, in: Gola, DS-GVO, 2. Aufl. 2018, Art. 6, Rn. 66; Artikel-29-Datenschutzgruppe (Hrsg.), WP 217, 2014, S. 50.

[1374] EuGH, Urteil 06.11.2003, Lindqvist – C-101/01, Rn. 58.

welcher Größe eine geringe, mittlere oder große Menge von datenverarbeitenden Akteuren vorliegen, sind nicht ersichtlich.

Unter Berücksichtigung einer angemessenen Differenzierung innerhalb des Kriteriums „Menge der datenverarbeitenden Akteure", kann eine einstellige Menge von datenverarbeitenden Akteuren jedoch noch als eine geringe Menge angesehen werden. Für die Konstellation, dass die soziale Netzwerkanalyse allein durch das Versicherungsunternehmen durchgeführt und gegebenenfalls noch an Gerichte, Behörden sowie externe Berater übermittelt wird, ist daher für das Kriterium „Menge der datenverarbeitenden Akteure" nur eine geringe Belastung der betroffenen Person anzunehmen.

6.3.1.4.3.2.2.2.2 Menge der betroffenen Personen

Zu berücksichtigen ist die Menge der von der Datenverarbeitung betroffenen Personen. Das folgt explizit aus EwG 75 sowie aus den Formulierungen „Umfang" oder „umfangreich" in Art. 23 Abs. 2 f), Art. 24 Abs. 1, Art. 25 Abs. 1 und 2, Art. 27 Abs. 2 a), Art. 32 Abs. 1, Art. 35 Abs. 1 und 3 b) und c), Art. 37 Abs. 1 b) und c), Art. 39 Abs. 2 und Art. 83 Abs. 2 a) DS-GVO. Eine umfangreiche Verarbeitung liegt nach EwG 91 S. 1 DS-GVO auch vor, wenn sie eine große Zahl von Personen betrifft.

Grundsätzlich berührt die Datenverarbeitung nur die einzelne betroffene Person. Für sie ist die Verarbeitung ihrer personenbezogenen Daten nicht mehr oder weniger belastend, wenn auch personenbezogene Daten von anderen betroffenen Personen verarbeitet werden.[1375] Im Fall von bestimmten Big-Data-Anwendungen gilt dies jedoch nicht. Vielmehr ist die Prämisse „Statistik gilt für alle." zu beachten.[1376] Die Analyse der personenbezogenen Daten von einer großen Menge von betroffenen Personen erlaubt nämlich einerseits den Schluss von kollektiven Merkmalen auf unbekannte individuelle Merkmale und andererseits den Vergleich von bekannten individuellen Merkmalen mit kollektiven Merkmalen.[1377] Beides kann für die betroffene Person die Belastung der Datenverarbeitung erhöhen.

Je mehr betroffene Personen und ihre personenbezogenen Daten der Verantwortliche analysieren kann, desto besser lassen sich aus ähnlichen Personen Vergleichsgruppen bilden.[1378] Aus solchen Vergleichsgruppen können kollektive Merkmale abgeleitet werden, die für eine bestimmte Gruppe von betroffenen Personen charakteristisch sind. Aus diesen kollektiven Merkmalen kann der Verantwortliche wiederum mit einer bestimmten Wahrscheinlichkeit auf ihm unbekannte individuelle Merkmale einer einzelnen vergleichbaren betroffenen Person schließen.[1379] Für die betroffene Person ist dieser Schluss insbesondere dann besonders belastend, wenn sie die Preisgabe dieser personenbezogenen Daten bewusst vermieden hat und ihre Entscheidung auf diese Weise unterlaufen wird.[1380] Zudem hat die einzelne betroffene Person keinerlei Einfluss auf die Bildung der Vergleichsgruppen und die Ableitung der kollektiven Merkmale.[1381] Für sie besteht daher die Gefahr, dass auf ihre Person ein Merkmal projiziert wird, das im Einzelfall schlicht unzutreffend ist.

[1375] So richtigerweise BVerfGE 115, 320, 373; *Bull*, NJW 2006, 1617, 1620.

[1376] *Roßnagel/Nebel*, DuD 2015, 455, 458.

[1377] *Martini*, in: Paal/Pauly, DS-GVO BDSG, 3. Aufl. 2021, Art. 24, Rn. 33 spricht allgemeiner von möglichen „Querverbindungen zwischen den Personen"; *Robrahn/Bremert*, ZD 2018, 291, 294.

[1378] *Roßnagel*, ZD 2013, 562, 566; am Beispiel von Scoring-Verfahren in der Kreditwirtschaft *Möller/Florax*, MMR 2002, 806, 807.

[1379] *Roßnagel/Nebel*, DuD 2015, 455, 458; *Richter*, DuD 2016, 581, 582.

[1380] *Roßnagel/Nebel*, DuD 2015, 455, 458; *Richter*, DuD 2016, 581, 583.

[1381] *Möller/Florax*, MMR 2002, 806, 807 f.

Darüber hinaus ermöglicht es die Verarbeitung der personenbezogenen Daten einer großen Menge von betroffenen Personen dem Verantwortlichen, diese Daten zueinander ins Verhältnis zu setzen. In der Folge kann er die personenbezogenen Daten einer einzelnen betroffenen Person im Vergleich zu anderen Daten als unterdurchschnittlich/durchschnittlich/überdurchschnittlich oder konform/nicht konform oder auf eine andere Art und Weise einstufen.[1382] Vor dem Hintergrund der übrigen betroffenen Personen kann der Verantwortliche die personenbezogenen Daten der einzelnen betroffenen Person besser interpretieren. Insbesondere wenn es sich um negative Abweichungen handelt, sind solche Vergleiche für die betroffene Person besonders belastend.

Im Rahmen der sozialen Netzwerkanalyse werden jedenfalls die personenbezogenen Daten von allen Versicherungsnehmern, mitversicherten Personen, Geschädigten und Zeugen verarbeitet. Für das Kriterium „Menge der betroffenen Personen" ist daher eine schwere Belastung der betroffenen Personen anzunehmen.

6.3.1.4.3.2.2.2.3 Machtverhältnis zwischen dem Verantwortlichen und der betroffenen Person

Zu berücksichtigen ist das Machtverhältnis zwischen dem Versicherungsunternehmen und der betroffenen Person.[1383] Das folgt indirekt aus der Formulierung „schutzbedürftiger natürlicher Personen" in EwG 75 DS-GVO und aus Art. 6 Abs. 1 S. 1 f) DS-GVO selbst.

Im Idealfall treten sich der Verantwortliche und die betroffene Person auf Augenhöhe gegenüber. In der Realität wird jedoch häufig der Verantwortliche eine mehr oder weniger beherrschende Rolle in Bezug auf die betroffene Person einnehmen.[1384] Diese kann sich aus verschiedenen Gründen ergeben.

Sie kann beispielsweise aus einem rechtlichen Über-Unterordnungsverhältnis resultieren, wie es insbesondere im Rahmen der staatlichen Eingriffsverwaltung oder im Arbeitgeber-Arbeitnehmer-Verhältnis zu finden ist.[1385] Ebenso kann sie auf einer wirtschaftlichen Monopolstellung des Verantwortlichen beruhen.[1386] Gleichfalls kann sie sich auch daraus ergeben, dass die betroffene Person in besonderer Weise auf die Leistung des Verantwortlichen angewiesen ist.[1387] Ferner kann die beherrschende Stellung des Verantwortlichen auch aus der besonderen Schutzbedürftigkeit der betroffenen Person folgen.[1388] Besonderen Schutz bedürfen insbesondere Kinder, aber auch andere natürliche Personen, die über eine fehlende oder nur eingeschränkte Einsichtsfähigkeit verfügen.[1389] Eine generelle besondere Schutzbedürftigkeit von Verbrauchern ist dagegen zu weitgehend und daher richtigerweise abzulehnen.[1390]

Auch wenn bestimmte Faktoren regelmäßig auf ein erhebliches Machtgefälle hindeuten, kann das Machtverhältnis zwischen dem Verantwortlichen und der betroffenen Person nicht abstrakt

---

[1382] *Roßnagel*, ZD 2013, 562, 566.

[1383] Artikel-29-Datenschutzgruppe (Hrsg.), WP 217, 2014, S. 51.

[1384] Artikel-29-Datenschutzgruppe (Hrsg.), WP 217, 2014, S. 51.

[1385] *Schulz*, in: Gola, DS-GVO, 2. Aufl. 2018, Art. 7, Rn. 23.

[1386] *Buchner/Kühling*, in: Kühling/Buchner, DS-GVO/BDSG, 3. Aufl. 2020, Art. 7, Rn. 44, Artikel-29-Datenschutzgruppe (Hrsg.), WP 217, 2014, S. 51.

[1387] *Ingold*, in: Sydow, DS-GVO, 2. Aufl. 2018, Art. 7, Rn. 27; *Buchner/Kühling*, in: Kühling/Buchner, DS-GVO/BDSG, 3. Aufl. 2020, Art. 7, Rn. 44.

[1388] Vgl. EwG 75 DS-GVO; Artikel-29-Datenschutzgruppe (Hrsg.), WP 217, 2014, S. 52; *Schantz*, in: Simitis/Hornung/Spiecker gen. Döhmann, Datenschutzrecht, 2019, Art. 6 Abs. 1, Rn. 112 f.

[1389] Vgl. EwG 38 S. 1 DS-GVO; *Robrahn/Bremert*, ZD 2018, 291, 294 f.

[1390] So auch *Schantz*, in: Schantz/Wolff, Das neue Datenschutzrecht, 2017, Rn. 512.

200 6 Anforderungen der Datenschutz-Grundverordnung

bestimmt werden.[1391] Es ist vielmehr anhand der konkreten Umstände des Einzelfalls zu ermitteln. Je größer dabei das Machtgefälle zwischen dem Verantwortlichen und der betroffenen Person ist, desto belastender stellt sich die Datenverarbeitung für letztere dar. Diese besondere Belastung ergibt sich aus dem Gefühl, die Datenverarbeitung nicht abwenden oder beeinflussen zu können. Im Extremfall empfindet sich die betroffene Person als bloßes Objekt der Datenverarbeitung.

Zunächst ist festzustellen, dass zwischen dem Versicherungsunternehmen und den betroffenen Personen kein rechtliches Über- und Unterordnungsverhältnis besteht. Auch verfügt kein Versicherungsunternehmen in der Kraftfahrzeug-Haftpflichtversicherung über eine Monopolstellung auf dem Markt. Wie schon zuvor beschrieben handelt es sich vielmehr um ein Polypol mit vielen Anbietern und vielen Nachfragern.[1392] Trotz dieser Vielfalt von Anbietern ist jedoch aus datenschutzrechtlicher Perspektive eine monopolvergleichbare Marktlage anzunehmen. Das folgt daraus, dass die betroffene Person keinen Zugang zu vergleichbaren, aber datenschutzschonenderen Versicherungsleistungen hat.[1393] Vielmehr kann ein „Wettbewerb über die datenschutzrechtlichen Konditionen im Versicherungsfall" nicht festgestellt werden.[1394] Wenn jedoch sämtliche Versicherungsunternehmen die vertragliche Leistung zu gleichen datenschutzrechtlichen Bedingungen anbieten, ist die Leistung des einzelnen Versicherungsunternehmens – wie in einem Monopol – für die betroffene Person alternativlos. Diese besondere Stellung des Versicherungsunternehmens wird noch dadurch verstärkt, dass für den Halter des Kraftfahrzeugs der Abschluss eine Kraftfahrzeug-Haftpflichtversicherung gemäß § 1 PflVG verpflichtend ist. Dies ist entsprechend zu berücksichtigen.

Untersucht man darüber hinaus die Bedeutung der Versicherungsleistung für die betroffenen Personen, ist zu differenzieren. Nicht jede betroffene Person ist in gleicher Weise auf die Leistung des Versicherungsunternehmens angewiesen. Entscheidende Merkmale sind die abstrakte zivilrechtliche Haftungslage und die konkrete Schadenshöhe.

Der Versicherungsnehmer und die mitversicherte Person sind regelmäßig abstrakt auf die Versicherungsleistung des Versicherungsunternehmens angewiesen, da sie als Halter und Führer des Kraftfahrzeugs Schuldner der Schadensersatzansprüche aus §§ 7, 18 StVG, § 823 BGB sind. Der Grad der Abhängigkeit bestimmt sich nach den konkreten Vermögensverhältnissen und der konkreten Schadenshöhe. Je eher dem Versicherungsnehmer und der mitversicherten Person eine finanzielle Überlastung droht, desto abhängiger sind sie von einer Befreiung oder Abwehr der Schadensersatzansprüche durch das Versicherungsunternehmen.

Auch der Geschädigte ist regelmäßig abstrakt auf die Versicherungsleistung des Versicherungsunternehmens angewiesen, da er als Geschädigter des Straßenverkehrsunfalls Gläubiger der Schadensersatzansprüche aus §§ 7, 18 StVG, § 823 BGB ist. Zwar stehen ihm

---

[1391] *Ingold*, in: Sydow, DS-GVO, 2. Aufl. 2018, Art. 7, Rn. 28; *Buchner/Kühling*, in: Kühling/Buchner, DS-GVO/BDSG, 3. Aufl. 2020, Art. 7, Rn. 44.

[1392] Vgl. GDV (Hrsg.), Statistisches Taschenbuch der Versicherungswirtschaft 2020, 2020, S. 67; *Looschelders*, in: Langheid/Wandt, MüKo VVG - Band 1, 2. Aufl. 2016, § 1, Rn. 114; *Nguyen/Romeike*, Versicherungswirtschaftslehre, 2013, S. 70 f.

[1393] *Schantz*, in: Schantz/Wolff, Das neue Datenschutzrecht, 2017, Rn. 504 f.

[1394] BVerfG, MMR 2007, 93, 94; diese Feststellung ist allerdings nur überzeugend, wenn man auf die subjektive Perspektive der betroffenen Person abstellt. Bei objektiver Betrachtung existieren durchaus erhebliche Unterschiede im Datenschutzniveau – beispielsweise in Bezug auf die Datenschutzorganisation – zwischen den verschiedenen Versicherungsunternehmen. Diese sind jedoch für die betroffene Person oftmals nicht „ersichtlich", daher ist es nicht gänzlich abwegig, sie unberücksichtigt zu lassen.

mit dem Halter und dem Führer des Kraftfahrzeugs sowie dem Versicherungsunternehmen mehrere Schuldner zur Verfügung, jedoch sind die Ansprüche gegen Erstere mit einem nicht zu vernachlässigenden Zahlungsausfallrisiko verbunden. Dieses ist wiederum abhängig von den konkreten Vermögensverhältnissen und der konkreten Schadenshöhe.

Der Zeuge ist dagegen schon abstrakt nicht auf die Versicherungsleistung des Versicherungsunternehmens angewiesen, da er weder Schuldner noch Gläubiger der Schadensersatzansprüche aus §§ 7, 18 StVG, § 823 BGB ist.

Unter Berücksichtigung der vorstehenden Erwägungen ist daher für das Kriterium „Machtverhältnis zwischen dem Verantwortlichen und der betroffenen Person" für den Versicherungsnehmer, die mitversicherte Person und den Geschädigten eine schwere Belastung, für den Zeugen dagegen eine geringe Belastung anzunehmen.

6.3.1.4.3.2.2.2.4 Vernünftige Erwartungen der betroffenen Person

Zu berücksichtigen sind auch die vernünftigen Erwartungen der betroffenen Person. Das ergibt sich explizit aus EwG 47 S. 1 DS-GVO.

Nach allgemeinem Verständnis ist eine Datenverarbeitung für die betroffene Person weniger belastend, wenn sie erwartbar ist. Umgekehrt ist eine Datenverarbeitung besonders belastend, wenn die betroffene Person von ihr überrascht wird oder wenn sie sie bloß vermutet. Hierbei handelt es sich um psychologische Erwägungen, die schon das *Bundesverfassungsgericht* zutreffend herausstellte: „Wer nicht mit hinreichender Sicherheit überschauen kann, welche ihn betreffende Informationen in bestimmten Bereichen seiner sozialen Umwelt bekannt sind, und wer das Wissen möglicher Kommunikationspartner nicht einigermaßen abzuschätzen vermag, kann in seiner Freiheit wesentlich gehemmt werden, aus eigener Selbstbestimmung zu planen oder zu entscheiden. Mit dem Recht auf informationelle Selbstbestimmung wären eine Gesellschaftsordnung und eine diese ermöglichende Rechtsordnung nicht vereinbar, in der Bürger nicht mehr wissen können, wer was wann und bei welcher Gelegenheit über sie weiß. Wer unsicher ist, ob abweichende Verhaltensweisen jederzeit notiert und als Information dauerhaft gespeichert, verwendet oder weitergegeben werden, wird versuchen, nicht durch solche Verhaltensweisen aufzufallen."[1395]

Aus EwG 47 S. 1, 3 und 4 DS-GVO folgt, dass nicht die tatsächlichen, sondern die vernünftigen Erwartungen der betroffenen Person maßgeblich sind.[1396] Es ist daher ein gemischt subjektiv-objektiver Maßstab anzulegen, der nicht auf die konkrete betroffene Person, sondern auf einen objektiven Dritten in der Rolle der betroffenen Person abstellt.[1397]

Die vernünftigen Erwartungen der betroffenen Person speisen sich in erster Linie aus den Informationen, die ihr das Versicherungsunternehmen nach Art. 13 und 14 DS-GVO anlässlich der Datenerhebung mitteilt.[1398] Denn das ist gerade der Zweck dieser Informationen. Sie sollen der betroffenen Person dahingehend Transparenz verschaffen, dass sie betreffende personenbezogene Daten erhoben, verwendet, eingesehen oder anderweitig verarbeitet werden und in welchem Umfang die personenbezogenen Daten verarbeitet werden und künftig noch

---

[1395] BVerfGE 65, 1, 43.

[1396] *Robrahn/Bremert*, ZD 2018, 291, 294.

[1397] *Schulz*, in: Gola, DS-GVO, 2. Aufl. 2018, Art. 6, Rn. 57; *Plath*, in: Plath, BDSG/DSGVO, 3. Aufl. 2018, Art. 6 DS-GVO, Rn. 57.

[1398] *Schulz*, in: Gola, DS-GVO, 2. Aufl. 2018, Art. 6, Rn. 64; mit Blick auf die Versicherungswirtschaft *Mainzer*, in: Diehl, Versicherungsunternehmensrecht, 2020, § 38, Rn. 24; a.A. *Robrahn/Bremert*, ZD 2018, 291, 295.

verarbeitet werden. Eine etwaige Erwartungshaltung der betroffenen Person, die den dort erteilten Informationen zuwiderläuft, ist unvernünftig und damit unbeachtlich.[1399]

Eventuelle Einwände, die befürchten, diese Verknüpfung zwischen Informationspflichten und vernünftigen Erwartungen würde einer missbräuchlichen Ausweitung der Informationen seitens des Versicherungsunternehmens Tür und Tor öffnen, sind unbegründet. Erstens kann einer missbräuchlichen Ausweitung durch die Vorschrift des Art. 12 Abs. 1 S. 1 DS-GVO begegnet werden. Danach müssen die mitzuteilenden Informationen in präziser, transparenter, verständlicher und leicht zugänglicher Form in einer klaren und einfachen Sprache vorliegen.[1400] Dies soll insbesondere verhindern, dass die betroffene Person von den Informationen qualitativ und quantitativ überfordert wird. Zweitens muss betont werden, dass die vernünftigen Erwartungen der betroffenen Person nur eines von vielen – hier insgesamt fünfzehn – Kriterien ausmachen, um die Bedeutung der Datenverarbeitung für die betroffene Person zu ermitteln. Es besteht folglich nicht die Gefahr, dass Versicherungsunternehmen über eine missbräuchliche Ausweitung der Informationen nach Art. 13 und 14 DS-GVO die begründeten Erwartungen und damit auch die Zulässigkeit der Datenverarbeitung nach Art. 6 Abs. 1 S. 1 f) DS-GVO zu ihren Gunsten verändern könnten.

Zu ergänzen ist aber, dass die Verknüpfung zwischen den Informationspflichten des Versicherungsunternehmens und den vernünftigen Erwartungen der betroffenen Person bewirkt, dass eine Unterlassung von ersteren sich negativ auf letztere auswirkt. Eine heimliche Datenverarbeitung ist für die betroffene Person besonders belastend.[1401] Das gilt unabhängig davon, ob die Heimlichkeit der Datenverarbeitung beispielsweise wegen Art. 14 Abs. 5 b) bis d) DS-GVO berechtigt oder unberechtigt ist.

Darüber hinaus werden die vernünftigen Erwartungen der betroffenen Person auch durch ihre Beziehung zum Versicherungsunternehmen sowie durch die situative Üblichkeit der Datenverarbeitung geprägt. Das folgt aus EwG 47 S. 2 und 4 DS-GVO.

Für die Beziehung zwischen der betroffenen Person und dem Versicherungsunternehmen gilt, dass je enger die Beziehung zwischen beiden ist, desto eher eine Datenverarbeitung vernünftigerweise zu erwarten ist.[1402] Beispielhaft für ein Näheverhältnis ist es nach EwG 47 S. 2 DS-GVO, wenn die betroffene Person ein Kunde des Verantwortlichen ist oder in seinen Diensten steht. Vorsichtig lässt sich daraus ableiten, dass ein rechtliches Schuldverhältnis für eine gewisse Erwartungshaltung der betroffenen Person spricht.[1403] Hierbei ist auch eine Abstufung von vertraglichen über vertragsähnlichen zu gesetzlichen Schuldverhältnissen denkbar. Umgekehrt besteht bei einer fehlenden Rechtsbeziehung aus Sicht der betroffenen Person kein Anlass für eine Datenverarbeitung durch den Verantwortlichen. Ergänzend ist noch zu berücksichtigen, inwiefern eine solche Datenverarbeitung üblich und daher allgemein bekannt ist.[1404] Hierbei ist jedoch zu beachten, dass übliche, aber unzulässige Datenverarbeitungen die vernünftigen Erwartungen der betroffenen Person nicht prägen können.[1405]

[1399] *Schulz*, in: Gola, DS-GVO, 2. Aufl. 2018, Art. 6, Rn. 64.

[1400] Zur Art und Weise der Informationserteilung ab S. 239.

[1401] *Schantz*, in: Simitis/Hornung/Spiecker gen. Döhmann, Datenschutzrecht, 2019, Art. 6 Abs. 1, Rn. 111.

[1402] *Plath*, in: Plath, BDSG/DSGVO, 3. Aufl. 2018, Art. 6 DS-GVO, Rn. 57.

[1403] Vgl. Artikel-29-Datenschutzgruppe (Hrsg.), WP 217, 2014, S. 51.

[1404] *Schulz*, in: Gola, DS-GVO, 2. Aufl. 2018, Art. 6, Rn. 63; *Plath*, in: Plath, BDSG/DSGVO, 3. Aufl. 2018, Art. 6 DS-GVO, Rn. 57.

[1405] Vorsichtiger *Schulz*, in: Gola, DS-GVO, 2. Aufl. 2018, Art. 6, Rn. 63.

Untersucht man die begründeten Erwartungen der betroffenen Personen im Rahmen der sozialen Netzwerkanalyse, muss auch hier differenziert werden.

Typischerweise werden alle betroffenen Personen gemäß Art. 13 und 14 DS-GVO darüber informiert, dass das Versicherungsunternehmen ihre personenbezogenen Daten verarbeitet, um das Leistungsbegehren zu prüfen und Versicherungsbetrug im Interesse der Versichertengemeinschaft zu verhindern. Darüber hinaus lassen die vorliegend formulierten Datenschutzinformationen auch erkennen, auf welche Art und Weise das Versicherungsunternehmen das Leistungsbegehren prüft und Versicherungsbetrug erkennen möchte.[1406] Insbesondere ergibt sich aus den Informationen nach Art. 13 und 14 DS-GVO, dass das Versicherungsunternehmen eine soziale Netzwerkanalyse durchführt. Dafür kommt es nicht darauf an, dass der Begriff selbst genannt wird, sondern dass das Erkenntnisziel hinreichend beschrieben wird. Die vernünftigen Erwartungen der betroffenen Personen erstrecken sich somit sowohl auf eine Datenverarbeitung zur Betrugserkennung als auch auf die Durchführung einer sozialen Netzwerkanalyse.

Jedenfalls für den Versicherungsnehmer, die mitversicherte Person und den Geschädigten ergibt sich auch nichts anderes aus ihrer Beziehung zum Versicherungsunternehmen und der situativen Üblichkeit der Datenverarbeitung. Zwischen dem Versicherungsnehmer, der mitversicherten Person und dem Geschädigten einerseits und dem Versicherungsunternehmen andererseits besteht jeweils ein Schuldverhältnis. Bei dem Versicherungsnehmer handelt es sich um ein vertragliches, bei der mitversicherten Person um ein vertragsähnliches und bei dem Geschädigten um ein gesetzliches Schuldverhältnis.[1407] Diese Schuldverhältnisse machen es für die genannten betroffenen Personen prinzipiell erwartbar, dass das Versicherungsunternehmen ihre personenbezogenen Daten verarbeitet. Etwas anderes gilt dagegen für den Zeugen, der in keinerlei Schuldverhältnis zum Versicherungsunternehmen steht.

Weiter liegt eine konkrete Situation vor, in der jedenfalls der Versicherungsnehmer, die mitversicherte Person und der Geschädigte vernünftigerweise mit einer Datenverarbeitung zur Betrugserkennung durch das Versicherungsunternehmen rechnen müssen. Sie begehren aufgrund der genannten Schuldverhältnisse von dem Versicherungsunternehmen bestimmte Leistungen wie die Erfüllung des Schadensersatzanspruches des Geschädigten. Es besteht ein sachlicher Anlass für die Datenverarbeitung durch das Versicherungsunternehmen, denn auch für einen objektiven Dritten in ihrer Rolle ist es vernünftigerweise erwartbar, dass das Versicherungsunternehmen die Begründetheit des Leistungsbegehrens sowie etwaige Betrugshinweise prüft.[1408] Das gilt insbesondere, da auch sie erkennen, dass zwischen dem Versicherungsunternehmen und ihnen eine Informationsasymmetrie besteht.[1409] Im Gegensatz zum Versicherungsunternehmen verfügen die Unfallbeteiligten über ein überlegenes Wissen, da nur sie den tatsächlichen Hergang des Versicherungsfalls kennen. Dass ein unredlicher Versicherungsnehmer, Mitversicherter oder Geschädigter diese strukturelle Unterlegenheit des Versicherungsunternehmens dazu nutzen kann, betrügerische Schadensersatzansprüche geltend zu machen, ist offensichtlich. Auch hier gilt jedoch etwas anderes für den Zeugen, der in keinerlei Schuldverhältnis zum Versicherungsunternehmen steht. Da er keine Leistungen von dem Versicherungsunternehmen begehrt, ist es für ihn vernünftigerweise nicht erwartbar, dass er in Betrugserkennungsmaßnahmen des Versicherungsunternehmens einbezogen wird.

[1406] Zu den Datenschutzinformationen ab S. 239.

[1407] Zu den beteiligten Personen und Rechtsbeziehungen im Versicherungsverhältnis ab S. 18.

[1408] Vgl. BGH, r + s 2006, 185 f.; *Rixecker*, in: Langheid/Rixecker, VVG, 6. Aufl. 2019, § 213, Rn. 13.

[1409] Allgemein zur Informationsasymmetrie *Ricke/Kamp*, BKR 2003, 527; zur Informationsasymmetrie in der Kraftfahrtversicherung *Zurlutter*, Datenschutzrechtliche Aspekte der Auskunfts- und Aufklärungsobliegenheit über Kfz-Daten in der Kfz-Haftpflichtversicherung, 2016, S. 21.

Aus den vorstehenden Erwägungen folgt daher, dass für das Kriterium „Vernünftige Erwartungen der betroffenen Person" für den Versicherungsnehmer, die mitversicherte Person und den Geschädigten eine geringe Belastung, für den Zeugen dagegen eine normale Belastung anzunehmen ist.

6.3.1.4.3.2.2.2.5 Drittstaatbezug eines datenverarbeitenden Akteurs

Zu berücksichtigen ist auch, ob die datenverarbeitenden Akteure einen Drittstaatbezug haben.[1410] Das ergibt sich aus EwG 91 S. 1 DS-GVO und indirekt aus Art. 27 und 44 ff. DS-GVO.

Sind in die Datenverarbeitung Akteure eingeschaltet, die nicht in der Union niedergelassen sind, besteht für die betroffene Person die Gefahr, dass das durch die Datenschutz-Grundverordnung gewährleistete Schutzniveau zumindest faktisch untergraben wird.[1411] Zwar findet die Datenschutz-Grundverordnung unter den Voraussetzungen von Art. 3 Abs. 2 DS-GVO auch auf nicht in der Union niedergelassene Verantwortliche oder Auftragsverarbeiter Anwendung und auch soll durch Art. 27 DS-GVO der Vertreter die fehlende Niederlassung kompensieren und ebenfalls soll durch Art. 44 ff. DS-GVO ein vergleichbares Datenschutzniveau gewährleistet werden. Nichtsdestotrotz besteht bei datenverarbeitenden Akteuren ohne Niederlassung in der Union jedoch stets die Gefahr, dass sie sich durch „Nichtpräsenz vor Ort" etwaigen Kontroll- und Durchsetzungsmaßnahmen entziehen und so den Schutz der betroffenen Personen faktisch verkürzen.[1412] Das gilt insbesondere vor dem Hintergrund, dass eine etwaige Intervention der Aufsichtsbehörden nach Art. 57 und 58 DS-GVO auf fremdem Staatsgebiet nur „schwer vorstellbar" ist.[1413] Aus diesen Gründen ist eine Datenverarbeitung durch Akteure, die keine Niederlassung in der Union haben, besonders belastend.

Wird die soziale Netzwerkanalyse allein durch das Versicherungsunternehmen durchgeführt, ist kein Akteur mit Drittstaatbezug in die Datenverarbeitung involviert. Wie zuvor beschrieben kommen Versicherungsunternehmen ohne Niederlassung in der Europäischen Union nur im Rückversicherungsgeschäft in Betracht, welches jedoch nicht Gegenstand dieser Arbeit ist.[1414] Beauftragt das Versicherungsunternehmen dagegen einen externen Dienstleister in einem Drittland mit der Durchführung der sozialen Netzwerkanalyse, ändert sich die Bewertung naturgemäß.

Für das Kriterium „Drittstaatbezug eines datenverarbeitenden Akteurs" scheidet eine geringe Belastung von vornherein aus. Sofern die soziale Netzwerkanalyse allein durch das Versicherungsunternehmen oder in Zusammenarbeit mit anderen Akteuren in der Europäischen Union durchgeführt wird, ist daher eine normale Belastung für die betroffenen Personen anzunehmen.

[1410] *Wolff*, in: Schantz/Wolff, Das neue Datenschutzrecht, 2017, Rn. 654; *Dammann/Simitis*, EG-Datenschutzrichtlinie, 1997, Art. 7, Rn. 14; *Thoma*, ZD 2013, 578, 579.

[1411] Vgl. Art. 44 DS-GVO.

[1412] *Martini*, in: Paal/Pauly, DS-GVO BDSG, 3. Aufl. 2021, Art. 27, Rn. 7; *Hanloser*, in: Wolff/Brink, Beck'scher Onlinekommentar Datenschutzrecht, 34. Edition 2020, Art. 27 DS-GVO, Rn. 10; dazu auch Hessische Landesregierung (Hrsg.), 19. Tätigkeitsbericht, 2006, S. 32.

[1413] *Hornung*, in: Roßnagel/Friedewald/Hansen, Die Fortentwicklung des Datenschutzes, 2018, S. 323 ff.

[1414] Zum räumlichen Anwendungsbereich der Datenschutz-Grundverordnung ab S. 111.

6.3.1.4.3.2.2.3 Dritte Dimension: Datenverarbeitung

6.3.1.4.3.2.2.3.1 Art der Datenerhebung

Zu berücksichtigen ist auch die Art der Datenerhebung.[1415] Sie ist ein wesentlicher Aspekt der Umstände der Datenverarbeitung.[1416]

Bei der Art der Datenerhebung kann zwischen der Erhebung bei der betroffenen Person und der sonstigen Erhebung unterschieden werden. Die Direkterhebung erfordert die Mitwirkung der betroffenen Person – sei es aktiv, sei es passiv – und stärkt damit ihre „Subjektqualität" beim Datenbeschaffungsvorgang.[1417] Zudem erhöht sie die Transparenz für die betroffene Person. Die Direkterhebung berührt somit ähnliche Aspekte wie die Kriterien „Machtverhältnis zwischen dem Verantwortlichen und der betroffenen Person" und „Begründete Erwartungen der betroffenen Person". Sie ist daher weniger belastend für die betroffene Person.

Bei der sozialen Netzwerkanalyse ist zwischen den betroffenen Personen zu differenzieren. So werden beispielsweise nach einem Straßenverkehrsunfall nicht alle Unfallbeteiligten mit dem Versicherungsunternehmen in Kontakt treten, um den Schadensfall zu melden, sondern regelmäßig nur eine Person. Typischerweise ist das entweder der Versicherungsnehmer oder der Geschädigte. Dieser wird sowohl die ihn betreffenden personenbezogenen Daten als auch die personenbezogenen Daten zu den anderen Unfallbeteiligten an das Versicherungsunternehmen übermitteln. Hinsichtlich der meldenden Person liegt somit eine Direkterhebung gemäß Art. 13 DS-GVO vor. Hinsichtlich der übrigen Unfallbeteiligten handelt es sich dagegen um eine sonstige Erhebung im Sinne von Art. 14 DS-GVO.

Für das Kriterium „Art der Erhebung" scheidet eine schwere Belastung von vornherein aus. Sofern man davon ausgeht, dass der Versicherungsnehmer den Schaden meldet, handelt es sich bei ihm um eine Direkterhebung und damit um eine geringe Belastung. Für die übrigen betroffenen Personen ist es eine sonstige Erhebung und bedeutet eine normale Belastung.

6.3.1.4.3.2.2.3.2 Art der Datenverarbeitung

Zu berücksichtigen ist auch die Art der Datenverarbeitung.[1418] Das folgt aus Art. 24 Abs. 1, Art. 25 Abs. 1, Art. 27 Abs. 2 a), Art. 32 Abs. 1, Art. 35 Abs. 1, Art. 37 Abs. 1 b), Art. 39 Abs. 2 und Art. 83 Abs. 2 a) DS-GVO. Was unter der Art der Verarbeitung zu verstehen ist, wird in der Datenschutz-Grundverordnung nicht weiter erläutert.

Nicht gemeint sind jedenfalls die verschiedenen Verarbeitungsvorgänge in Art. 4 Nr. 2 DS-GVO wie beispielsweise das Erheben, die Speicherung oder die Offenlegung.[1419] Aus ihnen lassen sich keine Wertungen für die Bedeutung der Datenverarbeitung für die betroffene Person ableiten.[1420]

Denkbar wäre es dagegen, sich an Art. 2 Abs. 1 DS-GVO zu orientieren und zwischen einer ganz automatisierten Verarbeitung, einer teilweise automatisierten Verarbeitung sowie einer nichtautomatisierten Verarbeitung personenbezogener Daten, die in einem Dateisystem

---

[1415] Auch die Datenerhebung ist eine Datenverarbeitung. Sie wird jedoch gesondert betrachtet.

[1416] *Martini*, in: Paal/Pauly, DS-GVO BDSG, 3. Aufl. 2021, Art. 24, Rn. 34; *Jandt*, in: Kühling/Buchner, DS-GVO/BDSG, 3. Aufl. 2020, Art. 32, Rn. 12.

[1417] *Wolff*, in: Schantz/Wolff, Das neue Datenschutzrecht, 2017, Rn. 456.

[1418] Vgl. *Veil*, ZD 2015, 347, 352.

[1419] A.A. *Martini*, in: Paal/Pauly, DS-GVO BDSG, 3. Aufl. 2021, Art. 24, Rn. 32.

[1420] A.A. Artikel-29-Datenschutzgruppe (Hrsg.), WP 248, 2017, S. 11, die jedoch nur das „Abgleichen oder Zusammenführen von Datensätzen" herausgreift.

gespeichert sind oder gespeichert werden sollen, zu unterscheiden.[1421] Zwar ist aus Art. 2 Abs. 1 DS-GVO selbst keine entsprechende Wertung zu entnehmen, allerdings führt nach allgemeinem Verständnis eine zumindest teilweise Automatisierung der Datenverarbeitung zu einer Risikoerhöhung für die betroffene Person.[1422] Mit Hilfe automatisierter Datenverarbeitung können personenbezogene Daten in einem Umfang und in einer Geschwindigkeit verarbeitet werden, die mit einer manuellen Datenverarbeitung nicht oder nicht in vergleichbarer Weise möglich wäre.[1423] Richtigerweise ist jedoch eine an Art. 2 Abs. 1 DS-GVO angelehnte Differenzierung heutzutage nur noch wenig zweckmäßig, denn es sind kaum noch Datenverarbeitungen denkbar, die ohne Hilfe von Datenverarbeitungsanlagen vorgenommen werden.[1424]

Sinnvoller erscheint es dagegen, auf eine Reihe von Verarbeitungsarten abzustellen, die in der Datenschutz-Grundverordnung oder durch Datenschutzaufsichtsbehörden als besonders risikobehaftet für die betroffene Person hervorgehoben werden. Dabei handelt es sich typischerweise um solche Verarbeitungsvorgänge, die eine Datenschutz-Folgenabschätzung im Sinne von Art. 35 DS-GVO erforderlich machen.[1425] Gemäß Art. 35 Abs. 1 S. 1 DS-GVO muss der Verantwortliche für solche Verarbeitungsvorgänge, die aufgrund der Art, des Umfangs, der Umstände und der Zwecke der Verarbeitung voraussichtlich ein hohes Risiko für die Rechte und Freiheiten natürlicher Personen zur Folge haben, eine vorherige Datenschutz-Folgenabschätzung durchführen. Ob eine bestimmte Datenverarbeitung voraussichtlich ein hohes Risiko für die betroffenen Personen auslöst, ist unter Berücksichtigung der Generalklausel des Art. 35 Abs. 1 S. 1 DS-GVO, der Regelbeispiele des Art. 35 Abs. 3 DS-GVO und der öffentlichen Listen der Datenschutzaufsichtsbehörden gemäß Art. 35 Abs. 4 S. 1 und Abs. 5 S. 1 DS-GVO zu ermitteln.

Wenn eine Datenverarbeitung nach diesen Kriterien voraussichtlich ein hohes Risiko mit sich bringt, stellt dies für die betroffene Person eine besonders belastende Datenverarbeitung dar.

Für die soziale Netzwerkanalyse ist das Versicherungsunternehmen verpflichtet, vorab eine Datenschutz-Folgenabschätzung durchzuführen.[1426] Dies ergibt sich jedenfalls aus der Generalklausel des Art. 35 Abs. 1 S. 1 DS-GVO. Die Durchführung einer sozialen Netzwerkanalyse beinhaltet verschiedene Elemente – eine Bewertung oder Einstufung der betroffenen Personen, eine Datenverarbeitung in großem Umfang, eine innovative Nutzung oder Anwendung neuer technologischer oder organisatorischer Lösungen und eine mögliche Hinderung betroffener Personen an der Ausübung eines Rechts oder der Nutzung einer Dienstleistung bzw. Durchführung eines Vertrags –, die voraussichtlich zu einem hohen Risiko für die betroffenen Personen führen. Für das Kriterium „Art der Verarbeitung" scheidet eine geringe Belastung ohnehin von vornherein aus. Im vorliegenden Fall ist zudem eine schwere Belastung anzunehmen.

[1421] So wohl *Plath*, in: Plath, BDSG/DSGVO, 3. Aufl. 2018, Art. 24 DS-GVO, Rn. 15; *Hartung*, in: Kühling/Buchner, DS-GVO/BDSG, 3. Aufl. 2020, Art. 24, Rn. 14.

[1422] *Wolff/Brink*, in: Wolff/Brink, Beck'scher Onlinekommentar Datenschutzrecht, 34. Edition 2020, Einleitung zur DS-GVO, Rn. 1.

[1423] So schon BVerfGE 65, 1, 42; BVerfGE 115, 320, 356; BVerfGE 120, 378, 398.

[1424] Der Umstand, dass der Schutz natürlicher Personen nach EwG 15 S. 2 DS-GVO ausdrücklich auch für die manuelle Verarbeitung personenbezogener Daten soll, ändert daran nichts an ihrer schwindenden Relevanz. Die entscheidende Zäsur verläuft zwischen der manuellen und der teilweise automatisierten Datenverarbeitung.

[1425] Vgl. *Schantz*, in: Simitis/Hornung/Spiecker gen. Döhmann, Datenschutzrecht, 2019, Art. 6 Abs. 1, Rn. 107; zur Datenschutz-Folgenabschätzung als Instrument des Risikomanagements ab S. 324.

[1426] Zu den Voraussetzungen der Datenschutz-Folgenabschätzung ab S. 325.

6.3.1.4.3.2.2.3.3 Dauer der Datenspeicherung

Zu berücksichtigen ist auch die Dauer der Speicherung. Sie gehört zu den wichtigsten Umständen der Datenverarbeitung.[1427]

Die Dauer der Speicherung ist eine notwendige Vorbedingung für verschiedene andere Faktoren. Je länger die personenbezogenen Daten gespeichert werden, desto höher ist die Gefahr, dass sie „veralten" und nicht mehr die Realität abbilden.[1428] Je länger die Speicherdauer ist, desto höher ist auch die Wahrscheinlichkeit, dass Personen berechtigt oder unberechtigt Einblicke in die Privatsphäre der betroffenen Person erhalten. Eine gewisse Speicherdauer ist zudem nötig, um eine größere Menge an personenbezogenen Daten aufzubauen und zu Profilen verknüpfen zu können.[1429]

Je länger daher die personenbezogenen Daten gespeichert werden, desto belastender ist die Datenverarbeitung daher für die betroffene Person.

Im Rahmen der sozialen Netzwerkanalyse werden die personenbezogenen Daten grundsätzlich für vier Jahre ab ihrer Erhebung gespeichert.[1430] Offensichtlich scheidet daher eine geringe Belastung aus. Eine solche ist nur bei einer erheblich kürzeren Speicherdauer anzunehmen. Darüber hinaus ist die Einordnung jedoch nicht eindeutig. Zu berücksichtigen ist aber, dass ein Versicherungsvertrag prinzipiell eine auf Dauer angelegte Rechtsbeziehung ist. Dies gilt auch für die Kraftfahrzeug-Haftpflichtversicherung. Betrachtet man die Spanne gespeicherter Daten im Zusammenhang mit dem Versicherungsvertrag, ist davon auszugehen, dass bei einer Speicherdauer von vier Jahren für das Kriterium „Dauer der Speicherung" gerade noch eine mittlere Belastung anzunehmen ist.

6.3.1.4.3.2.2.3.4 Häufigkeit der Datenverarbeitung

Zu berücksichtigen ist zudem die Häufigkeit der Datenverarbeitung. Das ergibt sich aus EwG 94 S. 2 DS-GVO sowie aus einem Umkehrschluss zu Art. 27 Abs. 2 a) und Art. 30 Abs. 5 DS-GVO.

Die Häufigkeit bzw. die Seltenheit der Datenverarbeitung stellt auf die Frequenz der Verarbeitungsvorgänge ab.[1431] Keine Rolle spielt dagegen der Umstand, ob die Verarbeitung personenbezogener Daten eine Haupt- oder eine Nebentätigkeit des Verantwortlichen darstellt.[1432] Je höher die Frequenz der Verarbeitungsvorgänge, desto belastender ist die Datenverarbeitung für die betroffene Person. Datenverarbeitende Akteure erhalten umso häufiger Einblicke in die Privatsphäre der betroffenen Person. Zusammen mit der Speicherdauer steht die Frequenz der Datenverarbeitung auch einem „Vergessen" der Informationen entgegen. Darüber hinaus stößt jede Verarbeitung personenbezogener Daten Folgeprozesse beim Verantwortlichen an, die sich auf die betroffene Person auswirken können. Je höher die Frequenz der Datenverarbeitung, desto häufiger entfalten diese Folgen Auswirkungen für die betroffene Person.

Im Rahmen der sozialen Netzwerkanalyse werden die personenbezogenen Daten in hoher Frequenz verarbeitet. Das liegt daran, dass jede eingehende Schadensmeldung mit Hilfe der sozialen Netzwerkanalyse auf auffällige Verbindungen zu anderen Straßenverkehrsunfällen

---

[1427] *Martini*, in: Paal/Pauly, DS-GVO BDSG, 3. Aufl. 2021, Art. 24, Rn. 34a.

[1428] Zur Aktualität von personenbezogenen Daten ab S. 281.

[1429] Zur Menge der Daten ab S. 192.

[1430] Zur Bestimmung der Speicherdauer von vier Jahren ab S. 297.

[1431] *Martini*, in: Paal/Pauly, DS-GVO BDSG, 3. Aufl. 2021, Art. 30, Rn. 34.

[1432] *Martini*, in: Paal/Pauly, DS-GVO BDSG, 3. Aufl. 2021, Art. 30, Rn. 34; a.A. *Spoerr*, in: Wolff/Brink, Beck'scher Onlinekommentar Datenschutzrecht, 34. Edition 2020, Art. 30 DS-GVO, Rn. 24.

geprüft wird. Für das Kriterium „Häufigkeit der Datenverarbeitung" ist daher ebenfalls von einer schweren Belastung auszugehen.

6.3.1.4.3.2.2.3.5 Zwecke der Datenverarbeitung

Zu berücksichtigen sind schließlich die Zwecke der Datenverarbeitung.[1433] Das ergibt sich aus Art. 24 Abs. 1, Art, 25 Abs. 1, Art. 27 Abs. 2 a), Art. 32 Abs. 1, Art. 37 Abs. 1 und Art. 39 Abs. 2 DS-GVO.

Jede Verarbeitung personenbezogener Daten dient vorab festgelegten Zwecken.[1434] Dabei können unterschiedliche Zwecke unterschiedliche Auswirkungen auf die betroffene Person haben.[1435] In erster Linie handelt es sich um beabsichtigte Wirkungen, die der Verantwortliche mit Blick auf die Verarbeitungszwecke herbeiführen möchte. Diese lassen sich herausarbeiten, indem man untersucht, wie die konkrete Datenverarbeitung in die Organisation des Verantwortlichen eingebettet ist und welche Folgeprozesse oder -entscheidungen sie auslöst. Grundsätzlich gilt, dass je nachteiliger die möglichen Auswirkungen der Datenverarbeitung sind, desto höher die Belastung für die betroffene Person ist.

Zunächst sind die vom Versicherungsunternehmen beabsichtigten Auswirkungen der Datenverarbeitung zu beleuchten. Diese orientieren sich an dem Zweck der Datenverarbeitung – Haftungsprüfung und Betrugsabwehr. Löst die soziale Netzwerkanalyse einen Treffer aus, wird der konkrete Versicherungsfall ausgesteuert und von den Betrugsabwehrspezialisten gesondert untersucht.[1436] Gelangen diese zu der Überzeugung, dass der Straßenverkehrsunfall manipuliert und die Schadensersatzansprüche des Geschädigten unbegründet sind, wird das Versicherungsunternehmen diese abwehren. Der Versicherungsnehmer und die mitversicherte Person werden somit nicht von den Schadensersatzansprüchen befreit, der Geschädigte wird nicht befriedigt. Sofern der Versicherungsnehmer an der Manipulation des Straßenverkehrsunfalls beteiligt war, wird das Versicherungsunternehmen den Versicherungsvertrag regelmäßig kündigen. Da es sich bei der Kraftfahrzeug-Haftpflichtversicherung gemäß § 1 PflVG um eine Pflichtversicherung handelt, wirkt sich dies auch auf das zulässige Halten des Kraftfahrzeugs aus. Darüber hinaus kann das Versicherungsunternehmen zivil- und strafrechtliche Verfahren gegen betrugsverdächtige Unfallbeteiligte anstrengen.[1437] Letzteres kann nicht nur den Versicherungsnehmer, die mitversicherte Person und den Geschädigten, sondern auch den Zeugen betreffen. Löst die soziale Netzwerkanalyse dagegen keinen Treffer aus und bestehen auch sonst keine entgegenstehenden Gründe, wird das Versicherungsunternehmen den Versicherungsnehmer und die mitversicherte Person von den Schadensersatzansprüchen befreien und den Geschädigten befriedigen.

Aus den vorstehenden Erwägungen folgt daher, dass für das Kriterium „Zwecke der Verarbeitung" für den Versicherungsnehmer, die mitversicherte Person und den Geschädigten eine schwere Belastung anzunehmen ist. Da das Versicherungsunternehmen auch gegen betrugsverdächtigen Zeugen zivil- und strafrechtliche Verfahren anstrengen kann, ist für diesen ebenfalls eine schwere Belastung anzunehmen.

[1433] Vgl. *Thoma*, ZD 2013, 578, 579.

[1434] Zur Zweckbindung ab S. 253.

[1435] Vgl. *Schantz*, in: Simitis/Hornung/Spiecker gen. Döhmann, Datenschutzrecht, 2019, Art. 6 Abs. 1, Rn. 106.

[1436] Zum Ablauf der Betrugserkennung ab S. 32.

[1437] Zur Aufarbeitung von Versicherungsbetrug ab S. 38.

6.3.1.4.3.2.2.4 Matrix zur Bedeutung der Datenverarbeitung

Im Anschluss kann die jeweilige Einschätzung in eine entsprechende Matrix eingetragen werden. Diese ermöglicht einen Überblick über die Belastungsstruktur der konkreten Verarbeitung, erlaubt es eine vollzogene Bewertung im Detail nachzuvollziehen sowie punktuelle Gestaltungsmaßnahmen zu entwickeln.

Kriterium	Belastung Gering	Mittel	Schwer
Daten			
Personenbezug der Daten	*		
Art der Daten		*	
Menge der Daten			*
Quelle der Daten		*	
Qualität der Daten	*		
Akteure			
Menge der datenverarbeitenden Akteure	*		
Menge der betroffenen Personen			*
Machtverhältnis zwischen Verantwortlichem und betroffener Person	* (Z)		* (VN, MVP, G)
Vernünftige Erwartungen der betroffenen Person	* (VN, MVP, G)	* (Z)	
Drittstaatbezug eines datenverarbeitenden Akteurs		*	
Verarbeitung			
Art der Datenerhebung	* (VN)	* (MVP, G, Z)	
Art der Datenverarbeitung			*
Dauer der Datenspeicherung		*	*
Häufigkeit der Datenverarbeitung			*
Zwecke der Datenverarbeitung			*

Tabelle 5: Matrix zur Bedeutung der Datenverarbeitung

Betrachtet man die Belastungsstruktur der Datenverarbeitung, ist insgesamt schon von einer schweren Belastung für die betroffenen Personen auszugehen. Dabei fällt auf, dass die individuelle Belastung innerhalb der Kriterien „Machtverhältnis zwischen Verantwortlichem und betroffener Person", „Vernünftige Erwartungen der betroffenen Person" sowie „Art der Datenerhebung" für den Versicherungsnehmer, die mitversicherte Person, den Geschädigten und den Zeugen jeweils unterschiedlich ausfällt. Zu berücksichtigen ist ebenfalls, dass obwohl es sich um eine insgesamt schon schwere Belastung handelt, dieselbe am unteren Rand der Spanne anzusiedeln ist.

Aus der schweren Belastung folgt, dass die Datenverarbeitung eine hohe Bedeutung für die Interessen, Grundrechte und Grundfreiheiten der am Unfall beteiligten betroffenen Personen einnimmt.

6.3.1.4.3.3 Abwägung im engeren Sinne

Nachdem die Interessen des Versicherungsunternehmens und der betroffenen Personen sowie die Bedeutung der Datenverarbeitung für diese Interessen jeweils gewichtet wurden, können sie nun gegeneinander abgewogen werden. Erst jetzt findet also die eigentliche Abwägung statt. Die vorherigen Schritte dienten lediglich dazu, die „Waagschalen" zu befüllen und die konkreten Abwägungstopoi vorzubereiten. Sollten die Interessen der betroffenen Person nicht überwiegen, ist die Datenverarbeitung gemäß Art. 6 Abs. 1 S. 1 f) DS-GVO rechtmäßig. Ergibt die Abwägung dagegen, dass die Interessen der betroffenen Person überwiegen, kann das Versicherungsunternehmen versuchen, durch die Einführung zusätzlicher Schutzmaßnahmen besonders belastende Faktoren für die betroffene Person zu kompensieren oder zumindest abzumildern.[1438]

Auf der einen Seite steht das berechtigte Interesse des Versicherungsunternehmens, ungewöhnliche Verbindungen zwischen Straßenverkehrsunfällen zu erkennen. Dabei handelt es sich um ein hoch zu bewertendes berechtigtes Interesse, denn die Maßnahmen des Verantwortlichen zur Betrugserkennung werden auf verfassungsrechtlicher Ebene durch die Grundrechte aus Art. 16 und 17 GRCh sowie auf einfachgesetzlicher Ebene durch EwG 47 S. 6 DS-GVO, § 26 VAG, §§ 31, 100 und 103 VVG anerkannt. Auch hat die Allgemeinheit zumindest ein prinzipielles Interesse daran, dass Versicherungsbetrug erkannt und verhindert wird. Auf der anderen Seite steht das Interesse der am Unfall beteiligten betroffenen Personen, einer solchen Datenverarbeitung nicht unterworfen zu werden. Dieses wird ebenfalls auf verfassungsrechtlicher Ebene durch die Grundrechte aus Art. 8 und 7 GRCh sowie auf einfachgesetzlicher Ebene durch die allgemeinen datenschutzrechtlichen Rechtsakte anerkannt. Anders als das berechtigte Interesse des Versicherungsunternehmens kann hier jedoch kein über den Normalfall hinausgehendes hohes Interesse ausgemacht werden, denn dazu fehlt es insbesondere an der Berührung weiterer Grundrechte.

Das berechtigte Interesse des Versicherungsunternehmens, auffällige Verbindungen zwischen Straßenverkehrsunfällen zu erkennen, wird durch die Durchführung der sozialen Netzwerkanalyse in hohem Maße verwirklicht. Dabei ist auch zu beachten, dass für das Versicherungsunternehmen keine Alternativen existieren, um diese Erscheinungsform manipulierter Unfälle anderweitig aufzudecken. Dagegen ist zu berücksichtigen, dass die Durchführung der sozialen Netzwerkanalyse intensiv in die entgegenstehenden Interessen der betroffenen Personen eingreift und letzteren eine große Belastung zumutet. Das gilt insbesondere mit Blick auf die Menge der Daten und betroffenen Personen, das Machtverhältnis zwischen Versicherungsunternehmen und betroffenen Personen sowie die Art, Häufigkeit und Zwecke der Verarbeitung.

Berücksichtigt man das hohe berechtigte Interesse des Versicherungsunternehmens an der Betrugserkennung und den hohen Grad der Förderung dieses Interesses durch die soziale

---

[1438] Artikel-29-Datenschutzgruppe (Hrsg.), WP 217, 2014, S. 53 ff.

Netzwerkanalyse, überwiegen diese geringfügig über das entgegenstehende normale Interesse der betroffenen Personen und die zugegebenermaßen schwere Belastung für letztere. Unter Berücksichtigung des Umstands, dass sich die Belastung der Datenverarbeitung am unteren Rand der Spanne bewegt, erscheint die Datenverarbeitung den betroffenen Personen insgesamt noch zumutbar.

Zu berücksichtigen ist jedoch, dass sofern das Versicherungsunternehmen die Ausgestaltung der sozialen Netzwerkanalyse verändert und beispielsweise mit einer großen Menge anderer Versicherungsunternehmen zusammenarbeiten oder externe Dienstleister in Drittländern beauftragen würde, sich das Abwägungsergebnis verändern kann. Dem Versicherungsunternehmen steht es jedoch frei, die Gesamtbelastung für die betroffenen Personen durch die Einführung zusätzlicher Kompensationsmaßnahmen weiter abzumildern. Als Ausgangspunkt hierfür dient die in der Matrix dargestellte Belastungsstruktur der Datenverarbeitung. Alle Kriterien, für die eine mittlere oder schwere Belastung anzunehmen ist, können potenziell durch punktuelle Maßnahmen abgemildert werden. Das Versicherungsunternehmen muss hierbei jedoch gegebenenfalls Einbußen bei der Effektivität der sozialen Netzwerkanalyse in Kauf nehmen.[1439]

6.3.1.4.4 Widerspruchsrecht (Art. 21 DS-GVO)

Im Zusammenhang mit einer Interessenabwägungen nach Art. 6 Abs. 1 S. 1 f) DS-GVO muss das Versicherungsunternehmen zudem stets das Widerspruchsrecht der betroffenen Personen gemäß Art. 21 Abs. 1 S. 1 DS-GVO berücksichtigen.

Wie schon zuvor beschrieben sollten natürliche Personen gemäß EwG 7 S. 2 DS-GVO die Kontrolle über ihre eigenen Daten besitzen. Die Datenschutz-Grundverordnung sieht daher verschiedene Rechte vor, die es der betroffenen Person erlauben, über das „ob" und das „wie" der Datenverarbeitung zu entscheiden und sie entsprechend zu erlauben, zu lenken oder zu verhindern.[1440] Zu diesem Zweck räumt die Datenschutz-Grundverordnung der betroffenen Person in Art. 21 DS-GVO auch ein Widerspruchsrecht ein.[1441] Dieses Recht bedeutet jedoch nicht, dass die betroffene Person jeder ihr missliebigen Datenverarbeitung widersprechen kann. Die Widerspruchsrechte in Art. 21 DS-GVO knüpfen entweder an eine bestimmte Rechtsgrundlage oder an einen bestimmten Zweck der Datenverarbeitung an. Die Voraussetzungen und Rechtsfolgen weichen dabei erheblich voneinander ab.

Verarbeitet der Verantwortliche personenbezogene Daten aufgrund von Art. 6 Abs. 1 S. 1 e) oder f) DS-GVO, kann die betroffene Person gemäß Art. 21 Abs. 1 S. 1 DS-GVO aus Gründen, die sich aus ihrer besonderen Situation ergeben, der Datenverarbeitung jederzeit widersprechen. In diesem Fall muss der Verantwortliche die Datenverarbeitung beenden, es sei denn, er kann zwingende schutzwürdige Gründe für die Verarbeitung nachweisen, die die Interessen, Rechte und Freiheiten der betroffenen Person überwiegen, oder die Verarbeitung dient der Geltendmachung, Ausübung oder Verteidigung von Rechtsansprüchen.

Werden personenbezogene Daten zu Zwecken der Direktwerbung verarbeitet, kann die betroffene Person gemäß Art. 21 Abs. 2 DS-GVO der Datenverarbeitung jederzeit widersprechen. Anders als bei Art. 21 Abs. 1 S. 2 DS-GVO sieht Art. 21 Abs. 3 DS-GVO vor, dass der Verantwortliche die Datenverarbeitung sodann in jedem Fall beenden muss.

Verarbeitet der Verantwortliche personenbezogene Daten zu wissenschaftlichen oder historischen   Forschungszwecken   oder   zu   statistischen   Zwecken   gemäß

[1439] Zur Effektivität der sozialen Netzwerkanalyse im Rahmen der Erforderlichkeit ab S. 169.

[1440] Zu den Betroffenenrechten ab S. 113.

[1441] Zum Widerspruch als Kontrollmöglichkeit vgl. Artikel-29-Datenschutzgruppe (Hrsg.), WP 187, 2011, S. 10.

Art. 89 Abs. 1 DS-GVO, kann die betroffene Person gemäß Art. 21 Abs. 6 DS-GVO aus Gründen, die sich aus ihrer besonderen Situation ergeben, gegen die sie betreffende Verarbeitung widersprechen. Als Folge muss der Verantwortliche die Datenverarbeitung beenden, es sei denn, die Verarbeitung ist zur Erfüllung einer im öffentlichen Interesse liegenden Aufgabe erforderlich.

Führt das Versicherungsunternehmen die soziale Netzwerkanalyse auf Grundlage von Art. 6 Abs. 1 S. 1 f) DS-GVO durch, besteht somit die Möglichkeit, dass eine betroffene Person der Datenverarbeitung gemäß Art. 21 Abs. 1 S. 1 DS-GVO widerspricht.

6.3.1.4.4.1 Voraussetzungen

Das Widerspruchsrecht nach Art. 21 Abs. 1 S. 1 DS-GVO kann nicht beliebig ausgeübt werden, sondern die betroffene Person muss Gründe geltend machen, die sich aus ihrer besonderen Situation ergeben.[1442] Die Datenschutz-Grundverordnung präzisiert nicht, was darunter zu verstehen ist. Das Tatbestandsmerkmal der „besonderen Situation" erschließt sich jedoch aus dem Zusammenspiel von Art. 6 Abs. 1 S. 1 f) DS-GVO und Art. 21 Abs. 1 S. 1 DS-GVO. Führt das Versicherungsunternehmen – wie hier – vor der Datenverarbeitung eine Interessenabwägung nach Art. 6 Abs. 1 S. 1 f) DS-GVO durch, kann es grundsätzlich nur eine „objektive[...], typisierende[...] ex-ante Betrachtung" einnehmen.[1443] Da das Versicherungsunternehmen nicht die individuelle Situation jeder einzelnen betroffenen Person kennt, stellt es also auf die typischen und allgemein bekannten Interessen der betroffenen Personen ab.[1444] Im Regelfall wird es auf diese Weise die Interessen der meisten betroffenen Personen berücksichtigen. Es sind jedoch Sondersituationen denkbar, in denen dies ausnahmsweise nicht zutrifft, weil sich die konkrete Situation einer betroffenen Person von der typischen Situation betroffener Personen unterscheidet.[1445] Die besondere Situation im Sinne von Art. 21 Abs. 1 S. 1 DS-GVO meint also atypische Fälle.[1446] Eine solche Situation kann schon von Anfang an bestanden haben oder erst nachträglich im Laufe der Datenverarbeitung eingetreten sein.[1447]

Mit Hilfe des Widerspruchsrechts gemäß Art. 21 Abs. 1 S. 1 DS-GVO soll die betroffene Person diese besonderen Gründe vorbringen und das Versicherungsunternehmen veranlassen können, die Interessenabwägung zu prüfen und gegebenenfalls einzelfallbezogen zu korrigieren.[1448]

Für das Versicherungsunternehmen bedeutet das somit, dass nur solche Gründe den Versicherungsnehmer oder eine andere betroffene Person zum Widerspruch nach Art. 21 Abs. 1 S. 1 DS-GVO berechtigen, die nicht schon in die ursprüngliche Interessenabwägung eingeflossen sind.[1449] Macht beispielsweise der Versicherungsnehmer als besonderen Grund für seinen Widerspruch geltend, dass er auf die Versicherungsleistung des Versicherungsunternehmens angewiesen sei, da er als Halter Kraftfahrzeugs Schuldner der Schadensersatzansprüche aus §§ 7, 18 StVG, § 823 BGB ist, wurde dieser Umstand schon bei

[1442] *Kamann/Braun*, in: Ehmann/Selmayr, DS-GVO, 2. Aufl. 2018, Art. 21, Rn. 21; *Uecker*, ZD 2019, 248, 249.
[1443] *Kamann/Braun*, in: Ehmann/Selmayr, DS-GVO, 2. Aufl. 2018, Art. 21, Rn. 19; *Martini*, in: Paal/Pauly, DS-GVO BDSG, 3. Aufl. 2021, Art. 21 DS-GVO, Rn. 30; *Robrahn/Bremert*, ZD 2018, 291, 294.
[1444] *Herbst*, in: Kühling/Buchner, DS-GVO/BDSG, 3. Aufl. 2020, Art. 21 DS-GVO, Rn. 15.
[1445] *Kamann/Braun*, in: Ehmann/Selmayr, DS-GVO, 2. Aufl. 2018, Art. 21, Rn. 20.
[1446] *Herbst*, in: Kühling/Buchner, DS-GVO/BDSG, 3. Aufl. 2020, Art. 21 DS-GVO, Rn. 15; *Martini*, in: Paal/Pauly, DS-GVO BDSG, 3. Aufl. 2021, Art. 21 DS-GVO, Rn. 30; *Robrahn/Bremert*, ZD 2018, 291, 296.
[1447] *Schulz*, in: Gola, DS-GVO, 2. Aufl. 2018, Art. 21, Rn. 9.
[1448] *Herbst*, in: Kühling/Buchner, DS-GVO/BDSG, 3. Aufl. 2020, Art. 21 DS-GVO, Rn. 15.
[1449] Vgl. *Martini*, in: Paal/Pauly, DS-GVO BDSG, 3. Aufl. 2021, Art. 21 DS-GVO, Rn. 31.

der ursprünglichen Interessenabwägung berücksichtigt. Der Widerspruch wäre daher in diesem Fall unbegründet.

6.3.1.4.4.2 Rechtsfolge

Liegt dagegen ausnahmsweise ein solcher besonderer Grund vor, bedeutet das jedoch nicht, dass das Versicherungsunternehmen die Durchführung der sozialen Netzwerkanalyse in jedem Fall beenden muss. Vielmehr macht Art. 21 Abs. 1 S. 2 DS-GVO deutlich, dass es die personenbezogenen Daten unter bestimmten Voraussetzungen weiterhin verarbeiten kann. Das gilt insbesondere für den Fall, dass es zwingende schutzwürdige Gründe für die Verarbeitung nachweisen kann, die die Interessen, Rechte und Freiheiten der betroffenen Person überwiegen. Als Folge eines berechtigten Widerspruchs muss das Versicherungsunternehmen also die ursprüngliche Interessenabwägung unter Berücksichtigung der besonderen Situation der widersprechenden betroffenen Person wiederholen.[1450] Dabei modifiziert Art. 21 Abs. 1 S. 2 DS-GVO die durch Art. 6 Abs. 1 S. 1 f) DS-GVO vorgegebenen Abwägungsergebnisse.[1451] Gemäß Art. 6 Abs. 1 S. 1 f) DS-GVO ist die Datenverarbeitung rechtmäßig, wenn die Interessen der betroffenen Person nicht überwiegen. Das Interesse des Versicherungsunternehmens muss somit größer-gleich dem Interesse der betroffenen Person sein. Nach Art. 21 Abs. 1 S. 2 DS-GVO ist die Datenverarbeitung jedoch nur noch dann rechtmäßig, wenn das Interesse des Versicherungsunternehmens überwiegt.[1452] Aus dieser Formulierung folgt dreierlei:

– Die Datenverarbeitung ist rechtmäßig, wenn das Interesse des Verantwortlichen oder des Dritten überwiegt.

– Die Datenverarbeitung ist dagegen rechtswidrig, wenn das Interesse des Verantwortlichen oder Dritten und das Interesse der betroffenen Person gleich zu gewichten sind.

– Die Datenverarbeitung ist ebenfalls rechtswidrig, wenn das Interesse der betroffenen Person überwiegt.

Anders als zuvor ist die Datenverarbeitung also nunmehr rechtswidrig, wenn das Interesse des Versicherungsunternehmens und das Interesse der betroffenen Person gleich zu gewichten sind.[1453] Die Formel würde sich nun insofern ändern, dass das Interesse des Versicherungsunternehmens größer dem Interesse der betroffenen Person sein muss.

Im Ergebnis bedeutet dies für das Versicherungsunternehmen, dass eine widersprechende betroffene Person nicht nur neue Gründe vorbringen muss, die noch nicht im Rahmen der ursprünglichen Interessenabwägung berücksichtigt wurden. Diese neuen Gründe müssen auch dazu führen, dass als Abwägungsergebnis das Interesse des Verantwortlichen oder Dritten und das Interesse der betroffenen Person nunmehr gleich zu gewichten sind oder das Interesse der betroffenen Person überwiegt. Erst dann führt der erklärte Widerspruch nach Art. 21 Abs. 1 S. 1 DS-GVO dazu, dass das Versicherungsunternehmen in Bezug auf diese betroffene Person die soziale Netzwerkanalyse nicht mehr durchführen darf.

[1450] *Robrahn/Bremert*, ZD 2018, 291, 296; *Forgó*, in: Wolff/Brink, Beck'scher Onlinekommentar Datenschutzrecht, 34. Edition 2020, Art. 21, Rn. 13; *Veil*, NJW 2018, 3337, 3341.

[1451] Zu den möglichen Abwägungsergebnissen ab S. 183.

[1452] *Veil*, NJW 2018, 3337, 3341.

[1453] *Robrahn/Bremert*, ZD 2018, 291, 296; so wohl auch *Forgó*, in: Wolff/Brink, Beck'scher Onlinekommentar Datenschutzrecht, 34. Edition 2020, Art. 21, Rn. 10.

6.3.2 Besondere Verarbeitungssituationen – Automatisierte Entscheidungen im Einzelfall einschließlich Profiling (Art. 22 DS-GVO)

Während Art. 6 DS-GVO die zentrale Vorschrift zur Rechtmäßigkeit der Verarbeitung von personenbezogenen Daten ist, bestehen für verschiedene spezielle Verarbeitungssituationen Sonderregelungen, die die Erlaubnistatbestände des Art. 6 DS-GVO modifizieren oder ergänzen.[1454] Das sind beispielsweise Art. 9 und 10 DS-GVO für besondere Arten von personenbezogenen Daten, aber auch Art. 28 und Art. 44 ff. DS-GVO als zusätzliche Stufen der Rechtmäßigkeitsprüfung. Für die soziale Netzwerkanalyse ist insbesondere die Regelung in Art. 22 DS-GVO über automatisierte Entscheidungen relevant.

Die Vorschrift des Art. 22 DS-GVO beinhaltet eine Sonderregelung für automatisierte Entscheidungen im Einzelfall einschließlich Profiling.[1455] Gemäß Art. 22 Abs. 1 DS-GVO hat eine betroffene Person das Recht, nicht einer ausschließlich auf einer automatisierten Verarbeitung – einschließlich Profiling – beruhenden Entscheidung unterworfen zu werden, die ihr gegenüber rechtliche Wirkung entfaltet oder sie in ähnlicher Weise erheblich beeinträchtigt.

Sowohl im nicht öffentlichen als auch im öffentlichen Bereich wird zunehmend versucht, Entscheidungsvorgänge teilweise oder vollständig zu automatisieren, das heißt durch Maschinen zu unterstützen oder übernehmen zu lassen.[1456] Insbesondere in der Kraftfahrzeug-Versicherung soll der Einsatz von Big Data die Automatisierung der Schadensregulierung weiter vorantreiben.[1457]

Automatisierte Entscheidungen bringen im Vergleich zu manuellen Entscheidungen erhebliche Effizienz- und Kostenvorteile mit sich.[1458] Insbesondere unter Einsatz von Big-Data-Technologien ermöglichen sie die Verarbeitung großer Datenmengen in Echtzeit – *Volume* und *Velocity* – und sind dadurch imstande, in hoher Frequenz und unveränderter Qualität Entscheidungen zu treffen. Neben dem Effizienz- und Kostengewinn versprechen automatisierte Entscheidungen zudem eine objektivierte und weitgehend gleiche Behandlung der betroffenen Personen.[1459] Während die Entscheidungen von Menschen typischerweise subjektiv geprägt, fehleranfällig und schwankend sind, führt die Maschine emotionslos aus, wozu sie programmiert wurde.[1460] Gleiche Sachverhalte werden gleich entschieden, denn bei automatisierten Entscheidungen führen grundsätzlich die gleichen Eingabedaten zu den gleichen Ausgabedaten.[1461] Diese Eigenschaft wird auch als „Determiniertheit" bezeichnet.

[1454] *Albrecht/Jotzo,* Das neue Datenschutzrecht der EU, 2017, Teil 3, Rn. 56; *Nebel,* in: Roßnagel, Europäische Datenschutz-Grundverordnung, 2017, § 3 III, Rn. 74 ff.

[1455] *Abel,* ZD 2018, 304, 305.

[1456] Zahlreiche Fallbeispiele für Prozesse algorithmischer Entscheidungsfindung bei Bertelsmann Stiftung (Hrsg.), Wenn Maschinen Menschen bewerten, 2017; zu vollautomatisierten Verwaltungsverfahren *Martini/Nink,* NVwZ - Extra 2017/10, 1.

[1457] *Tenbieg,* in: Wagner, Gabler Versicherungslexikon, 2. Aufl. 2017, S. 813; *Hofer/Weiß,* in: Aschenbrenner/Dicke/Karnarski/Schweiggert, Informationsverarbeitung in Versicherungsunternehmen, 2010, S. 305.

[1458] Artikel-29-Datenschutzgruppe (Hrsg.), WP 251, 2018, S. 5; so auch schon *Mallmann,* Zielfunktionen des Datenschutzes, 1977, S. 72; mit Blick auf Big Data zur Betrugserkennung *Bitter,* in: Hoeren/Sieber/Holznagel, Handbuch Multimedia-Recht, 54. EL 2020, Teil 15.4, Rn. 12.

[1459] *Mallmann,* Zielfunktionen des Datenschutzes, 1977, S. 73.

[1460] *Kahneman/Rosenfield/Gandhi/Blaser,* HBM 2016, Heft 12, 62; Bertelsmann Stiftung (Hrsg.), Wo Maschinen irren können, 2018, S. 13 f.

[1461] Bertelsmann Stiftung (Hrsg.), Wo Maschinen irren können, 2018, S. 14; eine Ausnahme gilt für selbstlernende und sich anpassende Algorithmen.

So wie eine Automatisierung von Entscheidungsprozessen Chancen aufweist, birgt sie jedoch in gleicher Weise Risiken. Diese resultieren insbesondere aus der Interaktion zwischen Mensch und Maschine.[1462] Dabei geht es zum einen um das Verhältnis „Verantwortlicher – Maschine" und zum anderen um die Beziehung „Betroffene Person – Maschine".

Betrachtet man zunächst den Verantwortlichen, also denjenigen, der die Maschine zur Entscheidung einsetzt, dann besteht die Gefahr, dass dieser der Maschine übermäßig vertraut.[1463] Automatisierte Entscheidungen haben einen „scheinbar objektiven und unbestreitbaren Charakter, dem der menschliche Entscheidungsträger übermäßige Bedeutung beimessen kann".[1464] Eine solche „Maschinengläubigkeit" des Verantwortlichen ist problematisch, denn Maschinen sind zwar typischerweise weniger fehleranfällig als Menschen, aber sie sind nicht fehlerlos.[1465] Unterschätzt der Verantwortliche die Möglichkeit von Fehlern der Maschine und verzichtet gänzlich auf eine eigene Beurteilung, können der betroffenen Person als Entscheidungsadressat erhebliche Nachteile drohen. Die Vorschrift des Art. 22 DS-GVO ist somit auch eine spezielle Ausprägung des Grundsatzes der Datenrichtigkeit gemäß Art. 5 Abs. 1 d) DS-GVO.[1466]

Darüber hinaus ist nicht nur das Verhältnis „Verantwortlicher – Maschine", sondern auch die Beziehung „Betroffene Person – Maschine" problembehaftet. Bei automatisierten Entscheidungen schwinden typischerweise die Einwirkungsmöglichkeiten der betroffenen Person.[1467] Dabei handelt es sich um eine Nebenerscheinung der Objektivierung von Entscheidungsprozessen. Jede Objektivierung beinhaltet naturgemäß eine Abkehr von Subjektivität. Die am Entscheidungsvorgang beteiligten Subjekte werden folgerichtig in ihren Möglichkeiten begrenzt, auf die Entscheidung einzuwirken. Das gilt nicht nur für den Verantwortlichen, sondern auch für die betroffene Person. Letzterer verbleiben weniger Möglichkeiten, Einwände vorzubringen und ihren Standpunkt darzulegen. In der Logik automatisierter Entscheidungen würden sie nur die Effizienz und Objektivität des Entscheidungsvorgangs gefährden.[1468] Allein das Versagen der theoretischen Möglichkeit, ihre Situation beeinflussen zu können, führt jedoch psychologisch zu einem Gefühl von Macht- und Hilflosigkeit bei der betroffenen Person.[1469] Im Extremfall fühlt sie sich zu einem „bloßen Objekt von [Maschinen]operationen degradiert".[1470] Die Regelung des Art. 22 DS-GVO soll daher auch die Subjektqualität der betroffenen Person stärken und ihre Beteiligung an für sie wichtigen Entscheidungen schützen.[1471]

[1462] *Schantz*, in: Schantz/Wolff, Das neue Datenschutzrecht, 2017, Rn. 727.

[1463] Ausführlich hierzu *Bahner*, Übersteigertes Vertrauen in Automation: Der Einfluss von Fehlererfahrungen auf Complacency und Automation Bias, 2008; speziell mit Blick auf Big Data EDSB (Hrsg.), Bewältigung der Herausforderungen in Verbindung mit Big Data, 2015, S. 9; speziell mit Blick auf Betrugserkennungssoftware *Berthold*, Der Betrug zum Nachteil von Versicherungen, 2005, S. 26.

[1464] So schon die Begründung zu der Vorgängervorschrift des Art. 15 DSRL, vgl. KOM (92) 422 endg. - SYN 287, S. 29.

[1465] Zu möglichen Fehlern bei Big-Data-Verfahren ab S. 283.

[1466] Dies legt auch die Formulierung in EwG 71 S. 6 DS-GVO „technische und organisatorische Maßnahmen treffen, mit denen in geeigneter Weise insbesondere sichergestellt wird, dass Faktoren, die zu unrichtigen personenbezogenen Daten führen, korrigiert werden und das Risiko von Fehlern minimiert wird" nahe.

[1467] *Mallmann*, Zielfunktionen des Datenschutzes, 1977, S. 73; KOM (90) 314 endg., S. 32.

[1468] *Mallmann*, Zielfunktionen des Datenschutzes, 1977, S. 73.

[1469] *Buchner*, Informationelle Selbstbestimmung im Privatrecht, 2006, S. 122 f.

[1470] *Dammann/Simitis*, EG-Datenschutzrichtlinie, 1997, Art. 15, Rn. 2; ähnlich auch *von Lewinski*, in: Wolff/Brink, Beck'scher Onlinekommentar Datenschutzrecht, 34. Edition 2020, Art. 22 DS-GVO, Rn. 2.

[1471] Vgl. KOM (90) 314 endg., S. 32.

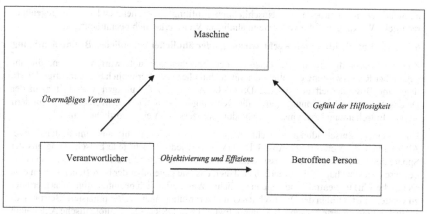

Abbildung 13: Chancen und Risiken bei vollautomatisierten Entscheidungen im Sinne von Art. 22 DS-GVO (eigene Darstellung)

Um diesen Risiken entgegenzuwirken, führen Art. 22 DS-GVO und EwG 71 DS-GVO verschiedene rechtliche, technische und organisatorische Schutzmaßnahmen ein. So kann die Entscheidung nur auf die in Art. 22 Abs. 2 DS-GVO genannten Rechtsgrundlagen gestützt werden. Weiter muss der Verantwortliche, also hier das Versicherungsunternehmen, nach Art. 22 Abs. 3 und EwG 71 S. 4 DS-GVO angemessene Maßnahmen implementieren, um das Recht auf Erwirkung des Eingreifens einer Person seitens des Versicherungsunternehmens, auf Darlegung des eigenen Standpunkts und auf Anfechtung der Entscheidung zu gewährleisten. Von der Grundidee hat dieses Recht eine gewisse Ähnlichkeit mit dem Widerspruchsrecht aufgrund besonderer Gründe nach Art. 21 Abs. 1 S. 1 DS-GVO.[1472] Ferner muss das Versicherungsunternehmen sicherstellen, dass Faktoren, die zu unrichtigen personenbezogenen Daten führen, korrigiert werden und das Risiko von Fehlern minimiert wird, und es muss personenbezogene Daten in einer Weise sichern, dass den potenziellen Bedrohungen für die Interessen und Rechte der betroffenen Person Rechnung getragen wird und dass verhindert wird, dass es gegenüber natürlichen Personen zu unmittelbaren oder mittelbaren diskriminierenden Wirkungen kommt. Schließlich muss das Versicherungsunternehmen nach Art. 13 Abs. 2 f), Art. 14 Abs. 2 g) und Art. 15 Abs. 1 h) DS-GVO der betroffenen Person das Bestehen einer automatisierten Entscheidungsfindung und aussagekräftige Informationen über die involvierte Logik sowie die Tragweite und die angestrebten Auswirkungen einer derartigen Verarbeitung für sie mitteilen.[1473]

Daraus folgt, dass das Versicherungsunternehmen untersuchen muss, ob die Entscheidungsprozesse innerhalb der sozialen Netzwerkanalyse in den Anwendungsbereich des Art. 22 DS-GVO fallen und welche Maßnahmen daraus gegebenenfalls abzuleiten sind.

6.3.2.1 Anwendungsbereich

Der Anwendungsbereich des Art. 22 Abs. 1 DS-GVO erfasst alle Entscheidungen des Versicherungsunternehmens gegenüber einer betroffenen Person, die ausschließlich auf einer

---

[1472] Zum Widerspruchsrecht ab S. 212.

[1473] Zu den Informationen zur spezifischen Verarbeitung ab S. 233.

automatisierten Verarbeitung – einschließlich Profiling – beruhen, und die ihr gegenüber rechtliche Wirkung entfalten oder sie in ähnlicher Weise erheblich beeinträchtigen.

6.3.2.1.1 Entscheidung mit Rechtswirkung oder ähnlicher erheblicher Beeinträchtigung

Zunächst muss die betroffene Person einer Entscheidung unterworfen werden, die ihr gegenüber Rechtswirkung entfaltet oder sie in ähnlicher Weise erheblich beeinträchtigt. Hierin liegt eine Besonderheit des Art. 22 DS-GVO. Anders als die übrigen Vorschriften in der Datenschutz-Grundverordnung knüpft die Regelung nicht an eine Datenverarbeitung, sondern an eine Entscheidung bzw. einen Entscheidungsprozess des Verantwortlichen an.[1474]

Unter einer Entscheidung versteht man zunächst die Wahl aus mindestens zwei Alternativen.[1475] Von Art. 22 Abs. 1 DS-GVO wird jedoch nicht jede Entscheidung aus der Sphäre des Verantwortlichen erfasst, sondern nur eine solche, die für die betroffene Person eine gewisse Relevanz hat.[1476] Erforderlich ist daher, dass sie gegenüber der betroffenen Person eine rechtliche Wirkung entfaltet oder sie in ähnlicher Weise erheblich beeinträchtigt. Was hierunter zu verstehen ist, wird in der Datenschutz-Grundverordnung nicht weiter präzisiert. Beispielhaft für eine automatisierte Entscheidung nennt EwG 71 S. 1 DS-GVO die automatische Ablehnung eines Online-Kreditantrags oder ein Online-Einstellungsverfahren ohne jegliches menschliche Eingreifen. In der Versicherungswirtschaft entspricht dies insbesondere der automatischen Ablehnung eines Versicherungsantrags.[1477] Nach allgemeinem Verständnis entfaltet eine Entscheidung eine rechtliche Wirkung für die betroffene Person, wenn sie ihren rechtlichen Status verändert.[1478] Das ist der Fall, wenn ein Recht oder ein Rechtsverhältnis der betroffenen Person begründet, aufgehoben, geändert, festgestellt oder verneint wird.[1479] Auch wenn die Entscheidung keine Rechtswirkung hat, kann sie die betroffene Person trotzdem in ähnlicher Weise erheblich beeinträchtigen. Eine solche Beeinträchtigung ist beispielsweise denkbar, wenn die Entscheidung nachhaltig die Umstände, das Verhalten oder die Wahlmöglichkeiten der betroffenen Person beeinflusst oder sie längere oder dauerhafte Auswirkungen auf die betroffene Person hat, sie ausschließt oder diskriminiert.[1480]

Betrachtet man den typischen Prozess der Schadensregulierung und Betrugserkennung im Versicherungsunternehmen, kommen zwei Entscheidungen in Betracht – die des Sachbearbeiters und die der Betrugsabwehrspezialisten.

[1474] *von Lewinski*, in: Wolff/Brink, Beck´scher Onlinekommentar Datenschutzrecht, 34. Edition 2020, Art. 22 DS-GVO, Rn. 3; *Schantz*, in: Schantz/Wolff, Das neue Datenschutzrecht, 2017, Rn. 228.

[1475] *Helfrich*, in: Sydow, DS-GVO, 2. Aufl. 2018, Art. 22, Rn. 43; *Abel*, ZD 2018, 304, 305; EwG 71 S. 1 DS-GVO erfasst aber auch „eine Maßnahme".

[1476] *Schantz*, in: Schantz/Wolff, Das neue Datenschutzrecht, 2017, Rn. 737.

[1477] *Mainzer*, in: Diehl, Versicherungsunternehmensrecht, 2020, § 38, Rn. 34.

[1478] *von Lewinski*, in: Wolff/Brink, Beck´scher Onlinekommentar Datenschutzrecht, 34. Edition 2020, Art. 22 DS-GVO, Rn. 26; *Martini*, in: Paal/Pauly, DS-GVO BDSG, 3. Aufl. 2021, Art. 22 DS-GVO, Rn. 26; Artikel-29-Datenschutzgruppe (Hrsg.), WP 251, 2018, S. 21.

[1479] Vgl. *Buchner*, in: Kühling/Buchner, DS-GVO/BDSG, 3. Aufl. 2020, Art. 22 DS-GVO, Rn. 24; Artikel-29-Datenschutzgruppe (Hrsg.), WP 251, 2018, S. 21.

[1480] Artikel-29-Datenschutzgruppe (Hrsg.), WP 251, 2018, S. 21; interessanter Ansatz zur Klassifizierung bei *Finlay, Steven*, Ethical Risk Assessment of Automated Decision Making Systems (verfügbar unter: http://www.odbms.org/2015/02/ethical-risk-assessment-automated-decision-making-systems/).

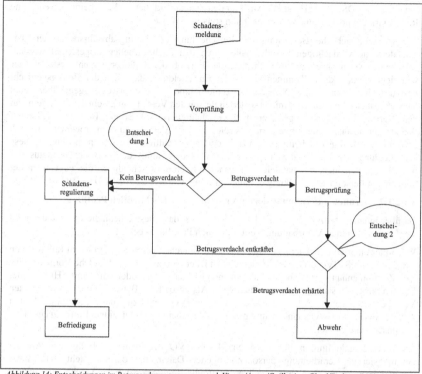

Abbildung 14: Entscheidungen im Betrugserkennungsprozess, vgl. Viaene/Ayuso/Guillen/van Gheel/Dedene, EJOR 2007, 565, 568.

Die erste Entscheidung trifft der Sachbearbeiter, indem dieser alle eingehenden Schäden in unverdächtige und verdächtige Schadensfälle einteilt. Dabei handelt es sich jedoch nicht um eine relevante Entscheidung im Sinne von Art. 22 Abs. 1 DS-GVO. Es fehlt an einer Rechtswirkung oder einer erheblichen Beeinträchtigung in ähnlicher Weise für die betroffenen Personen.[1481] Die Entscheidung des Sachbearbeiters bewirkt nur, dass verdächtige Fälle aus dem normalen Prozess der Schadensregulierung ausgesteuert und von den Betrugsabwehrspezialisten intensiv untersucht werden. Diese Aussteuerung entfaltet keine Rechtswirkung für den Versicherungsnehmer und die mitversicherte Person. Es wird weder das Versicherungsverhältnis als Ganzes noch der Anspruch auf Versicherungsschutz verändert. Das Gleiche gilt für den Geschädigten, dessen Anspruch auf Schadensersatz durch die Aussteuerung ebenfalls nicht berührt wird. Ebenso wenig stellt die Entscheidung des Sachbearbeiters für die betroffenen Personen eine erhebliche Beeinträchtigung dar. Zwar führt die Aussteuerung verdächtiger Schadensfälle zu einer Beeinträchtigung der betroffenen Personen, denn der Prozess der Schadensregulierung dauert vergleichsweise länger als bei unverdächtigen Fällen. Diese Beeinträchtigung ist jedoch nicht erheblich, denn es handelt sich nur um eine Verzögerung von kurzer Dauer. Bloße Unannehmlichkeiten werden jedoch nicht von

---

[1481] So auch *Schulz*, in: Gola, DS-GVO, 2. Aufl. 2018, Art. 22, Rn. 24 zu sogenannten automationsgestützten Risikomanagementsystemen.

Art. 22 Abs. 1 DS-GVO erfasst.[1482] Auch für den Zeugen entfaltet die Entscheidung weder eine Rechtswirkung noch beeinträchtigt sie ihn in sonstiger Weise.

Anders stellt sich die Bewertung der Entscheidung der Betrugsabwehrspezialisten dar. Nachdem die verdächtigen Schadensfälle durch den Sachbearbeiter ausgesteuert wurden, entscheiden sie nach eingehender Prüfung darüber, ob der Anfangsverdacht bestätigt oder widerlegt werden kann. Kommen sie zu der Entscheidung, dass sich der Betrugsverdacht bestätigt hat, wird das Versicherungsunternehmen typischerweise gegenüber dem Versicherungsnehmer und der mitversicherten Person den Versicherungsschutz verweigern und den Vertrag kündigen. Gegenüber dem Geschädigten wird es die Befriedigung seiner Schadensersatzansprüche verweigern. Überdies wird das Versicherungsunternehmen – je nach Strategie der Betrugsaufarbeitung – ein zivil- oder strafrechtliches Verfahren anstrengen. Diese Entscheidung der Betrugsabwehrspezialisten verändert somit den rechtlichen Status der betroffenen Personen. Es handelt sich daher um eine Entscheidung, die gegenüber der betroffenen Person Rechtswirkung entfaltet im Sinne von Art. 22 Abs. 1 DS-GVO.

6.3.2.1.2 Beruhen auf automatisierter Verarbeitung einschließlich Profiling

Darüber hinaus setzt Art. 22 Abs. 1 DS-GVO voraus, dass diese erhebliche Entscheidung auf einer automatisierten Verarbeitung – einschließlich Profiling – beruht.

Was unter einer automatisierten Verarbeitung zu verstehen ist, wurde bereits im Rahmen von Art. 2 Abs. 1 DS-GVO erläutert.[1483] Gemeint ist jeder Vorgang oder jede solche Vorgangsreihe im Zusammenhang mit personenbezogenen Daten, der oder die mit Hilfe einer Datenverarbeitungsanlage vorgenommen wird. Als besonderes Beispiel einer automatisierten Verarbeitung nennt Art. 22 Abs. 1 DS-GVO explizit das Profiling.[1484] Für Art. 22 Abs. 1 DS-GVO kann die automatisierte Verarbeitung also in einem Profiling bestehen, sie muss es jedoch nicht.[1485]

Nach der Legaldefinition in Art. 4 Nr. 4 DS-GVO bezeichnet Profiling jede Art der automatisierten Verarbeitung personenbezogener Daten, die darin besteht, dass diese personenbezogenen Daten verwendet werden, um bestimmte persönliche Aspekte, die sich auf eine natürliche Person beziehen, zu bewerten. Dabei geht es insbesondere darum, Aspekte bezüglich Arbeitsleistung, wirtschaftlicher Lage, Gesundheit, persönlicher Vorlieben, Interessen, Zuverlässigkeit, Verhalten, Aufenthaltsort oder Ortswechsel dieser natürlichen Person zu analysieren oder vorherzusagen. Die Methode des Profiling basiert auf der Annahme, dass „ein Mensch Interessen hat, die sich aus seinem Verhalten mathematisch ableiten lassen".[1486] Das Versicherungsunternehmen setzt also Profiling ein, um ihm unbekannte persönlichen Aspekte über eine betroffene Person in Erfahrung zu bringen und dementsprechend zu handeln. Betrachtet man den Vorgang in seiner Gesamtheit, erkennt man, dass das in Art. 4 Nr. 4 DS-GVO beschriebene Profiling nur den mittleren Teil eines

---

[1482] *Veil*, in: Gierschmann/Schlender/Stentzel/Veil, DS-GVO, 2018, Art. 22, Rn. 64.

[1483] Zur Verarbeitung personenbezogener Daten ab S. 105.

[1484] *Buchner*, in: Kühling/Buchner, DS-GVO/BDSG, 3. Aufl. 2020, Art. 22 DS-GVO, Rn. 20; *Schantz*, in: Schantz/Wolff, Das neue Datenschutzrecht, 2017, Rn. 731.

[1485] *Veil*, in: Gierschmann/Schlender/Stentzel/Veil, DS-GVO, 2018, Art. 22, Rn. 48, 52.

[1486] *Härting*, CR 2014, 528, 529.

mehrphasigen Prozesses darstellt. Typischerweise lassen sich drei Phasen unterscheiden – die Profilbildung, das Profiling im engeren Sinne und die Anwendung auf die betroffene Person.[1487] Um ein Profiling durchführen zu können, benötigt das Versicherungsunternehmen zunächst eine entsprechende Datenbasis.[1488] Die erste Phase umfasst also die Erhebung, Speicherung und Verknüpfung von Daten. Das Ziel ist die Bildung von Profilen. Ein Profil kann man sich als eine Datensammlung vorstellen, die einen „strukturierten Überblick über die zu der betreffenden Person [...] zu findenden Informationen" ermöglicht.[1489] Profile können sich in ihrer Tiefe und Breite erheblich unterscheiden. Während die Profiltiefe den Detailgrad der gesammelten Informationen erfasst, beschreibt die Profilbreite wie umfassend die Informationen eine bestimmte Person darstellen.[1490] Die so gebildeten Profile sind die Grundlage für das anschließende Profiling.[1491]

In der zweiten Phase werden die zuvor erstellten Profile ausgewertet.[1492] Dieser Vorgang ist mit Profiling im Sinne von Art. 4 Nr. 4 DS-GVO gemeint. Das Ziel ist die Persönlichkeitsbewertung einer bestimmten Person. Eine Bewertung liegt dann vor, wenn die zu einer bestimmten Person vorliegenden Informationen in Bezug auf einen bestimmten Aspekt interpretiert werden.[1493] Dazu nennt Art. 4 Nr. 4 DS-GVO exemplarisch die Analyse oder Vorhersage von Aspekten bezüglich Arbeitsleistung, wirtschaftlicher Lage, Gesundheit, persönlicher Vorlieben, Interessen, Zuverlässigkeit, Verhalten, Aufenthaltsort oder Ortswechsel dieser natürlichen Person. Die Bewertung der Persönlichkeit der betroffenen Person bedeutet jedoch nicht das Ende des Vorgangs, denn Profiling ist kein Selbstzweck. Vielmehr möchte das Versicherungsunternehmen die gewonnenen Erkenntnisse anschließend nutzen.

In der dritten Phase werden daher die aus dem Profiling abgeleiteten Erkenntnisse verwendet, um die betroffene Person in einer bestimmten Weise zu behandeln. Nur diese letzte Phase – die Behandlung der betroffenen Person aufgrund der Erkenntnisse eines Profiling – wird unter bestimmten Voraussetzungen von Art. 22 Abs. 1 DS-GVO erfasst.[1494] Gemäß Art. 22 Abs. 1 DS-GVO darf die betroffene Person grundsätzlich nicht einer Entscheidung unterworfen werden, die ihr gegenüber eine rechtliche Wirkung entfaltet oder sie in ähnlicher Weise erheblich beeinträchtigt und die ausschließlich auf Profiling[1495] beruht. Dagegen wird die Zulässigkeit der vorherigen Phasen – die Profilbildung und das Profiling im engeren Sinne – nicht von Art. 22 Abs. 1 DS-GVO erfasst.[1496] Aus EwG 72 S. 1 DS-GVO folgt deutlich, dass diese Datenverarbeitungen am Maßstab der allgemeinen Vorschriften der Datenschutz-

---

[1487] Vgl. Artikel-29-Datenschutzgruppe (Hrsg.), WP 251, 2018, S. 7; Europarat (Hrsg.), The protection of individuals with regard to automatic processing of personal data in the context of profiling, 2010, S. 25; nur Unterscheidung der ersten beiden Phasen bei *Härting*, CR 2014, 528, 529; *Schantz*, in: Schantz/Wolff, Das neue Datenschutzrecht, 2017, Rn. 732.

[1488] *Härting*, CR 2014, 528, 529.

[1489] EuGH, Urteil 13.05.2014, Google Spain – C-131/12, Rn. 80; in diese Richtung auch BVerfGE 65, 1, 53 mit der Formulierung „Registrierung und Katalogisierung der Persönlichkeit durch die Zusammenführung einzelner Lebensdaten und Personaldaten zur Erstellung von Persönlichkeitsprofilen".

[1490] Artikel-29-Datenschutzgruppe (Hrsg.), WP 251, 2018, S. 14.

[1491] So auch EwG 24 S. 2 DS-GVO.

[1492] *Härting*, CR 2014, 528, 529.

[1493] *Martini*, in: Paal/Pauly, DS-GVO BDSG, 3. Aufl. 2021, Art. 22 DS-GVO, Rn. 21a.

[1494] *Abel*, ZD 2018, 304, 305; vgl. *Rubinstein*, IDPL 2013, 74, 79.

[1495] Die abstraktere „automatisierte Verarbeitung" wurde an dieser Stelle bewusst ausgeklammert.

[1496] So auch *Richter*, DuD 2016, 581, 585.

Grundverordnung zu prüfen sind. Ihre Rechtmäßigkeit beurteilt sich daher maßgeblich nach Art. 6 DS-GVO.

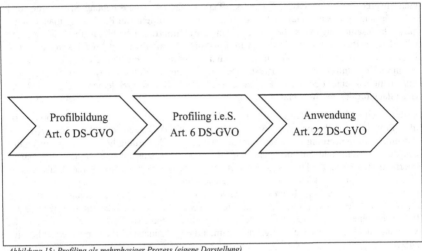

Abbildung 15: Profiling als mehrphasiger Prozess (eigene Darstellung)

Die Durchführung einer sozialen Netzwerkanalyse beruht jedenfalls auf einer automatisierten Datenverarbeitung, da es sich um eine Vorgangsreihe im Zusammenhang mit personenbezogenen Daten handelt, die mit Hilfe einer Datenverarbeitungsanlage vorgenommen wird.

Darüber hinaus ist die soziale Netzwerkanalyse auch als Profiling im Sinne von Art. 4 Nr. 4 DS-GVO einzustufen, denn die personenbezogenen Daten werden dazu verwendet, bestimmte Aspekte der Persönlichkeit der betroffenen Personen zu bewerten. Das Versicherungsunternehmen untersucht bekannte Informationen über die betroffenen Personen, um bestimmte unbekannte persönliche Aspekte – Beteiligung an betrugsverdächtiger Schadensmeldung – vorherzusagen und dementsprechend zu handeln. Konkret werden die Beziehungen der betroffenen Personen zu allen anderen Personen, die in einer bestimmten Zeitspanne an Unfällen beteiligt waren, untersucht. Eine Bewertung findet derart statt, dass das soziale Netzwerk auf Anomalien untersucht wird, also darauf, ob zwischen einzelnen Personen, Beziehungen bestehen, die sich bei lebensnaher Betrachtung nicht durch Zufall erklären lassen. Sollte letzteres der Fall sein, wird daraus ein gewichtiges Indiz für das Vorliegen eines manipulierten Straßenverkehrsunfalls abgeleitet. Als Folge wird das Versicherungsunternehmen typischerweise gegenüber dem Versicherungsnehmer und der mitversicherten Person den Versicherungsschutz verweigern und den Vertrag kündigen, gegenüber dem Geschädigten die Befriedigung seiner Schadensersatzansprüche verweigern und gegenüber allen Beteiligten gegebenenfalls ein zivil- oder strafrechtliches Verfahren anstrengen.

6.3.2.1.3 Ausschließlichkeit – Taxonomie durch das „Levels of Automation in Man-Computer Decision-Making"-Modell

Der Anwendungsbereich von Art. 22 Abs. 1 S-GVO setzt zudem voraus, dass die Entscheidung ausschließlich auf einer automatisierten Datenverarbeitung beruht. Unter welchen

Voraussetzungen „Ausschließlichkeit" anzunehmen ist, wird in der Datenschutz-Grundverordnung nicht konkretisiert. Nach EwG 71 S. 1 DS-GVO sollen jedenfalls Entscheidungen ohne jegliches menschliche Eingreifen von Art. 22 Abs. 1 DS-GVO erfasst sein. Damit ist jedoch bloß eine Extremposition markiert. Zwischen den Endpunkten „Maschine trifft Entscheidung ohne jegliche Mitwirkung des Menschen" und „Mensch trifft Entscheidung ohne jegliche Mitwirkung der Maschine" sind diverse Abstufungen denkbar, in denen sich das Verhältnis zwischen Maschine und Mensch sukzessive verschiebt.

Diese verschiedenen Abstufungen lassen sich beispielsweise in dem Modell „Levels of Automation in Man-Computer Decision-Making"[1497] bzw. „Levels of Automation of Decision and Action Selection"[1498] abbilden. Dabei handelt es sich um eine Taxonomie, die ursprünglich zur Entwicklung von Unterwasser-Teleoperatoren konzipiert wurde und noch heute als Grundlage für die Konzeption von Mensch-Maschinen-Entscheidungsprozessen verwendet wird.[1499] Das Modell besteht aus zehn Stufen, wobei Stufe 1 die geringste Form und Stufe 10 die höchste Form der Automatisierung in Mensch-Maschine-Entscheidungsprozessen darstellen:

Level of Automation	Description	The Human...	The Computer...
1	The computer offers no assistance, human must take all decisions and actions.	1. gets options, 2. selects action, 3. starts action.	
2	The computer offers a complete set of decision/action alternatives, or	2. selects action, 3. starts action.	1. gets options,
3	narrows the selection down to a few, or	3. selects action, 4. starts action.	1. gets options, 2. selects options,
4	suggests one alternative, and	3. starts action.	1. gets options, 2. selects action,
5	executes that suggestion if the human approves, or	3. approves action,	1. gets options, 2. selects action, 4. starts action if human approves.
6	allows the human a restricted time to veto before automatic execution, or	3. vetoes action,	1. gets options, 2. selects action,

---

[1497] *Sheridan/Verplank,* Human and Computer Control of Undersea Teleoperators, 1978, Kap. 8, S. 17 ff.

[1498] *Parasuraman/Sheridan/Wickens*, IEEE Transactions on Systems, Man, and Cybernetics - Part A: Systems and Humans 2000, 286, 287.

[1499] Siehe dazu beispielsweise *Save/Feuerberg*, in: de Waard/Brookhuis/Dehais/Weikert/Röttger/Manzey/Biede/Reuzeau/Terrier, Human Factors: a view from an integrative perspective, 2012, S. 43 ff.

			4. starts action if human has not vetoed.
7	executes automatically, then necessarily informs the human, and		1. gets options, 2. selects action, 3. starts action, 4. informs human.
8	informs the human only if asked, or		1. gets options, 2. selects action, 3. starts action, 4. informs human if human asks.
9	informs the human only if it, the computer, decides to.		1. gets options, 2. selects action, 3. starts action, 4. informs human if computer decides to.
10	The computer decides everything, acts autonomously, ignoring the human.		1. gets options. 2. selects action. 3. starts action.

Tabelle 6: Taxonomie des Modells "Levels of Automation in Man-Computer Decision-Making", vgl. Sheridan/Verplank, Human and Computer Control of Undersea Teleoperators, 1978, Kap. 8, S. 17 ff.; Parasuraman/Sheridan/Wickens, IEEE Transactions on Systems, Man, and Cybernetics - Part A: Systems and Humans 2000, 286, 287.

Mit Hilfe einer solche Taxonomie können verschiedene Formen von Mensch-Maschine-Entscheidungsprozessen klassifiziert und mit Blick auf Art. 22 Abs. 1 DS-GVO bewertet werden.

Beginnt man mit Stufe 10, der höchsten Form der Automatisierung in Mensch-Maschine-Entscheidungsprozessen, ist die rechtliche Einordnung eindeutig. Die Maschine trifft die Entscheidung autonom, der Mensch ist in keiner Weise beteiligt. Die Entscheidung beruht somit ausschließlich auf einer automatisierten Datenverarbeitung im Sinne von Art. 22 Abs. 1 DS-GVO.

Anders als bei Stufe 10 ist der Mensch bei den Stufen 9 bis 7 am Entscheidungsprozess beteiligt. Die Maschine trifft die Entscheidung und informiert den Menschen – nach Gutdünken, auf Verlangen oder stets – nachträglich. Zwar ist der Mensch formal beteiligt, allerdings kann von einem menschlichen Eingreifen im Sinne von EwG 71 S. 1 DS-GVO keine Rede sein. Wenn der Mensch nicht die Möglichkeit hat, den Inhalt der Entscheidung zu beeinflussen und gegebenenfalls von der automatisierten Entscheidung abzuweichen, dann beruht die Entscheidung ausschließlich auf einer automatisierten Datenverarbeitung im Sinne von Art. 22 Abs. 1 DS-GVO.[1500] Komplexer ist die Bewertung, wenn der Mensch nicht nur durch die

---

[1500] *Helfrich*, in: Sydow, DS-GVO, 2. Aufl. 2018, Art. 22, Rn. 44; *Buchner*, in: Kühling/Buchner, DS-GVO/BDSG, 3. Aufl. 2020, Art. 22 DS-GVO, Rn. 15; Artikel-29-Datenschutzgruppe (Hrsg.), WP 251, 2018, S. 21.

Maschine informiert wird, sondern gleichzeitig die Möglichkeit erhält, die Entscheidung nachträglich zu beseitigen oder abzuändern. Die Abweichungsbefugnis des Menschen ist ein zentrales Kriterium im Rahmen von Art. 22 DS-GVO.[1501] Anders als zuvor kann der Mensch nun – wenn auch nachträglich – Einfluss auf die Entscheidung nehmen. Richtigerweise ändert dies jedoch nicht den Charakter der Entscheidung. Das folgt zum einen aus der Formulierung „beruhen" in Art. 22 Abs. 1 DS-GVO. Sie impliziert, dass die menschliche Mitwirkung zwingend vor der Entscheidung erfolgen muss.[1502] Ein nachträglicher Einfluss ist nicht ausreichend. Zum anderen ergibt sich dies aus einem Umkehrschluss zu Art. 22 Abs. 3 DS-GVO. Liegen die Voraussetzungen von Art. 22 Abs. 1, 2 a) und c) DS-GVO vor, muss der Verantwortliche gemäß Art. 22 Abs. 3 DS-GVO angemessene Maßnahmen treffen, um die Rechte und Freiheiten sowie die berechtigten Interessen der betroffenen Person zu wahren, wozu auch das Recht auf Anfechtung der Entscheidung gehört. Die Möglichkeit der nachträglichen Beseitigung der Entscheidung ist somit eine Schutzmaßnahme, die erst durch das Vorliegen einer automatisierten Entscheidung ausgelöst wird. Sie bewirkt jedoch nicht, dass aus einer automatisierten Entscheidung eine menschliche Entscheidung wird.[1503] Auch die Entscheidung im Rahmen der Stufen 7 bis 9 beruht daher ausschließlich auf einer automatisierten Datenverarbeitung im Sinne von Art. 22 Abs. 1 DS-GVO.

Im Vergleich zu Stufe 7 kann der Mensch bei Stufe 6 früher intervenieren. Die Maschine trifft zwar die Entscheidung, aber der Mensch kann durch Ausübung eines Veto- bzw. Widerspruchsrechts eingreifen und die Entscheidung vorab beeinflussen. Problematisch ist jedoch, dass das Widerspruchsrecht des Menschen befristet ist. Übt dieser sein Widerspruchsrecht nicht rechtzeitig aus, wird die Entscheidung ohne menschliche Mitwirkung ausgeführt. Ein bewusstes Nichteingreifen oder eine bloß stichprobenartige Kontrolle können jedoch keinen ausreichenden menschlichen Einfluss begründen.[1504] Zumindest diese Entscheidungen beruhen daher ausschließlich auf einer automatisierten Datenverarbeitung gemäß Art. 22 Abs. 1 DS-GVO.

Anders als bei Stufe 6 verfügt der Mensch bei Stufe 5 nicht über ein befristetes Widerspruchsrecht, sondern über eine Zustimmungspflicht. Sollte der Mensch der Entscheidungsempfehlung der Maschine nicht zustimmen, wird sie nicht ausgeführt. Entscheidungen ohne menschliche Mitwirkung sind nicht vorgesehen. Nachdem schon bei den Stufen 9 bis 7 festgestellt wurde, dass der Mensch die Möglichkeit haben muss, den Inhalt der Entscheidung zu beeinflussen und gegebenenfalls von der automatisierten Entscheidung abzuweichen, ergeben sich aus der Ratio von Art. 22 Abs. 1 DS-GVO nun weitere Anforderungen. Die Regelung des Art. 22 Abs. 1 DS-GVO soll auch verhindern, dass der Mensch unkritisch unrichtige Entscheidungsempfehlungen der Maschine übernimmt.[1505] Stattdessen soll er diese hinterfragen und einer „Richtigkeits- und Plausibilitätskontrolle" unterziehen.[1506] Dazu muss der Mensch zunächst verstehen, wie die Entscheidungsempfehlung zustande gekommen ist. Damit ist nicht der zugrundeliegende Algorithmus gemeint, denn

---

[1501] *Buchner*, in: Kühling/Buchner, DS-GVO/BDSG, 3. Aufl. 2020, Art. 22 DS-GVO, Rn. 15; *von Lewinski*, in: Wolff/Brink, Beck′scher Onlinekommentar Datenschutzrecht, 34. Edition 2020, Art. 22 DS-GVO, Rn. 25; *Helfrich*, in: Sydow, DS-GVO, 2. Aufl. 2018, Art. 22, Rn. 44; Artikel-29-Datenschutzgruppe (Hrsg.), WP 251, 2018, S. 21.

[1502] So auch *Schulz*, in: Gola, DS-GVO, 2. Aufl. 2018, Art. 22, Rn. 17.

[1503] So auch *Martini*, in: Paal/Pauly, DS-GVO BDSG, 3. Aufl. 2021, Art. 22 DS-GVO, Rn. 19c.

[1504] *Martini*, in: Paal/Pauly, DS-GVO BDSG, 3. Aufl. 2021, Art. 22 DS-GVO, Rn. 19; *Buchner*, in: Kühling/Buchner, DS-GVO/BDSG, 3. Aufl. 2020, Art. 22 DS-GVO, Rn. 15.

[1505] So auch *Niehoff/Straker*, DSRITB 2019, 451, 456.

[1506] *von Lewinski*, in: Wolff/Brink, Beck′scher Onlinekommentar Datenschutzrecht, 34. Edition 2020, Art. 22 DS-GVO, Rn. 23.

diesen werden typischerweise nur Informatiker nachvollziehen können.[1507] Es geht vielmehr um die Fachentscheidung, also das Verständnis der maßgeblichen Faktoren und wie sie den Inhalt der Entscheidung beeinflussen.[1508] Der Mensch muss sie entweder unverlangt oder auf Verlangen einsehen können. Dabei handelt es sich um eine technische Gestaltungsanforderung. Vor diesem Hintergrund wird auch besonders deutlich, warum es unerlässlich ist, die jeweiligen Ergebnisse der sozialen Netzwerkanalyse zu visualisieren.[1509] Es erleichtert dem Menschen, die komplexe Berechnung der auffälligen Verbindungen nachzuvollziehen. Für Big Data gilt daher generell: Je stärker die Rolle der Maschine im Entscheidungsprozess ausgeprägt ist, desto wichtiger ist das Vorhandensein von *Visual Analytics* zur Nachvollziehbarkeit der Ergebnisse.[1510]

Für eine ernsthafte Richtigkeits- und Plausibilitätskontrolle ist es darüber hinaus erforderlich, dass der Mensch die maßgeblichen Faktoren und die darauf beruhende Entscheidungsempfehlung auch fachlich würdigen kann.[1511] Nur mit dem geeigneten Fachwissen kann er die Entscheidungsempfehlung auch der Sache nach hinterfragen. Nur dann handelt es sich um eine Entscheidung, die nicht ausschließlich auf einer automatisierten Datenverarbeitung gemäß Art. 22 Abs. 1 DS-GVO beruht.

Bei den verbleibenden „milderen" Stufen 4 bis 1 handelt es sich im Übrigen ebenfalls um Entscheidungen, die nicht ausschließlich auf einer automatisierten Datenverarbeitung gemäß Art. 22 Abs. 1 DS-GVO beruhen.

Fasst man die vorstehenden Erwägungen bezüglich des Tatbestandsmerkmals „ausschließlich" gemäß Art. 22 Abs. 1 DS-GVO zusammen, ergibt sich folgende negative Begriffsbestimmung: „Eine Entscheidung beruht nicht ausschließlich auf einer automatisierten Datenverarbeitung – einschließlich Profiling –, wenn sie entweder ausschließlich durch einen Menschen getroffen oder vorab durch einen Menschen überprüft wird, der über das geeignete Fachwissen hinsichtlich des Gegenstands der Entscheidung verfügt und befugt ist, gegebenenfalls von der Entscheidung abzuweichen."

Betrachtet man die zuvor genannten beiden Entscheidungen im Prozess der Schadensregulierung und Betrugserkennung im Versicherungsunternehmen, ist zwischen der Entscheidung des Sachbearbeiters und der der Betrugsabwehrspezialisten zu differenzieren.

Der Entscheidung des Sachbearbeiters liegt typischerweise ein Mensch-Computer-Entscheidungsprozess der Stufe 7 zugrunde. Kommt die eingesetzte Betrugserkennungssoftware zu der Einschätzung, dass es sich um einen betrugsverdächtigen Versicherungsfall handelt, wird dieser automatisch ausgesteuert und an die Betrugsabwehrspezialisten geleitet. Der Sachbearbeiter wird darüber informiert, dass die Regulierung des Versicherungsfalls unterbrochen wird. Er hat jedoch keinen Einfluss auf die Entscheidung, insbesondere hat er nicht die Möglichkeit den Versicherungsfall als unverdächtig einzustufen und zu regulieren. Die Entscheidung beruht somit ausschließlich auf einer automatisierten Datenverarbeitung im Sinne von Art. 22 Abs. 1 DS-GVO. Sie überschreitet jedoch – wie bereits aufgezeigt – nicht die erforderliche Relevanzschwelle.

[1507] So auch *von Lewinski*, in: Wolff/Brink, Beck'scher Onlinekommentar Datenschutzrecht, 34. Edition 2020, Art. 22 DS-GVO, Rn. 24.

[1508] So wohl auch *Niehoff/Straker*, DSRITB 2019, 451, 460.

[1509] Zur Visualisierung der Ergebnisse ab S. 66.

[1510] Zu *Visual Analytics* ab S. 66.

[1511] *von Lewinski*, in: Wolff/Brink, Beck'scher Onlinekommentar Datenschutzrecht, 34. Edition 2020, Art. 22 DS-GVO, Rn. 24; *Schulz*, in: Gola, DS-GVO, 2. Aufl. 2018, Art. 22, Rn. 16.

Dagegen ist die Entscheidung der Betrugsabwehrspezialisten typischerweise bei Stufe 1 einzuordnen. Die ausgesteuerten Versicherungsfälle werden intensiv untersucht, indem alle Umstände des Einzelfalls ermittelt und bewertet werden. Die Entscheidung beruht nicht ausschließlich auf einer automatisierten Datenverarbeitung im Sinne von Art. 22 Abs. 1 DS-GVO.

6.3.2.2 Ergebnis

Das Versicherungsunternehmen muss im Rahmen der sozialen Netzwerkanalyse die zusätzlichen Anforderungen des Art. 22 DS-GVO nicht beachten, da die Tatbestandsvoraussetzungen des Art. 22 Abs. 1 DS-GVO nicht vorliegen. Die Entscheidung des Sachbearbeiters, alle eingehenden Schäden in unverdächtige und verdächtige Schadensfälle einzuteilen, beruht zwar ausschließlich auf einer automatisierten Verarbeitung. Diese Entscheidung entfaltet jedoch keine Rechtswirkung gegenüber den betroffenen Personen oder beeinträchtigt sie in ähnlicher Weise erheblich. Dagegen führt die Entscheidung der Betrugsabwehrspezialisten, die Bestätigung oder Widerlegung des Anfangsverdachts, zu Rechtswirkungen gegenüber den betroffenen Personen. Diese Entscheidung beruht jedoch nicht ausschließlich auf einer automatisierten Verarbeitung.

6.3.3 Ergebnis zur Rechtmäßigkeit

Wie die Untersuchung gezeigt hat, kann das Versicherungsunternehmen die personenbezogenen Daten im Rahmen der sozialen Netzwerkanalyse auf rechtmäßige Weise im Sinne von Art. 5 Abs. 1 a) DS-GVO verarbeiten.

Gemäß Art. 6 Abs. 1 S. 1 f) DS-GVO ist die Datenverarbeitung zur Wahrung der berechtigten Interessen des Versicherungsunternehmens erforderlich und die entgegenstehenden Interessen der betroffenen Personen überwiegen nicht. Vielmehr überwiegt das hohe berechtigte Interesse des Versicherungsunternehmens an der Betrugserkennung und der hohe Grad der Förderung dieses Interesses durch die soziale Netzwerkanalyse das entgegenstehende normale Interesse der betroffenen Personen und die zugegebenermaßen schwere Belastung für letztere geringfügig. Andere Rechtsgrundlagen scheiden dagegen aus.

Das Versicherungsunternehmen kann die Datenverarbeitung nicht auf eine Einwilligung gemäß Art. 6 Abs. 1 S. 1 a) DS-GVO stützen, da sie jedenfalls für den Versicherungsnehmer und die mitversicherte Person nicht freiwillig wäre.

Auch ist die Datenverarbeitung nicht zur Vertragserfüllung gemäß Art. 6 Abs. 1 S. 1 b) DS-GVO erforderlich, denn jedenfalls zwischen dem Versicherungsunternehmen einerseits und der mitversicherten Person, dem Geschädigten und dem Zeugen andererseits besteht keine Vertragsbeziehung.

Ebenso wenig kann sich das Versicherungsunternehmen auf eine rechtliche Verpflichtung im Sinne von Art. 6 Abs. 1 S. 1 c) DS-GVO stützen, da etwaige versicherungsrechtliche Verpflichtungen entweder zu unbestimmt sind oder aber nur die betroffenen Personen adressieren.

Darüber hinaus muss das Versicherungsunternehmen jedoch keine weiteren Anforderungen wie beispielsweise aus Art. 22 DS-GVO beachten, um die soziale Netzwerkanalyse – in der hier untersuchten Ausgestaltung – rechtmäßig durchführen zu können.

6.4 Treu und Glauben

Gemäß Art. 5 Abs. 1 a) DS-GVO müssen personenbezogene Daten nach Treu und Glauben verarbeitet werden. Was unter einer „Verarbeitung nach Treu und Glauben" zu verstehen ist, wird in der Datenschutz-Grundverordnung jedoch nicht weiter präzisiert.

Das Verständnis wird durch den Umstand erschwert, dass die Datenschutz-Grundverordnung diesen Grundsatz zwar aus der Datenschutzrichtlinie übernommen, ihm jedoch – ohne Begründung – eine vermeintlich andere Bedeutung beigemessen hat.[1512] So setzte nach EwG 38 DSRL eine Datenverarbeitung nach Treu und Glauben voraus, dass die betroffenen Personen in der Lage sind, das Vorhandensein einer Verarbeitung zu erfahren und ordnungsgemäß und umfassend über die Bedingungen der Erhebung informiert zu werden, wenn Daten bei ihnen erhoben werden. Darüber hinaus verpflichteten Art. 10 und 11 DSRL den Verantwortlichen dazu, der betroffenen Person bestimmte Informationen zu erteilen, sofern sie unter Berücksichtigung der spezifischen Umstände, unter denen die Daten erhoben werden, notwendig sind, um gegenüber der betroffenen Person eine Verarbeitung nach Treu und Glauben zu gewährleisten. Die Datenschutzrichtlinie verstand eine Verarbeitung nach Treu und Glauben also in erster Linie als eine transparente Verarbeitung personenbezogener Daten.[1513] Dieser Gedanke wird jedoch nun in der Datenschutz-Grundverordnung explizit durch den Grundsatz der Transparenz nach Art. 5 Abs. 1 a) DS-GVO adressiert. Sofern aber der Grundsatz von Treu und Glauben nach der Datenschutzrichtlinie dem Grundsatz der Transparenz nach der Datenschutz-Grundverordnung entspricht, bleibt unklar, welcher Anwendungsbereich dem Grundsatz von Treu und Glauben nach der Datenschutz-Grundverordnung verbleiben soll.[1514]

Aus dem Begriffspaar „rechtmäßig und nach Treu und Glauben" in Art. 6 Abs. 2 und 3 S. 3 und EwG 39 S. 1 und EwG 45 S. 5 DS-GVO lässt sich zumindest vorsichtig ableiten, dass die Datenschutz-Grundverordnung Treu und Glauben im Zusammenhang mit der Rechtmäßigkeit der Datenverarbeitung verstehen möchte. Denkbar ist es daher, dass Ausprägungen von Treu und Glauben in die Voraussetzungen bestimmter Rechtsgrundlagen einfließen. So könnte man beispielsweise die Berücksichtigung eines Machtungleichgewichts, einer besonderen Schutzbedürftigkeit oder der vernünftigen Erwartungen der betroffenen Person als solche Ausprägung im Rahmen der Einwilligung nach Art. 6 Abs. 1 S. 1 a) DS-GVO oder der Interessenabwägung nach Art. 6 Abs. 1 S. 1 f) DS-GVO verstehen.[1515]

Darüber hinaus sind jedoch die Voraussetzungen und Rechtsfolgen einer treuwidrigen Verarbeitung personenbezogener Daten noch vollkommen offen und bedürfen einer eigenständigen, vertieften Untersuchung. Aus diesem Grund ist der Grundsatz von Treu und Glauben nach Art. 5 Abs. 1 a) DS-GVO nicht Gegenstand dieser Arbeit.

[1512] KOM (2012) 11 endg., S. 8; *Herbst*, in: Kühling/Buchner, DS-GVO/BDSG, 3. Aufl. 2020, Art. 5 DS-GVO, Rn. 16.

[1513] So auch *Roßnagel*, in: Simitis/Hornung/Spiecker gen. Döhmann, Datenschutzrecht, 2019, Art. 5, Rn. 45.

[1514] *Herbst*, in: Kühling/Buchner, DS-GVO/BDSG, 3. Aufl. 2020, Art. 5 DS-GVO, Rn. 17; sehr freie Interpretation dagegen bei EDSA (Hrsg.), Leitlinien 4/2019 zu Artikel 25 Datenschutz durch Technikgestaltung und durch datenschutzfreundliche Voreinstellungen, 2020, S. 21.

[1515] *Roßnagel*, in: Simitis/Hornung/Spiecker gen. Döhmann, Datenschutzrecht, 2019, Art. 5, Rn. 47.

6.5 Transparenz

Gemäß Art. 5 Abs. 1 a) DS-GVO muss die Verarbeitung personenbezogener Daten für die betroffene Person nachvollziehbar bzw. transparent sein. Gerade vor dem Hintergrund komplexer Big-Data-Analysen wie der sozialen Netzwerkanalyse kommt dem Grundsatz der Transparenz eine immer höhere Bedeutung zu.[1516]

Eine ausdrückliche Definition von Transparenz existiert in der Datenschutz-Grundverordnung nicht. Aus EwG 39 S. 2 DS-GVO folgt jedoch, dass die betroffene Person erfahren soll, ob, von wem und zu welchem Zweck „sie betreffende personenbezogene Daten erhoben, verwendet, eingesehen oder anderweitig verarbeitet werden und in welchem Umfang die personenbezogenen Daten verarbeitet werden und künftig noch verarbeitet werden". Transparenz im Sinne von Art. 5 Abs. 1 a) DS-GVO stellt somit in erster Linie auf das Verhältnis zwischen dem Verantwortlichen und der betroffenen Person ab. Nicht gemeint ist die Transparenz des Verantwortlichen gegenüber der breiten Öffentlichkeit, Aufsichtsbehörden oder anderen Akteuren.[1517]

Der Grundsatz der Transparenz soll gewährleisten, dass die betroffene Person in die Lage versetzt wird, die sie betreffende Datenverarbeitung nachvollziehen zu können.[1518] Dabei meint Nachvollziehbarkeit mehr als bloße Sichtbarkeit. Es bedeutet, dass die betroffene Person die Verarbeitung ihrer personenbezogenen Daten nicht nur sehen, sondern auch verstehen soll.[1519] Letzteres ist unerlässlich, um die Zulässigkeit der Datenverarbeitung kontrollieren und gegebenenfalls mit Hilfe der Betroffenenrechte steuern zu können.[1520] Dahinter steht der Gedanke, dass die betroffene Person idealtypisch ihre Rechte auf der Grundlage von informierten Entscheidungen ausübt.[1521] In der Datenschutz-Grundverordnung wird diese funktionale Verknüpfung von Informationen und Betroffenenrechten insbesondere in Art. 4 Nr. 11, Art. 7 Abs. 3, Art. 13 Abs. 2 a), c) und d), Art. 14 Abs. 2 c), d) und e), Art. 15 e) und f) sowie EwG 63 S. 1 DS-GVO deutlich. Die Schaffung von Transparenz soll daher die betroffene Person befähigen, ihre Rechte wahrzunehmen. Oder umgekehrt ausgedrückt: „Ohne Transparenz wird die betroffene Person faktisch rechtlos gestellt."[1522]

Wie bereits im Rahmen der allgemeinen Verarbeitungsgrundsätze von Art. 5 DS-GVO beschrieben, stellt auch der Grundsatz der Transparenz einen rechtlich beabsichtigten Idealzustand der Datenverarbeitung dar. Die Datenschutz-Grundverordnung versucht diesen Soll-Zustand zu verwirklichen, indem sie den Verantwortlichen, also hier das Versicherungsunternehmen, verpflichtet, zu bestimmten Zeitpunkten der betroffenen Person bestimmte Informationen in einer bestimmten Art und Weise zur Verfügung zu stellen. Die maßgeblichen Regelungen hierzu finden sich in Art. 12 bis 15 DS-GVO.

Die Vorschriften der Art. 13 und 14 DS-GVO bestimmen, welche Informationen das Versicherungsunternehmen der betroffenen Person proaktiv bei der Datenerhebung, also zu Beginn der Datenverarbeitung, mitteilen muss. Ob Art. 13 oder 14 DS-GVO zur Anwendung

---

[1516] EDSB (Hrsg.), Bewältigung der Herausforderungen in Verbindung mit Big Data, 2015, S. 10 ff.; ICO (Hrsg.), Big data, artificial intelligence, machine learning and data protection, 2017, S. 27 ff.

[1517] S. dazu beispielsweise die Untersuchungsbefugnisse der Aufsichtsbehörde nach Art. 58 Abs. 1 DS-GVO.

[1518] Vgl. Art. 5 Abs. 1 a) DS-GVO.

[1519] Artikel-29-Datenschutzgruppe (Hrsg.), WP 260, 2018, S. 5.

[1520] Artikel-29-Datenschutzgruppe (Hrsg.), WP 260, 2018, S. 6; EuGH, Urteil 01.10.2015, Bara – C-201/14, Rn. 33; s. auch Transparenzdreiklang „See – Check – Act" bei *Herfurth/Schindler/Wagner*, BRJ 2018, 16, 19.

[1521] So auch *Brink/Joos*, ZD 2019, 483, 484.

[1522] *Roßnagel/Pfitzmann/Garstka*, Modernisierung des Datenschutzrechts, 2001, S. 82.

kommt, hängt von der konkreten Art der Datenerhebung ab. Die Datenschutz-Grundverordnung differenziert zwischen einer Direkterhebung und einer sonstigen Erhebung.

Werden die personenbezogenen Daten bei der betroffenen Person erhoben, spricht man von einer Direkterhebung. Hierbei richtet sich die Informationspflicht nach Art. 13 DS-GVO. Werden die personenbezogenen Daten dagegen nicht bei der betroffenen Person erhoben – also in sonstiger Weise – dann gilt die Informationspflicht nach Art. 14 DS-GVO. Unter welchen Voraussetzungen eine Direkterhebung im Sinne von Art. 13 DS-GVO vorliegt, wird in der Datenschutz-Grundverordnung nicht definiert. Aus Art. 14 Abs. 2 f), Art. 15 Abs. 1 g) sowie aus EwG 61 S. 1 DS-GVO lässt sich jedoch schließen, dass es darauf ankommt, aus welcher Quelle die personenbezogenen Daten stammen.[1523] Ist die betroffene Person selbst die Quelle – sei es aktiv, weil die betroffene Person ihre personenbezogene Daten an das Versicherungsunternehmen übermittelt, sei es passiv, weil das Versicherungsunternehmen die betroffene Person beobachtet –, dann handelt es sich um eine Direkterhebung im Sinne von Art. 13 DS-GVO.[1524] Erhebt dagegen das Versicherungsunternehmen die personenbezogenen Daten aus einer anderen Quelle – beispielsweise von einem anderen Verantwortlichen oder eine anderen betroffenen Person –, dann liegt eine sonstige Erhebung gemäß Art. 14 DS-GVO vor.[1525]

Die Informationspflichten des Versicherungsunternehmens sind nach dem Beginn der Datenverarbeitung – also mit der Datenerhebung zuzüglich längstens einem Monat – jedoch noch nicht abgeschlossen.[1526] Die betroffene Person kann gemäß Art. 15 DS-GVO jederzeit Auskunft vom Versicherungsunternehmen verlangen, ob und wie dieses sie betreffende personenbezogene Daten verarbeitet. Dieses Auskunftsrecht erstreckt sich nicht nur auf den gesamten Datenverarbeitungszyklus, sondern geht zeitlich sogar noch darüber hinaus. Letzteres folgt daraus, dass die betroffene Person auch eine sogenannte Negativauskunft verlangen kann, also die Bestätigung des Versicherungsunternehmens, dass dieser keine sie betreffenden personenbezogenen Daten verarbeitet.[1527]

Über die grundsätzliche Pflicht des Versicherungsunternehmens, Informationen zu erteilen, hinaus, ergeben sich weitere Fragen zum Inhalt der Informationen, dem Zeitpunkt und der Art ihrer Erteilung sowie dem Vorhandensein etwaiger Ausnahmen von der Informationspflicht.

6.5.1 Inhalt der zu erteilenden Information

Wie anfangs beschrieben gewährleistet die Datenschutz-Grundverordnung Transparenz, indem sie das Versicherungsunternehmen verpflichtet, der betroffenen Person bestimmte Informationen mitzuteilen. Welche Informationen dies im Einzelnen sind, wird in Art. 13, 14 und 15 DS-GVO katalogartig definiert. Dabei handelt es sich jeweils um solche Informationen, die nach Einschätzung des Gesetzgebers in der konkreten Situation erforderlich sind, damit die

---

[1523] So im Ergebnis auch Artikel-29-Datenschutzgruppe (Hrsg.), WP 260, 2018, S. 17 f.; *Bäcker*, in: Kühling/Buchner, DS-GVO/BDSG, 3. Aufl. 2020, Art. 13, Rn. 13.

[1524] Artikel-29-Datenschutzgruppe (Hrsg.), WP 260, 2018, S. 18.

[1525] Artikel-29-Datenschutzgruppe (Hrsg.), WP 260, 2018, S. 18.

[1526] Zum Zeitpunkt der Informationserteilung ab S. 237.

[1527] *Franck*, in: Gola, DS-GVO, 2. Aufl. 2018, Art. 15, Rn. 5 f.; ausführlich zur Negativauskunft *Weichert*, NVwZ 2007, 1004; bei genauerer Betrachtung wirft die Negativauskunft ein gedankliches Problem auf. Verarbeitet der Verantwortliche keine personenbezogenen Daten der betroffenen Person, dann ist letztere strenggenommen schon keine betroffene Person im Sinne von Art. 4 Nr. 1 DS-GVO. Das hätte wiederum zur Folge, dass diese Person an sich nicht berechtigt wäre, gegenüber dem Verantwortlichen das Betroffenenrecht aus Art. 15 DS-GVO geltend zu machen und Auskunft zu verlangen. Die Person befindet sich also zum Zeitpunkt des Auskunftsverlangens in einer Superposition zwischen „betroffener Person" und „nicht betroffener Person", die erst durch die interne Prüfung des Verantwortlichen aufgelöst wird.

betroffene Person die tatsächliche und rechtliche Lage einschätzen und gegebenenfalls steuern kann.

In Art. 13 Abs. 1 und Art. 14 Abs. 1 DS-GVO sind diejenigen Mindestinformationen genannt, die das Versicherungsunternehmen der betroffenen Person in jedem Fall mitteilen muss. Darüber hinaus sehen Art. 13 Abs. 2 und Art. 14 Abs. 2 DS-GVO zusätzliche Informationen vor, die das Versicherungsunternehmen der betroffenen Person ergänzend zur Verfügung stellen muss, sofern dies notwendig ist, um eine faire und transparente Verarbeitung zu gewährleisten. Sinnvollerweise besteht jedoch – trotz des anderslautenden Wortlauts – zwischen den Informationen der Absätze 1 und 2 kein Unterschied.[1528] So ist insbesondere die Speicherdauer ein so wesentlicher Umstand der Datenverarbeitung, dass kaum Verarbeitungssituationen denkbar sind, in denen diese Information nicht von Bedeutung für die betroffene Person wäre. Mit Blick auf den Zweck der Transparenz ist es auch schwer nachvollziehbar, warum ausgerechnet die Informationen über die Betroffenenrechte nicht in jeder Situation mitgeteilt werden sollen. Richtigerweise muss das Versicherungsunternehmen daher der betroffenen Person stets alle Informationen zur Verfügung stellen.

Die Kataloginformationen lassen sich im Wesentlichen in drei Gruppen einteilen – Informationen zum Verantwortlichen, Informationen zur spezifischen Verarbeitung und Informationen zu den Betroffenenrechten.[1529]

Informationsgruppe	Informationsinhalt	Art. 13 DS-GVO	Art. 14 DS-GVO	Art. 15 DS-GVO
Informationen zum Verantwortlichen	Name und Kontaktdaten des Verantwortlichen	*	*	
	Ggf. Name und Kontaktdaten des Vertreters	*	*	
	Ggf. Kontaktdaten des Datenschutzbeauftragten	*	*	
Informationen zur spezifischen Verarbeitung	Bestätigung oder Negativauskunft			*[1530]
	Betroffene personenbezogene Daten			*
	Betroffene Kategorien von personenbezogenen Daten		*	*
	Datenquelle und ggf. öffentliche		*	*

[1528] So auch Artikel-29-Datenschutzgruppe (Hrsg.), WP 260, 2018, S. 16; *Bäcker*, in: Kühling/Buchner, DS-GVO/BDSG, 3. Aufl. 2020, Art. 13, Rn. 20; *Franck*, in: Gola, DS-GVO, 2. Aufl. 2018, Art. 13, Rn. 6.

[1529] Ähnlich auch *Ingold*, in: Sydow, DS-GVO, 2. Aufl. 2018, Art. 13, Rn. 15.

[1530] Die Erteilung von Informationen nach Art. 13 und 14 DS-GVO gegenüber der betroffenen Person beinhaltet bereits eine immanente Bestätigung, dass ihre personenbezogenen Daten verarbeitet werden.

	Zugänglichkeit der Quelle			
	Zwecke	*	*	*
	Rechtsgrundlage und ggf. verfolgte berechtigte Interessen	*	*	
	Bereitstellungspflicht und Folgen bei Nichtbereitstellung	*		
	Bestehen automatisierter Entscheidungsfindung und ggf. Logik und Folgen	*	*	*
	Empfänger oder Kategorien von Empfängern der personenbezogenen Daten	*	*	*
	Absicht von Drittstaattransfers und ggf. Garantien und Einsehbarkeit	*	*	*
	Speicherdauer	*	*	*
Informationen zu den Betroffenenrechten	Recht auf Widerruf	*	*	
	Recht auf Auskunft	*	*	
	Recht auf Berichtigung	*	*	*
	Recht auf Löschung	*	*	*
	Recht auf Einschränkung der Verarbeitung	*	*	*
	Recht auf Datenübertragbarkeit	*	*	
	Recht auf Widerspruch	*	*	*
	Recht auf Beschwerde bei einer Aufsichtsbehörde	*	*	*

Tabelle 7: Vergleich der zu erteilenden Informationen nach Art. 13, 14 und 15 DS-GVO

6.5.1.1 Informationen zum Verantwortlichen

Die erste Informationsgruppe beinhaltet Informationen, die den Verantwortlichen betreffen. Im Kern geht es darum, der betroffenen Person mitzuteilen, welcher konkrete Akteur für die

Datenverarbeitung verantwortlich bzw. rechenschaftspflichtig ist und wen sie kontaktieren kann, sofern etwaige Fragen bestehen oder sie ihre Betroffenenrechte wahrnehmen möchte.[1531]

Gemäß Art. 13 Abs. 1 a) und Art. 14 Abs. 1 a) DS-GVO müssen der Name und die Kontaktdaten des Verantwortlichen angegeben werden. Dies soll es der betroffenen Person ermöglichen, den spezifischen Verantwortlichen zu identifizieren und zu kontaktieren. Im konkreten Fall muss das Versicherungsunternehmen daher mit Firmennamen gemäß § 17 Abs. 1 HGB und ladungsfähiger Anschrift sowie Telefonnummer und bzw. oder E-Mail-Adresse bezeichnet werden.[1532]

Dasselbe gilt für den Vertreter des Verantwortlichen, sofern ein solcher benannt wurde. Gemeint ist damit nicht etwa der gesetzliche Vertreter einer juristischen Person, sondern der Vertreter im Sinne von Art. 4 Nr. 17 und Art. 27 DS-GVO für nicht in der Europäischen Union niedergelassene Verantwortliche.[1533] Der Vertreter soll gemäß Art. 27 Abs. 4 DS-GVO den betroffenen Personen bei sämtlichen Fragen im Zusammenhang mit der Verarbeitung zur Gewährleistung der Einhaltung der Datenschutz-Grundverordnung als Anlaufstelle dienen. Das Versicherungsunternehmen muss einen solchen Vertreter nicht benennen, sofern es in der Europäischen Union niedergelassen ist.[1534]

Ebenfalls sind gemäß Art. 13 Abs. 1 b) und Art. 14 Abs. 1 b) DS-GVO die Kontaktdaten des Datenschutzbeauftragten anzugeben, sofern ein solcher ernannt wurde. Ob dessen Ernennung verpflichtend oder freiwillig ist, ist dabei irrelevant. Nach Art. 38 Abs. 4 DS-GVO können betroffene Personen den Datenschutzbeauftragten zu allen mit der Verarbeitung ihrer personenbezogenen Daten und mit der Wahrnehmung ihrer Rechte gemäß der Datenschutz-Grundverordnung im Zusammenhang stehenden Fragen zu Rate ziehen. Ein Datenschutzbeauftragter muss vorliegend jedenfalls nach § 38 Abs. 1 S. 1 BDSG ernannt und mit Telefonnummer und bzw. oder E-Mail-Adresse angegeben werden.[1535]

6.5.1.2 Informationen zur spezifischen Verarbeitung

Die zweite Informationsgruppe beinhaltet Informationen, die sich auf den spezifischen Verarbeitungsvorgang beziehen. Die betroffene Person soll dadurch nachvollziehen können, wie sie betreffende personenbezogene Daten konkret verarbeitet werden. Nur so wird sie in die Lage versetzt, diese Datenverarbeitung kontrollieren und gegebenenfalls durch die Wahrnehmung bestimmter Betroffenenrechte steuern zu können.

Einer der gravierendsten Unterschiede zwischen Art. 13, 14 und 15 DS-GVO ist die Frage, ob und in welchem Detailgrad der Verantwortliche Informationen über die verarbeiteten personenbezogenen Daten bereitstellen muss. So verpflichtet Art. 13 DS-GVO den Verantwortlichen nicht dazu, die betroffenen personenbezogenen Daten in irgendeiner Weise zu bezeichnen. Die Datenschutz-Grundverordnung geht vielmehr davon aus, dass die betroffene Person bei einer Direkterhebung bereits über diese Information verfügt.[1536] Dagegen sollen bei der sonstigen Erhebung gemäß Art. 14 Abs. 1 d) DS-GVO die Kategorien personenbezogener Daten, die verarbeitet werden, beschrieben werden. Letzteres meint eine „zusammenfassende, thematische Beschreibung, die der betroffenen Person deutlich macht,

---

[1531] Vgl. *Bäcker*, in: Kühling/Buchner, DS-GVO/BDSG, 3. Aufl. 2020, Art. 13, Rn. 22.

[1532] Vgl. *Schmidt-Wudy*, in: Wolff/Brink, Beck'scher Onlinekommentar Datenschutzrecht, 34. Edition 2020, Art. 14 DS-GVO, Rn. 40.

[1533] *Knyrim*, in: Ehmann/Selmayr, DS-GVO, 2. Aufl. 2018, Art. 13, Rn. 35.

[1534] Zum räumlichen Anwendungsbereich ab S. 111.

[1535] Zum Datenschutzbeauftragten ab S. 318.

[1536] Artikel-29-Datenschutzgruppe (Hrsg.), WP 260, 2018, S. 45 f.; *Schantz*, in: Schantz/Wolff, Das neue Datenschutzrecht, 2017, Rn. 1152.

welche Sachverhalte zu ihrer Person dargestellt werden".[1537] Die betroffene Person erhält dadurch einen Überblick über die sie betreffende Datenverarbeitung und kann, sofern erforderlich, im nächsten Schritt mit Hilfe des Auskunftsrechts gemäß Art. 15 DS-GVO Informationen über die konkret verarbeiteten personenbezogenen Daten verlangen.[1538] Diese Informationen versetzen die betroffene Person insbesondere in die Lage, zu kontrollieren, ob die konkreten personenbezogenen Daten zur Erreichung des vom Verantwortlichen verfolgten Verarbeitungszweck auch tatsächlich erforderlich sind und ob die sie betreffenden Daten richtig, vollständig oder aktuell sind. Beschreibt man für Art. 14 Abs. 1 d) DS-GVO die im Rahmen der sozialen Netzwerkanalyse verwendeten Datenkategorien, handelt es sich um die Rolle als Unfallbeteiligter, das Unfalldatum, den Namen, die Adresse, die Telefonnummer, das amtliche Kennzeichen des beteiligten Fahrzeugs sowie die Einschätzung der Verbindung zu anderen Straßenverkehrsunfällen. Auf Grundlage dieser zusammenfassenden, thematischen Beschreibung können sich die betroffenen Personen im Wege von Art. 15 DS-GVO Detailinformationen erteilen lassen – also etwa das exakte amtliche Kennzeichen ihres Fahrzeugs – um etwaige Unrichtigkeiten auszuschließen.

Im Rahmen von Art. 14 Abs. 2 f) und Art. 15 Abs. 1 g) DS-GVO ist die betroffene Person zudem darüber zu informieren, aus welcher Quelle die personenbezogenen Daten stammen und gegebenenfalls ob sie aus öffentlich zugänglichen Quellen stammen.[1539] Wenn die personenbezogenen Daten nicht bei der betroffenen Person erhoben wurden, stellt sich für letztere die Frage, woher der Verantwortliche die personenbezogenen Daten beschafft hat. Insbesondere wenn es sich bei der Quelle um einen anderen Verantwortlichen handelt, kann die betroffene Person somit nachprüfen, ob ihre personenbezogenen Daten unzulässigerweise offengelegt wurden.[1540] Das gilt auch in besonderem Maße für Big-Data-Anwendungen.[1541] Für letztere bedeutet zumindest die Vorgabe aus Art. 14 Abs. 2 f) DS-GVO zudem, dass Verantwortliche, die im Sinne des Merkmals *Variety* eine Vielzahl verschiedener Quellen nutzen, um eine Datensammlung aufzubauen, die einzelnen Quellen erfassen und zurückverfolgen können müssen.[1542] Dies kann beispielsweise mithilfe eines „Data Provenance"-Systems umgesetzt werden, das den Lebenszyklus personenbezogener Daten verfolgt und dokumentiert.[1543] Nutzt der Verantwortliche verschiedene Quellen und kann daher der betroffenen Person nicht mitteilen, woher ihre personenbezogenen Daten stammen, kann er gemäß EwG 61 S. 4 DS-GVO die Information allgemein halten. Das bedeutet, dass der Verantwortliche der betroffenen Person jedoch wenigstens alle in Betracht kommenden Quellen nennen muss.[1544] Im Rahmen der sozialen Netzwerkanalyse stellen sich diese komplexen Fragen allerdings nicht, denn das Versicherungsunternehmen hat die personenbezogenen Daten aus den Schadensmeldungen des Versicherungsnehmers oder des

---

[1537] Vgl. *Dammann/Simitis*, EG-Datenschutzrichtlinie, 1997, Art. 12, Rn. 4; ausführlich hierzu *Cradock/Stalla-Bourdillon/Millard*, CLSR 2017, 142, 151 ff.

[1538] Vgl. zu diesem Stufenverhältnis *Roßnagel/Pfitzmann/Garstka*, Modernisierung des Datenschutzrechts, 2001, S. 175; *Simitis*, NJW 1997, 281, 285.

[1539] Terminologisch leicht abweichend spricht Art. 15 Abs. 1 g) DS-GVO von „alle verfügbaren Informationen über die Herkunft der Daten". Es ist jedoch davon auszugehen, dass damit nicht etwas Anderes gemeint sein soll. So verwendet beispielsweise die englische Sprachfassung jeweils den gleichen Begriff „source".

[1540] *Knyrim*, in: Ehmann/Selmayr, DS-GVO, 2. Aufl. 2018, Art. 14, Rn. 38.

[1541] EDSB (Hrsg.), Bewältigung der Herausforderungen in Verbindung mit Big Data, 2015, S. 11; *Liedke*, K&R 2014, 709, 711 f.

[1542] Vgl. Artikel-29-Datenschutzgruppe (Hrsg.), WP 260, 2018, S. 36; *Bäcker*, in: Kühling/Buchner, DS-GVO/BDSG, 3. Aufl. 2020, Art. 14, Rn. 23.

[1543] Ausführlich zu „Data Provenance" *Bier*, DuD 2015, 741.

[1544] *Bäcker*, in: Kühling/Buchner, DS-GVO/BDSG, 3. Aufl. 2020, Art. 14, Rn. 23; *Dix*, in: Simitis/Hornung/Spiecker gen. Döhmann, Datenschutzrecht, 2019, Art. 14, Rn. 11.

Geschädigten sowie der damit zusammenhängenden Kommunikation erlangt. Hierüber sind die weiteren betroffenen Personen zu informieren.

Ferner muss der Verantwortliche der betroffenen Person nach Art. 13 Abs. 1 b), Art. 14 Abs. 1 c) und Art. 15 Abs. 1 a) DS-GVO die Zwecke, für die die personenbezogenen Daten verarbeitet werden sollen, mitteilen. Für die betroffene Person ist die Transparenz der Verarbeitungszwecke nicht nur bedeutsam, um das „Warum" der Datenverarbeitung nachzuvollziehen, sondern auch um die damit verbunden Grundsätze der Datenminimierung nach Art. 5 Abs. 1 c) DS-GVO und der Speicherbegrenzung nach Art. 5 Abs. 1 e) DS-GVO kontrollieren zu können.[1545] Vorliegend können die Verarbeitungszwecke wie folgt beschrieben werden: „Wir werden personenbezogene Daten über Ihre Beteiligung an Straßenverkehrsunfällen speichern und auswerten, um zu prüfen, ob ungewöhnliche Verbindungen zu anderen Straßenverkehrsunfällen bestehen."[1546]

Darüber hinaus sind gemäß Art. 13 Abs. 1 c) und d) sowie Art. 14 Abs. 1 b) DS-GVO Informationen zur Rechtsgrundlage für die Datenverarbeitung, und, sofern die Verarbeitung auf Art. 6 Abs. 1 S. 1 f) DS-GVO beruht, zu den berechtigten Interessen zur Verfügung zu stellen. Für die betroffene Person sind diese Informationen insbesondere relevant, um zu prüfen, ob sie durch Ausübung ihres Widerruf- oder Widerspruchsrechts steuernd in die Datenverarbeitung eingreifen kann. Unklar bleibt hingegen, aus welchen Gründen diese Informationen nicht zum Pflichtkatalog des Art. 15 Abs. 1 DS-GVO gehören. Vorliegend muss das Versicherungsunternehmen daher als Rechtsgrundlage Art. 6 Abs. 1 S. 1 f) DS-GVO und als verfolgtes berechtigtes Interesse die Verhinderung von Betrug im Sinne von EwG 47 S. 6 DS-GVO angeben.

Weiter verlangt Art. 13 Abs. 2 e) DS-GVO, dass der Verantwortliche der betroffenen Person mitteilen muss, ob die Bereitstellung der personenbezogenen Daten gesetzlich oder vertraglich vorgeschrieben oder für einen Vertragsabschluss erforderlich ist, ob die betroffene Person verpflichtet ist, die personenbezogenen Daten bereitzustellen, und welche möglichen Folgen die Nichtbereitstellung hätte.[1547] Nach § 31 Abs. 1 S. 1 VVG kann das Versicherungsunternehmen nach dem Eintritt des Versicherungsfalls verlangen, dass der Versicherungsnehmer jede Auskunft erteilt, die zur Feststellung des Versicherungsfalls oder des Umfangs der Leistungspflicht des Versicherungsunternehmens erforderlich ist. Das Gleiche gilt gemäß § 31 Abs. 2 VVG für die mitversicherten Personen. Für den Sonderfall der verpflichtenden Haftpflichtversicherung ordnet § 119 Abs. 3 VVG eine entsprechende Pflicht des Geschädigten an. Sollte der Versicherungsnehmer, die mitversicherte Person oder der Geschädigte dem nicht nachkommen, ordnet § 28 Abs. 2 VVG bzw. § 120 VVG an, dass das Versicherungsunternehmen teilweise oder vollständig von seiner Leistungspflicht frei wird.

Zudem muss der Verantwortliche gemäß Art. 13 Abs. 2 f), Art. 14 Abs. 2 g) und Art. 15 Abs. 1 h) DS-GVO über das Bestehen einer automatisierten Entscheidungsfindung einschließlich Profiling gemäß Art. 22 Abs. 1 und 4 DS-GVO und – zumindest in diesen Fällen – aussagekräftige Informationen über die involvierte Logik sowie die Tragweite und die angestrebten Auswirkungen einer derartigen Verarbeitung für die betroffene Person,

---

[1545] Zur Bedeutung der Zweckbindung ab S. 253.

[1546] Zur Zweckfestlegung ab S. 257.

[1547] Vgl. auch Artikel-29-Datenschutzgruppe (Hrsg.), WP 43, 2001, S. 5.

informieren.[1548] Eine automatisierte Entscheidung im Sinne von Art. 22 DS-GVO findet jedoch bei der sozialen Netzwerkanalyse nicht statt.[1549]

Nach Art. 13 Abs. 1 e), Art. 14 Abs. 1 e) und Art. 15 Abs. 1 c) DS-GVO sind der betroffenen Person auch gegebenenfalls Informationen zu den Empfängern oder Kategorien von Empfängern ihrer personenbezogenen Daten zur Verfügung zu stellen. Unter einem Empfänger versteht man gemäß Art. 4 Nr. 9 DS-GVO eine natürliche oder juristische Person, Behörde, Einrichtung oder andere Stelle, der personenbezogene Daten offengelegt werden, unabhängig davon, ob es sich bei ihr um einen Dritten handelt oder nicht. Auch hier bietet sich die technische Erfassung und Nachverfolgbarkeit durch das zuvor genannte „Data Provenance"-System an. Im Rahmen der sozialen Netzwerkanalyse kann eine Offenlegung von personenbezogenen Daten gegenüber externen Empfängern stattfinden, dies ist jedoch keinesfalls zwingend. Es hängt entscheidend von der Betrugsbekämpfungsstrategie des jeweiligen Versicherungsunternehmens ab und wie es betrügerische Ansprüche aufarbeitet.[1550] Hat sich das Versicherungsunternehmen dazu entschieden, grundsätzlich bei einem Betrugsverdacht zivil- und strafrechtliche Verfahren anzustrengen, dann findet auch eine Übermittlung an staatliche Akteure wie Gerichte und Behörden oder an private Akteure wie Rechtsanwaltskanzleien statt. Die grundsätzliche Aufarbeitung kann sich jedoch von Versicherungsunternehmen zu Versicherungsunternehmen unterscheiden. Von vornherein nicht als Empfänger gelten interne Akteure des Verantwortlichen wie einzelne Mitarbeiter oder Organisationsbereiche wie beispielsweise die Betrugsabwehrspezialisten.[1551] Aus Art. 4 Nr. 9 DS-GVO folgt, dass als Empfänger nur Akteure außerhalb des Verantwortlichen – also andere getrennt Verantwortliche, gemeinsam Verantwortliche oder Auftragsverarbeiter – in Betracht kommen.[1552] Arbeitet das Versicherungsunternehmen dementsprechend mit anderen Versicherungsunternehmen zusammen oder beauftragt es einen externen Dienstleister mit der Durchführung der sozialen Netzwerkanalyse, dann sind diese im Rahmen von Art. 13 Abs. 1 e), Art. 14 Abs. 1 e) und Art. 15 Abs. 1 c) DS-GVO als Empfänger zu nennen.

Ferner hat der Verantwortliche nach Art. 13 Abs 1 f), Art. 14 Abs. 1 f) und Art. 15 Abs. 2 DS-GVO darüber zu informieren, ob er beabsichtigt, die personenbezogenen Daten in ein Drittland zu übermitteln und falls ja, auf welcher Grundlage ein solcher Datentransfer beruht. Die betroffene Person kann sich dadurch überzeugen, ob die Datenübermittlung aufgrund eines Angemessenheitsbeschlusses nach Art. 45 DS-GVO, aufgrund geeigneter Garantien gemäß Art. 46 DS-GVO oder aufgrund einer Ausnahme für bestimmte Fälle nach Art. 49 DS-GVO erfolgt ist und ob die gewählte Grundlage die Datenübermittlung auch rechtfertigen kann. Beauftragt das Versicherungsunternehmen beispielsweise einen externen Dienstleister in einem Drittland mit der Durchführung der sozialen Netzwerkanalyse, dann muss es die Datenschutzinformationen um die entsprechende Rechtsgrundlage für diese Drittlandübermittlung ergänzen.

Nach Art. 13 Abs. 2 a), Art. 14 Abs. 2 a), Art. 15 Abs. 1 d) DS-GVO muss der Verantwortliche die betroffene Person über die Dauer, für die die personenbezogenen Daten gespeichert werden

---

[1548]   Zu den Herausforderungen beim Einsatz komplexer Algorithmen *Hornung/Herfurth*, in: König/Schröder/Wiegand, Big Data - Chancen, Risiken, Entwicklungstendenzen, 2018, S. 170 ff.; zu Lösungsansätzen für die Nachvollziehbarkeit von Algorithmen s. Bertelsmann Stiftung (Hrsg.), Wie Algorithmen verständlich werden, 2019.

[1549]   Zur automatisierten Entscheidungsfindung ab S. 215.

[1550]   Zur Aufarbeitung betrügerischer Ansprüche ab S. 38.

[1551]   Vgl. *Gola*, in: Gola, DS-GVO, 2. Aufl. 2018, Art. 4, Rn. 80; *Mainzer*, in: Diehl, Versicherungsunternehmensrecht, 2020, § 38, Rn. 103.

[1552]   *Hartung*, in: Kühling/Buchner, DS-GVO/BDSG, 3. Aufl. 2020, Art. 4 Nr. 9, Rn. 6; Artikel-29-Datenschutzgruppe (Hrsg.), WP 260, 2018, S. 46.

oder, falls dies nicht möglich ist, über die Kriterien für die Festlegung dieser Dauer informieren. Grundsätzlich muss das Versicherungsunternehmen die personenbezogenen Daten in dem zur sozialen Netzwerkanalyse eingesetzten System nach vier Jahren ab ihrer Erhebung löschen.[1553] Im Falle eines berechtigten Widerspruchs gemäß Art. 21 Abs. 1 DS-GVO sind die personenbezogenen Daten ausnahmsweise schon früher, nämlich unverzüglich, zu löschen. Sollte das Versicherungsunternehmen die personenbezogenen Daten über die vier Jahre hinaus zur Geltendmachung, Ausübung oder Verteidigung von Rechtsansprüchen benötigen, speichert es die Daten ausnahmsweise länger und löscht sie erst nach Abschluss des Rechtsstreits.

6.5.1.3 Informationen zu den Betroffenenrechten

Die dritte Informationsgruppe beinhaltet Informationen, die sich auf die Betroffenenrechte beziehen. Diese Informationen sollen der betroffenen Person eine angemessene Grundlage verschaffen, um ihre Rechte gegenüber dem Verantwortlichen effektiv wahrnehmen zu können.[1554] Sie haben daher den „Charakter einer Rechtsbehelfsbelehrung".[1555]

Über welche Betroffenenrechte das Versicherungsunternehmen informieren muss, ergibt sich aus der Gesamtschau von Art. 13 Abs. 2 b), c) und d), Art. 14 Abs. 2 c), d) und e), Art. 15 Abs. 1 e) und f), Art. 7 Abs. 3 S. 3 und Art. 21 Abs. 4 DS-GVO:[1556]

- Recht auf Widerruf (Art. 7 Abs. 3 DS-GVO)

- Recht auf Auskunft (Art. 15 DS-GVO)

- Recht auf Berichtigung (Art. 16 DS-GVO)

- Recht auf Löschung (Art. 17 DS-GVO)

- Recht auf Einschränkung der Verarbeitung (Art. 18 DS-GVO)

- Recht auf Datenübertragbarkeit (Art. 20 DS-GVO)

- Recht auf Widerspruch (Art. 21 DS-GVO)

- Recht auf Beschwerde bei einer Aufsichtsbehörde (Art. 77 DS-GVO)

Richtigerweise muss das Versicherungsunternehmen die betroffene Person nur über das abstrakte Bestehen der einzelnen Betroffenenrechte informieren.[1557] Nicht erforderlich ist es dagegen, für jeden einzelnen Verarbeitungsvorgang getrennt über die im konkreten Fall bestehende Rechte mitsamt Voraussetzungen und Beschränkungen zu unterrichten.[1558] Das Versicherungsunternehmen ist zwar verpflichtet, die betroffene Person über ihre Rechte zu belehren, nicht aber, sie über ihre Rechte zu beraten.[1559]

6.5.2 Zeitpunkt der Informationserteilung

Die Datenschutz-Grundverordnung regelt nicht nur, welche Informationen der betroffenen Person zur Verfügung gestellt werden müssen, sondern auch, wann ihr diese Informationen mitgeteilt werden müssen. Aus Sicht der betroffenen Person ist der Zeitpunkt der Information von besonderer Bedeutung, denn „[j]ede Information läuft leer, [...] wenn sie nicht zeitgerecht,

---

[1553] Zur Bestimmung der Speicherdauer ab S. 297.

[1554] Artikel-29-Datenschutzgruppe (Hrsg.), WP 260, 2018, S. 33.

[1555] *Franck*, in: Gola, DS-GVO, 2. Aufl. 2018, Art. 13, Rn. 21.

[1556] Interessanterweise fehlt insbesondere das Recht auf Schadensersatz nach Art. 82 DS-GVO.

[1557] *Ingold*, in: Sydow, DS-GVO, 2. Aufl. 2018, Art. 13, Rn. 22; *Bäcker*, in: Kühling/Buchner, DS-GVO/BDSG, 3. Aufl. 2020, Art. 13, Rn. 37; so wohl auch *Walter*, DSRITB 2016, 367, 373.

[1558] So auch *Lorenz*, VuR 2019, 213, 218; a.A. Artikel-29-Datenschutzgruppe (Hrsg.), WP 260, 2018, S. 47 f.

[1559] Vgl. *Franck*, in: Gola, DS-GVO, 2. Aufl. 2018, Art. 15, Rn. 16.

insbes., wenn sie zu spät erfolgt".[1560] Dabei sieht die Datenschutz-Grundverordnung für die Informationspflichten nach Art. 13 und 14 DS-GVO einerseits und nach Art. 15 DS-GVO andererseits jeweils unterschiedliche Zeitpunkte vor.

Die Informationspflichten nach Art. 13 und 14 DS-GVO werden durch die Erhebung der personenbezogenen Daten ausgelöst und müssen innerhalb eines definierten Zeitraums erfüllt werden. Bei der Direkterhebung muss der Verantwortliche gemäß Art. 13 Abs. 1 DS-GVO der betroffenen Person die Informationen zum Zeitpunkt der Datenerhebung mitteilen. Das bedeutet, dass der Verantwortliche die Informationen entweder vorab oder zeitgleich mit der Erhebung an die betroffene Person übermitteln muss. Dagegen erlaubt Art. 14 Abs. 3 DS-GVO für die sonstige Erhebung eine nachträgliche Erteilung der Informationen. Grundsätzlich muss der Verantwortliche die betroffene Person gemäß Art. 14 Abs. 3 a) DS-GVO innerhalb einer angemessenen Frist – längstens innerhalb eines Monats – nach Erlangung der personenbezogenen Daten informieren. Etwas anderes gilt, wenn der Verantwortliche die personenbezogenen Daten vor Ablauf der Monatsfrist zur Kommunikation mit der betroffenen Person verwenden oder an einen anderen Empfänger offenlegen möchte.[1561] In diesen Fällen muss der Verantwortliche die betroffene Person gemäß Art. 14 Abs. 3 b) oder c) DS-GVO schon vorher, nämlich zum Zeitpunkt der ersten Mitteilung an sie oder zum Zeitpunkt der ersten Offenlegung, informieren.[1562] Zu beachten ist also, dass es sich bei Art. 14 Abs. 3 b) oder c) DS-GVO jeweils um eine Fristverkürzung handelt. In jedem Fall muss die betroffene Person spätestens innerhalb eines Monats nach der Erhebung ihrer personenbezogenen Daten informiert werden.

Dagegen wird die Informationspflicht nach Art. 15 DS-GVO erst durch die Geltendmachung des Auskunftsrechts durch die betroffene Person ausgelöst. In diesem Fall muss der Verantwortliche der betroffenen Person gemäß Art. 12 Abs. 3 S. 1 und 2 DS-GVO die erforderlichen Informationen grundsätzlich innerhalb eines Monats, spätestens innerhalb von drei Monaten zur Verfügung stellen.[1563]

Bei Big-Data-Verfahren kann insbesondere die Frist für die Erteilung der Informationen bei einer sonstigen Erhebung gemäß Art. 14 DS-GVO eine Herausforderung darstellen. Das liegt daran, dass der Verantwortliche in dieser Konstellation typischerweise keine direkte Verbindung zu den betroffenen Personen unterhält und es ihm daher an einem eigenen Kommunikationskanal fehlt, den er zur fristgerechten Übermittlung von Informationen nutzen könnte.[1564] Je nach Quelle, aus der der Verantwortliche die personenbezogenen Daten erhebt, besteht jedoch gegebenenfalls die Möglichkeit, die Informationen dorthin – also an die Quelle – zu verlagern.[1565] Erhebt beispielsweise der Verantwortliche die personenbezogenen Daten bei einem anderen Verantwortlichen, der wiederum direkt mit den betroffenen Personen in Verbindung steht, dann könnte der erste Verantwortliche diesen Kommunikationskanal gegebenenfalls mitnutzen.[1566] Darüber hinaus nennt EwG 58 S. 2 DS-GVO die Möglichkeit, die Informationen auf einer Website bereitzustellen, wenn diese für die Öffentlichkeit bestimmt

---

[1560] *Quaas*, in: Wolff/Brink, Beck´scher Onlinekommentar Datenschutzrecht, 34. Edition 2020, Art. 12 DS-GVO, Rn. 4.

[1561] Ausführlich hierzu *Bäcker*, in: Kühling/Buchner, DS-GVO/BDSG, 3. Aufl. 2020, Art. 14, Rn. 33 ff.

[1562] Artikel-29-Datenschutzgruppe (Hrsg.), WP 260, 2018, S. 18 f.

[1563] Zur Implementierung von Prozessen zur fristgerechten Bearbeitung von Auskunftsansprüchen *Dausend*, ZD 2019, 103.

[1564] *Franck*, in: Gola, DS-GVO, 2. Aufl. 2018, Art. 14, Rn. 18; *Schantz*, in: Schantz/Wolff, Das neue Datenschutzrecht, 2017, Rn. 1150.

[1565] Vgl. Artikel-29-Datenschutzgruppe (Hrsg.), WP 260, 2018, S. 9.

[1566] Vgl. *Mainzer*, in: Diehl, Versicherungsunternehmensrecht, 2020, § 38, Rn. 77 f.

ist. Sollte sich jedoch die Erteilung der Informationen nach Art. 14 DS-GVO als unmöglich erweisen oder einen unverhältnismäßigen Aufwand erfordern, kann die Informationspflicht nach Art. 14 Abs. 5 b) DS-GVO auch ausnahmsweise entfallen.[1567]

Auch für das Versicherungsunternehmen sind diese Anforderungen nicht trivial, da es sich um eine gemischte – also teils direkte, teils sonstige – Datenerhebung handelt. Typischerweise kommuniziert es nur mit dem Versicherungsnehmer und mit dem meldenden Unfallbeteiligten. Beim Letzteren handelt es sich regelmäßig entweder ebenfalls um den Versicherungsnehmer oder um den Geschädigten. Dem Versicherungsnehmer können die nach Art. 13 DS-GVO relevanten Informationen unproblematisch vorab im Zusammenhang mit dem Abschluss des Versicherungsvertrags mitgeteilt werden. Meldet der Geschädigte den Schaden gegenüber dem Versicherungsunternehmen, können auch ihm die Informationen vorab beispielsweise auf der Rückseite eines Formulars oder mit Hilfe eines Links zur Datenschutzerklärung auf einfache Weise zur Verfügung gestellt werden.

Während diese Konstellationen für das Versicherungsunternehmen beherrschbar sind, ist die Informationserteilung deutlich anspruchsvoller, wenn der Versicherungsnehmer oder der Geschädigte noch Angaben über weitere Personen wie beispielsweise die mitversicherte Person oder den Zeugen machen. Da das Versicherungsunternehmen mit diesen Akteuren typischerweise nicht direkt kommuniziert, stellt sich die Frage, wie es die Informationen innerhalb der Monatsfrist übermitteln soll. Eine Abwälzung der Informationspflichten auf eine betroffene Person wie den Geschädigten ist – wie schon im Rahmen der Einwilligung erläutert – unzulässig und kommt daher nicht in Betracht.[1568] Allerdings könnte das Versicherungsunternehmen von derjenigen betroffenen Person – also dem Versicherungsnehmer oder Geschädigten –, die die sonstigen betroffenen Personen in die Schadensregulierung „einführt", verlangen, dass diese zwingend deren Kontaktdetails angibt. Für den Versicherungsnehmer oder Geschädigten stellt dies – wenn überhaupt – eine nur unerhebliche Belastung dar. Dem Versicherungsunternehmen hingegen erlaubt es, die entsprechenden Datenfelder automatisiert auszulesen und den sonstigen betroffenen Personen die nach Art. 14 DS-GVO erforderlichen Informationen zu übermitteln.

Einfacher ist die Situation dagegen im Rahmen des Auskunftsrechts nach Art. 15 DS-GVO. Da dieses einen entsprechenden Antrag der betroffenen Person beim Verantwortlichen voraussetzt, bedeutet dies für das Versicherungsunternehmen prinzipiell keine zusätzlichen Herausforderungen mit Blick auf die unterschiedlichen Unfallbeteiligten.

6.5.3 Art und Weise der Informationserteilung

Wie anfangs beschrieben soll der Grundsatz der Transparenz gewährleisten, dass die betroffene Person in die Lage versetzt wird, die sie betreffende Datenverarbeitung nachvollziehen zu können. Nachvollziehbarkeit setzt jedoch voraus, dass das Versicherungsunternehmen der betroffenen Person die Informationen in einer für sie verständlichen Form erteilt.

Um dies sicherzustellen, formuliert die Datenschutz-Grundverordnung weitere Anforderungen an die Art und Weise der Informationserteilung. Gemäß Art. 12 Abs. 1 S. 1 DS-GVO muss der Verantwortliche geeignete Maßnahmen treffen, um der betroffenen Person alle Informationen gemäß Art. 13, 14 und 15 DS-GVO, die sich auf die Verarbeitung beziehen, in präziser, transparenter, verständlicher und leicht zugänglicher Form in einer klaren und einfachen Sprache zu übermitteln.

[1567] Zu den Ausnahmen der Informationserteilung bei sonstiger Erhebung ab S. 244.

[1568] Zur Abwälzung von Pflichten im Rahmen der vorherigen Erteilung der Einwilligung ab S. 140.

Auch wenn die einzelnen Vorgaben auf den ersten Blick nicht trennscharf wirken, betonen sie jeweils unterschiedliche Aspekte der Informationserteilung und ergänzen sich dabei gegenseitig.[1569] Als gedanklicher Ausgangspunkt setzt eine leichte Zugänglichkeit voraus, dass die betroffene Person die Informationen überhaupt ohne größere Anstrengung auffinden kann.[1570] Einem ähnlichen Zweck dient auch die transparente Erteilung von Informationen. Aus dem Vergleich zu Art. 7 Abs. 2 S. 1 DS-GVO folgt, dass Transparenz in diesem Zusammenhang meint, dass die Informationen klar von anderen Sachverhalten unterscheidbar sein müssen.[1571] Während die ersten beiden beschriebenen Vorgaben eher formale Aspekte betonen, zielt die Anforderung der Verständlichkeit mehr auf den eigentlichen Inhalt der Informationen ab und verlangt, dass diese auch für einen „typischen Angehörigen des Zielpublikums" nachvollziehbar sein müssen.[1572] Das setzt zwingend die Verwendung einer Sprache voraus, die von den Adressaten beherrscht wird, also regelmäßig die deutsche Sprache, bei Unfallbeteiligten aus dem Ausland gegebenenfalls die englische Sprache.[1573] Ferner regt Art. 12 Abs. 7 S. 1 DS-GVO den Einsatz von standardisierten Bildsymbolen an, um in leicht wahrnehmbarer, verständlicher und klar nachvollziehbarer Form einen aussagekräftigen Überblick über die beabsichtigte Verarbeitung zu vermitteln.[1574] Verständlichkeit soll aber auch durch die Formulierung der Informationen in einer klaren und einfachen Sprache erreicht werden. Das bedeutet, dass der Verantwortliche die Informationen mithilfe möglichst einfacher Satz- und sprachlicher Strukturen formulieren soll.[1575] In einem gewissen Spannungsfeld hierzu steht die Vorgabe der Präzision, denn Präzision erfordert eine möglichst genaue Beschreibung der jeweiligen Informationen.[1576] Eine präzise Beschreibung aller Pflichtinformationen nach Art. 13 und 14 DS-GVO einerseits und die Sicherstellung von Verständlichkeit, Einfachheit und Klarheit andererseits stellt für den Verantwortlichen jedoch eine Herausforderung dar. Eine Möglichkeit, diese gegensätzlichen Vorgaben zu vereinen, ist die Verwendung von sogenannten Mehrebenen-Datenschutzerklärungen.[1577] Dabei werden die Informationen typischerweise auf drei verschiedenen Ebenen – „Kurzhinweis", „Zusammengefasster Datenschutzhinweis" und „Vollständiger Hinweis" – mit zunehmendem Detailgrad dargestellt.[1578] Diese Darstellung soll einer sogenannten Informationsermüdung entgegenwirken und es betroffenen Personen ermöglichen, diejenigen Informationen, die sie konkret benötigen, gezielt aufzurufen und die übrigen Informationen überblicksartig wahrzunehmen.[1579]

[1569] *Heckmann/Paschke*, in: Ehmann/Selmayr, DS-GVO, 2. Aufl. 2018, Art. 12, Rn. 12.

[1570] Artikel-29-Datenschutzgruppe (Hrsg.), WP 260, 2018, S. 9.

[1571] Vgl. Artikel-29-Datenschutzgruppe (Hrsg.), WP 260, 2018, S. 7 f.

[1572] Artikel-29-Datenschutzgruppe (Hrsg.), WP 260, 2018, S. 8; vgl. Artikel-29-Datenschutzgruppe (Hrsg.), WP 100, 2004, S. 7; zu den Herausforderungen beim Einsatz komplexer Algorithmen *Hornung/Herfurth*, in: König/Schröder/Wiegand, Big Data - Chancen, Risiken, Entwicklungstendenzen, 2018, S. 171 ff.

[1573] *Pohle/Spittka*, in: Taeger/Gabel, DSGVO BDSG, 3. Aufl. 2019, Art. 12 DS-GVO, Rn. 10.

[1574] Dazu ausführlich Artikel-29-Datenschutzgruppe (Hrsg.), WP 260, 2018, S. 31 f.

[1575] Artikel-29-Datenschutzgruppe (Hrsg.), WP 260, 2018, S. 10; vgl. auch Europäische Kommission (Hrsg.), Klar und deutlich schreiben, 2016; zum Konzept der „einfachen Sprache" *Franck*, in: Gola, DS-GVO, 2. Aufl. 2018, Art. 12, Rn. 22.

[1576] *Robrecht*, EU-Datenschutzgrundverordnung: Transparenzgewinn oder Information-Overkill, 2015, S. 13 f.; *Kamps/Schneider*, K&R-Beilage 2017, 24.

[1577] Artikel-29-Datenschutzgruppe (Hrsg.), WP 260, 2018, S. 22.

[1578] Artikel-29-Datenschutzgruppe (Hrsg.), WP 100, 2004, S. 8 ff.

[1579] Artikel-29-Datenschutzgruppe (Hrsg.), WP 260, 2018, S. 23 f.; Artikel-29-Datenschutzgruppe (Hrsg.), WP 100, 2004, S. 8; ausführlich zum „Information-Overkill" *Robrecht*, EU-Datenschutzgrundverordnung: Transparenzgewinn oder Information-Overkill, 2015.

Das Versicherungsunternehmen kann die nach Art. 12 bis 14 DS-GVO erforderlichen Informationen im Zusammenhang mit sozialen Netzwerkanalysen entweder in eine bereits bestehende Datenschutzerklärung integrieren oder eine gesonderte, eigenständige Datenschutzerklärung formulieren, die nur für die sozialen Netzwerkanalysen Anwendung findet. Letztere könnte beispielsweise wie folgt ausgestaltet sein:

Datenschutzinformationen im Zusammenhang mit sozialen Netzwerkanalysen

Mit diesen Datenschutzinformationen möchten wir Sie gemäß Art 13 und 14 Datenschutz-Grundverordnung (DS-GVO) darüber informieren, wie wir Ihre personenbezogenen Daten im Zusammenhang mit sozialen Netzwerkanalysen verarbeiten. Bitte nehmen Sie sich einen Augenblick Zeit, um sich mit den Informationen vertraut zu machen.

Name und Kontaktdaten des Verantwortlichen

Verantwortlich für die Verarbeitung Ihrer personenbezogenen Daten im Sinne von Art. 4 Nr. 7 DS-GVO ist [Name und landungsfähige Anschrift des Versicherungsunternehmens]. Sie können uns unter [Telefonnummer und/oder E-Mail-Adresse] erreichen.

Kontaktdaten des Datenschutzbeauftragten

Wir haben einen Datenschutzbeauftragten bestellt. Diesen können Sie unter [Telefonnummer und/oder E-Mail-Adresse] erreichen.

Kategorien der verarbeiteten personenbezogenen Daten

Wir verarbeiten folgende Kategorien personenbezogener Daten von Ihnen:

- *Rolle als Unfallbeteiligter*

- *Unfalldatum*

- *Name*

- *Adresse*

- *Telefonnummer*

- *Amtliches Kennzeichen des beteiligten Fahrzeugs*

- *Einschätzung der Verbindung zu anderen Straßenverkehrsunfällen.*

Herkunft Ihrer personenbezogenen Daten

Maßgeblich verarbeiten wir personenbezogene Daten, die wir im Rahmen unseres Rechtsverhältnisses zu Ihnen als Versicherungsnehmer, mitversicherter Person oder Geschädigten von Ihnen direkt erhalten haben. Teilweise verarbeiten wir auch personenbezogene Daten, die wir nicht direkt von Ihnen erhalten haben. Das ist dann der Fall, wenn nicht Sie, sondern ein anderer Unfallbeteiligter den Schaden bei uns gemeldet und mit uns kommuniziert hat.

Zwecke der Datenverarbeitung

Wir werden die personenbezogenen Daten über Ihre Beteiligung an Straßenverkehrsunfällen speichern und auswerten, um zu prüfen, ob ungewöhnliche Verbindungen zu anderen Straßenverkehrsunfällen bestehen.

Rechtsgrundlage der Datenverarbeitung

Wir verarbeiten Ihre personenbezogenen Daten auf Grundlage unserer überwiegenden berechtigten Interessen gemäß Art. 6 Abs. 1 S. 1 f) DS-GVO. Unsere berechtigten Interessen liegen in der Verhinderung von Betrug im Sinne von EwG 47 S. 6 DS-GVO.

Bereitstellungspflicht der personenbezogenen Daten

Sofern Sie Versicherungsnehmer, mitversicherte Person oder Geschädigter sind, sind Sie verpflichtet, uns jede Auskunft zu erteilen, die zur Feststellung des Versicherungsfalls oder des Umfangs unserer Leistungspflicht erforderlich ist. Diese Verpflichtung ergibt sich aus § 31 und § 119 Abs. 3 Versicherungsvertragsgesetz (VVG). Wenn Sie solche personenbezogenen Daten nicht angeben, kann dies zur Folge haben, dass wir gemäß §§ 28 und 120 VVG teilweise oder vollständig von unserer Leistungspflicht Ihnen gegenüber frei werden. Im Übrigen ist die Angabe Ihrer personenbezogenen Daten freiwillig.

Empfänger oder Kategorien von Empfängern der personenbezogenen Daten

Im Falle eines Betrugsverdachts übermitteln wir Ihre personenbezogenen Daten gegebenenfalls an Gerichte, Behörden (insbesondere Staatsanwaltschaft und Polizei) sowie an externe Berater (insbesondere Rechtsanwaltskanzleien).

Übermittlung von personenbezogenen Daten an ein Drittland

Wir beabsichtigen nicht, Ihre personenbezogenen Daten an ein Drittland im Sinne von Art. 44 ff. DS-GVO zu übermitteln. Weitere Informationen über Drittländer finden Sie unter https://edps.europa.eu/data-protection/data-protection/glossary/d_de#drittland.

Speicherdauer

Wir speichern Ihre personenbezogenen Daten nur so lange, wie dies zur Erfüllung des genannten Zwecks erforderlich ist. Grundsätzlich werden Ihre personenbezogenen Daten in dem eingesetzten System nach vier Jahren ab ihrer Erhebung gelöscht. Sollten Sie einen berechtigten Widerspruch gemäß Art. 21 Abs. 1 DS-GVO erklären, löschen wir Ihre personenbezogenen Daten ausnahmsweise schon früher, nämlich unverzüglich. Sollten wir Ihre personenbezogenen Daten zur Geltendmachung, Ausübung oder Verteidigung von Rechtsansprüchen benötigen, speichern wir Ihre Daten ausnahmsweise länger und löschen sie erst nach Abschluss des Rechtsstreits.

Betroffenenrechte

Unter der Datenschutz-Grundverordnung stehen Ihnen verschiedene Betroffenenrechte zu. Bitte beachten Sie, dass diese Rechte von bestimmten Voraussetzungen abhängen und bestimmten Beschränkungen unterliegen:

- *Recht auf Widerruf (Art. 7 Abs. 3 DS-GVO)*

- *Recht auf Auskunft (Art. 15 DS-GVO)*

- *Recht auf Berichtigung (Art. 16 DS-GVO)*

- *Recht auf Löschung (Art. 17 DS-GVO)*

- *Recht auf Einschränkung der Verarbeitung (Art. 18 DS-GVO)*

- *Recht auf Datenübertragbarkeit (Art. 20 DS-GVO)*

- *Recht auf Widerspruch (Art. 21 DS-GVO)*

Weitere Informationen über Ihre Rechte als betroffene Person finden Sie unter https://ec.europa.eu/info/law/law-topic/data-protection/reform/rights-citizens_de.

Sofern Sie hierzu Fragen haben oder Ihre Rechte geltend machen möchten, können Sie sich an unseren Datenschutzbeauftragten oder an uns unter den angegebenen Kontaktdaten wenden. Sollten Sie der Auffassung sein, dass wir bei der Verarbeitung Ihrer personenbezogenen Daten datenschutzrechtliche Vorschriften verletzt haben, können Sie sich gemäß Art. 77 DS-GVO mit einer Beschwerde an die zuständige Aufsichtsbehörde wenden.

6.5.4 Ausnahmen von der Informationserteilung

Grundsätzlich beabsichtigt die Datenschutz-Grundverordnung, der betroffenen Person größtmögliche Transparenz bezüglich der sie betreffenden Datenverarbeitungsvorgänge zu verschaffen. Dies gilt jedoch nicht grenzenlos. Auch das Recht auf Transparenz ist kein uneingeschränktes Recht, sondern muss gemäß EwG 4 S. 2 DS-GVO unter Wahrung des Verhältnismäßigkeitsprinzips gegen andere Grundrechte abgewogen werden.[1580]

Konfliktpotenzial birgt der Transparenzgrundsatz insbesondere dort, wo dem Informationsbegehren der betroffenen Person berechtigte Geheimhaltungsinteressen oder faktische Hindernisse des Versicherungsunternehmens entgegenstehen. Um diese Interessensgegensätze auszutarieren, sieht die Datenschutz-Grundverordnung in Art. 12 bis 15 DS-GVO verschiedene Ausnahmen von den Informationspflichten des Verantwortlichen vor.[1581] Darüber hinaus enthält Art. 23 DS-GVO eine Öffnungsklausel für Mitgliedstaaten, die es diesen erlaubt, die Rechte betroffener Personen durch nationale Gesetzgebungsmaßnahmen zusätzlich zu beschränken.[1582] Der deutsche Gesetzgeber hat hiervon Gebrauch gemacht und verschiedene weitere Ausnahmetatbestände in die Vorschriften der §§ 27 ff. BDSG aufgenommen.[1583] Diese Ausnahmeregelungen finden nicht beliebig Anwendung, sondern gelten jeweils nur speziell für Art. 13, 14 oder 15 DS-GVO. Darüber hinaus differenzieren verschiedene der Vorschriften im Bundesdatenschutzgesetz zusätzlich zwischen Verantwortlichen im öffentlichen und im nichtöffentlichen Bereich.[1584]

6.5.4.1 Ausnahmen bei Direkterhebung nach Art. 13 DS-GVO

Erhebt das Versicherungsunternehmen die personenbezogenen Daten direkt bei der betroffenen Person, ist es schwer zu begründen, warum es sie bei dieser Gelegenheit nicht auch entsprechend unterrichten kann.[1585] Aus diesem Grund ordnet Art. 13 Abs. 4 DS-GVO an, dass die Informationspflicht des Verantwortlichen nur dann entfallen soll, wenn und soweit die betroffene Person bereits über die maßgeblichen Informationen verfügt. Dem Gesetzgeber kommt es entscheidend darauf an, die Informiertheit der betroffenen Person sicherzustellen.[1586] Hat letztere die relevanten Informationen bereits auf andere Weise erhalten, wurde die vom

---

[1580] Vgl. *Reding*, ZD 2012, 195, 198.

[1581] Artikel-29-Datenschutzgruppe (Hrsg.), WP 260, 2018, S. 33 ff.

[1582] Artikel-29-Datenschutzgruppe (Hrsg.), WP 260, 2018, S. 41 f.

[1583] Systematischer Überblick bei *Wagner*, ZD-Aktuell 2018, 6150; Gesetzesbegründung unter BT-Drs. 18/11325, S. 102 ff.; kritisch zu den deutschen Gesetzgebungsmaßnahmen *Dix*, in: Simitis/Hornung/Spiecker gen. Döhmann, Datenschutzrecht, 2019, Art. 13, Rn. 23; DSK (Hrsg.), Kurzpapier Nr. 10 - Informationspflichten bei Dritt- und Direkterhebung, 2018, S. 3.

[1584] Die folgende Darstellung konzentriert sich auf Ausnahmevorschriften für Verantwortliche aus dem nichtöffentlichen Bereich.

[1585] *Schantz*, in: Schantz/Wolff, Das neue Datenschutzrecht, 2017, Rn. 1163.

[1586] Vgl. *Dammann/Simitis*, EG-Datenschutzrichtlinie, 1997, Art. 10, Rn. 4.

Gesetzgeber beabsichtigte Transparenz hergestellt und der Zweck der Informationspflichten nach Art. 13 DS-GVO hat sich somit erübrigt.[1587]

Anders ist die Situation bei zweckändernden Weiterverarbeitungen, denn in dieser Konstellation fallen die ursprüngliche Datenerhebung und der Auslöser der Informationspflicht – die zweckändernde Weiterverarbeitung – zeitlich auseinander.[1588] Dieses zeitliche Auseinanderfallen erschwert es dem Versicherungsunternehmen typischerweise, die betroffene Person zu kontaktieren und ihr die erforderlichen Informationen zur Zweckänderung mitzuteilen.[1589] Das Bundesdatenschutzgesetz sieht daher insbesondere in § 29 Abs. 2, § 32 Abs. 1 Nr. 1 und 3 bis 5 BDSG zusätzliche Ausnahmen vor, bei denen eine Informationspflicht des Verantwortlichen nach Art. 13 Abs. 3 DS-GVO entfällt.

6.5.4.2 Ausnahmen bei sonstiger Erhebung nach Art. 14 DS-GVO

Erhebt das Versicherungsunternehmen die personenbezogenen Daten dagegen aus einer anderen Quelle als der betroffenen Person, kann es für es – mangels direkter Kontaktmöglichkeit – eine größere Herausforderung bedeuten, der betroffenen Person die Informationen nach Art. 14 DS-GVO zu erteilen. Für den Fall der sonstigen Erhebung sieht daher Art. 14 Abs. 5 DS-GVO eine größere Anzahl von Ausnahmen von der Informationspflicht des Verantwortlichen vor.

Zunächst lässt Art. 14 Abs. 5 a) DS-GVO – spiegelbildlich zu Art. 13 Abs. 4 DS-GVO – die Informationspflicht des Versicherungsunternehmens entfallen, sofern und soweit die betroffene Person bereits über die Informationen verfügt. Darüber hinaus muss das Versicherungsunternehmen die Informationen gemäß Art. 14 Abs. 5 b) DS-GVO nicht erteilen, sofern und soweit sich die Erteilung der Informationen als unmöglich erweist oder einen unverhältnismäßigen Aufwand erfordern würde. Das Gleiche gilt, wenn eine Informationserteilung die Verwirklichung der Ziele dieser Verarbeitung unmöglich machen oder ernsthaft beeinträchtigen würde. Ferner entfällt eine Informationspflicht des Versicherungsunternehmens auch dann, wenn gemäß Art. 14 Abs. 5 c) DS-GVO die Erlangung oder Offenlegung der personenbezogenen Daten durch Rechtsvorschriften der Union oder der Mitgliedstaaten, denen das Versicherungsunternehmen unterliegt und die geeignete Maßnahmen zum Schutz der berechtigten Interessen der betroffenen Person vorsehen, ausdrücklich geregelt ist oder wenn nach Art. 14 Abs. 5 d) DS-GVO die personenbezogenen Daten gemäß dem Unionsrecht oder dem Recht der Mitgliedstaaten dem Berufsgeheimnis, einschließlich einer satzungsmäßigen Geheimhaltungspflicht, unterliegen und daher vertraulich behandelt werden müssen.[1590] Diese Ausnahmen aus Art. 14 Abs. 5 DS-GVO werden im Bundesdatenschutzgesetz insbesondere durch weitere Ausnahmen in § 29 Abs. 1 S. 1, § 33 Abs. 1 Nr. 2 BDSG ergänzt.

6.5.4.3 Ausnahmen bei Auskunftserteilung nach Art. 15 DS-GVO

Auch im Rahmen von Art. 15 DS-GVO sind Ausnahmen von der Informationserteilung vorgesehen. Gemäß Art. 12 Abs. 5 S. 2 b) DS-GVO kann sich das Versicherungsunternehmen weigern, der betroffenen Person Auskunft nach Art. 15 DS-GVO zu erteilen, wenn es sich um einen offenkundig unbegründeten oder exzessiven Antrag handelt. Darüber hinaus folgt aus Art. 15 Abs. 4 DS-GVO, dass die Informationspflicht des Verantwortlichen zumindest eingeschränkt ist, sofern und soweit die Informationserteilung die Rechte und Freiheiten

---

[1587] Vgl. auch EwG 62 S. 1 DS-GVO.

[1588] Zur zweckändernden Weiterverarbeitung ab S. 260.

[1589] BT-Drs. 18/11325, S. 102.

[1590] Zur Bedeutung im Versicherungsbereich *Britz/Beyer*, VersR 2020, 65, 70.

anderer Personen beeinträchtigen würde. Ergänzt werden diese Ausnahmen durch weitere Vorschriften im Bundesdatenschutzgesetz, insbesondere in § 29 Abs. 1 S. 2 sowie in § 34 Abs. 1 Nr. 2 a) und b) BDSG.

6.5.4.4 Typische Herausforderungen bei Big-Data-Verfahren

Die anfangs beschriebenen Interessenskonflikte zwischen der betroffenen Person und dem Verantwortlichen, also hier dem Versicherungsunternehmen, bestehen in besonderem Maße bei Big-Data-Verfahren.

Charakteristisch für Big-Data-Verfahren ist es, dass sie eine große Menge betroffener Personen sowie eine große Menge personenbezogener Daten beinhalten. Für das Versicherungsunternehmen bedeutet die Informationserteilung daher einen erheblichen Aufwand, den es – sofern und soweit zulässig – vermeiden möchte. Demgegenüber steigt typischerweise das Interesse der betroffenen Person, die sie betreffende Datenverarbeitung nachvollziehen zu können, je mehr personenbezogene Daten von ihr verarbeitet werden. Der Grund hierfür ist, dass eine größere Menge personenbezogener Daten dem Versicherungsunternehmen prinzipiell auch weitreichendere Einblicke über bestimmte persönliche Aspekte der betroffenen Person ermöglicht, die dieser prinzipiell unerwünscht sind.[1591]

Betrachtet man die faktischen Hindernisse des Versicherungsunternehmens bei Big-Data-Verfahren – also die große Menge betroffener Personen sowie die große Menge verarbeiteter personenbezogener Daten – im Detail, wird deutlich, dass sie sich unterschiedlich auf die verschiedenen Informationspflichten nach Art. 13, 14 oder 15 DS-GVO auswirken.

Steigt beispielsweise die Menge betroffener Personen, erhöht das den Erfüllungsaufwand für die Informationspflichten aus Art. 13 und 14 DS-GVO, denn das Versicherungsunternehmen muss diese Informationen proaktiv gegenüber jeder betroffenen Person erteilen. Eine Auskunft nach Art. 15 DS-GVO dagegen muss das Versicherungsunternehmen nur gegenüber denjenigen betroffenen Personen erteilen, die zuvor einen entsprechenden Antrag gestellt haben. Typischerweise macht diese Gruppe jedoch nur ein Bruchteil der Gesamtmenge der betroffenen Personen aus und verursacht in der Regel kein faktisches Hindernis bei der Informationserteilung. So sieht auch Art. 12 Abs. 3 S. 2 DS-GVO bei einer Vielzahl von Anträgen nach Art. 15 DS-GVO nur die Möglichkeit einer Fristverlängerung vor.

Anders stellt sich die Situation mit Blick auf die große Menge verarbeiteter personenbezogener Daten dar. Steigt die Menge personenbezogener Daten, steigt typischerweise auch der Erfüllungsaufwand für die Informationspflicht aus Art. 15 DS-GVO.[1592] Wie zuvor beschrieben, muss das Versicherungsunternehmen der betroffenen Person im Rahmen der Auskunftserteilung nach Art. 15 DS-GVO auch Informationen über die konkret verarbeiteten personenbezogenen Daten mitteilen. Je mehr personenbezogene Daten das Versicherungsunternehmen verarbeitet, desto mehr Daten muss es folglich auch sichten und beauskunften. Der Aufwand zur Erfüllung der Informationspflichten aus Art. 13 und 14 DS-GVO bleibt dagegen unberührt. Das liegt daran, dass bei der Informationserteilung nach Art. 13 DS-GVO Informationen über die verarbeiteten personenbezogenen Daten gänzlich entfallen, während sie bei Art. 14 DS-GVO auf die Kategorien der verarbeiteten personenbezogenen Daten beschränkt sind. Da letztere nur eine abstrakte Beschreibung der personenbezogenen Daten darstellen, verändern sich diese nicht mit steigendem Datenvolumen. So bleiben im Rahmen der sozialen Netzwerkanalyse die Datenkategorien „Rolle als

---

[1591] Zur Menge personenbezogener Daten als Risikofaktor ab S. 192.

[1592] Vgl. *Cate/Mayer-Schönberger*, IDPL 2013, 67, 72.

Unfallbeteiligter", „Unfalldatum", „Name", „Adresse", „Telefonnummer", „Amtliches Kennzeichen des beteiligten Fahrzeugs" und „Einschätzung der Verbindung zu anderen Straßenverkehrsunfällen" gleich, unabhängig davon, ob die konkreten Daten aus 500 oder aus 500.000 Straßenverkehrsunfällen in die Analyse einfließen.

Für Big-Data-Verfahren ergeben sich somit die Fragen, ob es erstens eine große Menge betroffener Personen rechtfertigt, von den Informationspflichten gemäß Art. 13 und 14 DS-GVO abzusehen und zweitens, ob es eine große Menge verarbeiteter personenbezogener Daten rechtfertigt, das Versicherungsunternehmen von seiner Informationspflicht aus Art. 15 DS-GVO zu befreien.

6.5.4.4.1 Befreiung von Art. 13 und 14 DS-GVO wegen großer Menge betroffener Personen?

Bei der Direkterhebung nach Art. 13 DS-GVO findet sich kein unmittelbarer Anknüpfungspunkt für eine solche Befreiung. Bei der sonstigen Erhebung sieht dagegen – wie beschrieben – Art. 14 Abs. 5 b) DS-GVO vor, dass das Versicherungsunternehmen der betroffenen Person die Informationen nicht zur Verfügung stellen muss, wenn und soweit sich die Erteilung dieser Informationen als unmöglich erweist oder einen unverhältnismäßigen Aufwand erfordern würde.

Die Datenschutz-Grundverordnung präzisiert nicht, unter welchen Voraussetzungen sich die Informationserteilung als unmöglich erweisen soll. Nach allgemeinem Verständnis setzt jedoch Unmöglichkeit voraus, dass das Versicherungsunternehmen tatsächlich daran gehindert ist, der betroffenen Person die erforderlichen Informationen zu übermitteln.[1593] Das ist insbesondere dann der Fall, wenn es keine Kontaktdaten der betroffenen Person besitzt.[1594] Während dies für viele Big-Data-Verfahren, bei denen der Verantwortliche die personenbezogenen Daten aus öffentlich verfügbaren Quellen erhebt, ein denkbares Szenario ist, scheidet dieser Ausnahmetatbestand mit Blick auf das Versicherungsunternehmen typischerweise aus. Letzteres wird regelmäßig über entsprechende Kontaktdaten des Versicherungsnehmers, der mitversicherten Person, des Geschädigten und des Zeugen verfügen. Diese fließen dem Versicherungsunternehmen entweder aus den Stammdaten des Versicherungsnehmers oder aus der Schadensmeldung oder aus der weiteren Kommunikation über die Erbringung der Versicherungsleistung zu.

Ebenso wenig stellt die Datenschutz-Grundverordnung fest, was im Zusammenhang mit der Informationserteilung unter einem „unverhältnismäßigen Aufwand" zu verstehen ist. Aus Art. 14 Abs. 5 b) und EwG 62 DS-GVO folgt lediglich, dass ein unverhältnismäßiger Aufwand insbesondere bei Verarbeitungen für im öffentlichen Interesse liegende Archivzwecke, zu wissenschaftlichen oder historischen Forschungszwecken oder zu statistischen Zwecken vorliegen kann. Zudem soll die Zahl der betroffenen Personen, das Alter der Daten oder etwaige geeignete Garantien als Anhaltspunkte in Betracht gezogen werden.

Zu berücksichtigen ist zunächst, dass der Aufwand des Versicherungsunternehmens, die Informationen bereitzustellen, nicht isoliert zu betrachten ist. Er muss vielmehr ins Verhältnis zum Interesse der betroffenen Person, die Informationen zu erhalten, gesetzt werden.[1595] Je höher das Informationsinteresse der betroffenen Person, desto höher ist auch der Aufwand, den die Datenschutz-Grundverordnung dem Versicherungsunternehmen abverlangt. Grundsätzlich steigt das Informationsinteresse der betroffenen Person, je eher sich die Verarbeitung ihrer

---

[1593] Artikel-29-Datenschutzgruppe (Hrsg.), WP 260, 2018, S. 35.

[1594] Artikel-29-Datenschutzgruppe (Hrsg.), WP 260, 2018, S. 36; vgl. *Dammann/Simitis*, EG-Datenschutzrichtlinie, 1997, Art. 11, Rn. 6; vgl. BT-Drs. 18/11325, S. 103.

[1595] Artikel-29-Datenschutzgruppe (Hrsg.), WP 260, 2018, S. 38.

personenbezogenen Daten nachteilig auf sie auswirken kann.[1596] Das ist insbesondere dann der Fall, wenn schon die bestimmungsgemäße Verwendung der Daten für die betroffene Person potenziell nachteilig sein kann.[1597] Das Gleiche gilt, je höher das Risiko einer missbräuchlichen Verwendung der sie betreffenden Daten ist.[1598] Vor diesem Hintergrund können auch die Kriterien in EwG 62 DS-GVO sinnvoll angewendet werden.

Werden die personenbezogenen Daten nur für im öffentlichen Interesse liegende Archivzwecke, zu wissenschaftlichen oder historischen Forschungszwecken oder zu statistischen Zwecken verarbeitet und durch etwaige geeignete Garantien abgesichert, geht die Datenschutz-Grundverordnung davon aus, dass sich die Datenverarbeitung typischerweise nicht nachteilig auf die betroffene Person auswirkt.[1599] Es handelt sich daher um ein Indikatoren für ein eher geringes Informationsinteresse der betroffenen Person. Werden die personenbezogenen Daten einer großen Zahl betroffener Personen verarbeitet oder handelt es sich um alte personenbezogene Daten, deuten diese Merkmale auf einen eher hohen Aufwand des Versicherungsunternehmens hin.[1600] Es bleibt jedoch auch in diesem Zusammenhang unklar, ab welchen Grenzwerten die Zahl der betroffenen Personen als groß und das Alter der personenbezogenen Daten als alt gelten soll.[1601]

Für Big-Data-Verfahren gilt daher generell, dass eine große Menge betroffener Personen auf einen unverhältnismäßigen Aufwand des Versicherungsunternehmens im Sinne von Art. 14 Abs. 5 b) DS-GVO hindeutet.[1602] Eine Befreiung von den Informationspflichten hängt jedoch maßgeblich vom jeweiligen Informationsinteresse der betroffenen Person im Einzelfall ab.[1603] Deutlich wird dies am Beispiel der sozialen Netzwerkanalyse. Betrachtet man den Versicherungsnehmer, die mitversicherte Person und den Geschädigten, haben diese typischerweise ein nicht unerhebliches Informationsinteresse an der Datenverarbeitung. Schon die bestimmungsgemäße Verwendung ihrer personenbezogenen Daten kann dazu führen, dass die von ihnen begehrte Versicherungsleistung verweigert wird. Wie zuvor beschrieben, sind der Versicherungsnehmer, die mitversicherte Person und der Geschädigte regelmäßig abstrakt auf die Versicherungsleistung des Versicherungsunternehmens angewiesen, da sie Schuldner bzw. Gläubiger der Schadensersatzansprüche aus §§ 7, 18 StVG, § 823 BGB sind. Dagegen wären andere Personen wie Zeugen oder auch – sofern in die soziale Netzwerkanalyse einbezogen – Betreiber von Werkstätten oder Anwälte schon abstrakt nicht auf die Leistung des Versicherungsunternehmens angewiesen, da sie weder Gläubiger noch Schuldner der Schadensersatzansprüche aus §§ 7, 18 StVG, § 823 BGB sind. Aus dem Vorstehenden folgt daher, dass sich das Versicherungsunternehmen gegenüber betroffenen Personen wie dem Versicherungsnehmer, der mitversicherten Person und dem Geschädigten nicht auf Art. 14 Abs. 5 b) DS-GVO berufen kann. Gegenüber anderen Kategorien von betroffenen Personen ist dies jedoch denkbar.

[1596] *Dammann/Simitis*, EG-Datenschutzrichtlinie, 1997, Art. 11, Rn. 5; so wohl auch Artikel-29-Datenschutzgruppe (Hrsg.), WP 260, 2018, S. 38.

[1597] *Dammann/Simitis*, EG-Datenschutzrichtlinie, 1997, Art. 11, Rn. 5.

[1598] *Dammann/Simitis*, EG-Datenschutzrichtlinie, 1997, Art. 11, Rn. 5.

[1599] Vgl. *Dammann/Simitis*, EG-Datenschutzrichtlinie, 1997, Art. 11, Rn. 5.

[1600] Vgl. Artikel-29-Datenschutzgruppe (Hrsg.), WP 260, 2018, S. 37 f.; zudem EuGH, Urteil 07.05.2009, Rijkeboer – C-553/07, Rn. 59 zu nachlassendem Informationsinteresse der betroffenen Personen bei sehr langer Speicherdauer.

[1601] Jedenfalls bei „Datensatz, der sich auf 20 000 betroffene Personen bezieht" und „bereits vor 50 Jahre erhoben", Artikel-29-Datenschutzgruppe (Hrsg.), WP 260, 2018, S. 38.

[1602] *Werkmeister/Brandt*, CR 2016, 233, 236.

[1603] *Schantz*, in: Schantz/Wolff, Das neue Datenschutzrecht, 2017, Rn. 1169.

6.5.4.4.2 Befreiung von Art. 15 DS-GVO wegen großer Menge verarbeiteter personenbezogener Daten?

Unmittelbar findet sich in Art. 15 DS-GVO kein Anknüpfungspunkt für eine Befreiung des Versicherungsunternehmens von der Informationspflicht wegen einer großen Menge verarbeiteter personenbezogener Daten.

Die Datenschutz-Grundverordnung hat die Problematik jedoch erkannt und in EwG 63 S. 7 DS-GVO zumindest teilweise adressiert.[1604] Verarbeitet ein Versicherungsunternehmen eine große Menge personenbezogener Daten über eine betroffene Person, so soll es gemäß EwG 63 S. 7 DS-GVO verlangen können, dass diese ihr Auskunftsverlangen nach Art. 15 DS-GVO präzisiert, bevor es ihr Auskunft erteilt.[1605] Unklar bleibt allerdings, welche Rechtsfolge das Präzisierungsverlangen auslösen soll, sofern die betroffene Person dem nicht nachkommt.

Einerseits darf EwG 63 S. 7 DS-GVO nicht dazu führen, dass das Auskunftsrecht der betroffenen Person in solchen Fällen kategorisch ausgeschlossen wird. Dies wäre mit der Bedeutung des Transparenzgrundsatzes und dessen grundrechtlicher Verankerung in Art. 8 Abs. 2 S. 2 GRCh nicht zu vereinbaren.[1606] Darüber hinaus ist zu berücksichtigen, dass gerade in Big-Data-Verfahren, in denen das Versicherungsunternehmen eine große Menge personenbezogener Daten über eine betroffene Person verarbeitet, letzterer ein gesteigertes Informationsbedürfnis zukommen kann.[1607] Andererseits ist nicht zu verkennen, dass auch der Transparenzgrundsatz und das Auskunftsrecht nicht grenzenlos gelten, sondern gegen andere Grundrechte abgewogen werden müssen.[1608] Daher darf EwG 63 S. 7 DS-GVO ebenso wenig dazu führen, dass die betroffene Person das Präzisierungsverlangen schlichtweg ignorieren und einen Aufwand erzwingen kann, der die ordnungsgemäße Funktionsweise des Versicherungsunternehmens unzumutbar beeinträchtigen und damit „über Gebühr belasten" würde.[1609] Die Wahrung des Verhältnismäßigkeitsprinzips wird in EwG 4 S. 2 DS-GVO ausdrücklich hervorgehoben und zieht sich als „Angemessenheit" wie ein roter Faden durch die Datenschutz-Grundverordnung.[1610] Entsprechende Erwägungen sind daher auch im Rahmen

---

[1604] *Schantz*, in: Schantz/Wolff, Das neue Datenschutzrecht, 2017, Rn. 1193.

[1605] Mit explizitem Hinweis auf Versicherungen mit umfangreichen Vertragsbeziehungen zu der betroffenen Person s. DSK (Hrsg.), Kurzpapier Nr. 6 - Auskunftsrecht der betroffenen Person, Art. 15 DS-GVO, 2018, S. 2.

[1606] Zum Schutzbereich des Art. 8 GRCh ab S. 72.

[1607] *Schantz*, in: Schantz/Wolff, Das neue Datenschutzrecht, 2017, Rn. 1193.

[1608] Zu den Ausnahmen vom Transparenzgrundsatz schon ab S. 243; für Art. 15 DS-GVO *Zikesch/Sörup*, ZD 2019, 239, 242 f.; *Wybitul/Brams*, NZA 2019, 672, 674; *Veil*, in: Gierschman/Schlender/Stentzel/Veil, DS-GVO, 2018, Art. 15, Rn. 34.

[1609] Vgl. zu Art. 12 DSRL EuGH, Urteil 07.05.2009, Rijkeboer – C-553/07, Rn. 59 f.; zu den praktischen Konsequenzen im Versicherungsbereich *Britz/Beyer*, VersR 2020, 65, 67 ff.; *Däubler*, in: Däubler/Wedde/Weichert/Sommer, DS-GVO/BDSG, 2018, Art. 15 DS-GVO, Rn. 34 bejaht dies zumindest in „Extremfällen".

[1610] So sprechen beispielsweise schon in den Grundsätzen zur Datenverarbeitung Art. 5 Abs. 1 d) DS-GVO von „angemessenen Maßnahmen" zur Gewährleistung der Datenrichtigkeit und Art. 5 Abs. 1 f) DS-GVO von einer „angemessenen Sicherheit" der personenbezogenen Daten; vgl. auch *Reding*, ZD 2012, 195, 198; vgl. zum Verhältnismäßigkeitsprinzip in der Datenschutzrichtlinie EuGH, Urteil 07.05.2009, Rijkeboer – C-553/07, Rn. 61 f.

von Art. 15 DS-GVO zu berücksichtigen.[1611] Das Fehlen einer expliziten Regelung steht dem nicht kategorisch entgegen.[1612]

Prinzipiell muss das Versicherungsunternehmen berechtigt bleiben, in Ausnahmefällen, in denen die Beauskunftung einer großen Menge personenbezogener Daten einen Aufwand verursachen würde, der die Grenze dessen überschreiten würde, was vernünftigerweise verlangt werden kann, die Beantwortung unter Berufung auf den Grundsatz der Verhältnismäßigkeit zu verweigern.[1613] Eine solche Befreiung von der Informationspflicht nach Art. 15 DS-GVO kann jedoch nur ausnahmsweise und nur in engen Grenzen in Betracht kommen.

Erstens muss das Versicherungsunternehmen konkret darlegen, inwiefern ihm durch die Beauskunftung einer großen Menge personenbezogener Daten ein unverhältnismäßiger Aufwand entstünde.[1614] Eine pauschale Behauptung genügt hierfür nicht, vielmehr muss es konkrete Umstände vortragen.[1615] Zur Bestimmung des unverhältnismäßigen Aufwands können die im Rahmen von Art. 14 Abs. 5 b) DS-GVO beschrieben Kriterien entsprechend herangezogen werden.

Konnte das Versicherungsunternehmen im ersten Schritt einen unverhältnismäßigen Aufwand darlegen, muss es zweitens erläutern, inwiefern der unverhältnismäßige Aufwand nicht durch eine Verlängerung der Beantwortungsfrist gemäß Art. 12 Abs. 3 S. 2 DS-GVO auf ein angemessenes Maß gesenkt werden kann.[1616]

Sollte dies dem Versicherungsunternehmen ebenfalls gelingen, muss es drittens darlegen, inwiefern es mit der betroffenen Person andere Möglichkeiten zur Bearbeitung des Auskunftsverlangens erwogen hat und aus welchen Gründen diese ebenfalls zu einem unverhältnismäßigen Aufwand führen würden.[1617] Insbesondere aus EwG 63 S. 7 DS-GVO wird deutlich, dass der Gesetzgeber die Vorstellung hat, dass sich das Versicherungsunternehmen und die betroffene Person in eine Art informellen Beratungsprozess begeben, um eine angemessene Lösung zu finden.[1618] Im Kern geht es dabei darum, gemeinsam Alternativen zu entwickeln und zu prüfen, die für die betroffene Person möglichst ebenso wirksam sind, aber für das Versicherungsunternehmen einen geringeren Aufwand bedeuten. So nennt EwG 63 S. 7 DS-GVO die Präzisierung – also eine Eingrenzung der Informationen oder Verarbeitungsvorgänge – des Auskunftsverlangens durch die betroffene Person zur Vermeidung unverhältnismäßigen Aufwands.[1619] Konkret könnte dies in gestufter Form ausgestaltet sein, sodass der Verantwortliche der betroffenen Person zunächst nur Auskunft

---

[1611] So auch LG Heidelberg, BeckRS 2020, 3071, Rn. 22 ff.; vgl. zu Art. 12 DSRL EuGH, Urteil 07.05.2009, Rijkeboer – C-553/07, Rn. 63; *Britz/Beyer*, VersR 2020, 65, 70 f.; *Wybitul/Brams*, NZA 2019, 672, 674; *Veil*, in: Gierschman/Schlender/Stentzel/Veil, DS-GVO, 2018, Art. 15, Rn. 34 geht andernfalls von einer Unionsrechtswidrigkeit aus.

[1612] So auch *Schantz*, in: Schantz/Wolff, Das neue Datenschutzrecht, 2017, Rn. 1200; vgl. zur Verordnung (EG) Nr. 1049/2001 über den Zugang der Öffentlichkeit zu Dokumenten des Europäischen Parlaments, des Rates und der Kommission EuG, Urteil 13.04.2005, Verein für Konsumenteninformation – T-2/03, Rn. 96 ff.; nicht eindeutig bei *Brink/Joos*, ZD 2019, 483, 486; a.A. *Schulte/Welge*, NZA 2019, 1110, 1114.

[1613] Vgl. EuG, Urteil 13.04.2005, Verein für Konsumenteninformation – T-2/03, Rn. 102, 112.

[1614] Vgl. EuG, Urteil 13.04.2005, Verein für Konsumenteninformation – T-2/03, Rn. 117 ff.

[1615] BayLDA (Hrsg.), 9. Tätigkeitsbericht 2019, 2020, S. 27; *Britz/Beyer*, VersR 2020, 65, 70.

[1616] Vgl. EuG, Urteil 13.04.2005, Verein für Konsumenteninformation – T-2/03, Rn. 110.

[1617] Vgl. EuG, Urteil 13.04.2005, Verein für Konsumenteninformation – T-2/03, Rn. 114 ff.

[1618] Vgl. zu Art. 6 Abs. 3 Verordnung (EG) Nr. 1049/2001 EuG, Urteil 13.04.2005, Verein für Konsumenteninformation – T-2/03, Rn. 101, 114 ff.

[1619] So auch *Engeler/Quiel*, NJW 2019, 2201, 2203.

über ihre Stammdaten erteilt.[1620] Im Anschluss könnte die betroffene Person unter Zugrundelegung der Informationen aus Art. 13 und 14 DS-GVO präzisieren, auf welche Informationen oder Verarbeitungsvorgänge sich ihr Auskunftsersuchen beziehen soll.[1621] Dieser Vorgang kann einmalig oder iterativ stattfinden, wobei sich das Versicherungsunternehmen und die betroffene Person im letzteren Fall über die Frist des Art. 12 Abs. 3 DS-GVO verständigen sollten. In diesem Zusammenhang ist darauf hinzuweisen, dass auch eine einvernehmliche Verlängerung der Beauskunftungsfrist über die in Art. 12 Abs. 3 S. 2 DS-GVO maximal vorgesehenen drei Monate hinaus, eine für beide Seiten gangbare Alternative darstellen kann.[1622] Schließlich nennt EwG 63 S. 4 DS-GVO noch die Möglichkeit, einen Fernzugang zu einem sicheren System bereitzustellen, der der betroffenen Person direkten Zugang zu ihren personenbezogenen Daten ermöglichen würde. Klarzustellen ist, dass es sich bei den genannten Ansätzen nicht um eine abschließende Aufzählung handelt. Vielmehr beabsichtigt die Datenschutz-Grundverordnung bestimmte Lösungen anzuregen, ohne jedoch andere denkbare Alternativen ausschließen.

Aus dem Vorstehenden folgt somit, dass das Versicherungsunternehmen die Erteilung der Auskunft nach Art. 15 DS-GVO nur dann unter Berufung auf den Grundsatz der Verhältnismäßigkeit verweigern kann, wenn sie zu einem Aufwand führen würde, der die Grenze dessen überschreitet, was vernünftigerweise verlangt werden kann und weder eine Fristverlängerung noch alternative Bearbeitungsmöglichkeiten den unverhältnismäßigen Aufwand auf ein angemessenes Maß absenken können.

Darüber hinaus sieht – wie zuvor beschrieben – auch das Bundesdatenschutzgesetz in § 34 Abs. 1 Nr. 2 a) und b) BDSG Ausnahmen von der Auskunftserteilung vor, sofern diese für das Versicherungsunternehmen einen unverhältnismäßigen Aufwand erfordern würde.

Gemäß § 34 Abs. 1 Nr. 2 a) BDSG besteht die Informationspflicht des Versicherungsunternehmens auch dann nicht, wenn die personenbezogenen Daten nur deshalb gespeichert sind, weil sie aufgrund gesetzlicher oder satzungsmäßiger Aufbewahrungsvorschriften nicht gelöscht werden dürfen und die Auskunftserteilung einen unverhältnismäßigen Aufwand erfordern würde sowie eine Verarbeitung zu anderen Zwecken durch geeignete technische und organisatorische Maßnahmen ausgeschlossen ist. Außerdem befreit § 34 Abs. 1 Nr. 2 b) BDSG das Versicherungsunternehmen von seiner Informationspflicht, wenn die personenbezogenen Daten ausschließlich Zwecken der Datensicherung oder der Datenschutzkontrolle dienen und die Auskunftserteilung einen unverhältnismäßigen Aufwand erfordern würde sowie eine Verarbeitung zu anderen Zwecken durch geeignete technische und organisatorische Maßnahmen ausgeschlossen ist.

Im Gegensatz zu EwG 63 S. 7 DS-GVO beziehen sich diese Ausnahmetatbestände jedoch von vornherein auf einen eng begrenzten Kreis von personenbezogenen Daten. Zum einen geht es in § 34 Abs. 1 Nr. 2 a) BDSG um solche personenbezogenen Daten, die nur deshalb gespeichert sind, weil sie aufgrund gesetzlicher oder satzungsmäßiger Aufbewahrungsvorschriften nicht gelöscht werden dürfen. Gesetzliche Aufbewahrungsvorschriften, denen das Versicherungsunternehmen typischerweise unterliegt, sind beispielsweise

---

[1620] BayLDA (Hrsg.), 9. Tätigkeitsbericht 2019, 2020, S. 35; *Schmidt-Wudy*, in: Wolff/Brink, Beck'scher Onlinekommentar Datenschutzrecht, 34. Edition 2020, Art. 15 DS-GVO, Rn. 52; *Wybitul/Brams*, NZA 2019, 672, 676.

[1621] *Wybitul/Brams*, NZA 2019, 672, 676; zum sogenannten „gestuften Dialog" im Versicherungsbereich *Britz/Beyer*, VersR 2020, 65, 72.

[1622] In diese Richtung auch *Däubler*, in: Däubler/Wedde/Weichert/Sommer, DS-GVO/BDSG, 2018, Art. 15 DS-GVO, Rn. 34.

§ 257 Handelsgesetzbuch (HGB) oder § 147 Abgabenordnung (AO).[1623] Zudem können sich satzungsmäßige Aufbewahrungsvorschriften jedenfalls aus öffentlich-rechtlichen Satzungen ergeben.[1624] Zu betonen ist, dass die personenbezogenen Daten gemäß § 34 Abs. 1 Nr. 2 a) BDSG ausschließlich zur Erfüllung dieser Aufbewahrungsvorschriften und nicht auch zu anderen Zwecken gespeichert sein dürfen.[1625] Das Versicherungsunternehmen muss diese strenge Zweckbindung sicherstellen, indem es eine Verarbeitung zu anderen Zwecken durch geeignete technische und organisatorische Maßnahmen ausschließt. Das bedeutet regelmäßig, dass das Versicherungsunternehmen die Verarbeitung der relevanten Daten gemäß Art. 18 DS-GVO einschränken muss.[1626]

Zum anderen bezieht sich § 34 Abs. 1 Nr. 2 b) BDSG auf solche personenbezogenen Daten, die ausschließlich Zwecken der Datensicherung oder der Datenschutzkontrolle dienen. Das Bundesdatenschutzgesetz präzisiert nicht weiter, was darunter zu verstehen ist. Nach allgemeinem Verständnis umfasst die Datensicherung alle Vorgänge, die im Sinne von Art. 32 Abs. 1 DS-GVO die Verfügbarkeit der Daten auf Dauer sicherstellen sollen.[1627] Personenbezogene Daten, die ausschließlich Zwecken der Datensicherung dienen, sind beispielsweise Sicherungskopien.[1628] Datenschutzkontrolle meint dagegen die „nachträgliche[...] Prüfung, ob Datenverarbeitungsvorgänge zulässig waren".[1629] Versteht man Datenschutzkontrolle im Zusammenhang mit Datensicherung, umfasst dies insbesondere Vorgänge, bei denen die Vertraulichkeit und Integrität der Daten kontrolliert werden soll. Ausschließlich diesen Zwecken dienende personenbezogene Daten sind beispielsweise Protokollierungen von Zugriffen und Eingaben.[1630] Auch im Rahmen von § 34 Abs. 1 Nr. 2 b) BDSG muss das Versicherungsunternehmen das strenge Zweckbindung durch geeignete technische und organisatorische Maßnahmen sicherstellen.

Zusammenfassend bedeutet dies für Big-Data-Verfahren, dass es eine große Menge verarbeiteter personenbezogener Daten ausnahmsweise rechtfertigen kann, das Versicherungsunternehmen von seiner Informationspflicht aus Art. 15 DS-GVO zu befreien. Zu beachten ist jedoch, dass auch hier die Erteilung der Auskunft der Grundsatz und ihre Verweigerung die Ausnahme bleiben wird und muss. Dementsprechend sind die Anforderungen an eine Befreiung des Versicherungsunternehmens wegen eines unverhältnismäßigen Aufwands streng. Insbesondere im Zusammenhang mit Big-Data-Verfahren wird es regelmäßig begründen müssen, warum es einerseits in der Lage ist, große Mengen personenbezogener Daten in hoher Geschwindigkeit für eigene Zwecke zu verarbeiten, dies aber andererseits bei der Beantwortung von Auskunftsverlangen nicht möglich sein soll.

Für das Versicherungsunternehmen kommt eine Befreiung von der Auskunftserteilung wegen Unverhältnismäßigkeit regelmäßig nur gegenüber dem Versicherungsnehmer in Betracht. Dagegen wird es zur mitversicherten Person oder zum Geschädigten typischerweise keine so

---

[1623] *Werkmeister*, in: Gola/Heckmann, BDSG, 13. Aufl. 2019, § 34, Rn. 10; *Schepers*, DStR 2019, 1109, 1110.

[1624] *Schmidt-Wudy*, in: Wolff/Brink, Beck'scher Onlinekommentar Datenschutzrecht, 34. Edition 2020, § 34 BDSG, Rn. 26; gegen Erstreckung auf private Satzungen von Handelsgesellschaften *Koreng*, in: Taeger/Gabel, DSGVO BDSG, 3. Aufl. 2019, § 34 BDSG, Rn. 16.

[1625] *Schmidt-Wudy*, in: Wolff/Brink, Beck'scher Onlinekommentar Datenschutzrecht, 34. Edition 2020, § 34 BDSG, Rn. 32.

[1626] BT-Drs. 18/11325, S. 104.

[1627] Vgl. *Werkmeister*, in: Gola/Heckmann, BDSG, 13. Aufl. 2019, § 34, Rn. 13.

[1628] *Schmidt-Wudy*, in: Wolff/Brink, Beck'scher Onlinekommentar Datenschutzrecht, 34. Edition 2020, § 34 BDSG, Rn. 33.

[1629] *Schmidt-Wudy*, in: Wolff/Brink, Beck'scher Onlinekommentar Datenschutzrecht, 34. Edition 2020, § 34 BDSG, Rn. 34.

[1630] Vgl. *Hansen*, in: Simitis/Hornung/Spiecker gen. Döhmann, Datenschutzrecht, 2019, Art. 32, Rn. 39 f.

große Menge personenbezogener Daten gespeichert haben, dass dies einen unverhältnismäßigen Aufwand begründen könnte. Zudem wird dem Versicherungsunternehmen aufgrund des nicht unerheblichen Informationsinteresses des Versicherungsnehmers, der mitversicherten Person und des Geschädigten ein erhöhter Aufwand zuzumuten sein. Schließlich ist davon auszugehen, dass die Ausnahmetatbestände des § 34 Abs. 1 Nr. 2 BDSG wegen ihres beschränkten Anwendungsbereichs in der Versicherungspraxis nur eine untergeordnete Rolle spielen.

6.6 Zweckbindung

Nach Art. 5 Abs. 1 b) DS-GVO müssen personenbezogene Daten für festgelegte, eindeutige und legitime Zwecke erhoben werden und dürfen nicht in einer mit diesen Zwecken nicht zu vereinbarenden Weise weiterverarbeitet werden. Auch im Rahmen der sozialen Netzwerkanalyse muss das Versicherungsunternehmen den Grundsatz der Zweckbindung von Anfang an berücksichtigen.

Was unter einem „Zweck" zu verstehen ist, wird in der Datenschutz-Grundverordnung nicht weiter präzisiert. Nach allgemeinem Verständnis ist damit jedoch das Ziel der Datenverarbeitung gemeint.[1631] Der Zweck der Datenverarbeitung ist „Dreh- und Angelpunkt"[1632] des Datenschutzrechts. Wer über ihn und die Mittel der Datenverarbeitung entscheidet, ist Verantwortlicher im Sinne von Art. 4 Nr. 7 DS-GVO. Der Verarbeitungszweck ist der Bezugspunkt für die Datenminimierung nach Art. 5 Abs. 1 c) DS-GVO, für die Datenrichtigkeit nach Art. 5 Abs. 1 d) DS-GVO und für die Speicherbegrenzung nach Art. 5 Abs. 1 e) DS-GVO.[1633] Er ist ein wichtiger Aspekt der Transparenzpflichten des Verantwortlichen nach Art. 12 ff. DS-GVO und bestimmt den Anwendungsbereich der Rechtsgrundlagen nach Art. 6 Abs. 1 S. 1 DS-GVO.[1634]

Die wesentliche datenschutzrechtliche Funktion der Zweckbindung besteht darin, mögliche Daten- und Informationsströme einzugrenzen.[1635] Die Eingrenzung erfolgt im Verbund mit den Grundsätzen der Datenminimierung und der Speicherbegrenzung.[1636] Indem der Verantwortliche für die Datenverarbeitung einen bestimmten Zweck festlegen muss und daran gebunden bleibt, schränkt man die Kategorien, den Umfang und die Speicherdauer derjenigen Daten ein, die auf zulässige Weise verarbeitet werden dürfen.[1637] Solche Daten, die hinsichtlich des festgelegten Zwecks nicht angemessen und erheblich sowie auf das notwendige Maß beschränkt sind, dürfen nicht verarbeitet werden. Ebenso dürfen solche Daten, die in Bezug auf den festgelegten Zweck nicht mehr erforderlich sind, nicht mehr verarbeitet werden. Die Festlegung des Verarbeitungswecks bestimmt daher den Kreis der künftig zulässigen Datenverarbeitung.[1638] Neben der Funktion als „Sperre" soll die Zweckbindung auch die Vorhersehbarkeit der Datenverarbeitung für den Betroffenen erhöhen.[1639] Dabei handelt es sich allerdings allenfalls um eine Hilfsfunktion, da der Gedanke der Vorhersehbarkeit keine spätere

---

[1631] *Hoffmann*, Zweckbindung als Kernpunkt eines prozeduralen Datenschutzansatzes, 1991, S. 28 f.; Artikel-29-Datenschutzgruppe (Hrsg.), WP 217, 2014, S. 30; Artikel-29-Datenschutzgruppe (Hrsg.), WP 203, 2013, S. 11 spricht ebenfalls von „aim" (von engl. aim = Ziel); KOM (92) 422 endg. - SYN 287, S. 18.

[1632] *Frenzel*, in: Paal/Pauly, DS-GVO BDSG, 3. Aufl. 2021, Art. 5, Rn. 23; ähnlich auch *Schantz*, in: Wolff/Brink, Beck'scher Onlinekommentar Datenschutzrecht, 34. Edition 2020, Art. 5 DS-GVO, Rn. 13, der die Orientierung am Zweck der Verarbeitung als das „beherrschende Konstruktionsprinzip" des Datenschutzrechts ansieht.

[1633] *Dammann*, ZD 2016, 307, 311; *Culik/Döpke*, ZD 2017, 226, 228.

[1634] *Dammann*, ZD 2016, 307, 311.

[1635] So zutreffend *Britz*, EuGRZ 2009, 1, 10; Artikel-29-Datenschutzgruppe (Hrsg.), WP 203, 2013, S. 3; *Frenzel*, in: Paal/Pauly, DS-GVO BDSG, 3. Aufl. 2021, Art. 5, Rn. 23; *Herbst*, in: Kühling/Buchner, DS-GVO/BDSG, 3. Aufl. 2020, Art. 5 DS-GVO, Rn. 22; vgl. auch BVerfGE 65, 1, 48 spricht von „zweckorientierten Schranken […], die den Datensatz eingrenzen".

[1636] Vgl. Artikel-29-Datenschutzgruppe (Hrsg.), WP 203, 2013, S. 4, welche die Zweckfestlegung als zwingende Voraussetzung dieser anderen Grundsätze bezeichnet; *Herbst*, in: Kühling/Buchner, DS-GVO/BDSG, 3. Aufl. 2020, Art. 5 DS-GVO, Rn. 22.

[1637] *Simitis*, NJW 1997, 281, 285.

[1638] Artikel-29-Datenschutzgruppe (Hrsg.), WP 203, 2013, S. 4; *Monreal*, ZD 2016, 507, 509; *Simitis*, NJW 1997, 281, 285.

[1639] *von Grafenstein*, DuD 2015, 789, 792.

Zweckänderung ausschlösse, solange der Verantwortliche die betroffene Person frühzeitig informieren würde.[1640]

Der Zweckbindungsgrundsatz des Art. 5 Abs. 1 b) DS-GVO setzt sich aus zwei Bausteinen zusammen – der Zweckfestlegung und der Zweckbindung.

6.6.1 Zweckfestlegung

Der erste Baustein „Zweckfestlegung" verlangt, dass für jede Verarbeitung personenbezogener Daten eindeutige und legitime Zwecke festgelegt werden müssen.

6.6.1.1 „festgelegte" – Verbot von explorativen Datenanalysen und multifunktionaler Verwendung?

Bevor der Verantwortliche eine Datenverarbeitungstätigkeit beginnt, muss er die Verarbeitungszwecke festlegen. „Festlegen" bedeutet, dass sich der Verantwortliche für und gegen bestimmte Zwecke entscheiden muss.[1641] Aus Sicht des Verantwortlichen führt die Zweckfestlegung somit zu einer Art Selbstregulierung.[1642] In welcher Form die Zwecke festgelegt werden müssen, schreibt Art. 5 Abs. 1 b) DS-GVO nicht vor. Mit Blick auf die Rechenschaftspflicht nach Art. 5 Abs. 2 DS-GVO sollte der Verantwortliche diese jedoch in einer dauerhaften Form dokumentieren.[1643] Typischerweise erfolgt dies nach außen durch die Aufnahme in die Datenschutzinformationen nach Art. 13 Abs. 1 c) und Art. 14 Abs. 1 c) DS-GVO und nach innen durch die Aufnahme in das Verzeichnis der Verarbeitungstätigkeiten nach Art. 30 Abs. 1 b) DS-GVO.[1644]

Nach EwG 39 S. 6 DS-GVO sollten die Zwecke spätestens zum Zeitpunkt der Erhebung der personenbezogenen Daten feststehen. Das folgt auch aus Art. 5 Abs. 1 b) DS-GVO und im Fall der Direkterhebung aus Art. 13 Abs. 1 c) DS-GVO, wonach der betroffenen Person zum Zeitpunkt der Erhebung seiner personenbezogenen Daten die Verarbeitungszwecke mitgeteilt werden müssen.[1645]

Während das Versicherungsunternehmen für die soziale Netzwerkanalyse problemlos die Verarbeitungszwecke vorab festlegen kann, bedeutet das Erfordernis der Zweckfestlegung für andere Big-Data-Verfahren eine erhebliche Einschränkung.[1646] Muss der Verantwortliche die Verarbeitungszwecke vorab festlegen, ist es ihm insbesondere versperrt, sogenannte „explorative Datenanalysen" durchzuführen.[1647] Darunter versteht man Analysen, die personenbezogenen Daten explorieren – also erkunden oder erforschen – sollen, um darin

---

[1640] So auch *Britz*, EuGRZ 2009, 1, 10.

[1641] Vgl. auch Art. 4 Nr. 7 und EwG 36 S. 2 DS-GVO, der von „Grundsatzentscheidungen zur Festlegung der Zwecke" spricht.

[1642] *von Grafenstein*, DuD 2015, 789, 792; *Frenzel*, in: Paal/Pauly, DS-GVO BDSG, 3. Aufl. 2021, Art. 5, Rn. 27; zur Verhinderung eines zu leichten „Flaggenwechsels" *Zezschwitz*, in: Roßnagel, Handbuch Datenschutzrecht, 2003, Kap. 3.1, Rn. 11.

[1643] *Schantz*, in: Wolff/Brink, Beck'scher Onlinekommentar Datenschutzrecht, 34. Edition 2020, Art. 5 DS-GVO, Rn. 14; vgl. Artikel-29-Datenschutzgruppe (Hrsg.), WP 203, 2013, S. 18.

[1644] *Herbst*, in: Kühling/Buchner, DS-GVO/BDSG, 3. Aufl. 2020, Art. 5 DS-GVO, Rn. 34; *Roßnagel*, in: Simitis/Hornung/Spiecker gen. Döhmann, Datenschutzrecht, 2019, Art. 5, Rn. 75; zu den Datenschutzinformationen ab S. 233; zum Verzeichnis der Verarbeitungstätigkeiten ab S. 322.

[1645] Im Gegensatz zur Direkterhebung sieht Art. 14 Abs. 3 DS-GVO bei der sonstigen Erhebung spätere Informationszeitpunkte vor. Daraus ist jedoch nicht zu schließen, dass auch die Zweckfestlegung erst später erfolgen darf; so auch *Herbst*, in: Kühling/Buchner, DS-GVO/BDSG, 3. Aufl. 2020, Art. 5 DS-GVO, Rn. 33.

[1646] *Cate/Mayer-Schönberger*, IDPL 2013, 67, 72.

[1647] *von Grafenstein*, DuD 2015, 789, 790; grundlegend zu explorativen Datenanalysen *Tukey*, Exploratory data analysis, 1977.

unbekannte Strukturen und Zusammenhänge zu entdecken.[1648] Charakteristisch für explorative Datenanalysen ist, dass sie keine vorher festgelegten Analyseziele oder Fragestellungen verfolgen, sondern „die Daten sprechen [...] lassen, um beeindruckende Antworten auf Fragen zu erhalten, die man nicht einmal vorher stellen musste."[1649] Auf diese Weise wird der Erkenntnisgewinn nicht von vornherein auf das „bekannte Unwissen" des Verantwortlichen beschränkt – etwa weil eine Hypothese bestätigt oder widerlegt werden soll.[1650] Wertvolle Erkenntnisse können sich auch dort ergeben, wo der Verantwortliche sie nicht vermuten würde. Explorative Datenanalysen können ihm also dabei helfen, sein „unbekanntes Unwissen" zu überwinden und neue Hypothesen zu generieren.

In gleicher Weise schränkt die zwingende Zweckfestlegung auch die multifunktionale Verwendung von personenbezogenen Daten erheblich ein.[1651] Verschiedene Varianten von Big-Data-Verfahren bestehen darin, eine möglichst große Menge von personenbezogenen Daten zu erheben und aufzubewahren, um sie in der Zukunft für beliebige Zwecke zu nutzen.[1652] Verantwortliche bewahren sich auf diese Weise die Flexibilität, stets „auf neue, häufig nicht vorhersehbare Fragestellungen reagieren" zu können.[1653]

Sofern diese Varianten von Big Data jedoch bedeuten, dass der Verantwortliche keine Verarbeitungszwecke festlegt oder diese erst später benennt, sind sie aus datenschutzrechtlicher Sicht schlichtweg unzulässig.[1654] Die Datenschutz-Grundverordnung erlaubt keine zweckfreie Datenerhebung und -speicherung „auf Vorrat".[1655] Eine solche verstößt nicht nur in elementarer Weise gegen den Zweckbindungsgrundsatz in Art. 5 Abs. 1 b) DS-GVO, sondern beeinträchtigt auch die Funktionsweise diverser anderer Grundsätze der Datenschutz-Grundverordnung.[1656] So fehlt ohne festgelegten Verarbeitungszweck schon das zentrale Kriterium zur Bestimmung des Verantwortlichen im Sinne von Art. 4 Nr. 7 DS-GVO. Gleichwohl würde dies die Bestimmung nicht unmöglich machen, da sich der Fokus auf die wesentlichen Mittel der Datenverarbeitung verschieben würde. Dagegen ist es ausgeschlossen, ohne Kenntnis der Verarbeitungszwecke eine angemessene Rechtsgrundlage nach Art. 6 Abs. 1 S. 1 DS-GVO zu bestimmen.[1657] Geht man zudem davon aus, dass das Vorliegen besonderer Kategorien personenbezogener Daten gemäß Art. 9 Abs. 1 DS-GVO auch von der Auswertungsabsicht des Verantwortlichen abhängen kann, kann dieser ohne festgelegte Verarbeitungszwecke nicht prüfen, ob die Datenverarbeitung einer besonderen Rechtsgrundlage nach Art. 9 Abs. 2

[1648] *Richter*, in: Roßnagel, Europäische Datenschutz-Grundverordnung, 2017, § 4 IV, Rn. 100; Bitkom (Hrsg.), Big Data im Praxiseinsatz, 2012, S. 25 f.

[1649] *Lanquillon/Mallow*, in: Dorschel, Praxishandbuch Big Data, 2015, Kap. 2.3, S. 75; ähnlich auch *Weichert*, ZD 2013, 251, 252; *Mayer-Schönberger/Padova*, Colum. Sci. & Tech. L. Rev. 2016, 315, 319.

[1650] Zu „bekanntes Wissen", „bekanntes Unwissen" und „unbekanntes Unwissen" vgl. *Schulmeyer*, in: Dorschel, Praxishandbuch Big Data, 2015, Kap. 4.4, S. 327; *Mayer-Schönberger*, in: bpb, Big Data, 2015, S. 15.

[1651] *von Grafenstein*, DuD 2015, 789, 790; *Richter*, DuD 2015, 735; Artikel-29-Datenschutzgruppe (Hrsg.), WP 203, 2013, Rn. 14 f.; zur „multifunktionalen Verwendung von Daten" auch schon BVerfGE 65, 1, 48.

[1652] *Hornung/Herfurth*, in: König/Schröder/Wiegand, Big Data - Chancen, Risiken, Entwicklungstendenzen, 2018, S. 167; *Martini*, DVBl 2014, 1481, 1484; *Mayer-Schönberger/Padova*, Colum. Sci. & Tech. L. Rev. 2016, 315, 317.

[1653] Auch dazu schon BVerfGE 65, 1, 28.

[1654] *Hornung/Herfurth*, in: König/Schröder/Wiegand, Big Data - Chancen, Risiken, Entwicklungstendenzen, 2018, S. 168; so auch schon zur Datenschutzrichtlinie *Simitis*, NJW 1997, 281, 285.

[1655] Vgl. EuGH, Urteil 08.04.2014, Digital Rights Ireland Ltd – C-293/12, Rn. 57 ff.; EuGH, Urteil 21.12.2016, Tele2 Sverige AB – C-203/15, Rn. 105 ff.; mit Blick auf Big Data *Hornung*, in: Hoffmann-Riem, Big Data - Regulative Herausforderungen, 2018, S. 85.

[1656] *Richter*, DuD 2015, 735; *Roßnagel*, in: Simitis/Hornung/Spiecker gen. Döhmann, Datenschutzrecht, 2019, Art. 5, Rn. 76 ff.

[1657] Vgl. *Härting*, NJW 2015, 3284, 3287 f.; *Schulz*, in: Gola, DS-GVO, 2. Aufl. 2018, Art. 6, Rn. 19.

DS-GVO bedarf. Für den Grundsatz der Transparenz gemäß Art. 5 Abs. 1 a) DS-GVO und seine Ausprägungen in Art. 13 bis 15 DS-GVO ist die Festlegung und Benennung von Verarbeitungszwecken aus rein technischer Sicht wiederum nicht funktionsnotwendig.[1658] Das Gegenteil gilt jedoch für die Grundsätze der Datenminimierung nach Art. 5 Abs. 1 c) DS-GVO und der Speicherbegrenzung nach Art. 5 Abs. 1 e) DS-GVO. Da beide – wie zuvor beschrieben – ausdrücklich an die Zwecke der Verarbeitung anknüpfen, liefe ihre Begrenzungsfunktion vollends ins Leere. Beeinträchtigungen ergeben sich auch für den Grundsatz der Datenrichtigkeit gemäß Art. 5 Abs. 1 d) DS-GVO, dem insbesondere ein relatives, an den Verarbeitungszweck gebundenes Verständnis von Vollständigkeit zugrunde liegt. Ähnliches gilt für die Gewährleistung von Datensicherheit nach Art. 5 Abs. 1 f) DS-GVO und für die Einhaltung der Rechenschaftspflicht gemäß Art. 5 Abs. 2 DS-GVO. Beiden ist gemein, dass sie kein absolutes, sondern ein dem Risiko angemessenes Schutzniveau vorschreiben. Letzteres ist jedoch – wie Art. 24 Abs. 1 S. 1 DS-GVO und Art. 32 Abs. 1 DS-GVO deutlich machen – maßgeblich von den Zwecken der Verarbeitung abhängig. Entließe man also den Verantwortlichen aus der Verpflichtung, sich vor der Datenverarbeitung für einen oder mehrere bestimmte Zwecke zu entscheiden, würde man nicht nur mit dem Grundsatz der Zweckbindung einen bekannten und bewährten Schutzmechanismus abschaffen, sondern auch die Statik des gesamten Datenschutzrechts in seiner jetzigen Konzeption ins Wanken bringen.[1659] Eine Datenverarbeitung ohne Zweckfestlegung ist daher kategorisch ausgeschlossen.

Während das „ob" der Zweckfestlegung durch die Datenschutz-Grundverordnung nicht in Frage steht, lässt das „wie" derselben durchaus Raum für explorative Analysen und die multifunktionale Verwendung von personenbezogenen Daten im Rahmen von Big-Data-Verfahren.[1660] Der Lösungsansatz besteht in einer vorausschauenden Festlegung von Verarbeitungszwecken durch den Verantwortlichen. Nahezu jeder Verantwortliche agiert als planvolle Organisation, die mit Blick in die Zukunft handelt. Die vorausschauende Denkweise, die in anderen Bereichen wie der Finanz- und Personalplanung eine Standardaufgabe darstellt, kann auch auf die Verarbeitung personenbezogener Daten übertragen werden. Der Verantwortliche sollte also im Vorfeld der Datenverarbeitung nicht nur prüfen, für welche Zwecke er die Daten kurzfristig verarbeiten muss, sondern auch erwägen, für welche Zwecke er die Daten mittel- und langfristig verwenden möchte.[1661] Dabei ist davon auszugehen, dass sich die Kerntätigkeiten eines Verantwortlichen typischerweise innerhalb eines vorgezeichneten Korridors bewegen. Nimmt man beispielsweise die Versicherungswirtschaft, ist dort der größte Nutzen von Big-Data-Verfahren in den Bereichen Produktentwicklung, Preisgestaltung und Zeichnungsentscheidung, Vertrieb, Kundenbetreuung und Schadensmanagement zu erwarten. Daraus folgt, dass Versicherungsunternehmen diese Bereiche bei der vorausschauenden Festlegung von Verarbeitungszwecken in besonderem Maße berücksichtigen und gegebenenfalls abdecken sollten. Die Datenschutz-Grundverordnung erlaubt oder untersagt eine vorausschauende Festlegung von Verarbeitungszwecken nicht explizit. Vielmehr wird an verschiedenen Stellen deutlich, dass sie davon ausgeht, dass einerseits Verarbeitungstätigkeiten existieren können, die unmittelbar

---

[1658] Weniger deutlich bei *Härting*, NJW 2015, 3284, 3287.

[1659] *Hornung/Herfurth*, in: König/Schröder/Wiegand, Big Data - Chancen, Risiken, Entwicklungstendenzen, 2018, S. 168.

[1660] Zu eng daher *Roßnagel*, in: Simitis/Hornung/Spiecker gen. Döhmann, Datenschutzrecht, 2019, Art. 5, Rn. 115.

[1661] *Hornung/Herfurth*, in: König/Schröder/Wiegand, Big Data - Chancen, Risiken, Entwicklungstendenzen, 2018, S. 169; ähnlich auch Artikel-29-Datenschutzgruppe (Hrsg.), WP 203, 2013, S. 15; BayStMI (Hrsg.), Arbeitshilfen zur praktischen Umsetzung der Datenschutz-Grundverordnung, der Richtlinie (EU) 2016/680 (Richtlinie zum Datenschutz bei Polizei und Justiz) und des neuen Bayerischen Datenschutzgesetzes für bayerische öffentliche Stellen, 2019, S. 64; mit Zweifeln an Praktikabilität *Custers/Ursic*, IDPL 2016, 4, 9.

bevorstehen, und anderseits solche, die noch in der Zukunft liegen und gegebenenfalls auch gar nicht stattfinden. So soll beispielsweise gemäß EwG 39 S. 2 DS-GVO Transparenz auch dahingehend bestehen „in welchem Umfang die personenbezogenen Daten verarbeitet werden und künftig noch verarbeitet werden". Und im Rahmen der Interessenabwägung schreibt EwG 47 S. 3 DS-GVO die Prüfung vor, „ob eine betroffene Person zum Zeitpunkt der Erhebung der personenbezogenen Daten und angesichts der Umstände, unter denen sie erfolgt, vernünftigerweise absehen kann, dass möglicherweise eine Verarbeitung für diesen Zweck erfolgen wird". Im Ergebnis bestehen daher keine Bedenken gegen die vorausschauende Festlegung von Verarbeitungszwecken, sofern der Verantwortliche auch mit Blick auf diese Zwecke alle übrigen Voraussetzungen der Datenschutz-Grundverordnung einhält.[1662]

Im Gesamtkontext ist jedoch zu beachten, dass es sich bei explorativen Analysen oder einer multifunktionalen Verwendung von personenbezogenen Daten nur um eine von vielen Spielarten von Big Data handelt. Ein Verfahren kann auch dann ein Big-Data-Verfahren sein, wenn es nicht chamäleonartig ständig seine Verarbeitungszwecke ändert. Das wird gerade am Beispiel der sozialen Netzwerkanalyse deutlich.

6.6.1.2 „eindeutige"

Die Verarbeitungszwecke müssen auch eindeutig sein. Der Verantwortliche soll die Zwecke so klar zum Ausdruck bringen, dass durch die betroffene Person und die Aufsichtsbehörden festgestellt werden kann, welche Datenverarbeitungsvorgänge zulässigerweise hiervon umfasst sind und welche nicht.[1663] Allgemeine Angaben oder „Blankettformeln" sind daher nicht ausreichend.[1664] Die Datenschutz-Grundverordnung selbst enthält keine Kriterien, um den erforderlichen Präzisionsgrad bestimmen zu können.[1665] Zwar nennt sie an verschiedenen Stellen explizit unterschiedliche Verarbeitungszwecke, allerdings handelt es sich dabei lediglich um Kategorien von Zwecken und nicht um Regelbeispiele für hinreichend konkrete Verarbeitungszwecke.[1666] Es bleibt daher unklar, wie konkret die Zwecke bestimmt werden müssen, um konkret genug zu sein.[1667]

Die Interessenslage der beteiligten Akteure ist hierbei typischerweise gegensätzlich. So hat der Verantwortliche regelmäßig ein Interesse daran, die Zwecke so weit wie möglich zu formulieren. Je weiter der Zweck formuliert wird, desto größer ist auch der Kreis zulässiger Datenverarbeitungsvorgänge für den Verantwortlichen.[1668] Dagegen möchte die betroffene Person typischerweise die Verarbeitungszwecke so eng wie möglich bestimmt haben, um damit auch die erforderliche Datenverarbeitung so stark wie möglich zu begrenzen.[1669]

Sinnvollerweise folgt der erforderliche Präzisionsgrad des Zwecks aus seiner Kontrollfähigkeit. Das bedeutet, dass der Verantwortliche die Verarbeitungszwecke so konkret formulieren muss, dass die betroffene Person oder eine Aufsichtsbehörde in die Lage versetzt werden, zu

---

[1662] So im Ergebnis wohl auch *Schulz*, in: Gola, DS-GVO, 2. Aufl. 2018, Art. 6, Rn. 19; BayStMI (Hrsg.), Arbeitshilfen zur praktischen Umsetzung der Datenschutz-Grundverordnung, der Richtlinie (EU) 2016/680 (Richtlinie zum Datenschutz bei Polizei und Justiz) und des neuen Bayerischen Datenschutzgesetzes für bayerische öffentliche Stellen, 2019, S. 64.

[1663] Vgl. Artikel-29-Datenschutzgruppe (Hrsg.), WP 203, 2013, S. 15.

[1664] *Frenzel*, in: Paal/Pauly, DS-GVO BDSG, 3. Aufl. 2021, Art. 5, Rn. 27.

[1665] *Culik/Döpke*, ZD 2017, 226, 228.

[1666] Vgl. dazu auch *Jandt*, in: Kühling/Buchner, DS-GVO/BDSG, 3. Aufl. 2020, Art. 32, Rn. 12.

[1667] *Dammann*, ZD 2016, 307, 312; *von Grafenstein*, DuD 2015, 789, 795.

[1668] *Hoffmann*, Zweckbindung als Kernpunkt eines prozeduralen Datenschutzansatzes, 1991, S. 64 ff.; mit Blick auf Big Data *Weichert*, ZD 2013, 251, 256.

[1669] *Wolff*, in: Schantz/Wolff, Das neue Datenschutzrecht, 2017, Rn. 405.

kontrollieren, ob die Kategorien, der Umfang und die Speicherdauer der verarbeiteten personenbezogenen Daten, zulässig sind.

Mit Blick auf die soziale Netzwerkanalyse wäre beispielsweise die Zweckformulierung „Wir können Ihre personenbezogenen Daten zur Betrugserkennung und -verhinderung nutzen." ohne weitere Konkretisierung nicht eindeutig. Es bliebe hierbei unklar, auf welche Art von Betrugserkennung und -verhinderung Bezug genommen wird.[1670] So werden für eine soziale Netzwerkanalyse ganz andere personenbezogenen Daten benötigt als für ein bildforensisches Verfahren im Rahmen von Bild-*Analytics*.[1671] Die Zwecke sowie die damit verbundene Datenverarbeitung wären für die betroffene Person und eine Aufsichtsbehörde nicht kontrollfähig. Zwar ist es prinzipiell möglich, ähnliche Verarbeitungszwecke unter einem dachartigen Gesamtzweck – hier Betrugserkennung und -verhinderung – zusammenzufassen, jedoch muss der Verantwortliche dann auf einer anderen Ebene die eindeutige Bestimmung der Subzwecke sicherstellen.[1672] Aus diesem Grund sollte das Versicherungsunternehmen den vorliegenden Zweck wie folgt formulieren: „Wir werden personenbezogene Daten über Ihre Beteiligung an Straßenverkehrsunfällen speichern und auswerten, um zu prüfen, ob ungewöhnliche Verbindungen zu anderen Straßenverkehrsunfällen bestehen.".[1673] Auf diese Weise wird deutlich gemacht, welche personenbezogenen Daten der betroffenen Person für welche konkreten Analysen genutzt werden sollen. Dies ermöglicht es der betroffenen Person und einer Aufsichtsbehörde, die konkrete Datenverarbeitung zu kontrollieren.

6.6.1.3 „legitime"

Weiter müssen die Zwecke legitim sein. Ein Zweck ist legitim, wenn er im Einklang mit dem Unionsrecht sowie dem Recht des jeweiligen Mitgliedstaats steht.[1674] Ausgeschieden werden solche Zwecke, die von der Rechtsordnung missbilligt werden, wie beispielweise diskriminierende Zwecke.[1675] Die Erkennung von ungewöhnlichen Verbindungen zwischen Straßenverkehrsunfällen ist zweifelslos als legitimer Zweck anzusehen, denn er wird grundsätzlich durch die Vorschriften der EwG 47 S. 6 DS-GVO, § 31 Abs. 1 und 2, § 100, § 119 Abs. 3 VVG und § 26 VAG gestützt.

6.6.1.4 „Zwecke" – Existenz einer Höchstanzahl von Verarbeitungszwecken?

Bei der Verarbeitung personenbezogener Daten darf der Verantwortliche mehr als nur einen Zweck verfolgen.[1676] Das folgt schon aus dem Wortlaut von Art. 5 Abs. 1 b), d) und e), Art. 13 Abs. 1 c), Art. 14 Abs. 1 c) und Art. 15 Abs. 1 a) DS-GVO, der „Zwecke" im Plural nennt.[1677] Verfolgt der Verantwortliche mehrere Zwecke, dann muss jeder Einzelne festgelegt, eindeutig und legitim sein.[1678] Mit Blick auf das Versicherungsunternehmen erschließt sich die Verfolgung verschiedener Zwecke unmittelbar, denn die Vertragsbeziehung zwischen dem Versicherungsunternehmen und dem Versicherungsnehmer besteht schließlich nicht nur aus der

---

[1670] Vgl. Artikel-29-Datenschutzgruppe (Hrsg.), WP 260, 2018, S. 10 f.

[1671] Zu den verschiedenen Formen von Big-Data-Analysen ab S. 47.

[1672] Vgl. Artikel-29-Datenschutzgruppe (Hrsg.), WP 203, 2013, S. 16, 53; zu verschiedenen Hierarchiestufen *Roßnagel*, in: Simitis/Hornung/Spiecker gen. Döhmann, Datenschutzrecht, 2019, Art. 5, Rn. 71.

[1673] Vgl. Artikel-29-Datenschutzgruppe (Hrsg.), WP 260, 2018, S. 10 f.

[1674] S. dazu auch das verwandte Merkmal des „berechtigten" Interesses in Art. 6 Abs. 1 S. 1 f) DS-GVO; vgl. auch Artikel-29-Datenschutzgruppe (Hrsg.), WP 203, 2013, S. 20.

[1675] „Racial profiling" als Beispiel bei Artikel-29-Datenschutzgruppe (Hrsg.), WP 203, 2013, S. 54 f.

[1676] Artikel-29-Datenschutzgruppe (Hrsg.), WP 203, 2013, S. 16.

[1677] So auch *Plath*, in: Plath, BDSG/DSGVO, 3. Aufl. 2018, Art. 5 DS-GVO, Rn. 6; *Heberlein*, in: Ehmann/Selmayr, DS-GVO, 2. Aufl. 2018, Art. 5, Rn. 13.

[1678] *Heberlein*, in: Ehmann/Selmayr, DS-GVO, 2. Aufl. 2018, Art. 5, Rn. 13.

Prüfung von Schadensmeldungen. Gerade die Stammdaten des Versicherungsnehmers werden typischerweise auch für eine Vielzahl anderer Zwecke wie beispielsweise Marketing genutzt.

Auf den ersten Blick stellt sich daher die Frage, wie viele Zwecke gleichzeitig verfolgt werden dürfen.[1679] Sinnvollerweise kann es jedoch keine Beschränkung im Sinne einer bestimmten Höchstanzahl geben. Schon aus Art. 16 GRCh folgt, dass der Verantwortliche die unternehmerische Freiheit hat, bestimmte Datenverarbeitungsvorgänge vorzunehmen oder zu unterlassen. Sofern die verfolgten Zwecke legitim sind und die Datenverarbeitung auch im Übrigen rechtmäßig ist, kann der Verantwortliche beliebig viele Verarbeitungsvorgänge durchführen, sofern er dies für unternehmerisch sinnvoll erachtet.[1680] Eine zahlenmäßige Beschränkung der Zwecke würde dagegen zu paradoxen Folgen führen. Der Gesetzgeber oder die Datenschutzaufsichtsbehörden müssten gewissermaßen Datenverarbeitungskontingente festlegen und vergeben oder gegebenenfalls auch – ähnlich wie in der Europäischen Umweltpolitik der Emissionshandel – einen Handel mit Datenverarbeitungszertifikaten einführen.[1681] Insbesondere in stark regulierten Sektoren, wie beispielsweise in der Versicherungswirtschaft, wäre dies anspruchsvoll, da schon eine Vielzahl von Verarbeitungsvorgängen gesetzlich vorgeschrieben ist. Auch würde dieser Ansatz den niedergelegten Motiven der Datenschutz-Grundverordnung zuwiderlaufen. Letztere dient gemäß EwG 7 S. 1 DS-GVO auch dazu, eine Vertrauensbasis zu schaffen, die die digitale Wirtschaft dringend benötigt, um im Binnenmarkt weiter wachsen zu können. Wachstum der digitalen Wirtschaft einerseits und die Einführung von Datenverarbeitungskontingenten andererseits schließen sich jedoch aus.[1682] Aus dem Vorstehenden folgt daher, dass eine Zweckbeschränkung im Sinne einer bestimmten Höchstzahl von Verarbeitungszwecken derzeit weder rechtlich noch praktisch vorstellbar ist.

6.6.2 Zweckbindung

Hat der Verantwortliche im ersten Schritt eindeutige und legitime Verarbeitungszwecke festgelegt, verlangt der zweite Baustein „Zweckbindung", dass er die personenbezogenen Daten nicht in einer mit diesen Zwecken nicht zu vereinbarenden Weise weiterverarbeiten darf. Diese Anforderungen muss das Versicherungsunternehmen auch im Zusammenhang mit der sozialen Netzwerkanalyse beachten.

Der Begriff „Weiterverarbeitung" wird in der Datenschutz-Grundverordnung nicht weiter erläutert. Sinnvollerweise meint die Formulierung damit jeden Verarbeitungsvorgang, der auf den ersten Verarbeitungsschritt – die Erhebung der personenbezogenen Daten – folgt.[1683] Typischerweise beginnt die Weiterverarbeitung mit der Speicherung der personenbezogenen Daten und umfasst dann alle weiteren Verarbeitungsvorgänge bis hin zur Löschung oder Anonymisierung.[1684]

[1679] *Herbst*, in: Kühling/Buchner, DS-GVO/BDSG, 3. Aufl. 2020, Art. 5 DS-GVO, Rn. 21 spricht von einer „begrenzte[n] Mehrheit von Zwecken".

[1680] Vgl. Artikel-29-Datenschutzgruppe (Hrsg.), WP 203, 2013, S. 12; EDSA (Hrsg.), Guidelines 2/2019 on the processing of personal data under Article 6(1)(b) GDPR in the context of the provision of online services to data subjects, 2019, S. 12.

[1681] Vgl. *Europäische Kommission*, Emissionshandelssystem (EU-EHS) (verfügbar unter: https://ec.europa.eu/clima/policies/ets_de).

[1682] Vgl. dazu auch die „europäische Datenstrategie" COM (2020) 66 final, S. 1 ff.

[1683] Vgl. Artikel-29-Datenschutzgruppe (Hrsg.), WP 203, 2013, S. 21; *Heberlein*, in: Ehmann/Selmayr, DS-GVO, 2. Aufl. 2018, Art. 5, Rn. 16; kritisch dazu *Herbst*, in: Kühling/Buchner, DS-GVO/BDSG, 3. Aufl. 2020, Art. 5 DS-GVO, Rn. 39 ff.

[1684] Zum „Lebenszyklus" der Datenverarbeitung ab S. 105.

Gemäß Art. 5 Abs. 1 b) DS-GVO ist der Verantwortliche bei der Weiterverarbeitung grundsätzlich an den Zweck gebunden, zu dem die personenbezogenen Daten erhoben wurden. Das gilt jedoch nur im Grundsatz.[1685] Aus Art. 5 Abs. 1 b) und Art. 6 Abs. 4 DS-GVO folgt, dass eine spätere Änderung des Zwecks nicht kategorisch ausgeschlossen, sondern unter bestimmten Voraussetzungen zulässig ist.[1686]

6.6.2.1 Weiterverarbeitung zu identischen Zwecken

Zunächst ist klarzustellen, dass eine Weiterverarbeitung zu identischen Zwecken nach Art. 5 Abs. 1 b) DS-GVO stets zulässig ist.[1687] Die Zwecke sind identisch, wenn der Zweck, zu dem die personenbezogenen Daten erhoben wurden – der sogenannte Primärzweck – und der Zweck, zu dem diese Daten weiterverarbeitet werden sollen – der sogenannte Sekundärzweck – übereinstimmen.[1688] Legt also das Versicherungsunternehmen vorab als Verarbeitungszweck die Betrugserkennung durch soziale Netzwerkanalyse fest, dann darf es selbstverständlich in der Folge die personenbezogenen Daten zu diesem Zweck verarbeiten.

6.6.2.2 Weiterverarbeitung zu anderen Zwecken

Relevant wird der Grundsatz der Zweckbindung immer dann, wenn die personenbezogenen Daten zu anderen Zwecken weiterverarbeitet werden sollen.[1689] Aus Art. 6 Abs. 4 und Art. 5 Abs. 1 b) DS-GVO folgt, dass die Weiterverarbeitung zu anderen Zwecken erlaubt ist, wenn sie auf einer Einwilligung der betroffenen Person oder auf einer Rechtsvorschrift der Union oder der Mitgliedstaaten beruht oder wenn die Primär- und Sekundärzwecke miteinander vereinbar sind. Für die Datenverarbeitung im Rahmen der sozialen Netzwerkanalyse wird dies insbesondere in zwei Konstellationen relevant. Zum einen könnte das Versicherungsunternehmen die erhobenen personenbezogenen Daten in der Zukunft auch für andere Zwecke verarbeiten wollen. Idealerweise sollte das Versicherungsunternehmen zwar – wie zuvor beschrieben – die Verarbeitungszwecke schon vorausschauend festlegen und auch zukünftige Zwecke abdecken. Jedoch wird auch dies immer nur eine begründete Vermutung bzw. eine Annäherung an die tatsächlichen Bedürfnisse darstellen können. Aus diesem Grund ist es wichtig zu verstehen, inwiefern das Versicherungsunternehmen von anfänglich festgelegten Zwecken abweichen kann. Zum anderen ist es so, dass die festgelegten Zwecke – also hier Betrugserkennung durch soziale Netzwerkanalyse – nur für die in der Folge erhobenen Daten gelten. Typischerweise verfügt das Versicherungsunternehmen jedoch auch über entsprechende Daten aus zurückliegenden Straßenverkehrsunfällen. Sofern das Versicherungsunternehmen zuvor andere Zwecke als die Betrugserkennung durch soziale Netzwerkanalyse festgelegt hatte, stellt sich die Frage, inwiefern das Versicherungsunternehmen diese alten Datenbestände für die soziale Netzwerkanalyse verwenden darf.

[1685] Aus diesem Grund für den Begriff „Zweckkompatibilität" *Albers/Veit*, in: Wolff/Brink, Beck'scher Onlinekommentar Datenschutzrecht, 34. Edition 2020, Art. 6 DS-GVO, Rn. 68.

[1686] *Monreal*, ZD 2016, 507, 509; sinnvolle Prüfungsreihenfolge bei *Plath*, in: Plath, BDSG/DSGVO, 3. Aufl. 2018, Art. 6 DS-GVO, Rn. 134.

[1687] So auch *Plath*, in: Plath, BDSG/DSGVO, 3. Aufl. 2018, Art. 6 DS-GVO, Rn. 134; vgl. Artikel-29-Datenschutzgruppe (Hrsg.), WP 203, 2013, S. 22; *Custers/Ursic*, IDPL 2016, 4, 8; zurückhaltender dagegen *Schantz*, in: Wolff/Brink, Beck'scher Onlinekommentar Datenschutzrecht, 34. Edition 2020, Art. 5 DS-GVO, Rn. 20.

[1688] Zu den Begriffen „Primärzweck" und „Sekundärzweck" *Frenzel*, in: Paal/Pauly, DS-GVO BDSG, 3. Aufl. 2021, Art. 5, Rn. 30; *Culik/Döpke*, ZD 2017, 226, 229.

[1689] Vgl. Art. 6 Abs. 4 DS-GVO; so auch *Heberlein*, in: Ehmann/Selmayr, DS-GVO, 2. Aufl. 2018, Art. 6, Rn. 48.

6.6.2.2.1 Einwilligung

Die Weiterverarbeitung zu anderen Zwecken kann gemäß Art. 6 Abs. 4 DS-GVO zunächst auf einer Einwilligung der betroffenen Person beruhen.[1690] Dabei muss diese selbstverständlich alle Voraussetzungen einer wirksamen Einwilligung im Sinne von Art. 4 Nr. 11, Art. 6 Abs. 1 a) und Art. 7 DS-GVO erfüllen.[1691] Beruht bereits die Verarbeitung zu dem Primärzweck auf einer Einwilligung der betroffenen Person, muss der Verantwortliche erneut eine Einwilligung einholen, die sich auch auf die Sekundärzwecke bezieht.[1692] Hat die betroffene Person ihre Einwilligung erteilt, kommt es nach Art. 6 Abs. 4 DS-GVO nicht darauf an, ob die Primär- und Sekundärzwecke miteinander vereinbar sind.[1693]

Insbesondere für Big-Data-Verfahren stellt dies jedoch eine Herausforderung dar. Typischerweise entdeckt der Verantwortliche die neuen Verarbeitungszwecke nicht zu Beginn der Datenverarbeitung, sondern erst zu einem deutlich späteren Zeitpunkt. Je länger aber die Erhebung der personenbezogenen Daten zurückliegt, desto unwahrscheinlicher ist es, dass der Verantwortliche die betroffenen Personen noch kontaktieren kann. Darüber hinaus ist zu berücksichtigen, dass schon die große Menge betroffener Personen, die umfassende Einholung von Einwilligungen in vielen Fällen unpraktikabel macht.[1694] Das gilt auch für die soziale Netzwerkanalyse. Für das Versicherungsunternehmen scheidet daher diese Variante zur Rechtfertigung der Zweckänderung regelmäßig aus.

6.6.2.2.2 Rechtsvorschrift der Union oder der Mitgliedstaaten

Die Weiterverarbeitung zu anderen Zwecken kann nach Art. 6 Abs. 4 DS-GVO auch auf eine Rechtsvorschrift der Union oder der Mitgliedstaaten, die in einer demokratischen Gesellschaft eine notwendige und verhältnismäßige Maßnahme zum Schutz der in Art. 23 Abs. 1 DS-GVO genannten Ziele darstellt, gestützt werden. So sieht insbesondere § 24 Abs. 1 BDSG vor, dass die Verarbeitung personenbezogener Daten zu einem anderen Zweck als zu demjenigen, zu dem die Daten erhoben wurden, durch nicht öffentliche Akteure zulässig ist, wenn sie zur Abwehr von Gefahren für die staatliche oder öffentliche Sicherheit oder zur Verfolgung von Straftaten oder wenn sie zur Geltendmachung, Ausübung oder Verteidigung zivilrechtlicher Ansprüche erforderlich ist, sofern nicht die Interessen der betroffenen Person an dem Ausschluss der Verarbeitung überwiegen. Kann sich die Weiterverarbeitung zu anderen Zwecken auf eine solche Rechtsvorschrift stützen, kommt es nach Art. 6 Abs. 4 und EwG 50 S. 3 DS-GVO ebenfalls nicht darauf an, ob die Primär- und Sekundärzwecke miteinander vereinbar sind.[1695]

Möchte das Versicherungsunternehmen die soziale Netzwerkanalyse auf zurückliegende Straßenverkehrsunfälle anwenden, kann § 24 Abs. 1 BDSG eine solche Zweckänderung nicht rechtfertigen. Zwar ist die Verarbeitung personenbezogener Daten im Rahmen der sozialen Netzwerkanalyse durchaus zur Geltendmachung, Ausübung oder Verteidigung zivilrechtlicher Ansprüche erforderlich.[1696] Wie zuvor beschrieben versetzt die Durchführung einer sozialen

---

[1690] Mit Zweifeln an der Praktikabilität *Custers/Ursic*, IDPL 2016, 4, 9.

[1691] *Buchner/Petri*, in: Kühling/Buchner, DS-GVO/BDSG, 3. Aufl. 2020, Art. 6, Rn. 179.

[1692] *Heberlein*, in: Ehmann/Selmayr, DS-GVO, 2. Aufl. 2018, Art. 6, Rn. 50.

[1693] *Heberlein*, in: Ehmann/Selmayr, DS-GVO, 2. Aufl. 2018, Art. 6, Rn. 50; *Frenzel*, in: Paal/Pauly, DS-GVO BDSG, 3. Aufl. 2021, Art. 6, Rn. 46; *Reimer*, in: Sydow, DS-GVO, 2. Aufl. 2018, Art. 5, Rn. 28; *Plath*, in: Plath, BDSG/DSGVO, 3. Aufl. 2018, Art. 6 DS-GVO, Rn. 131.

[1694] *Cate/Mayer-Schönberger*, IDPL 2013, 67.

[1695] *Heberlein*, in: Ehmann/Selmayr, DS-GVO, 2. Aufl. 2018, Art. 6, Rn. 51; *Frenzel*, in: Paal/Pauly, DS-GVO BDSG, 3. Aufl. 2021, Art. 6, Rn. 46; *Plath*, in: Plath, BDSG/DSGVO, 3. Aufl. 2018, Art. 6 DS-GVO, Rn. 131.

[1696] Zur Erforderlichkeit der sozialen Netzwerkanalyse ab S. 167.

Netzwerkanalyse das Versicherungsunternehmen in die Lage, ungewöhnliche Verbindungen zwischen den Unfallbeteiligten und auffällige Unfallhäufigkeiten zu erkennen. Sie erleichtert es dem Versicherungsunternehmen, die Begründetheit von Schadensersatzansprüchen zu prüfen und gegebenenfalls unbegründete Ansprüche abzuwehren. Das gilt jedoch nur für die Phase, in der das Versicherungsunternehmen die Sach- und Rechtslage prüft, um die richtige Leistungsalternative zu bestimmen oder danach im Falle eines Betrugsverdachts für die Anstrengung eines zivilrechtlichen Verfahrens. Die Vorschrift des § 24 Abs. 1 BDSG rechtfertigt es jedoch nicht, die soziale Netzwerkanalyse auf abgeschlossene Schadensfälle anzuwenden, um nachträglich betrugsverdächtige Versicherungsfälle zu identifizieren und diese gegebenenfalls neu aufzurollen. Dabei handelt es sich nicht um eine Geltendmachung, Ausübung oder Verteidigung, sondern um eine Begründung zivilrechtlicher Ansprüche. Dies ist jedoch von § 24 Abs. 1 BDSG nicht gedeckt.[1697]

6.6.2.2.3 Vereinbarkeit von Primär- und Sekundärzwecken

Eine Weiterverarbeitung der personenbezogenen Daten zu anderen Zwecken ist schließlich ebenfalls zulässig, wenn die Primär- und Sekundärzwecke miteinander vereinbar sind. Für bestimmte privilegierte Sekundärzwecke vermutet Art. 5 Abs. 1 b) DS-GVO unwiderleglich eine Vereinbarkeit der Zwecke. Für sonstige Sekundärzwecke muss die Vereinbarkeit der Zwecke nach Art. 6 Abs. 4 DS-GVO erst festgestellt werden. In beiden Fällen ist gemäß EwG 50 S. 2 DS-GVO keine andere gesonderte Rechtsgrundlage erforderlich als diejenige für die Erhebung der personenbezogenen Daten.[1698]

6.6.2.2.3.1 Vermutete Vereinbarkeit für privilegierte Sekundärzwecke – Big Data als wissenschaftliche Forschung oder Statistik?

Nach Art. 5 Abs. 1 b) DS-GVO gilt eine Weiterverarbeitung für im öffentlichen Interesse liegende Archivzwecke, für wissenschaftliche oder historische Forschungszwecke oder für statistische Zwecke gemäß Art. 89 Abs. 1 S. 1 DS-GVO nicht als unvereinbar mit den ursprünglichen Zwecken. Dabei handelt es sich um eine unwiderlegliche gesetzliche Vermutung.[1699] Für jedes Versicherungsunternehmen ist die potenzielle Verwendung von Daten für wissenschaftliche Forschungszwecke oder statistische Zwecke von überragender Bedeutung.[1700] Denn gerade die Möglichkeit, die zu versichernden Risiken mit Hilfe wissenschaftlicher und statistischer Methoden abschätzen zu können, ist der Kern des eigentlichen Versicherungsgeschäfts.[1701] Grundsätzlich gilt daher, dass Versicherungsunternehmen stets ein Interesse daran haben, durch Big-Data-Verfahren bestimmte Risiken besser identifizieren und bewerten zu können.[1702] Das gilt prinzipiell auch für personenbezogene Daten, die im Rahmen der sozialen Netzwerkanalyse verarbeitet werden, sofern sich hierdurch Erkenntnisse zu den zu versichernden Risiken ableiten lassen.

Aus diesem Grund ist es wichtig, die Reichweite der Begriffe „wissenschaftliche Forschungszwecke" und „statistische Zwecke" in Art. 5 Abs. 1 b) DS-GVO zu bestimmen.

[1697] *Schulz*, in: Gola, DS-GVO, 2. Aufl. 2018, Art. 6, Rn. 251; *Heckmann/Scheurer*, in: Gola/Heckmann, BDSG, 13. Aufl. 2019, § 24, Rn. 15.

[1698] Ausführlich hierzu *Roßnagel*, in: Simitis/Hornung/Spiecker gen. Döhmann, Datenschutzrecht, 2019, Art. 5, Rn. 98 ff.

[1699] *Reimer*, in: Sydow, DS-GVO, 2. Aufl. 2018, Art. 5, Rn. 27; *Monreal*, ZD 2016, 507, 509; zum Unterschied zwischen Vermutung und Fiktion *Bitter/Rauhut*, JuS 2009, 289, 291.

[1700] *Günthner/Krohm*, in: Bürkle, Compliance in Versicherungsunternehmen, 3. Aufl. 2020, § 14, Rn. 170; vgl. auch *Mainzer*, in: Diehl, Versicherungsunternehmensrecht, 2020, § 38, Rn. 31.

[1701] Zum risikotheoretischen Grundmodell des Versicherungsgeschäfts *Nguyen/Romeike*, Versicherungswirtschaftslehre, 2013, S. 2 ff.

[1702] The Geneva Association (Hrsg.), Big Data and Insurance, 2018, S. 8 ff.

Bedauerlicherweise fehlt es in der Datenschutz-Grundverordnung an einer ausdrücklichen Begriffsbestimmung, obwohl sie an diversen Stellen Sonderregelungen für die „Zwecktrias" Archiv, Forschung und Statistik vorsieht.[1703]

Orientiert man sich an Art. 13 GRCh, bedeutet wissenschaftliche Forschung die „Tätigkeit mit dem Ziel, in methodischer, systematischer und nachprüfbarer Weise neue Erkenntnisse zu gewinnen".[1704] Dies soll gemäß EwG 159 S. 2 DS-GVO jedenfalls die technologische Entwicklung und die Demonstration, die Grundlagenforschung, die angewandte Forschung und die privat finanzierte Forschung umfassen. Nicht zwingend ist es dagegen, dass die wissenschaftliche Forschung auch im allgemeinen öffentlichen Interesse liegt.[1705] Anders als die ebenfalls in Art. 5 Abs. 1 b) DS-GVO genannten Archivzwecke, sind wissenschaftliche Forschungszwecke im Sinne der Datenschutz-Grundverordnung weit zu verstehen. Sie können daher prinzipiell auch im Rahmen von Big-Data-Verfahren zur Anwendung kommen.[1706] Richtigerweise ist ein anderes Kriterium als das vorherrschende private oder öffentliche Interesse entscheidend – nämlich die Unabhängigkeit der wissenschaftlichen Forschung.[1707] Das gilt insbesondere, aber nicht nur für die privat finanzierte Forschung. Unabhängigkeit bedeutet in diesem Zusammenhang, dass die wissenschaftliche Forschung frei von Weisungen und anderen Beeinflussungen hinsichtlich ihrer Methoden und ihrer Erkenntnisse bleiben muss.[1708] Andernfalls fehlt es schon an ihrem Wesenskern, der methodischen, systematischen und nachprüfbaren Erkenntnisgewinnung.[1709] Sofern bei Big-Data-Verfahren diese Unabhängigkeit nicht in Frage steht, bestehen keine Bedenken, die damit verbundene Verarbeitung personenbezogener Daten als wissenschaftliche Forschung im Sinne von Art. 5 Abs. 1 b) DS-GVO anzuerkennen.[1710] Als Kompensation für diese Privilegierung muss der Verantwortliche jedoch nach Art. 89 Abs. 1 DS-GVO geeignete technische und organisatorische Maßnahmen zum Schutz der betroffenen Personen ergreifen.[1711]

Auch der Begriff „Statistik" wird in der Datenschutz-Grundverordnung nicht ausdrücklich definiert. Aus Art. 3 Nr. 1 und 8 der Verordnung (EG) Nr. 223/2009 folgt jedoch, dass darunter „quantitative und qualitative, aggregierte und repräsentative Informationen, die ein Massenphänomen in einer betrachteten Grundgesamtheit beschreiben" und die damit verbundenen Tätigkeiten „für die Entwicklung und Erstellung statistischer Ergebnisse und Analysen" zu verstehen sind.[1712] Dieses Verständnis wird in EwG 162 S. 3 DS-GVO aufgegriffen. Danach umfasst die Verarbeitung personenbezogener Daten für statistische Zwecke jeden für die Durchführung statistischer Untersuchungen und die Erstellung statistischer Ergebnisse erforderlichen Vorgang der Erhebung und Verarbeitung personenbezogener Daten. Zudem betont EwG 162 S. 5 DS-GVO, dass die Ergebnisse der Verarbeitung zu diesen Zwecken – wie auch schon in der Legaldefinition in Art. 3 Nr. 1 Verordnung (EG) Nr. 223/2009 enthalten – keine personenbezogenen Daten, sondern

---

[1703] *Hense*, in: Sydow, DS-GVO, 2. Aufl. 2018, Art. 89, Rn. 5; Überblick zu den Sonderregelungen *Albrecht/Jotzo*, Das neue Datenschutzrecht der EU, 2017, Teil 3, Rn. 72 ff.

[1704] *Jarass*, in: Jarass, GRCh, 4. Aufl. 2021, Art. 13, Rn. 8; *Roßnagel*, ZD 2019, 157, 158 f.

[1705] *Hense*, in: Sydow, DS-GVO, 2. Aufl. 2018, Art. 89, Rn. 6; *Albrecht/Jotzo*, Das neue Datenschutzrecht der EU, 2017, Teil 3, Rn. 71; vgl. Artikel-29-Datenschutzgruppe (Hrsg.), WP 203, 2013, S. 29.

[1706] Vgl. Artikel-29-Datenschutzgruppe (Hrsg.), WP 203, 2013, S. 29.

[1707] *Hornung/Hofmann*, ZD-Beilage 2017, 1, 5; *Weichert*, ZD 2020, 18, 19 f.

[1708] *Weichert*, ZD 2020, 18, 20.

[1709] *Hornung/Hofmann*, ZD-Beilage 2017, 1, 5.

[1710] So wohl auch *Raum*, in: Ehmann/Selmayr, DS-GVO, 2. Aufl. 2018, Art. 89, Rn. 44; *Paal/Hennemann*, NJW 2017, 1697, 1700; a.A. *Albrecht/Jotzo*, Das neue Datenschutzrecht der EU, 2017, Teil 3, Rn. 71.

[1711] Hierzu ausführlich *Weichert*, ZD 2020, 18, 22; *Roßnagel*, ZD 2019, 157, 161 f.

[1712] EwG 163 S. 3 DS-GVO verweist ausdrücklich auf die Verordnung (EG) Nr. 223/2009.

aggregierte Daten sein müssen. Zum Schutz betroffener Personen verlangt die Datenschutz-Grundverordnung darüber hinaus, dass diese Ergebnisse oder personenbezogenen Daten nicht für Maßnahmen oder Entscheidungen gegenüber einzelnen natürlichen Personen verwendet werden dürfen.[1713] Was damit gemeint ist, wird nicht weiter präzisiert. Vor dem Hintergrund statistischer Verfahren ist dies jedoch als Verbot von sogenannten Inferenzschlüssen zu verstehen.[1714] Dabei wird ein anonymes statistisches Ergebnis auf ein Individuum angewendet, wie beispielsweise beim Scoring.[1715] Auch hier ist es jedoch im Gegensatz zu den in Art. 5 Abs. 1 b) DS-GVO ebenfalls aufgezählten Archivzwecken nicht zwingend, dass die statistischen Zwecke im allgemeinen öffentlichen Interesse liegen.[1716] Ein pauschaler Ausschluss von Big-Data-Verfahren von den Privilegierungen für statistische Zwecke ist daher nicht gerechtfertigt.[1717] Sofern das konkrete Big-Data-Verfahren die beschriebenen Voraussetzungen erfüllt und der Verantwortliche geeignete Garantien im Sinne von Art. 89 Abs. 1 DS-GVO ergriffen hat, darf er sich auch auf die entsprechenden Sonderregelungen stützen.[1718]

Aus dem Vorstehenden folgt, dass das Versicherungsunternehmen die im Rahmen der sozialen Netzwerkanalyse verarbeiteten personenbezogenen Daten gemäß Art. 5 Abs. 1 b) DS-GVO zukünftig auch für wissenschaftliche Forschungszwecke oder für statistische Zwecke weiterverarbeiten darf, sofern es die beschriebenen geeigneten Garantien einhält.

6.6.2.2.3.2 Festgestellte Vereinbarkeit für sonstige Sekundärzwecke

Schließlich enthält Art. 6 Abs. 4 DS-GVO einen nicht abschließenden Katalog mit Kriterien anhand derer der Verantwortliche feststellen soll, ob die Verarbeitung zu einem anderen Zweck mit demjenigen, zu dem die personenbezogenen Daten ursprünglich erhoben wurden, vereinbar ist.[1719] Dabei handelt es sich gewissermaßen um Faustregeln, die darauf beruhen, unter welchen Voraussetzungen eine vernünftige Person eine Zweckänderung akzeptabel fände.[1720] Das ist insbesondere relevant für die Frage, inwiefern das Versicherungsunternehmen die alten Datenbestände für die soziale Netzwerkanalyse verwenden darf.

Nach Art. 6 Abs. 4 a) DS-GVO ist jede Verbindung zwischen den Zwecken, für die die personenbezogenen Daten erhoben wurden, und den Zwecken der beabsichtigten Weiterverarbeitung zu berücksichtigen. Je enger die Verbindung zwischen den Primärzwecken und den Sekundärzwecken ist, desto eher spricht dies für eine zulässige Zweckänderung.[1721] Eine enge Verbindung ist insbesondere anzunehmen, wenn die Primärzwecke die Sekundärzwecke schon implizieren bzw. letztere den nächsten logischen Schritt darstellen.[1722]

[1713] Vgl. Artikel-29-Datenschutzgruppe (Hrsg.), WP 203, 2013, S. 28; mit Blick auf Big Data *Mayer-Schönberger/Padova*, Colum. Sci. & Tech. L. Rev. 2016, 315, 327.

[1714] So wohl auch *Richter*, DuD 2016, 581, 582.

[1715] *Richter*, DuD 2016, 581, 582 f.

[1716] *Hense*, in: Sydow, DS-GVO, 2. Aufl. 2018, Art. 89, Rn. 6; *Albrecht/Jotzo*, Das neue Datenschutzrecht der EU, 2017, Teil 3, Rn. 71; a.A. *Culik/Döpke*, ZD 2017, 226, 230; *Caspar*, in: Simitis/Hornung/Spiecker gen. Döhmann, Datenschutzrecht, 2019, Art. 89, Rn. 23.

[1717] *Hornung/Herfurth*, in: König/Schröder/Wiegand, Big Data - Chancen, Risiken, Entwicklungstendenzen, 2018, S. 162.

[1718] So wohl auch *Raum*, in: Ehmann/Selmayr, DS-GVO, 2. Aufl. 2018, Art. 89, Rn. 44; *Paal/Hennemann*, NJW 2017, 1697, 1700; *Mayer-Schönberger/Padova*, Colum. Sci. & Tech. L. Rev. 2016, 315, 326 f.; a.A. *Caspar*, in: Simitis/Hornung/Spiecker gen. Döhmann, Datenschutzrecht, 2019, Art. 89, Rn. 24.

[1719] Zur praktischen und technischen Umsetzung *Wehkamp*, DSRITB 2020, 215.

[1720] Vgl. Artikel-29-Datenschutzgruppe (Hrsg.), WP 203, 2013, S. 23.

[1721] Vgl. Artikel-29-Datenschutzgruppe (Hrsg.), WP 203, 2013, S. 24.

[1722] Vgl. Artikel-29-Datenschutzgruppe (Hrsg.), WP 203, 2013, S. 24; so auch *Buchner/Petri*, in: Kühling/Buchner, DS-GVO/BDSG, 3. Aufl. 2020, Art. 6, Rn. 187; *Helbing*, K&R 2015, 145, 146.

Die Zwecke können jedoch auch nur indirekt oder teilweise miteinander verbunden sein.[1723] Sofern das Versicherungsunternehmen zuvor nicht die Betrugserkennung durch soziale Netzwerkanalyse als Verarbeitungszweck festgelegt hatte, wurden die personenbezogenen Daten jedoch typischerweise für die Leistungsprüfung erhoben. Zwischen der Leistungsprüfung und der Betrugserkennung besteht prinzipiell eine enge Verbindung. Ob und wie das Versicherungsunternehmen leisten muss, hängt davon ab, ob der geltend gemachte Schadensersatzanspruch begründet oder unbegründet ist.[1724] Ist der Straßenverkehrsunfall manipuliert, ist der Schadensersatzanspruch unbegründet und das Versicherungsunternehmen wehrt diesen ab. Wie schon zuvor ausgeführt gilt diese enge Verbindung jedoch in erster Linie für die Phase, in der das Versicherungsunternehmen die Sach- und Rechtslage prüft, um die richtige Leistungsalternative zu bestimmen. Hat das Versicherungsunternehmen die Leistung dagegen bereits bewirkt und insbesondere den Schadensersatzanspruch befriedigt, impliziert dies, dass auch die Betrugserkennung abgeschlossen ist. Die Verbindung zwischen Primärzweck und Sekundärzweck spricht daher gegen eine Vereinbarkeit der Zwecke.

Gemäß Art. 6 Abs. 4 b) DS-GVO ist auch der Zusammenhang, in dem die personenbezogenen Daten erhoben wurden, insbesondere hinsichtlich des Verhältnisses zwischen der betroffenen Person und dem Verantwortlichen zu berücksichtigen.[1725] Das umfasst nach EwG 50 S. 6 DS-GVO insbesondere die vernünftigen Erwartungen der betroffenen Person, die auf ihrer Beziehung zu dem Verantwortlichen beruhen. Je erwartbarer die Nutzung der personenbezogenen Daten für die Sekundärzwecke ist, desto eher ist von einer Vereinbarkeit der Zwecke auszugehen.[1726] Wie schon beschrieben speisen sich diese vernünftigen Erwartungen der betroffenen Person in erster Linie aus den Informationen, die ihr der Verantwortliche nach Art. 13 und 14 DS-GVO anlässlich der Datenerhebung mitteilt.[1727] Sofern das Versicherungsunternehmen die soziale Netzwerkanalyse erst nachträglich einführt, ist davon auszugehen, dass die zum Zeitpunkt der Datenerhebung erteilten Informationen nach Art. 13 und 14 DS-GVO keine Hinweise auf eine solche Zweckänderung enthielten. Auch liegt keine konkrete Situation mehr vor, in der die Unfallbeteiligten noch vernünftigerweise mit einer Datenverarbeitung zur Betrugserkennung durch das Versicherungsunternehmen rechnen müssen, denn das Versicherungsunternehmen hat die Sach- und Rechtslage bereits geprüft und die Leistung bewirkt. Etwas anderes folgt auch nicht aus den Rechtsbeziehungen des Versicherungsunternehmens einerseits sowie dem Versicherungsnehmer, der mitversicherten Person, dem Geschädigten und dem Zeugen andererseits. Der Zusammenhang, in dem die personenbezogenen Daten erhoben wurden, spricht daher ebenfalls gegen eine Vereinbarkeit der Zwecke.

Zudem ist auch die Art der personenbezogenen Daten nach Art. 6 Abs. 4 c) DS-GVO relevant. Dabei geht es insbesondere darum, ob besondere Kategorien personenbezogener Daten gemäß Art. 9 Abs. 1 DS-GVO oder personenbezogene Daten über strafrechtliche Verurteilungen und Straftaten gemäß Art. 10 S. 1 DS-GVO verarbeitet werden. Sofern solche besonders schutzbedürftigen Daten verarbeitet werden, ist die Weiterverarbeitung zu anderen Zwecken eher nicht möglich. Aus der Aufzählung der Art der personenbezogenen Daten neben anderen explizit genannten Kriterien folgt jedoch auch, dass die Schutzwürdigkeit der Daten kein

---

[1723] Vgl. Artikel-29-Datenschutzgruppe (Hrsg.), WP 203, 2013, S. 24.

[1724] Zu den Leistungen des Versicherungsunternehmens ab S. 20.

[1725] *Helbing*, K&R 2015, 145, 147.

[1726] Vgl. Artikel-29-Datenschutzgruppe (Hrsg.), WP 203, 2013, S. 24; ausführlich hierzu *Custers/Ursic*, IDPL 2016, 4, 10.

[1727] Zu den vernünftigen Erwartungen der betroffenen Personen ab S. 201.

kategorisches Ausschlusskriterium darstellt.[1728] Da im Rahmen der sozialen Netzwerkanalyse weder besondere Kategorien personenbezogener Daten gemäß Art. 9 Abs. 1 DS-GVO oder personenbezogene Daten über strafrechtliche Verurteilungen und Straftaten gemäß Art. 10 S. 1 DS-GVO verarbeitet werden, spricht dieser Umstand für eine Vereinbarkeit der Zwecke.[1729]

Zu berücksichtigen sind nach Art. 6 Abs. 4 d) DS-GVO auch die möglichen Folgen der beabsichtigten Weiterverarbeitung für die betroffene Person. Das gilt sowohl für positive als auch für negative Auswirkungen.[1730] Je nachteiliger die möglichen Folgen für die betroffene Person sind, desto eher ist die Weiterverarbeitung zu anderen Zwecken ausgeschlossen. Gelangt das Versicherungsunternehmen aufgrund der nachträglich durchgeführten sozialen Netzwerkanalyse zu der Überzeugung, dass der Straßenverkehrsunfall manipuliert und die Schadensersatzansprüche des Geschädigten unbegründet waren, wird es den Versicherungsfall – sofern noch möglich – aufrollen. Typischerweise wird das Versicherungsunternehmen zivil- und strafrechtliche Verfahren gegen betrugsverdächtige Unfallbeteiligte anstrengen. Letzteres kann nicht nur den Versicherungsnehmer, die mitversicherte Person und den Geschädigten, sondern auch den Zeugen betreffen. Diese möglichen nachteiligen Folgen für die Unfallbeteiligten sprechen daher ebenfalls gegen eine Vereinbarkeit der Zwecke.

Schließlich ist nach Art. 6 Abs. 4 e) DS-GVO zu prüfen, ob geeignete Garantien vorhanden sind. Darunter sind Schutzmaßnahmen zu verstehen, die die mit der Zweckänderung verbundenen Risiken kompensieren sollen.[1731] Explizit werden dabei Verschlüsselung und Pseudonymisierung genannt. Der Verantwortliche schränkt damit einen Missbrauch der personenbezogenen Daten ein, indem er die Identifizierbarkeit der natürlichen Person zumindest erschwert. Das Versicherungsunternehmen kann die soziale Netzwerkanalyse auch auf der Basis von pseudonymisierten Daten durchzuführen und verdächtige Teilnetzwerke und Akteure nur bei „Treffern", also bei Vorliegen einer auffälligen Verbindung, aufdecken.[1732] Der Einsatz von Pseudonymisierung als Schutzmaßnahme spricht daher wiederum für eine Vereinbarkeit der Zwecke.

Aus dem Vorstehenden folgt, dass das Versicherungsunternehmen die soziale Netzwerkanalyse nur auf die personenbezogenen Daten anwenden kann, die es nach der Zweckfestlegung erhoben hat. Eine Anwendung auf die vorhandenen Daten aus zurückliegenden Straßenverkehrsunfällen scheidet dagegen aus, da der Primärzweck und der Sekundärzweck gemäß Art. 6 Abs. 4 DS-GVO nicht miteinander vereinbar sind.

6.6.3 Ergebnis

Das Versicherungsunternehmen muss bei der Verarbeitung personenbezogener Daten im Rahmen der sozialen Netzwerkanalyse gemäß Art. 5 Abs. 1 b) DS-GVO eindeutige und legitime Zwecke festlegen und darf die Daten nicht in einer mit diesen Zwecken nicht zu vereinbarenden Weise weiterverarbeiten. Für die soziale Netzwerkanalyse lässt sich dies problemlos umsetzen. Schon daraus folgt, dass sich Big Data und der Zweckbindungsgrundsatz nicht unvereinbar gegenüberstehen.

Sofern andere Big-Data-Verfahren jedoch explorative Analysen oder eine multifunktionale Verwendung von personenbezogenen Daten beinhalten, bedeutet das System aus

---

[1728] So im Ergebnis auch *Plath*, in: Plath, BDSG/DSGVO, 3. Aufl. 2018, Art. 6 DS-GVO, Rn. 140.

[1729] Zu besonderen Kategorien personenbezogener Daten ab S. 98; zu personenbezogenen Daten über strafrechtliche Verurteilungen und Straftaten ab S. 100.

[1730] Vgl. Artikel-29-Datenschutzgruppe (Hrsg.), WP 203, 2013, S. 25; *Wehkamp*, DSRITB 2020, 215, 227.

[1731] Artikel-29-Datenschutzgruppe (Hrsg.), WP 203, 2013, S. 26.

[1732] Zur Pseudonymisierung im Rahmen der sozialen Netzwerkanalyse ab S. 272.

Zweckfestlegung und -bindung eine erhebliche Einschränkung. Dies ist jedoch nicht gleichzusetzen mit einem kategorischen Ausschluss. Die Datenschutz-Grundverordnung führt mit Art. 5 Abs. 1 b) und Art. 6 Abs. 4 DS-GVO einen Mechanismus ein, der einen interessengerechten Ausgleich zwischen Stabilität und Flexibilität schafft. So können planvoll agierende Verantwortliche nicht nur unmittelbar bevorstehende, sondern auch verschiedene zukünftige Verarbeitungszwecke festlegen. Verarbeitet der Verantwortliche in der Folge die personenbezogenen Daten wie geplant zu diesen festgelegten Zwecken, ist dies stets zulässig. Ergeben sich darüber hinaus in der Zukunft Verwendungsmöglichkeiten, die zum Zeitpunkt der Zweckfestlegung noch nicht absehbar waren, ist zu differenzieren.

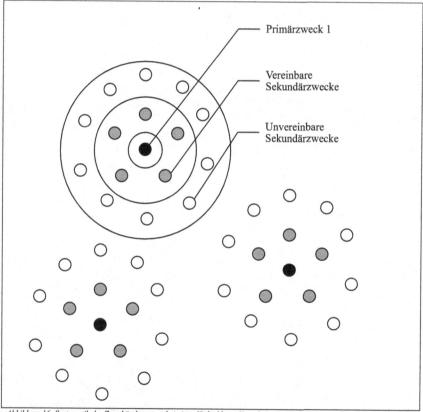

Primärzweck 1

Vereinbare Sekundärzwecke

Unvereinbare Sekundärzwecke

Abbildung 16: Systematik der Zweckänderungen bei einer Vielzahl von Verarbeitungszwecken (eigene Darstellung)

Zu im öffentlichen Interesse liegenden Archivzwecken, zu wissenschaftlichen oder historischen Forschungszwecken oder zu statistischen Zwecken kann der Verantwortliche die personenbezogenen Daten unter den Voraussetzungen von Art. 5 Abs. 1 b) und Art. 89 DS-GVO weiterverarbeiten. Zu anderen, aber vereinbaren Zwecken kann der Verantwortliche die personenbezogenen Daten nach einer erfolgten Vereinbarkeitsprüfung gemäß Art. 6 Abs. 4 DS-GVO weiterverarbeiten. Handelt es sich dagegen um andere, aber unvereinbare Zwecke, benötigt der Verantwortliche die Einwilligung der betroffenen Person oder eine gesetzliche Rechtsgrundlage. Auch in solchen Fällen ist also eine Zweckänderung nicht ausgeschlossen. Für Big-Data-Verfahren bedeutet das, dass Verantwortliche zwar nicht vollkommen auf eine Zweckfestlegung verzichten können, die Datenschutz-Grundverordnung es jedoch zulässt, personenbezogene Daten zu explorativen Datenanalysen oder zu multifunktionalen Zwecken innerhalb eines bestimmten Korridors zu verwenden.

6.7 Datenminimierung

Gemäß Art. 5 Abs. 1 c) DS-GVO müssen personenbezogene Daten dem Zweck angemessen und erheblich sowie auf das für die Zwecke der Verarbeitung notwendige Maß beschränkt sein. Der Grundsatz der Datenminimierung geht davon aus, dass je weniger personenbezogene Daten verarbeitet werden, ein desto geringeres Risiko für die betroffene Person besteht.[1733] Aus diesem Grund soll der Verantwortliche die Verarbeitung personenbezogener Daten vermeiden oder zumindest begrenzen. Das gilt auch für das Versicherungsunternehmen bei der Gestaltung und Durchführung der sozialen Netzwerkanalyse.

6.7.1 Vermeidung personenbezogener Daten

Das vorrangige Ziel der Datenminimierung ist die Vermeidung personenbezogener Daten. So formuliert EwG 39 S. 9 DS-GVO ausdrücklich, dass personenbezogene Daten nur dann verarbeitet werden dürfen, wenn der Zweck der Verarbeitung nicht in zumutbarer Weise durch andere Mittel erreicht werden kann. Dahinter steht der Gedanke, dass der „beste Datenschutz [erreicht wird], wenn keine personenbezogenen Daten erhoben, verarbeitet und genutzt werden. [...] Entstehen keine personenbezogenen Daten, können sie auch nicht missbraucht werden. Kontrolle, Aufdeckung und Sanktionierung von Missbrauch werden überflüssig."[1734]

Der Verantwortliche muss also prüfen, ob er den von ihm festgelegten Zweck auch ohne die Verarbeitung personenbezogener Daten erreichen kann. In Betracht kommt insbesondere die Verarbeitung anonymer Daten.[1735] Darüber hinaus ist auch zu berücksichtigen, ob der Zweck nicht ebenfalls mit der Verarbeitung pseudonymer Daten erreicht werden kann. Strenggenommen handelt es sich dabei nicht um eine Vermeidung personenbezogener Daten, denn wie bereits beschrieben sind pseudonyme Daten gemäß EwG 26 S. 2 DS-GVO auch personenbezogene Daten.[1736] Nach EwG 28 S. 1 DS-GVO kann jedoch die Anwendung der Pseudonymisierung auf personenbezogene Daten die Risiken für die betroffenen Personen senken und den Verantwortlichen bei der Einhaltung seiner Datenschutzpflichten unterstützen. Mit Blick auf die Datenminimierung präzisiert Art. 25 Abs. 1 DS-GVO, dass die Pseudonymisierung eine geeignete technische und organisatorische Maßnahme ist, um Datenschutzgrundsätze wie die Datenminimierung wirksam umzusetzen.[1737]

Wie schon zuvor beschrieben, ist es für das Versicherungsunternehmen mit Blick auf die soziale Netzwerkanalyse nicht sinnvoll, personenbezogene Daten zu anonymisieren.[1738] Eine Anonymisierung würde es unmöglich machen, Straßenverkehrsunfälle mit denselben Beteiligten miteinander zu verknüpfen und zudem bei den konkreten Schadensmeldungen die Verbindung zu anderen Unfällen zu prüfen. Etwas anderes gilt dagegen, wenn das Versicherungsunternehmen lediglich statistische Aussagen über die Gesamtheit der Betrugsfälle ableiten möchte.

[1733] DSK (Hrsg.), Das Standard-Datenschutzmodell, 2020 S. 16.

[1734] *Roßnagel/Scholz*, MMR 2000, 721.

[1735] *Herbst*, in: Kühling/Buchner, DS-GVO/BDSG, 3. Aufl. 2020, Art. 5 DS-GVO, Rn. 58; zu den Herausforderungen der Anonymisierung bei Big Data *Wójtowciz*, PinG 2013, 65.

[1736] Zu pseudonymen Daten ab S. 104.

[1737] *Hansen/Walczak*, RDV 2019, 53, 54; mit Blick auf Big Data *Marnau*, DuD 2016, 428, 431; kritisch dazu *Schleipfer*, ZD 2020, 284, 289.

[1738] Zu anonymen Daten ab S. 102.

6.7.2 Begrenzung personenbezogener Daten – Unterschiede zum Prinzip der Datensparsamkeit aus § 3a BDSG a.F.

Kann die Verarbeitung personenbezogener Daten zur Erreichung des Zwecks nicht vermieden werden, soll sie zumindest begrenzt werden.[1739] Der Grundsatz der Datenminimierung sieht dazu in Art. 5 Abs. 1 c) DS-GVO drei verschiedene Anforderungen vor.

Erstens müssen die personenbezogenen Daten für den Verarbeitungszweck erheblich sein. Das ist der Fall, wenn sie zur Zweckerreichung geeignet sind.[1740] Zweitens müssen sie auf das für die Zwecke der Verarbeitung notwendige Maß beschränkt sein. Dabei handelt es sich um eine quantitative Begrenzung.[1741] Als Richtschnur hierfür gilt: „So wenig Daten wie möglich, so viele Daten wie nötig."[1742] Und drittens müssen die personenbezogenen Daten dem Zweck angemessen sein. Hierzu ist in einer „wertende[n] Betrachtung" zu prüfen, ob die durch die Verarbeitung personenbezogener Daten entstehende Belastung in einem angemessenen Verhältnis zum Verarbeitungszweck steht.[1743] Diese Anforderungen werden insbesondere in den Erlaubnistatbeständen der Art. 6 Abs. 1 S. 1 b) bis f) DS-GVO durch das Merkmal der „Erforderlichkeit" aufgegriffen und sind Bestandteil der Rechtmäßigkeitsprüfung.[1744]

Es ist wichtig, herauszustellen, dass die vorstehend beschriebene Datenminimierung im Sinne von Art. 5 Abs. 1 c) DS-GVO den Zweck der Datenverarbeitung nicht in Frage stellt. Das ergibt sich deutlich aus dem Wortlaut von Art. 5 Abs. 1 c) und EwG 39 S. 9 DS-GVO. Die Datenminimierung akzeptiert den Zweck und hinterfragt nur die Verarbeitung personenbezogener Daten für diesen.[1745] Damit unterscheidet sie sich grundlegend vom Prinzip der Datensparsamkeit aus § 3a BDSG a.F. Letzteres verlangte, dass die Erhebung, Verarbeitung und Nutzung personenbezogener Daten und die Auswahl und Gestaltung von Datenverarbeitungssystemen an dem Ziel auszurichten sind, so wenig personenbezogene Daten wie möglich zu erheben, zu verarbeiten oder zu nutzen. Der Verantwortliche musste in diesem Fall also auch den Zweck der Datenverarbeitung hinterfragen.[1746] Das Prinzip der Datensparsamkeit im Sinne von § 3a BDSG a.F. findet sich jedoch in der Datenschutz-Grundverordnung nicht wieder.[1747] Es lässt sich auch nicht aus Art. 25 DS-GVO ableiten.[1748] Gerade aus den Formulierungen „unter Berücksichtigung der Zwecke der Verarbeitung" und „zum Zeitpunkt der Festlegung der Mittel" in Art. 25 Abs. 1 DS-GVO wird deutlich, dass der

---

[1739] *Frenzel*, in: Paal/Pauly, DS-GVO BDSG, 3. Aufl. 2021, Art. 5, Rn. 34.

[1740] *Schantz*, in: Wolff/Brink, Beck'scher Onlinekommentar Datenschutzrecht, 34. Edition 2020, Art. 5 DS-GVO, Rn. 24.

[1741] *Herbst*, in: Kühling/Buchner, DS-GVO/BDSG, 3. Aufl. 2020, Art. 5 DS-GVO, Rn. 57; *Frenzel*, in: Paal/Pauly, DS-GVO BDSG, 3. Aufl. 2021, Art. 5, Rn. 34.

[1742] Vgl. auch *Wolff*, in: Schantz/Wolff, Das neue Datenschutzrecht, 2017, Rn. 423.

[1743] *Schantz*, in: Wolff/Brink, Beck'scher Onlinekommentar Datenschutzrecht, 34. Edition 2020, Art. 5 DS-GVO, Rn. 26; *Wolff*, in: Schantz/Wolff, Das neue Datenschutzrecht, 2017, Rn. 421.

[1744] Zur Erforderlichkeit ab S. 167.

[1745] *Hornung*, Spektrum Spezial Physik Mathematik Technik 2017, Heft 1, 62, 64.

[1746] *Hornung*, Spektrum Spezial Physik Mathematik Technik 2017, Heft 1, 62, 64; *Roßnagel/Pfitzmann/Garstka*, Modernisierung des Datenschutzrechts, 2001, S. 101.

[1747] So auch *Hornung*, Spektrum Spezial Physik Mathematik Technik 2017, Heft 1, 62, 64; *Barlag*, in: Roßnagel, Europäische Datenschutz-Grundverordnung, 2017, § 3 VI, Rn. 233; *Herbst*, in: Kühling/Buchner, DS-GVO/BDSG, 3. Aufl. 2020, Art. 5 DS-GVO, Rn. 55; a.A. aber ohne Problematisierung *Wolff*, in: Schantz/Wolff, Das neue Datenschutzrecht, 2017, Rn. 429; *Pötters*, in: Gola, DS-GVO, 2. Aufl. 2018, Art. 5, Rn. 21; *Heberlein*, in: Ehmann/Selmayr, DS-GVO, 2. Aufl. 2018, Art. 5, Rn. 22; *Albrecht/Jotzo*, Das neue Datenschutzrecht der EU, 2017, Teil 2, Rn. 6; *Buchner*, DuD 2016, 155, 156; für Weitergeltung als Ausprägung des Grundsatzes der Verhältnismäßigkeit *Roßnagel*, in: Simitis/Hornung/Spiecker gen. Döhmann, Datenschutzrecht, 2019, Art. 5, Rn. 124.

[1748] In diese Richtung aber *Hornung*, Spektrum Spezial Physik Mathematik Technik 2017, Heft 1, 62, 64.

Verantwortliche gerade nicht in der Festlegung seiner Zwecke beschränkt werden soll. Der Grundsatz der Datensparsamkeit in dem Verständnis des § 3a BDSG a.F. ist daher mit Geltung der Datenschutz-Grundverordnung nicht mehr anwendbar.

6.7.3 Datenminimierung als Widerspruch zum Big-Data-Merkmal *Volume*?

Auf den ersten Blick scheint der Grundsatz der Datenminimierung gemäß Art. 5 Abs. 1 c) DS-GVO dem Big-Data-Merkmal *Volume* diametral entgegenzulaufen. Während Datenminimierung darauf abzielt, die Verarbeitung von Daten zu vermeiden und zu begrenzen, beschreibt das Merkmal *Volume* die Verarbeitung immer größerer Mengen von Daten.

Dieser Widerspruch besteht jedoch nur teilweise.[1749] Die Datenschutz-Grundverordnung im Allgemeinen und der Grundsatz der Datenminimierung im Besonderen setzen stets voraus, dass personenbezogene Daten verarbeitet werden. Andernfalls sind die Vorschriften gemäß Art. 2 Abs. 1 DS-GVO in sachlicher Hinsicht schon nicht anwendbar. Diese Vorbedingung besteht jedoch für Big Data und insbesondere das Merkmal *Volume* gerade nicht.[1750] Sie erfassen sowohl personenbezogene Daten als auch nicht personenbezogene Daten.[1751] Insbesondere Big-Data-Analysen, die sich auf das Makrolevel fokussieren, können auch mit anonymen Daten durchgeführt werden.[1752] Handelt es sich also um eine Big-Data-Anwendung, die immer größere Mengen nicht personenbezogener Daten verarbeitet, steht ihr der Grundsatz der Datenminimierung nach Art. 5 Abs. 1 c) DS-GVO nicht entgegen.[1753]

Trotz des Vorstehenden ist es jedoch so, dass eine Vielzahl von Big-Data-Verfahren mit personenbezogenen Daten arbeitet und es für viele Verarbeitungszwecke schlichtweg nicht sinnvoll ist, anonyme Daten zu verwenden. In diesen Fällen kann jedoch die Möglichkeit bestehen, die personenbezogenen Daten zu pseudonymisieren.[1754] Pseudonymisierung ist im Rahmen von Big Data besonders reizvoll, da sie im Idealfall einen interessengerechten Ausgleich zwischen „Daten schützen" und „Daten nützen" herstellen kann.[1755] Die Pseudonymisierung als Mittel zur Gewährleistung der Datenminimierung kommt insbesondere für solche Big-Data-Verfahren in Betracht, bei denen der Verantwortliche die Identität der betroffenen Personen im Regelfall nicht kennen und nur ausnahmsweise aufdecken muss.[1756]

[1749] So auch *Dix*, Stadtforschung und Statistik 2016, 59, 60.

[1750] *Dix*, Stadtforschung und Statistik 2016, 59, 60 betont „Big Data heißt nicht notwendig Big *Personal* Data."

[1751] *Roßnagel/Geminn/Jandt/Richter,* Datenschutzrecht 2016 - Smart genug für die Zukunft?, 2016, S. 25 ff; Artikel-29-Datenschutzgruppe (Hrsg.), WP 221, 2014, S. 3; *Ohrtmann/Schwiering*, NJW 2014, 2984.

[1752] *Roßnagel*, ZD 2013, 562; vgl. auch *Steinebach/Jung/Krempel/Hoffmann*, DuD 2016, 440, 442.

[1753] Das kann beispielsweise bei einer Big-Data-Anwendung im Bereich *Predictive Maintenance* der Fall sein; vgl. *Litzel, Nico,* Was ist Predictive Maintenance? (verfügbar unter: https://www.bigdata-insider.de/was-ist-predictive-maintenance-a-640755/); vgl. dazu auch – wenn auch unter dem Begriff „Datensparsamkeit" *Wagner/Raabe*, Datenbank-Spektrum 2016, 173, 174.

[1754] *Bolognini/Bistolfi*, CLSR 2017, 171, 173; *Marnau*, DuD 2016, 428, 431 f.; *Mayer-Schönberger/Padova*, Colum. Sci. & Tech. L. Rev. 2016, 315, 328 f.

[1755] Vgl. *Schwartmann, Rolf;* Weiß, Steffen (Hrsg.), Anforderungen an den datenschutzkonformen Einsatz von Pseudonymisierungslösungen, 2018, S. 4.

[1756] Vgl. *Roßnagel/Scholz*, MMR 2000, 721, 724; *Schleipfer*, ZD 2020, 284, 285 f.

6.7.4 Pseudonymisierung im Rahmen der sozialen Netzwerkanalyse

Geht man von diesem Regel-Ausnahme-Verhältnis bei der Identifizierung betroffener Personen aus, eignet sich eine Pseudonymisierung in besonderem Maße für die soziale Netzwerkanalyse.[1757]

Wie bereits beschrieben ist bei der Betrugserkennung in der Kraftfahrzeug-Haftpflichtversicherung stets zu berücksichtigen, dass im Regelfall die untersuchte Schadensmeldung von ehrlichen Versicherungsnehmern oder Geschädigten stammt und nur ausnahmsweise – etwa in jedem zehnten Fall – betrügerisch ist. Für das Versicherungsunternehmen ist es daher auch nur im Ausnahmefall erforderlich, das soziale Netzwerk aufzudecken bzw. die dadurch repräsentierten Unfallbeteiligten zu identifizieren. Und selbst dann gilt dies nur für die verdächtigen Teilnetzwerke und Akteure und nicht für das gesamte Netzwerk. Zur Gewährleistung des Grundsatzes der Datenminimierung ist es daher denkbar, die soziale Netzwerkanalyse auf der Basis von pseudonymisierten Daten durchzuführen und verdächtige Teilnetzwerke und Akteure nur bei „Treffern", also bei Vorliegen einer auffälligen Verbindung, aufzudecken. Einen ähnlichen Mechanismus hatte die Versicherungswirtschaft schon bei der Ausgestaltung des „Hinweis- und Informationssystems der Versicherungswirtschaft (HIS)" verwendet.[1758]

Damit die Pseudonymisierung im Rahmen der sozialen Netzwerkanalyse als solche anerkannt wird, muss sie jedoch die Anforderungen der Datenschutz-Grundverordnung erfüllen. Gemäß Art. 4 Nr. 5 DS-GVO erfordert eine wirksame Pseudonymisierung die Verarbeitung personenbezogener Daten in einer Weise, dass die personenbezogenen Daten ohne Hinzuziehung zusätzlicher Informationen nicht mehr einer spezifischen betroffenen Person zugeordnet werden können, sofern diese zusätzlichen Informationen gesondert aufbewahrt werden und technischen und organisatorischen Maßnahmen unterliegen, die gewährleisten, dass die personenbezogenen Daten nicht einer identifizierten oder identifizierbaren natürlichen Person zugewiesen werden. Die Legaldefinition adressiert mindestens drei Phasen der Verarbeitung pseudonymisierter Daten – das Verfahren zur Pseudonymisierung, die Aufbewahrung der zusätzlichen Informationen und die Hinzuziehung der zusätzlichen Informationen.

6.7.4.1 Verfahren zur Pseudonymisierung

Am Anfang jeder Verarbeitung pseudonymisierter Daten steht die Pseudonymisierung selbst, also das zugrundeliegende Verfahren zur Schaffung des Pseudonyms.[1759] Aus Art. 4 Nr. 5 DS-GVO folgt, dass Pseudonymisierung den Vorgang meint, bei dem personenbezogene Daten in einer Weise verändert werden, dass die betroffene Person ohne Hinzuziehung zusätzlicher Informationen nicht mehr identifiziert werden kann. Dabei werden die Identifikationsmerkmale der betroffenen Person durch ein anderes Merkmal, nämlich durch ein Pseudonym, ersetzt.

Die Datenschutz-Grundverordnung schreibt aufgrund ihrer Technologieneutralität kein konkretes Pseudonymisierungsverfahren vor, jedoch macht sie in Art. 4 Nr. 5 DS-GVO deutlich, dass jedes Verfahren sicherstellen muss, dass die betroffene Person ohne

---

[1757] Vgl. *Roßnagel*, ZD 2018, 243, wonach eine „Rechtsverletzung" ein Bedarfsfall für die Aufdeckung der Identität sein kann.

[1758] *Unabhängiges Landeszentrum für Datenschutz Schleswig-Holstein* (ULD), Hinweis- und Informationssystem der Versicherungswirtschaft (verfügbar unter: https://www.datenschutzzentrum.de/artikel/726-Hinweis-und-Informationssystem-der-Versicherungswirtschaft.html).

[1759] *Schwartmann, Rolf;* Weiß, Steffen (Hrsg.), Anforderungen an den datenschutzkonformen Einsatz von Pseudonymisierungslösungen, 2018, S. 18.

Hinzuziehung zusätzlicher Informationen nicht mehr identifiziert werden kann.[1760] So darf es für Dritte weder faktisch möglich sein, von den Pseudonymen auf die betroffene Person zurückzuschließen noch darf es ihnen faktisch möglich sein, die Pseudonyme leicht zu reproduzieren.[1761] Als Maßstab des zu berücksichtigenden Aufwands kann auch hier EwG 26 S. 4 DS-GVO herangezogen werden.[1762] Grundsätzlich kommen zwei Pseudonymisierungsverfahren in Betracht – die Erstellung von Pseudonymen in Listen oder durch Berechnungsverfahren.[1763]

6.7.4.1.1 Erstellung von Pseudonymen in Listen

Bei der Erstellung von Pseudonymen in Listen erzeugt das Versicherungsunternehmen zunächst Zufallswerte, die als Pseudonyme fungieren sollen. Diese Zufallswerte müssen unabhängig von den ursprünglichen Identifikationsmerkmalen der betroffenen Person sein, das heißt, sie dürfen keinen inhaltlichen oder funktionalen Bezug zu ihnen haben.[1764] Anschließend werden die Zufallswerte den betroffenen Personen anhand einer Tabelle zugeordnet.[1765] Wenn es also in Art. 4 Nr. 5 DS-GVO heißt, dass die betroffene Person „ohne Hinzuziehung zusätzlicher Informationen" nicht mehr identifiziert werden kann, dann bedeutet das in diesem Kontext, dass die betroffene Person ohne Hinzuziehung der Zuordnungstabelle nicht mehr identifiziert werden kann.[1766]

Die Erstellung von Pseudonymen in Listen kann in verschiedenen Szenarien sinnvoll sein, für Big-Data-Anwendungen gilt dies jedoch typischerweise nicht. Der Grund hierfür liegt darin, dass Zuordnungstabellen nur schlecht skalierbar sind und insbesondere bei Big-Data-Verfahren sehr groß werden können.[1767] Für die soziale Netzwerkanalyse kommt daher eine Pseudonymerstellung in Listen nicht in Betracht.

6.7.4.1.2 Erstellung von Pseudonymen durch Berechnungsverfahren

Alternativ können Pseudonyme auch durch Berechnungsverfahren erzeugt werden. Dabei werden die Pseudonyme aus den ursprünglichen Identifikationsmerkmalen der betroffenen Person berechnet. Insofern unterscheidet sich dieses Verfahren von der Pseudonymerstellung in Listen, bei dem die erzeugten Pseudonyme zufällig und unabhängig von den Identifikationsmerkmalen erzeugt werden.

Beispielsweise können die Pseudonyme mit Hilfe einer einfachen Hash-Funktion bzw. Streuwertfunktion berechnet werden.[1768] Bei einer Hash-Funktion (von engl. *hash* = zerkleinern, zerhacken) handelt es sich um eine Funktion, die einen Eingabewert beliebiger

[1760] *Hansen/Walczak*, RDV 2019, 53, 54; *Roßnagel*, ZD 2018, 243, 246.
[1761] ENISA (Hrsg.), Recommendations on shaping technology according to GDPR provisions - Part I, 2018, S. 19.
[1762] *Roßnagel*, ZD 2018, 243, 244 f.
[1763] *Schwartmann, Rolf;* Weiß, Steffen (Hrsg.), Anforderungen an den datenschutzkonformen Einsatz von Pseudonymisierungslösungen, 2018, S. 18; *Hansen/Walczak*, RDV 2019, 53, 56.
[1764] Artikel-29-Datenschutzgruppe (Hrsg.), WP 216, 2014, S. 24; *Schwartmann, Rolf;* Weiß, Steffen (Hrsg.), Anforderungen an den datenschutzkonformen Einsatz von Pseudonymisierungslösungen, 2018, S. 18; *Hansen/Walczak*, RDV 2019, 53, 56.
[1765] *Schwartmann, Rolf;* Weiß, Steffen (Hrsg.), Anforderungen an den datenschutzkonformen Einsatz von Pseudonymisierungslösungen, 2018, S. 18 f.; *Hansen/Walczak*, RDV 2019, 53, 56.
[1766] *Hansen/Walczak*, RDV 2019, 53.
[1767] Vgl. hierzu und zu anderen Nachteilen *Schwartmann, Rolf;* Weiß, Steffen (Hrsg.), Anforderungen an den datenschutzkonformen Einsatz von Pseudonymisierungslösungen, 2018, S. 23.
[1768] ENISA (Hrsg.), Recommendations on shaping technology according to GDPR provisions - Part I, 2018, S. 21.

Länge auf einen Ausgabewert fester Länge abbildet.[1769] Letzterer wird dann als Hash-Wert bezeichnet. Dem Stand der Technik entsprechen derzeit die Hash-Funktionen *Secure Hash Algorithm SHA-2* und *SHA-3*.[1770] Sofern jedoch der Bereich der Eingabewerte beschränkt und bekannt ist, erfüllt die Verwendung einer einfachen Hash-Funktion nicht die Voraussetzungen des Art. 4 Nr. 5 DS-GVO.[1771] Insbesondere ist es für Dritte faktisch möglich, die Pseudonyme durch Aufzählungsangriffe bzw. exhaustive Suchen zu reproduzieren.[1772] So können bei Aufzählungsangriffen Dritte alle möglichen Eingabewerte durch die in Frage kommende Hash-Funktion leiten und mit den vorhandenen Pseudonymen vergleichen bis die gesuchte betroffene Person identifiziert ist.[1773]

Dieses Risiko kann verringert werden, indem das Versicherungsunternehmen sogenannte *Salts* (von engl. *salt* = Salz) hinzufügt.[1774] Bei der Verwendung eines *Salt* wird dem ursprünglichen Eingabewert eine zufällig gewählte Zeichenfolge angehängt bevor die Kombination durch die Hash-Funktion verarbeitet wird.[1775] Sofern Dritte das *Salt* nicht kennen und letzteres zudem von den Hash-Werten getrennt gesichert wird, kann die Wahrscheinlichkeit von erfolgreichen Aufzählungsangriffen deutlich reduziert werden.[1776] Alternativ kann das Versicherungsunternehmen auch eine schlüsselabhängige Hash-Funktion verwenden.[1777] Wie der Name schon andeutet, setzt das Versicherungsunternehmen hier einen geheimen Schlüssel als zusätzlichen Eingabewert ein.[1778] Bleibt der Schlüssel für Dritte geheim, erhöht dies den erforderlichen Aufwand für Aufzählungsangriffe ebenfalls erheblich. Obwohl beide Alternativen auf einen zusätzlichen geheimen Parameter setzen, gilt der Einsatz von geheimen Schlüsseln im Vergleich zur Verwendung von *Salts* als der stärkere Schutzmechanismus.[1779]

Schließlich kommt neben der Verwendung von schlüssellosen und schlüsselabhängigen Hash-Funktionen auch eine Pseudonymisierung durch Verschlüsselung in Betracht.[1780] Die Datenschutz-Grundverordnung erwähnt die Verschlüsselung als Maßnahme an verschiedenen Stellen wie beispielsweise Art. 32 Abs. 1 a) DS-GVO, eine Begriffsbestimmung fehlt jedoch. Nach allgemeinem Verständnis bezeichnet eine Verschlüsselung die Umwandlung eines Eingabewerts – den Klartext – in einen Ausgabewert – den Geheimtext – mit Hilfe eines

---

[1769] Artikel-29-Datenschutzgruppe (Hrsg.), WP 216, 2014, S. 24; ENISA (Hrsg.), Recommendations on shaping technology according to GDPR provisions - Part I, 2018, S. 21; ausführlich hierzu *Menezes/van Oorschot/Vanstone*, Handbook of applied cryptography, 1996, S. 321 ff.

[1770] ENISA (Hrsg.), Recommendations on shaping technology according to GDPR provisions - Part I, 2018, S. 21.

[1771] Vgl. *Voitel*, DuD 2017, 686 f.

[1772] *Schwartmann, Rolf; Weiß, Steffen* (Hrsg.), Anforderungen an den datenschutzkonformen Einsatz von Pseudonymisierungslösungen, 2018, S. 21.

[1773] *Hansen/Walczak*, RDV 2019, 53, 57; Artikel-29-Datenschutzgruppe (Hrsg.), WP 216, 2014, S. 24; *Voitel*, DuD 2017, 686, 687.

[1774] *Hansen/Walczak*, RDV 2019, 53, 57; *Voitel*, DuD 2017, 686, 687.

[1775] ENISA (Hrsg.), Recommendations on shaping technology according to GDPR provisions - Part I, 2018, S. 24; Artikel-29-Datenschutzgruppe (Hrsg.), WP 216, 2014, S. 24.

[1776] ENISA (Hrsg.), Recommendations on shaping technology according to GDPR provisions - Part I, 2018, S. 24.

[1777] ENISA (Hrsg.), Recommendations on shaping technology according to GDPR provisions - Part I, 2018, S. 22 f.; Artikel-29-Datenschutzgruppe (Hrsg.), WP 216, 2014, S. 25; *Hansen/Walczak*, RDV 2019, 53, 57.

[1778] Artikel-29-Datenschutzgruppe (Hrsg.), WP 216, 2014, S. 25.

[1779] ENISA (Hrsg.), Recommendations on shaping technology according to GDPR provisions - Part I, 2018, S. 24.

[1780] Artikel-29-Datenschutzgruppe (Hrsg.), WP 216, 2014, S. 24; ENISA (Hrsg.), Recommendations on shaping technology according to GDPR provisions - Part I, 2018, S. 25 f.; *Raabe/Wagner*, DuD 2016, 434, 436.

Schlüssels.[1781] Der Verschlüsselungsvorgang wird auch „Chiffrieren" und dessen Umkehrung, also die Entschlüsselung, „Dechiffrieren" genannt.[1782]

Auch wenn jedes der beschriebenen Verfahren prinzipiell dazu geeignet ist, personenbezogene Daten zu pseudonymisieren, ist nicht jedes Verfahren auch für jeden Anwendungsfall gleich geeignet. Die Wahl des Pseudonymisierungsverfahrens hängt daher maßgeblich davon ab, wie das Versicherungsunternehmen die pseudonymisierten Daten verarbeiten möchte und welche Anforderungen sich daraus ergeben. Zwei typische Anforderungen sind die Verkettbarkeit und die Aufdeckbarkeit von Pseudonymen.[1783] Verkettbarkeit bedeutet bzw. setzt voraus, dass die Identifikationsmerkmale derselben betroffenen Person zu denselben Pseudonymen führen.[1784] Nur dann können die zugehörigen Daten mit Hilfe des identischen Pseudonyms miteinander verbunden bzw. verkettet werden. Dagegen meint Aufdeckbarkeit, dass es möglich sein muss, die betroffene Person unter bestimmten Voraussetzungen zu re-identifizieren.[1785] Hieraus ergeben sich verschiedene Anforderungspaare – verkettbare aufdeckbare Pseudonyme, nicht-verkettbare aufdeckbare Pseudonyme und verkettbare nicht-aufdeckbare Pseudonyme.[1786]

Zur Durchführung der sozialen Netzwerkanalyse benötigt das Versicherungsunternehmen Pseudonyme, die verkett- und aufdeckbar sind. Die Verkettbarkeit ist erforderlich, um überhaupt aus den Unfallbeteiligten soziale Netzwerke konstruieren zu können. Würden dieselben betroffenen Personen bei verschiedenen Straßenverkehrsunfällen verschiedene Pseudonyme erhalten, könnten keine auffälligen Verbindungen zwischen den hinter den Pseudonymen stehenden betroffenen Personen entdeckt werden. Darüber hinaus ist es ebenfalls erforderlich, dass die Pseudonyme aufdeckbar sind, um erstens die gefundenen Ergebnisse zu validieren und zweitens weitere Maßnahmen gegen die beteiligten Personen einleiten zu können. Könnten die Pseudonyme nicht aufgedeckt werden, wäre weder das eine noch das andere möglich. Um sowohl Verkett- als auch Aufdeckbarkeit erfüllen zu können, sollte das Versicherungsunternehmen die personenbezogenen Daten durch Verschlüsselung pseudonymisieren.[1787] Da hierbei gleiche Klartexte stets auf gleiche Geheimtexte verschlüsselt werden, können die daraus entstehenden Pseudonyme für die soziale Netzwerkanalyse miteinander verkettet werden. Stellt das Versicherungsunternehmen dabei auffällige Verbindungen zwischen verschiedenen Straßenverkehrsunfällen bzw. Pseudonymen fest, ist es möglich, den Geheimtext mit Hilfe des Schlüssels zu dechiffrieren und die Pseudonyme aufzudecken.

[1781] *Beutelspacher,* Kryptologie, 10. Aufl. 2015, S. 1 f.

[1782] *Beutelspacher,* Kryptologie, 10. Aufl. 2015, S. 3.

[1783] *Schwartmann, Rolf;* Weiß, Steffen (Hrsg.), Leitlinien für die rechtssichere Nutzung von Pseudonymisierungslösungen unter Berücksichtigung der Datenschutz-Grundverordnung, 2017, S. 18 f.; vgl. auch *Bolognini/Bistolfi,* CLSR 2017, 171, 177.

[1784] *Schwartmann, Rolf;* Weiß, Steffen (Hrsg.), Anforderungen an den datenschutzkonformen Einsatz von Pseudonymisierungslösungen, 2018, S. 16.

[1785] *Schwartmann, Rolf;* Weiß, Steffen (Hrsg.), Anforderungen an den datenschutzkonformen Einsatz von Pseudonymisierungslösungen, 2018, S. 13.

[1786] *Schwartmann, Rolf;* Weiß, Steffen (Hrsg.), Leitlinien für die rechtssichere Nutzung von Pseudonymisierungslösungen unter Berücksichtigung der Datenschutz-Grundverordnung, 2017, S. 20 f.

[1787] Vgl. *Schwartmann, Rolf;* Weiß, Steffen (Hrsg.), Leitlinien für die rechtssichere Nutzung von Pseudonymisierungslösungen unter Berücksichtigung der Datenschutz-Grundverordnung, 2017, S. 20.

6.7.4.1.3 Interne und externe Erstellung von Pseudonymen

Betrachtet man die Verfahren zur Pseudonymisierung spielt es nicht nur eine Rolle, wie die Pseudonymisierung durchgeführt wird, sondern auch, wer sie vornimmt. Prinzipiell kommen hierfür drei verschiedene Akteure in Betracht.[1788]

Erstens kann die betroffene Person selbst die Pseudonymisierung vornehmen.[1789] Aus Sicht der betroffenen Person erscheint das zunächst vorteilhaft, da in dieser Konstellation sie alleine über die Aufdeckung ihres Pseudonyms entscheiden kann.[1790] Allerdings ist zu berücksichtigen, dass nicht jede betroffene Person in der Lage ist, ein Pseudonym zu wählen, dass ihre Identität hinreichend maskiert. Sowohl für das Versicherungsunternehmen als auch für die betroffene Person besteht daher das Risiko, dass das von der betroffenen Person gewählte Pseudonym gewissermaßen nur ein „Pseudo-Pseudonym" ist und nicht die Anforderungen des Art. 4 Nr. 5 DS-GVO erfüllt.[1791]

Zweitens kann ein vertrauenswürdiger externer Akteur die Pseudonymisierung durchführen.[1792] Werden die personenbezogenen Daten extern – also außerhalb der Organisation des Versicherungsunternehmens – pseudonymisiert, hat der externe Akteur typischerweise kein eigenes Datenverarbeitungsinteresse und somit besteht auch eine geringere Wahrscheinlichkeit, dass die betroffenen Personen re-identifiziert werden. Dagegen hat das Versicherungsunternehmen mit Datenverarbeitungsinteresse regelmäßig keine oder zumindest schlechtere Zugriffsmöglichkeiten auf die Zuordnungsregel, sodass es auch hier weniger wahrscheinlich ist, dass die betroffenen Personen re-identifiziert werden.[1793] Aus datenschutzrechtlicher Perspektive kann der externe Akteur sowohl ein Auftragsverarbeiter als auch ein gemeinsamer oder getrennter Verantwortlicher sein.[1794] In diesem Fall ist zu berücksichtigen, dass der Verantwortliche dann mit dem externen Akteur – je nach Konstellation – eine Auftragsverarbeitungsvereinbarung nach Art. 28 Abs. 3 DS-GVO, eine Vereinbarung über gemeinsame Verantwortlichkeit nach Art. 26 DS-GVO oder gegebenenfalls auch ein sogenanntes *Data Sharing Agreement* abschließen muss.[1795]

Schließlich kann drittens auch das Versicherungsunternehmen selbst die Pseudonymisierung vornehmen.[1796] Trotz der immanenten geringeren Schutzwirkung lässt die Datenschutz-Grundverordnung eine interne Pseudonymisierung ausdrücklich zu.[1797] Gemäß EwG 29 S. 1 DS-GVO sollten Pseudonymisierungsmaßnahmen, die jedoch eine allgemeine Analyse zulassen, bei demselben Verantwortlichen möglich sein, wenn dieser die erforderlichen technischen und organisatorischen Maßnahmen getroffen hat, um – für die jeweilige

---

[1788] Vgl. *Roßnagel/Scholz*, MMR 2000, 721, 725.

[1789] *Roßnagel/Scholz*, MMR 2000, 721, 725; ENISA (Hrsg.), Pseudonymisation techniques and best practices, 2019, S. 14 f.

[1790] *Roßnagel/Scholz*, MMR 2000, 721, 725.

[1791] *Hansen*, in: Simitis/Hornung/Spiecker gen. Döhmann, Datenschutzrecht, 2019, Art. 4 Nr. 5, Rn. 36; *Arning/Rothkegel*, in: Taeger/Gabel, DSGVO BDSG, 3. Aufl. 2019, Art. 4, Rn. 140; *Hammer/Knopp*, DuD 2015, 503, 508.

[1792] *Roßnagel/Scholz*, MMR 2000, 721, 725.

[1793] *Hansen/Walczak*, RDV 2019, 53, 55; *Schleipfer*, ZD 2020, 284, 286 f.

[1794] ENISA (Hrsg.), Pseudonymisation techniques and best practices, 2019, S. 13 f.; zum persönlichen Anwendungsbereich ab S. 113.

[1795] Vgl. zum Data Sharing Agreement ICO (Hrsg.), Data sharing code of practice, 2019.

[1796] *Roßnagel/Scholz*, MMR 2000, 721, 725; ENISA (Hrsg.), Pseudonymisation techniques and best practices, 2019, S. 11 ff.

[1797] Mit Blick auf Big Data *Marnau*, DuD 2016, 428, 432; *Schleipfer*, ZD 2020, 284, 286 bezeichnet dies als „schwache Pseudonymität".

Verarbeitung – die Umsetzung dieser Verordnung zu gewährleisten, wobei sicherzustellen ist, dass zusätzliche Informationen, mit denen die personenbezogenen Daten einer speziellen betroffenen Person zugeordnet werden können, gesondert aufbewahrt werden.

Im Rahmen der sozialen Netzwerkanalyse scheidet die Selbstgenerierung von Pseudonymen durch die betroffene Person von vornherein aus. Liegen die Pseudonymisierung sowie die Aufbewahrung der zusätzlichen Informationen allein in der Hand der Unfallbeteiligten, kann das Versicherungsunternehmen weder die Verkettbarkeit noch die Aufdeckbarkeit des Pseudonyms sicherstellen. Die Verarbeitung der pseudonymisierten Daten zur Durchführung von sozialen Netzwerkanalysen liefe damit ins Leere. Darüber hinaus bestehen stets Zweifel, ob das durch die Unfallbeteiligten erzeugte Pseudonym die Anforderungen des Art. 4 Nr. 5 DS-GVO erfüllt. Die Folge daraus wäre, dass das Versicherungsunternehmen die positiven Effekte einer wirksamen Pseudonymisierung – beispielsweise im Rahmen der Interessenabwägung nach Art. 6 Abs. 1 S. 1 f) DS-GVO – nicht oder nur unter Unsicherheit zu seinen Gunsten heranziehen könnte. Das Versicherungsunternehmen sollte daher entweder einen vertrauenswürdigen externen Akteur zur Pseudonymisierung einschalten oder diese selbst vornehmen. Sollte das Versicherungsunternehmen einen vertrauenswürdigen externen Akteur zur Pseudonymisierung einschalten, dann muss es dabei die gleichen Anforderungen beachten wie sie auch für die Zusammenarbeit mit anderen Versicherungsunternehmen oder für die Einschaltung eines externen Dienstleisters zur Durchführung der sozialen Netzwerkanalyse gelten.[1798]

6.7.4.2 Aufbewahrung der zusätzlichen Informationen

Als Resultat einer wirksamen Pseudonymisierung können die personenbezogenen Daten ohne Hinzuziehung zusätzlicher Informationen nicht mehr einer spezifischen betroffenen Person zugeordnet werden. Der dadurch geschaffene Schutz ist jedoch nur so stark wie der Schutz dieser zusätzlichen Informationen, also der Zuordnungstabelle oder des Berechnungsverfahrens.[1799] Könnten diese Informationen ohne erheblichen Aufwand hinzugezogen werden, liefe das Pseudonymisierungsverfahren faktisch ins Leere.

Die Datenschutz-Grundverordnung verlangt daher in Art. 4 Nr. 5 DS-GVO, dass die zusätzlichen Informationen gesondert aufbewahrt werden und technischen und organisatorischen Maßnahmen unterliegen, die gewährleisten, dass die personenbezogenen Daten nicht einer identifizierten oder identifizierbaren natürlichen Person zugewiesen werden.

Was unter „gesondert aufbewahrt" zu verstehen ist, wird nicht weiter präzisiert. Aus dem Zweck der Pseudonymisierung folgt jedoch, dass verschiedene Funktionsbereiche voneinander abgesondert werden müssen.[1800] Unterscheiden lassen sich die Funktion des Pseudonymisierers, die Funktion des Hüters des Pseudonyms und die Funktion des Verarbeiters der pseudonymisierten Daten.[1801] Der Pseudonymisierer ist derjenige, der die personenbezogenen Daten nach einem der beschriebenen Verfahren pseudonymisiert. Der Hüter ist des Pseudonyms ist derjenige, der die zusätzlichen Informationen aufbewahrt und die Aufdeckung des Pseudonyms kontrolliert. Der Verarbeiter der pseudonymisierten Daten ist derjenige, der die Daten für festgelegte Verarbeitungszwecke verwendet, also beispielsweise auswertet. Idealerweise sind alle drei Funktionen voneinander getrennt, mindestens müssen

---

[1798] Insbesondere zum persönlichen Anwendungsbereich ab S. 113.

[1799] Vgl. *Roßnagel*, ZD 2018, 243, 247.

[1800] Vgl. *Schleipfer*, ZD 2020, 284, 285 f.

[1801] Vgl. *Roßnagel*, ZD 2018, 243 f.; ähnlich auch bei *Schwartmann, Rolf;* Weiß, Steffen (Hrsg.), Anforderungen an den datenschutzkonformen Einsatz von Pseudonymisierungslösungen, 2018, S. 24; *Bolognini/Bistolfi*, CLSR 2017, 171, 180 spricht von „data keeper".

jedoch die Funktionen des Pseudonymisierers und des Hüters des Pseudonyms von der Funktion des Verarbeiters der pseudonymisierten Daten abgesondert werden.[1802]

Bei einer externen Pseudonymisierung können die ersten beiden Funktionen von dem eingesetzten Auftragsverarbeiter oder gemeinsamen oder getrennten Verantwortlichen übernommen werden, während die Verarbeitung der pseudonymisierten Daten bei dem Versicherungsunternehmen verbleibt. Handelt es sich dagegen um eine interne Pseudonymisierung – also vereint das Versicherungsunternehmen alle Funktionen in sich – muss die Trennung intern zwischen verschiedenen Organisationsbereichen erfolgen und durch technische und organisatorische Maßnahmen abgesichert werden.[1803]

Dabei kann sich das Versicherungsunternehmen an dem Konzept der sogenannten „Chinese Walls" orientieren. Insbesondere im Wertpapierhandelsrecht bezeichnet der Begriff die Maßnahmen zur Trennung eines Wertpapierdienstleistungsunternehmens in verschiedene Vertraulichkeitsbereiche. Die „Chinese Walls" dienen als Informationsbarriere, um innerhalb des Unternehmens Interessenskonflikte zwischen verschiedenen Abteilungen zu vermeiden.[1804] Wie auch in Art. 4 Nr. 5 DS-GVO vorgeschrieben müssen diese Informationsbarrieren durch geeignete technische und organisatorische Maßnahmen sichergestellt werden. In Betracht kommen hierfür alle Maßnahmen, die auch im Rahmen von Art. 32 DS-GVO das Subziel der Vertraulichkeit gewährleisten sollen.[1805] Dies umfasst beispielsweise die funktionale, räumliche und logische Trennung der verschiedenen Organisationsbereiche sowie korrespondierende Zutritts-, Zugangs- und Zugriffsbeschränkungen.[1806] Aus EwG 29 S. 2 DS-GVO folgt zudem, dass das Versicherungsunternehmen bei einer internen Pseudonymisierung die befugten Personen – also die zugriffsberechtigten Personen – dokumentieren muss.[1807]

Im Rahmen der sozialen Netzwerkanalyse nehmen die Betrugsabwehrspezialisten die Funktion des Verarbeiters der pseudonymisierten Daten ein. Sie untersuchen entweder die pseudonymisierten Daten oder im Falle eines „Treffers" die Klardaten, um zu validieren, ob sich der Betrugsverdacht erhärtet oder ob er entkräftet wird. Das Versicherungsunternehmen muss folglich ihren Organisationsbereich von denjenigen absondern, die die Funktion des Pseudonymisierers und bzw. oder die Funktion des Hüters des Pseudonyms innehaben. Im Idealfall sondert das Versicherungsunternehmen die Bereiche so voneinander ab, dass ein Organisationsbereich die personenbezogenen Daten pseudonymisiert, anschließend das Zuordnungsregel an einen anderen Organisationsbereich übergibt, der kein eigenes Datenverarbeitungsinteresse hat, und die pseudonymisierten Daten schließlich von einem wieder anderen Organisationsbereich – den Betrugsabwehrspezialisten – verarbeitet lässt.[1808]

[1802] *Roßnagel*, ZD 2018, 243, 244; *Schwartmann, Rolf;* Weiß, Steffen (Hrsg.), Anforderungen an den datenschutzkonformen Einsatz von Pseudonymisierungslösungen, 2018, S. 24.

[1803] *Hansen*, in: Simitis/Hornung/Spiecker gen. Döhmann, Datenschutzrecht, 2019, Art. 4 Nr. 5, Rn. 34.

[1804] BaFin (Hrsg.), Rundschreiben 4/2010: Mindestanforderungen an die Compliance-Funktion und die weiteren Verhaltens-, Organisations- und Transparenzpflichten nach §§ 31 ff. WpHG für Wertpapierdienstleistungsunternehmen (MaComp), 2017, S. 16.

[1805] *Hansen/Walczak*, RDV 2019, 53, 55; zu technischen und organisatorischen Maßnahmen zur Gewährleistung von Datensicherheit ab S. 312.

[1806] Vgl. BaFin (Hrsg.), Rundschreiben 4/2010: Mindestanforderungen an die Compliance-Funktion und die weiteren Verhaltens-, Organisations- und Transparenzpflichten nach §§ 31 ff. WpHG für Wertpapierdienstleistungsunternehmen (MaComp), 2017, S. 16; vgl. auch *Ernst*, in: Paal/Pauly, DS-GVO BDSG, 3. Aufl. 2021, Art. 4, Rn. 43.

[1807] Ausführlich hierzu *Hansen*, in: Simitis/Hornung/Spiecker gen. Döhmann, Datenschutzrecht, 2019, Art. 4 Nr. 5, Rn. 34.

[1808] Vgl. *Roßnagel*, ZD 2018, 243, 244.

6.7.4.3 Hinzuziehung der zusätzlichen Informationen

Die Pseudonymisierung ist insbesondere dann ein geeignetes Mittel zur Gewährleistung der Datenminimierung, wenn der Verantwortliche die Identität der betroffenen Personen im Regelfall nicht kennen und nur ausnahmsweise aufdecken muss. Aus diesem Regel-Ausnahme-Verhältnis folgt jedoch auch, dass es im Ausnahmefall eben doch möglich sein muss, die hinter den Pseudonymen stehenden betroffenen Personen zu re-identifizieren. Hierzu muss das Versicherungsunternehmen ein Verfahren zur kontrollierten Aufdeckung des Pseudonyms festlegen. Das Aufdeckungsverfahren muss definieren, wer unter welchen Voraussetzungen die zusätzlichen Informationen zur Re-Identifizierung der betroffenen Personen hinzuziehen darf.[1809]

Mit Blick auf die soziale Netzwerkanalyse muss folglich das Versicherungsunternehmen festlegen, unter welchen Voraussetzungen die Betrugsabwehrspezialisten von dem anderen Organisationsbereich – dem Hüter des Pseudonyms – die Aufdeckung des Pseudonyms verlangen können. Sinnvollerweise sollte eine Re-Identifizierung jedenfalls dann möglich sein, wenn die soziale Netzwerkanalyse auffällige Verbindungen zwischen Unfallbeteiligten bzw. Straßenverkehrsunfällen entdeckt hat und diese validiert werden sollen. Dabei ist jedoch zu berücksichtigen, dass die Schwellwerte, die eine Auffälligkeit auslösen, nicht so niedrig gewählt sein dürfen, dass das Regel-Ausnahme-Verhältnis der Pseudonymisierung faktisch aufgehoben wird. Darüber hinaus ist zu berücksichtigen, dass es auch Konstellationen gibt, wo eine klare Definition von Aufdeckungsregeln schwerer fällt. Das ist beispielsweise der Fall, wenn die Struktur des sozialen Netzwerks tiefgehender untersucht werden soll, um weitere Akteure aufzuspüren, die eine hohe Bedeutung für das Netzwerk haben.[1810] Können diese Konstellationen nicht in klaren Regeln abgebildet werden, sollte die mögliche Aufdeckung des Pseudonyms zusätzlich abgesichert werden. Beispielsweise könnte das Versicherungsunternehmen hierfür ein Vier-Augen-Prinzip einführen oder die Aufdeckung von der Freigabe durch den Datenschutzbeauftragten abhängig machen.[1811]

[1809] *Hansen/Walczak*, RDV 2019, 53, 55; *Arning/Rothkegel*, in: Taeger/Gabel, DSGVO BDSG, 3. Aufl. 2019, Art. 4, Rn. 133; *Schleipfer*, ZD 2020, 284, 286.

[1810] Zu Akteuren im sozialen Netzwerk ab S. 58.

[1811] Zum Datenschutzbeauftragten ab S. 318.

6.8 Datenrichtigkeit

Gemäß Art. 5 Abs. 1 d) DS-GVO müssen personenbezogene Daten sachlich richtig und erforderlichenfalls auf dem neuesten Stand sein.

Der Grundsatz der Datenrichtigkeit soll sicherstellen, dass die personenbezogenen Daten die Realität zutreffend abbilden und ausschließen, dass die betroffene Person durch die Verwendung fehlerhafter Daten Nachteile erleidet.[1812] Solche Nachteile können insbesondere dann entstehen, wenn die fehlerhaften Daten die Informationsgrundlage für Entscheidungen oder andere Maßnahmen gegenüber der betroffenen Person bilden.[1813] Je gravierender die potenziellen Folgen solcher Entscheidungen oder Maßnahmen für die betroffene Person sind, desto höher ist ihr Interesse an der Richtigkeit der zugrundeliegenden Daten. Berücksichtigt man die erheblichen Folgen – insbesondere mögliche zivil- und strafrechtliche Verfahren –, die die soziale Netzwerkanalyse auf die am Unfall beteiligten betroffenen Personen haben kann, dann wird deutlich, dass der Aspekt der Datenrichtigkeit von besonderer Bedeutung für das Versicherungsunternehmen ist.

6.8.1 Kriterien der Datenrichtigkeit

Gemäß Art. 5 Abs. 1 d) DS-GVO müssen personenbezogene Daten sachlich richtig und erforderlichenfalls auf dem neuesten Stand sein. Aus Art. 16 DS-GVO folgt zudem, dass die personenbezogenen Daten auch vollständig sein müssen. Die genannten Kriterien sind nicht trennscharf, sondern überlappen sich gegenseitig.

6.8.1.1 Sachliche Richtigkeit

Zunächst müssen personenbezogene Daten sachlich richtig sein. Was unter „sachlich richtig" zu verstehen ist, wird in der Datenschutz-Grundverordnung nicht genauer erläutert.[1814]

Als Ausgangspunkt dient die Legaldefinition der personenbezogenen Daten in Art. 4 Nr. 1 DS-GVO. Danach werden als personenbezogene Daten alle Informationen bezeichnet, die sich auf eine identifizierte oder identifizierbare natürliche Person beziehen. Nach allgemeinem datenschutzrechtlichem Verständnis stellt eine Information ein „Abbild sozialer Realität" dar.[1815] Folgt man dieser Logik, dann sind personenbezogene Daten sachlich richtig, wenn sie mit der Realität übereinstimmen.[1816] Dabei ist auf den „objektiven Aussagegehalt" der Daten abzustellen.[1817] Um bestimmen zu können, ob eine Information richtig oder unrichtig ist, muss sie dem Beweis zugänglich sein. Die Information muss sich daher auf Tatsachen, also konkrete Vorgänge der Vergangenheit oder Gegenwart, beziehen.[1818] Dagegen sind Informationen, die sich auf die Zukunft beziehen, oder Werturteile nicht

---

[1812] *Frenzel*, in: Paal/Pauly, DS-GVO BDSG, 3. Aufl. 2021, Art. 5, Rn. 39; *Schantz*, in: Wolff/Brink, Beck´scher Onlinekommentar Datenschutzrecht, 34. Edition 2020, Art. 5 DS-GVO, Rn. 27; *Paal*, in: Paal/Pauly, DS-GVO BDSG, 3. Aufl. 2021, Art. 16, Rn. 4; *Kamann/Braun*, in: Ehmann/Selmayr, DS-GVO, 2. Aufl. 2018, Art. 16, Rn. 1.

[1813] *Hoeren*, MMR 2016, 8, 9.

[1814] Kritisch zu dualer Kategorisierung nach „richtig" und „unrichtig" *Hoeren*, ZD 2016, 459, 461 f.

[1815] Vgl. BVerfGE 65, 1, 44.

[1816] *Herbst*, in: Kühling/Buchner, DS-GVO/BDSG, 3. Aufl. 2020, Art. 5 DS-GVO, Rn. 60; *Worms*, in: Wolff/Brink, Beck´scher Onlinekommentar Datenschutzrecht, 34. Edition 2020, Art. 16 DS-GVO, Rn. 49; *Peuker*, in: Sydow, DS-GVO, 2. Aufl. 2018, Art. 16, Rn. 7; ähnlich auch *Frenzel*, in: Paal/Pauly, DS-GVO BDSG, 3. Aufl. 2021, Art. 5, Rn. 39.

[1817] *Kamann/Braun*, in: Ehmann/Selmayr, DS-GVO, 2. Aufl. 2018, Art. 16, Rn. 14.

[1818] *Hoeren*, ZD 2016, 459, 462; vgl. *Mallmann*, in: Simitis, BDSG, 8. Aufl. 2014, § 20, Rn. 17 f.

nachweisbar und können daher auch nicht unrichtig sein.[1819] Auf die soziale Netzwerkanalyse bezogen sind die personenbezogenen Daten richtig, wenn sie den real stattgefunden Unfall wahrheitsgemäß abbilden. Sie sind dagegen unrichtig, wenn beispielsweise eine Person fälschlicherweise als Unfallbeteiligter definiert wird, obwohl sie an diesem Unfall nicht beteiligt war oder wenn ein falsches Kraftfahrzeug mit dem Unfall verknüpft wird. Solche Fehler könnten dazu führen, dass die soziale Netzwerkanalyse fälschlicherweise von einer auffälligen Verbindung zwischen den vermeintlich beteiligten Personen ausgeht, obwohl eine solche tatsächlich in keiner Weise besteht. Für die betroffenen Personen kann dies insbesondere dann nicht unerhebliche Auswirkungen haben, wenn aufgrund einer solchen fehlerhaften Einschätzung eine bestimmte Leistung durch das Versicherungsunternehmen verweigert wird. Je stärker die betroffene Person auf die Leistung angewiesen ist, desto gravierender sind auch die Auswirkungen einer solchen, auf unrichtigen Daten, beruhenden Entscheidung. Zu berücksichtigen sind auch eventuelle Folgemaßnahmen wie zivil- und strafrechtliche Verfahren.

Während die zuvor beschriebene Fehlerhaftigkeit von personenbezogenen Daten zumeist schnell erkannt werden kann, existieren auch subtilere Fehler – der sogenannte Kontextverlust und die sogenannte Kontextverzerrung. Gemäß Art. 5 Abs. 1 b) DS-GVO werden personenbezogene Daten für festgelegte eindeutige Verarbeitungszwecke erhoben. Ihr jeweiliger Aussagegehalt wird auch durch diesen Erhebungs- und Verwendungszusammenhang geprägt. Werden die Daten zu einem späteren Zeitpunkt ohne diesen ursprünglichen Zusammenhang – sogenannter Kontextverlust – oder in einem anderen Zusammenhang – sogenannte Kontextverfälschung – betrachtet, dann besteht die Gefahr, dass der ursprüngliche Aussagegehalt verändert wird.[1820] In diesem Sinne ist auch die Formulierung in Art. 5 Abs. 1 d) DS-GVO „personenbezogene Daten, die im Hinblick auf die Zwecke ihrer Verarbeitung unrichtig sind" zu verstehen. Dabei fällt auf, dass die Datenschutz-Grundverordnung implizit zwischen einer Mikro- und einer Makroebene von Datenrichtigkeit zu unterscheiden scheint. Auf der Mikroebene geht es um die Richtigkeit der durch die personenbezogenen Daten unmittelbar verkörperten Informationen. Die Makroebene dagegen betrachtet den darüber hinaus gehenden Aussagegehalt, der beispielsweise durch den Erhebungszusammenhang geprägt wird. Ob man diesen Aussagegehalt allerdings noch als dem Beweis zugängliche Tatsache qualifizieren kann, erscheint zweifelhaft. Es bleibt daher abzuwarten, ob die strenge Unterscheidung zwischen Tatsachen und Meinungen im Geltungsbereich der Datenschutz-Grundverordnung aufrechterhalten werden kann. Für die soziale Netzwerkanalyse dagegen spielt die Problematik des Kontextverlusts bzw. der Kontextverzerrung keine Rolle, da die personenbezogenen Daten bereits zu diesem Zweck erhoben wurden und eine Zweckänderung nur unter den strengen Voraussetzungen des Art. 6 Abs. 4 DS-GVO zulässig ist.[1821]

6.8.1.2 Aktualität

Nach Art. 5 Abs. 1 d) DS-GVO müssen personenbezogene Daten auch erforderlichenfalls auf dem neuesten Stand bzw. aktuell sein.

Die Richtigkeit von personenbezogenen Daten kann sich im Laufe ihres Lebenszyklus verändern. Personenbezogene Daten können ursprünglich richtig erhoben worden sein, aber

---

[1819] *Hoeren*, ZD 2016, 459, 462; vgl. *Mallmann*, in: Simitis, BDSG, 8. Aufl. 2014, § 20, Rn. 17. Etwas anderes gilt beispielsweise für die Frage, ob eine Person ein bestimmtes Werturteil tatsächlich geäußert hat.

[1820] *Mallmann*, in: Simitis, BDSG, 8. Aufl. 2014, § 20, Rn. 12; *Custers/Ursic*, IDPL 2016, 4, 9; *Hill*, DÖV 2014, 213, 215.

[1821] Zur Zweckänderung ab S. 260.

nachträglich unrichtig werden. Dieses Risiko besteht immer dann, wenn sich die Realität ändert, die Daten jedoch weiterhin den alten Stand abbilden. Die Daten „veralten" gewissermaßen. Zu beachten ist allerdings, dass nicht jedes personenbezogene Datum einem Alterungsprozess unterliegt. Es muss unterschieden werden zwischen solchen Daten, die den jeweils neuesten Stand abbilden und solchen, die den Stand zu einem bestimmten Zeitpunkt dokumentieren sollen.[1822] Während erstere grundsätzlich veralten können, ist das bei Letzteren nicht möglich, da sie sich auf einen in der Vergangenheit abgeschlossenen Zustand beziehen. Nur für personenbezogene Daten, die veralten können, ist es erforderlich im Sinne von Art. 5 Abs. 1 d) DS-GVO, sie auf dem neuesten Stand zu halten.[1823] Für die soziale Netzwerkanalyse besteht typischerweise kein Risiko, veraltete Daten zu verarbeiten. Die personenbezogenen Daten bilden die Realität zu einem bestimmten Zeitpunkt – dem Unfall – ab und können sich daher nicht nachträglich verändern.

6.8.1.3 Vollständigkeit

Aus Art. 16 S. 2 DS-GVO folgt zudem, dass personenbezogene Daten vollständig sein müssen. Auch unvollständige Daten bergen die Gefahr, dass ein unzutreffendes Bild der betroffenen Person entsteht.[1824]

Der Begriff „Vollständigkeit" ist nicht in einem absoluten Sinn gemeint und so zu verstehen, dass das Versicherungsunternehmen umfassende Profile über die betroffene Person erstellen oder sie sogar „in [ihrer] ganzen Persönlichkeit [...] registrieren und [...] katalogisieren"[1825] soll. Einerseits werden immer Daten fehlen, da es unmöglich ist, sämtliche Aspekte der Realität abzubilden.[1826] Andererseits wäre eine solche Forderung angesichts der Risikoträchtigkeit von großen Datenmengen und Profilen aus datenschutzrechtlicher Perspektive paradox.

Es ist vielmehr eine relative Perspektive einzunehmen.[1827] So macht Art. 16 S. 2 DS-GVO deutlich, dass die personenbezogenen Daten unter Berücksichtigung der Zwecke der Verarbeitung vollständig sein müssen. Anders als zuvor bei „sachliche Richtigkeit" und „Aktualität" stellt das Merkmal der Vollständigkeit jedoch nicht auf das einzelne personenbezogene Datum, sondern auf die Gesamtmenge der Daten ab. Es geht um personenbezogene Daten, die jedes für sich genommen sachlich richtig sind, aber in ihrer Gesamtheit eine unrichtige Aussage über die betroffene Person treffen.[1828] Auch hier ist festzustellen, dass wie zuvor beim Kontextverlust bzw. bei der Kontextverzerfälschung zwischen einer Mikro- und einer Makroebene der Datenrichtigkeit unterschieden wird.

Vollständigkeit ist daher immer vor dem Hintergrund einer möglichen Irreführung zu verstehen.[1829] Aus dem Vorstehenden folgt, dass personenbezogene Daten dann als unvollständig zu betrachten sind, wenn solche Daten fehlen, die erstens für den

---

[1822] Vgl. *Albrecht/Jotzo,* Das neue Datenschutzrecht der EU, 2017, Teil 2, Rn. 10; *Reif,* in: Gola, DS-GVO, 2. Aufl. 2018, Art. 16, Rn. 12.

[1823] *Albrecht/Jotzo,* Das neue Datenschutzrecht der EU, 2017, Teil 2, Rn. 10.

[1824] *Worms,* in: Wolff/Brink, Beck´scher Onlinekommentar Datenschutzrecht, 34. Edition 2020, Art. 16 DS-GVO, Rn. 57.

[1825] BVerfGE 27, 1, 6.

[1826] *Mallmann,* Zielfunktionen des Datenschutzes, 1977, S. 76; *Paal,* in: Paal/Pauly, DS-GVO BDSG, 3. Aufl. 2021, Art. 16, Rn. 18; *Worms,* in: Wolff/Brink, Beck´scher Onlinekommentar Datenschutzrecht, 34. Edition 2020, Art. 16 DS-GVO, Rn. 58.

[1827] *Worms,* in: Wolff/Brink, Beck´scher Onlinekommentar Datenschutzrecht, 34. Edition 2020, Art. 16 DS-GVO Rn. 58.

[1828] *Laue/Kremer,* Das neue Datenschutzrecht in der betrieblichen Praxis, 2. Aufl. 2019, § 4, Rn. 37; *Kamann/Braun,* in: Ehmann/Selmayr, DS-GVO, 2. Aufl. 2018, Art. 16, Rn. 36.

[1829] *Kamann/Braun,* in: Ehmann/Selmayr, DS-GVO, 2. Aufl. 2018, Art. 16, Rn. 14.

Verarbeitungszweck erheblich sind und zweitens die Aussagerichtung der Gesamtdaten verändern würden.[1830] Das führt dazu, dass der Verantwortliche unter Umständen nach Art. 5 Abs. 1 d) DS-GVO verpflichtet sein kann, zur Vervollständigung der vorhandenen Daten weitere Daten zu erheben bzw. zu speichern. Auf den ersten Blick scheint dies dem Grundsatz der Datenminimierung nach Art. 5 Abs. 1 c) DS-GVO zu widersprechen. Es erscheint jedoch sinnvoll, dass die Erhebung solcher Daten, die ein für die Verarbeitungszwecke vollständiges Bild über den Betroffenen erzeugen sollen, als notwendig im Sinne von Art. 5 Abs. 1 c) DS-GVO anzusehen ist.[1831]

6.8.2 Implikationen für Big Data

Im Rahmen der Gewährleistung von Datenrichtigkeit bei Big-Data-Verfahren müssen insbesondere drei Fehlerquellen berücksichtigt werden. Erstens können die Eingabedaten fehlerhaft sein, zweitens kann das Verfahren selbst fehlerhaft konzipiert sein und drittens können die Ausgabedaten fehlerhaft sein bzw. fehlerhaft interpretiert werden.[1832]

6.8.2.1 Fehlerhafte Daten als Informationsgrundlage – Akzeptanz von Big Data Veracity?

Betroffene Personen können insbesondere Nachteile erleiden, wenn fehlerhafte Daten die Informationsgrundlage für Entscheidungen oder Maßnahmen ihnen gegenüber bilden.[1833] Fehlerhafte Daten führen also zu fehlerhaften Entscheidungen oder wie es in der Informatik informell heißt: „Garbage In, Garbage Out."[1834] Grundsätzlich liegt die Verarbeitung richtiger Daten sowohl im Interesse der betroffenen Person als auch im Interesse des Versicherungsunternehmens, denn „[n]iemand ist an unrichtigen Informationen interessiert."[1835] Diese Übereinstimmung der Interessen besteht jedoch nur im Grundsatz. Während für das Versicherungsunternehmen in einem bestimmten Verarbeitungskontext eine Fehlerquote – beispielsweise von fünf Prozent – akzeptabel sein mag, können diese Fehler für eine betroffene Person, die sich in diesen fünf Prozent wiederfindet, empfindliche Nachteile bedeuten.[1836] Wie anfangs beschrieben könnten fehlerhafte personenbezogene Daten dazu führen, dass die soziale Netzwerkanalyse fälschlicherweise von einer auffälligen Verbindung zwischen den vermeintlich beteiligten Personen ausgeht, obwohl eine solche tatsächlich in keiner Weise besteht. Wird aufgrund einer solchen fehlerhaften Einschätzung eine bestimmte Leistung durch das Versicherungsunternehmen verweigert, kann dies nicht unerhebliche Auswirkungen für die betroffenen Personen haben.

[1830] Ähnlich auch *Laue/Kremer,* Das neue Datenschutzrecht in der betrieblichen Praxis, 2. Aufl. 2019, § 4, Rn. 37; *Kamann/Braun,* in: Ehmann/Selmayr, DS-GVO, 2. Aufl. 2018, Art. 16, Rn. 36.

[1831] Vgl. auch OAIC (Hrsg.), Australian Privacy Principles Guidelines, 2019; Kap. 10, S. 6.

[1832] Ähnlich auch die Unterscheidung nach „Input, Verfahren und Output" bei *Hoeren,* MMR 2016, 8, 11; *Bitter,* in: Hoeren/Sieber/Holznagel, Handbuch Multimedia-Recht, 54. EL 2020, Teil 15.4, Rn. 55; Executive Office of the President (Hrsg.), Big Data, 2016, S. 6 f.

[1833] Mit Blick auf Big Data Europäisches Parlament (Hrsg.), 2018/C 263/10, 2017, S. 84; *Bitter,* in: Hoeren/Sieber/Holznagel, Handbuch Multimedia-Recht, 54. EL 2020, Teil 15.4, Rn. 55; Executive Office of the President (Hrsg.), Big Data, 2016, S. 7 f.

[1834] Vgl. auch *Hoeren,* MMR 2016, 8, 11; Bertelsmann Stiftung (Hrsg.), Wo Maschinen irren können, 2018, S. 22; Executive Office of the President (Hrsg.), Big Data and Privacy: A Technological Perspective, 2014, S. 25.

[1835] *Mallmann,* Zielfunktionen des Datenschutzes, 1977, S. 76; *Reif,* in: Gola, DS-GVO, 2. Aufl. 2018, Art. 16, Rn. 6.

[1836] Vgl. *Mallmann,* Zielfunktionen des Datenschutzes, 1977, S. 76; *Lanquillon/Mallow,* in: Dorschel, Praxishandbuch Big Data, 2015, Kap. 2.3, S. 74.

Bei vielen Big-Data-Verfahren ist die Qualität der zugrundeliegenden Datenbasis oftmals unbekannt oder zweifelhaft.[1837] Wie bereits beschrieben wird dieser Umstand auch als *Veracity* bezeichnet. In der Logik vieler Verantwortlicher kompensiert die überragende Quantität der Daten ihre Qualität, das heißt bei einer großen Datenmenge fällt die mögliche Fehlerhaftigkeit einzelner Daten kaum ins Gewicht.[1838] Verantwortliche wenden daher weniger Zeit auf, um die Qualität der Daten zu prüfen und zu sichern.

Aus datenschutzrechtlicher Perspektive ist ein solch pauschales Vorgehen jedoch nicht akzeptabel. Je gravierender die potenziellen Folgen der Entscheidungen oder Maßnahmen für die betroffene Person sind, desto sorgfältiger muss der Verantwortliche auch bei der Erhebung und Verarbeitung der personenbezogenen Daten vorgehen.[1839]

Die Richtigkeit der Daten soll in der Datenschutz-Grundverordnung auf zwei Wegen gewährleistet werden. Zum einen muss das Versicherungsunternehmen nach Art. 5 Abs. 1 d) DS-GVO von sich aus alle „angemessenen Maßnahmen"[1840] treffen, damit personenbezogene Daten, die im Hinblick auf die Zwecke ihrer Verarbeitung unrichtig sind, unverzüglich gelöscht oder berichtigt werden. Zum anderen werden der betroffenen Person bestimmte Steuerungsrechte eingeräumt, mit denen sie vom Versicherungsunternehmen gemäß Art. 16 DS-GVO die Berichtigung oder Vervollständigung und nach Art. 18 DS-GVO die Einschränkung der Verarbeitung der sie betreffenden personenbezogenen Daten verlangen kann.

6.8.2.1.1 Eigene Maßnahmen des Verantwortlichen

Gemäß Art. 5 Abs. 1 d) DS-GVO muss das Versicherungsunternehmen alle angemessenen Maßnahmen treffen, damit personenbezogene Daten, die im Hinblick auf die Zwecke ihrer Verarbeitung unrichtig sind, unverzüglich gelöscht oder berichtigt werden. Es muss also nicht nur auf eine Geltendmachung der Rechte aus Art. 16 ff. DS-GVO durch die betroffene Person reagieren, sondern auch proaktiv eigenständige Maßnahmen treffen.[1841] Das folgt schon daraus, dass die Grundsätze zur Verarbeitung personenbezogener Daten gemäß Art. 5 DS-GVO mit Beginn der Datenverarbeitung eingehalten werden müssen und das Versicherungsunternehmen dafür rechenschaftspflichtig ist.[1842] Es darf demzufolge nicht sehenden Auges unrichtige Daten verarbeiten.

Betrachtet man die Formulierung „angemessene Maßnahmen" aus Art. 5 Abs. 1 d) DS-GVO im Zusammenhang mit Art. 5 Abs. 2 und Art. 24 DS-GVO, dann muss das Versicherungsunternehmen unter Berücksichtigung der Art, des Umfangs, der Umstände und der Zwecke der Verarbeitung sowie der unterschiedlichen Eintrittswahrscheinlichkeit und Schwere der Risiken für die Rechte und Freiheiten natürlicher Personen geeignete technische und organisatorische Maßnahmen umsetzen, um sicherzustellen, dass die Datenrichtigkeit gewährleistet wird.[1843] Aus Art. 25 DS-GVO und EwG 78 S. 2 DS-GVO folgt zudem, dass diese Maßnahmen insbesondere den Grundsätzen des Datenschutzes durch Technik und durch datenschutzfreundliche Voreinstellungen Genüge tun sollten.

[1837] Zu *Veracity* ab S. 44.

[1838] *Mayer-Schönberger*, in: bpb, Big Data, 2015, S. 16; *Hill*, DÖV 2014, 213, 216.

[1839] Ähnlich auch ICO (Hrsg.), Big data, artificial intelligence, machine learning and data protection, 2017, S. 54 f.

[1840] EwG 39 S. 11 DS-GVO spricht dagegen von „vertretbaren Schritte".

[1841] Vgl. *Hoeren*, ZD 2016, 459, 462.

[1842] Vgl. *Frenzel*, in: Paal/Pauly, DS-GVO BDSG, 3. Aufl. 2021, Art. 5, Rn. 41.

[1843] Speziell mit Blick auf Big Data *Cai/Zhu*, Data Science Journal 2015, 1, 3 ff.

Dabei handelt es sich nicht um einen einmaligen Vorgang, sondern das Versicherungsunternehmen muss die geeigneten technischen und organisatorischen Maßnahmen zu verschiedenen Zeitpunkten des Lebenszyklus der Datenverarbeitung im Rahmen der sozialen Netzwerkanalyse ergreifen.[1844]

Der erste Zeitpunkt ist die Erhebung der personenbezogenen Daten.[1845] Mit der Erhebung der personenbezogenen Daten müssen die Grundsätze des Art. 5 DS-GVO eingehalten werden. Eine geeignete Maßnahme zur Gewährleistung der Datenqualität ist beispielsweise die Datenerhebung aus zuverlässigen Quellen.[1846] Je zuverlässiger die Quelle ist, aus der die personenbezogenen Daten stammen, desto niedriger ist die Wahrscheinlichkeit, dass diese Daten unrichtig sind. Grundsätzlich gilt die betroffene Person selbst als die zuverlässigste Quelle.[1847] Das folgt schon aus Art. 16 DS-GVO. Dem Recht auf Berichtigung liegt der Gedanke zugrunde, dass die betroffene Person in ihren eigenen Angelegenheiten die Richtigkeit der sie betreffenden Daten am besten beurteilen kann. Dieser Gedanke aus Art. 16 DS-GVO kann auch proaktiv aufgegriffen werden. Das Versicherungsunternehmen sollte daher die personenbezogenen Daten vorzugsweise bei der betroffenen Person erheben. Der Vorzug der Direkterhebung ist eine geeignete Maßnahme zur Sicherstellung der Datenrichtigkeit. Dies ist nicht zu verwechseln mit dem angeordneten Vorrang der Direkterhebung im Sinne von § 4 Abs. 2 BDSG a.F. Ein solcher ist in der Datenschutz-Grundverordnung nicht vorgesehen.[1848] Aber auch bei der sonstigen Datenerhebung sollte das Versicherungsunternehmen die betroffene Person aktiv auffordern, ihre personenbezogenen Daten zu prüfen und gegebenenfalls zu korrigieren.[1849] Eine solche Aufforderung ist schon in Art. 14 Abs. 1 c) und d) sowie Abs. 2 c) DS-GVO angelegt und könnte noch stärker gemacht werden. Eigene Maßnahmen des Versicherungsunternehmens schließen es nicht aus, dass die betroffene Person an der Gewährleistung der Datenqualität mitwirken kann.[1850] Unterstützend könnte das Versicherungsunternehmen den personenbezogenen Daten Metadaten hinzufügen, die die Mitwirkung der betroffenen Person dokumentieren, z.B. durch einen „Approved Source Tag".[1851] Unabhängig von der Mitwirkung der betroffenen Person gilt als weitere Grundregel, dass die Zuverlässigkeit interner Quellen – also solcher aus der Verantwortungssphäre des Versicherungsunternehmens – sicherer beurteilt werden kann als die Zuverlässigkeit externer Quellen.[1852] Im Zweifel sind daher interne Datenquellen vorzuziehen.[1853]

Der zweite Zeitpunkt ist eine vorgenommene Zweckänderung.[1854] Bei jeder Zweckänderung besteht das Risiko, dass die personenbezogenen Daten ohne den ursprünglichen Zusammenhang oder in einem anderen Zusammenhang betrachtet werden und sich dadurch der

---

[1844] OAIC (Hrsg.), Australian Privacy Principles Guidelines, 2019, Kap. 10, S. 3; ausführlicher Ansatz auch bei *Würthele*, Datenqualitätsmetrik für Informationsprozesse, 2003.

[1845] OAIC (Hrsg.), Australian Privacy Principles Guidelines, 2019, Kap. 10, S. 3.

[1846] OAIC (Hrsg.), Australian Privacy Principles Guidelines, 2019, Kap. 10, S. 4; mit Blick auf Big Data in der Versicherungswirtschaft EIOPA (Hrsg.), Big Data Analytics in motor and health insurance, 2019, S. 42.

[1847] OAIC (Hrsg.), Australian Privacy Principles Guidelines, 2019, Kap. 10, S. 4.

[1848] A.A. *Wolff*, in: Schantz/Wolff, Das neue Datenschutzrecht, 2017, Rn. 456.

[1849] OAIC (Hrsg.), Australian Privacy Principles Guidelines, 2019, Kap. 10, S. 3.

[1850] *Frenzel*, in: Paal/Pauly, DS-GVO BDSG, 3. Aufl. 2021, Art. 5, Rn. 41.

[1851] Für ein Metadaten-Konzept zur Gewährleistung der Datenqualität *Lanquillon/Mallow*, in: Dorschel, Praxishandbuch Big Data, 2015, Kap. 2.3, S. 74; vgl. OAIC (Hrsg.), Automated Assistance in Administrative Decision-Making, 2007, S. 31.

[1852] Vgl. Bitkom (Hrsg.), Big Data im Praxiseinsatz, 2012, S. 21.

[1853] Grundsätzlich zur Evaluation von Quellen s. UNODC (Hrsg.), Criminal Intelligence, 2011, S. 26 ff.

[1854] OAIC (Hrsg.), Australian Privacy Principles Guidelines, 2019, Kap. 10, S. 5.

ursprüngliche Aussagegehalt verändert.[1855] Zudem kann mit jeder Zweckänderung auch die Vollständigkeit der Daten beeinträchtigt werden. Für solche Fälle könnte das Versicherungsunternehmen den ursprünglichen Zweck durch ein „Purpose Tag" in den Metadaten niederlegen.[1856] Wird die Zweckänderung gemäß Art. 6 Abs. 4 DS-GVO auf eine Einwilligung der betroffenen Person gestützt, könnte das Versicherungsunternehmen zudem die Kontaktaufnahme nutzen und die betroffene Person prüfen lassen, ob ihre personenbezogenen Daten auch im Hinblick auf die Sekundärzwecke der Verarbeitung richtig sind. In anderen Fällen könnte das Versicherungsunternehmen diese Überprüfung selbst vornehmen. Sollte das Versicherungsunternehmen die personenbezogenen Daten aus der sozialen Netzwerkanalyse zu einem späteren Zeitpunkt beispielsweise zu wissenschaftlichen Forschungszwecken oder zu statistischen Zwecken verarbeiten wollen, muss es die zuvor beschriebenen Prüfmechanismen durchführen.[1857]

Der dritte Zeitpunkt ist die Verwendung der personenbezogenen Daten.[1858] Dabei handelt es sich um den gedanklichen Ausgangspunkt der Datenrichtigkeit. Erst bei der Verwendung unrichtiger Daten können der betroffenen Person empfindliche Nachteile drohen. Insbesondere wenn zwischen der Datenerhebung und der Datenverwendung eine größere Zeitspanne liegt, muss das Versicherungsunternehmen prüfen, ob die personenbezogenen Daten noch aktuell sind. Je länger die Erhebung von personenbezogenen Daten zurückliegt, desto höher ist die Wahrscheinlichkeit, dass die Daten veralten. Bei der Datenerhebung sollte daher das Erhebungsdatum durch ein „Date Collected Tag" erfasst und dokumentiert werden.[1859] Entweder vor der Verwendung der personenbezogenen Daten oder – falls dies zu kurzfristig wäre – nach bestimmten Zeitintervallen (z.B. durch ein „Expiry Tag")[1860] sollten die personenbezogenen Daten in Erinnerung gerufen und geprüft werden. Ein solches Wiedervorlagesystem könnte mit dem Löschfristensystem verbunden werden, das ohnehin zur Speicherbegrenzung nach Art. 5 Abs. 1 e) DS-GVO erforderlich ist. Darüber hinaus sollte das Versicherungsunternehmen die betroffene Person auffordern, jede relevante Änderung ihrer personenbezogenen Daten zu melden.[1861] Da die personenbezogenen Daten aus der sozialen Netzwerkanalyse lediglich die Realität zum Zeitpunkt des Unfalls abbilden, können sie sich nicht nachträglich verändern und es besteht typischerweise kein Risiko für das Versicherungsunternehmen, veraltete Daten zu verarbeiten.

6.8.2.1.2 Reaktion auf Betroffenenrechte

Darüber hinaus hält die Datenschutz-Grundverordnung spezifische Betroffenenrechte bereit, die darauf gerichtet sind, die Datenrichtigkeit erstmalig oder erneut herzustellen – das Recht auf Berichtigung und das Recht auf Einschränkung der Verarbeitung.[1862]

Nach Art. 16 DS-GVO ist die betroffene Person berechtigt, von dem Versicherungsunternehmen unverzüglich die Berichtigung sie betreffender unrichtiger

---

[1855] Ähnlich auch bei *Lanquillon/Mallow*, in: Dorschel, Praxishandbuch Big Data, 2015, Kap. 4.1, S. 262.

[1856] Vgl. OAIC (Hrsg.), Automated Assistance in Administrative Decision-Making, 2007, S. 31; ähnlich auch Executive Office of the President (Hrsg.), Big Data and Privacy: A Technological Perspective, 2014, S. 41 f.

[1857] Zur Verarbeitung zu wissenschaftlichen Forschungszwecken oder zu statistischen Zwecken ab S. 262.

[1858] OAIC (Hrsg.), Australian Privacy Principles Guidelines, 2019, Kap. 10, S. 3.

[1859] Vgl. OAIC (Hrsg.), Automated Assistance in Administrative Decision-Making, 2007, S. 31; zu einen metrikbasierten Ansatz zur Messung der Aktualität von Daten in Informationssystemen *Heinrich/Klier/Görz*, ZfB 2012, 1193.

[1860] Vgl. OAIC (Hrsg.), Automated Assistance in Administrative Decision-Making, 2007, S. 31.

[1861] OAIC (Hrsg.), Australian Privacy Principles Guidelines, 2019, Kap. 10, S. 4.

[1862] *Hoeren*, ZD 2016, 459, 462; *Worms*, in: Wolff/Brink, Beck'scher Onlinekommentar Datenschutzrecht, 34. Edition 2020, Art. 16 DS-GVO, Rn. 40.

personenbezogener Daten zu verlangen. Darüber hinaus hat sie ein Recht auf Vervollständigung unvollständiger personenbezogener Daten – auch mittels einer ergänzenden Erklärung. Unrichtige Daten werden berichtigt, indem sie entsprechend verändert oder teilweise gelöscht werden.[1863] Unvollständige Daten sind durch die Speicherung zusätzlicher Daten zu vervollständigen.[1864] Die Vorschrift des Art. 16 DS-GVO wird zudem durch die Vorschriften der Art. 18 und 19 DS-GVO erweitert.

Bisweilen wird es zwischen dem Versicherungsunternehmen und der betroffenen Person strittig sein, ob konkrete Daten richtig oder unrichtig sind. In diesem Fall kann die betroffene Person gemäß Art. 18 Abs. 1 a) DS-GVO die Einschränkung der Verarbeitung der betroffenen personenbezogenen Daten verlangen. In der Folge darf das Versicherungsunternehmen die Daten zwar weiterhin speichern, aber es darf sie nicht anderweitig verarbeiten. Das heißt, dass das Versicherungsunternehmen diese Daten vorübergehend nicht für die soziale Netzwerkanalyse nutzen darf. Nach EwG 67 S. 2 DS-GVO ist dies auch durch technische Mittel abzusichern. Die Einschränkung der Verarbeitung gilt nicht dauerhaft, sondern nur für die Zeitspanne, die das Versicherungsunternehmen benötigt, um die Richtigkeit der personenbezogenen Daten zu überprüfen. Die maßgebliche Frist hängt daher von den konkreten Umständen des Einzelfalls und dem Aufwand der jeweiligen Nachforschungen ab. Je komplexer und aufwändiger die Überprüfung zu bewerten ist, desto länger darf die Einschränkung der Verarbeitung andauern. Soll die Einschränkung der Verarbeitung anschließend wieder aufgehoben werden, muss das Versicherungsunternehmen die betroffene Person gemäß Art. 18 Abs. 3 DS-GVO vorher darüber informieren.

Darüber hinaus besteht für das Versicherungsunternehmen gemäß Art. 19 S. 1 DS-GVO eine ergänzende Nachberichtspflicht. Wurden die personenbezogenen Daten nach Art. 16 DS-GVO berichtigt oder wurde ihre Verarbeitung nach Art. 18 DS-GVO eingeschränkt, dann muss das Versicherungsunternehmen dies allen Empfängern, denen die Daten offengelegt wurden, mitteilen. Mit Blick auf die soziale Netzwerkanalyse betrifft das insbesondere Gerichte, die Staatsanwaltschaft und Polizei sowie externe Berater.[1865] Für die betroffene Person bedeutet das eine Vereinfachung und Beschleunigung, da sie ihre Rechte nicht ein weiteres Mal gegenüber den Datenempfängern geltend machen muss.[1866] Eine Ausnahme von der Nachberichtspflicht besteht, wenn sich die Benachrichtigung als unmöglich erweist oder mit einem unverhältnismäßigen Aufwand verbunden ist. Dafür sind das Interesse der betroffenen Person an der Berichtigung oder Vervollständigung ihrer personenbezogenen Daten und der konkrete zeitliche und finanzielle Aufwand des Versicherungsunternehmens zur Benachrichtigung der Datenempfänger zueinander ins Verhältnis zu setzen.[1867]

6.8.2.2 Fehlerhafte Verfahren

Fehlerhafte Entscheidungen gegenüber betroffenen Personen können jedoch nicht nur auf Daten von schlechter Qualität, sondern auch auf Verfahren von schlechter Qualität beruhen.[1868]

[1863] *Mallmann*, in: Simitis, BDSG, 8. Aufl. 2014, § 20, Rn. 27.

[1864] *Paal*, in: Paal/Pauly, DS-GVO BDSG, 3. Aufl. 2021, Art. 16, Rn. 19.

[1865] Zu den Empfängern bei der sozialen Netzwerkanalyse ab S. 239.

[1866] Vgl. *Kamann/Braun*, in: Ehmann/Selmayr, DS-GVO, 2. Aufl. 2018, Art. 19, Rn. 2; Ehmann/Helfrich, EG-Datenschutzrichtlinie, 1999, Art. 12, Rn. 61.

[1867] *Dix*, in: Simitis/Hornung/Spiecker gen. Döhmann, Datenschutzrecht, 2019, Art. 19, Rn. 10.

[1868] Mit Blick auf Big Data Europäisches Parlament (Hrsg.), 2018/C 263/10, 2017, S. 84; Executive Office of the President (Hrsg.), Big Data, 2016, S. 8 ff.

Bei der Konzeption von Big-Data-Verfahren oder Big-Data-*Analytics* können in verschiedenen Phasen des Entwicklungsprozesses Fehler entstehen.[1869]

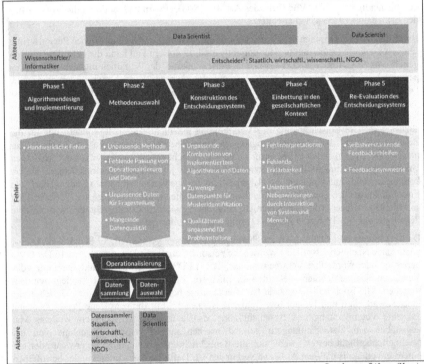

Abbildung 17: Mögliche Fehler bei der Konzeption von Big-Data-Verfahren, entnommen aus Bertelsmann Stiftung (Hrsg.), Wo Maschinen irren können, 2018, S. 20.

Während Fehler im Algorithmendesign und bei der Implementierung eher selten vorkommen, ist die Phase der Methodenauswahl hierfür deutlich anfälliger.[1870] Das gilt in besonderem Maße für die Operationalisierung von Erkenntniszielen bei Big-Data-*Analytics*. Darunter versteht man die Vorgehensweise wie ein bestimmtes Konstrukt bzw. eine bestimmte Frage beobachtbar und messbar gemacht wird.[1871] So wird beispielsweise die „Betrugsverdächtigkeit" einer Schadensmeldung durch die Festlegung und Prüfung von Betrugsindikatoren messbar gemacht.[1872] Innerhalb der Betrugsindikatoren wiederum kann die Auffälligkeit von Verbindungen zwischen Unfallbeteiligten durch graphentheoretische Kennzahlen operationalisiert werden.[1873] Das bedeutet jedoch trotzdem, dass das Versicherungsunternehmen bestimmen muss, ab welchen Schwellwerten die

---

[1869] Vgl. Bertelsmann Stiftung (Hrsg.), Wo Maschinen irren können, 2018, S. 20 ff.

[1870] Bertelsmann Stiftung (Hrsg.), Wo Maschinen irren können, 2018, S. 20 f.

[1871] Bertelsmann Stiftung (Hrsg.), Wo Maschinen irren können, 2018, S. 21.

[1872] Zu Betrugsindikatoren ab S. 33.

[1873] Zu graphentheoretischen Kennzahlen ab S. 57.

graphentheoretischen Kennzahlen auf eine auffällige Verbindung hindeuten.[1874] Ist die Höhe der Schwellwerte ungeeignet, führt dies dazu, dass das Verfahren fehlerhaft arbeitet.[1875] Trotz richtiger Eingabedaten kommt es in der Folge zu fehlerhaften Entscheidungen. Für die betroffenen Personen entstehen nachteilige Folgen in erster Linie aus einer zu hohen *false-positive*-Rate, also aus zu niedrigen Schwellwerten, die zu viele reguläre Unfälle als verdächtig kategorisieren.

Darüber hinaus kann auch das dem Verfahren zugrunde liegende Entscheidungssystem fehlerhaft konstruiert sein. Vor allem bei lernenden Algorithmen können die Gründe hierfür etwa in einer zu kleinen Datenbasis oder in falschen Qualitätsmaßen zur Evaluation des Verfahrens liegen.[1876] Weitere Fehlerquellen existieren zudem bei der Einbettung von Big-Data-*Analytics* in den gesellschaftlichen Kontext, also hier beim Einsatz im Versicherungsunternehmen, oder bei der Re-Evaluation des Entscheidungssystems durch einseitiges Feedback.[1877] So ist das Bestehen von einseitigem Feedback – auch Feedbackasymmetrie genannt – ebenfalls beim Einsatz von Betrugserkennungssystemen denkbar. Wird ein Anspruch als nicht betrugsauffällig bewertet und stellt sich im Nachhinein als Versicherungsbetrug heraus – also ein *false negative* –, dann kann das Verfahren entsprechend angepasst werden. Umgekehrt führt eine fehlerhafte Kategorisierung als betrugsauffällig – ein *false positive* – dazu, dass das Versicherungsunternehmen die Versicherungsleistung regelmäßig verweigern wird und so keine Möglichkeit einer späteren Feedback-Schleife und Korrektur besteht. Für Betrugserkennungssysteme bedeutet das, dass diese nur aus *false negatives*, aber nicht aus *false positives* lernen und sich daher zwangsläufig nur in eine Richtung weiterentwickeln.

Auf den ersten Blick drängt sich die Frage auf, ob die Ausgestaltung des Verfahrens überhaupt in den Regelungsbereich der Datenschutz-Grundverordnung fallen kann. Während sich dies für die Ein- und Ausgabedaten, sofern sie personenbezogene Daten sind, ohne weiteres erschließt, scheint das Verfahren selbst nicht datenschutzrechtlich relevant. Dies ist jedoch nicht richtig. Etwas versteckt adressiert die Datenschutz-Grundverordnung diese Frage in EwG 71 S. 6 DS-GVO. Danach soll der Verantwortliche geeignete mathematische oder statistische Verfahren für das Profiling verwenden, technische und organisatorische Maßnahmen treffen, mit denen in geeigneter Weise insbesondere sichergestellt wird, dass Faktoren, die zu unrichtigen personenbezogenen Daten führen, korrigiert werden und das Risiko von Fehlern minimiert wird, und personenbezogene Daten in einer Weise sichern, dass den potenziellen Bedrohungen für die Interessen und Rechte der betroffenen Person Rechnung getragen wird und unter anderem verhindern, dass es gegenüber natürlichen Personen aufgrund von Rasse, ethnischer Herkunft, politischer Meinung, Religion oder Weltanschauung, Gewerkschaftszugehörigkeit, genetischer Anlagen oder Gesundheitszustand sowie sexueller Orientierung zu diskriminierenden Wirkungen oder zu einer Verarbeitung kommt, die eine solche Wirkung hat. Die Vorgabe, dass das Versicherungsunternehmen Faktoren, die zu unrichtigen Daten führen, korrigieren und das Risiko von Fehlern minimieren muss, gilt in gleicher Weise für die Big-Data-*Analytics* zugrundeliegenden Verfahren. Auch hier folgt aus Art. 5 Abs. 1 d) DS-GVO im Zusammenhang mit Art. 5 Abs. 2 und Art. 24 DS-GVO, dass je gravierender die potenziellen Folgen der Entscheidungen oder Maßnahmen für die betroffene Person sind, desto sorgfältiger das Versicherungsunternehmen auch bei der Konzeption und Nutzung entsprechender Verfahren vorgehen muss.

[1874] Zur Festlegung von Schwellwerten ab S. 65.

[1875] Ähnlich auch bei *Skistims/Voigtmann/David/Roßnagel*, DuD 2012, 31, 35.

[1876] Bertelsmann Stiftung (Hrsg.), Wo Maschinen irren können, 2018, S. 23 f.

[1877] Bertelsmann Stiftung (Hrsg.), Wo Maschinen irren können, 2018, S. 24 ff.

6.8.2.3 Fehlerhafte Daten als Ergebnis bzw. fehlerhafte Interpretation derselben – Zulässige Verwendung von Korrelationen?

Schließlich können auch richtige Eingabedaten und fehlerfreie Verfahren zu fehlerhaften Ergebnissen führen. Bei Big-Data-Verfahren ist dies insbesondere der Fall, wenn Korrelationen fälschlicherweise als Kausalitäten interpretiert und verwendet werden.[1878]

Handelt es sich bei den Korrelationen selbst um personenbezogene Daten, können sie nur dann als richtig im Sinne von Art. 5 Abs. 1 d) DS-GVO gelten, wenn sie vom Versicherungsunternehmen als solche gekennzeichnet, interpretiert und verwendet werden.[1879] Etwaige Unrichtigkeiten können insbesondere aus zwei Gründen entstehen.

Erstens können Korrelationen sachlich unrichtig sein, wenn sie im Hinblick auf die Zwecke ihrer Verarbeitung unrichtig sind. Werden die der Korrelation zugrundeliegenden personenbezogenen Daten ohne ihren ursprünglichen oder in einem anderen Kontext betrachtet, droht ihre Verfälschung durch Kontextverlust oder Kontextverzerrung.

Zweitens sind Korrelationen zwangsläufig unvollständig. Wie zuvor beschrieben adressiert das Kriterium der Unvollständigkeit in erster Linie eine mögliche Irreführung des Verantwortlichen. So ist der Fall auch hier. Korrelationen, die nicht als solche gekennzeichnet, interpretiert oder verwendet werden, erwecken den Anschein einer kausalen Verknüpfung zweier Phänomene. Werden jedoch bloße Korrelationen fälschlicherweise als Kausalitäten interpretiert und als Grundlage für Entscheidungen oder Maßnahmen gegenüber betroffenen Personen verwendet, drohen letzteren signifikante Fehlentscheidungen.

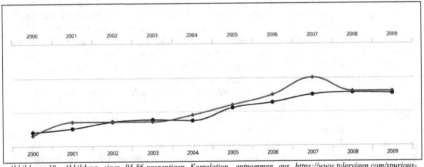

Abbildung 18: Abbildung einer 95,86-prozentigen Korrelation, entnommen aus https://www.tylervigen.com/spurious-correlations.

Die obenstehende Grafik zeigt eine nahezu vollständige Korrelation von 95,86 Prozent. Würde man diese nun als Kausalität interpretieren, gelänge man zu dem Schluss, dass man durch eine Einwirkung auf das durch den ersten Graphen repräsentierte Phänomen das vom zweiten Graphen repräsentierte Phänomen zielgerichtet verändern könne.[1880] Nun ist es in diesem Fall so, dass die abgebildete Grafik einerseits den Pro-Kopf-Verbrauch von Mozzarella-Käse und

---

[1878] ICO (Hrsg.), Big data, artificial intelligence, machine learning and data protection, 2017, S. 53; *Martini*, DVBl 2014, 1481, 1485; Executive Office of the President (Hrsg.), Big Data, 2016, S. 9; grundsätzlich zu Kausalität und Korrelation *Risse*, NJW 2020, 2383, 2384.

[1879] Vgl. auch *Bitter*, in: Hoeren/Sieber/Holznagel, Handbuch Multimedia-Recht, 54. EL 2020, Teil 15.4, Rn. 55.

[1880] Vgl. auch das Beispiel bei *Martini*, DVBl 2014, 1481, 1485.

andererseits die Verleihung von Doktortiteln im Bauingenieurwesen wiedergibt.[1881] Es ist naheliegend, dass Maßnahmen zur Erhöhung des Pro-Kopf-Verbrauches von Mozzarella-Käse nicht dazu führen werden, dass mehr Doktortitel im Bauingenieurwesen verliehen werden. Das Entscheidende ist jedoch, dass zwar die fehlende Kausalität zwischen Mozzarella-Käse und Doktortiteln offensichtlich ist, dies bei vielen anderen Korrelationen aber nicht der Fall ist.[1882] Für Verantwortliche könnte es sich schlichtweg auch um „unbekanntes Unwissen" handeln.[1883] Die Risiken entstehen also dann, wenn solche Ergebnisse unkritisch durch das Versicherungsunternehmen übernommen werden, ohne ihre Kausalität zu ergründen bzw. zu validieren. Auch hier gilt daher, dass je gravierender die potenziellen Folgen der Entscheidungen oder Maßnahmen für die betroffene Person sind, desto sorgfältiger das Versicherungsunternehmen bei der Verwendung von Ergebnissen im Rahmen von Big-Data-*Analytics* vorgehen muss.

Diese Prämisse ist ebenfalls durch das Versicherungsunternehmen im Rahmen der sozialen Netzwerkanalyse zu berücksichtigen. Auch soziale Netzwerkanalysen bilden nur die verfügbaren Daten und nicht ihren gesamten Kontext ab. Das daraus entstehende Bild kann daher in Einzelfällen verzerrt oder irreführend sein und betrugsverdächtige Netzwerke dort nahelegen, wo tatsächlich andere Gründe für die Verbindung zwischen den Unfallbeteiligten bestehen. Aus diesem Grund ist es von überragender Bedeutung, die Ergebnisse zu validieren.[1884] Die Betrugsabwehrspezialisten müssen daher insbesondere prüfen, ob die Ergebnisse der sozialen Netzwerkanalyse ihren Erfahrungen entsprechen oder ob sich ungewöhnliche Ergebnisse auch anderweitig erklären lassen.[1885]

[1881] *Vivgen, Tyler,* Per capita consumption of Mozzarella cheese correlates with Civil engineering doctorates awarded (verfügbar unter: https://www.tylervigen.com/spurious-correlations).

[1882] Vgl. dazu das Beispiel "people who live under high-voltage power lines have higher morbidity" bei Executive Office of the President (Hrsg.), Big Data and Privacy: A Technological Perspective, 2014, S. 25.

[1883] Zu „bekanntes Wissen", „bekanntes Unwissen" und „unbekanntes Unwissen" vgl. *Schulmeyer,* in: Dorschel, Praxishandbuch Big Data, 2015, Kap. 4.4, S. 327; *Mayer-Schönberger,* in: bpb, Big Data, 2015, S. 15.

[1884] So auch Home Office (Hrsg.), Social network analysis: How to guide, 2016, S. 8; *Martini,* DVBl 2014, 1481, 1485.

[1885] Vgl. Home Office (Hrsg.), Social network analysis: How to guide, 2016, S. 8; ICO (Hrsg.), Big data, artificial intelligence, machine learning and data protection, 2017, S. 53; vgl. auch *Hentrich/Pyrcek,* BB 2016, 1451, 1454.

6.9 Speicherbegrenzung

Nach Art. 5 Abs. 1 e) DS-GVO dürfen personenbezogene Daten nur so lange in einer Form, die die Identifizierung der betroffenen Personen ermöglicht, gespeichert werden, wie es für die Zwecke, für die sie verarbeitet werden, erforderlich ist. Die Speicherfrist für personenbezogene Daten soll auf diese Weise auf das unbedingt erforderliche Mindestmaß beschränkt bleiben.[1886] Auch das Versicherungsunternehmen darf daher die im Rahmen der sozialen Netzwerkanalyse erhobenen personenbezogenen Daten nicht für unbegrenzte Zeit speichern und verwenden.

Bei dem Grundsatz der Speicherbegrenzung handelt es sich um eine Form der Datenminimierung in zeitlicher Hinsicht.[1887] Die dahinterstehende Logik ist daher auch nahezu identisch mit der Begründung der Datenminimierung. Werden keine personenbezogenen Daten mehr verarbeitet und genutzt, können sie auch nicht mehr missbraucht werden.[1888] Aus diesem Grund sind sie so früh wie möglich zu löschen oder zu anonymisieren.

Wie auch bei anderen Grundsätzen des Art. 5 DS-GVO versucht die Datenschutz-Grundverordnung dies auf zwei Arten umzusetzen. Zum einen ist das Versicherungsunternehmen verpflichtet, proaktiv eigene Maßnahmen zur Sicherstellung der Speicherbegrenzung zu ergreifen. Zum anderen hat die betroffene Person ein Recht auf Löschung ihrer personenbezogenen Daten gemäß Art. 17 DS-GVO.

6.9.1 Eigene Maßnahmen des Verantwortlichen

Aus Art. 5 Abs. 1 e) DS-GVO i.V.m. Art. 5 Abs. 2 und Art. 24 Abs. 1 S. 1 DS-GVO folgt, dass das Versicherungsunternehmen von sich aus technische und organisatorische Maßnahmen zur Gewährleistung der Speicherbegrenzung ergreifen muss.

Dies wird durch EwG 39 S. 10 DS-GVO aufgegriffen und präzisiert. Um sicherzustellen, dass die personenbezogenen Daten nicht länger als nötig gespeichert werden, sollte der Verantwortliche Fristen für ihre Löschung oder regelmäßige Überprüfung vorsehen. Das Versicherungsunternehmen muss daher typischerweise ein sogenanntes Löschkonzept entwickeln.[1889] Darunter versteht man ein System zur Definition und Umsetzung von Löschfristen für personenbezogene Daten.[1890] Orientieren kann sich das Versicherungsunternehmen dabei an der DIN 66398, einer „Leitlinie zur Entwicklung eines Löschkonzepts mit Ableitung von Löschfristen für personenbezogene Daten".[1891] Zwar handelt es sich bei der DIN 66398 um eine deutsche Norm, jedoch kann die dort beschriebene allgemeine Vorgehensweise dabei helfen, geeignete technische und organisatorische Maßnahmen zur Gewährleistung der Speicherbegrenzung nach Art. 5 Abs. 1 e) DS-GVO zu ergreifen.[1892]

[1886] EwG 39 S. 8 DS-GVO.

[1887] *Albrecht/Jotzo,* Das neue Datenschutzrecht der EU, 2017, Teil 3, Rn. 6; vgl. *Dammann/Simitis,* EG-Datenschutzrichtlinie, 1997, Art. 6, Rn. 16; *Skistims/Voigtmann/David/Roßnagel,* DuD 2012, 31, 34 sehen zeitliche Limitierung als „dritte Stufe".

[1888] Vgl. Generalanwalt Ruiz-Jarabo Colomer, Schlussanträge 22.12.2008, Rijkeboer – C-553/07, Rn. 2, 40; *Skistims/Voigtmann/David/Roßnagel,* DuD 2012, 31, 35.

[1889] *Voigt,* in: Taeger/Gabel, DSGVO BDSG, 3. Aufl. 2019, Art. 5 DS-GVO, Rn. 34; *Keppeler/Berning,* ZD 2017, 314, 317.

[1890] Vgl. *Hammer/Fraenkel,* DuD 2007, 905.

[1891] *Voigt,* in: Taeger/Gabel, DSGVO BDSG, 3. Aufl. 2019, Art. 5 DS-GVO, Rn. 35; *Hammer,* DuD 2016, 528; *Keppeler/Berning,* ZD 2017, 314, 315.

[1892] *Hammer,* DuD 2016, 528, 533; *Scheja/Quae/Conrad/Hausen,* in: Forgó/Helfrich/Schneider, Betrieblicher Datenschutz, 3. Aufl. 2019, Teil IV, Kap. 2, Rn. 30.

Das Herzstück eines jeden Löschkonzepts – sei es nach der DIN 66398 oder nicht – ist die Verknüpfung von Datenkategorien mit passenden Löschregeln.[1893] Die Löschregeln definieren, wann welche Datenkategorien gelöscht werden müssen.[1894] Jede Löschregel setzt sich aus einer Löschfrist und einem fristauslösenden Ereignis zusammen.[1895] Die Löschfrist bestimmt die Zeitspanne, nach deren Ablauf die zugeordneten Datenkategorien gelöscht werden sollen. Das fristauslösende Ereignis bestimmt, ob und wann die Löschfrist überhaupt anläuft. Dafür kommen insbesondere drei Ereignistypen in Betracht – die Erhebung der personenbezogenen Daten, das Ende eines bestimmten Vorgangs oder Prozesses und das Ende der Beziehung zu einer betroffenen Person.[1896] Der anspruchsvollste Teil bleibt jedoch die Definition angemessener Löschfristen. Dabei ist es wichtig, zu verstehen, dass weder die Datenschutz-Grundverordnung noch die DIN 66398 selbst konkrete Löschfristen enthalten. Wie schon EwG 39 S. 10 DS-GVO andeutet, obliegt es dem Versicherungsunternehmen, entsprechende Fristen zu definieren. Verschiedene Orientierungspunkte lassen sich jedoch aus Art. 17 DS-GVO ableiten.

Ein gewisser Teil der Löschfristen ergibt sich aus den gesetzlichen Vorgaben, denen das Versicherungsunternehmen unterliegt.[1897] So muss der Verantwortliche gemäß Art. 17 Abs. 1 e) DS-GVO die personenbezogenen Daten löschen, wenn ihre Löschung zur Erfüllung einer rechtlichen Verpflichtung nach dem Unionsrecht oder dem Recht der Mitgliedstaaten erforderlich ist, dem der Verantwortliche unterliegt. Das Versicherungsunternehmen muss also in einem ersten Schritt ermitteln, ob es Datenkategorien verarbeitet, für die ein Gesetz ein ausdrückliches Löschgebot anordnet.[1898] Dieses muss dann durch eine entsprechende Löschregel für diese Datenkategorie abgebildet werden. Gleichzeitig kann das Versicherungsunternehmen aber auch gesetzlich verpflichtet sein, bestimmte personenbezogene Daten für eine bestimmte Zeit aufzubewahren.[1899] Typische gesetzliche Aufbewahrungsfristen resultieren beispielsweise aus § 147 AO und § 257 HGB. In diesem Fall ist es ihm verboten, die Daten vorher zu löschen.[1900] Die Datenschutz-Grundverordnung beschreibt diese Konstellation in Art. 17 Abs. 3 b) DS-GVO. Danach muss der Verantwortliche personenbezogene Daten nicht löschen, soweit die Datenverarbeitung zur Erfüllung einer rechtlichen Verpflichtung nach dem Recht der Union oder der Mitgliedstaaten, dem der Verantwortliche unterliegt, erforderlich ist. Er muss also ebenfalls prüfen, inwiefern im konkreten Fall gesetzliche Aufbewahrungsvorschriften zur Anwendung kommen und diese gegebenenfalls in den Löschregeln entsprechend berücksichtigen.[1901]

Der überwiegende Teil der Löschfristen folgt jedoch nicht aus gesetzlichen Löschge- oder -verboten, sondern ist vom Versicherungsunternehmen selbst festzulegen. Erste Fixpunkte bieten ihm die gesetzlichen Verjährungsfristen, die sich insbesondere aus den §§ 194 ff. BGB ergeben.[1902] Die regelmäßige Verjährungsfrist beträgt nach § 195 BGB drei

[1893] *Scheja/Quae/Conrad/Hausen*, in: Forgó/Helfrich/Schneider, Betrieblicher Datenschutz, 3. Aufl. 2019, Teil IV, Kap. 2, Rn. 31.

[1894] *Hammer*, DuD 2016, 528, 529.

[1895] *Hammer*, DuD 2016, 528, 529; aus Unternehmensperspektive *Räther*, ZHR 2019, 94, 98.

[1896] *Hammer*, DuD 2016, 528, 530.

[1897] *Hammer*, DuD 2016, 528, 530.

[1898] *Fraenkel/Hammer*, DuD 2011, 890, 892.

[1899] Ausführlich hierzu *Faas/Henseler*, BB 2018, 2292, 2295 ff.; Übersicht für den Versicherungsbereich bei GDV (Hrsg.), Aufbewahrungspflichten und Aufbewahrungsgrundsätze für Geschäftsunterlagen von Versicherungsunternehmen, 2006.

[1900] Vgl. *Keppeler/Berning*, ZD 2017, 314, 316 ff.

[1901] *Gründel*, ZD 2019, 493, 496.

[1902] Grundsätzlich zur Verjährung im deutschen Recht *Klose*, NJ 2019, 239.

Jahre. Nach Ablauf dieser Frist ist der Schuldner gemäß § 214 Abs. 1 BGB berechtigt, die Leistung zu verweigern. Es handelt sich somit nicht um gesetzliche Aufbewahrungsfristen, denn die gesetzlichen Verjährungsfristen verpflichten das Versicherungsunternehmen nicht, bestimmte personenbezogene Daten aufzubewahren. Trotzdem werden sie durch die Datenschutz-Grundverordnung als Faktor zur Bestimmung der Speicherdauer anerkannt.[1903] So muss der Verantwortliche nach Art. 17 Abs. 3 e) DS-GVO die personenbezogenen Daten nicht löschen, soweit die Datenverarbeitung zur Geltendmachung, Ausübung oder Verteidigung von Rechtsansprüchen erforderlich ist. Bei der Entwicklung des allgemeinen Löschkonzepts gilt das richtigerweise nicht nur für solche Rechtsansprüche, die zum Zeitpunkt der Fristbestimmung bereits geltend gemacht sind oder höchstwahrscheinlich geltend gemacht werden, sondern für alle Rechtsansprüche, die innerhalb der Verjährungsfrist typischerweise geltend gemacht werden können.[1904] Eine Beschränkung auf anhängige oder höchstwahrscheinlich bevorstehende Rechtsstreitigkeiten ist weder in der Datenschutz-Grundverordnung angelegt noch steht sie im Einklang mit dem Grundgedanken der Verjährung. Das Versicherungsunternehmen muss innerhalb der Verjährungsfrist bis zum letzten Tag des Fristlaufs mit der Geltendmachung von Rechtsansprüchen rechnen und sich aus Gründen der Waffengleichheit auch entsprechend verteidigen können.[1905]

Stellt man dagegen auf das Kriterium der Vorhersehbarkeit von Rechtsstreitigkeiten ab, würde dies bedeuten, dass das Versicherungsunternehmen diese Einschätzung für jede einzelne betroffene Person gesondert treffen müsste.[1906] Denn Anzeichen für eine bevorstehende rechtliche Auseinandersetzung werden sich regelmäßig nur bei einzelnen betroffenen Personen finden lassen. Hat beispielsweise eine der betroffenen Personen bereits entsprechende Absichten geäußert, muss das Versicherungsunternehmen hier von einer bevorstehenden Rechtstreitigkeit ausgehen, während dies für andere betroffene Personen, die sich überhaupt nicht oder vielleicht sogar gegenteilig geäußert haben, nicht gelten kann. Folglich müsste das Versicherungsunternehmen entweder eine Bewertung der Gesamtgruppe vornehmen oder aber jeder betroffenen Person – je nach Vorhersehbarkeit – eine individuelle Löschfrist zuordnen, die sich zudem dynamisch ändern kann. Das würde jedoch nicht nur zahlreiche rechtliche Folgeprobleme – wie beispielsweise ein Dauerfeuer von individuellen Mitteilungen nach Art. 13 und 14 DS-GVO über die sich ständig ändernde Speicherdauer – auslösen, sondern auch die technische Implementierung der Löschregeln erschweren und damit die Vorgabe der Datenschutz-Grundverordnung, geeignete technische und organisatorische Maßnahmen zur Sicherstellung der Speicherbegrenzung zu ergreifen, beeinträchtigen.

Richtigerweise können die Fristen der gesetzlichen Verjährung daher als abstrakte Löschfristen herangezogen werden. Das gilt jedenfalls für die Entwicklung des allgemeinen Löschkonzepts.

[1903] So wohl auch *Räther*, ZHR 2019, 94, 98; EDSA (Hrsg.), Guidelines 2/2019 on the processing of personal data under Article 6(1)(b) GDPR in the context of the provision of online services to data subjects, 2019, S. 12.

[1904] *Information Commissioner's Office* (ICO), Principle (e): Storage limitation (verfügbar unter: https://ico.org.uk/for-organisations/guide-to-data-protection/guide-to-the-general-data-protection-regulation-gdpr/principles/storage-limitation/); vgl. auch Begründung bei BayObLG, BeckRS 2020, 2417, Rn. 19; *Fraenkel/Hammer*, DuD 2011, 890, 894; *Hammer*, DuD 2016, 528, 530; so wohl auch Europarat (Hrsg.), Empfehlung Rec (2002) 9 des Ministerkomitees an die Mitgliedstaaten über den Schutz von zu Versicherungszwecken erhobenen und verarbeiteten personenbezogenen Daten, 2002, Anhang 13.2; a.A. *Dix*, in: Simitis/Hornung/Spiecker gen. Döhmann, Datenschutzrecht, 2019, Art. 17, Rn. 38; *Herbst*, in: Kühling/Buchner, DS-GVO/BDSG, 3. Aufl. 2020, Art. 17 DS-GVO, Rn. 83; *Kühling/Klar*, ZD 2014, 506, 508 f.

[1905] S. dazu die Begründung für die Speicherung personenbezogener Daten von abgelehnten Bewerbern *Seifert*, in: Simitis/Hornung/Spiecker gen. Döhmann, Datenschutzrecht, 2019, Art. 88, Rn. 109; *Maschmann*, in: Kühling/Buchner, DS-GVO/BDSG, 3. Aufl. 2020, § 26 BDSG, Rn. 28.

[1906] Ohne Problematisierung *Kühling/Klar*, ZD 2014, 506, 508 f.

Machen dagegen einzelne betroffene Personen gegenüber dem Verantwortlichen Löschbegehren nach Art. 17 DS-GVO geltend, kann dagegen eine restriktivere Handhabung gerechtfertigt sein. In jedem Fall kann sich die Rechtfertigung jedoch nur auf solche Kategorien personenbezogener Daten erstrecken, die typischerweise zur Geltendmachung, Ausübung oder Verteidigung von Rechtsansprüchen erforderlich sind.[1907]

Aus den gesetzlichen Löschgeboten, Aufbewahrungs- und Verjährungsfristen ergibt sich für das Versicherungsunternehmen bereits eine erste Struktur. Das Ziel ist es, aus ihnen eine begrenzte Anzahl sinnvoll gestaffelter Standardlöschfristen zu entwickeln.[1908] Die Verwendung weniger, aber gut gewählter Standardlöschfristen reduziert die Komplexität und erhöht die Umsetzbarkeit des Löschkonzepts.[1909] Um die Löschfristen in eine sinnvolle Staffelung zu bringen, muss das Versicherungsunternehmen darauf achten, dass die Abstände zwischen den bereits gefundenen Fristen weder zu klein noch zu groß sind. Sind die Abstände zu klein, sollte es prüfen, ob eng beieinander liegende Fristen nicht zu einer Löschfrist zusammengefasst werden können.[1910] Bei zu großen Abständen sollte das Versicherungsunternehmen die Abstände durch Einfügung zusätzlicher frei gewählter Fristen unterbrechen.[1911] Sind die Standardlöschfristen bzw. -regeln gefunden, müssen sie anschließend mit den beim Versicherungsunternehmen vorhandenen Datenkategorien verknüpft werden. Bei der Verknüpfung ist zu prüfen, ob die Standardlöschfristen in Bezug auf die jeweiligen Datenkategorien und den mit ihnen verfolgten Zwecken in datenschutzrechtlich zulässiger Weise angewendet werden können.[1912] Sollte dies nicht der Fall sein, muss das Versicherungsunternehmen gegebenenfalls den vorherigen Prozess wiederholen und weitere Standardlöschfristen hinzufügen. Am Ende des Vorgangs ist für jede Datenkategorie die maximale Speicherdauer festgelegt.

Das bedeutet jedoch nicht, dass alle personenbezogenen Daten dieser Kategorie in allen Systemen des Versicherungsunternehmens bis zum Ablauf der Standardlöschfrist gespeichert bleiben und für alle festgelegten Zwecke verwendet werden dürfen.[1913] Werden beispielsweise bestimmte Datenkategorien lediglich gespeichert, um eine gesetzliche Aufbewahrungsfrist zu erfüllen, dann ist vom Versicherungsunternehmen zu bestimmen, in welchem System dies erfolgen soll.[1914] In anderen Systemen sind die Daten vorher entsprechend zu löschen.[1915]

Zu beachten ist außerdem, dass die Standardlöschregeln nur den Regelfall abbilden. Das Löschkonzept muss jedoch auch Ausnahmefälle berücksichtigen.[1916] So sind schon in Art. 17 DS-GVO Konstellationen angelegt, in denen Standardlöschfristen ausnahmsweise verlängert oder verkürzt werden müssen. Kommt es beispielsweise gemäß Art. 17 Abs. 3 e) DS-GVO tatsächlich zur Geltendmachung, Ausübung oder Verteidigung von Rechtsansprüchen, dann dürfen die hierfür benötigten personenbezogenen Daten nicht schon mit Ablauf der

---

[1907] *Peuker*, in: Sydow, DS-GVO, 2. Aufl. 2018, Art. 17, Rn. 71; vgl. auch *Kühling/Klar*, ZD 2014, 506, 509.

[1908] *Hammer*, DuD 2016, 528, 530.

[1909] S. dazu auch die Erfahrung bei der Entwicklung eines Löschkonzepts für das deutsche Mautsystem bei *Fraenkel/Hammer*, DuD 2011, 890, 893.

[1910] *Hammer*, DuD 2016, 528, 530.

[1911] Vgl. *Fraenkel/Hammer*, DuD 2011, 890, 893.

[1912] *Hammer*, DuD 2016, 528, 531.

[1913] *Fraenkel/Hammer*, DuD 2011, 890, 895.

[1914] *Fraenkel/Hammer*, DANA 2013, 8, 9 f.

[1915] *Fraenkel/Hammer*, DuD 2011, 890, 895; *Fraenkel/Hammer*, DANA 2013, 8, 9 f.

[1916] *Hammer*, DuD 2016, 528, 531 f.

Standardlöschfrist, sondern erst mit dem Ende der Rechtsstreitigkeit gelöscht werden.[1917] Ebenso sind die personenbezogenen Daten im Falle eines Widerrufs einer Einwilligung nach Art. 17 Abs. 1 b) DS-GVO oder eines berechtigten Widerspruchs nach Art. 17 Abs. 1 c) DS-GVO nicht erst mit Ablauf der Standardlöschfrist, sondern schon früher – typischerweise unverzüglich – zu löschen.[1918]

Hat das Versicherungsunternehmen das Löschregelwerk formuliert und dokumentiert, sind anschließend die Löschregeln technisch und organisatorisch zu implementieren.[1919]

6.9.2 Reaktion auf Betroffenenrechte

Darüber hinaus räumt die Datenschutz-Grundverordnung der betroffenen Person ein Recht auf Löschung ein. Gemäß Art. 17 Abs. 1 DS-GVO kann die betroffene Person von dem Verantwortlichen verlangen, ihre personenbezogenen Daten unverzüglich zu löschen. Voraussetzung ist, dass mindestens einer der in Art. 17 Abs. 1 DS-GVO aufgezählten Löschungsgründe vorliegt.

Die Systematik der dort genannten Löschungsgründe erschließt sich nicht auf den ersten Blick. Im Kern geht es jedoch in den Art. 17 Abs. 1 a) bis d) DS-GVO darum, dass das Versicherungsunternehmen die personenbezogenen Daten löschen muss, weil es sie unrechtmäßig verarbeitet.[1920] Die Verarbeitung kann schon von Anfang unrechtmäßig gewesen sein, weil für sie zu keinem Zeitpunkt eine Rechtsgrundlage gemäß Art. 6 DS-GVO bestand. Dieser Fall soll – wie der Wortlaut „wurden unrechtmäßig verarbeitet" andeutet – von Art. 17 Abs. 1 d) DS-GVO erfasst werden. Das wäre beispielsweise der Fall, wenn man zu dem Ergebnis käme, dass das Versicherungsunternehmen die soziale Netzwerkanalyse nicht auf seine berechtigten Interessen stützen könne.[1921] Die Unrechtmäßigkeit kann aber auch erst nachträglich eingetreten sein, etwa weil die Datenverarbeitung für die festgelegten Zwecke im Laufe der Zeit nicht mehr erforderlich war.[1922] Der Löschungsgrund des Art. 17 Abs. 1 a) DS-GVO betrifft daher in erster Linie die Rechtsgrundlagen aus Art. 6 Abs. 1 S. 1 b) bis f) DS-GVO.[1923] Ebenso kann sich eine nachträgliche Unrechtmäßigkeit daraus ergeben, dass die betroffene Person ihre Einwilligung nach Art. 7 Abs. 3 DS-GVO widerruft oder der Datenverarbeitung gemäß Art. 21 DS-GVO in berechtigter Weise widerspricht. Auf diese Konstellationen beziehen sich die Regelungen des Art. 17 Abs. 1 b) und c) DS-GVO.[1924] Im Rahmen der sozialen Netzwerkanalyse ist es durchaus möglich, dass am Unfall beteiligte betroffene Personen der Datenverarbeitung nach Art. 21 Abs. 1 DS-GVO widersprechen.[1925] Zusätzlich sieht Art. 17 Abs. 1 e) DS-GVO – wie bereits zuvor beschrieben – vor, dass die personenbezogenen Daten ebenfalls zu löschen sind, wenn die Löschung zur Erfüllung einer rechtlichen Verpflichtung nach dem Unionsrecht oder dem Recht der Mitgliedstaaten erforderlich ist, dem der Verantwortliche unterliegt. Schließlich enthält Art. 17 Abs. 1 f) DS-GVO einen speziellen Löschgrund für die Datenerhebung bei Kindern in Bezug auf angebotene Dienste der Informationsgesellschaft nach Art. 8 Abs. 1 DS-GVO.[1926]

[1917] Vgl. *Voigt*, in: Taeger/Gabel, DSGVO BDSG, 3. Aufl. 2019, Art. 5 DS-GVO, Rn. 36; *Peuker*, in: Sydow, DS-GVO, 2. Aufl. 2018, Art. 17, Rn. 71; *Gründel*, ZD 2019, 493, 496 f.

[1918] Vgl. *Voigt*, in: Taeger/Gabel, DSGVO BDSG, 3. Aufl. 2019, Art. 5 DS-GVO, Rn. 36.

[1919] *Hammer*, DuD 2016, 528, 531.

[1920] *Peuker*, in: Sydow, DS-GVO, 2. Aufl. 2018, Art. 17, Rn. 14.

[1921] Zur Interessenabwägung ab S. 180.

[1922] *Peuker*, in: Sydow, DS-GVO, 2. Aufl. 2018, Art. 17, Rn. 15.

[1923] Zu den Rechtsgrundlagen ab S. 135.

[1924] Ausführlich dazu *Krusche*, ZD 2020, 232, 234 f.

[1925] Zum Widerspruchsrecht nach Art. 21 DS-GVO ab S. 212.

[1926] *Albrecht/Jotzo*, Das neue Datenschutzrecht der EU, 2017, Teil 4, Rn. 17.

Diese beiden Konstellationen sind im Rahmen der sozialen Netzwerkanalyse jedoch regelmäßig irrelevant.

Auch wenn einer der Löschungsgründe des Art. 17 Abs. 1 DS-GVO gegeben ist, bedeutet das nicht in jedem Fall, dass das Versicherungsunternehmen die personenbezogenen Daten löschen muss. So sieht Art. 17 Abs. 3 DS-GVO verschiedene Ausnahmetatbestände vor, die dem Löschbegehren der betroffenen Person entgegenstehen können. Besonders wichtig sind die schon beschriebenen Fällen der Art. 17 Abs. 3 Abs. b) und e) DS-GVO, wonach eine Löschung ausnahmsweise unterbleiben darf, wenn der Verantwortliche einer entsprechenden gesetzlichen Aufbewahrungspflicht unterliegt oder die personenbezogenen Daten zur Geltendmachung, Ausübung oder Verteidigung von Rechtsansprüchen benötigt. Für verschiedene Big-Data-Verfahren ist auch die Regelung des Art. 17 Abs. 1 d) DS-GVO von Relevanz. Danach muss das Versicherungsunternehmen die personenbezogenen Daten nicht löschen, wenn die Verarbeitung für im öffentlichen Interesse liegende Archivzwecke, wissenschaftliche oder historische Forschungszwecke oder für statistische Zwecke gemäß Art. 89 Abs. 1 DS-GVO erforderlich ist, soweit das Recht auf Löschung voraussichtlich die Verwirklichung der Ziele dieser Verarbeitung unmöglich macht oder ernsthaft beeinträchtigt. Wie zuvor beschrieben hat jedes Versicherungsunternehmen ein grundsätzliches Interesse daran, die Daten auch für wissenschaftliche Forschungszwecke oder statistische Zwecke zu verwenden, um die zu versichernden Risiken besser abschätzen zu können.[1927] Das betrifft auch die im Zusammenhang mit der sozialen Netzwerkanalyse verarbeiteten personenbezogenen Daten, sofern sich hierdurch Erkenntnisse zu den zu versichernden Risiken ableiten lassen.

Wie auch im Rahmen der Transparenzrechte hat der deutsche Gesetzgeber von der Öffnungsklausel in Art. 23 DS-GVO Gebrauch gemacht und verschiedene weitere Ausnahmetatbestände in die Vorschrift des § 35 BDSG aufgenommen. So besteht nach § 35 Abs. 1 S. 1 BDSG auch dann eine Ausnahme von der Löschpflicht, wenn für das Versicherungsunternehmen eine Löschung im Falle nicht automatisierter Datenverarbeitung wegen der besonderen Art der Speicherung nicht oder nur mit unverhältnismäßig hohem Aufwand möglich ist und das Interesse der betroffenen Person an der Löschung als gering anzusehen ist. Das Gleiche gilt nach § 35 Abs. 2 S. 1 BDSG, solange und soweit das Versicherungsunternehmen Grund zu der Annahme hat, dass durch eine Löschung schutzwürdige Interessen der betroffenen Person beeinträchtigt würden. Schließlich muss das Versicherungsunternehmen gemäß § 35 Abs. 3 BDSG die in Frage stehenden personenbezogenen Daten ebenfalls nicht löschen, wenn einer Löschung satzungsgemäße oder vertragliche Aufbewahrungsfristen entgegenstehen.[1928] Diese Ausnahmen sind für die soziale Netzwerkanalyse jedoch regelmäßig nicht relevant.

6.9.3 Implikationen für Big Data

Der Grundsatz der Speicherbegrenzung gemäß Art. 5 Abs. 1 e) DS-GVO hat im Rahmen von Big Data erhebliche Bedeutung gewonnen. In der Vergangenheit hatten Verantwortliche ein eigenes Interesse daran, die Speicherdauer von personenbezogenen Daten zu begrenzen.[1929] Die Speicherung großer Datenmengen war äußerst kostenintensiv und hat die Verarbeitungsgeschwindigkeit der eingesetzten Systeme erheblich beeinträchtigt. Die anfangs beschriebene Entwicklung durch das „Moore'sche Gesetz" hat jedoch dazu geführt, dass immer mehr Verantwortliche leistungsfähige und kostengünstige Technologie nutzen konnten, was

---

[1927] Zu Big-Data-Verfahren zu wissenschaftlichen oder statistischen Zwecken ab S. 262.

[1928] Kritisch hierzu *Koreng*, in: Taeger/Gabel, DSGVO BDSG, 3. Aufl. 2019, § 35 BDSG, Rn. 26 ff.

[1929] *Katko/Knöpfle/Kirschner*, ZD 2014, 238; *Keppeler/Berning*, ZD 2017, 314; *Mayer-Schönberger/Padova*, Colum. Sci. & Tech. L. Rev. 2016, 315, 318.

sich auch auf den verfügbaren Speicherplatz und die damit verbundenen Kosten auswirkte.[1930] Allein zwischen den Jahren 1992 und 2012 sind die Kosten für ein Gigabyte Speicherplatz von 569 US-Dollar auf 0,03 US-Dollar gefallen.[1931] Aufgrund der drastischen Reduzierung der Speicherkosten haben viele Verantwortliche ihre eigene Motivation, die Speicherung von Daten zu begrenzen, verloren. Ab einem gewissen Punkt war es schlichtweg nicht mehr notwendig, alte Daten zu löschen, um Platz für neue Daten zu schaffen.[1932] Oder anders ausgedrückt: „Speichern ist [...] kostengünstiger als Löschen."[1933] Sinkende Speicherkosten und wachsende Datenmengen haben daher dazu geführt, dass die Speicherung von großen Mengen personenbezogener Daten stetig zugenommen hat.[1934]

Im Hinblick auf den Grundsatz der Speicherbegrenzung nach Art. 5 Abs. 1 e) DS-GVO sind die Interessen des Versicherungsunternehmens einerseits und die Interessen der betroffenen Person andererseits im Laufe der Zeit somit nicht nur auseinandergedriftet, sondern stehen sich mittlerweile diametral gegenüber. Während das Versicherungsunternehmen – insbesondere in der Logik verschiedener Big-Data-Verfahren – die personenbezogenen Daten so lange wie möglich speichern und verwenden möchte, strebt die betroffene Person eine auf das unbedingt erforderliche Mindestmaß beschränkte Speicherdauer an.[1935] Dies gilt auch im Rahmen der sozialen Netzwerkanalyse. Grundsätzlich ist es im Interesse des Versicherungsunternehmens, die personenbezogenen Daten so lange wie möglich zu speichern, um tiefere Einblicke in die Struktur und die Funktionsweise möglicher betrugsverdächtiger Netzwerke zu erhalten. Eine unbegrenzte Speicherung ist jedoch nicht mit dem Grundsatz der Speicherbegrenzung nach Art. 5 Abs. 1 e) DS-GVO vereinbar. Auch die personenbezogenen Daten, die im Rahmen der sozialen Netzwerkanalyse verarbeitet werden, müssen zu einem bestimmten Zeitpunkt gelöscht werden. Das Versicherungsunternehmen muss diese Datenkategorien daher mit einer passenden Standardlöschregel verknüpfen.

Geht das Versicherungsunternehmen bei der Entwicklung eines Löschkonzepts wie zuvor beschrieben vor, kann es aus den gesetzlichen Löschgeboten, Aufbewahrungs- und Verjährungsfristen, denen es unterliegt, sowie aus weiteren frei gewählten Fristen einen Satz aus beispielsweise acht Standardlöschfristen sowie drei fristauslösenden Ereignissen, insgesamt also 24 Standardlöschregeln, entwickeln.[1936]

[1930] Ausführlich hierzu *Gray/Shenoy*, Rules of Thumb in Data Engineering, 2000, S. 1 ff.; zum „Moore'schen Gesetz" bereits ab S. 41.

[1931] Deloitte (Hrsg.), From exponential technologies to exponential innovation, 2013, S. 5.

[1932] *Katko/Knöpfle/Kirschner*, ZD 2014, 238; BSA (Hrsg.), What is the Big Deal With Data?, 2015, S. 9.

[1933] *Mayer-Schönberger*, DANA 2012, 9, 10.

[1934] BSA (Hrsg.), What is the Big Deal With Data?, 2015, S. 9; Executive Office of the President (Hrsg.), Big Data and Privacy: A Technological Perspective, 2014, S. 39; *Tene/Polonetsky*, Nw. J. Tech. & Intell. Prop 2013, 239, 240.

[1935] *Martini*, DVBl 2014, 1481, 1484.

[1936] Vgl. dazu die Standardlöschregeln für das deutsche Mautsystem bei *Fraenkel/Hammer*, DuD 2011, 890, 893 ff.

	0	1 Monat	6 Monate	1 Jahr	4 Jahre	7 Jahre	11 Jahre	13 Jahre
Erhebung								
Ende des Vorgangs								
Ende der Beziehung zur betroffenen Person								

Tabelle 8: Übersicht der Standardlöschregeln

In der Folge sind alle Datenkategorien in diese Matrix aus Standardlöschregeln einzuordnen. Für die Datenkategorien der sozialen Netzwerkanalyse ist zu beachten, dass sie teilweise gesetzlichen Aufbewahrungsfristen unterliegen. So sind beispielsweise Schadensanzeigen als empfangene Handelsbriefe gemäß § 257 Abs. 1 Nr. 2, Abs. 4 HGB für sechs Jahre aufzubewahren.[1937] Nach § 257 Abs. 5 HGB beginnt die Aufbewahrungsfrist mit dem Schluss des Kalenderjahres, in dem der Handelsbrief empfangen wurde. Um den verzögerten Fristbeginn abzubilden, kann die Aufbewahrungsfrist von sechs auf sieben Jahre verlängert werden.[1938] Die passende Standardlöschregel ist daher „7 Jahre ab Erhebung". In der Kraftfahrzeug-Haftpflichtversicherung muss das Versicherungsunternehmen zudem die Vertrags- und Schadensunterlagen für sieben Jahre nach Beendigung des Versicherungsvertrags aufbewahren.[1939] Dies ist erforderlich, um gemäß § 5 Abs. 7 PflVG Auskünfte zur Ermittlung der richtigen Schadensklasse zu geben. Abgebildet wird dies durch die Standardlöschregel „7 Jahre ab Ende der Beziehung zur betroffenen Person".

Für die soziale Netzwerkanalyse wird deutlich, dass die beiden genannten Standardlöschregeln für die verfolgten Zwecke der Betrugserkennung aus datenschutzrechtlicher Perspektive zu lang und daher systemspezifisch anzupassen sind.[1940] Anhaltspunkte für eine datenschutzrechtlich akzeptable Speicherdauer können aus der für insofern zulässig erachteten Gestaltung des „Hinweis- und Informationssystems der Versicherungswirtschaft (HIS)" abgeleitet werden. Dort wurden unter bestimmten Voraussetzungen personenbezogene Daten zu Personen, die an einem Unfall als Versicherungsnehmer, Fahrer, Halter, Anspruchsteller oder Zeuge beteiligt waren, eingemeldet und für fünf Jahre gespeichert.[1941] Die personenbezogenen Daten, die bei der Durchführung der sozialen Netzwerkanalyse verarbeitet werden, könnten daher der Standardlöschregel „4 Jahre ab Erhebung" zugeordnet werden. Die daraus resultierende Verkürzung der Speicherdauer von fünf auf vier Jahre ist gerechtfertigt, da die Einmeldung der Personen im Hinweis- und Informationssystem unter strengeren Voraussetzungen als bei der sozialen Netzwerkanalyse erfolgt.[1942] Eine noch niedrigere Einordnung der Datenkategorien in eine der Standardlöschregeln mit einer Löschfrist von

---

[1937] GDV (Hrsg.), Aufbewahrungspflichten und Aufbewahrungsgrundsätze für Geschäftsunterlagen von Versicherungsunternehmen, 2006, S. 15, 92.

[1938] *Fraenkel/Hammer*, DuD 2011, 890, 893.

[1939] GDV (Hrsg.), Aufbewahrungspflichten und Aufbewahrungsgrundsätze für Geschäftsunterlagen von Versicherungsunternehmen, 2006, S. 38, 110.

[1940] Vgl. *Hammer*, DuD 2016, 528, 531; *Fraenkel/Hammer*, DuD 2011, 890, 895.

[1941] *Unabhängiges Landeszentrum für Datenschutz Schleswig-Holstein* (ULD), Hinweis- und Informationssystem der Versicherungswirtschaft (verfügbar unter: https://www.datenschutzzentrum.de/artikel/726-Hinweis-und-Informationssystem-der-Versicherungswirtschaft.html); vgl. *Schleifenbaum*, Datenschutz oder Tatenschutz in der Versicherungswirtschaft, 2009, S. 88.

[1942] Zur Entscheidung über Meldung s. *Unabhängiges Landeszentrum für Datenschutz Schleswig-Holstein* (ULD), Hinweis- und Informationssystem der Versicherungswirtschaft (verfügbar unter: https://www.datenschutzzentrum.de/artikel/726-Hinweis-und-Informationssystem-der-Versicherungswirtschaft.html).

einem Jahr scheidet dagegen aus. Würden die Datenkategorien nur maximal ein Jahr gespeichert und anschließend gelöscht, wäre das Versicherungsunternehmen nicht mehr in der Lage, ungewöhnliche Verbindungen zwischen den Unfallbeteiligten und auffällige Unfallhäufigkeiten zu erkennen. Hierfür werden typischerweise Betrachtungszeiträume von zwei bis fünf Jahren zugrunde gelegt.[1943]

Es ist daher festzuhalten, dass die zur sozialen Netzwerkanalyse verwendeten personenbezogenen Daten in dem eingesetzten System grundsätzlich nach vier Jahren ab ihrer Erhebung gelöscht werden müssen. Ausnahmsweise werden die personenbezogenen Daten früher gelöscht, wenn eine betroffene Person einen berechtigten Widerspruch im Sinne von Art. 17 Abs. 1 c) und Art. 21 Abs. 1 DS-GVO erklärt hat. Ebenfalls können die personenbezogenen Daten ausnahmsweise auch länger aufbewahrt werden, wenn sie über die vier Jahre hinaus tatsächlich zur Geltendmachung, Ausübung oder Verteidigung von Rechtsansprüchen im Sinne von Art. 17 Abs. 3 e) DS-GVO benötigt werden.

[1943] Vgl. OLG Hamm, NZV 2001, 374, 375; OLG Hamm, VersR 2001, 1127; LG Essen, BeckRS 2014, 8591.

6.10 Datensicherheit

Gemäß Art. 5 Abs. 1 f) DS-GVO müssen personenbezogene Daten in einer Weise verarbeitet werden, die eine angemessene Sicherheit der personenbezogenen Daten gewährleistet. Der Grundsatz der Datensicherheit umschreibt den technischen und organisatorischen Schutz der personenbezogenen Daten sowie der Systeme und Dienste, mit denen die personenbezogenen Daten verarbeitet werden. Für das Versicherungsunternehmen geht es somit in erster Linie um die Systeme und Dienste, mit denen die soziale Netzwerkanalyse durchgeführt wird. Geschützt werden sollen die personenbezogenen Daten vor den Risiken beabsichtigter und unbeabsichtigter Beeinträchtigungen, insbesondere vor unbefugter Kenntnisnahme sowie vor Vernichtung, Verlust oder Veränderung.[1944]

Dabei nimmt die Datensicherheit eine andere Perspektive als die übrigen Grundsätze des Art. 5 DS-GVO ein. Während dort etwaige Risiken für die betroffene Person nahezu ausschließlich aus der Sphäre des Versicherungsunternehmens resultieren, können die zuvor beschriebenen Risiken auch durch Dritte oder durch Umwelteinflüsse entstehen.[1945] In der Vorstellung der Datenschutz-Grundverordnung muss der Verantwortliche die betroffene Person jedoch auch vor solchen externen Risiken schützen. Sollte die Datensicherheit verletzt werden, bedeutet dies per Legaldefinition des Art. 4 Nr. 12 DS-GVO gleichzeitig eine Verletzung des Schutzes personenbezogener Daten.

6.10.1 Ziele der Datensicherheit

Datensicherheit ist ein Gesamtziel, welches sich in drei weitere Subziele untergliedern lässt – Vertraulichkeit, Integrität und Verfügbarkeit.[1946] So werden „Integrität" und „Vertraulichkeit" bereits in Art. 5 Abs. 1 f) DS-GVO ausdrücklich genannt, aus Art. 32 Abs. 1 DS-GVO folgt zudem „Verfügbarkeit". Um Missverständnisse zu vermeiden, erscheint es klarer, den Begriff „Datensicherheit" als übergreifenden Begriff zu verwenden und – entgegen Art. 5 Abs. 1 f) DS-GVO – auf dieser Ebene nicht von „Integrität und Vertraulichkeit" zu sprechen.[1947]

Mit der Trias aus Vertraulichkeit, Integrität und Verfügbarkeit knüpft die Datensicherheit an die klassischen Ziele und Begrifflichkeiten der nationalen und internationalen IT-Sicherheit an.[1948] Die Konzepte der Datensicherheit und der IT-Sicherheit sind eng verwandt, jedoch nicht identisch. Sie unterscheiden sich vornehmlich durch ihre Schutzperspektive. Während die Datensicherheit allein darauf abzielt, personenbezogene Daten zu schützen und damit die Schutzinteressen der betroffenen Personen in den Vordergrund stellt, berücksichtigt die IT-Sicherheit alle Arten von Informationen – insbesondere aber Betriebs- und Geschäftsgeheimnisse sowie vertrauliche Behördeninformationen – und berücksichtigt ebenfalls die Schutzinteressen der datenverarbeitenden Akteure.[1949] Die verschiedenen Schutzkonzepte überschneiden sich jedoch dort, wo es um die Sicherheit von personenbezogenen Daten und der zu ihrer Verarbeitung eingesetzten Systeme und Dienste

---

[1944] Vgl. Art. 32 Abs. 2 DS-GVO.

[1945] Vgl. dazu schon KOM (90) 314 endg., S. 40; vgl. auch DSK (Hrsg.), Kurzpapier Nr. 18 - Risiko für Rechte und Freiheiten natürlicher Personen, 2018 S. 4.

[1946] *Hansen*, in: Simitis/Hornung/Spiecker gen. Döhmann, Datenschutzrecht, 2019, Art. 32, Rn. 12.

[1947] So beispielsweise auch *Barlag*, in: Roßnagel, Europäische Datenschutz-Grundverordnung, 2017, § 3 VI, Rn. 193 ff.; kritisch auch *Hansen*, in: Simitis/Hornung/Spiecker gen. Döhmann, Datenschutzrecht, 2019, Art. 32, Rn. 12.

[1948] *Hansen*, in: Simitis/Hornung/Spiecker gen. Döhmann, Datenschutzrecht, 2019, Art. 32, Rn. 12; *Hornung/Schallbruch*, in: Hornung/Schallbruch, IT-Sicherheitsrecht, 2021, § 1, Rn. 13; vgl. ENISA (Hrsg.), Guidelines for SMEs on the security of personal data processing, 2016, S. 10 f.

[1949] *Hansen*, in: Simitis/Hornung/Spiecker gen. Döhmann, Datenschutzrecht, 2019, Art. 32, Rn. 28; ausführlich zur Abgrenzung *Hornung/Schallbruch*, in: Hornung/Schallbruch, IT-Sicherheitsrecht, 2021, § 1, Rn. 11 ff.

geht.[1950] Diese Schnittmenge wird durch den Grundsatz der Datensicherheit im Sinne von Art. 5 Abs. 1 f) DS-GVO und seine Subziele ausgestaltet.

6.10.1.1 Vertraulichkeit personenbezogener Daten

Das Schutzziel der Vertraulichkeit soll die betroffene Person vor einem unbefugten Zugang zu ihren bzw. vor einer unbefugten Offenlegung ihrer personenbezogenen Daten schützen.[1951] Etwaige Risiken bestehen insbesondere darin, dass andere Personen unbefugt auf die Systeme und Dienste zugreifen, von den dort gespeicherten personenbezogenen Daten Kenntnis nehmen und diese gegebenenfalls weiteren Personen zugänglich machen.[1952] Das gilt beispielsweise für ein sogenanntes Datenleck der oder einen Hackerangriff auf die zur sozialen Netzwerkanalyse eingesetzten Systeme und Dienste.[1953] Zwar adressiert Art. 32 Abs. 1 b) DS-GVO nur die Vertraulichkeit von Systemen und Diensten, sinnvollerweise bezieht sich dieses Ziel jedoch auch auf die personenbezogenen Daten selbst.[1954] Werden sowohl die personenbezogenen Daten als auch die zu ihrer Verarbeitung eingesetzten Systeme und Dienste gesichert, kann das Versicherungsunternehmen zum Schutz der betroffenen Person zwei gestaffelte Verteidigungslinien aufbauen.[1955]

6.10.1.2 Integrität personenbezogener Daten

Das Schutzziel der Integrität soll die betroffene Person vor einer unbeabsichtigten oder unbefugten Veränderung ihrer personenbezogenen Daten schützen.[1956] Unbeabsichtigte Veränderungen können auf Fehler von befugten Personen, wie etwa ein Vertippen, oder auf Funktionsfehler der eingesetzten Systeme und Dienste zurückzuführen sein.[1957] Unbefugte Veränderungen umfassen dagegen gezielte Manipulationen durch menschliche Eingaben oder Schadprogramme.[1958] Das Schutzziel der Integrität bezieht sich richtigerweise ebenfalls sowohl auf die personenbezogenen Daten selbst als auch auf die zu ihrer Verarbeitung eingesetzten Systeme und Dienste.

6.10.1.3 Verfügbarkeit personenbezogener Daten

Das Schutzziel der Verfügbarkeit soll die betroffene Person vor einer unbeabsichtigten oder unbefugten Vernichtung oder einem unbeabsichtigten oder unbefugten Verlust, aber auch vor einer nur vorübergehenden fehlenden Nutzbarkeit ihrer personenbezogenen Daten schützen.[1959] Beispiele für unbeabsichtigte Beeinträchtigungen sind Fehler und Defekte in den eingesetzten Systemen und Diensten oder schädliche äußere Einflüsse wie Hitze, Wasser oder eine fehlende

---

[1950] Darunter können Hardware, Software und Netzwerkkomponenten verstanden werden, vgl. *Jandt*, in: Kühling/Buchner, DS-GVO/BDSG, 3. Aufl. 2020, Art. 32, Rn. 22.

[1951] Vgl. die in Art. 32 Abs. 2 DS-GVO formulierten Risiken; *Schantz*, in: Wolff/Brink, Beck´scher Onlinekommentar Datenschutzrecht, 34. Edition 2020, Art. 5 DS-GVO, Rn. 35; *Kramer*, in: Auernhammer, DS-GVO BDSG, 7. Aufl. 2020, Art. 5 DS-GVO, Rn. 56.

[1952] Vgl. auch EwG 39 S. 12 DS-GVO; *Jandt*, in: Kühling/Buchner, DS-GVO/BDSG, 3. Aufl. 2020, Art. 32, Rn. 23.

[1953] *Heidrich*, DSRITB 2020, 391, 393 ff.; *Grimm/Waidner*, in: Hornung/Schallbruch, IT-Sicherheitsrecht, 2021, § 2, Rn. 54 ff.

[1954] Vgl. *Mantz*, in: Sydow, DS-GVO, 2. Aufl. 2018, Art. 32, Rn. 14; *Kramer/Meints*, in: Auernhammer, DS-GVO BDSG, 7. Aufl. 2020, Art. 32 DS-GVO, Rn. 35.

[1955] Vgl. *Jandt*, in: Kühling/Buchner, DS-GVO/BDSG, 3. Aufl. 2020, Art. 32, Rn. 23.

[1956] Vgl. die in Art. 32 Abs. 2 DS-GVO formulierten Risiken; *Martini*, in: Paal/Pauly, DS-GVO BDSG, 3. Aufl. 2021, Art. 32, Rn. 36.

[1957] Vgl. *Marschall/Herfurth/Winter/Allwinn*, MMR 2017, 152, 156.

[1958] *Jandt*, in: Kühling/Buchner, DS-GVO/BDSG, 3. Aufl. 2020, Art. 32, Rn. 24.

[1959] Vgl. Art. 32 Abs. 2 DS-GVO; *Martini*, in: Paal/Pauly, DS-GVO BDSG, 3. Aufl. 2021, Art. 32, Rn. 38; *Hansen*, in: Simitis/Hornung/Spiecker gen. Döhmann, Datenschutzrecht, 2019, Art. 32, Rn. 41.

Stromversorgung.[1960] Unbefugte Eingriffe umfassen die gezielte Löschung von personenbezogenen Daten durch Menschen oder Schadprogramme oder den Angriff auf Systeme und Dienste durch Vandalismus oder Schadprogramme.[1961] Die fehlende Verfügbarkeit von Systemen und Diensten wirkt sich unmittelbar auf die Verfügbarkeit der personenbezogenen Daten aus, denn wenn schon erstere nicht funktionsfähig sind, können auch die dort gespeicherten personenbezogenen Daten nicht genutzt werden.

Darüber hinaus nennt Art. 32 Abs. 1 b) DS-GVO noch die Belastbarkeit von Systemen und Diensten. Richtigerweise handelt es sich hier nicht um ein eigenes Schutzziel, sondern um eine spezielle Ausprägung des Ziels „Verfügbarkeit". Auch hier soll die betroffene Person vor einer vorübergehenden fehlenden Nutzbarkeit ihrer personenbezogenen Daten geschützt werden. Belastbarkeit meint in diesem Kontext, dass die personenbezogenen Daten und die zu ihrer Verarbeitung eingesetzten Systeme und Dienste auch unter starker Belastung verfügbar bleiben.[1962] Die starke Belastung kann einerseits auf einer Vielzahl befugter Zugriffe beruhen, sie kann aber andererseits auch durch gezielte Angriffe wie DoS- oder DDoS-Attacken hervorgerufen werden.[1963]

6.10.2 Technische und organisatorische Maßnahmen zur Gewährleistung von Datensicherheit

In der Datenschutz-Grundverordnung wird der Grundsatz der Datensicherheit durch Art. 32 Abs. 1 DS-GVO aufgegriffen und konkretisiert. Danach muss das Versicherungsunternehmen unter Berücksichtigung des Stands der Technik, der Implementierungskosten und der Art, des Umfangs, der Umstände und der Zwecke der Verarbeitung sowie der unterschiedlichen Eintrittswahrscheinlichkeit und Schwere des Risikos für die Rechte und Freiheiten natürlicher Personen geeignete technische und organisatorische Maßnahmen treffen, um ein dem Risiko angemessenes Schutzniveau zu gewährleisten.

6.10.2.1 Risikoangemessenes Schutzniveau

Aus Art. 32 Abs. 1 DS-GVO wird ersichtlich, dass die Datenschutz-Grundverordnung keine absolute Datensicherheit verlangt. Zwar könnte theoretisch das Schutzniveau immer weiter gesteigert werden, allerdings ginge damit auch ein stetig wachsender Aufwand für das Versicherungsunternehmen einher.[1964] Die Datenschutz-Grundverordnung versucht daher einen Ausgleich zwischen den Interessen des Versicherungsunternehmens und denen der betroffenen Person zu schaffen.[1965] So schreibt Art. 32 Abs. 1 DS-GVO vor, dass der Verantwortliche ein dem Risiko angemessenes Schutzniveau gewährleisten muss. Dabei handelt es sich um eine spezielle Ausprägung des sogenannten risikobasierten Ansatzes der Datenschutz-Grundverordnung.[1966] Trotz der überragenden Bedeutung des Risikos in der Datenschutz-Grundverordnung enthält letztere keine Definition des Begriffs. Aus EwG 75 DS-GVO folgt jedoch, dass ein Risiko die Kombination aus der Eintrittswahrscheinlichkeit

---

[1960] *Jandt*, in: Kühling/Buchner, DS-GVO/BDSG, 3. Aufl. 2020, Art. 32, Rn. 25; *Mantz*, in: Sydow, DS-GVO, 2. Aufl. 2018, Art. 32, Rn. 16.

[1961] *Mantz*, in: Sydow, DS-GVO, 2. Aufl. 2018, Art. 32, Rn. 16 f.

[1962] *Martini*, in: Paal/Pauly, DS-GVO BDSG, 3. Aufl. 2021, Art. 32, Rn. 39; für den Begriff „Resilienz" *Hansen*, in: Simitis/Hornung/Spiecker gen. Döhmann, Datenschutzrecht, 2019, Art. 32, Rn. 42.

[1963] *Martini*, in: Paal/Pauly, DS-GVO BDSG, 3. Aufl. 2021, Art. 32, Rn. 39; *Mantz*, in: Sydow, DS-GVO, 2. Aufl. 2018, Art. 32, Rn. 17; zu DoS- und DDoS-Angriffen *Grimm/Waidner*, in: Hornung/Schallbruch, IT-Sicherheitsrecht, 2021, § 2, Rn. 42 ff., 73 ff.

[1964] *Dammann/Simitis*, EG-Datenschutzrichtlinie, 1997, Art. 17, Rn. 6.

[1965] *Martini*, in: Paal/Pauly, DS-GVO BDSG, 3. Aufl. 2021, Art. 32, Rn. 26.

[1966] ENISA (Hrsg.), Guidelines for SMEs on the security of personal data processing, 2016, S. 13; zum risikobasierten Ansatz ab S. 314.

eines unerwünschten Ereignisses und der Schadensschwere bei einem Eintritt des Ereignisses für die betroffenen Personen beschreibt.[1967] Je höher das Risiko für die betroffenen Personen ist, desto strengere technische und organisatorische Maßnahmen muss das Versicherungsunternehmen treffen.[1968] Um das risikoangemessene Schutzniveau zu ermitteln, muss es nach Art. 32 Abs. 1 DS-GVO den Stand der Technik, die Implementierungskosten und die Art, den Umfang, die Umstände und die Zwecke der Verarbeitung sowie die unterschiedliche Eintrittswahrscheinlichkeit und Schwere des Risikos für die Rechte und Freiheiten natürlicher Personen berücksichtigen.[1969]

6.10.2.2 Geeignete technische und organisatorische Maßnahmen

Hat das Versicherungsunternehmen das Risiko nach den beschriebenen Kriterien bestimmt, muss es anschließend passende technische und organisatorische Maßnahmen treffen, die zur Gewährleistung eines angemessenen Schutzniveaus geeignet sind. Unter technischen Maßnahmen versteht man typischerweise Maßnahmen, die physisch oder in Hard- oder Software umgesetzt werden können.[1970] Dagegen umfassen organisatorische Maßnahmen regelmäßig Handlungsanweisungen, Verfahrens- und Vorgehensweisen.[1971] Eine genaue Unterscheidung ist rechtlich unerheblich und zudem häufig auch nicht möglich, da viele Maßnahmen sowohl technische als auch organisatorische Komponenten beinhalten. Entscheidend ist vielmehr, dass die Maßnahmen – gleich welcher Art – in ihrem Zusammenspiel zur Gewährleistung von Datensicherheit geeignet sind.[1972]

Die Datenschutz-Grundverordnung selbst beinhaltet keinen Katalog mit geeigneten Datensicherheitsmaßnahmen. Auch Art. 32 Abs. 1 DS-GVO stellt entgegen seines Wortlauts keine solche Aufzählung dar. Vielmehr werden dort nur zwei konkrete Maßnahmen genannt – nämlich in a) Pseudonymisierung und Verschlüsselung.[1973] Im Übrigen handelt es sich um die Beschreibung der zuvor genannten Subziele der Datensicherheit, nämlich Vertraulichkeit, Integrität und Verfügbarkeit.[1974] Gegen die Aufnahme eines umfassenden Katalogs mit technischen und organisatorischen Maßnahmen in die Datenschutz-Grundverordnung spricht in erster Linie die Dynamik der technischen Entwicklung.[1975] Wie Art. 32 Abs. 1 d) DS-GVO deutlich macht, unterliegen Daten, Systeme und Dienste sowie mögliche Bedrohungen für diese einem ständigen Wandel, sodass auch die korrespondierenden Schutzmaßnahmen stetig angepasst werden müssen. Würden geeignete Datensicherheitsmaßnahmen in der Datenschutz-Grundverordnung festgeschrieben, könnten sie nur mühsam auf dem neuesten Stand gehalten werden.[1976] Einen anderen Ansatz hat daher die Richtlinie für Justiz und Inneres gewählt und in Art. 29 Abs. 2 JI-RL einen Katalog von weiteren, abstrakten (Sub-)Zielen

---

[1967] Vgl. *Ritter/Reibach/Lee*, ZD 2019, 531; DSK (Hrsg.), Kurzpapier Nr. 18 - Risiko für Rechte und Freiheiten natürlicher Personen, 2018; DSK (Hrsg.), Kurzpapier Nr. 18 - Risiko für Rechte und Freiheiten natürlicher Personen, 2018 S. 1; *Bieker/Bremert*, ZD 2020, 7, 8.

[1968] ENISA (Hrsg.), Guidelines for SMEs on the security of personal data processing, 2016, S. 7.

[1969] Zum Stand der Technik vgl. *Michaelis*, DuD 2016, 458.

[1970] *Jandt*, in: Kühling/Buchner, DS-GVO/BDSG, 3. Aufl. 2020, Art. 32, Rn. 5; *Martini*, in: Paal/Pauly, DS-GVO BDSG, 3. Aufl. 2021, Art. 32, Rn. 21.

[1971] *Jandt*, in: Kühling/Buchner, DS-GVO/BDSG, 3. Aufl. 2020, Art. 32, Rn. 5; *Martini*, in: Paal/Pauly, DS-GVO BDSG, 3. Aufl. 2021, Art. 32, Rn. 22.

[1972] Vgl. *Jandt*, in: Kühling/Buchner, DS-GVO/BDSG, 3. Aufl. 2020, Art. 32, Rn. 5.

[1973] *Jandt*, in: Kühling/Buchner, DS-GVO/BDSG, 3. Aufl. 2020, Art. 32, Rn. 16; kritisch *Barlag*, in: Roßnagel, Europäische Datenschutz-Grundverordnung, 2017, § 3 VI, Rn. 197 f.

[1974] *Kramer/Meints*, in: Auernhammer, DS-GVO BDSG, 7. Aufl. 2020, Art. 32 DS-GVO, Rn. 23.

[1975] *Kramer/Meints*, in: Auernhammer, DS-GVO BDSG, 7. Aufl. 2020, Art. 32 DS-GVO, Rn. 18.

[1976] Vgl. dazu auch *Bull*, NVwZ 2011, 257, 263.

formuliert.[1977] Dabei weist der Katalog eine starke Ähnlichkeit mit der Anlage zu § 9 BDSG a.F. auf. Unter Berücksichtigung des nahezu identischen Wortlauts von Art. 29 Abs. 1 JI-RL und Art. 32 Abs. 1 DS-GVO lassen sich diese (Sub-)Ziele auch zur Konkretisierung der Datensicherheit in der Datenschutz-Grundverordnung heranziehen. Im Einzelnen handelt es sich um:

- Verwehrung des Zugangs zu Verarbeitungsanlagen, mit denen die Verarbeitung durchgeführt wird, für Unbefugte (Zugangskontrolle),

- Verhinderung des unbefugten Lesens, Kopierens, Veränderns oder Entfernens von Datenträgern (Datenträgerkontrolle),

- Verhinderung der unbefugten Eingabe von personenbezogenen Daten sowie der unbefugten Kenntnisnahme, Veränderung und Löschung von gespeicherten personenbezogenen Daten (Speicherkontrolle),

- Verhinderung der Nutzung automatisierter Verarbeitungssysteme mit Hilfe von Einrichtungen zur Datenübertragung durch Unbefugte (Benutzerkontrolle),

- Gewährleistung, dass die zur Benutzung eines automatisierten Verarbeitungssystems Berechtigten ausschließlich zu den ihrer Zugangsberechtigung unterliegenden personenbezogenen Daten Zugang haben (Zugangskontrolle),

- Gewährleistung, dass überprüft und festgestellt werden kann, an welche Stellen personenbezogene Daten mit Hilfe von Einrichtungen zur Datenübertragung übermittelt oder zur Verfügung gestellt wurden oder werden können (Übertragungskontrolle),

- Gewährleistung, dass nachträglich überprüft und festgestellt werden kann, welche personenbezogenen Daten zu welcher Zeit und von wem in automatisierte Verarbeitungssysteme eingegeben worden sind (Eingabekontrolle),

- Verhinderung, dass bei der Übermittlung personenbezogener Daten sowie beim Transport von Datenträgern die Daten unbefugt gelesen, kopiert, verändert oder gelöscht werden können (Transportkontrolle),

- Gewährleistung, dass eingesetzte Systeme im Störungsfall wiederhergestellt werden können (Wiederherstellung),

- Gewährleistung, dass alle Funktionen des Systems zur Verfügung stehen, auftretende Fehlfunktionen gemeldet werden (Zuverlässigkeit) und

- Gewährleistung, dass gespeicherte personenbezogene Daten nicht durch Fehlfunktionen des Systems beschädigt werden können (Datenintegrität).

Bei der Auswahl konkreter Maßnahmen kann sich das Versicherungsunternehmen zudem an zwei bewährten Katalogen der IT-Sicherheit orientieren. Dabei handelt es sich auf internationaler Ebene um den internationalen Standard *ISO/IEC 27001* und auf nationaler Ebene um den IT-Grundschutz-Katalog des *Bundesamt für Sicherheit in der Informationstechnik (BSI)*.[1978] Zusätzlich wird auf nationaler Ebene von der *Konferenz der unabhängigen Datenschutzaufsichtsbehörden des Bundes und der Länder* ein sogenanntes

---

[1977] Vgl. *Hansen*, in: Simitis/Hornung/Spiecker gen. Döhmann, Datenschutzrecht, 2019, Art. 32, Rn. 5.

[1978] *Kramer/Meints*, in: Auernhammer, DS-GVO BDSG, 7. Aufl. 2020, Art. 32 DS-GVO, Rn. 60; *Hansen*, in: Simitis/Hornung/Spiecker gen. Döhmann, Datenschutzrecht, 2019, Art. 32, Rn. 78; vgl. *Schmitz/von Dall'Armi*, in: Forgó/Helfrich/Schneider, Betrieblicher Datenschutz, 3. Aufl. 2019, Teil XII, Kap. 1, Rn. 28.

Standard-Datenschutzmodell entwickelt.[1979] Dabei handelt es sich um eine Methode zur Datenschutzberatung und -prüfung auf der Basis einheitlicher Gewährleistungsziele und Katalogen mit Referenz-Schutzmaßnahmen. Bei den in diesen Katalogen genannten technischen und organisatorischen Maßnahmen handelt es sich um prinzipiell geeignete Maßnahmen im Sinne von Art. 32 Abs. 1 DS-GVO.[1980]

6.10.3 Risikobewertung und Ableitung risikoangemessener Maßnahmen für soziale Netzwerkanalyse

Die Datensicherheit von Big-Data-Anwendungen unterscheidet sich nicht grundsätzlich von der Datensicherheit traditioneller Systeme und Dienste.[1981] Dennoch führt gerade die Verarbeitung großer Mengen von personenbezogenen Daten dazu, dass sich bestimmte Sicherheitsrisiken erhöhen.[1982] Schon die Speicherung großer Datenmengen bewirkt, dass das Versicherungsunternehmen ein attraktiveres Ziel für feindliche Akteure wie Hacker wird und dementsprechend auch die Wahrscheinlichkeit von entsprechenden Angriffen wächst.[1983] In gleicher Weise steigt mit der Menge der gespeicherten personenbezogenen Daten auch die Schwere der möglichen Folgen im Falle von Verletzungen der Vertraulichkeit, Integrität oder Verfügbarkeit.[1984] Darüber hinaus ist festzustellen, dass sich bei Big-Data-Anwendungen viele Verantwortliche darauf fokussieren, große und vielfältige Datenmengen in möglichst hoher Geschwindigkeit zu verarbeiten und dabei deren Sicherheit vernachlässigen.[1985] Es ist daher von entscheidender Bedeutung, dass das Versicherungsunternehmen geeignete technische und organisatorische Maßnahmen trifft, um auch bei Big-Data-Verfahren wie der sozialen Netzwerkanalyse ein risikoangemessenes Schutzniveau zu gewährleisten.[1986]

Obwohl den Verantwortlichen verschiedene Kataloge mit prinzipiell geeigneten Sicherheitsmaßnahmen zur Verfügung stehen, bleibt es für viele eine Herausforderung, im Sinne von EwG 77 S. 1 DS-GVO geeignete Maßnahmen durchzuführen und die Einhaltung der Anforderungen nachzuweisen, insbesondere was die Ermittlung des mit der Verarbeitung verbundenen Risikos, dessen Abschätzung in Bezug auf Ursache, Art, Eintrittswahrscheinlichkeit und Schwere und die Festlegung bewährter Verfahren für dessen Eindämmung betrifft.[1987]

Die *Europäische Agentur für Netz- und Informationssicherheit* (heute: *Agentur der Europäischen Union für Cybersicherheit, ENISA*) hat daher mit Blick auf Art. 32 DS-GVO eine Methodik entwickelt, die es Verantwortlichen erleichtern soll, auf eine systematische Weise die mit der Datenverarbeitung verbundenen Risiken für die betroffenen Personen zu bestimmen und daraus geeignete technische und organisatorische Sicherheitsmaßnahmen abzuleiten.[1988] Dabei bauen die empfohlenen Maßnahmen auf dem Maßnahmenkatalog des bereits genannten

---

[1979] DSK (Hrsg.), Das Standard-Datenschutzmodell, 2020.

[1980] Beim Standard-Datenschutzmodell sind die Kataloge mit Referenz-Schutzmaßnahmen derzeit noch in der Entwicklung.

[1981] ENISA (Hrsg.), Big Data Security, 2015, S. 13.

[1982] Vgl. Artikel-29-Datenschutzgruppe (Hrsg.), WP 173, 2010, S. 5.

[1983] ENISA (Hrsg.), Big Data Security, 2015, S. 13; ENISA (Hrsg.), Big Data Threat Landscape and Good Practice Guide, 2016, S. 29 f.

[1984] Vgl. ENISA (Hrsg.), Big Data Threat Landscape and Good Practice Guide, 2016, S. 16.

[1985] ENISA (Hrsg.), Big Data Security, 2015, S. 13.

[1986] ICO (Hrsg.), Big data, artificial intelligence, machine learning and data protection, 2017, S. 49 f.

[1987] ENISA (Hrsg.), Guidelines for SMEs on the security of personal data processing, 2016, S. 15 f.

[1988] ENISA (Hrsg.), Guidelines for SMEs on the security of personal data processing, 2016, S. 16 f.; ENISA (Hrsg.), Handbook on Security of Personal Data Processing, 2017, S. 10.

Standards ISO 27001 auf.[1989] Die systematische Vorgehensweise erfolgt in fünf Schritten und kann auch von dem Versicherungsunternehmen verwendet werden, um risikoangemessene Sicherheitsmaßnahmen für die soziale Netzwerkanalyse zu ergreifen.

6.10.3.1 Beschreibung des Datenverarbeitungsvorgangs

Als ersten Schritt muss das Versicherungsunternehmen den zu bewertenden spezifischen Verarbeitungsvorgang festlegen und beschreiben.[1990] Verschiedene Datenverarbeitungen sind mit unterschiedlichen Risiken für die betroffenen Personen verbunden.[1991] Die Definition des zugrundeliegenden Verarbeitungsvorgangs bildet daher den Ausgangspunkt der Risikobeurteilung und ist von grundlegender Bedeutung.

Wie aus Art. 32 Abs. 1 DS-GVO folgt, muss das Versicherungsunternehmen dabei insbesondere die Art, den Umfang, die Umstände und die Zwecke der Datenverarbeitung berücksichtigen. Für die soziale Netzwerkanalyse ergibt sich daher folgende Beschreibung:[1992]

Beschreibung des Datenverarbeitungsvorgangs	Soziale Netzwerkanalyse
Kategorien personenbezogener Daten	Rolle als Unfallbeteiligter, Unfalldatum, Name, Adresse, Telefonnummer, amtliches Kennzeichen des beteiligten Fahrzeugs, Einschätzung der Verbindung zu anderen Straßenverkehrsunfällen
Verarbeitungszweck	Betrugserkennung, insbesondere Prüfung ungewöhnlicher Verbindungen zwischen Straßenverkehrsunfällen
Kategorien betroffener Personen	Unfallbeteiligte (Halter, Fahrer, Geschädigter, Zeuge)
Eingesetzte technische Mittel	IT-System mit Analysealgorithmus (hängt von der konkreten technischen Implementierung ab)
Kategorien der Empfänger	Gerichte und Behörden (insbesondere Staatsanwaltschaft und Polizei) sowie

---

[1989] ENISA (Hrsg.), Guidelines for SMEs on the security of personal data processing, 2016, S. 33.

[1990] ENISA (Hrsg.), Guidelines for SMEs on the security of personal data processing, 2016, S. 17; Ritter/Reibach/Lee, ZD 2019, 531, 532; Bieker/Bremert, ZD 2020, 7, 11.

[1991] Vgl. Art. 32 Abs. 1 DS-GVO.

[1992] Vgl. Anwendungsbeispiel „Payroll management" in ENISA (Hrsg.), Handbook on Security of Personal Data Processing, 2017, S. 18; sehr granular dagegen bei Bieker/Bremert, ZD 2020, 7, 11.

	externe Berater (insbesondere Rechtsanwaltskanzleien)

Tabelle 9: Beschreibung der Datenverarbeitung im Rahmen der sozialen Netzwerkanalyse

6.10.3.2 Bewertung der Schwere möglicher Folgen

Hat das Versicherungsunternehmen den zu bewertenden spezifischen Verarbeitungsvorgang festgelegt und beschrieben, muss er im zweiten Schritt prüfen, welche Folgen eine Verletzung der Datensicherheit bei diesem Verarbeitungsvorgang für die betroffenen Personen hätte.[1993] Das folgt aus Art. 32 Abs. 1 und EwG 76 S. 1 DS-GVO. Danach muss die Eintrittswahrscheinlichkeit und Schwere möglicher Folgen für die betroffenen Personen beurteilt werden, um die mit der Datenverarbeitung verbundenen Risiken zu bewerten. Als mögliche Folgen kommen gemäß EwG 75 und 83 S. 1 DS-GVO alle Schäden physischer, materieller oder immaterieller Art in Betracht.[1994] Diese umfassen insbesondere Nachteile wie Diskriminierung, Identitätsdiebstahl oder -betrug, finanziellen Verlust, Rufschädigung, Verlust der Vertraulichkeit von dem Berufsgeheimnis unterliegenden personenbezogenen Daten, unbefugte Aufhebung der Pseudonymisierung oder andere erhebliche wirtschaftliche oder gesellschaftliche Nachteile für die betroffenen Personen.

Die Schwere möglicher Folgen kann anhand von vier Klassen – niedrig, mittel, hoch und sehr hoch – bewertet werden.[1995] Dabei berücksichtigt jede Klasse, wie gravierend die Nachteile sind, die den betroffenen Personen unmittelbar entstehen und welchen Aufwand es ihnen abverlangt, diese Nachteile zu überwinden.

Niedrige Auswirkungen bedeuten, dass die betroffenen Personen möglicherweise kleinere Unannehmlichkeiten wie etwa Zeitaufwand für die erneute Eingabe von Informationen, Ärger oder Irritationen, erleiden, die sie jedoch ohne Probleme überwinden können.[1996] Dagegen führen mittlere Auswirkungen bereits zu erheblichen Unannehmlichkeiten für die betroffenen Personen, die sie jedoch trotz einiger Schwierigkeiten überwinden können.[1997] Davon erfasst sind beispielsweise zusätzliche Kosten, Hinderung der Nutzung einer Dienstleistung bzw. Durchführung eines Vertrags, Stress oder kleinere körperliche Beschwerden. Sind die Auswirkungen hoch, bedeutet das, dass den betroffenen Personen erhebliche Folgen entstehen, die sie nur mit ernsthaften Schwierigkeiten überwinden können. Dazu zählen insbesondere die Aufnahme in sogenannte schwarze Listen, Sachschäden, Verlust des Arbeitsplatzes oder die Verschlechterung des Gesundheitszustands.[1998] Als höchste Klasse sind unter sehr hohen Auswirkungen solche zu verstehen, die für die betroffenen Personen erhebliche oder sogar irreversible Folgen bedeuten, die sie nicht mehr überwinden können.[1999] Dies umfasst beispielsweise Arbeitsunfähigkeit, langfristige psychische oder physische Leiden bis hin zum Tod.

Verschiedene Verletzungen der Datensicherheit können zu unterschiedlich schweren Folgen für die betroffenen Personen führen.[2000] Bei der Bewertung der Schwere muss der

---

[1993] ENISA (Hrsg.), Guidelines for SMEs on the security of personal data processing, 2016, S. 20.
[1994] *Ritter/Reibach/Lee*, ZD 2019, 531, 532.
[1995] ENISA (Hrsg.), Guidelines for SMEs on the security of personal data processing, 2016, S. 20.
[1996] ENISA (Hrsg.), Guidelines for SMEs on the security of personal data processing, 2016, S. 20.
[1997] ENISA (Hrsg.), Guidelines for SMEs on the security of personal data processing, 2016, S. 20
[1998] ENISA (Hrsg.), Guidelines for SMEs on the security of personal data processing, 2016, S. 20.
[1999] ENISA (Hrsg.), Guidelines for SMEs on the security of personal data processing, 2016, S. 20.
[2000] *Ritter/Reibach/Lee*, ZD 2019, 531, 532.

Verantwortliche daher zwischen einer Verletzung der Vertraulichkeit, der Integrität und der Verfügbarkeit der personenbezogenen Daten differenzieren.[2001]

6.10.3.2.1 Folgen bei Verletzung der Vertraulichkeit

Im Rahmen der sozialen Netzwerkanalyse würde eine Verletzung der Vertraulichkeit der personenbezogenen Daten typischerweise zu niedrigen, in Ausnahmefällen aber auch zu mittleren Auswirkungen für die betroffenen Personen führen. Werden beispielsweise die pseudonymisierten Daten unbefugt offengelegt, ist davon auszugehen, dass den betroffenen Personen keine oder allenfalls kleinere Unannehmlichkeiten entstehen. Sofern der Pseudonymisierungsvorgang nicht selbst kompromittiert ist, können Dritte die hinter den Pseudonymen stehenden natürlichen Personen nicht identifizieren.

Etwas anderes gilt, wenn sich ausnahmsweise aus der sozialen Netzwerkanalyse eine auffällige Verbindung zwischen verschiedenen Straßenverkehrsunfällen ergeben hat und in der Folge die Pseudonymisierung zur weiteren Untersuchung durch die Betrugsabwehrspezialisten aufgehoben wird. Wird bei diesem Prozess die Vertraulichkeit der personenbezogenen Daten verletzt, sind die Auswirkungen gravierender einzuschätzen. Zum einen handelt es sich nun um Klardaten, denn die natürlichen Personen können typischerweise anhand ihres Namens und der übrigen Daten von Dritten identifiziert werden. Zum anderen kann der Kontext der Betrugserkennung, in den die konkrete Datenverarbeitung eingebettet ist, zu einer Rufschädigung oder Stigmatisierung der betroffenen Personen führen. Bei einer möglichen Rufschädigung oder Stigmatisierung sind jedoch verschiedene, abschwächende Aspekte zu beachten. Zwar verarbeitet das Versicherungsunternehmen personenbezogene Daten, die einen Verdacht auf Betrug gemäß § 263 StGB begründen können. Jedoch führen Untersuchungen oder Feststellungen in Verbindung mit Straftaten durch einen nicht öffentlichen Akteur wie einem Versicherungsunternehmen nicht zu einer Rufschädigung oder Stigmatisierung, die vergleichbar ist mit derjenigen eines staatlichen Strafverfahrens und einem durch die Exekutive oder Judikative ausgesprochenen Unwerturteil.[2002] Dies bedeutet jedoch auch, dass eine tatsächliche Rufschädigung oder Stigmatisierung der betroffenen Personen als fraglich erscheint. In der Gesamtbewertung ist daher festzustellen, dass eine Verletzung der Vertraulichkeit der personenbezogenen Daten zu mittleren Auswirkungen für die betroffenen Personen führen kann.

6.10.3.2.2 Folgen bei Verletzung der Integrität

Eine Verletzung der Integrität der personenbezogenen Daten würde bei der sozialen Netzwerkanalyse typischerweise ebenfalls zu mittleren Auswirkungen für die betroffenen Personen führen. Werden die der sozialen Netzwerkanalyse zugrundeliegenden Daten unbefugt verändert, kann dies dazu führen, dass die soziale Netzwerkanalyse fälschlicherweise von einer auffälligen Verbindung zwischen den vermeintlich beteiligten Personen ausgeht, obwohl eine solche tatsächlich in keiner Weise besteht. Wird aus diesem Grund eine bestimmte Leistung durch das Versicherungsunternehmen verweigert, führt das zu erheblichen Unannehmlichkeiten für die betroffenen Personen, die sie jedoch trotz einiger Schwierigkeiten überwinden können. Eine Hinderung der Nutzung einer Dienstleistung bzw. Durchführung eines Vertrags wird typischerweise als mittlere Auswirkung angesehen.

6.10.3.2.3 Folgen bei Verletzung der Verfügbarkeit

Im Rahmen der sozialen Netzwerkanalyse würde eine Verletzung der Verfügbarkeit der personenbezogenen Daten allenfalls zu niedrigen Auswirkungen für die betroffenen Personen

---

[2001] ENISA (Hrsg.), Guidelines for SMEs on the security of personal data processing, 2016, S. 22 f.
[2002] Zu personenbezogenen Daten über strafrechtliche Verurteilungen und Straftaten ab S. 100.

führen. Gehen die für die soziale Netzwerkanalyse benötigten Daten verloren oder werden sie unbefugt gelöscht oder vernichtet, beeinträchtigt dies in erster Linie das Versicherungsunternehmen, da es eine bestimmte Form der Betrugserkennung nicht mehr durchführen kann. Dies hat jedoch nicht zur Folge, dass das Versicherungsunternehmen etwaige Leistungen gegenüber den betroffenen Personen verweigern oder unangemessen verzögern könnte. Dies gilt jedenfalls dann, wenn sich die Verletzung der Verfügbarkeit auf das System zur sozialen Netzwerkanalyse beschränkt und nicht zu einem dauerhaften Datenverlust im gesamten Schadensbearbeitungssystem führt. Ist dies nicht der Fall, könnte die fehlende Verfügbarkeit der personenbezogenen Daten allenfalls dazu führen, dass die Schadensregulierung etwas länger als üblich dauert. Daraus resultierende Nachteile für die betroffenen Personen sind jedoch als niedrig zu bewerten, da es sich lediglich um kleinere Unannehmlichkeiten für die betroffenen Personen handelt.

6.10.3.2.4 Gesamtbewertung

Bei der Bewertung der Schwere der Folgen für die betroffenen Personen muss das Versicherungsunternehmen zwischen einer Verletzung der Vertraulichkeit, der Integrität und der Verfügbarkeit der personenbezogenen Daten differenzieren. Für die Gesamtbewertung werden die verschiedenen Bewertungen nun wieder zusammengeführt. Die schwerste ermittelte Klasse definiert die Schwere der Folgen einer Verletzung der Datensicherheit bei diesem Verarbeitungsvorgang für die betroffenen Personen.[2003] Da Verletzungen der Vertraulichkeit oder der Integrität zu mittleren Auswirkungen und eine Verletzung der Verfügbarkeit zu niedrigen Auswirkungen für die betroffenen Personen führen würden, ist insgesamt von mittleren Auswirkungen bei einer Verletzung der Datensicherheit im Rahmen der sozialen Netzwerkanalyse auszugehen.

6.10.3.3 Bewertung der Eintrittswahrscheinlichkeit möglicher Bedrohungen

Hat das Versicherungsunternehmen die Schwere der möglichen Folgen bei einer Verletzung der Datensicherheit bewertet, muss es anschließend abschätzen, durch welche Ereignisse oder Ursachen diese Folgen ausgelöst werden können und wie wahrscheinlich deren Eintritt ist.[2004] Dies folgt ebenfalls aus Art. 32 Abs. 1, EwG 76 S. 1 sowie EwG 77 S. 1 DS-GVO.

Im Zusammenhang mit der Verarbeitung personenbezogener Daten und den hierfür eingesetzten Systemen und Diensten existieren verschiedene Formen interner und externer Bedrohungen für die Datensicherheit.[2005] Dabei können Bedrohungen für vier Dimensionen unterschieden werden – Netzwerke, Hardware und Software, Prozesse und Verfahren, beteiligte Akteure und Personen sowie Wirtschaftssektor und Umfang der Verarbeitung.[2006]

Verschiedene Indikatoren können dem Versicherungsunternehmen dabei helfen, die mit der Datenverarbeitung und den zur sozialen Netzwerkanalyse eingesetzten Systemen und Diensten verbundenen Bedrohungen sowie deren Eintrittswahrscheinlichkeit besser zu abzuschätzen. So ist beispielsweise im Rahmen der Dimension Netzwerke, Hardware und Software als Indikator zu prüfen, ob das System, in dem die personenbezogenen Daten verarbeitet werden, mit anderen internen oder externen Systemen verbunden ist. Sofern das der Fall ist, erhöht dieser Umstand die Eintrittswahrscheinlichkeit von bestimmten Bedrohungen. Der Grund hierfür ist, dass jede Verbindung zu anderen Systemen ein potenzielles Einfallstor für die dort vorhandenen

---

[2003] ENISA (Hrsg.), Guidelines for SMEs on the security of personal data processing, 2016, S. 23; vgl. auch DSK (Hrsg.), Kurzpapier Nr. 18 - Risiko für Rechte und Freiheiten natürlicher Personen, 2018, S. 5.
[2004] ENISA (Hrsg.), Guidelines for SMEs on the security of personal data processing, 2016, S. 24.
[2005] S. hierzu ausführlich ENISA (Hrsg.), Threat Landscape Report 2018, 2019; speziell mit Blick auf Big Data ENISA (Hrsg.), Big Data Threat Landscape and Good Practice Guide, 2016.
[2006] ENISA (Hrsg.), Guidelines for SMEs on the security of personal data processing, 2016, S. 24.

Bedrohungen darstellt. Etwaige Schwachstellen einzelner Systeme führen in vernetzten Systemen regelmäßig zu Schwachstellen aller verbundener Systeme. Bei Anwendung dieser Methodik ist zu berücksichtigen, dass diese Indikatoren nicht abschließend alle internen und externen Bedrohungen für die Datensicherheit erfassen, sondern nur eine praktische Annäherung bieten können.[2007] In jedem Fall gilt jedoch, dass je mehr Indikatoren vorliegen, desto höher die Eintrittswahrscheinlichkeit von Bedrohungen in Bezug auf diese Dimension zu bewerten ist. Auch hier kann zwischen verschiedenen Klassen unterschieden werden – niedrig, mittel und hoch.[2008] Eine niedrige Eintrittswahrscheinlichkeit heißt, dass es unwahrscheinlich ist, dass die Bedrohung eintritt. Bei einer mittleren Eintrittswahrscheinlichkeit ist es dagegen möglich, dass die Bedrohung eintritt. Schließlich bedeutet eine hohe Eintrittswahrscheinlichkeit, dass es wahrscheinlich ist, dass sich die Bedrohung materialisiert.

Um die Eintrittswahrscheinlichkeit der Bedrohungen konkret für die sozialen Netzwerkanalyse bewerten zu können, muss der gegenwärtige Zustand der Datenverarbeitungsumgebung des Versicherungsunternehmens analysiert werden. Da jedoch im Rahmen dieser Arbeit kein konkret vorhandenes Versicherungsunternehmen untersucht wird, kann das Vorliegen oder Nichtvorliegen bestimmter Indikatoren nicht festgestellt werden. Auch ist die IT-Architektur von Versicherungsunternehmen erfahrungsgemäß so unterschiedlich konzipiert und ausgereift, dass ebenso wenig auf ein typisches Versicherungsunternehmen abgestellt werden kann. Ungeachtet dessen ermöglicht es die zuvor beschriebene Methodik einem konkreten Versicherungsunternehmen, die Eintrittswahrscheinlichkeit möglicher Bedrohungen systematisch zu bewerten und geeignete Maßnahmen zu ergreifen. Welche Maßnahmen im Einzelnen zu treffen sind, hängt davon ab, ob die Eintrittswahrscheinlichkeit möglicher Bedrohungen als niedrig, mittel oder hoch bewertet wurde.

6.10.3.4 Bewertung des Risikos für betroffene Personen

Hat das Versicherungsunternehmen die Schwere möglicher Folgen und die Eintrittswahrscheinlichkeit möglicher Bedrohungen bewertet, kann es auf dieser Grundlage und mit Hilfe einer Risikomatrix das mit der Datenverarbeitung verbundene Risiko für die betroffenen Personen ermitteln.[2009]

Im Rahmen der sozialen Netzwerkanalyse kann das Versicherungsunternehmen – wie zuvor beschrieben – die Schwere der möglichen Folgen bei einer Verletzung der Datensicherheit als mittel bewerten. Die Einschätzung der Eintrittswahrscheinlichkeit möglicher Bedrohungen hängt dagegen von dem Vorliegen oder Nichtvorliegen der zuvor beschriebenen Indikatoren ab.

[2007] ENISA (Hrsg.), Guidelines for SMEs on the security of personal data processing, 2016, S. 29.

[2008] ENISA (Hrsg.), Guidelines for SMEs on the security of personal data processing, 2016, S. 29; ähnlich auch bei *Ritter/Reibach/Lee*, ZD 2019, 531, 533.

[2009] ENISA (Hrsg.), Guidelines for SMEs on the security of personal data processing, 2016, S. 31; *Ritter/Reibach/Lee*, ZD 2019, 531, 535; DSK (Hrsg.), Kurzpapier Nr. 18 - Risiko für Rechte und Freiheiten natürlicher Personen, 2018 S. 5.

	Schwere möglicher Folgen		
Eintrittswahrscheinlichkeit möglicher Bedrohungen	Niedrig	Mittel	Hoch/Sehr hoch
Niedrig			
Mittel			
Hoch			

Tabelle 10: Risikomatrix für Datensicherheit

Aus der abgebildeten Risikomatrix folgt, dass das Versicherungsunternehmen, die mit der sozialen Netzwerkanalyse verbundenen Risiken für die betroffenen Personen in jedem Fall als mittel beurteilen muss. Das ergibt sich schon aus der mittleren Schwere der möglichen Folgen bei einer Verletzung der Datensicherheit und unabhängig von der Bewertung der Eintrittswahrscheinlichkeit möglicher Bedrohungen. Sollte letztere jedoch als hoch bewertet werden, dann sind auch die Risiken für die betroffenen Personen nicht mehr als mittel, sondern als hoch zu einzustufen.

6.10.3.5 Ableitung risikoangemessener Maßnahmen

Hat das Versicherungsunternehmen die mit der konkreten Datenverarbeitung verbundenen Risiken bestimmt, muss es schließlich gemäß Art. 32 Abs. 1 DS-GVO technische und organisatorische Maßnahmen ergreifen, um ein risikoangemessenes Schutzniveau zu herzustellen. In den meisten Fällen richtet das Versicherungsunternehmen diese Maßnahmen nicht nur für einen spezifischen Datenverarbeitungsvorgang ein, sondern nimmt diese grundsätzlich in seine Datensicherheitsarchitektur auf. So wird das Versicherungsunternehmen typischerweise nicht nur für die soziale Netzwerkanalyse, sondern auch mit Blick auf viele andere Verarbeitungsvorgänge ein Identitäts- und Berechtigungsmanagement implementieren.

Das Versicherungsunternehmen muss für die soziale Netzwerkanalyse mindestens ein mittleres Schutzniveau gewährleisten, daher sollte es die folgenden Kategorien technischer und organisatorischer Maßnahmen entsprechend spezifizieren:[2010]

- Leitlinie zur Datensicherheit

- Rollen und Verantwortlichkeiten für Datensicherheit

- Identitäts- und Berechtigungsmanagement

- Asset-Management

- Änderungsmanagement

- Auswahl und Kontrolle von Auftragsverarbeitern

- Behandlung von Datensicherheitsvorfällen und sogenannten Datenpannen

- Notfallmanagement

- Verpflichtung von Mitarbeitern auf Vertraulichkeit

- Sensibilisierung und Schulung von Mitarbeitern

- Protokollierung

- Besonderer Schutz von Servern und Datenbanken

[2010] ENISA (Hrsg.), Guidelines for SMEs on the security of personal data processing, 2016, S. 33 ff.

- Sicherheitsanforderungen an Systeme und Dienste
- Netzmanagement
- Datensicherung
- Sicherheitsanforderungen an mobile Geräte
- Sicherheitsanforderungen an Software-Entwicklung und Patch-Management
- Löschen und Vernichten von Daten und Datenträgern
- Sicherheit der Räumlichkeiten.

Für jede Kategorie definiert die Methodik der *ENISA* konkrete Maßnahmen zur Gewährleistung eines niedrigen, mittleren und hohen Schutzniveaus.[2011] Dabei sind die jeweiligen technischen und organisatorischen Maßnahmen nicht getrennt zu betrachten, sondern sie bauen aufeinander auf.[2012] Das bedeutet, dass das Versicherungsunternehmen zur Gewährleistung eines mittleren Schutzniveaus sowohl diejenigen Maßnahmen ergreifen muss, die als niedrig klassifiziert sind als auch diejenigen, die als mittel klassifiziert sind.[2013] Für die Herstellung eines hohen Schutzniveaus gilt das entsprechende.

Die anfängliche Auswahl und Implementierung der risikoangemessenen Maßnahmen bedeutet für das Versicherungsunternehmen den größten Aufwand, sie ist jedoch nicht das Ende seiner Aktivitäten zur Gewährleistung der Datensicherheit.[2014] Die technologische Entwicklung verläuft äußerst dynamisch und mit ihr auch die verbundenen Risiken für die betroffenen Personen.[2015] Aus diesem Grund verpflichtet Art. 32 Abs. 1 e) DS-GVO den Verantwortlichen dazu, die Wirksamkeit der getroffenen technischen und organisatorischen Maßnahmen regelmäßig zu überprüfen, zu bewerten und zu evaluieren.[2016]

Zusammenfassend ist daher festzustellen, dass das Versicherungsunternehmen zur Gewährleistung eines risikoangemessenen Schutzniveaus bei der sozialen Netzwerkanalyse gemäß Art. 32 Abs. 1 DS-GVO alle technischen und organisatorischen Maßnahmen ergreifen muss, die als niedrig und als mittel klassifiziert sind.

[2011] ENISA (Hrsg.), Guidelines for SMEs on the security of personal data processing, 2016, S. 33 ff.

[2012] Getrennte Darstellung nach Risikostufen bei ENISA (Hrsg.), Handbook on Security of Personal Data Processing, 2017, S. 55 ff.

[2013] ENISA (Hrsg.), Guidelines for SMEs on the security of personal data processing, 2016, S. 33.

[2014] *Hansen*, in: Simitis/Hornung/Spiecker gen. Döhmann, Datenschutzrecht, 2019, Art. 32, Rn. 53.

[2015] *Schmitz/von Dall'Armi*, in: Forgó/Helfrich/Schneider, Betrieblicher Datenschutz, 3. Aufl. 2019, Teil XII, Kap. 1, Rn. 6.

[2016] *Hansen*, in: Simitis/Hornung/Spiecker gen. Döhmann, Datenschutzrecht, 2019, Art. 32, Rn. 56; DSK (Hrsg.), Kurzpapier Nr. 18 - Risiko für Rechte und Freiheiten natürlicher Personen, 2018, S. 6; *Schmitz/von Dall'Armi*, in: Forgó/Helfrich/Schneider, Betrieblicher Datenschutz, 3. Aufl. 2019, Teil XII, Kap. 1, Rn. 39 ff.

6.11 Rechenschaft

Gemäß Art. 5 Abs. 2 DS-GVO ist der Verantwortliche für die Einhaltung der Grundsätze der Datenverarbeitung nach Art. 5 Abs. 1 DS-GVO verantwortlich und muss dessen Einhaltung nachweisen können. Dies wird als „Rechenschaftspflicht" oder „Accountability" des Verantwortlichen bezeichnet. Die Rechenschaftspflicht soll bewirken, dass der Verantwortliche die rechtlichen Vorgaben der Datenschutz-Grundverordnung in konkrete Maßnahmen umsetzt und so einen wirksamen Schutz der betroffenen Personen sicherstellt.[2017]

Die Vorschrift des Art. 24 DS-GVO greift den Grundsatz des Art. 5 Abs. 2 DS-GVO auf und konkretisiert ihn weiter. Danach muss der Verantwortliche unter Berücksichtigung der Art, des Umfangs, der Umstände und der Zwecke der Verarbeitung sowie der unterschiedlichen Eintrittswahrscheinlichkeit und Schwere der Risiken für die Rechte und Freiheiten natürlicher Personen geeignete technische und organisatorische Maßnahmen umsetzen, um sicherzustellen und den Nachweis dafür erbringen zu können, dass die Verarbeitung gemäß der Datenschutz-Grundverordnung erfolgt.[2018] Diese Maßnahmen müssen auch die Anwendung geeigneter Datenschutzvorkehrungen durch den Verantwortlichen umfassen. Die Vorschrift soll gewissermaßen als „Triebfeder für die effektive Umsetzung der Grundsätze des Datenschutzes" fungieren.[2019] Die Rechenschaftspflicht des Versicherungsunternehmens erstreckt sich auch auf die Datenverarbeitung im Rahmen der sozialen Netzwerkanalyse.

Welche konkreten Umsetzungsmaßnahmen das Versicherungsunternehmen ergreifen muss, um seiner Rechenschaftspflicht nachzukommen, legt die Datenschutz-Grundverordnung nicht detailliert fest. Zwar finden sich in den Art. 24 ff. DS-GVO verschiedene Maßnahmen, zu denen der Verantwortliche verpflichtet wird:

– Datenschutz durch Technikgestaltung und durch datenschutzfreundliche Voreinstellungen (Art. 25 DS-GVO)

– Verzeichnis von Verarbeitungstätigkeiten (Art. 30 DS-GVO)

– Datenschutz-Folgenabschätzung (Art. 35 f. DS-GVO)

– Datenschutzbeauftragter (Art. 37 ff. DS-GVO)

– Verhaltensregeln (Art. 40 f. DS-GVO)

– Zertifizierung (Art. 42 f. DS-GVO)

Diese Maßnahmen sind jedoch weder abschließend gemeint noch folgen sie einer klaren Logik. Vielmehr ergibt sich die Systematik der Maßnahmen zur Gewährleistung von Rechenschaft aus einer Gesamtschau verschiedener Vorschriften in der Datenschutz-Grundverordnung.

6.11.1 Risikobasierter Ansatz der Datenschutz-Grundverordnung

Sowohl die Vorschrift des Art. 24 Abs. 1 S. 1 DS-GVO als auch zahlreiche weitere Regelungen folgen dem sogenannten risikobasierten Ansatz. Dabei handelt es sich um einen der anfangs beschriebenen Datenschutzgrundsätze im weiteren Sinne, die der Datenschutz-Grundverordnung ihr typisches Gepräge geben.[2020] Ziel des risikobasierten Ansatzes ist eine „Ausdifferenzierung der datenschutzrechtlichen Pflichten" des

---

[2017] Vgl. Artikel-29-Datenschutzgruppe (Hrsg.), WP 173, 2010, S. 3 f.

[2018] Zur Reichweite der Nachweispflichten s. *Veil*, ZD 2018, 9.

[2019] Vgl. Artikel-29-Datenschutzgruppe (Hrsg.), WP 173, 2010, S. 4.

[2020] Zu den Datenschutzgrundsätzen im weiteren Sinne ab S. 132.

Verantwortlichen unter Berücksichtigung des Risikos der jeweiligen Datenverarbeitung.[2021] Oder anders formuliert: Je risikobehafteter die Datenverarbeitung ist, desto mehr und desto umfangreichere Pflichten soll der Verantwortliche erfüllen müssen. Das gilt auch für das Versicherungsunternehmen bei der Verarbeitung personenbezogener Daten im Rahmen der sozialen Netzwerkanalyse.

Betrachtet man das „ob" der Pflichterfüllung, führt ein hohes Risiko dazu, dass für das Versicherungsunternehmen bestimmte zusätzliche Pflichten begründet werden.[2022] So muss das Versicherungsunternehmen beispielsweise gemäß Art. 35 Abs. 1 S. 1 DS-GVO eine Datenschutz-Folgenabschätzung durchführen, wenn die geplante Datenverarbeitung voraussichtlich zu einem hohen Risiko für die betroffenen Personen führt.[2023] Dagegen bewirkt ein niedriges Risiko, dass bestimmte bestehende Pflichten eingeschränkt oder aufgehoben werden.[2024] Beispielsweise muss ein Verantwortlicher, der weniger als 250 Mitarbeiter beschäftigt, gemäß Art. 30 Abs. 5 DS-GVO kein Verzeichnis der Verarbeitungstätigkeiten führen. Eine Rückausnahme hiervon besteht nur, sofern die von ihm vorgenommene Verarbeitung ein Risiko für die Rechte und Freiheiten der betroffenen Personen birgt, die Verarbeitung nicht nur gelegentlich erfolgt oder eine Verarbeitung besonderer Datenkategorien gemäß Art. 9 Abs. 1 DS-GVO bzw. personenbezogener Daten über strafrechtliche Verurteilungen und Straftaten im Sinne des Art. 10 S. 1 DS-GVO erfolgt.[2025]

Hinsichtlich des „wie" der Pflichterfüllung führt ein höheres Risiko dazu, dass das Versicherungsunternehmen umfangreicheren Pflichten unterliegt bzw. schlichtweg mehr tun muss, um diese zu erfüllen.[2026] Anschaulich wird dies bei der Pflicht des Versicherungsunternehmens aus Art. 32 Abs. 1 DS-GVO, risikoangemessene technische und organisatorische Maßnahmen zu ergreifen. Wie bereits erläutert definiert die Methodik der *ENISA* für jedes Risiko bzw. Schutzniveau schichtweise aufeinander aufbauende Maßnahmen.[2027] Bei einem festgestellten niedrigen Risiko muss das Versicherungsunternehmen lediglich diejenigen Maßnahmen ergreifen, die als niedrig klassifiziert sind. Bei einem mittleren Risiko muss es sowohl die als niedrig als auch als mittel eingestuften Maßnahmen implementieren und bei einem hohen Risiko gilt das kumulativ für alle vorgeschlagenen Maßnahmen. Auf diese Weise kann die Datenschutz-Grundverordnung das jeweilige Pflichtenprogramm skalieren und an die konkreten Umstände anpassen.[2028]

6.11.2 „Big Data – Big Accountability" – Elemente eines Datenschutzmanagementsystems für Big Data

Aus der Rechenschaftspflicht und dem risikobasierten Ansatz der Datenschutz-Grundverordnung wird deutlich, dass es beim Einsatz von Big Data insbesondere um Mechanismen geht, die sicherstellen, dass Akteure, die große Mengen personenbezogener

---

[2021] *Veil*, ZD 2015, 347, 348; Artikel-29-Datenschutzgruppe (Hrsg.), WP 218, 2014, S. 3; *Albrecht*, CR 2016, 88, 93.

[2022] *Veil*, ZD 2015, 347, 351.

[2023] Zur Datenschutz-Folgenabschätzung ab S. 324.

[2024] *Veil*, ZD 2015, 347, 351.

[2025] Ausführlich hierzu Artikel-29-Datenschutzgruppe (Hrsg.), Position Paper on the derogations from the obligation to maintain records of processing activities pursuant to Article 30 (5) GDPR, 2018.

[2026] *Veil*, ZD 2015, 347, 351.

[2027] Zur Ableitung risikoangemessener Maßnahmen ab S. 312.

[2028] Artikel-29-Datenschutzgruppe (Hrsg.), WP 173, 2010, S. 12.

Daten verarbeiten, auch eine korrespondierend große Verantwortung schultern müssen. Big Data impliziert daher "Big Accountability".

Um „Big Accountability" sicherzustellen und nachzuweisen, dass seine Datenverarbeitung im Einklang mit der Datenschutz-Grundverordnung erfolgt, muss das Versicherungsunternehmen typischerweise ein eigenes Datenschutzmanagementsystem entwickeln.[2029] Unter einem Datenschutzmanagementsystem ist grundsätzlich ein Konzept zu verstehen, das alle datenschutzrechtlich relevanten Maßnahmen systematisch plant, steuert, überwacht und verbessert.[2030]

Trotz verschiedener Bestrebungen hat sich im Geltungsbereich der Datenschutz-Grundverordnung bislang noch kein einheitlicher Standard für ein solches System herausgebildet.[2031] Das Versicherungsunternehmen kann sich jedoch an den Musterprogrammen verschiedener nichteuropäischer Datenschutzaufsichtsbehörden orientieren.[2032] Das gilt insbesondere für das "Accountability Framework" des *Information Commissioner (ICO)*[2033], das „Privacy Management Framework" des *Office of the Australian Information Commissioner (OAIC)*[2034], das „Privacy Management Program" des *Office of the Privacy Commissioner of Canada (OPC)*[2035] und das „Privacy Management Programme" des *Privacy Commissioner for Personal Data, Hong Kong (PCPD)*[2036].

Diese Musterprogramme enthalten eine Sammlung von Konzepten und Referenzmaßnahmen, die aus Sicht der genannten Aufsichtsbehörden geeignet sind, um ein wirksames Datenschutzmanagementsystem aufzubauen und zu betreiben.[2037] Auch wenn die Programme nicht mit Blick auf die Rechenschaftspflicht der Art. 5 Abs. 2 und Art. 24 DS-GVO entwickelt wurden, lassen sie sich sinngemäß auf die Datenschutz-Grundverordnung übertragen. Das Versicherungsunternehmen kann sie daher als Grundlage oder Rahmen für die Entwicklung seines eigenen Datenschutzmanagementsystems verwenden.

6.11.2.1 Governance und Organisation

Das erste Element „Governance und Organisation" verfolgt das Ziel innerhalb des Versicherungsunternehmens eine Organisationsstruktur aufzubauen, die die Einhaltung der datenschutzrechtlichen Vorgaben ermöglicht.[2038] Der Begriff „Governance" (von franz. *gouverner* = verwalten, leiten, erziehen) bezeichnet nach allgemeinem Verständnis das Steuerungs- und Regelungssystem eines Akteurs. Mit Organisation ist in diesem

---

[2029] Vgl. Artikel-29-Datenschutzgruppe (Hrsg.), WP 173, 2010, S. 4; *Petri*, in: Simitis/Hornung/Spiecker gen. Döhmann, Datenschutzrecht, 2019, Art. 24, Rn. 18; *Weber*, DuD 2017, 282, 284; *Wichtermann*, ZD 2016, 421; vgl. mit Blick auf Big Data OAIC (Hrsg.), Guide to data analytics and the Australian Privacy Principles, 2018, S. 18 ff.

[2030] *Jung*, CCZ 2018, 224; *Lubba*, CCZ 2019, 240; ähnlich auch *Schefzig*, in: Moos/Schefzig/Arning, Die neue Datenschutz-Grundverordnung, 2018, Kap. 10, Rn. 4.

[2031] Für Orientierung an ISO-Normen s. *Egle/Zeller*, in: Bussche/Voigt, Konzerndatenschutz, 2. Aufl. 2019, Teil 2 Kap. 2, Rn. 19.

[2032] Artikel-29-Datenschutzgruppe (Hrsg.), WP 173, 2010, S. 16.

[2033] ICO (Hrsg.), Accountability Framework, 2020.

[2034] OAIC (Hrsg.), Privacy management framework, 2015.

[2035] OPC (Hrsg.), Getting Accountability Right with a Privacy Management Program, 2012.

[2036] PCPD (Hrsg.), Privacy Management Programme, 2018.

[2037] OPC (Hrsg.), Getting Accountability Right with a Privacy Management Program, 2012, S. 2.

[2038] OPC (Hrsg.), Getting Accountability Right with a Privacy Management Program, 2012, S. 6; PCPD (Hrsg.), Privacy Management Programme, 2018, S. 37; OAIC (Hrsg.), Privacy management framework, 2015, S. 3.

Zusammenhang insbesondere die Aufbauorganisation des Versicherungsunternehmens gemeint.[2039]

6.11.2.1.1 Zustimmung und Unterstützung durch höchste Managementebene

Die ausdrückliche Zustimmung und Unterstützung durch die höchste Managementebene des Versicherungsunternehmens ist die Grundlage eines wirksamen Datenschutzmanagementsystems und unerlässlich für eine echte Datenschutzkultur.[2040]

Zustimmung und Unterstützung bedeutet zunächst, dass das Management die erforderlichen Ressourcen zum Aufbau und Betrieb des Datenschutzmanagementsystems bereitstellt.[2041] Dies umfasst finanzielle, humane, organisatorische, physische und technologische Ressourcen.[2042] Welche Ressourcen in welchem Umfang erforderlich sind, um das Datenschutzmanagementsystem wirksam betreiben zu können, hängt von der Struktur des Versicherungsunternehmens sowie vom Umfang und der Komplexität der jeweiligen Datenverarbeitungsvorgänge ab.[2043] Je umfangreicher und komplexer letztere sind, desto mehr Ressourcen müssen typischerweise bereitgestellt werden.

Bei der notwendigen Zustimmung und Unterstützung durch die höchste Managementebene geht es jedoch nicht nur um harte Faktoren, sondern auch darum, dass sich das Management klar zum Schutz personenbezogener Daten bekennt und sich sichtbar hierfür engagiert.[2044] Wirksamer Datenschutz verlangt nicht nur eine effektive Organisation, sondern auch eine entsprechende Kultur der handelnden Personen.[2045] Die Datenschutzkultur eines Verantwortlichen wird maßgeblich durch den „tone at the top" geprägt.[2046] Es ist daher unerlässlich, dass die höchste Managementebene nicht nur die Bedeutung des Schutzes personenbezogener Daten kommuniziert, sondern auch selbst eine Vorbildfunktion einnimmt.[2047] Das gilt in erster Linie für den alltäglichen Umgang mit personenbezogenen Daten. Umfasst sind jedoch auch ad-hoc Reaktionen auf Verstöße gegen die Datenschutz-Grundverordnung oder andere datenschutzrechtliche Vorschriften.

Die Bedeutung der Zustimmung und Unterstützung durch die höchste Managementebene des Verantwortlichen ist ebenfalls in der Datenschutz-Grundverordnung angelegt, auch wenn sie dort deutlich schwächer zum Vorschein kommt. Aus der Zusammenschau von Art. 39 Abs. 1 b) und EwG 78 S. 2 DS-GVO folgt jedoch, dass der Verantwortliche interne Strategien für den

---

[2039] Vgl. auch *Schefzig*, in: Moos/Schefzig/Arning, Die neue Datenschutz-Grundverordnung, 2018, Kap. 10, Rn. 7; *Gardyan-Eisenlohr/Knöpfle*, DuD 2017, 69, 70.

[2040] OPC (Hrsg.), Getting Accountability Right with a Privacy Management Program, 2012, S. 6.

[2041] OPC (Hrsg.), Getting Accountability Right with a Privacy Management Program, 2012, S. 7; PCPD (Hrsg.), Privacy Management Programme, 2018, S. 38; OAIC (Hrsg.), Privacy management framework, 2015, S. 3.

[2042] Vgl. die erforderlichen Ressourcen für den Datenschutzbeauftragten Artikel-29-Datenschutzgruppe (Hrsg.), WP 243, 2017, S. 16 f.

[2043] Vgl. Artikel-29-Datenschutzgruppe (Hrsg.), WP 243, 2017, S. 17.

[2044] Artikel-29-Datenschutzgruppe (Hrsg.), WP 243, 2017, S. 16 spricht von „aktive Unterstützung"; *Loomans/Matz/Wiedemann*, Praxisleitfaden zur Implementierung eines Datenschutzmanagementsystems, 2014, S. 80; OPC (Hrsg.), Getting Accountability Right with a Privacy Management Program, 2012, S. 6; PCPD (Hrsg.), Privacy Management Programme, 2018, S. 38; OAIC (Hrsg.), Privacy management framework, 2015, S. 3.

[2045] Zur Compliance-Kultur in Unternehmen *Gardyan-Eisenlohr/Knöpfle*, DuD 2017, 69, 71; vgl. auch *Pape*, CCZ 2009, 233, 235.

[2046] *Buttarelli*, The accountability principle in the new GDPR, Rede vom 30.9.2016; *Lubba*, CCZ 2019, 240; vgl. *Pape*, CCZ 2009, 233, 235.

[2047] Vgl. *Pape*, CCZ 2009, 233, 235; *Loomans/Matz/Wiedemann*, Praxisleitfaden zur Implementierung eines Datenschutzmanagementsystems, 2014, S. 80; ICO (Hrsg.), Accountability Framework, 2020, S. 8.

Schutz personenbezogener Daten festlegen soll.[2048] Grundsätzlich versteht man unter einer Strategie die Bestimmung der langfristigen Ziele einer Organisation sowie die Maßnahmen zur Verwirklichung dieser Ziele durch die höchste Managementebene. Auch der Datenschutz-Grundverordnung liegt daher die Idee zugrunde, dass die höchste Managementebene den Schutz personenbezogener Daten zum strategischen Ziel erhebt und durch ein geeignetes Maßnahmenprogramm verwirklicht.[2049] Gestützt wird diese Vorstellung zudem durch Art. 38 Abs. 3 und Art. 39 Abs. 1 b) DS-GVO. Danach berichtet der Datenschutzbeauftragte der höchsten Managementebene des Verantwortlichen auch über die Einhaltung der Strategien für den Schutz personenbezogener Daten. Aus Art. 38 Abs. 2 DS-GVO folgt zudem, dass der Verantwortliche den Datenschutzbeauftragten bei der Erfüllung seiner Aufgaben unterstützen soll, indem er die für die Erfüllung dieser Aufgaben erforderlichen Ressourcen und den Zugang zu personenbezogenen Daten und Verarbeitungsvorgängen sowie die zur Erhaltung seines Fachwissens erforderlichen Ressourcen zur Verfügung stellt. Richtigerweise gilt dies jedoch nicht nur für den Datenschutzbeauftragten, sondern für das gesamte Datenschutzmanagementsystem.

Das Erfordernis der Zustimmung und Unterstützung durch die höchste Managementebene gilt in besonderem Maße für Big-Data-Anwendungen. Für die Datenschutzkultur des Versicherungsunternehmens macht es einen erheblichen Unterschied, ob das Management kommuniziert, dass es Datenschutz als ein innovationsfeindliches Hindernis für Big-Data-Anwendungen halte oder ob es deutlich macht, dass es zwar beabsichtige, das Potenzial von Big Data zu nutzen, sich aber zugleich in der Verantwortung sehe, die Rechte und Freiheiten der betroffenen Personen zu schützen.[2050] Das kommunizierte Leitbild sollte daher eine verantwortungsvolle Nutzung von Big Data im Sinne von „Big Data – Big Accountability" beinhalten.

6.11.2.1.2 Zuweisung von Rollen und Verantwortlichkeiten

Eine der Grundannahmen der Datenschutz-Grundverordnung ist es, dass für den Schutz betroffener Personen eine klare Zuteilung von Verantwortlichkeiten elementar ist.[2051] Direkt bezieht sich dies zwar auf die Verteilung von Pflichten zwischen Verantwortlichen, gemeinsam Verantwortlichen und Auftragsverarbeitern in Art. 26 und 28 DS-GVO. Indirekt gilt diese Prämisse jedoch in gleicher Weise für die Binnenorganisation des Versicherungsunternehmens. So muss insbesondere klar sein, wer innerhalb der Verantwortungssphäre des Versicherungsunternehmens dafür zuständig ist, das Datenschutzmanagementsystem aufzubauen und zu betreiben.[2052]

Das Versicherungsunternehmen muss daher entsprechende Rollen und Verantwortlichkeiten für das Datenschutzmanagement definieren und zuweisen.[2053] Das beinhaltet in jedem Fall die

---

[2048] Zu verschiedenen Strategietypen s. *Koglin*, in: Koreng/Lachenmann, Formularhandbuch Datenschutzrecht, 2. Aufl. 2018, A. III. 1.

[2049] Theoretisch kann es jedoch auch eine „Datenschutzstrategie" des Verantwortlichen sein, durch eine bewusste Nichterfüllung der Anforderungen der Datenschutz-Grundverordnung Kosten- oder Wissensvorteile gegenüber Wettbewerbern zu erzielen; vgl. dazu *Huppertz/Ohrmann*, CR 2011, 449; zu Datenschutzvorschriften als Marktverhaltensregeln *Podszun/Toma*, NJW 2016, 2987, 2989 ff.

[2050] Vgl. EDSB (Hrsg.), Bewältigung der Herausforderungen in Verbindung mit Big Data, 2015, S. 5; ähnlich auch Executive Office of the President (Hrsg.), Big Data: Seizing Opportunities, preserving Values, 2014; vgl. auch die Beispiele bei *Sarunski*, DuD 2016, 424, 425; s. dazu beispielsweise die Leitsätze der *Deutsche Telekom AG* zum Umgang mit Big-Data-Modellen bei *Ulmer*, RDV 2013, 227, 231.

[2051] Vgl. EwG 79 DS-GVO.

[2052] OPC (Hrsg.), Getting Accountability Right with a Privacy Management Program, 2012, S. 7.

[2053] *Gardyan-Eisenlohr/Knöpfle*, DuD 2017, 69, 70; Artikel-29-Datenschutzgruppe (Hrsg.), WP 173, 2010, S. 13; ICO (Hrsg.), Accountability Framework, 2020, S. 8.

Benennung einer Person, die die Gesamtzuständigkeit für den Schutz personenbezogener Daten innehat.[2054] Typischerweise ist das entweder der Datenschutzbeauftragte oder ein *Privacy Officer*.[2055] Je nach Größe und Struktur des Versicherungsunternehmens kann es auch erforderlich sein, weitere Funktionen oder eine eigene Abteilung für Datenschutz einzurichten.[2056]

Aus Sicht der Datenschutz-Grundverordnung ist der Datenschutzbeauftragte die „Schlüsselfigur im neuen Data-Governance-System".[2057] Der Datenschutzbeauftragte ist gemäß EwG 97 S. 1 und Art. 38 Abs. 4 DS-GVO eine Person mit Fachwissen auf dem Gebiet des Datenschutzrechts und der Datenschutzpraxis, die den Verantwortlichen bei der Überwachung der internen Einhaltung der Vorgaben der Datenschutz-Grundverordnung unterstützt. Diese Beschreibung beinhaltet bereits die Kernfunktion des Datenschutzbeauftragten – er ist die „interne Kontrollinstanz" des Versicherungsunternehmens.[2058] Seine Aufgaben gehen jedoch über die eines rein intern wirkenden Überwachungsorgans hinaus.[2059] Aus Art. 38 und 39 DS-GVO wird vielmehr deutlich, dass ihm eine multilaterale Rolle zwischen dem Versicherungsunternehmen, dessen datenverarbeitenden Mitarbeitern, den externen[2060] betroffenen Personen sowie den Datenschutzaufsichtsbehörden zukommen soll.[2061]

Nach der Datenschutz-Grundverordnung und dem Bundesdatenschutzgesetz sind Verantwortliche unter bestimmten Voraussetzungen verpflichtet, einen Datenschutzbeauftragten zu benennen. Diese Pflicht besteht gemäß Art. 37 Abs. 1 a) und Abs. 4 DS-GVO i.V.m. § 38 Abs. 1 S. 1 BDSG für alle Behörden und öffentliche Stellen sowie für alle Verantwortlichen, die in der Regel mindestens 20 Personen ständig mit der automatisierten Verarbeitung personenbezogener Daten beschäftigen. Auf die Art der durchgeführten Verarbeitungstätigkeiten kommt es dabei nicht an. Darüber hinaus besteht nach Art. 37 Abs. 1 b) und c) DS-GVO dieselbe Pflicht für Verantwortliche, deren Kerntätigkeit in der umfangreichen regelmäßigen systematischen Überwachung von betroffenen Personen oder in der umfangreichen Verarbeitung besonderer Kategorien von Daten gemäß Art. 9 Abs. 1 DS-GVO oder von personenbezogenen Daten über strafrechtliche Verurteilungen und Straftaten gemäß Art. 10 S. 1 DS-GVO besteht. Das Gleiche gilt nach Art. 37 Abs. 4 S. 1 DS-GVO i.V.m. § 38 Abs. 1 S. 2 BDSG für Datenverarbeitungen, die einer Datenschutz-Folgenabschätzung nach Art. 35 DS-GVO unterliegen oder für geschäftsmäßige Datenverarbeitungen zum Zweck der Übermittlung, der anonymisierten Übermittlung oder für Zwecke der Markt- oder Meinungsforschung.

[2054] OPC (Hrsg.), Getting Accountability Right with a Privacy Management Program, 2012, S. 7; PCPD (Hrsg.), Privacy Management Programme, 2018, S. 39; OAIC (Hrsg.), Privacy management framework, 2015, S. 3.

[2055] PCPD (Hrsg.), Privacy Management Programme, 2018, S. 39; ICO (Hrsg.), Accountability Framework, 2020, S. 8.

[2056] Artikel-29-Datenschutzgruppe (Hrsg.), WP 243, 2017, S. 17; OPC (Hrsg.), Getting Accountability Right with a Privacy Management Program, 2012, S. 8; PCPD (Hrsg.), Privacy Management Programme, 2018, S. 39; Überblick zu verschiedenen weiteren Funktionen *Schefzig*, in: Moos/Schefzig/Arning, Die neue Datenschutz-Grundverordnung, 2018, Kap. 11, Rn. 176 ff.

[2057] Artikel-29-Datenschutzgruppe (Hrsg.), WP 243, 2017, S. 5.

[2058] *Bergt*, in: Kühling/Buchner, DS-GVO/BDSG, 3. Aufl. 2020, Art. 37 DS-GVO, Rn. 1.

[2059] In der Person des Datenschutzbeauftragten konzentrieren sich Managements-, Beratungs-, Überwachungs-, Informations- und Repräsentationsaufgaben, vgl. BvD (Hrsg.), Das berufliche Leitbild der Datenschutzbeauftragten, 4. Aufl. 2018, S. 30 ff.

[2060] Zur Abgrenzung von den Mitarbeitern des Verantwortlichen als „internen" betroffenen Personen.

[2061] Artikel-29-Datenschutzgruppe (Hrsg.), WP 243, 2017, S. 4.

Unabhängig von der Eigenschaft oder Größe des Versicherungsunternehmens lösen daher Big-Data-Anwendungen regelmäßig eine zwingende Bestellung eines Datenschutzbeauftragten aus. Das liegt daran, dass Art. 37 Abs. 1 b) und c) DS-GVO jeweils an eine umfangreiche Verarbeitung anknüpfen und Big-Data-Anwendungen zudem typischerweise eine Datenschutz-Folgenabschätzung im Sinne von § 38 Abs. 1 S. 2 BDSG erfordern. Auch vorliegend muss das Versicherungsunternehmen zwingend einen Datenschutzbeauftragten bestellen. Diese Verpflichtung ergibt sich allerdings nicht aus Art. 37 Abs. 1 DS-GVO, sondern aus Art. 37 Abs. 4 S. 1 DS-GVO i.V.m. § 38 Abs. 1 S. 1 und 2 BDSG, da das Versicherungsunternehmen typischerweise in der Regel mindestens 20 Personen ständig mit der automatisierten Verarbeitung personenbezogener Daten beschäftigt und zudem die Durchführung einer sozialen Netzwerkanalyse eine vorherige Datenschutz-Folgenabschätzung erforderlich macht.

6.11.2.1.3 Zusammenarbeit mit anderen Organisationsbereichen

Soll das Datenschutzmanagementsystem sicherstellen, dass die Datenverarbeitung des Versicherungsunternehmens im Einklang mit der Datenschutz-Grundverordnung erfolgt, ist es erforderlich, dass die Organisationsbereiche des Versicherungsunternehmens, die personenbezogene Daten verarbeiten, und der Datenschutzbeauftragte eng zusammenarbeiten.[2062]

Innerhalb des Versicherungsunternehmens sind typische datenverarbeitende Organisationsbereiche für interne betroffene Personen die Personalabteilung sowie für externe betroffene Personen die Kundenbetreuung, einschließlich Marketing und Vertrieb. Die wichtigsten Querschnittsbereiche sind die IT- sowie die Finanzabteilung. Speziell im Rahmen der sozialen Netzwerkanalyse sind jedenfalls der Organisationsbereich der Schadensbearbeitung sowie derjenige der Betrugsabwehrspezialisten zu berücksichtigen.[2063]

Eine effektive Zusammenarbeit setzt insbesondere voraus, dass die datenverarbeitenden Organisationsbereiche den Datenschutzbeauftragten ordnungsgemäß und frühzeitig in alle mit dem Schutz personenbezogener Daten zusammenhängenden Fragen einbinden. Das folgt aus Art. 38 Abs. 1 DS-GVO. Wird der Datenschutzbeauftragte nicht oder erst in einem späten Stadium involviert, kann er die anderen Organisationsbereiche nicht oder nur unzureichend gemäß Art. 39 Abs. 1 a) DS-GVO in Bezug auf ihre datenschutzrechtlichen Pflichten unterrichten und beraten. Im Rahmen des Datenschutzmanagementsystems ist daher auch festzulegen, welche Organisationsbereiche zu welchen Zeitpunkten mit dem Datenschutzbeauftragten kommunizieren sollen, um sich über bestehende und geplante Datenverarbeitungstätigkeiten auszutauschen. Schwerpunktmäßig betrifft das die regelmäßige Kommunikation, erfasst sein soll aber auch die anlassbezogene Kommunikation im Fall von potenziellen datenschutzrechtlichen Verstößen.

Darüber hinaus erstreckt sich die Zusammenarbeit mit anderen Organisationsbereichen auch auf die Abstimmung des Datenschutzbeauftragten mit ähnlichen Rollen beim Versicherungsunternehmen, die seine Rolle ergänzen oder sich mit ihr überschneiden.[2064] Solche Schnittmengen bestehen insbesondere mit der Rolle des Informationssicherheitsbeauftragten oder *Chief Information Security Officer*, aber

---

[2062] *Gossen/Schramm*, ZD 2017, 7, 8.

[2063] Zum Ablauf der Schadensbearbeitung ab S. 21.

[2064] *Gardyan-Eisenlohr/Knöpfle*, DuD 2017, 69, 73; OPC (Hrsg.), Getting Accountability Right with a Privacy Management Program, 2012, S. 7; ICO (Hrsg.), Accountability Framework, 2020, S. 11 f.

beispielsweise auch mit der Rechts- sowie der Compliance-Abteilung.[2065] Eine enge Zusammenarbeit ist erforderlich, um etwaig auftretende Doppelungen oder Lücken von Aufgaben zu verhindern.[2066] Wie auch bei den datenverarbeitenden Organisationsbereichen sollte im Rahmen des Datenschutzmanagementsystems definiert werden, wie die beteiligten Personen regelmäßig sowie anlassbezogen miteinander kommunizieren sollen.

Gerade bei Big-Data-Anwendungen ist eine enge Zusammenarbeit des Datenschutzbeauftragten mit den anderen Organisationsbereichen unverzichtbar. Aufgrund verschiedener Big-Data-Charakteristika ist eine Verarbeitung personenbezogener Daten im Einklang mit der Datenschutz-Grundverordnung zwar nicht ausgeschlossen, jedoch stets äußerst anspruchsvoll. Es ist daher von entscheidender Bedeutung, dass der Datenschutzbeauftragte so früh wie möglich in die Diskussion und Planung von Big-Data-Anwendungen eingebunden wird. Auf diese Weise ist es ihm möglich, die jeweiligen Organisationsbereiche im Sinne von Art. 39 Abs. 1 a) DS-GVO über ihre datenschutzrechtlichen Pflichten zu unterrichten und zu beraten sowie Gestaltungsvorschläge für die Entwicklung datenschutzfreundlicher Technologie einzubringen.

Auch in Bezug auf die soziale Netzwerkanalyse muss der Datenschutzbeauftragte frühzeitig in alle mit dem Schutz personenbezogener Daten zusammenhängenden Fragen eingebunden werden. Das gilt schon alleine aufgrund der gemäß Art. 39 Abs. 1 c) DS-GVO vorgesehenen Beratung im Zusammenhang mit der Datenschutz-Folgenabschätzung und der Überwachung ihrer Durchführung. Aber auch nach Einführung der sozialen Netzwerkanalyse ist ein regelmäßiger Austausch zwischen dem Datenschutzbeauftragten und insbesondere dem Organisationsbereich der Betrugsabwehrspezialisten vorzusehen.

6.11.2.1.4 Einrichtung eines Berichtswesens

Ein weiteres wichtiges Element der Datenschutz-Governance ist die Einrichtung eines Berichtswesens, auch „Reporting" genannt.[2067] Das Versicherungsunternehmen muss sicherstellen, dass die getroffenen Steuerungs- und Regelungsmaßnahmen effektiv sind und dass das Datenschutzmanagementsystem Wirkung entfaltet. Dazu benötigt es eine Rückkopplung bzw. ein Feedback in Form von Berichten. Das gilt nicht nur, aber auch für Big-Data-Verfahren.

Die Einrichtung eines Berichtswesen ist auch in der Datenschutz-Grundverordnung angelegt. So sieht Art. 38 Abs. 3 S. 3 DS-GVO vor, dass der Datenschutzbeauftragte unmittelbar der höchsten Managementebene des Verantwortlichen berichtet. Was Gegenstand der Berichte sein soll, wird nicht weiter präzisiert. Sinnvollerweise beziehen sie sich jedoch auf die Einhaltung der datenschutzrechtlichen Vorschriften sowie der vom Versicherungsunternehmen getroffenen Maßnahmen. Wie auch bei der Zusammenarbeit mit anderen Organisationsbereichen lassen sich dabei regelmäßige und anlassbezogene Berichte unterscheiden. Regelmäßige Berichte können beispielsweise vorab definierte Kennzahlen enthalten und monatlich, quartalsweise oder jährlich erstattet werden.[2068] Dagegen resultieren anlassbezogene Berichte typischerweise

---

[2065] *Lubba*, CCZ 2019, 240, 241; vgl. auch die Gegenüberstellung der Tätigkeiten des Datenschutzbeauftragten und des Informationssicherheitsbeauftragten bei *Müller*, in: Koreng/Lachenmann, Formularhandbuch Datenschutzrecht, 2. Aufl. 2018, E. I. 4.

[2066] *Gardyan-Eisenlohr/Knöpfle*, DuD 2017, 69, 73.

[2067] OPC (Hrsg.), Getting Accountability Right with a Privacy Management Program, 2012, S. 8; PCPD (Hrsg.), Privacy Management Programme, 2018, S. 41; OAIC (Hrsg.), Privacy management framework, 2015, S. 3; ICO (Hrsg.), Accountability Framework, 2020, S. 8.

[2068] ICO (Hrsg.), Accountability Framework, 2020, S. 97; zu Kennzahlen zur Messung des Datenschutzmanagementsystems ab S. 339.

aus Sondersituationen wie beispielsweise einer Datenpanne und erfordern die umgehende Benachrichtigung des Managements.[2069]

6.11.2.2 Übersicht und Risikomanagement

6.11.2.2.1 Verzeichnis von Verarbeitungstätigkeiten

Die Rechenschaftspflicht des Art. 5 Abs. 2 DS-GVO ist umfassend und erstreckt sich auf alle Datenverarbeitungsvorgänge des Versicherungsunternehmens. Muss das Versicherungsunternehmen dafür Sorge tragen, dass alle Verarbeitungstätigkeiten im Einklang mit der Datenschutz-Grundverordnung erfolgen, benötigt es stets eine umfassende Übersicht derselben in Form eines Inventars oder eines Bestandsverzeichnisses.[2070]

Diese Notwendigkeit hat auch die Datenschutz-Grundverordnung erkannt und verpflichtet den Verantwortlichen in Art. 30 Abs. 1 S. 1 DS-GVO dazu, ein Verzeichnis aller Verarbeitungstätigkeiten, die seiner Zuständigkeit unterliegen, zu führen. Das Verzeichnis der Verarbeitungstätigkeiten dient nicht nur gemäß EwG 82 S. 1 DS-GVO dem Nachweis der Einhaltung der Datenschutz-Grundverordnung, sondern es ist vielmehr eine Grundvoraussetzung für alle Steuerungs- und Regelungsmaßnahmen des Verantwortlichen.[2071] Dem liegt eine ähnliche Logik wie den Betroffenenrechten zugrunde – Transparenz ist unerlässlich, um die Zulässigkeit der Datenverarbeitung kontrollieren und gegebenenfalls steuern zu können.

In Art. 30 Abs. 1 S. 2 DS-GVO definiert die Datenschutz-Grundverordnung, welche Angaben das Verzeichnis der Verarbeitungstätigkeit enthalten muss. Wie auch bei Art. 13 bis 15 DS-GVO lassen sich die Pflichtangaben in Informationen zum Verantwortlichen sowie Informationen zur spezifischen Verarbeitung einteilen. Die Gruppe der Informationen zu den Betroffenenrechten fehlt hier sinnvollerweise. Im Einzelnen muss das Verzeichnis der Verarbeitungstätigkeiten mindestens folgende Angaben enthalten:[2072]

- Name und Kontaktdaten des Verantwortlichen,

- Ggf. Name und Kontaktdaten des Vertreters,

- Ggf. Name und Kontaktdaten des Datenschutzbeauftragten,

- Zwecke,

- Kategorien von betroffenen Personen,

- Kategorien von personenbezogenen Daten,

- Kategorien von Empfängern der personenbezogenen Daten,

- Absicht von Drittstaattransfers und ggf. Garantien und Einsehbarkeit,

- Löschfristen

- Technische und organisatorische Maßnahmen gemäß Art. 32 Abs. 1 DS-GVO

[2069] OPC (Hrsg.), Getting Accountability Right with a Privacy Management Program, 2012, S. 8; PCPD (Hrsg.), Privacy Management Programme, 2018, S. 41.

[2070] Artikel-29-Datenschutzgruppe (Hrsg.), WP 173, 2010, S. 12; OPC (Hrsg.), Getting Accountability Right with a Privacy Management Program, 2012, S. 9; PCPD (Hrsg.), Privacy Management Programme, 2018, S. 43; OAIC (Hrsg.), Privacy management framework, 2015, S. 4; ICO (Hrsg.), Accountability Framework, 2020, S. 48.

[2071] Ähnlich auch *Hamann*, BB 2017, 1090, 1093; ICO (Hrsg.), Accountability Framework, 2020, S. 45.

[2072] Beispiel für ein Verzeichnis der Verarbeitungstätigkeiten bei Bitkom (Hrsg.), Das Verfahrensverzeichnis, 2017, S. 29 ff.

Aus dem Vorstehenden wird deutlich, dass die Informationen zur spezifischen Verarbeitung in Art. 30 Abs. 1 S. 2 DS-GVO und in den Art. 13 bis 15 DS-GVO zwar ähnlich, aber nicht deckungsgleich sind. So muss das Versicherungsunternehmen in das Verzeichnis der Verarbeitungstätigkeiten auch gemäß Art. 30 Abs. 1 S. 2 c) DS-GVO eine Beschreibung der Kategorien betroffener Personen sowie gemäß Art. 30 Abs. 1 S. 2 g) DS-GVO eine Beschreibung der technischen und organisatorischen Maßnahmen gemäß Art. 32 Abs. 1 DS-GVO aufnehmen. Andere Angaben wie beispielsweise die Rechtsgrundlage fehlen dagegen ohne erkennbaren Grund.

Um seiner Rechenschaftspflicht nachzukommen muss das Versicherungsunternehmen für die soziale Netzwerkanalyse mindestens die nach Art. 30 Abs. 1 S. 2 DS-GVO erforderlichen Angaben in das Verzeichnis der Verarbeitungstätigkeiten aufnehmen. Für den Aufbau und Betrieb eines Datenschutzmanagementsystems kann das Versicherungsunternehmen das Verzeichnis der Verarbeitungstätigkeiten aber auch übererfüllen und gewissermaßen zu einem „Super-Verzeichnis" ausbauen. Konkret bedeutet das, dass das Verzeichnis der Verarbeitungstätigkeiten nicht nur die in Art. 30 Abs. 1 S. 2 DS-GVO vorgesehenen Pflichtangaben enthält, sondern um weitere Angaben und Maßnahmen ergänzt wird, die das Versicherungsunternehmen kontrollieren und steuern muss.[2073]

Zunächst können diejenigen Informationen integriert werden, die das Versicherungsunternehmen ohnehin im Rahmen der Art. 13 bis 15 DS-GVO erteilen muss, also die zugehörige Rechtsgrundlage und die Herkunft der Daten.[2074] Dies erlaubt es ihm, bei der Informationserteilung die entsprechenden Angaben aus dem Verfahrensverzeichnis zu generieren.[2075] Darüber hinaus lassen sich auch einzelne Pflichtangaben des Art. 30 Abs. 1 S. 2 DS-GVO um eng verwandte Informationen erweitern. So ist es beispielsweise sinnvoll, nicht nur die Empfänger oder Empfängerkategorien zu identifizieren, sondern in diesem Zusammenhang auch ihre jeweilige datenschutzrechtliche Rolle – Auftragsverarbeiter, gemeinsam Verantwortlicher oder separat Verantwortlicher – zu bewerten.[2076] Wie zuvor beschrieben kann gerade bei der Einschaltung externer Akteure zur Durchführung von Big-Data-Verfahren die Einordnung anspruchsvoll sein. Das Versicherungsunternehmen sollte daher die Bewertung der jeweiligen Rollen auch entsprechend dokumentieren. Auf diese Weise kann es zudem sicherstellen, dass es angemessene Verträge oder andere Rechtsinstrumente mit dem jeweiligen Empfänger vereinbart hat.[2077] Eine zentrale Rolle kann das Verzeichnis der Verarbeitungstätigkeiten auch für die systematische Identifizierung und Behandlung von Risiken geplanter oder bestehender Verarbeitungstätigkeiten spielen.[2078] So kann das Versicherungsunternehmen beispielsweise für jeden aufgeführten Verarbeitungsvorgang – einschließlich der sozialen Netzwerkanalyse – die damit verbundenen

---

[2073] So auch Bitkom (Hrsg.), Das Verfahrensverzeichnis, 2017, S. 17 f.; ICO (Hrsg.), Accountability Framework, 2020, S. 50.

[2074] Bitkom (Hrsg.), Das Verfahrensverzeichnis, 2017, S. 17; so zumindest für Vorgänge, die auf einer Einwilligung beruhen *Gossen/Schramm*, ZD 2017, 7, 12; ICO (Hrsg.), Accountability Framework, 2020, S. 50.

[2075] *Gossen/Schramm*, ZD 2017, 7, 12.

[2076] ICO (Hrsg.), Accountability Framework, 2020, S. 50.

[2077] Vgl. *Gossen/Schramm*, ZD 2017, 7, 11.

[2078] So auch Artikel-29-Datenschutzgruppe (Hrsg.), Position Paper on the derogations from the obligation to maintain records of processing activities pursuant to Article 30 (5) GDPR, 2018, S. 2; *Thoma*, ZD 2013, 578, 579; *Hamann*, BB 2017, 1090, 1093.

Risiken bewerten und ergänzen, ob eine Datenschutz-Folgenabschätzung gemäß Art. 35 DS-GVO erforderlich ist und durchgeführt wurde.[2079] Auf diese Weise kann das Verzeichnis der Verarbeitungstätigkeiten von einem einfachen Bestandsverzeichnis zu einem zentralen Kontroll- und Steuerungsinstrument aufgewertet werden, das dem Versicherungsunternehmen einen holistischen Blick auf seine Datenverarbeitungsvorgänge verschafft und als Grundlage für weitere Maßnahmen zur Sicherstellung der „Big Accountability" dienen kann.[2080]

6.11.2.2.2 Risikomanagement und Datenschutz-Folgenabschätzung

Wie bereits beschrieben muss das Versicherungsunternehmen gemäß Art. 24 Abs. 1 S. 1 DS-GVO unter Berücksichtigung der Art, des Umfangs, der Umstände und der Zwecke der Verarbeitung sowie der unterschiedlichen Eintrittswahrscheinlichkeit und Schwere der Risiken für die Rechte und Freiheiten natürlicher Personen geeignete technische und organisatorische Maßnahmen umsetzen, um sicherzustellen und den Nachweis dafür erbringen zu können, dass die Verarbeitung gemäß der Datenschutz-Grundverordnung erfolgt.

Die Rechenschaftspflicht im Allgemeinen und der risikobasierte Ansatz im Besonderen erfordern also, dass das Versicherungsunternehmen ein geeignetes Risikomanagement betreibt, mit dessen Hilfe es die Risiken ermitteln, analysieren, beurteilen, bewerten und bearbeiten sowie regelmäßig überprüfen kann.[2081] Auch für das Datenschutzmanagementsystem bringt ein methodisches Risikomanagement erhebliche Vorteile mit sich.[2082] Es erlaubt dem Versicherungsunternehmen, seine Maßnahmen zur Sicherstellung der Rechenschaft zu priorisieren und zu konzentrieren.[2083] Solche Verarbeitungsvorgänge, die mit höheren Risiken für die betroffenen Personen verbunden sind, sollten von ihm vorrangig und verstärkt behandelt werden.[2084]

Als ein besonderes Instrument des Risikomanagements hat die Datenschutz-Grundverordnung in Art. 35 DS-GVO die Datenschutz-Folgenabschätzung eingeführt.[2085] Dabei handelt es sich um ein vorgelagertes „Verfahren, anhand dessen die Verarbeitung beschrieben, ihre Notwendigkeit und Verhältnismäßigkeit bewertet und die Risiken für die Rechte und Freiheiten natürlicher Personen, die die Verarbeitung personenbezogener Daten mit sich bringt, durch eine entsprechende Risikoabschätzung und die Ermittlung von Gegenmaßnahmen besser

---

[2079] Bitkom (Hrsg.), Das Verfahrensverzeichnis, 2017, S. 18; *Gossen/Schramm*, ZD 2017, 7, 11; vgl. auch Artikel-29-Datenschutzgruppe (Hrsg.), WP 248, 2017, S. 7 und 14; ICO (Hrsg.), Accountability Framework, 2020, S. 50; zur Datenschutz-Folgenabschätzung ab S. 324.

[2080] Vgl. *Buttarelli*, The accountability principle in the new GDPR, Rede vom 30.9.2016; ähnlich auch *Thoma*, ZD 2013, 578, 579.

[2081] Artikel-29-Datenschutzgruppe (Hrsg.), WP 248, 2017, S. 6; OPC (Hrsg.), Getting Accountability Right with a Privacy Management Program, 2012, S. 12; PCPD (Hrsg.), Privacy Management Programme, 2018, S. 46; OAIC (Hrsg.), Privacy management framework, 2015, S. 4; ICO (Hrsg.), Accountability Framework, 2020, S. 68.

[2082] Vgl. *Thoma*, ZD 2013, 578.

[2083] *Thoma*, ZD 2013, 578 f.

[2084] *Wichtermann*, DuD 2016, 797, 799; *Gardyan-Eisenlohr/Knöpfle*, DuD 2017, 69, 73.

[2085] Artikel-29-Datenschutzgruppe (Hrsg.), WP 248, 2017, S. 6, 21; zur Bedeutung von Folgeabschätzungen Artikel-29-Datenschutzgruppe (Hrsg.), WP 173, 2010, S. 13; PCPD (Hrsg.), Privacy Management Programme, 2018, S. 46; OAIC (Hrsg.), Privacy management framework, 2015, S. 4; ICO (Hrsg.), Accountability Framework, 2020, S. 68.

kontrolliert werden sollen."[2086] Das Ziel der Datenschutz-Folgenabschätzung ist es, die Datenverarbeitung und die mit ihr verbundenen Risiken beherrschbar zu machen.[2087]

Das Konzept der Datenschutz-Folgenabschätzung ist keine gänzlich neue Erfindung der Datenschutz-Grundverordnung, sondern eine spezifische Form der bereits bekannten und bewährten Technikfolgenabschätzung.[2088] Die Aufgabe einer Technikfolgenabschätzung besteht darin, die voraussichtlichen Folgen bestimmter Technologien für die Gesellschaft, Umwelt und Wirtschaft zu ermitteln.[2089] Verglichen mit der Technikfolgenabschätzung ist der Fokus der Datenschutz-Folgenabschätzung enger. Ermittelt wird gemäß Art. 35 Abs. 1 S. 1 DS-GVO nur, welche Folgen bestimmte Formen der Datenverarbeitung – insbesondere bei Verwendung neuer Technologien – für den Schutz personenbezogener Daten haben.[2090]

6.11.2.2.2.1 Voraussetzungen der Datenschutz-Folgenabschätzung

Auch wenn die Datenschutz-Folgenabschätzung ein wichtiges Instrument der Rechenschaftspflicht ist, verlangt die Datenschutz-Grundverordnung nicht, dass das Versicherungsunternehmen für jede Verarbeitung personenbezogener Daten eine solche Abschätzung durchführen muss. So stellt Art. 35 Abs. 1 S. 1 DS-GVO klar, dass dies nur der Fall ist, wenn eine Form der Verarbeitung, insbesondere bei Verwendung neuer Technologien, aufgrund der Art, des Umfangs, der Umstände und der Zwecke der Verarbeitung voraussichtlich ein hohes Risiko für die Rechte und Freiheiten natürlicher Personen zur Folge hat. Dabei handelt es sich um eine Ausprägung des zuvor beschriebenen risikobasierten Ansatzes der Datenschutz-Grundverordnung.[2091] Ob eine bestimmte Datenverarbeitung voraussichtlich ein hohes Risiko für die betroffenen Personen auslöst, ist unter Berücksichtigung der Generalklausel des Art. 35 Abs. 1 S. 1 DS-GVO, der Regelbeispiele des Art. 35 Abs. 3 DS-GVO und der öffentlichen Listen der Datenschutzaufsichtsbehörden gemäß Art. 35 Abs. 4 S. 1 und Abs. 5 S. 1 DS-GVO zu ermitteln.

Die Generalklausel des Art. 35 Abs. 1 S. 1 DS-GVO nennt zur Bestimmung des Risikos die schon bekannten vier Elemente der Art, des Umfangs, der Umstände und der Zwecke der Verarbeitung sowie zusätzlich die Verwendung neuer Technologien. In Art. 35 Abs. 3 DS-GVO wird diese Generalklausel durch drei verschiedene Regelbeispiele konkretisiert. Danach ist eine Datenschutz-Folgenabschätzung gemäß Art. 35 Abs. 1 S. 1 DS-GVO insbesondere für folgende Datenverarbeitungen erforderlich:

-   Systematische und umfassende Bewertung persönlicher Aspekte natürlicher Personen, die sich auf automatisierte Verarbeitung einschließlich Profiling gründet und die ihrerseits als Grundlage für Entscheidungen dient, die Rechtswirkung gegenüber natürlichen Personen entfalten oder diese in ähnlich erheblicher Weise beeinträchtigen

-   Umfangreiche Verarbeitung besonderer Kategorien von personenbezogenen Daten gemäß Art. 9 Abs. 1 DS-GVO oder von personenbezogenen Daten über strafrechtliche Verurteilungen und Straftaten gemäß Art. 10 DS-GVO

[2086] Artikel-29-Datenschutzgruppe (Hrsg.), WP 248, 2017, S. 4.

[2087] *Hansen*, DuD 2016, 587.

[2088] *Martini*, in: Paal/Pauly, DS-GVO BDSG, 3. Aufl. 2021, Art. 35, Rn. 3; *Hansen*, DuD 2016, 587.

[2089] *Hansen*, DuD 2016, 587; grundsätzlich zur Technikfolgenabschätzung *Grunwald*, Technikfolgenabschätzung – eine Einführung, 2010; zur Geschichte der Technikfolgenabschätzung *Saretzki*, in: bpb, Technik, Folgen, Abschätzung, 2014; S. 14 ff.; zur rechtswissenschaftlichen Technikfolgenabschätzung s. *Roßnagel*, Rechtswissenschaftliche Technikfolgenforschung, 1993.

[2090] *Hansen*, DuD 2016, 587; Forum Privatheit (Hrsg.), Datenschutz-Folgeabschätzung, 2017, S. 7.

[2091] Artikel-29-Datenschutzgruppe (Hrsg.), WP 248, 2017, S. 7; *Wichtermann*, DuD 2016, 797, 799.

– Systematische umfangreiche Überwachung öffentlich zugänglicher Bereiche.

Diese Regelbeispiele sind nicht abschließend.[2092] Die Generalklausel des Art. 35 Abs. 1 S. 1 DS-GVO findet daher darüber hinaus weiterhin Anwendung. Um letztere zu konkretisieren, hat die *Artikel-29-Datenschutzgruppe* verschiedene Kriterien entwickelt, die dem Verantwortlichen dabei helfen sollen, zu ermitteln, ob eine bestimmte Datenverarbeitung voraussichtlich zu einem hohen Risiko für die betroffenen Personen führt.[2093] Die von ihr vorgeschlagenen neun Kriterien bestehen aus:

– Bewerten oder Einstufen,

– Automatisierte Entscheidungsfindung mit Rechtswirkung oder ähnlich bedeutsamer Wirkung,

– Systematische Überwachung,

– Vertrauliche Daten oder höchst persönliche Daten,

– Datenverarbeitung in großem Umfang,

– Abgleichen oder Zusammenführen von Datensätzen,

– Daten zu schutzbedürftigen Betroffenen,

– Innovative Nutzung oder Anwendung neuer technologischer oder organisatorischer Lösungen

– Fälle, in denen die Verarbeitung an sich die betroffenen Personen an der Ausübung eines Rechts oder der Nutzung einer Dienstleistung bzw. Durchführung eines Vertrags hindert

Je mehr Kriterien die geplante Datenverarbeitung verwirklicht, desto eher ist von einem voraussichtlich hohen Risiko für die betroffenen Personen auszugehen. Sofern jedoch mindestens zwei Kriterien erfüllt sind, ist typischerweise eine Datenschutz-Folgenabschätzung durchführen.[2094] Darüber hinaus muss das Versicherungsunternehmen die öffentlichen Listen der Datenschutzaufsichtsbehörden gemäß Art. 35 Abs. 4 S. 1 und Abs. 5 S. 1 DS-GVO beachten. Nach diesen Vorschriften können die Datenschutzaufsichtsbehörden Listen von Verarbeitungsvorgängen veröffentlichen, für die eine Datenschutz-Folgenabschätzung erforderlich – auch als „Blacklist" bezeichnet – oder nicht erforderlich – auch „Whitelist" genannt – sein soll.

Aus dem Vorstehenden folgt somit, dass das Versicherungsunternehmen zwar nicht für jede geplante oder bereits bestehende Datenverarbeitung eine Datenschutz-Folgenabschätzung durchführen muss. Es muss jedoch für jede dieser Datenverarbeitungen zumindest eine Risikobewertung vornehmen und prüfen, ob im konkreten Fall eine Datenschutz-Folgenabschätzung obligatorisch ist.[2095]

Für Big-Data-Anwendungen stellt die Datenschutz-Folgenabschätzung ein Standardinstrument des Datenschutzmanagementsystems dar. Zwar ist in der Konzeption der Datenschutz-Grundverordnung die Datenschutz-Folgenabschätzung ein Verfahren, das nur ausnahmsweise im Falle voraussichtlich hoher Risiken zur Anwendung kommen soll. Bei Big

---

[2092] Artikel-29-Datenschutzgruppe (Hrsg.), WP 248, 2017, S. 10.

[2093] Artikel-29-Datenschutzgruppe (Hrsg.), WP 248, 2017, S. 10 ff.

[2094] Artikel-29-Datenschutzgruppe (Hrsg.), WP 248, 2017, S. 12 f.

[2095] *Hansen*, DuD 2016, 587, 589; Forum Privatheit (Hrsg.), Datenschutz-Folgeabschätzung, 2017, S. 20; *Wichtermann*, DuD 2016, 797, 799.

Data kehrt sich jedoch dieses Regel-Ausnahme-Verhältnis um, denn verschiedene Big-Data-Charakteristika lösen typischerweise eine Vielzahl von Risikomerkmalen des Art. 35 DS-GVO aus.

So impliziert das Big-Data-Merkmal *Volume* regelmäßig eine umfangreiche Datenverarbeitung im Sinne der Regelbeispiele der Art. 35 Abs. 3 b) und c) DS-GVO.[2096] Fortschrittliche Analyseformen von Big-Data-*Analytics* liefern Anreize für vollautomatisierte Entscheidungsprozesse gemäß Art. 22 Abs. 1 DS-GVO und damit auch im Sinne von Art. 35 Abs. 3 a) DS-GVO. Blickt man auf die Generalklausel des Art. 35 Abs. 1 S. 1 DS-GVO erfüllt nahezu jedes Big-Data-Verfahren schon die Voraussetzungen „Umfang" und „Verwendung neuer Technologien".[2097] Das Gleiche gilt für die von der *Artikel-29-Datenschutzgruppe* entwickelten Kriterien. Auch hier bedeutet das Merkmal *Volume* immer eine „Datenverarbeitung in großem Umfang". Sofern sich das Merkmal *Variety* auf die Datenquellen bezieht, erfüllt dies nicht selten das Merkmal „Abgleichen oder Zusammenführen von Datensätzen". Und der Großteil der Analyseformen von Big-Data-*Analytics* wird eine Art von „Bewerten oder Einstufen" oder „Innovative Nutzung oder Anwendung neuer technologischer oder organisatorischer Lösungen" beinhalten. Verstärkt wird diese Tendenz noch bei Einsatzfeldern wie *People Analytics* oder *Fraud Analytics*, die üblicherweise noch weitere Kriterien wie „Systematische Überwachung", „Daten zu schutzbedürftigen Personen" sowie „Fälle, in denen die Verarbeitung an sich die betroffenen Personen an der Ausübung eines Rechts oder der Nutzung einer Dienstleistung bzw. Durchführung eines Vertrags hindert" erfüllen.

Auch aus der Perspektive des Versicherungsunternehmens ist das Erstarken der Datenschutz-Folgenabschätzung zu einem unabdingbaren Element des Risikomanagements im Rahmen von Big Data zu begrüßen. So kann dem Versicherungsunternehmen die Datenschutz-Folgenabschätzung nicht nur dabei helfen, die datenschutzkonforme Verarbeitung personenbezogener Daten sicherzustellen und nachzuweisen. Gerade bei Datenverarbeitungsvorgängen wie Big Data kann sie auch dazu beitragen, Transparenz zu schaffen, das Vertrauen in solche oftmals mit großen Unsicherheiten behafteten Verarbeitungen zu stärken und die Übernahme von Verantwortung zu demonstrieren.[2098] Das gilt jedenfalls in Bezug auf das Verhältnis des Versicherungsunternehmens zu den Datenschutzaufsichtsbehörden. Die gleichen Effekte können jedoch auch in Bezug auf die betroffenen Personen erzielt werden, sofern sich das Versicherungsunternehmen für eine teilweise Veröffentlichung der durchgeführten Datenschutz-Folgenabschätzung entscheidet.[2099] Darüber hinaus kann das Versicherungsunternehmen die Datenschutz-Folgenabschätzung auch gezielt einsetzen, um datenschutzfreundliche Technik zu entwickeln.[2100] Sind geeignete technische und organisatorische Maßnahmen zu treffen, hat das Versicherungsunternehmen gemäß Art. 25 Abs. 1 und 2 DS-GVO insbesondere den Grundsätzen des Datenschutzes durch Technikgestaltung und durch datenschutzfreundliche Voreinstellungen Rechnung zu tragen.[2101] Je früher eine Datenschutz-Folgenabschätzung vorgenommen wird, desto besser können datenschutzrechtliche Anforderungen in die

---

[2096] Vgl. *Mantelero*, CLSR 2014, 643, 656.

[2097] Vgl. *Schmitz/von Dall'Armi*, ZD 2017, 57, 58.

[2098] Vgl. Artikel-29-Datenschutzgruppe (Hrsg.), WP 248, 2017, S. 22; ähnlich auch *Wichtermann*, DuD 2016, 797, 798.

[2099] Artikel-29-Datenschutzgruppe (Hrsg.), WP 248, 2017, S. 22.

[2100] *Schmitz/von Dall'Armi*, ZD 2017, 57, 64; *Wichtermann*, DuD 2016, 797, 798.

[2101] Vgl. auch EwG 78 S. 2 DS-GVO.

technische Entwicklung und Gestaltung integriert werden.[2102] Für das Versicherungsunternehmen ist eine frühzeitige Berücksichtigung vorzugswürdig, denn muss eine bereits entwickelte Technik im Nachhinein aufgrund von Verletzungen der Datenschutz-Grundverordnung angepasst werden, ist das technisch aufwändig und kostenintensiv.[2103]

Diese allgemeinen Erwägungen zu Big Data gelten in gleicher Weise für die soziale Netzwerkanalyse. So ist auch hier das Versicherungsunternehmen verpflichtet, vorab eine Datenschutz-Folgenabschätzung durchzuführen. Dies ergibt sich jedenfalls aus Art. 35 Abs. 1 S. 1 DS-GVO. Die soziale Netzwerkanalyse verwirklicht mindestens vier der neun vorgeschlagenen Kriterien und führt daher nach der Vorprüfung voraussichtlich zu einem hohen Risiko für die betroffenen Personen.

Erstens beinhaltet die soziale Netzwerkanalyse eine Bewertung oder Einstufung der betroffenen Personen.[2104] Wie bereits zuvor festgestellt ist die soziale Netzwerkanalyse als Profiling im Sinne von Art. 4 Nr. 4 DS-GVO zu qualifizieren.[2105] Gegenstand des Profiling ist die Untersuchung der Beziehungen der konkret am Unfall Beteiligten zu allen anderen Personen, die in einer bestimmten Zeitspanne an Unfällen beteiligt waren. Eine Bewertung findet derart statt, dass das soziale Netzwerk auf Anomalien untersucht wird, also darauf, ob zwischen einzelnen Personen, Beziehungen bestehen, die sich bei lebensnaher Betrachtung nicht durch Zufall erklären lassen.

Zweitens bringt die soziale Netzwerkanalyse eine Datenverarbeitung in großem Umfang mit sich. Zum einen handelt es sich um eine große Zahl betroffener Personen, da prinzipiell jeder Versicherungsnehmer, jede mitversicherte Person sowie jeder Geschädigte und jeder Zeuge erfasst und geprüft wird.[2106] Zudem impliziert eine große Zahl betroffener Personen eine große Menge verarbeiteter Daten.[2107] Zum anderen führt auch die grundsätzliche Speicherdauer von vier Jahren zu einer eher umfangreichen Datenverarbeitung.[2108]

Drittens handelt es sich bei der sozialen Netzwerkanalyse um eine innovative Nutzung oder Anwendung neuer technologischer oder organisatorischer Lösungen. Zwar ist das Konzept der sozialen Netzwerkanalyse nicht neu, jedoch bedeutet gerade die Kombination mit Big Data und der Einsatz zum Zwecke der Betrugserkennung eine neuartige Form der Datenerfassung und -nutzung, deren Auswirkungen bislang noch kaum erforscht sind.[2109]

Schließlich und viertens betrifft die soziale Netzwerkanalyse Fälle, in denen die Verarbeitung an sich die betroffenen Personen an der Ausübung eines Rechts oder der Nutzung einer Dienstleistung bzw. Durchführung eines Vertrags hindert.[2110] Mit letzterem ist gemeint, dass „der Zugriff auf eine Dienstleistung oder der Abschluss eines Vertrags gestattet, geändert oder verwehrt werden soll". Genau das ist jedoch der originäre Zweck der sozialen Netzwerkanalyse.

[2102] Speziell mit Blick auf Big-Data-Verfahren BfDI (Hrsg.), 25. Tätigkeitsbericht 2013/2014, 2015, S. 40; OAIC (Hrsg.), Guide to data analytics and the Australian Privacy Principles, 2018, S. 14 ff.

[2103] *Wichtermann*, DuD 2016, 797, 798; Artikel-29-Datenschutzgruppe (Hrsg.), WP 175, 2010, S. 5; OPC (Hrsg.), Getting Accountability Right with a Privacy Management Program, 2012, S. 12.

[2104] Vgl. Artikel-29-Datenschutzgruppe (Hrsg.), WP 248, 2017, S. 10 bejaht Kriterium, wenn ein Finanzinstitut eine Betrugsdatenbank nach seinen Kunden durchsucht.

[2105] Zur Einstufung der sozialen Netzwerkanalyse als Profiling ab S. 220.

[2106] Vgl. Artikel-29-Datenschutzgruppe (Hrsg.), WP 248, 2017, S. 11.

[2107] Vgl. Artikel-29-Datenschutzgruppe (Hrsg.), WP 248, 2017, S. 11.

[2108] Vgl. Artikel-29-Datenschutzgruppe (Hrsg.), WP 248, 2017, S. 11; zur Bestimmung der grundsätzlichen Speicherdauer ab S. 297.

[2109] Vgl. Artikel-29-Datenschutzgruppe (Hrsg.), WP 248, 2017, S. 12.

[2110] Vgl. Artikel-29-Datenschutzgruppe (Hrsg.), WP 248, 2017, S. 13.

Mit ihrer Hilfe prüft das Versicherungsunternehmen, wie es gegenüber den Unfallbeteiligten leistet, also, ob es den geltend gemachten Schadensersatzanspruch befriedigt oder abwehrt.[2111]

6.11.2.2.2.2 Methodik der Datenschutz-Folgenabschätzung

Ergibt die Risikobewertung nach Art. 35 Abs. 1 S. 1, Abs. 3 oder Abs. 4 S. 1 DS-GVO, dass eine Datenschutz-Folgenabschätzung durchzuführen ist, muss sich das Versicherungsunternehmen für eine bestimmte Methodik entscheiden. Die Datenschutz-Grundverordnung selbst gibt kein konkretes Verfahren vor, sondern definiert in Art. 35 Abs. 7 DS-GVO nur verschiedene Anforderungen, die jede Methodik erfüllen muss:

- Beschreibung der geplanten Verarbeitungsvorgänge und der Zwecke der Verarbeitung

- Bewertung der Notwendigkeit und Verhältnismäßigkeit der Verarbeitungsvorgänge in Bezug auf den Zweck

- Bewertung der Risiken für die betroffenen Personen

- Beschreibung der zur Bewältigung der Risiken geplanten Abhilfemaßnahmen

Dahinter steht der Gedanke, dass die Datenschutz-Grundverordnung zwar den Rahmen für Datenschutz-Folgenabschätzungen vorgeben, aber innerhalb dessen dem Verantwortlichen eine gewisse Flexibilität erlauben möchte.[2112] Letzterer soll sich auf diese Weise für diejenige Methodik entscheiden können, die sich bestmöglich in seine konkrete Organisationsstruktur einfügt. Möchte das Versicherungsunternehmen kein eigenes Verfahren entwickeln, kann es sich an den bereits auf internationaler und nationaler Ebene entwickelten Methodiken orientieren.[2113] Auf internationaler Ebene ist das insbesondere der Standard „Guidelines for privacy impact assessment" ISO/IEC 29134:2017, auf nationaler Ebene das „Privacy Impact Assessment" der Commission Nationale de l'Informatique et des Libertés (CNIL) sowie das „Standard-Datenschutzmodell" der Konferenz der unabhängigen Datenschutzaufsichtsbehörden des Bundes und der Länder (DSK).[2114]

Muss das Versicherungsunternehmen für die Datenschutz-Folgenabschätzung eine passende Methodik auswählen, sollte es beachten, dass große Teile der Datenschutz-Folgenabschätzung eng mit der Risikobewertung und Ableitung angemessener technischer und organisatorischer Maßnahmen im Rahmen von Art. 32 Abs. 1 DS-GVO verzahnt sind. Unter der Prämisse, dass sich die gewählte Methodik bestmöglich in die konkrete Organisationsstruktur einfügen soll, sollte sich das Versicherungsunternehmen daher für ein Verfahren entscheiden, das eine solche Integration auch bestmöglich gewährleistet. Gegebenenfalls kann es für das Versicherungsunternehmen sinnvoll sein, auf einem der zuvor beschriebenen anerkannten Verfahren aufzusetzen und dieses unternehmensspezifisch zu modifizieren. Sofern das modifizierte Verfahren die Anforderungen des Art. 35 Abs. 7 DS-GVO erfüllt, bestehen hiergegen keine Bedenken.

[2111] Zu den Leistungsalternativen des Versicherungsunternehmens ab S. 20.

[2112] Artikel-29-Datenschutzgruppe (Hrsg.), WP 248, 2017, S. 21.

[2113] Überblick zu den Methodiken in verschiedenen Rechtsräumen bei Artikel-29-Datenschutzgruppe (Hrsg.), WP 248, 2017, S. 26 f.; Forum Privatheit (Hrsg.), Datenschutz-Folgeabschätzung, 2017, S. 8 ff.; zur Entwicklung von Privacy Impact Assessments auch Clarke, CLSR 2009, 123, 124 ff.

[2114] Artikel-29-Datenschutzgruppe (Hrsg.), WP 248, 2017, S. 26; Hansen, DuD 2016, 587; Wichtermann, DuD 2016, 797; Trautwein/Kurpierz, PinG 2018, 26.

6.11.2.2.2.3 Ergebnisse der Datenschutz-Folgenabschätzung

Bedauerlicherweise beschreibt die Datenschutz-Grundverordnung nur unzureichend, was die möglichen Ergebnisse und die damit verbundenen Folgen einer Datenschutz-Folgenabschätzung sind. Sie lassen sich jedoch aus Art. 36 Abs. 1 und Abs. 2 S. 1 DS-GVO ableiten.

Wie anfangs beschrieben soll die Datenschutz-Folgenabschätzung die mit einer konkreten Datenverarbeitung verbundenen Risiken beherrschbar machen. In der Idealvorstellung leitet also das Versicherungsunternehmen eine Datenverarbeitung, die voraussichtlich zu einem hohen Risiko für die betroffenen Personen führt, in die Datenschutz-Folgenabschätzung ein und reduziert dort das wahrscheinliche hohe Risiko durch technische und organisatorische Maßnahmen auf ein vertretbares Maß.[2115]

Gelingt ihm dies, ist die Datenschutz-Folgenabschätzung erfolgreich und das Versicherungsunternehmen kann die Verarbeitungtätigkeit aufnehmen. Konnte das voraussichtlich hohe Risiko jedoch nicht bewältigt bzw. ausreichend eingedämmt werden, muss das Versicherungsunternehmen gemäß Art. 36 Abs. 1 DS-GVO die zuständige Datenschutzaufsichtsbehörde konsultieren.[2116] Im Rahmen des Konsultationsprozesses unterbreitet diese dem Versicherungsunternehmen gemäß Art. 36 Abs. 2 S. 1 DS-GVO entsprechende schriftliche Empfehlungen und kann ihre in Art. 58 DS-GVO genannten Befugnisse ausüben. Kann das Versicherungsunternehmen die Empfehlungen und Maßnahmen der Datenschutzaufsichtsbehörde umsetzen und das wahrscheinlich hohe Risiko nun auf ein vertretbares Maß reduzieren, darf es die Datenverarbeitung durchführen. Andernfalls verstößt die Datenverarbeitung gegen die Datenschutz-Grundverordnung und ist daher unzulässig.

Gerade bei der sozialen Netzwerkanalyse kann die Datenschutz-Folgenabschätzung dem Versicherungsunternehmen dabei helfen, Risiken beherrschbar zu machen und datenschutzfreundliche Technik im Sinne von Art. 25 Abs. 1 DS-GVO zu entwickeln. Das gilt nicht nur, aber in besonderem Maße für die Integration von Pseudonymisierungsverfahren in die sozialen Netzwerkanalyse. Eine frühe Datenschutz-Folgenabschätzung erlaubt es dem Versicherungsunternehmen, solche datenschutzfreundlichen Maßnahmen von Anfang an in die technische Entwicklung und Gestaltung zu integrieren.

6.11.2.3 Richtlinien und Prozesse

Während das erste Element „Governance und Organisation" schwerpunktmäßig die Aufbauorganisation des Versicherungsunternehmens adressiert, beziehen sich „Richtlinien und Prozesse" mehr auf dessen Ablauforganisation.[2117] Die Richtlinien und Prozesse definieren, wie die Anforderungen der Datenschutz-Grundverordnung erfüllt werden sollen.[2118] Sie sind daher ein wesentlicher Teil der organisatorischen Maßnahmen im Sinne von Art. 24 Abs. 1 S. 1 DS-GVO. Darüber hinaus schreiben Art. 29 DS-GVO und Art. 32 Abs. 4 DS-GVO spezifisch vor, dass der Verantwortliche Schritte unternehmen muss, um sicherzustellen, dass ihm unterstellte Personen, die Zugang zu personenbezogenen Daten haben, diese nur auf Anweisung des Verantwortlichen verarbeiten.

[2115] Artikel-29-Datenschutzgruppe (Hrsg.), WP 248, 2017, S. 23.

[2116] *Wichtermann*, DuD 2016, 797, 801.

[2117] Vgl. auch die Unterscheidung bei *Schefzig*, in: Moos/Schefzig/Arning, Die neue Datenschutz-Grundverordnung, 2018, Kap. 10, Rn. 9.

[2118] *Schefzig*, in: Moos/Schefzig/Arning, Die neue Datenschutz-Grundverordnung, 2018, Kap. 10, Rn. 9; OPC (Hrsg.), Getting Accountability Right with a Privacy Management Program, 2012, S. 10; PCPD (Hrsg.), Privacy Management Programme, 2018, S. 45.

Die Richtlinien zum Datenschutz sind die zentralen Dokumente des Versicherungsunternehmens zur Setzung interner Vorgaben.[2119] Sie nehmen die Anforderungen aus der Datenschutz-Grundverordnung auf, übertragen sie auf die Organisation des Versicherungsunternehmens und formulieren sie so, dass die Mitarbeiter diese umsetzen können.[2120] Ein wesentlicher Teil der Richtlinien sind daher die Grundsätze des Datenschutzrechts, also insbesondere das Konzept der Verarbeitung personenbezogener Daten sowie die allgemeinen Verarbeitungsgrundsätze des Art. 5 DS-GVO. Ergänzt wird dies durch besondere Vorgaben zu bestimmten Organisationsbereichen des Versicherungsunternehmens wie beispielsweise der Schadensbearbeitung oder zu bestimmten Themengebieten wie beispielsweise dem Einsatz von Big Data. Zur Strukturierung der Inhalte kann das Versicherungsunternehmen das Verzeichnis der Verarbeitungtätigkeiten nach Art. 30 DS-GVO heranziehen.[2121] Das bedeutet zwar nicht, dass jede dort aufgeführte Verarbeitungtätigkeit auch in den Richtlinien behandelt werden muss. Nach dem Gedanken des risikobasierten Ansatzes der Datenschutz-Grundverordnung sollten jedoch zumindest die Kernverarbeitungtätigkeiten sowie die besonders risikobehafteten Verarbeitungtätigkeiten des Versicherungsunternehmens berücksichtigt sein.[2122]

Das gilt insbesondere für Big-Data-Anwendungen. Verantwortliche oder ihre Mitarbeiter wissen nur selten, wie sie Big Data datenschutzkonform nutzen können. Dabei sind zwei Extrempositionen zu beobachten. Entweder es fehlt ihnen jegliches Bewusstsein für datenschutzrechtliche Anforderungen und die dort durchgeführten Big-Data-Anwendungen verstoßen in vielen Punkten gegen die Datenschutz-Grundverordnung. Oder aber Verantwortliche und ihre Mitarbeiter kennen die datenschutzrechtlichen Anforderungen, lassen sich jedoch von ihnen abschrecken und verzichten von Anfang an auf den Einsatz von Big-Data-Verfahren. Weder das eine noch das andere ist wünschenswert. Für die verantwortungsvolle Nutzung von Big Data im Sinne von „Big Accountability" ist es daher erforderlich, dass der Verantwortliche – also hier das Versicherungsunternehmen – in seinen Richtlinien festlegt, wie Big Data im Einklang mit der Datenschutz-Grundverordnung eingesetzt werden kann.

Darüber hinaus müssen die Richtlinien zum Datenschutz durch entsprechende Prozesse operationalisiert werden.[2123] Im Rahmen des Datenschutzmanagementsystems können dabei zwei Arten von Prozessen unterschieden werden – originär datenschutzrechtliche Prozesse und originär geschäftsspezifische Prozesse.[2124] Bei den originär datenschutzrechtlichen Prozessen handelt es sich um solche Prozesse, deren Existenz und Ausgestaltung maßgeblich aus der Datenschutz-Grundverordnung herrühren. Das gilt beispielsweise für die Durchführung von Datenschutz-Folgenabschätzungen nach Art. 35 DS-GVO oder für die Behandlung von Betroffenenrechten nach Art. 15 ff. DS-GVO.[2125] Hiervon zu unterscheiden sind die originär geschäftsspezifischen Prozesse des Versicherungsunternehmens, die nicht aus der Datenschutz-Grundverordnung resultieren, sondern vielmehr zu den Kernleistungen des

---

[2119] *Schefzig*, in: Moos/Schefzig/Arning, Die neue Datenschutz-Grundverordnung, 2018, Kap. 10, Rn. 21; ausführlich hierzu *Loomans/Matz/Wiedemann,* Praxisleitfaden zur Implementierung eines Datenschutzmanagementsystems, 2014, S. 79 ff.

[2120] *Gardyan-Eisenlohr/Knöpfle*, DuD 2017, 69, 70; OAIC (Hrsg.), Privacy management framework, 2015, S. 4; ICO (Hrsg.), Accountability Framework, 2020, S. 15.

[2121] Zum Verzeichnis der Verarbeitungstätigkeiten ab S. 322.

[2122] *Gardyan-Eisenlohr/Knöpfle*, DuD 2017, 69, 71, 73; *Hamann*, BB 2017, 1090, 1092 nennt alle „wesentlichen Datenverarbeitungsvorgänge".

[2123] OAIC (Hrsg.), Privacy management framework, 2015, S. 4; *Prietz*, DuD 2012, 14, 15.

[2124] Ähnlich auch bei *Gardyan-Eisenlohr/Knöpfle*, DuD 2017, 69, 72.

[2125] ICO (Hrsg.), Accountability Framework, 2020, S. 25 ff.

Versicherungsunternehmens beitragen. In der Versicherungswirtschaft sind das insbesondere diejenigen Tätigkeiten, die sich mit der Aufnahme und Behandlung von Schadensfällen beschäftigen.[2126] Jeder dieser geschäftsspezifischen Prozesse birgt verschiedene datenschutzrechtliche Risiken.[2127] So kann es beispielsweise an einer Rechtsgrundlage fehlen, Informationen nach Art. 13 und 14 DS-GVO werden nicht erteilt, die verwendeten personenbezogenen Daten wurden ursprünglich zu anderen Zwecken erhoben oder die Daten werden zeitlich unbegrenzt gespeichert. Mit Hilfe des Datenschutzmanagementsystems sollen diese datenschutzrechtlichen Risiken in den Geschäftsprozessen eliminiert oder zumindest auf ein angemessenes Maß reduziert werden.[2128] Auch hier gilt, dass das Versicherungsunternehmen risikobasiert vorgehen und besonders risikobehaftete Verarbeitungstätigkeiten vorrangig und verstärkt behandeln sollte.[2129] Erfahrungsgemäß ist es am Wirkungsvollsten, den Schutz personenbezogener Daten direkt in die bestehenden Geschäftsprozesse zu integrieren.[2130]

Letzteres wird insbesondere bei der sozialen Netzwerkanalyse deutlich. Viele Mechanismen zum Schutz personenbezogener Daten lassen sich direkt in den Geschäftsprozess der Schadensbearbeitung integrieren. Bei einfacheren Maßnahmen bedeutet eine Integration typischerweise, dass das Versicherungsunternehmen bestimmte Vorlagen – beispielsweise Musterinformationen nach Art. 13 und 14 DS-GVO – zur Verfügung stellt, die die Mitarbeiter im Rahmen bestimmter Geschäftsprozesse nutzen müssen.[2131] Während sich die Erfüllung der Informationspflichten nach Art. 13 und 14 DS-GVO gut operationalisieren lässt, ist dies bei in komplexeren Fällen anspruchsvoller. Sollte beispielsweise das Versicherungsunternehmen beabsichtigen, die personenbezogenen Daten, die bei der sozialen Netzwerkanalyse verarbeitet werden, auch für andere Zwecke zu nutzen, könnte der Geschäftsprozess als zusätzlichen Prozessschritt vorsehen, dass der Datenschutzbeauftragte beteiligt werden muss.[2132]

Schließlich gilt zu beachten, dass das Versicherungsunternehmen zwar über umfassende Richtlinien und Prozesse verfügen kann, diese jedoch ins Leere laufen, wenn sie von den Mitarbeitern nicht befolgt werden.[2133] Das Versicherungsunternehmen muss daher die Mitarbeiter zur Beachtung des Schutzes personenbezogener Daten verpflichten.[2134] Das folgt ebenfalls aus Art. 29 und Art. 32 Abs. 4 DS-GVO.[2135]

6.11.2.4 Kommunikation

Ein weiteres Element der Rechenschaftspflicht des Versicherungsunternehmens ist die datenschutzbezogene Kommunikation. Die Datenschutz-Grundverordnung verpflichtet das Versicherungsunternehmen in verschiedenen Fällen dazu, an bestimmten Kommunikationsvorgängen teilzunehmen. Dabei kann es entweder Sender oder Empfänger

---

[2126] Zum Ablauf der Schadensbearbeitung ab S. 21.

[2127] *Gardyan-Eisenlohr/Knöpfle*, DuD 2017, 69, 71.

[2128] *Gardyan-Eisenlohr/Knöpfle*, DuD 2017, 69, 71; *Weber*, DuD 2017, 282, 284.

[2129] *Gardyan-Eisenlohr/Knöpfle*, DuD 2017, 69, 73.

[2130] *Gardyan-Eisenlohr/Knöpfle*, DuD 2017, 69, 72; *Prietz*, DuD 2012, 14.

[2131] *Gardyan-Eisenlohr/Knöpfle*, DuD 2017, 69, 72 f.; ICO (Hrsg.), Accountability Framework, 2020, S. 38 ff.; zum Muster für Datenschutzinformationen im Zusammenhang mit sozialen Netzwerkanalysen ab S. 239.

[2132] *Gardyan-Eisenlohr/Knöpfle*, DuD 2017, 69, 73.

[2133] OPC (Hrsg.), Getting Accountability Right with a Privacy Management Program, 2012, S. 13.

[2134] DSK (Hrsg.), Kurzpapier Nr. 19 - Unterrichtung und Verpflichtung von Beschäftigten auf Beachtung der datenschutzrechtlichen Anforderungen nach der DS-GVO, 2018, S. 1.

[2135] DSK (Hrsg.), Kurzpapier Nr. 19 - Unterrichtung und Verpflichtung von Beschäftigten auf Beachtung der datenschutzrechtlichen Anforderungen nach der DS-GVO, 2018, S. 1.

sein. Seine Kommunikationspartner sind in diesem Bereich entweder die betroffenen Personen oder die Datenschutzaufsichtsbehörden.

Das Versicherungsunternehmen als Sender von Kommunikation kommt insbesondere im Zusammenhang mit seinen Informationspflichten in Betracht.[2136] So ist es gemäß Art. 13 und 14 DS-GVO verpflichtet, der betroffenen Person zu Beginn der Datenverarbeitung bestimmte Informationen zur Verarbeitung ihrer personenbezogenen Daten mitzuteilen.[2137] Dagegen ist Art. 36 Abs. 1 DS-GVO ein Beispiel für eine verpflichtende Kommunikation mit der Datenschutzaufsichtsbehörde. Danach muss das Versicherungsunternehmen diese konsultieren, wenn es ihm bei der Datenschutz-Folgenabschätzung nach Art. 35 DS-GVO nicht gelungen ist, das mit der sozialen Netzwerkanalyse voraussichtlich hohe Risiko für die betroffenen Personen auf ein vertretbares Maß herabzusenken.[2138] Die Informationspflichten des Versicherungsunternehmens im Falle einer Verletzung des Schutzes personenbezogener Daten gemäß Art. 4 Nr. 12 DS-GVO, auch „Datenpanne" genannt, beinhalten beide Empfänger.[2139] So muss das Versicherungsunternehmen eine solche Sicherheitsverletzung im Zusammenhang mit der sozialen Netzwerkanalyse gemäß Art. 33 Abs. 1 S. 1 DS-GVO innerhalb von 72 Stunden der zuständigen Datenschutzaufsichtsbehörde melden. Eine Ausnahme hiervon besteht, wenn die Sicherheitsverletzung voraussichtlich nicht zu einem Risiko für die betroffenen Personen führt. Führt die Verletzung dagegen wahrscheinlich zu einem hohen Risiko für die betroffenen Personen, verpflichtet Art. 34 Abs. 1 DS-GVO das Versicherungsunternehmen dazu, auch die betroffene Person unverzüglich von der Verletzung zu benachrichtigen.

Das Versicherungsunternehmen kann aber auch Empfänger von Kommunikation sein. Dazu zählen insbesondere alle Situationen, in denen sich die betroffene Person an es wendet, um ihre Betroffenenrechte nach Art. 12 ff. DS-GVO auszuüben, also beispielsweise wenn ein Unfallbeteiligter Widerspruch gegen die soziale Netzwerkanalyse nach Art. 21 Abs. 1 DS-GVO erhebt.[2140] Das schließt aber auch solche Kommunikationsvorgänge ein, in denen die betroffene Person gemäß Art. 38 Abs. 4 DS-GVO den Datenschutzbeauftragten zu mit der Verarbeitung ihrer personenbezogenen Daten und mit der Wahrnehmung ihrer Betroffenenrechte im Zusammenhang stehenden Fragen zu Rate zieht.[2141] Darüber hinaus kann das Versicherungsunternehmen auch Empfänger von Kommunikation durch die Datenschutzaufsichtsbehörde sein. Das ist insbesondere dann der Fall, wenn letztere ihre Untersuchungs-, Abhilfe- oder Genehmigungsbefugnisse nach Art. 58 DS-GVO ausübt. So kann die Datenschutzaufsichtsbehörde beispielsweise gemäß Art. 58 Abs. 1 a) DS-GVO das Versicherungsunternehmen anweisen, alle Informationen bereitzustellen, die für die Erfüllung ihrer Aufgaben erforderlich sind. Auslöser hierfür kann insbesondere eine entsprechende Beschwerde eines Unfallbeteiligten gemäß Art. 77 DS-GVO gegen die Durchführung der sozialen Netzwerkanalyse sein.

Während die vorstehenden Beispiele eher die verpflichtende Kommunikation mit anderen Akteuren illustrieren, sollte das Versicherungsunternehmen auch innerhalb seiner Organisationsbereiche und mit seinen Mitarbeitern kommunizieren. Das Element „Kommunikation" steht daher in einer Wechselwirkung zu den (Teil-)Elementen

---

[2136] OPC (Hrsg.), Getting Accountability Right with a Privacy Management Program, 2012, S. 15; PCPD (Hrsg.), Privacy Management Programme, 2018, S. 62.

[2137] Zu den Informationspflichten des Verantwortlichen nach Art. 13 und 14 DS-GVO ab S. 228.

[2138] Zu den Ergebnissen der Datenschutz-Folgenabschätzung ab S. 330.

[2139] Zur Behandlung von Sicherheitsverletzungen ab S. 335.

[2140] Zum Widerspruchsrecht nach Art. 21 Abs. 1 DS-GVO ab S. 212.

[2141] Vgl. auch OAIC (Hrsg.), Privacy management framework, 2015, S. 4.

„Zusammenarbeit mit anderen Organisationsbereichen", „Einrichtung eines Berichtswesens", „Richtlinien und Prozesse" sowie „Sensibilisierung, Schulungen und Wissen". Damit das Versicherungsunternehmen den Überblick über die Anforderungen an seine externe und interne Kommunikation wahren kann, sollte das Datenschutzmanagementsystem auch einen Kommunikationsplan beinhalten. Dieser muss insbesondere definieren, wer wem was wann kommunizieren soll bzw. muss. Gegebenenfalls ist es daher sinnvoll, diesen Kommunikationsplan auch ausdrücklich in die Richtlinien und Prozesse des Versicherungsunternehmen zu integrieren. Das gilt in jedem Fall in Bezug auf Verfahren zur Behandlung von Betroffenenrechten gemäß Art. 12 ff. DS-GVO.[2142]

6.11.2.5 Externe Akteure

Sofern das Versicherungsunternehmen die Verarbeitung personenbezogener Daten nicht ausschließlich innerhalb seines eigenen Organisationsbereichs durchführt, ist auch die Behandlung von externen Akteuren ein weiteres wichtiges Element des Datenschutzmanagementsystems.[2143] Für das Versicherungsunternehmen wird dies folglich relevant, sofern es bei der Verarbeitung personenbezogener Daten im Rahmen der sozialen Netzwerkanalyse mit anderen Versicherungsunternehmen zusammenarbeitet oder sofern es einen externen Dienstleister mit der Durchführung bestimmter Verarbeitungsvorgänge beauftragt.

Werden personenbezogene Daten an externe Akteure übermittelt, ist es von entscheidender Bedeutung, dass jeder Akteur weiß, wer welche Rolle einnimmt.[2144] Wie anfangs beschrieben, macht EwG 79 DS-GVO deutlich, dass es zum Schutz der Rechte und Freiheiten der betroffenen Personen sowie bezüglich der Verantwortung und Haftung der Verantwortlichen und der Auftragsverarbeiter – auch mit Blick auf die Überwachungs- und sonstigen Maßnahmen von Aufsichtsbehörden – einer klaren Zuteilung der Verantwortlichkeiten durch die Datenschutz-Grundverordnung bedarf. Dabei handelt es sich um eine wichtige Weichenstellung für das konkrete Pflichten- und Vertragsprogramm der jeweiligen Akteure. So unterliegen getrennt und gemeinsam Verantwortliche einerseits und Auftragsverarbeiter andererseits unterschiedlichen Pflichtenprogrammen der Datenschutz-Grundverordnung. Auch obliegen dem Versicherungsunternehmen in Bezug auf einen Auftragsverarbeiter gänzlich andere Auswahl- und Überwachungspflichten als in Bezug auf einen anderen Verantwortlichen.[2145] Aus einer formalen Perspektive geht es auch um die Vereinbarung angemessener Verträge.[2146] So erfordert die Beziehung des Versicherungsunternehmens mit einem Auftragsverarbeiter den Abschluss einer Auftragsverarbeitungsvereinbarung mit den Pflichtinhalten des Art. 28 Abs. 3 DS-GVO. Dagegen verlangt die Datenschutz-Grundverordnung für die Beziehung zwischen gemeinsam Verantwortlichen den Abschluss einer Vereinbarung nach den Vorgaben des Art. 26 DS-GVO. Davon wiederum abweichend ist für die Beziehung zwischen getrennt Verantwortlichen keine bestimmte Vereinbarung vorgeschrieben. Insbesondere bei besonders umfangreichen oder auf Dauer angelegten Datenübermittlungen wie im Rahmen von Big-Data-Verfahren ist jedoch der

---

[2142] Vgl. Artikel-29-Datenschutzgruppe (Hrsg.), WP 173, 2010, S. 13.

[2143] OPC (Hrsg.), Getting Accountability Right with a Privacy Management Program, 2012, S. 14; PCPD (Hrsg.), Privacy Management Programme, 2018, S. 59.

[2144] Zu den verschiedenen Rollen in der Datenschutz-Grundverordnung ab S. 113.

[2145] ICO (Hrsg.), Accountability Framework, 2020, S. 64 f.

[2146] OPC (Hrsg.), Getting Accountability Right with a Privacy Management Program, 2012, S. 14; ICO (Hrsg.), Accountability Framework, 2020, S. 57.

Abschluss von *Data Sharing Agreements* sinnvoll.[2147] Aus den vorstehenden Gründen muss das Versicherungsunternehmen somit in der Lage sein, alle Empfänger von personenbezogenen Daten entsprechend zu klassifizieren und mit ihnen die vorgesehenen Verträge abzuschließen.

Um die angemessene Behandlung von externen Akteuren und Datenübermittlungen im Einklang mit der Datenschutz-Grundverordnung sicherstellen zu können, muss das Versicherungsunternehmen im Rahmen des Datenschutzmanagementsystems entsprechende Richtlinien und Prozesse festlegen.[2148] Das gilt insbesondere für die Klassifizierung entsprechend ihrer datenschutzrechtlichen Rollen sowie die Vorbereitung der jeweiligen Verträge. Für eine möglichst lückenlose Erfassung aller externen Akteure ist zudem ein ordnungsgemäß geführtes Verzeichnis der Verarbeitungstätigkeiten nach Art. 30 DS-GVO von elementarer Bedeutung.[2149]

6.11.2.6 Datensicherheit und Behandlung von Sicherheitsverletzungen

Die Sicherheit personenbezogener Daten ist gemäß Art. 5 Abs. 1 f) DS-GVO nicht nur ein eigenständiger Datenschutzgrundsatz im engeren Sinne, sondern auch ein wichtiges Element des Datenschutzmanagementsystems.[2150] Vordringliches Ziel der Datensicherheit ist es, die personenbezogenen Daten vor den Risiken beabsichtigter und unbeabsichtigter Beeinträchtigungen, insbesondere vor unbefugter Kenntnisnahme sowie vor Vernichtung, Verlust oder Veränderung, zu schützen. Idealerweise kann eine Vielzahl von Beeinträchtigungen schon im Vorfeld durch geeignete technische und organisatorische Maßnahmen verhindert werden. Jedoch können auch die wirksamsten Sicherheitsmaßnahmen nicht sämtliche Risiken restlos ausschließen.

Wie schon beschrieben führt gerade bei Big Data die Verarbeitung großer Mengen von personenbezogenen Daten dazu, dass sich bestimmte Sicherheitsrisiken erhöhen. So steigt die Wahrscheinlichkeit von Angriffen durch feindliche Akteure wie Hacker, da die Speicherung großer Datenmengen für letzteres ein attraktives Ziel darstellt. In gleicher Weise steigt auch die Schwere der möglichen Folgen im Falle von Verletzungen der Vertraulichkeit, Integrität oder Verfügbarkeit an, wenn eine große Menge personenbezogener Daten beeinträchtigt wird. Da bei Big-Data-Anwendungen das Risiko von Sicherheitsverletzungen immanent höher ist, ist es umso wichtiger, dass das Versicherungsunternehmen in der Lage ist, auf etwaige Verletzungen des Schutzes personenbezogener Daten gemäß Art. 4 Nr. 12 DS-GVO – auch als „Datenpannen" bezeichnet – risikoangemessen reagieren zu können.[2151] Das gilt daher auch für die soziale Netzwerkanalyse.

Unter einer „Verletzung des Schutzes personenbezogener Daten" versteht man gemäß Art. 4 Nr. 12 DS-GVO eine Verletzung der Sicherheit, die zur Vernichtung, zum Verlust oder zur Veränderung, ob unbeabsichtigt oder unrechtmäßig, oder zur unbefugten Offenlegung von bzw. zum unbefugten Zugang zu personenbezogenen Daten führt, die übermittelt, gespeichert oder auf sonstige Weise verarbeitet wurden. Gemeint sind also Verletzungen der drei Subziele der Datensicherheit – Vertraulichkeit, Integrität und Verfügbarkeit.[2152] Um Missverständnisse zu vermeiden, sollte anstatt des Begriffs „Verletzung des Schutzes personenbezogener Daten", die

---

[2147] ICO (Hrsg.), Accountability Framework, 2020, S. 60; s. dazu auch ICO (Hrsg.), Data sharing code of practice, 2019.

[2148] ICO (Hrsg.), Accountability Framework, 2020, S. 59.

[2149] Zum Verzeichnis der Verarbeitungstätigkeiten ab S. 322.

[2150] ICO (Hrsg.), Accountability Framework, 2020, S. 77 ff.

[2151] Artikel-29-Datenschutzgruppe (Hrsg.), WP 250, 2018, S. 7.

[2152] Artikel-29-Datenschutzgruppe (Hrsg.), WP 250, 2018, S. 8.

präzisere Formulierung „Verletzung der Sicherheit personenbezogener Daten" verwendet werden.[2153] Tritt bei dem Versicherungsunternehmen eine Sicherheitsverletzung im Sinne von Art. 4 Nr. 12 DS-GVO ein, sieht die Datenschutz-Grundverordnung verschiedene Pflichten vor. Gemäß Art. 33 Abs. 1 S. 1 DS-GVO muss das Versicherungsunternehmen im Falle einer solchen Verletzung diese unverzüglich und möglichst binnen 72 Stunden, nachdem sie ihm bekannt wurde, der zuständigen Datenschutzaufsichtsbehörde melden, es sei denn, dass die Verletzung der Sicherheit personenbezogener Daten voraussichtlich nicht zu einem Risiko für die betroffenen Personen führt. Hat die Sicherheitsverletzung dagegen wahrscheinlich ein hohes Risiko für die betroffenen Personen zur Folge, ist das Versicherungsunternehmen gemäß Art. 34 Abs. 1 DS-GVO verpflichtet, darüber hinaus auch die betroffenen Personen unverzüglich von der Verletzung zu benachrichtigen. Zusätzlich verlangt Art. 33 Abs. 5 S. 1 DS-GVO, dass das Versicherungsunternehmen alle Sicherheitsverletzungen einschließlich aller im Zusammenhang mit der Sicherheitsverletzung stehenden Fakten, von deren Auswirkungen und der ergriffenen Abhilfemaßnahmen, in einer Art Register dokumentieren muss.

Betrachtet man die beschriebenen Pflichten des Versicherungsunternehmens im Fall einer Sicherheitsverletzung, wird deutlich, dass die Datenschutz-Grundverordnung auch hier dem risikobasierten Ansatz folgt und das Pflichtenprogramm skaliert. Resultiert aus der Sicherheitsverletzung voraussichtlich kein Risiko für die betroffenen Personen, muss das Versicherungsunternehmen die Verletzung lediglich dokumentieren. Bei einem niedrigen bis mittleren Risiko für die betroffenen Personen muss es zusätzlich die Datenschutzaufsichtsbehörde verständigen und bei einem hohen Risiko muss es wiederum zusätzlich die betroffenen Personen von der Sicherheitsverletzung in Kenntnis setzen.

Um das beschriebene Pflichtenprogramm erfüllen zu können, muss das Versicherungsunternehmen daher Mechanismen zur Behandlung von Sicherheitsverletzungen vorsehen.[2154] Dies kommt ebenfalls in der Datenschutz-Grundverordnung zum Ausdruck. So soll der Verantwortliche gemäß EwG 87 S. 1 DS-GVO geeignete technische Schutz- sowie organisatorische Maßnahmen treffen, um sofort feststellen zu können, ob eine Verletzung der Sicherheit personenbezogener Daten aufgetreten ist, und um die Aufsichtsbehörde und die betroffene Person umgehend unterrichten zu können. Die Datenschutz-Grundverordnung macht keine weiteren Vorgaben zur Ausgestaltung entsprechender Mechanismen. Im Grunde erfordert die effektive Behandlung von Sicherheitsverletzungen jedoch die gleichen Elemente wie diejenigen des hier beschriebenen Datenschutzmanagementsystems.

Im Rahmen von „Governance und Organisation" muss das Versicherungsunternehmen entsprechende Rollen und Verantwortlichkeiten für die Behandlung von Sicherheitsverletzungen definieren und zuweisen. Das bedeutet, dass eine Person dafür zuständig sein muss, die Sicherheitsverletzungen zu untersuchen und die damit verbundenen Risiken zu bewerten.[2155] Dies kann beispielsweise der Datenschutzbeauftragte sein.[2156] In jedem Fall ist es erforderlich, dass die zuständige Person bei der Behandlung der

[2153] Vgl. *Wolff*, in: Schantz/Wolff, Das neue Datenschutzrecht, 2017, Rn. 918 ff.

[2154] Artikel-29-Datenschutzgruppe (Hrsg.), WP 250, 2018, S. 14 regt an, dass Verantwortliche „entsprechende Maßnahmen und Mechanismen zur Berichterstattung in ihren Vorfallreaktionsplänen und/oder Governance-Regeln konkretisieren"; Artikel-29-Datenschutzgruppe (Hrsg.), WP 173, 2010, S. 13; OPC (Hrsg.), Getting Accountability Right with a Privacy Management Program, 2012, S. 14; PCPD (Hrsg.), Privacy Management Programme, 2018, S. 55; OAIC (Hrsg.), Privacy management framework, 2015, S. 4.

[2155] Artikel-29-Datenschutzgruppe (Hrsg.), WP 250, 2018, S. 14; ICO (Hrsg.), Accountability Framework, 2020; S. 90.

[2156] Zur Rolle des Datenschutzbeauftragten Artikel-29-Datenschutzgruppe (Hrsg.), WP 250, 2018, S. 32 f.

Sicherheitsverletzung mit anderen Organisationsbereichen und ähnlichen Funktionen innerhalb des Verantwortlichen zusammenarbeitet.[2157] Das gilt insbesondere in Bezug auf den Informationssicherheitsbeauftragten, sofern ein solcher existiert. Dessen Unterstützung ist nicht nur unabdingbar, um die Art und das Ausmaß der Sicherheitsverletzung nachvollziehen zu können, sondern auch um sofortige Abhilfemaßnahmen zur Behebung oder Eindämmung zu ergreifen.[2158] Im Rahmen von „Übersicht und Risikomanagement" muss das Versicherungsunternehmen nicht nur ein Verzeichnis aller Sicherheitsverletzungen nach Art. 33 Abs. 5 S. 1 DS-GVO führen, sondern auch Kriterien für die Bewertung der mit der Sicherheitsverletzung verbundenen Risiken definieren.[2159] Darüber hinaus ist es vor dem Hintergrund der kurzen Frist von 72 Stunden entscheidend, dass das Versicherungsunternehmen im Rahmen der „Richtlinien und Prozesse" klare interne Meldewege definiert.[2160] Ohne diese kann nicht sichergestellt werden, dass erkannte oder vermutete Sicherheitsverletzungen schnellstmöglich zu der zuständigen Person geleitet werden.[2161] Damit wird dies auch Teil des Elements „Kommunikation" und des Kommunikationsplans des Versicherungsunternehmens. Das gilt nicht nur für die interne Kommunikation – also wer der zuständigen Person des Versicherungsunternehmens die Sicherheitsverletzung in welchem Zeitrahmen melden muss – sondern auch für die externe Kommunikation mit der Datenschutzaufsichtsbehörde und den betroffenen Personen, also hier den Unfallbeteiligten.

Zu berücksichtigen ist ebenfalls, dass eine Sicherheitsverletzung nicht nur bei dem Versicherungsunternehmen selbst, sondern auch bei einem von ihm eingesetzten Auftragsverarbeiter eintreten kann. Mit Blick auf die soziale Netzwerkanalyse wird dies immer dann relevant, wenn das Versicherungsunternehmen einen externen Akteur mit Datenverarbeitungsvorgängen betraut. Für diesen Fall schreibt Art. 33 Abs. 2 DS-GVO vor, dass wenn dem Auftragsverarbeiter eine Sicherheitsverletzung bekannt wird, er diese dem Verantwortlichen unverzüglich melden muss. Darüber hinaus sollte das Versicherungsunternehmen jedoch noch weitere Anforderungen an die Meldung – beispielsweise deren Pflichtinhalte – definieren und in die Auftragsverarbeitungsvereinbarung aufnehmen.[2162] Auch werden Hinweise auf eine Verletzung der Sicherheit personenbezogener Daten typischerweise zuerst den Mitarbeitern des Versicherungsunternehmens bekannt. Erfahrungsgemäß funktionieren in Notfallsituationen – wie beispielsweise bei gezielten Angriffen auf die Datensicherheit des Versicherungsunternehmens – nur solche Verhaltensweisen und Abläufe, die bereits nachhaltig geübt wurden. Es ist daher von entscheidender Bedeutung, dass die „Sensibilisierung und Schulung" der Mitarbeiter auch die Erkennung und unverzügliche Meldung von Sicherheitsverletzungen umfasst.[2163] Schließlich muss das Versicherungsunternehmen auch seinen Mechanismus zur Behandlung von Sicherheitsverletzungen einer regelmäßigen „Prüfung, Bewertung und Evaluierung" unterziehen.[2164] Für jede Sicherheitsverletzung ist zu prüfen, inwiefern der implementierte Mechanismus das Versicherungsunternehmen bei der

---

[2157] OPC (Hrsg.), Getting Accountability Right with a Privacy Management Program, 2012, S. 8.

[2158] Artikel-29-Datenschutzgruppe (Hrsg.), WP 250, 2018, S. 14.

[2159] Zum Verzeichnis Artikel-29-Datenschutzgruppe (Hrsg.), WP 250, 2018, S. 31 f.; zur Risikobewertung Artikel-29-Datenschutzgruppe (Hrsg.), WP 250, 2018, S. 14, 26 ff.

[2160] Artikel-29-Datenschutzgruppe (Hrsg.), WP 250, 2018, S. 14; ICO (Hrsg.), Accountability Framework, 2020, S. 90.

[2161] Zu den Herausforderungen aus Unternehmensperspektive *Räther*, ZHR 2019, 94, 100.

[2162] Artikel-29-Datenschutzgruppe (Hrsg.), WP 250, 2018, S. 15 f.; *Räther*, ZHR 2019, 94, 101.

[2163] ICO (Hrsg.), Accountability Framework, 2020, S. 90.

[2164] ICO (Hrsg.), Accountability Framework, 2020, S. 93.

Einhaltung seiner Pflichten nach der Datenschutz-Grundverordnung unterstützen konnte oder an welcher Stelle Änderungen erforderlich sind. Dazu gehört auch die Frage, wie verhindert werden kann, dass sich die eingetretene Sicherheitsverletzung in der Zukunft wiederholt.

Zwar gelten die vorstehenden Maßnahmen nicht ausschließlich für Big-Data-Verfahren im Allgemeinen oder die soziale Netzwerkanalyse im Besonderen, jedoch handelt es sich bei diesen um eine besonders risikobehaftete Datenverarbeitung des Versicherungsunternehmens. Kommt es bei ihnen zu einer Verletzung der Sicherheit, dann liegt regelmäßig aufgrund der großen Menge betroffener Daten ein risikoerhöhender Faktor vor und eine entsprechende Meldepflicht des Versicherungsunternehmens muss besonders sorgfältig geprüft werden.

6.11.2.7 Sensibilisierung und Schulungen

Wie anfangs beschrieben soll die Rechenschaftspflicht des Versicherungsunternehmens als „Triebfeder für die effektive Umsetzung der Grundsätze des Datenschutzes" fungieren. Unerlässlich für diese Aufgabe ist die Mitwirkung der Mitarbeiter des Versicherungsunternehmens.[2165] Sind sich die Mitarbeiter keiner datenschutzrechtlichen Risiken bewusst und sind ihnen die datenschutzrechtlichen Richtlinien und Prozesse des Versicherungsunternehmens unbekannt, ist zu erwarten, dass sie in absehbarer Zeit gegen die Datenschutz-Grundverordnung verstoßen werden.[2166] Das gilt auch für die Sachbearbeiter und Betrugsabwehrspezialisten bei der Verarbeitung personenbezogener Daten im Rahmen der sozialen Netzwerkanalyse.

Ein zentrales Element des Datenschutzmanagementsystems ist es daher, die Mitarbeiter angemessen zu sensibilisieren und zu schulen.[2167] Diese Bedeutung wird auch in der Datenschutz-Grundverordnung hervorgehoben. So weist sie dem Datenschutzbeauftragten in Art. 39 Abs. 1 b) DS-GVO die Aufgabe zu, die Sensibilisierung und Schulung der an den Verarbeitungsvorgängen beteiligten Mitarbeiter und der diesbezüglichen Überprüfungen zu überwachen.

Bei der Sensibilisierung geht es darum, bei den Mitarbeitern ein Bewusstsein für den Schutz personenbezogener Daten zu schaffen und ihre Wahrnehmung für datenschutzrelevante Situationen in ihrem Umfeld zu schärfen.[2168] Darauf aufbauend sollen Schulungen ihnen die nötigen Kenntnisse verschaffen, um sich in solchen Situationen ordnungsgemäß verhalten zu können. Diese Kenntnisse ergeben sich in erster Linie aus den Richtlinien und Prozessen des Verantwortlichen.[2169] Das Element „Sensibilisierung und Schulungen" ist daher auch als flankierende Maßnahme zu verstehen, um die Richtlinien und Prozesse beim Versicherungsunternehmen zu implementieren.[2170] Bei der Ausgestaltung der Schulungen ist zu beachten, dass nicht alle Teile der Richtlinien und Prozesse für alle Mitarbeiter gleich relevant sind. Dies sollte sich auch in den Schulungen widerspiegeln. Das Versicherungsunternehmen könnte daher beispielsweise eine Grundschulung vorsehen, die alle Mitarbeiter in die Grundlagen des Datenschutzes einführt.[2171] Darauf aufbauend kann es für bestimmte Organisationsbereiche auf sie zugeschnittene Spezialschulungen geben, die die für

---

[2165] OPC (Hrsg.), Getting Accountability Right with a Privacy Management Program, 2012, S. 13.

[2166] OPC (Hrsg.), Getting Accountability Right with a Privacy Management Program, 2012, S. 13.

[2167] *Gardyan-Eisenlohr/Knöpfle*, DuD 2017, 69, 72; Artikel-29-Datenschutzgruppe (Hrsg.), WP 173, 2010, S. 13; PCPD (Hrsg.), Privacy Management Programme, 2018, S. 54; OAIC (Hrsg.), Privacy management framework, 2015, S. 4; ICO (Hrsg.), Accountability Framework, 2020, S. 19.

[2168] ICO (Hrsg.), Accountability Framework, 2020, S. 24.

[2169] OPC (Hrsg.), Getting Accountability Right with a Privacy Management Program, 2012, S. 13.

[2170] *Gardyan-Eisenlohr/Knöpfle*, DuD 2017, 69, 72.

[2171] *Gardyan-Eisenlohr/Knöpfle*, DuD 2017, 69, 72; ICO (Hrsg.), Accountability Framework, 2020, S. 20.

sie relevanten Themen abdecken, wie beispielsweise den Schutz von Kundendaten bei der Schadensbearbeitung.[2172] Für die soziale Netzwerkanalyse sollte zudem das Verfahren zur Aufhebung von Pseudonymen bei Verdachtsfällen besonders sorgfältig geschult werden.[2173]

Bei jeder Art von Schulung muss das Versicherungsunternehmen sicherstellen, dass die Mitarbeiter jeweils verstehen, welcher Beitrag zur Gewährleistung des Datenschutzes von ihnen erwartet wird und welche Konsequenzen ihnen bei einer Nichteinhaltung der Vorgaben drohen.[2174] Auch für die Sensibilisierung und Schulung der Mitarbeiter ist der risikobasierte Ansatz der Datenschutz-Grundverordnung zu berücksichtigen. In diesem Kontext bedeutet das, dass je höhere Risiken mit einer bestimmten Datenverarbeitung verbunden sind, desto häufiger und intensiver das Versicherungsunternehmen die betreffenden Organisationsbereiche und Mitarbeiter hinsichtlich des Schutzes personenbezogener Daten sensibilisieren und schulen sollte.[2175]

6.11.2.8 Prüfung, Bewertung und Evaluierung

So wie Technologie im Allgemeinen und Big Data im Besonderen ist auch ein Datenschutzmanagementsystem kein statisches Gebilde, sondern ein dynamisches System, das ständig weiterentwickelt werden muss.[2176] Auch die Datenschutz-Grundverordnung verlangt daher im Sinne des japanischen *Kaizen*-Prinzips (von jap. *kai* = Wandel; *zen* = zum Besseren) einen kontinuierlichen und ewigen Verbesserungsprozess.[2177] Aus Art. 24 Abs. 1 S. 2 und Art. 32 Abs. 4 DS-GVO folgt, dass das Versicherungsunternehmen die Wirksamkeit der getroffenen Maßnahmen regelmäßig überprüfen, bewerten und evaluieren muss. Dieser Prozess dient dem Versicherungsunternehmen als Rückkopplung bzw. Feedback und hilft ihm sicherzustellen, dass sein Datenschutzmanagementsystem die gewünschte Wirkung erzielt.

Zunächst muss das Versicherungsunternehmen das Datenschutzmanagementsystem regelmäßig überprüfen.[2178] Das beinhaltet insbesondere die Durchführung von internen oder externen Audits.[2179] Diese können sich entweder auf das gesamte System oder auf bestimmte Teilbereiche oder auf bestimmte Verarbeitungstätigkeiten wie die soziale Netzwerkanalyse beziehen. In Bezug auf den Umfang, die Intensität und die Intervalle sollte das Versicherungsunternehmen nach dem Gedanken des risikobasierten Ansatzes der Datenschutz-Grundverordnung vorgehen. Besonders risikobehaftete Teile wie Big-Data-Verfahren sollten daher intensiver und häufiger geprüft werden.

Das Versicherungsunternehmen muss das Datenschutzmanagementsystem jedoch nicht nur überprüfen, sondern auch dessen Wirkung bewerten und evaluieren. Die gewünschte Wirkung ist es, gemäß Art. 5 Abs. 2 und Art. 24 Abs. 1 S. 1 DS-GVO sicherzustellen und nachzuweisen, dass die Verarbeitung personenbezogener Daten im Einklang mit der Datenschutz-Grundverordnung erfolgt.[2180] Diese Bewertung und Evaluierung kann

---

[2172] *Gardyan-Eisenlohr/Knöpfle*, DuD 2017, 69, 72; ICO (Hrsg.), Accountability Framework, 2020, S. 22.

[2173] Zur Aufhebung von Pseudonymen ab S. 279.

[2174] OAIC (Hrsg.), Privacy management framework, 2015, S. 4; ICO (Hrsg.), Accountability Framework, 2020, S. 23.

[2175] *Gardyan-Eisenlohr/Knöpfle*, DuD 2017, 69, 73.

[2176] PCPD (Hrsg.), Privacy Management Programme, 2018, S. 63.

[2177] Vgl. *Jung*, CCZ 2018, 224, 225; *Hansch*, ZD 2019, 245, 246.

[2178] Artikel-29-Datenschutzgruppe (Hrsg.), WP 173, 2010, S. 13; OPC (Hrsg.), Getting Accountability Right with a Privacy Management Program, 2012, S. 16 ff.; PCPD (Hrsg.), Privacy Management Programme, 2018, S. 64 ff.; OAIC (Hrsg.), Privacy management framework, 2015, S. 5.

[2179] Artikel-29-Datenschutzgruppe (Hrsg.), WP 173, 2010, S. 13, 16 f.; ICO (Hrsg.), Accountability Framework, 2020, S. 94 f.

[2180] Vgl. *Jüttner*, CCZ 2018, 168.

inbesondere mit Hilfe von „Key Performance Indicators" erfolgen.[2181] Darunter versteht man Kennzahlen, die den Fortschritt in Bezug auf bestimmte Erfolgsfaktoren messen.[2182] Nach dem Prinzip des US-amerikanischen Ökonoms *Peter Drucker* „If you can´t measure it you can´t manage it." sollen sie den Verantwortlichen dabei unterstützen, seine Maßnahmen besser steuern und kontrollieren zu können.[2183]

Die unmittelbarsten Kennzahlen für die Wirkung des Datenschutzmanagementsystems messen die Anzahl festgestellter Verstöße gegen die Datenschutz-Grundverordnung. Die Kontrollarchitektur der Datenschutz-Grundverordnung und des nationalen Rechts sieht Kontrollen durch verschiedene Instanzen auf verschiedenen Ebenen vor – auf individueller Ebene durch die betroffenen Personen selbst, auf betrieblicher Ebene durch den Datenschutzbeauftragten und gegebenenfalls den Betriebsrat, auf staatlicher Ebene durch die Aufsichtsbehörden und Gerichte und auf gesellschaftlicher Ebene durch bestimmte Einrichtungen, Organisationen oder Vereinigungen sowie durch Wettbewerber. All diese Kontrollinstanzen können Verstöße des Versicherungsunternehmens gegen die Datenschutz-Grundverordnung feststellen bzw. rügen. Als Kennzahlen kommen daher folgende Informationen in Betracht:[2184]

- Anzahl berechtigter Beschwerden von betroffenen Personen

- Anzahl eigener Überprüfungen mit festgestellten Verstößen

- Anzahl berechtigter Maßnahmen und Entscheidungen von Aufsichtsbehörden und Gerichten

- Anzahl berechtigter Maßnahmen von bestimmten Einrichtungen, Organisationen oder Vereinigungen sowie von Wettbewerbern

Typischerweise möchte das Versicherungsunternehmen jedoch schon vorher – also insbesondere bevor externe Kontrollinstanzen einen Verstoß feststellen – den Reifegrad seines Datenschutzmanagementsystem messen. Weitere Kennzahlen können für diesen Zweck aus dem Verzeichnis der Verarbeitungtätigkeiten generiert werden, sofern dieses wie beschrieben zu einem „Super-Verzeichnis" ausgebaut wurde.[2185] So kann das Versicherungsunternehmen messen, für wieviel Prozent der dort gelisteten Verarbeitungtätigkeiten die Grundsätze der Rechtmäßigkeit, Transparenz, Zweckfestlegung und -bindung, Datenminimierung, Datenrichtigkeit, Speicherbegrenzung, Datensicherheit und bestimmte Elemente der Rechenschaftspflicht vollständig oder in Bezug auf einzelne Grundsätze erfüllt sind:[2186]

- Prozentsatz der Verarbeitungtätigkeiten, die eine Rechtsgrundlage haben

- Prozentsatz der Verarbeitungtätigkeiten, über die informiert wird

- Prozentsatz der Verarbeitungtätigkeiten, deren Zwecke festgelegt sind

- Prozentsatz der Verarbeitungtätigkeiten, deren Daten minimiert sind

---

[2181] *Jung*, CCZ 2018, 224, 225; *Hansch*, ZD 2019, 245, 246; ICO (Hrsg.), Accountability Framework, 2020, S. 96; *Prietz*, DuD 2012, 14, 19; zur Verwendung von „Key Performance Indicators" bei Aufsichtsbehörden EDSB (Hrsg.), Annual Report 2019, 2020, S. 14 f.

[2182] *Jung*, CCZ 2018, 224, 225; OAIC (Hrsg.), Privacy management framework, 2015, S. 5; Überblick zu verschiedenen Klassen von „Key Performance Indicators" *Hansch*, ZD 2019, 245, 246.

[2183] Zitiert nach *Jüttner*, CCZ 2018, 168, 169.

[2184] Vgl. *Jung*, CCZ 2018, 224, 228.

[2185] Zum Verzeichnis von Verarbeitungtätigkeiten ab S. 322.

[2186] Vgl. *Jung*, CCZ 2018, 224, 227.

- Prozentsatz der Verarbeitungstätigkeiten, deren Daten richtig sind

- Prozentsatz der Verarbeitungstätigkeiten, für die eine Speicherdauer festgelegt ist

- Prozentsatz der Verarbeitungstätigkeiten, die in ein Datensicherheitskonzept einbezogen sind

- Prozentsatz der Verarbeitungstätigkeiten, für die eine Risikobewertung vorgenommen wurde

- Prozentsatz der Verarbeitungstätigkeiten mit einem voraussichtlich hohen Risiko, für die eine Datenschutz-Folgenabschätzung vorgenommen wurde

Nach diesem Muster lassen sich auch weitere Themenkreise wie beispielsweise externe Akteure und Datenübermittlungen messen.[2187] Zudem lassen sich die Kennzahlen noch weiter aufgliedern und nach bestimmten Organisations-, Themen- oder Risikobereichen auswerten. Dies erlaubt es dem Versicherungsunternehmen systematische Unzulänglichkeiten zu erkennen und seine Maßnahmen in diesen Bereichen zu konzentrieren.

Darüber hinaus kann das Versicherungsunternehmen zusätzliche Kennzahlen einsetzen, die mittelbar wirken und gewissermaßen einen prognostischen Charakter haben.[2188] Dabei handelt es sich um Indikatoren, die zwar keine direkten Aussagen über Verstöße gegen die Datenschutz-Grundverordnung erlauben, jedoch darauf hindeuten, dass ein solcher früher oder später wahrscheinlich sein wird.[2189] Das können beispielsweise folgende Kennzahlen sein:

- Häufigkeit der Kommunikationsbeiträge der höchsten Managementebene zum Datenschutz

- Verhältnis der Anzahl von Personen, die für den Schutz personenbezogener Daten verantwortlich sind, im Vergleich zur Anzahl von Mitarbeitern

- Häufigkeit der Kommunikation zwischen dem Datenschutzbeauftragten und anderen Organisationsbereichen

- Häufigkeit der Kommunikation zwischen dem Datenschutzbeauftragten und ähnlichen Funktionen

- Prozentsatz der Mitarbeiter, die Richtlinien und Prozesse zum Schutz personenbezogener Daten kennen

- Prozentsatz der Mitarbeiter, die zur Beachtung des Schutzes personenbezogener Daten verpflichtet wurden

- Prozentsatz der Mitarbeiter, die sensibilisiert und geschult wurden

- Häufigkeit der Maßnahmen zur Sensibilisierung und Schulung

- Anzahl der eigenen Überprüfungen

Die beschriebenen Kennzahlen können dem Versicherungsunternehmen dabei helfen, sein Datenschutzmanagementsystem im Sinne von Art. 24 Abs. 1 S. 2 und Art. 32 Abs. 4 DS-GVO regelmäßig zu überprüfen, zu bewerten und zu evaluieren. Auf diese Weise kann es

---

[2187] Vgl. *Jung*, CCZ 2018, 224, 227.
[2188] *Jung*, CCZ 2018, 224, 226.
[2189] *Jung*, CCZ 2018, 224, 227 f.

sicherstellen, dass das Datenschutzmanagementsystem die gewünschte Wirkung erzielt und nicht nur in der Theorie, sondern auch in der Praxis „Big Data – Big Accountability" bedeutet.

7 Zusammenfassung

Die zentrale Frage dieser Arbeit lautete: Ist es möglich, Big-Data-Verfahren im Einklang mit der Datenschutz-Grundverordnung durchzuführen oder bedeutet Big Data zwangsläufig „Small Privacy"?

Die erste wesentliche Erkenntnis ist, dass die Beantwortung der Frage zunächst davon abhängt, was man unter Big Data versteht.[2190] Verschiedene Akteure verbinden mit dem Phänomen Big Data zwar ähnliche, aber nicht deckungsgleiche Vorstellungen. Bei Big Data handelt es sich daher nicht um einen trennscharfen Begriff, sondern vielmehr um eine Art begriffliche Klammer, die insbesondere drei ineinandergreifende Elemente beschreibt – das Datenvorkommen, dessen Verarbeitung und Nutzung sowie die hierfür eingesetzte Technologie.

Das Datenvorkommen wird durch die Begriffe *Volume*, *Velocity*, *Variety*, *Veracity* und *Value* charakterisiert.[2191] So beschreibt *Volume* die große Menge von Daten, während sich *Velocity* zum einen auf die Geschwindigkeit, mit der neue Daten an den Datenquellen entstehen und zum anderen auf die Geschwindigkeit, mit der diese Daten von den Datenquellen in die Speichersysteme der verschiedenen Akteure hineinströmen, bezieht. Das Merkmal *Variety* beschreibt diese vielfältigen Datentypen und -quellen, wohingegen *Veracity* für die bei Big-Data-Datenvorkommen oftmals unbekannte oder zweifelhafte Qualität der Daten steht. Schließlich kennzeichnet *Value* den Wert, den diese Datenmengen verkörpern. Damit ist typischerweise nicht der unmittelbare monetäre Wert der Daten gemeint, sondern vielmehr der Nutzen, den die jeweiligen Akteure aus den Daten ziehen können. Der Begriff Big Data beschreibt jedoch nicht nur das bestehende Datenvorkommen, sondern auch dessen Verarbeitung und Nutzung.[2192] Da das Datenvorkommen an sich – also die Rohdaten – zunächst wertlos ist, muss es entsprechend bearbeitet werden, um seinen Wert zu schöpfen. Das Herzstück dieses Wertschöpfungsprozesses ist die Analyse der Daten durch Algorithmen, häufig auch *Analytics* genannt. Der dritte Aspekt, den Big Data beschreibt, sind die zur Datenverarbeitung und -nutzung eingesetzten Technologien.[2193] Sie sind die unabdingbare Voraussetzung dafür, dass der zuvor beschriebene Wertschöpfungsprozess überhaupt stattfinden kann. Bei diesen Technologien handelt es sich um ein Zusammenspiel von herkömmlichen, weiterentwickelten und neuen Konzepten. Besonders hervorzuheben sind wegen ihrer besonderen Bedeutung für die schnelle Verarbeitung großer Datenmengen *In-Memory*-Datenbanken für die Datenhaltung und *MapReduce* für den Datenzugriff.

In der Versicherungswirtschaft kann Big Data in nahezu allen Bereichen nutzbringend eingesetzt werden. In besonderem Maße eignet sich Big Data jedoch für den Einsatz im Massengeschäft der Kraftfahrzeug-Haftpflichtversicherung bei der Bekämpfung manipulierter Straßenverkehrsunfälle.[2194] Hierbei ist es eine der größten Herausforderungen für Versicherungsunternehmen, komplexe Betrugsnetzwerke zu erkennen, die Versicherungsunternehmen gezielt durch provozierte und gestellte Unfälle schädigen. Um solche Betrugsnetzwerke frühzeitig erkennen zu können, nutzen Versicherungsunternehmen zunehmend eine spezielle Form der Big-Data-Analyse – die soziale Netzwerkanalyse.[2195] Gerade bei der Durchführung sozialer Netzwerkanalysen zur Erkennung auffälliger

---

[2190] Zum Begriff „Big Data" ab S. 40.

[2191] Zu Big Data als Beschreibung des Datenvorkommens ab S. 41.

[2192] Zu Big Data als Beschreibung der Datenverarbeitung und -nutzung ab S. 46.

[2193] Zu Big Data als Beschreibung der Technologielandschaft ab S. 50.

[2194] Zu Big-Data-Verfahren zur Erkennung von Versicherungsbetrug ab S. 54.

[2195] Zur sozialen Netzwerkanalyse ab S. 55.

© Der/die Autor(en), exklusiv lizenziert an
Springer Fachmedien Wiesbaden GmbH, ein Teil von Springer Nature 2022
C. Herfurth, *Big Data – Big Accountability*, DuD-Fachbeiträge,
https://doi.org/10.1007/978-3-658-39287-1_7

Verbindungen zwischen den Unfallbeteiligten treten die wesentlichen Vorteile von Big-Data-Verfahren im Vergleich zu herkömmlichen Betrugserkennungstechnologien hervor.

Wenn Big-Data-Verfahren datenschutzrechtlich bewertet werden, darf nicht aus dem Blick verloren werden, dass nicht nur eine, sondern viele Spielarten von Big Data existieren. Entscheidend kommt es auf die individuellen Charakteristika des konkreten Big-Data-Verfahrens an. Manche sind dadurch gekennzeichnet, dass sie bewusst auf eine Festlegung von Verarbeitungszwecken verzichten, um die Daten für alle denkbaren Zwecke nutzen zu können. Sofern solche Big-Data-Verfahren personenbezogene Daten verarbeiten, sind sie datenschutzrechtlich schlichtweg unzulässig.[2196] Eine zweckfreie Datenerhebung und -speicherung auf Vorrat verstößt nicht nur in elementarer Weise gegen den Zweckbindungsgrundsatz, sondern beeinträchtigt auch die Funktionsweise diverser anderer Grundsätze der Datenschutz-Grundverordnung. Dagegen basieren andere Spielarten von Big Data zwar ebenfalls auf der Verarbeitung großer Mengen verschiedener Daten in Echtzeit, sie verfolgen jedoch von Anfang an klare Zwecke. Das wird besonders deutlich an dem Anwendungsbeispiel dieser Arbeit – der sozialen Netzwerkanalyse. Solche Big-Data-Verfahren können – wie gezeigt – im Einklang mit der Datenschutz-Grundverordnung durchgeführt werden.

Daran schließt sich die zweite wesentliche Erkenntnis dieser Arbeit an: Big Data und Datenschutz sind nicht unvereinbar, aber Big Data impliziert „Big Accountability".[2197] Verantwortliche können nur dann große Mengen personenbezogener Daten verarbeiten, wenn sie auch eine korrespondierend große Verantwortung schultern. Konkret bedeutet das, dass sie im Zusammenhang mit Big Data vergleichsweise mehr und umfangreichere datenschutzrechtliche Pflichten erfüllen müssen. Diese Pflichten ergeben sich nicht aus einer Big-Data-spezifischen Vorschrift in der Datenschutz-Grundverordnung, denn letztere ist bewusst technologieneutral konzipiert.[2198] Vielmehr wird das Pflichtenprogramm durch die Verarbeitungsgrundsätze des Art. 5 DS-GVO vorgezeichnet.[2199] Sie formulieren die allgemeinsten Anforderungen, die für jede Verarbeitung personenbezogener Daten gelten. Wie es schon einleitend bei *Giovanni Buttarelli* hieß „In a nutshell, big data needs equally big data protection solutions. We don't need to reinvent data protection principles, but we do need to "go digital". We need innovative thinking.", ist es nicht erforderlich, die allgemeinen Verarbeitungsgrundsätze neu zu erfinden. Aufgrund ihrer Abstraktheit bedarf es jedoch „innovative Denkansätze […] für die Art und Weise, wie manche dieser sowie andere wesentliche Datenschutzgrundsätze konkret umgesetzt werden" können. Ein wesentlicher Teil dieser Arbeit bestand daher darin, die allgemeinen Verarbeitungsgrundsätze des Art. 5 DS-GVO als Katalog von Gestaltungszielen für Big-Data-Anwendungen zu nutzen und am Beispiel der sozialen Netzwerkanalyse neue Modelle zu entwickeln, um sie besser operationalisieren zu können:

(1) **Erstes Gestaltungsziel: Personenbezogene Daten müssen auf rechtmäßige Weise verarbeitet werden.**

Das Versicherungsunternehmen muss die Datenverarbeitung auf eine Einwilligung der betroffenen Person oder auf eine sonstige Rechtsgrundlage stützen können.[2200] Für Big-Data-Verfahren ist insbesondere die Interessenabwägung des

---

[2196] Zum Verbot zweckfreier Datenverarbeitungen ab S. 254.
[2197] Zu „Big Accountability" ab S. 68 und S. 315.
[2198] Zur Technologieneutralität der Datenschutz-Grundverordnung ab S. 128.
[2199] Zu den allgemeinen Verarbeitungsgrundsätzen ab S. 130.
[2200] Zum Grundsatz der Rechtmäßigkeit ab S. 135.

Art. 6 Abs. 1 S. 1 f) DS-GVO von zentraler Bedeutung.[2201] Danach ist die Datenverarbeitung zulässig, wenn die Interessen des Verantwortlichen die entgegenstehenden Interessen der betroffenen Person überwiegen oder sie als gleichrangig zu bewerten sind. Mangels klarer Vorgaben zu den abzuwägenden Interessen oder zum Abwägungsvorgang, können Verantwortliche diese Rechtsgrundlage jedoch nur unter erheblicher Rechtsunsicherheit anwenden. Um die Interessenabwägung besser handhabbar zu machen, wurden im Rahmen dieser Arbeit eine Vielzahl expliziter und impliziter Wertungsgesichtspunkte in der Datenschutz-Grundverordnung identifiziert, in funktionsfähige Abwägungskriterien umgewandelt und in einem „3x5-Modell" abgebildet.[2202] Dieses Modell setzt sich aus den drei Dimensionen „Daten", „Akteure" und „Datenverarbeitung" sowie aus jeweils fünf Kriterien zusammen. Für jedes Kriterium wird anschließend festgestellt, ob aus diesem eine geringe, mittlere oder schwere Belastung für die betroffene Person resultiert. Angewendet auf die soziale Netzwerkanalyse folgt daraus, dass die Datenverarbeitung gemäß Art. 6 Abs. 1 S. 1 f) DS-GVO zur Wahrung der berechtigten Interessen des Versicherungsunternehmens erforderlich ist und die entgegenstehenden Interessen der betroffenen Personen nicht überwiegen.[2203] Vielmehr überwiegt das hohe berechtigte Interesse des Versicherungsunternehmens an der Betrugserkennung und der hohe Grad der Förderung dieses Interesses durch die soziale Netzwerkanalyse das entgegenstehende normale Interesse der betroffenen Personen und die zugegebenermaßen schwere Belastung für letztere geringfügig. Andere Rechtsgrundlagen wie beispielsweise die Einwilligung oder die Erforderlichkeit zur Vertragserfüllung scheiden dagegen aus verschiedenen Gründen aus.[2204]

Darüber hinaus kann bei verschiedenen Big-Data-Verfahren insbesondere die Sonderregelung des Art. 22 DS-GVO über vollautomatisierte Entscheidungen relevant werden.[2205] Unter welchen Voraussetzungen eine vollautomatisierte Entscheidung anzunehmen ist, wird in der Datenschutz-Grundverordnung nicht konkretisiert. Um solche Entscheidungen in verschiedenen Mensch-Maschine-Entscheidungsprozessen identifizieren zu können, wurde im Rahmen dieser Arbeit ein fachfremdes Modell zur Entwicklung von Unterwasser-Teleoperatoren nutzbar gemacht und dessen „Levels of Automation in Man-Computer Decision-Making"-Taxonomie auf Art. 22 DS-GVO übertragen.[2206] Angewendet auf die soziale Netzwerkanalyse ergibt sich daraus, dass das Versicherungsunternehmen keine vollautomatisierten Entscheidungen im Sinne von Art. 22 DS-GVO durchführt. Die Entscheidung des Sachbearbeiters, alle eingehenden Schäden in unverdächtige und verdächtige Schadensfälle einzuteilen, beruht zwar ausschließlich auf einer automatisierten Verarbeitung. Diese Entscheidung entfaltet jedoch keine Rechtswirkung gegenüber den betroffenen Personen oder beeinträchtigt sie in ähnlicher Weise erheblich. Dagegen führt die Entscheidung der Betrugsabwehrspezialisten, die Bestätigung oder Widerlegung des Anfangsverdachts, zu Rechtswirkungen gegenüber den betroffenen Personen. Diese Entscheidung beruht jedoch nicht ausschließlich auf einer automatisierten Verarbeitung.

[2201] Zur Interessenabwägung ab S. 180.

[2202] Zum „3x5-Modell" ab S. 189.

[2203] Zur Abwägung im engeren Sinne ab S. 211.

[2204] Zur Einwilligung ab S. 137; zur Vertragserfüllung ab S. 155.

[2205] Zu automatisierten Entscheidungen im Einzelfall ab S. 215.

[2206] Zur Taxonomie von Mensch-Maschine-Entscheidungsprozessen ab S. 222.

(2) Zweites Gestaltungsziel: Personenbezogene Daten müssen in einer für die betroffenen Person nachvollziehbaren Weise verarbeitet werden.

Das Versicherungsunternehmen muss den betroffenen Personen zu bestimmten Zeitpunkten bestimmte Informationen in einer bestimmten Art und Weise zur Verfügung zu stellen.[2207] Die maßgeblichen Regelungen hierzu finden sich in Art. 12 bis 15 DS-GVO. Das Versicherungsunternehmen kann die nach Art. 12 bis 14 DS-GVO erforderlichen Informationen im Zusammenhang mit der sozialen Netzwerkanalyse entweder in eine bereits bestehende Datenschutzerklärung integrieren oder eine gesonderte, eigenständige Datenschutzerklärung formulieren, die nur für die soziale Netzwerkanalyse Anwendung findet. Für letztere wurde im Rahmen dieser Arbeit ein Muster entwickelt.[2208]

Zwei Wesensmerkmale von Big Data – nämlich die große Menge betroffener Personen sowie die große Menge verarbeiteter personenbezogener Daten – erschweren regelmäßig die Erfüllung der verschiedenen Informationspflichten.[2209] Steigt die Menge betroffener Personen, erhöht dies den Erfüllungsaufwand für die Informationspflichten aus Art. 13 und 14 DS-GVO, denn das Versicherungsunternehmen muss diese Informationen proaktiv gegenüber jeder betroffenen Person erteilen. Steigt dagegen die Menge personenbezogener Daten, steigt typischerweise der Erfüllungsaufwand für die Informationspflicht aus Art. 15 DS-GVO. Je mehr personenbezogene Daten das Versicherungsunternehmen verarbeitet, desto mehr konkrete Daten muss es sichten und beauskunften. Mit Blick auf Big-Data-Verfahren stellten sich daher die Fragen, ob es erstens eine große Menge betroffener Personen rechtfertigt, von den Informationspflichten gemäß Art. 13 und 14 DS-GVO abzusehen und zweitens, ob es eine große Menge verarbeiteter personenbezogener Daten rechtfertigt, das Versicherungsunternehmen von seiner Informationspflicht aus Art. 15 DS-GVO zu befreien.

Bei der Direkterhebung nach Art. 13 DS-GVO findet sich kein unmittelbarer Anknüpfungspunkt für eine solche Befreiung. Bei der sonstigen Erhebung sieht dagegen Art. 14 Abs. 5 b) DS-GVO vor, dass das Versicherungsunternehmen der betroffenen Person die Informationen nicht zur Verfügung stellen muss, wenn und soweit sich die Erteilung dieser Informationen als unmöglich erweist oder einen unverhältnismäßigen Aufwand erfordern würde.[2210] Für Big-Data-Verfahren gilt generell, dass eine große Menge betroffener Personen auf einen unverhältnismäßigen Aufwand des Verantwortlichen im Sinne von Art. 14 Abs. 5 b) DS-GVO hindeutet. Eine Befreiung von den Informationspflichten hängt jedoch maßgeblich vom jeweiligen Informationsinteresse der betroffenen Person im Einzelfall ab. Bei der sozialen Netzwerkanalyse kann sich daher das Versicherungsunternehmen gegenüber betroffenen Personen wie dem Versicherungsnehmer, der mitversicherten Person und dem Geschädigten nicht auf Art. 14 Abs. 5 b) DS-GVO berufen. Gegenüber anderen Kategorien von betroffenen Personen ist dies jedoch denkbar.

Im Rahmen von Art. 15 DS-GVO kann das Versicherungsunternehmen, das eine große Menge personenbezogener Daten über eine betroffene Person verarbeitet, gemäß EwG 63 S. 7 DS-GVO verlangen, dass diese ihr Auskunftsverlangen nach Art. 15

[2207] Zum Grundsatz der Transparenz ab S. 229.
[2208] Zur Musterdatenschutzerklärung ab S. 239.
[2209] Zu den typischen Herausforderungen bei Big-Data-Verfahren ab S. 245.
[2210] Zur Befreiung von Art. 14 DS-GVO ab S. 246.

DS-GVO präzisiert, bevor es ihr Auskunft erteilt.[2211] Für Big-Data-Verfahren kann das Versicherungsunternehmen die Erteilung der Auskunft nach Art. 15 DS-GVO unter Berufung auf den Grundsatz der Verhältnismäßigkeit verweigern, wenn sie zu einem Aufwand führen würde, der die Grenze dessen überschreitet, was vernünftigerweise verlangt werden kann und weder eine Fristverlängerung noch alternative Bearbeitungsmöglichkeiten den unverhältnismäßigen Aufwand auf ein angemessenes Maß senken können. Darüber hinaus sieht auch das Bundesdatenschutzgesetz in § 34 Abs. 1 Nr. 2 a) und b) BDSG Ausnahmen von der Auskunftserteilung vor, sofern diese für das Versicherungsunternehmen einen unverhältnismäßigen Aufwand erfordern würde. Aufgrund ihres beschränkten Anwendungsbereichs spielen diese in der Versicherungspraxis jedoch nur eine untergeordnete Rolle.

(3) Drittes Gestaltungsziel: Personenbezogene Daten müssen für festgelegte, eindeutige und legitime Zwecke erhoben werden und dürfen nicht in einer mit diesen Zwecken nicht zu vereinbarenden Weise weiterverarbeitet werden.

Das Versicherungsunternehmen muss eindeutige und legitime Verarbeitungszwecke festlegen, bevor es die personenbezogenen Daten erhebt.[2212] Für Big-Data-Verfahren wie die soziale Netzwerkanalyse, die von Anfang an klare Zwecke verfolgen, bedeutet dies keine besondere Herausforderung. Das Versicherungsunternehmen kann den Verarbeitungszweck nach außen durch die Aufnahme in die Datenschutzinformationen nach Art. 13 Abs. 1 c) und Art. 14 Abs. 1 c) DS-GVO und nach innen durch die Aufnahme in das Verzeichnis der Verarbeitungstätigkeiten nach Art. 30 Abs. 1 S. 1 b) DS-GVO festlegen.[2213] Schon daraus folgt, dass sich Big Data und der Zweckbindungsgrundsatz nicht unvereinbar gegenüberstehen.

Für andere Big-Data-Verfahren, die explorative Analysen oder eine multifunktionale Verwendung von personenbezogenen Daten beinhalten, bedeutet das System aus Zweckfestlegung und -bindung jedoch eine erhebliche Einschränkung. Sofern diese Varianten von Big Data implizieren, dass das Versicherungsunternehmen keine Verarbeitungszwecke festlegt oder diese erst später benennt, sind sie aus datenschutzrechtlicher Sicht unzulässig.[2214] Dies ist jedoch nicht gleichzusetzen mit einem kategorischen Ausschluss von explorativen Analysen oder multifunktionalen Verwendungen von personenbezogenen Daten. Ein Lösungsansatz besteht in einer vorausschauenden Festlegung von Verarbeitungszwecken durch das Versicherungsunternehmen. Dieses sollte im Vorfeld der Datenverarbeitung nicht nur prüfen, für welche Zwecke es die Daten kurzfristig verarbeiten muss, sondern auch erwägen, für welche Zwecke es die Daten mittel- und langfristig verwenden möchte. So können planvoll agierende Verantwortliche nicht nur unmittelbar bevorstehende, sondern auch verschiedene zukünftige Verarbeitungszwecke festlegen. Verarbeitet das Versicherungsunternehmen in der Folge die personenbezogenen Daten wie geplant zu diesen festgelegten Zwecken, ist dies stets zulässig. Legt also das Versicherungsunternehmen vorab als Verarbeitungszweck die Betrugserkennung durch soziale Netzwerkanalyse fest, dann kann es selbstverständlich in der Folge die personenbezogenen Daten zu diesem Zweck verarbeiten. Ergeben sich darüber hinaus

---

[2211] Zur Befreiung von Art. 15 DS-GVO ab S. 248.
[2212] Zum Grundsatz der Zweckfestlegung und -bindung ab S. 253.
[2213] Zur Zweckfestlegung ab S. 254.
[2214] Zum Verbot zweckfreier Datenverarbeitungen ab S. 254.

in der Zukunft Verwendungsmöglichkeiten, die zum Zeitpunkt der Zweckfestlegung noch nicht absehbar waren, ist zu differenzieren.

Die Datenschutz-Grundverordnung führt mit Art. 5 Abs. 1 b) und Art. 6 Abs. 4 DS-GVO einen Mechanismus ein, der einen interessengerechten Ausgleich zwischen Stabilität und Flexibilität schafft.[2215] Insbesondere zu wissenschaftlichen Forschungszwecken oder zu statistischen Zwecken kann das Versicherungsunternehmen die personenbezogenen Daten unter den Voraussetzungen von Art. 5 Abs. 1 b) und Art. 89 DS-GVO weiterverarbeiten.[2216] Das gilt auch für Big-Data-Verfahren, sofern das konkrete Verfahren die beschriebenen Voraussetzungen erfüllt und das Versicherungsunternehmen geeignete Garantien im Sinne von Art. 89 Abs. 1 DS-GVO ergreift. Zu anderen, vereinbaren Zwecken kann das Versicherungsunternehmen die personenbezogenen Daten nach einer positiven Vereinbarkeitsprüfung gemäß Art. 6 Abs. 4 DS-GVO weiterverarbeiten.[2217] Handelt es sich dagegen um andere, aber unvereinbare Zwecke benötigt das Versicherungsunternehmen die Einwilligung der betroffenen Person oder eine gesetzliche Rechtsgrundlage. Auch in solchen Fällen ist also eine Zweckänderung nicht ausgeschlossen. Gerade bei Big-Data-Verfahren scheidet jedoch eine Einwilligung zur Rechtfertigung der Zweckänderung regelmäßig aus. Schon die große Menge betroffener Personen macht die umfassende Einholung von Einwilligungen in vielen Fällen unpraktikabel. In bestimmten Fällen kann die Zweckänderung auch auf eine Rechtsvorschrift der Union oder der Mitgliedstaaten gestützt werden. Allerdings ist deren Anwendungsbereich überschaubar, sodass auch diese Möglichkeit für den überwiegenden Teil der Big-Data-Verfahren ausscheidet. Der Schwerpunkt liegt daher auf der flexibleren Vereinbarkeitsprüfung nach Art. 6 Abs. 4 DS-GVO.

Für Big-Data-Verfahren bedeutet dies, dass das Versicherungsunternehmen zwar nicht gänzlich auf eine Zweckfestlegung verzichten kann, die Datenschutz-Grundverordnung es jedoch zulässt, personenbezogene Daten zu explorativen Datenanalysen oder zu multifunktionalen Zwecken innerhalb eines bestimmten Korridors zu verwenden.

(4) Viertes Gestaltungsziel: Personenbezogene Daten müssen für den Zweck angemessen und erheblich sowie auf das für die Zwecke der Verarbeitung notwendige Maß beschränkt sein.

Das Versicherungsunternehmen muss vorrangig prüfen, ob es den von ihm festgelegten Zweck auch ohne die Verarbeitung personenbezogener Daten erreichen kann.[2218] Sofern dies nicht möglich sein sollte, muss es die Verarbeitung personenbezogener Daten so weit wie möglich begrenzen.[2219] Verschiedene Formen von Big-Data-Verfahren können durchgeführt werden, ohne personenbezogene Daten zu verarbeiten. Insbesondere solche Analysen, die sich auf das Makrolevel fokussieren – beispielsweise auf statistische Aussagen über die Gesamtheit der Betrugsfälle –, können auch auf der Grundlage von anonymen Daten vorgenommen werden.

Der überwiegende Teil von Big-Data-Verfahren verfolgt jedoch Zwecke, die nicht ohne die Verarbeitung personenbezogener Daten erreicht werden können. Dies gilt auch für die soziale Netzwerkanalyse. Eine Anonymisierung der Daten würde es unmöglich

---

[2215] Zur Zweckbindung ab S. 259.

[2216] Zur Weiterverarbeitung zu wissenschaftlichen Forschungszwecken oder zu statistischen Zwecken ab S. 262.

[2217] Zur Vereinbarkeitsprüfung ab S. 264.

[2218] Zum Grundsatz der Datenminimierung ab S. 269; zur Vermeidung personenbezogener Daten ab S. 269.

[2219] Zur Begrenzung personenbezogener Daten ab S. 270.

machen, Straßenverkehrsunfälle mit denselben Beteiligten miteinander zu verknüpfen und zudem bei konkreten Schadensmeldungen die Verbindung zu anderen Unfällen zu prüfen. In diesen Fällen besteht jedoch die Möglichkeit, die personenbezogenen Daten zu pseudonymisieren und auf diese Weise eine Datenminimierung sicherzustellen.[2220]

Eine Pseudonymisierung kommt insbesondere für solche Big-Data-Verfahren in Betracht, bei denen das Versicherungsunternehmen die Identität der betroffenen Personen im Regelfall nicht kennen und nur ausnahmsweise aufdecken muss. Aus diesem Grund soll auch das Versicherungsunternehmen die soziale Netzwerkanalyse auf der Basis von pseudonymisierten Daten durchführen und verdächtige Teilnetzwerke und Akteure nur bei „Treffern", also bei Vorliegen einer auffälligen Verbindung, aufdecken. Die Datenschutz-Grundverordnung schreibt kein konkretes Pseudonymisierungsverfahren vor. Die Wahl des geeigneten Verfahrens hängt daher davon ab, wie das Versicherungsunternehmen die pseudonymisierten Daten verarbeiten möchte und welche Anforderungen sich daraus ergeben.[2221] Da das Versicherungsunternehmen für die soziale Netzwerkanalyse Pseudonyme benötigt, die verkett- und aufdeckbar sind, soll es die personenbezogenen Daten durch Verschlüsselung pseudonymisieren. Den Vorgang der Pseudonymisierung und die Verwaltung der Pseudonyme kann das Versicherungsunternehmen außerhalb seiner Organisationssphäre durch einen vertrauenswürdigen externen Akteur oder innerhalb derselben durch einen getrennten Organisationsbereich vornehmen lassen.[2222] Darüber hinaus muss das Versicherungsunternehmen für Ausnahmefälle – also Treffer der sozialen Netzwerkanalyse – ein Verfahren zur kontrollierten Aufdeckung des Pseudonyms festlegen.[2223]

Die Nutzung der Pseudonymisierung ist im Rahmen von Big Data eine vielversprechende Methode, da sie im Idealfall personenbezogene Daten minimieren und trotzdem einen interessengerechten Ausgleich zwischen „Daten schützen" und „Daten nützen" herstellen kann.

(5) Fünftes Gestaltungsziel: Personenbezogene Daten müssen sachlich richtig, vollständig und erforderlichenfalls auf dem neuesten Stand sein.

Das Versicherungsunternehmen muss alle angemessenen Maßnahmen treffen, damit die personenbezogenen Daten über ihren Lebenszyklus sachlich richtig, vollständig und gegebenenfalls auf dem neuesten Stand sind.[2224] Sofern dies nicht der Fall ist, muss es die Daten unverzüglich berichtigen, ergänzen oder löschen. Je gravierender die potenziellen Folgen fehlerhafter Daten für die betroffene Person sind, desto sorgfältiger muss das Versicherungsunternehmen vorgehen. Im Rahmen von Big-Data-Verfahren sind insbesondere drei Fehlerquellen von Bedeutung.

Erstens kann die zugrundeliegende Datenbasis fehlerhaft sein.[2225] Bei vielen Big-Data-Verfahren ist die Qualität der zugrundeliegenden Datenbasis oftmals unbekannt oder zweifelhaft. Idealerweise soll das Versicherungsunternehmen die Daten daher nur aus zuverlässigen Quellen und insbesondere bei der betroffenen Person selbst erheben. Bei jeder Zweckänderung soll das Versicherungsunternehmen zudem prüfen,

---

[2220] Zur Pseudonymisierung im Rahmen der sozialen Netzwerkanalyse ab S. 272.

[2221] Zu verschiedenen Pseudonymisierungsverfahren ab S. 272.

[2222] Zur internen oder externen Erstellung von Pseudonymen ab S. 276.

[2223] Zur Aufdeckung von Pseudonymen ab S. 279.

[2224] Zum Grundsatz der Datenrichtigkeit ab S. 280.

[2225] Zu fehlerhaften Daten als Informationsgrundlage ab S. 283.

ob ohne den ursprünglichen Zusammenhang oder durch einen anderen Zusammenhang der ursprüngliche Aussagegehalt oder die Vollständigkeit der Daten verändert wird. Insbesondere wenn zwischen der Datenerhebung und der Datenverwendung eine größere Zeitspanne liegt, muss das Versicherungsunternehmen auch prüfen, ob die personenbezogenen Daten noch aktuell sind. Ergänzend soll das Versicherungsunternehmen die betroffene Person auffordern, jede relevante Änderung ihrer personenbezogenen Daten zu melden.

Zweitens kann das Big-Data-Verfahren selbst fehlerhaft konzipiert sein.[2226] Bei der Konzeption von Verfahren muss das Versicherungsunternehmen typische Fehler identifizieren und vermeiden. Das gilt in besonderem Maße für die Operationalisierung von Erkenntniszielen im Rahmen von Big-Data-*Analytics*. Bei der sozialen Netzwerkanalyse wird die „Betrugsverdächtigkeit" einer Schadensmeldung durch die Festlegung und Prüfung von Betrugsindikatoren messbar gemacht. Sofern auffällige Verbindungen zwischen Unfallbeteiligten durch graphentheoretische Kennzahlen operationalisiert werden, muss das Versicherungsunternehmen geeignete Schwellwerte bestimmen, die auf eine auffällige Verbindung hindeuten und in der Folge insbesondere die *false-positive*-Rate überwachen.

Drittens können die Ergebnisse bzw. Ausgabedaten fehlerhaft sein oder fehlerhaft interpretiert werden.[2227] Bei Big-Data-Verfahren ist dies insbesondere der Fall, wenn Korrelationen fälschlicherweise als Kausalitäten verstanden und verwendet werden. Das Versicherungsunternehmen muss Korrelationen als solche kennzeichnen und darf sie nicht unkritisch übernehmen, ohne ihre Kausalität zu ergründen bzw. zu validieren. Das Versicherungsunternehmen muss dies ebenfalls im Rahmen der sozialen Netzwerkanalyse berücksichtigen. Auch soziale Netzwerkanalysen bilden nur die verfügbaren Daten und nicht ihren gesamten Kontext ab. Das daraus entstehende Bild kann daher in Einzelfällen verzerrt oder irreführend sein und betrugsverdächtige Netzwerke dort nahelegen, wo tatsächlich andere Gründe für die Verbindung zwischen den Unfallbeteiligten bestehen. Das Versicherungsunternehmen muss daher insbesondere prüfen, ob die Ergebnisse der sozialen Netzwerkanalyse seinen Erfahrungen entsprechen oder ob sich ungewöhnliche Ergebnisse auch anderweitig erklären lassen.

(6) **Sechstes Gestaltungsziel: Personenbezogene Daten dürfen nur so lange gespeichert werden, wie es für die Zwecke, für die sie verarbeitet werden, erforderlich ist.**

Das Versicherungsunternehmen muss die personenbezogenen Daten nach Erfüllung des Verarbeitungszwecks löschen oder anonymisieren.[2228]

Im Rahmen von Big Data haben sinkende Speicherkosten und wachsende Datenmengen dazu geführt, dass die Speicherung von großen Mengen personenbezogener Daten stetig zugenommen hat.[2229] Sofern jedoch bestimmte Formen von Big-Daten-Verfahren vorsehen, personenbezogene Daten für unbegrenzte Zeit zu speichern, um sie anschließend multifunktional verwenden zu können, ist dies unzulässig. Dies gilt auch im Rahmen der sozialen Netzwerkanalyse. Zwar ist es im Interesse des Versicherungsunternehmens, die personenbezogenen Daten so lange wie möglich zu speichern, um tiefere Einblicke in die Struktur und die Funktionsweise möglicher

---

[2226] Zu fehlerhaften Verfahren ab S. 287.
[2227] Zu fehlerhaften Daten als Ergebnis ab S. 290.
[2228] Zum Grundsatz der Speicherbegrenzung ab S. 292.
[2229] Zu den Implikationen für Big Data ab S. 297.

betrugsverdächtiger Netzwerke zu erhalten, eine unbegrenzte Speicherung ist jedoch nicht mit dem Grundsatz der Speicherbegrenzung gemäß Art. 5 Abs. 1 e) DS-GVO vereinbar. Auch die personenbezogenen Daten, die im Rahmen der sozialen Netzwerkanalyse verarbeitet werden, müssen zu einem bestimmten Zeitpunkt gelöscht werden. Das Versicherungsunternehmen muss daher typischerweise ein sogenanntes Löschkonzept zur Definition und Umsetzung von Löschfristen für personenbezogene Daten entwickeln.[2230] Dabei kann es sich an der DIN 66398, einer „Leitlinie zur Entwicklung eines Löschkonzepts mit Ableitung von Löschfristen für personenbezogene Daten" orientieren.

Aus dem im Rahmen dieser Arbeit entwickelten Löschkonzept für die soziale Netzwerkanalyse ergibt sich, dass die dort verwendeten personenbezogenen Daten in dem eingesetzten System grundsätzlich nach vier Jahren ab ihrer Erhebung gelöscht werden müssen.[2231] Ausnahmsweise werden die personenbezogenen Daten früher gelöscht, wenn eine betroffene Person einen berechtigten Widerspruch im Sinne von Art. 17 Abs. 1 c) und Art. 21 Abs. 1 DS-GVO erklärt hat. Ebenfalls können die personenbezogenen Daten ausnahmsweise auch länger aufbewahrt werden, wenn sie über die vier Jahre hinaus tatsächlich zur Geltendmachung, Ausübung oder Verteidigung von Rechtsansprüchen im Sinne von Art. 17 Abs. 3 e) DS-GVO benötigt werden.

(7) Siebtes Gestaltungsziel: Personenbezogene Daten müssen in einer Weise verarbeitet werden, die eine angemessene Sicherheit der personenbezogenen Daten gewährleistet.

Das Versicherungsunternehmen muss geeignete technische und organisatorische Maßnahmen treffen, um ein dem Risiko angemessenes Schutzniveau in Bezug auf die Vertraulichkeit, Integrität und Verfügbarkeit der personenbezogenen Daten zu gewährleisten.[2232] Um das risikoangemessene Schutzniveau zu ermitteln, muss es nach Art. 32 Abs. 1 DS-GVO den Stand der Technik, die Implementierungskosten und die Art, den Umfang, die Umstände und die Zwecke der Verarbeitung sowie die unterschiedliche Eintrittswahrscheinlichkeit und Schwere des Risikos für die Rechte und Freiheiten natürlicher Personen berücksichtigen.

Die Datensicherheit von Big-Data-Anwendungen unterscheidet sich nicht grundsätzlich von der Datensicherheit traditioneller Systeme und Dienste. Dennoch führt gerade die Verarbeitung großer Mengen von personenbezogenen Daten dazu, dass sich bestimmte Sicherheitsrisiken erhöhen. Schon die Speicherung großer Datenmengen bewirkt, dass das Versicherungsunternehmen ein attraktiveres Ziel für feindliche Akteure wie Hacker wird und dementsprechend auch die Wahrscheinlichkeit von entsprechenden Angriffen wächst. In gleicher Weise steigt mit der Menge der gespeicherten personenbezogenen Daten auch die Schwere der möglichen Folgen im Falle von Verletzungen der Vertraulichkeit, Integrität oder Verfügbarkeit. Darüber hinaus ist festzustellen, dass sich bei Big-Data-Anwendungen viele Verantwortliche darauf fokussieren, große und vielfältige Datenmengen in möglichst hoher Geschwindigkeit zu verarbeiten und dabei deren Sicherheit vernachlässigen.

Vor diesem Hintergrund wurde im Rahmen dieser Arbeit eine von der *Europäische Agentur für Netz- und Informationssicherheit (ENISA)* entwickelte Methodik

---

[2230] Zur Entwicklung von Löschkonzepten ab S. 292.

[2231] Zum Löschkonzept im Rahmen der sozialen Netzwerkanalyse ab S. 297.

[2232] Zum Grundsatz der Datensicherheit ab S. 301.

vorgestellt.[2233] Sie verknüpft die Anforderungen aus Art. 32 DS-GVO mit dem Maßnahmenkatalog des bewährten internationalen Standards *ISO/IEC 27001* und soll es Verantwortlichen wie dem Versicherungsunternehmen erleichtern, auf eine systematische Weise die mit der Datenverarbeitung verbundenen Risiken für die betroffenen Personen zu bestimmen und daraus geeignete technische und organisatorische Sicherheitsmaßnahmen für spezifische Systeme wie der sozialen Netzwerkanalyse abzuleiten. Soweit die Methodik auf die soziale Netzwerkanalyse angewendet werden konnte, ist festzustellen, dass das Versicherungsunternehmen zur Gewährleistung eines risikoangemessenen Schutzniveaus alle technischen und organisatorischen Maßnahmen ergreifen muss, die im beschriebenen Maßnahmenkatalog als niedrig und als mittel klassifiziert sind.[2234] Darüber hinaus muss das Versicherungsunternehmen gemäß Art. 32 Abs. 1 e) DS-GVO die Wirksamkeit der getroffenen technischen und organisatorischen Maßnahmen regelmäßig überprüfen, bewerten und evaluieren.

(8) Achtes Gestaltungsziel: Personenbezogene Daten müssen in einer Weise verarbeitet werden, die die Einhaltung der Datenschutz-Grundverordnung sicherstellt und nachweisbar macht.

Das Versicherungsunternehmen muss unter Berücksichtigung der Art, des Umfangs, der Umstände und der Zwecke der Verarbeitung sowie der unterschiedlichen Eintrittswahrscheinlichkeit und Schwere der Risiken für die Rechte und Freiheiten natürlicher Personen geeignete technische und organisatorische Maßnahmen umsetzen, um sicherzustellen und den Nachweis dafür erbringen zu können, dass die Verarbeitung der personenbezogenen Daten gemäß der Datenschutz-Grundverordnung erfolgt.[2235] Eine prägende Idee hinter dieser Rechenschaftspflicht des Versicherungsunternehmens ist der sogenannte risikobasierte Ansatz, also die „Ausdifferenzierung der datenschutzrechtlichen Pflichten" des Verantwortlichen unter Berücksichtigung des Risikos der jeweiligen Datenverarbeitung.[2236] Da Big-Data-Verfahren typischerweise besonders risikobehaftet sind, folgt aus dem risikobasierten Ansatz, dass das Versicherungsunternehmen bei ihrer Durchführung vergleichsweise mehr und umfangreichere Pflichten aus der Datenschutz-Grundverordnung erfüllen muss.

Insbesondere um im Zusammenhang mit Big Data „Big Accountability" sicherzustellen, muss das Versicherungsunternehmen typischerweise ein eigenes Datenschutzmanagementsystem entwickeln.[2237] Da sich im Geltungsbereich der Datenschutz-Grundverordnung bislang noch kein einheitlicher Standard für ein solches System herausgebildet hat, wurden im Zuge dieser Arbeit verschiedene Musterprogramme außereuropäischer Datenschutzaufsichtsbehörden wie das "Accountability Framework" des *Information Commissioner (ICO),* das „Privacy Management Framework" des *Office of the Australian Information Commissioner (OAIC),* das „Privacy Management Program" des *Office of the Privacy Commissioner of Canada (OPC)* und das „Privacy Management Programme" des *Privacy Commissioner for Personal Data, Hong Kong (PCPD)* untersucht und entsprechend auf die Datenschutz-Grundverordnung übertragen. Auf Grundlage der gesammelten Konzepte und Referenzmaßnahmen wurde für das Versicherungsunternehmen am

---

[2233] Zur von der ENISA entwickelten Methodik ab S. 306.

[2234] Zur Risikobewertung im Rahmen der sozialen Netzwerkanalyse ab S. 311.

[2235] Zum Grundsatz der Rechenschaft ab S. 314.

[2236] Zum risikobasierten Ansatz der Datenschutz-Grundverordnung ab S. 314.

[2237] Allgemein zu Datenschutzmanagementsystemen ab S. 315.

Beispiel der sozialen Netzwerkanalyse ein eigenes Datenschutzmanagementsystem entwickelt.[2238] Dieses besteht aus den Elementen „Governance und Organisation", „Übersicht und Risikomanagement", „Richtlinien und Prozesse", „Kommunikation", „Externe Akteure", „Datensicherheit und Behandlung von Sicherheitsverletzungen", „Sensibilisierung und Schulungen" sowie „Prüfung, Bewertung und Evaluierung".

Aus dem Vorstehenden folgt schließlich auch die dritte zentrale Erkenntnis dieser Arbeit: Die Datenschutz-Grundverordnung ist prinzipiell dazu geeignet, Innovationen wie Big Data angemessen zu regulieren. Ihre Technologieneutralität und ihr hohes Abstraktionslevel machen sie – auch zukünftig – robust gegen den „Zustrom technologischer Veränderungen". Sie enthält zudem eine Vielzahl – teils bewährter, teils neuer – flexibler und robuster Instrumente, um auf verschiedene regulatorische Herausforderungen reagieren zu können. Insbesondere das Prinzip des risikobasierten Ansatzes erlaubt es ihr, das jeweilige Pflichtenprogramm der Akteure den jeweiligen Risiken entsprechend skalieren zu können. Dieser Mix an Instrumenten und Mechanismen ermöglicht es, technologische Innovationen wie Big-Data-Anwendungen datenschutzkonform zu gestalten. Ein speziell zugeschnittenes „Lex Big Data" ist daher weder erforderlich noch zweckdienlich.

Ebenso ist jedoch festzustellen, dass das vergleichsweise hohe Abstraktionslevel nicht nur eine Stärke, sondern zugleich auch eine Schwäche der Datenschutz-Grundverordnung ist. Je höher der Abstraktionsgrad, desto höher ist auch die Rechtsunsicherheit, wie für bestimmte technologische Innovationen konkrete rechtliche Verhaltenspflichten abzuleiten und zu erfüllen sind. So sind viele der im Rahmen dieser Arbeit entwickelten oder adaptierten Modelle schlichtweg nach dem Prinzip „Necessity is the mother of invention" entstanden, um zu versuchen, bestehende Lücken zu schließen.

Für die weitere Entwicklung von Big Data oder anderer technologischer Innovationen ist eine gewisse Vorhersehbarkeit jedoch von entscheidender Bedeutung. Ihre Chancen und Stärken können nur dann wahrgenommen werden, wenn Verantwortliche Rechtssicherheit und betroffene Personen Vertrauen in die zugrunde liegenden Verfahren haben. Wie gezeigt bietet die Datenschutz-Grundverordnung prinzipiell einen flexiblen und robusten Rechtsrahmen, um sowohl Rechtssicherheit als auch Vertrauen schaffen zu können. Es obliegt nun den verschiedenen Akteuren wie insbesondere dem *Europäischen Datenschutzausschuss* und dem *Europäischen Gerichtshof* sowie den nationalen Aufsichtsbehörden und Gerichten, aber auch der Wissenschaft und Forschung, die bestehenden Mechanismen und Instrumente zu konkretisieren, weiterzuentwickeln und besser nutzbar zu machen.

[2238] Zu den Elementen des Datenschutzmanagementsystems für Big Data ab S. 315.

Literaturverzeichnis

Abel, Ralf Bernd, Automatisierte Entscheidungen im Einzelfall gem. Art. 22 DS-GVO - Anwendungsbereich und Grenzen im nicht-öffentlichen Bereich, ZD 2018, 304.

Accenture, Der digitale Versicherer - Studie zur Zufriedenheit der Kunden mit dem Schadenmanagement - Warum der Kundenservice im Schadenfall so wichtig ist, 2014 (verfügbar unter: https://www.accenture.com/t00010101T000000__w__/de-de/_acnmedia/PDF-6/Accenture-FS-ASG-Schadenmanagement-Studie-2014-Versicherungen-Final.pdf).

Agentur der Europäischen Union für Cybersicherheit (ENISA), Big Data Security - Good Practices and Recommendations on the Security and Resilience of Big Data Services, 2015 (verfügbar unter: https://www.enisa.europa.eu/publications/big-data-security).

Agentur der Europäischen Union für Cybersicherheit (ENISA), Privacy by design in big data - An overview of privacy enhancing technologies in the era of big data analytics, 2015 (verfügbar unter: https://www.enisa.europa.eu/publications/big-data-protection).

Agentur der Europäischen Union für Cybersicherheit (ENISA), Big Data Threat Landscape and Good Practice Guide, 2016 (verfügbar unter: https://www.enisa.europa.eu/publications/bigdata-threat-landscape).

Agentur der Europäischen Union für Cybersicherheit (ENISA), Guidelines for SMEs on the security of personal data processing, 2016 (verfügbar unter: https://www.enisa.europa.eu/publications/guidelines-for-smes-on-the-security-of-personal-data-processing).

Agentur der Europäischen Union für Cybersicherheit (ENISA), Handbook on Security of Personal Data Processing, 2017 (verfügbar unter: https://www.enisa.europa.eu/publications/handbook-on-security-of-personal-data-processing).

Agentur der Europäischen Union für Cybersicherheit (ENISA), Recommendations on shaping technology according to GDPR provisions - Part I - An overview on data pseudonymisation, 2018 (verfügbar unter: https://www.enisa.europa.eu/publications/recommendations-on-shaping-technology-according-to-gdpr-provisions).

Agentur der Europäischen Union für Cybersicherheit (ENISA), Recommendations on shaping technology according to GDPR provisions - Part II - Exploring the notion of data protection by default, 2018 (verfügbar unter: https://www.enisa.europa.eu/publications/recommendations-on-shaping-technology-according-to-gdpr-provisions-part-2).

Agentur der Europäischen Union für Cybersicherheit (ENISA), Pseudonymisation techniques and best practices - Recommendations on shaping technology according to data protection and privacy provisions, 2019 (verfügbar unter: https://www.enisa.europa.eu/publications/pseudonymisation-techniques-and-best-practices).

Agentur der Europäischen Union für Cybersicherheit (ENISA), Threat Landscape Report 2018, 2019 (verfügbar unter: https://www.enisa.europa.eu/publications/enisa-threat-landscape-report-2018).

Agentur der Europäischen Union für Grundrechte, Handbuch zum europäischen Datenschutzrecht, 2019 (verfügbar unter:

https://fra.europa.eu/sites/default/files/fra_uploads/fra-coe-edps-2018-handbook-data-protection_de.pdf).

Albers, Marion, Informationelle Selbstbestimmung, 2005, Baden-Baden.

Albrecht, Jan Philipp, Daten sind das neue Öl - deshalb braucht es einen starken EU-Datenschutz!, ZD 2013, 49.

Albrecht, Jan Philipp, Das neue EU-Datenschutzrecht – von der Richtlinie zur Verordnung, CR 2016, 88.

Albrecht, Jan Philipp / Janson, Nils J., Datenschutz und Meinungsfreiheit nach der Datenschutzgrundverordnung - Warum die EU-Mitgliedstaaten beim Ausfüllen von DSGVO-Öffnungsklauseln an europäische Grundrechte gebunden sind – am Beispiel von Art. 85 DSGVO, CR 2016, 500.

Albrecht, Jan Philipp / Jotzo, Florian, Das neue Datenschutzrecht der EU - Grundlagen - Gesetzgebungsverfahren - Synopse, 2017, Baden-Baden.

Allgemeine Deutsche Automobil-Club (ADAC), Europäischer Unfallbericht (verfügbar unter: https://www.adac.de/-/media/pdf/rechtsberatung/unfallbericht-englisch.pdf?la=de-de&hash=01C93F2F82FE8E11AD6213A23F0A97B0).

Armbrüster, Christian, Prozessuale Besonderheiten in der Haftpflichtversicherung, r + s 2010, 441.

Artikel-29-Datenschutzgruppe, WP 43 - Empfehlung zu einigen Mindestanforderungen für die Online-Erhebung personenbezogener Daten in der Europäischen Union, 2001 (verfügbar unter: https://ec.europa.eu/justice/article-29/documentation/opinion-recommendation/files/2001/wp43_en.pdf (nur noch in engl. Sprache)).

Artikel-29-Datenschutzgruppe, WP 100 - Stellungnahme zu einheitlicheren Bestimmungen über Informationspflichten, 2004 (verfügbar unter: https://ec.europa.eu/justice/article-29/documentation/opinion-recommendation/files/2004/wp100_en.pdf (nur noch in engl. Sprache)).

Artikel-29-Datenschutzgruppe, WP 136 - Stellungnahme 4/2007 zum Begriff „personenbezogene Daten", 2007 (verfügbar unter: https://ec.europa.eu/justice/article-29/documentation/opinion-recommendation/files/2007/wp136_en.pdf (nur noch in engl. Sprache)).

Artikel-29-Datenschutzgruppe, WP 168 - Die Zukunft des Datenschutzes, 2009 (verfügbar unter: https://ec.europa.eu/justice/article-29/documentation/opinion-recommendation/files/2009/wp168_en.pdf (nur noch in engl. Sprache)).

Artikel-29-Datenschutzgruppe, WP 169 - Stellungnahme 1/2010 zu den Begriffen „für die Verarbeitung Verantwortlicher" und „Auftragsverarbeiter", 2010 (verfügbar unter: https://ec.europa.eu/justice/article-29/documentation/opinion-recommendation/files/2010/wp169_en.pdf (nur noch in engl. Sprache)).

Artikel-29-Datenschutzgruppe, WP 173 - Stellungnahme 3/2010 zum Grundsatz der Rechenschaftspflicht, 2010 (verfügbar unter: https://ec.europa.eu/justice/article-29/documentation/opinion-recommendation/files/2010/wp173_en.pdf (nur noch in engl. Sprache)).

Artikel-29-Datenschutzgruppe, WP 175 - Stellungnahme 5/2010 zum Vorschlag der Branche für einen Rahmen für Datenschutzfolgenabschätzungen für RFID-Anwendungen, 2010 (verfügbar unter: https://ec.europa.eu/justice/article-29/documentation/opinion-recommendation/files/2010/wp175_en.pdf (nur noch in engl. Sprache)).

Artikel-29-Datenschutzgruppe, Advice paper on special categories of data ("sensitive data"), 2011 (verfügbar unter: https://ec.europa.eu/justice/article-29/documentation/other-document/files/2011/2011_04_20_letter_artwp_mme_le_bail_directive_9546ec_annex1_en.p df).

Artikel-29-Datenschutzgruppe, WP 187 - Stellungnahme 15/2011 zur Definition von Einwilligung, 2011 (verfügbar unter: https://ec.europa.eu/justice/article-29/documentation/opinion-recommendation/files/2011/wp187_en.pdf (nur noch in engl. Sprache)).

Artikel-29-Datenschutzgruppe, WP 196 - Stellungnahme 05/2012 zum Cloud Computing, 2012 (verfügbar unter: https://ec.europa.eu/justice/article-29/documentation/opinion-recommendation/files/2012/wp196_en.pdf (nur noch in engl. Sprache)).

Artikel-29-Datenschutzgruppe, WP 203 - Opinion 03/2013 on purpose limitation, 2013 (verfügbar unter: https://ec.europa.eu/justice/article-29/documentation/opinion-recommendation/files/2013/wp203_en.pdf).

Artikel-29-Datenschutzgruppe, WP 216 - Stellungnahme 5/2014 zu Anonymisierungstechniken, 2014 (verfügbar unter: https://ec.europa.eu/justice/article-29/documentation/opinion-recommendation/files/2014/wp216_en.pdf (nur noch in engl. Sprache)).

Artikel-29-Datenschutzgruppe, WP 217 - Stellungnahme 06/2014 zum Begriff des berechtigten Interesses des für die Verarbeitung Verantwortlichen gemäß Artikel 7 der Richtlinie 95/46/EG, 2014 (verfügbar unter: https://ec.europa.eu/justice/article-29/documentation/opinion-recommendation/files/2014/wp217_en.pdf (nur noch in engl. Sprache)).

Artikel-29-Datenschutzgruppe, WP 218 - Statement on the role of a risk-based approach in data protection legal frameworks, 2014 (verfügbar unter: https://ec.europa.eu/justice/article-29/documentation/opinion-recommendation/files/2014/wp218_en.pdf (nur noch in engl. Sprache)).

Artikel-29-Datenschutzgruppe, WP 221 - Erklärung der nach Artikel 29 eingesetzten Datenschutzgruppe über die Auswirkungen der Entwicklung von Big-Data-Technologien auf den Schutz natürlicher Personen im Hinblick auf die Verarbeitung ihrer personenbezogenen Daten in der EU, 2014 (verfügbar unter: https://ec.europa.eu/justice/article-29/documentation/opinion-recommendation/files/2014/wp221_en.pdf (nur noch in engl. Sprache)).

Artikel-29-Datenschutzgruppe, WP 243 - Leitlinien in Bezug auf Datenschutzbeauftragte („DSB"), 2017 (verfügbar unter: https://ec.europa.eu/newsroom/article29/item-detail.cfm?item_id=612048).

Artikel-29-Datenschutzgruppe, WP 248 - Leitlinien zur Datenschutz-Folgenabschätzung (DSFA) und Beantwortung der Frage, ob eine Verarbeitung im Sinne der Verordnung 2016/679 „wahrscheinlich ein hohes Risiko mit sich bringt", 2017 (verfügbar unter: https://ec.europa.eu/newsroom/article29/item-detail.cfm?item_id=611236).

Artikel-29-Datenschutzgruppe, Position Paper on the derogations from the obligation to maintain records of processing activities pursuant to Article 30 (5) GDPR, 2018 (verfügbar unter: https://ec.europa.eu/newsroom/article29/item-detail.cfm?item_id=624045).

Artikel-29-Datenschutzgruppe, WP 250 - Leitlinien für die Meldung von Verletzungen des Schutzes personenbezogener Daten gemäß der Verordnung (EU) 2016/679, 2018 (verfügbar unter: https://ec.europa.eu/newsroom/article29/item-detail.cfm?item_id=612052).

Artikel-29-Datenschutzgruppe, WP 251 - Guidelines on Automated individual decision-making and Profiling for the purposes of Regulation 2016/679, 2018 (verfügbar unter: https://ec.europa.eu/newsroom/article29/item-detail.cfm?item_id=612053).

Artikel-29-Datenschutzgruppe, WP 260 - Leitlinien für Transparenz gemäß der Verordnung 2016/679, 2018 (verfügbar unter: https://ec.europa.eu/newsroom/article29/item-detail.cfm?item_id=622227).

Aschenbrenner, Michael / Dicke, Ralph / Karnarski, Bertel / Schweiggert, Franz (Hrsg.), Informationsverarbeitung in Versicherungsunternehmen, 2010, Heidelberg.

Asmus, Werner / Sonnenburg, Volker, Kraftfahrtversicherung - Ein Leitfaden für Praktiker, 7. Aufl. 1998, Wiesbaden.

Aufsichtsbehörden für den Datenschutz im nicht-öffentlichen Bereich (Düsseldorfer Kreis), Gestaltungshinweise zur datenschutzrechtlichen Einwilligungserklärung in Formularen, 2016 (verfügbar unter: https://www.lda.bayern.de/media/oh_einwilligung.pdf).

Bach, Peter (Hrsg.), Symposion gegen Versicherungsbetrug - Schwerpunkte: Kraftfahrt- und Sachversicherung, 1990, Karlsruhe.

Bäcker, Matthias / Hornung, Gerrit, EU-Richtlinie für die Datenverarbeitung bei Polizei und Justiz in Europa - Einfluss des Kommissionsentwurfs auf das nationale Strafprozess- und Polizeirecht, ZD 2012, 147.

Badura, Peter, Staatsrecht - Eine systematische Erläuterung des Grundgesetzes, 7. Aufl. 2018, München.

Baeriswyl, Bruno, Big Data ohne Datenschutz-Leitplanken, digma 2013, 14.

Bahner, Jennifer Elin, Übersteigertes Vertrauen in Automation: Der Einfluss von Fehlererfahrungen auf Complacency und Automation Bias, 2008, Berlin.

Bain&Company, Was Versicherungskunden wirklich wollen, 2012 (verfügbar unter: https://www.bain.com/contentassets/d4174a83366d42118d760ea7da830d19/121011_studie_i nsurance_es.pdf).

Bantleon, Ulrich / Thomann, Detlef, Grundlegendes zum Thema „Fraud" und dessen Vorbeugung, DStR 2006, 1714.

Barner, Frank, Die Einführung der Pflichtversicherung für Kraftfahrzeughalter - Die Entstehung des Pflichtversicherungsgesetzes vom 07.11.1939, 1991, Frankfurt am Main.

Bauer, Günter, Die Kraftfahrtversicherung - Systematik, Verfahren, Rechtsschutz, 6. Aufl. 2010, München.

Bavelas, Alex, A mathematical model for group structures, Applied Anthropology 1948, Heft 3, 16.

Bayerisches Landesamt für Datenschutzaufsicht (BayLDA), 5. Tätigkeitsbericht 2011/2012, 2013 (verfügbar unter: https://www.lda.bayern.de/media/baylda_report_05.pdf).

Bayerisches Landesamt für Datenschutzaufsicht (BayLDA), 9. Tätigkeitsbericht 2019, 2020 (verfügbar unter: https://www.lda.bayern.de/media/baylda_report_09.pdf).

Bayerisches Staatsministerium des Innern, für Sport und Integration (BayStMI), Arbeitshilfen zur praktischen Umsetzung der Datenschutz-Grundverordnung, der Richtlinie (EU) 2016/680 (Richtlinie zum Datenschutz bei Polizei und Justiz) und des neuen Bayerischen Datenschutzgesetzes für bayerische öffentliche Stellen, 2019 (verfügbar unter: https://www.innenministerium.bayern.de/assets/stmi/sus/datensicherheit/arbeitshilfen_stand_1 3_3_2019_final.pdf).

Beckmann, Roland Michael / Matusche-Beckmann, Annemarie (Hrsg.), Versicherungsrechts-Handbuch, 3. Aufl. 2015, München.

Benz, Silvia / Hoffmann, Georg, Vorgetäuschte Verkehrsunfälle, SVR 2006, 95.

Berg, Wilfried, Staatsanwaltschaft - Kriminalpolizei - Sachversicherer - Rechtliche Möglichkeiten der Zusammenarbeit, 1993, Stuttgart.

Bergt, Matthias, Die Bestimmbarkeit als Grundproblem des Datenschutzrechts - Überblick über den Theorienstreit und Lösungsvorschlag, ZD 2015, 365.

Berliner Beauftragte für Datenschutz und Informationsfreiheit (BlnBDI), Arbeitspapier Datenschutzrechtliche Anforderungen für Research-Systeme zur Aufdeckung von Geldwäsche, 2007 (verfügbar unter: https://die-dk.de/media/files/201107_Anlage-Stellungnahme-GwBekErgG_jQf8gOS.pdf).

Bernet, David (Hrsg.), Democracy - Im Rausch der Daten - Der Film über unsere digitale Zukunft 2016.

Bertelsmann Stiftung, Wenn Maschinen Menschen bewerten, 2017 (verfügbar unter: https://www.bertelsmann-stiftung.de/fileadmin/files/BSt/Publikationen/GrauePublikationen/ADM_Fallstudien.pdf).

Bertelsmann Stiftung, Wo Maschinen irren können - Fehlerquellen und Verantwortlichkeiten in Prozessen algorithmischer Entscheidungsfindung, 2018 (verfügbar unter: https://www.bertelsmann-stiftung.de/fileadmin/files/BSt/Publikationen/GrauePublikationen/WoMaschinenIrrenKoenne n.pdf).

Bertelsmann Stiftung, Wie Algorithmen verständlich werden - Ideen für Nachvollziehbarkeit von algorithmischen Entscheidungsprozessen für Betroffene, 2019 (verfügbar unter: https://www.bertelsmann-stiftung.de/fileadmin/files/BSt/Publikationen/GrauePublikationen/Wie_Algorithmen_verstaen dlich_werden_final.pdf).

Berthold, Joachim, Der Betrug zum Nachteil von Versicherungen, 2005 (verfügbar unter: https://www.es-rueck.de/184339/schriftenreihe-nr-9-der-betrug-zum-nachteil-von-versicherungen.pdf).

Berufsverband der Datenschutzbeauftragten Deutschlands (BvD), Das berufliche Leitbild der Datenschutzbeauftragten, 4. Aufl. 2018 (verfügbar unter: https://www.bvdnet.de/wp-content/uploads/2018/04/BvD-Berufsbild_Auflage-4_dt_en.pdf).

Beutelspacher, Albrecht, Kryptologie - Eine Einführung in die Wissenschaft vom Verschlüsseln, Verbergen und Verheimlichen, 10. Aufl. 2015, Wiesbaden.

Bieker, Felix / Bremert, Benjamin, Identifizierung von Risiken für die Grundrechte von Individuen - Auslegung und Anwendung des Risikobegriffs der DS-GVO, ZD 2020, 7.

Bieker, Felix / Hansen, Marit, Normen des technischen Datenschutzes nach der europäischen Datenschutzreform, DuD 2017, 285.

Bier, Christoph, Data Provenance - Technische Lösungskonzepte für das Datenschutzrecht auf Auskunft, DuD 2015, 741.

Bitter, Georg / Rauhut, Tilman, Grundzüge zivilrechtlicher Methodik - Schlüssel zu einer gelungenen Fallbearbeitung, JuS 2009, 289.

Bitter, Philip / Uphues, Steffen, Big Data und die Versichertengemeinschaft – „Entsolidarisierung" durch Digitalisierung?, in: Hoeren, Phänomene des Big-Data-Zeitalters, 2019, 147.

Boehme-Neßler, Volker, Das Ende der Anonymität - Wie Big Data das Datenschutzrecht verändert, DuD 2016, 419.

Bologa, Ana-Ramona / Bologa, Razvan / Florea, Alexandra, Big Data and Specific Analysis Methods for Insurance Fraud Detection, Database Systems Journal 2013, Heft 4, 30.

Bolognini, Luca / Bistolfi, Camilla, Pseudonymization and impacts of Big (personal/anonymous) Data processing in the transition from the Directive 95/46/EC to the new EU General Data Protection Regulation, CLSR 2017, 171.

Booz & Company, Benefitting from Big Data - Leveraging Unstructured Data Capabilities for Competitive Advantage, 2012 (verfügbar unter: https://static1.squarespace.com/static/5133c92be4b03c8ebed848b4/t/5293d95ae4b096d14479 4a4c/1385421146258/BoozCo_Benefitting-from-Big-Data.pdf).

Born, Winfried, Der manipulierte Unfall im Wandel der Zeit, NZV 1996, 257.

Bornemann, Dirk, Big Data - Chancen und rechtliche Hürden, RDV 2013, 232.

Brandes, Ulrik, Graphentheorie, in: Stegbauer/Häußling, Handbuch Netzwerkforschung, 2010, 345.

Breideneichen, Ulf, Die Risikoausschlüsse in der Kraftfahrt-Haftpflichtversicherung, r + s 2013, 417.

Bretthauer, Sebastian, Compliance-by-Design-Anforderungen bei Smart Data - Rahmenbedingungen am Beispiel der Datennutzung im Energiesektor, ZD 2016, 267.

Brink, Stefan / Eckhardt, Jens, Wann ist ein Datum ein personenbezogenes Datum? - Anwendungsbereich des Datenschutzrechts, ZD 2015, 205.

Brink, Stefan / Joos, Daniel, Reichweite und Grenzen des Auskunftsanspruchs und des Rechts auf Kopie - Tatbestandlicher Umfang und Einschränkungen des Art. 15 DS-GVO, ZD 2019, 483.

Brink, Stefan / Schmidt, Stephan, Die rechtliche (Un-)Zulässigkeit von Mitarbeiterscreenings - Vom schmalen Pfad der Legalität, MMR 2010, 592.

Brisch, Klaus / Pieper, Fritz, Das Kriterium der Bestimmbarkeit bei Big Data-Analyseverfahren - Anonymisierung, Vernunft und rechtliche Absicherung bei Datenübermittlungen, CR 2015, 724.

Britz, Gabriele, Europäisierung des grundrechtlichen Datenschutzes, EuGRZ 2009, 1.

Britz, Tobias / Beyer, Alexander, Der datenschutzrechtliche Auskunftsanspruch in der Versicherungspraxis - Zugleich Besprechung des Urteils des OLG Köln v. 26.7.2019 – 20 U 75/18, VersR 2020, 65.

Broeders, Dennis / Schrijvers, Erik / van der Sloot, Bart / van Brakel, Rosamunde / de Hoog, Josta / Hirsch Ballin, Ernst, Big Data and security policies - Towards a framework for regulating the phases of analytics and use of Big Data, CLSR 2017, 309.

Brookman, Justin / Gautam, Hans, Why Collection Matters: Surveillance as a De Facto Privacy Harm, 2013 (verfügbar unter: https://fpf.org/wp-content/uploads/2013/08/LEGAL-Brookman-Why-Collection-Matters1.pdf).

Broschinski, Ralph, Kerngeschäftsprozesse eines Versicherungsunternehmens, in: Aschenbrenner/Dicke/Karnarski/Schweiggert, Informationsverarbeitung in Versicherungsunternehmen, 2010, 71.

BSA - The Software Alliance (BSA), What is the Big Deal With Data?, 2015 (verfügbar unter: https://data.bsa.org/wp-content/uploads/2015/12/bsadatastudy_en.pdf).

Buchner, Benedikt, Informationelle Selbstbestimmung im Privatrecht, 2006, Tübingen.

Buchner, Benedikt, Die Einwilligung im Datenschutzrecht - Vom Rechtfertigungsgrund zum Kommerzialisierungsinstrument, DuD 2010, 39.

Buchner, Benedikt, Grundsätze und Rechtmäßigkeit der Datenverarbeitung unter der DS-GVO, DuD 2016, 155.

Bull, Hans Peter, Entscheidungsfragen in Sachen Datenschutz, ZRP 1975, 7.

Bull, Hans Peter, Zweifelsfragen um die informationelle Selbstbestimmung - Datenschutz als Datenaskese?, NJW 2006, 1617.

Bull, Hans Peter, Persönlichkeitsschutz im Internet - Reformeifer mit neuen Ansätzen, NVwZ 2011, 257.

Bundesanstalt für Finanzdienstleistungsaufsicht (BaFin), Rundschreiben 4/2010: Mindestanforderungen an die Compliance-Funktion und die weiteren Verhaltens-, Organisations- und Transparenzpflichten nach §§ 31 ff. WpHG für Wertpapierdienstleistungsunternehmen (MaComp), 2017 (verfügbar unter: https://www.bafin.de/SharedDocs/Veroeffentlichungen/DE/Rundschreiben/rs_1004_wa_macomp.html).

Bundesbeauftragter für den Datenschutz und die Informationsfreiheit (BfDI), 25. Tätigkeitsbericht 2013/2014, 2015 (verfügbar unter: https://www.zaftda.de/tb-bfdi/645-25-tb-bfdi-bund-2013-14-ohne-drs-nr-vom-17-062015/file).

Bundeskriminalamt (BKA), Polizeiliche Kriminalstatistik (verfügbar unter: https://www.bka.de/DE/AktuelleInformationen/StatistikenLagebilder/PolizeilicheKriminalstatistik/pks_node.html).

Bundeskriminalamt (BKA), PKS 2019 - Band 1 (verfügbar unter: https://www.bka.de/DE/AktuelleInformationen/StatistikenLagebilder/PolizeilicheKriminalstatistik/PKS2019/PKSJahrbuch/pksJahrbuch_node.html).

Bundesministerium für Bildung und Forschung (BMBF), Bekanntmachung: "Zivile Sicherheit – Schutz vor Wirtschaftskriminalität" vom 12.12.2012 (verfügbar unter: https://www.bmbf.de/foerderungen/bekanntmachung-794.html).

Bundesverband Informationswirtschaft, Telekommunikation und neue Medien e. V. (Bitkom), Big Data im Praxiseinsatz - Szenarien, Beispiele, Effekte, 2012 (verfügbar unter: https://www.bitkom.org/sites/default/files/file/import/BITKOM-LF-big-data-2012-online1.pdf).

Bundesverband Informationswirtschaft, Telekommunikation und neue Medien e. V. (Bitkom), Management von Big Data-Projekten, 2013 (verfügbar unter: https://www.bitkom.org/sites/default/files/file/import/130618-Management-von-Big-Data-Projekten.pdf).

Bundesverband Informationswirtschaft, Telekommunikation und neue Medien e. V. (Bitkom), Big Data-Technologien - Wissen für Entscheider, 2014 (verfügbar unter: https://www.bitkom.org/sites/default/files/file/import/140228-Big-Data-Technologien-Wissen-fuer-Entscheider.pdf).

Bundesverband Informationswirtschaft, Telekommunikation und neue Medien e. V. (Bitkom), Big Data und Geschäftsmodell- Innovationen in der Praxis - 40+ Beispiele, 2015 (verfügbar unter: https://www.bitkom.org/sites/default/files/file/import/151229-Big-Data-und-GM-Innovationen.pdf).

Bundesverband Informationswirtschaft, Telekommunikation und neue Medien e. V. (Bitkom), Leitlinien für den Big Data- Einsatz, 2015 (verfügbar unter: https://www.bitkom.org/sites/default/files/file/import/150901-Bitkom-Positionspapier-Big-Data-Leitlinien.pdf).

Bundesverband Informationswirtschaft, Telekommunikation und neue Medien e. V. (Bitkom), Das Verfahrensverzeichnis - Verzeichnis von Verarbeitungstätigkeiten nach Art. 30 EU-Datenschutz-Grundverordnung (DS-GVO), 2017 (verfügbar unter: https://www.bitkom.org/sites/default/files/file/import/180529-LF-Verarbeitungsverzeichnis-online.pdf).

Bundeszentrale für politische Bildung (bpb) (Hrsg.), Technik, Folgen, Abschätzung, 2014.

Bundeszentrale für politische Bildung (bpb) (Hrsg.), Big Data, 2015.

Bürkle, Jürgen (Hrsg.), Compliance in Versicherungsunternehmen - Rechtliche Anforderungen und praktische Umsetzung, 3. Aufl. 2020.

Burmann, Michael / Heß, Rainer (Hrsg.), Handbuch des Straßenverkehrsrechts, 42. EL 2020, München.

Burmann, Michael / Heß, Rainer / Hühnermann, Katrin / Jahnke, Jürgen (Hrsg.), Straßenverkehrsrecht, 26. Aufl. 2020, München.

Buschbell, Hans (Hrsg.), Münchener Anwaltshandbuch Straßenverkehrsrecht, 5. Aufl. 2020, München.

Bussche, Axel / Voigt, Paul (Hrsg.), Konzerndatenschutz, 2. Aufl. 2019, München.

Buttarelli, Giovanni, The accountability principle in the new GDPR, Rede vom 30.9.2016 (verfügbar unter: https://edps.europa.eu/sites/edp/files/publication/16-09-30_accountability_speech_en.pdf).

Cai, Li / Zhu, Yangyong, The Challenges of Data Quality and Data Quality Assessment in the Big Data Era, Data Science Journal 2015, 1.

Calliess, Christian / Ruffert, Matthias (Hrsg.), Das Verfassungsrecht der Europäischen Union mit Europäischer Grundrechtecharta, 5. Aufl. 2016, München.

Carolan, Eoin, The continuing problems with online consent under the EU's emerging data protection principles, CLSR 2016, 462.

Cate, Fred Harrison / Mayer-Schönberger, Viktor, Notice and consent in a world of Big Data, IDPL 2013, 67.

Cebulla, Manuel, Umgang mit Kollateraldaten - Datenschutzrechtliche Grauzone für verantwortliche Stellen, ZD 2015, 507.

Clarke, Roger, Privacy impact assessment: Its origins and development, CLSR 2009, 123.

Colonna, Liane, Mo' Data, Mo' Problems? Personal Data Mining and the challenge to the data minimization principle, 2013 (verfügbar unter: http://wpressutexas.net/cs378h/images/a/ad/Colonna-Mo-Data-Mo-Problems.pdf).

Conrad, Isabell / Grützmacher, Malte (Hrsg.), Recht der Daten und Datenbanken im Unternehmen, 2014, Köln.

Copland-Cale, Andrew, Compliance, Big Data und die Macht der Datenvisualisierung, CCZ 2016, 281.

Cox, Michael / Ellsworth, Daniel, Application-controlled demand paging for out-of-core visualization, in: IEEE, Proceedings of the 8th conference on Visualization, 1997, 235.

Cradock, Emma / Stalla-Bourdillon, Sophie / Millard, David, Nobody puts data in a corner? - Why a new approach to categorising personal data is required for the obligation to inform, CLSR, 2017, 142.

Culik, Nicolai / Döpke, Christian, Zweckbindungsgrundsatz gegen unkontrollierten Einsatz von Big Data-Anwendungen - Analyse möglicher Auswirkungen der DS-GVO, ZD 2017, 226.

Cumbley, Richard / Church, Peter, Is "Big Data" creepy?, CLSR 2013, 601.

Custers, Bart / Ursic, Helena, Big data and data reuse: a taxonomy of data reuse for balancing big data benefits and personal data protection, IDPL 2016, 4.

Dammann, Ulrich, Erfolge und Defizite der EU-Datenschutzgrundverordnung - Erwarteter Fortschritt, Schwächen und überraschende Innovationen, ZD 2016, 307.

Dammann, Ulrich / Simitis, Spiros, EG-Datenschutzrichtlinie - Kommentar, 1997, Baden-Baden.

Dannert, Gerhard, Die Abwehr vorgetäuschter und manipulierter Verkehrshaftpflichtansprüche (Teil I), r + s 1989, 381.

von Danwitz, Thomas, Die Grundrechte auf Achtung der Privatsphäre und auf Schutz personenbezogener Daten - Die jüngere Rechtsprechung des Gerichtshofes der Europäischen Union, DuD 2015, 581.

Datatilsynet, Big Data - privacy principles under pressure, 2013 (verfügbar unter: https://www.datatilsynet.no/globalassets/global/english/big-data-engelsk-web.pdf).

Datatilsynet, Chilling down in Norway, 2014 (verfügbar unter: https://www.datatilsynet.no/globalassets/global/english/nedkjoling-i-norge_eng_.pdf).

Däubler, Wolfgang / Wedde, Peter / Weichert, Thilo / Sommer, Imke (Hrsg.), EU-Datenschutz-Grundverordnung und BDSG-neu - Kompaktkommentar, 2018, Frankfurt am Main.

Dausend, Tjorven, Der Auskunftsanspruch in der Unternehmenspraxis - Beispiel zur Bearbeitung von Betroffenenanfragen und Exkurs zur Reichweite des Anspruchs, ZD 2019, 103.

Dauses, Manfred / Ludwigs, Markus (Hrsg.), Handbuch des EU-Wirtschaftsrechts - Band 1, 51. EL 2020, München.

Dean, Jeffrey / Ghemawat, Sanjay, MapReduce: Simplified Data Processing on Large Clusters, 2004 (verfügbar unter: https://static.googleusercontent.com/media/research.google.com/de//archive/mapreduce-osdi04.pdf).

Deloitte, From exponential technologies to exponential innovation - Report 2 of the 2013 Shift Index series, 2013 (verfügbar unter: https://www2.deloitte.com/content/dam/Deloitte/es/Documents/sector-publico/Deloitte_ES_Sector-Publico_From-exponential-technologies-to-exponential-innovation.pdf).

Derrig, Richard A., Insurance Fraud, JRI 2002, 271.

Deuter, Jürgen, Big Dada statt Big Data (verfügbar unter: https://next-digital-leader.de/data-analytics/big-dada-statt-big-data/).

Deutsch, Erwin, Das neue System der Gefährdungshaftungen - Gefährdungshaftung, erweiterte Gefährdungshaftung und Kausal-Vermutungshaftung, NJW 1992, 73.

Deutsche Bank, Big Data - Die ungezähmte Macht, 2014 (verfügbar unter: https://www.dbresearch.de/PROD/RPS_DE-PROD/PROD0000000000444436/Big_Data_%C2%96_die_ungez%C3%A4hmte_Macht.pdf?undefined&realload=BjY5sk4/~cCAnQHXzo04aZ0IQwv1hjwwZUbjmaXYNXfz8l2A4yBw ypeUYmg1ze~/4GOdjnYXrHU=).

Diebold, Francis, A Personal Perspective on the Origin(s) and Development of Big Data - The Phenomenon, the Term, and the Discipline, 2012 (verfügbar unter: https://www.sas.upenn.edu/~fdiebold/papers/paper112/Diebold_Big_Data.pdf).

Diehl, Frank S. (Hrsg.), Versicherungsunternehmensrecht - Handbuch, 2020, München.

Diesner, Jana / Carley, Kathleen Mary, Relationale Methoden in der Erforschung, Ermittlung und Prävention von Kriminalität, in: Stegbauer/Häußling, Handbuch Netzwerkforschung, 2010, 725.

Dix, Alexander, Betroffenenrechte im Datenschutz, in: Schmidt/Weichert, Datenschutz, 2012, 290.

Dix, Alexander, Datenschutz im Zeitalter von Big Data - Wie steht es um den Schutz der Privatsphäre?, Stadtforschung und Statistik 2016, 59.

Dorschel, Joachim (Hrsg.), Praxishandbuch Big Data - Wirtschaft - Technik - Recht, 2015, Wiesbaden.

Dovas, Maria-Urania, Joint Controllership – Möglichkeiten oder Risiken der Datennutzung? - Regelung der gemeinsamen datenschutzrechtlichen Verantwortlichkeit in der DS-GVO, ZD 2016, 512.

Drackert, Stefan, Die Risiken der Verarbeitung personenbezogener Daten - Eine Untersuchung zu den Grundlagen des Datenschutzes, 2014, Berlin.

Dreher, Meinrad, Das Risikomanagement nach § 64 a VAG und Solvency II, VersR 2008, 998.

Edelbacher, Max, Die Bekämpfung des Versicherungsbetruges aus der Sicht der Exekutive, VR 1990, 203.

Ehmann, Eugen / Helfrich, Marcus (Hrsg.), EG-Datenschutzrichtlinie - Kurzkommentar, 1999, Köln.

Ehmann, Eugen / Selmayr, Martin (Hrsg.), DS-GVO - Datenschutz-Grundverordnung: Kommentar, 2. Aufl. 2018, München, Wien.

Eichenhofer, Johannes, Das Telekommunikationsgeheimnis (Art. 10 GG), Jura 2020, 684.

El Hage, Bernard (Hrsg.), Schadenmanagement: Grundlagen, Methoden und Instrument, praktische Erfahrungen, 2003, St. Gallen.

Engeler, Malte, Das überschätzte Kopplungsverbot - Die Bedeutung des Art. 7 Abs. 4 DS-GVO in Vertragsverhältnissen, ZD 2018, 55.

Engeler, Malte / Felber, Wolfram, Entwurf der ePrivacy-VO aus Perspektive der aufsichtsbehördlichen Praxis - Reguliert der Entwurf an der technischen Realität vorbei?, ZD 2017, 251.

Engeler, Malte / Quiel, Philipp, Recht auf Kopie und Auskunftsanspruch im Datenschutzrecht, NJW 2019, 2201.

Ernst, Stefan, Die Einwilligung nach der Datenschutzgrundverordnung - Anmerkungen zur Definition nach Art. 4 Nr. 11 DS-GVO, ZD 2017, 110.

Ernst, Stefan, Die Widerruflichkeit der datenschutzrechtlichen Einwilligung - Folgen fehlender Belehrung und Einschränkungen, ZD 2020, 383.

Eßer, Martin / Kramer, Philipp / von Lewinski, Kai (Hrsg.), DSGVO BDSG - Datenschutz-Grundverordnung, Bundesdatenschutzgesetz und Nebengesetze, 7. Aufl. 2020, Köln.

Europäische Kommission, Emissionshandelssystem (EU-EHS) (verfügbar unter: https://ec.europa.eu/clima/policies/ets_de).

Europäische Kommission, Klar und deutlich schreiben, 2016 (verfügbar unter: https://op.europa.eu/de/publication-detail/-/publication/725b7eb0-d92e-11e5-8fea-01aa75ed71a1/language-de).

Europäischer Datenschutzausschuss (EDSA), Guidelines 2/2019 on the processing of personal data under Article 6(1)(b) GDPR in the context of the provision of online services to data subjects, 2019 (verfügbar unter: https://edpb.europa.eu/our-work-tools/our-documents/guidelines/guidelines-22019-processing-personal-data-under-article-61b_en).

Europäischer Datenschutzausschuss (EDSA), Leitlinien 3/2018 zum räumlichen Anwendungsbereich der DSGVO (Artikel 3), 2019 (verfügbar unter: https://edpb.europa.eu/sites/edpb/files/files/file1/edpb_guidelines_3_2018_territorial_scope_after_consultation_de.pdf).

Europäischer Datenschutzausschuss (EDSA), Guidelines 05/2020 on consent under Regulation 2016/679, 2020 (verfügbar unter: https://edpb.europa.eu/our-work-tools/our-documents/guidelines/guidelines-052020-consent-under-regulation-2016679_en).

Europäischer Datenschutzausschuss (EDSA), Guidelines 07/2020 on the concept of controller and processor in the GDPR, 2020 (verfügbar unter: https://edpb.europa.eu/our-work-tools/public-consultations-art-704/2020/guidelines-072020-concepts-controller-and-processor_en).

Europäischer Datenschutzausschuss (EDSA), Guidelines 1/2020 on processing personal data in the context of connected vehicles and mobility related applications, 2020 (verfügbar unter: https://edpb.europa.eu/our-work-tools/public-consultations-art-704/2020/guidelines-12020-processing-personal-data-context_en).

Europäischer Datenschutzausschuss (EDSA), Leitlinien 3/2019 zur Verarbeitung personenbezogener Daten durch Videogeräte, 2020 (verfügbar unter: https://edpb.europa.eu/sites/edpb/files/files/file1/edpb_guidelines_201903_video_devices_de.pdf).

Europäischer Datenschutzausschuss (EDSA), Leitlinien 4/2019 zu Artikel 25 Datenschutz durch Technikgestaltung und durch datenschutzfreundliche Voreinstellungen, 2020 (verfügbar unter: https://edpb.europa.eu/our-work-tools/general-guidance/guidelines-recommendations-best-practices_en?f[0]=opinions_topics%3A761).

Europäischer Datenschutzbeauftragter (EDSB), Privacy and competitiveness in the age of big data - The interplay between data protection, competition law and consumer protection in the Digital Economy, 2014 (verfügbar unter: https://edps.europa.eu/sites/edp/files/publication/14-03-26_competitition_law_big_data_en.pdf).

Europäischer Datenschutzbeauftragter (EDSB), Bewältigung der Herausforderungen in Verbindung mit Big Data - Ein Ruf nach Transparenz, Benutzerkontrolle, eingebautem Datenschutz und Rechenschaftspflicht, 2015 (verfügbar unter: https://edps.europa.eu/sites/edp/files/publication/15-11-19_big_data_de.pdf).

Europäischer Datenschutzbeauftragter (EDSB), Our World in 2015, 2015 (verfügbar unter: https://edps.europa.eu/sites/edp/files/publication/15-01-14_article_ne_gb_en.pdf).

Europäischer Datenschutzbeauftragter (EDSB), Beurteilung der Erforderlichkeit von Maßnahmen, die das Grundrecht auf Schutz personenbezogener Daten einschränken: Ein Toolkit, 2017 (verfügbar unter: https://edps.europa.eu/sites/edp/files/publication/17-06-01_necessity_toolkit_final_de.pdf).

Europäischer Datenschutzbeauftragter (EDSB), Leitlinien des EDSB zu den Begriffen „Verantwortlicher", „Auftragsverarbeiter" und „gemeinsam Verantwortliche" nach der Verordnung (EU) 2018/1725, 2019 (verfügbar unter: https://edps.europa.eu/sites/edp/files/publication/19-11-07_edps_guidelines_on_controller_processor_and_jc_reg_2018_1725_de.pdf).

Europäischer Datenschutzbeauftragter (EDSB), Annual Report 2019, 2020 (verfügbar unter: https://www.zaftda.de/tb-europaeischer-dsb/740-16-jahresbericht-edps-2019-engl-fassung/file).

Europäisches Parlament, 2018/C 263/10 - Entschließung des Europäischen Parlaments vom 14. März 2017 zu den Folgen von Massendaten für die Grundrechte: Privatsphäre, Datenschutz, Nichtdiskriminierung, Sicherheit und Rechtsdurchsetzung, 2017 (verfügbar unter: https://op.europa.eu/de/publication-detail/-/publication/bba9b363-8fdf-11e8-8bc1-01aa75ed71a1/language-de/format-xhtml).

Europarat, Empfehlung Rec (2002) 9 des Ministerkomitees an die Mitgliedstaaten über den Schutz von zu Versicherungszwecken erhobenen und verarbeiteten personenbezogenen Daten, 2002 (verfügbar unter: http://www.egmr.org/minkom/ch/rec2002-9.pdf).

Europarat, The protection of individuals with regard to automatic processing of personal data in the context of profiling, 2010 (verfügbar unter: https://rm.coe.int/16807096c3).

Europarat, "Of Data and Men" - Fundamental Rights and Freedoms in a World of Big Data, 2016 (verfügbar unter: https://rm.coe.int/16806a6020).

Europarat, Guidelines on the protection of individuals with regard to the processing of personal data in a world of Big Data, 2017 (verfügbar unter: https://rm.coe.int/16806ebe7a).

European Insurance and Occupational Pensions Authority (EIOPA), Big Data Analytics in motor and health insurance - A thematic review, 2019 (verfügbar unter: https://register.eiopa.europa.eu/Publications/EIOPA_BigDataAnalytics_ThematicReview_Ap ril2019.pdf).

Executive Office of the President, Big Data and Privacy: A Technological Perspective, 2014 (verfügbar unter: https://obamawhitehouse.archives.gov/sites/default/files/microsites/ostp/PCAST/pcast_big_da ta_and_privacy_-_may_2014.pdf).

Executive Office of the President, Big Data: Seizing Opportunities, preserving Values, 2014 (verfügbar unter: https://obamawhitehouse.archives.gov/sites/default/files/docs/big_data_privacy_report_may_ 1_2014.pdf).

Executive Office of the President, Big Data - A Report on Algorithmic Systems, Opportunity, and Civil Rights, 2016 (verfügbar unter: https://obamawhitehouse.archives.gov/sites/default/files/microsites/ostp/2016_0504_data_dis crimination.pdf).

Faas, Thomas / Henseler, Maren, Speicherdauer und Aufbewahrungsfristen unter der DS-GVO, BB 2018, 2292.

Farny, Dieter, Versicherungsbetriebslehre, 5. Aufl. 2011, Karlsruhe.

Federal Trade Commission (FTC), Data Brokers: A Call For Transparency and Accountability, 2014 (verfügbar unter: https://www.ftc.gov/system/files/documents/reports/data-brokers-call-transparency-accountability-report-federal-trade-commission-may-2014/140527databrokerreport.pdf).

Federal Trade Commission (FTC), Big Data: A tool for inclusion or exclusion? - Understanding the issues, 2016 (verfügbar unter: https://www.ftc.gov/system/files/documents/reports/big-data-tool-inclusion-or-exclusion-understanding-issues/160106big-data-rpt.pdf).

Finlay, Steven, Ethical Risk Assessment of Automated Decision Making Systems (verfügbar unter: http://www.odbms.org/2015/02/ethical-risk-assessment-automated-decision-making-systems/).

Floridi, Luciano, Information - A Very Short Introduction, 2010, Oxford.

Flume, Werner, Allgemeiner Teil des Bürgerlichen Rechts - Band 2 - Das Rechtsgeschäft, 4. Aufl. 1992, Berlin.

Forgó, Nikolaus / Helfrich, Marcus / Schneider, Jochen (Hrsg.), Betrieblicher Datenschutz - Rechtshandbuch, 3. Aufl. 2019, München.

Forum Privatheit, Datenschutz-Folgeabschätzung - Ein Werkzeug für einen besseren Datenschutz, 2017 (verfügbar unter: https://www.forum-privatheit.de/wp-content/uploads/Forum_Privatheit_White_Paper_DSFA-3.pdf).

Fraenkel, Reinhard / Hammer, Volker, Löschklassen - Standardisierte Fristen für die Löschung, DuD 2011, 890.

Fraenkel, Reinhard / Hammer, Volker, Erfahrungen bei der Umsetzung eines Löschkonzepts, DANA 2013, 8.

Franck, Lorenz, Das System der Betroffenenrechte nach der Datenschutz-Grundverordnung, RDV 2016, 111.

Franzius, Claudio, Das Recht auf informationelle Selbstbestimmung, ZJS 2015, 259.

Franzke, Matthias / Nugel, Michael, Unfallmanipulationen im Kraftfahrtbereich, NJW 2015, 2071.

Freeman, Linton Clarke, Centrality in social networks: Conceptual clarification, Social Networks 1979, 215.

Freeman, Linton Clarke, The development of social network analysis - A study in the sociology of science, 2004, Vancouver (BC).

Frenz, Walter, Handbuch Europarecht - Band 4 - Europäische Grundrechte, 2009, Berlin Heidelberg.

Fricke, Hans-Joachim, Der Detektiv als Informant des Versicherers - Zulässigkeit und Grenzen, VersR 2010, 308.

Fromberger, Mathias / Schmidt, Patrick, Die Kollision von nationalem und europäischem Recht - Zugleich ein Beitrag zur Problemverortung im Mehrebenensystem, ZJS 2018, 29.

Gandomi, Amir / Haider, Murtaza, Beyond the hype: Big data concepts, methods, and analytics, IJIM 2015, 137.

Garbe, Thorsten / Hagedorn, Amelie, Die zivilrechtliche Haftung beim Verkehrsunfall, JuS 2004, 287.

Gardyan-Eisenlohr, Eva / Knöpfle, Kornel, Accountability für Datenschutz in einem globalen Unternehmen - Fundament einer nachhaltigen Implementierung, DuD 2017, 69.

Gausling, Tina, Künstliche Intelligenz und DSGVO, DSRITB 2018, 519.

Geminn, Christian L., Das Smart Home als Herausforderung für das Datenschutzrecht - Enthält die DSGVO risikoadäquate Regelungen?, DuD 2016, 575.

Gesamtverband der Deutschen Versicherungswirtschaft (GDV), Aufbewahrungspflichten und Aufbewahrungsgrundsätze für Geschäftsunterlagen von Versicherungsunternehmen, 2006 (verfügbar unter: https://www.gdv.de/resource/blob/8958/b1dc9370ea70e431433456cf891af10d/fragen-zu-aufbewahrungsfristen--1264664802-data.pdf).

Gesamtverband der Deutschen Versicherungswirtschaft (GDV), Versicherer: Fast jede zehnte Schadenmeldung mit Ungereimtheiten (verfügbar unter: https://www.gdv.de/resource/blob/9152/db85400b936138321d17f5dea0881003/fast-jede-zehnte-schadenmeldung-mit-ungereimtheiten-793016589-data.pdf).

Gesamtverband der Deutschen Versicherungswirtschaft (GDV), Statistisches Taschenbuch der Versicherungswirtschaft 2020, 2020 (verfügbar unter: https://www.gdv.de/resource/blob/62142/ac6287aeb67a3a336342e33f55992ffb/statistisches-tb-2020-download-data.pdf).

Geschonneck, Alexander / Meyer, Jörg / Scheben, Barbara, Anonymisierung im Rahmen der forensischen Datenanalyse, BB 2011, 2677.

Gesellschaft für Datenschutz und Datensicherheit (GDD), Datenschutzgerechte Datenträgervernichtung - Nach dem Stand der Technik, 2019 (verfügbar unter: https://www.gdd.de/gdd-arbeitshilfen/gdd-ratgeber/datenschutzgerechte-datentraegervernichtung-4-aufl-2019-1/view).

Gierschmann, Sibylle, Gemeinsame Verantwortlichkeit in der Praxis - Systematische Vorgehensweise zur Bewertung und Festlegung, ZD 2020, 69.

Gierschmann, Sibylle / Schlender, Katharina / Stentzel, Rainer / Veil, Winfried (Hrsg.), Kommentar Datenschutz-Grundverordnung, 2018, Köln.

Girvan, Michelle / Newman, Mark, Community structure in social and biological networks, PNAS 2002, 7821.

Gola, Peter (Hrsg.), Datenschutz-Grundverordnung - Kommentar, 2. Aufl. 2018, München.

Gola, Peter / Heckmann, Dirk (Hrsg.), BDSG - Bundesdatenschutzgesetz, 13. Aufl. 2019, München.

Gola, Peter / Schomerus, Rudolf (Hrsg.), Bundesdatenschutzgesetz - Kommentar, 12. Aufl. 2015, München.

Goldhammer, Michael / Sieber, Ferdinand, Juristische Person und Grundrechtsschutz in Europa, JuS 2018, 22.

Golland, Alexander, Der räumliche Anwendungsbereich der DS-GVO, DuD 2018, 351.

Gossen, Heiko / Schramm, Marc, Das Verarbeitungsverzeichnis der DS-GVO - Ein effektives Instrument zur Umsetzung der neuen unionsrechtlichen Vorgaben, ZD 2017, 7.

Grabitz, Eberhard / Hilf, Meinhard (Hrsg.), Das Recht der Europäischen Union - Band IV - Sekundärrecht, 40. Aufl. 2009, München.

von Grafenstein, Maximilian, Das Zweckbindungsprinzip zwischen Innovationsoffenheit und Rechtssicherheit - Zur mangelnden Differenzierung der Rechtsgüterbetroffenheit in der Datenschutzgrund-VO, DuD 2015, 789.

Gray, Jim / Shenoy, Prashant, Rules of Thumb in Data Engineering, 2000 (verfügbar unter: https://www.microsoft.com/en-us/research/wp-content/uploads/2016/02/ms_tr_99_100_rules_of_thumb_in_data_engineering.pdf).

Greger, Reinhard / Zwickel, Martin (Hrsg.), Haftungsrecht des Straßenverkehrs - Handbuch und Kommentar, 5. Aufl. 2014, Berlin u.a.

Greve, Holger, Das neue Bundesdatenschutzgesetz, NVwZ 2017, 737.

Gründel, Achim, Ermittlung des Löschbedarfs bei unstrukturierten Datenbeständen - Eine praxisnahe Herangehensweise für die routinemäßige Datenlöschung, ZD 2019, 493.

Grunwald, Armin, Technikfolgenabschätzung – eine Einführung, 2010, Baden-Baden.

Gurlit, Elke, Verfassungsrechtliche Rahmenbedingungen des Datenschutzes, NJW 2010, 1035.

Haag, Kurt (Hrsg.), Der Haftpflichtprozess - Mit Einschluss des materiellen Haftpflichtrechts, 28. Aufl. 2019, München.

Haas, Jessica / Malang, Thomas, Beziehungen und Kanten, in: Stegbauer/Häußling, Handbuch Netzwerkforschung, 2010, 89.

Haase, Martin Sebastian, Datenschutzrechtliche Fragen des Personenbezugs - Eine Untersuchung des sachlichen Anwendungsbereiches des deutschen Datenschutzrechts und seiner europarechtlichen Bezüge, 2015, Tübingen.

Hamann, Christian, Europäische Datenschutz-Grundverordnung - neue Organisationspflichten für Unternehmen, BB 2017, 1090.

Hamburger Gesellschaft zur Förderung des Versicherungswesens (Hrsg.), Pflichtversicherung - Segnung oder Sündenfall, 2005, Karlsruhe.

Hammer, Volker, DIN 66398 - Die Leitlinie Löschkonzept als Norm, DuD 2016, 528.

Hammer, Volker / Fraenkel, Reinhard, Löschkonzept, DuD 2007, 905.

Hammer, Volker / Knopp, Michael, Datenschutzinstrumente Anonymisierung, Pseudonyme und Verschlüsselung, DuD 2015, 503.

Hans Böckler Stiftung, Die Vermessung der Belegschaft - Mining the Enterprise Social Graph, 2018 (verfügbar unter: https://www.boeckler.de/pdf/p_mbf_praxis_2018_010.pdf).

Hansch, Guido, Ein Jahr DS-GVO in der unternehmerischen Praxis: Wie effektiv ist mein Datenschutzmanagement? - Erfolge und Schwachstellen durch betriebliche Auswertungen sichtbar machen, ZD 2019, 245.

Hansen, Marit, Datenschutz-Folgenabschätzung – gerüstet für Datenschutzvorsorge?, DuD 2016, 587.

Hansen, Marit / Walczak, Benjamin, Pseudonymisierung à la DS-GVO und verwandte Methoden, RDV 2019, 53.

Härting, Niko, Anonymität und Pseudonymität im Datenschutzrecht, NJW 2013, 2065.

Härting, Niko, Profiling - Vorschläge für eine intelligente Regulierung, CR 2014, 528.

Härting, Niko, Zweckbindung und Zweckänderung im Datenschutzrecht, NJW 2015, 3284.

Haus, Klaus-Ludwig / Krumm, Carsten / Quarch, Matthias (Hrsg.), Gesamtes Verkehrsrecht - Verkehrszivilrecht, Versicherungsrecht, Ordnungswidrigkeiten- und Strafrecht, Verkehrsverwaltungsrecht, 2. Aufl. 2017, Baden-Baden.

Häußling, Roger, Relationale Soziologie, in: Stegbauer/Häußling, Handbuch Netzwerkforschung, 2010, 63.

Heidel, Thomas / Hüßtege, Rainer / Mansel, Heinz-Peter / Noack, Ulrich (Hrsg.), Bürgerliches Gesetzbuch - BGB - Band 1 - Allgemeiner Teil - EGBGB, 3. Aufl. 2016.

Heidrich, Jörg, Stresstest für die DSGVO: Anatomie eines Daten-Gau, DSRITB 2020, 391.

Heinrich, Bernd / Klier, Mathias / Görz, Quirin, Ein metrikbasierter Ansatz zur Messung der Aktualität von Daten in Informationssystemen, ZfB 2012, 1193.

Heinze, Meinhard, Rechtliche Strukturen und Rahmenbedingungen der Privat- und Sozialversicherung, ZVersWiss 2000, 243.

Heinzke, Philippe / Engel, Lennart, Datenverarbeitung zur Vertragserfüllung - Anforderungen und Grenzen - Reichweite des Art. 6 Abs. 1 1. Unterabs. lit. b DS-GVO, ZD 2020, 189.

Heißl, Gregor, Können juristische Personen in ihrem Grundrecht auf Datenschutz verletzt sein? - Persönlicher Schutzbereich von Art. 8 GRC, EuR 2017, 561.

Helbing, Thomas, Big Data und der datenschutzrechtliche Grundsatz der Zweckbindung, K&R 2015, 145.

Hentrich, Winfried / Pyrcek, Andreas, Compliance und Fraud Monitoring im Zeitalter von digitaler Transformation und Big Data, BB 2016, 1451.

Hentschel, Peter / König, Peter / Dauer, Peter (Hrsg.), Straßenverkehrsrecht - Straßenverkehrsgesetz, Elektromobilitätsgesetz, Straßenverkehrs-Ordnung, Fahrerlaubnis-Verordnung, Fahrzeug-Zulassungsverordnung, Straßenverkehrs-Zulassungs-Ordnung, EG-

Fahrzeuggenehmigungsverordnung (Auszug), Bussgeldkatalog, Gesetzesmaterialien, Verwaltungsvorschriften und einschlägige Bestimmungen des StGB und der StPO, 45. Aufl. 2019, München.

Herberger, Maximilian, "Künstliche Intelligenz" und Recht - Ein Orientierungsversuch, NJW 2018, 2825.

Herbst, Tobias, Was sind personenbezogene Daten?, NVwZ 2016, 902.

Herfurth, Constantin, Interessenabwägung nach Art. 6 Abs. 1 lit. f DS-GVO - Nachvollziehbare Ergebnisse anhand von 15 Kriterien mit dem sog. „3x5-Modell", ZD 2018, 514.

Herfurth, Constantin / Benner, Anja, Nudging in der DS-GVO und die Wirkung von Privacy by Default, ZD-Aktuell 2017, 5901.

Herfurth, Constantin / Schindler, Stephan / Wagner, Bernd, Die europäische Datenschutz-Grundverordnung - Der Anbruch einer neuen Ära, BRJ 2018, 16.

de Hert, Paul, Data Protection as Bundles of Principles, General Rights, Concrete Subjective Rights and Rules - Piercing the Veil of Stability Surrounding the Principles of Data Protection, EDPL 2017, 160.

Hessische Landesregierung, 19. Tätigkeitsbericht - Bericht der Landesregierung über die Tätigkeit der für den Datenschutz im nicht öffentlichen Bereich in Hessen zuständigen Aufsichtsbehörden, 2006 (verfügbar unter: https://www.zaftda.de/tb-bundeslaender/hessen/aufsichtsbehoerde-bis-30-juni-2011/105-19-tb-noeb-hessen-2005-16-5892-vom-16-08-2006/file).

Hill, Hermann, Aus Daten Sinn machen - Analyse- und Deutungskompetenzen in der Datenflut, DÖV 2014, 213.

Hill, Kashmir, How Target Figured Out A Teen Girl Was Pregnant Before Her Father Did (verfügbar unter: https://www.forbes.com/sites/kashmirhill/2012/02/16/how-target-figured-out-a-teen-girl-was-pregnant-before-her-father-did/#376b9bab6668).

Hitzelberger-Kijima, Yukiko, Die Einwilligung von Beschäftigten in die Verarbeitung ihrer personenbezogenen Daten durch den Arbeitgeber, öAT 2020, 133.

HM Treasury, The Orange Book - Management of Risk - Principles and Concepts, 2004 (verfügbar unter: https://assets.publishing.service.gov.uk/government/uploads/system/uploads/attachment_data/file/191513/The_Orange_Book.pdf).

Hoeren, Thomas, Big Data und Datenqualität – ein Blick auf die DS-GVO - Annäherungen an Qualitätsstandards und deren Harmonisierung, ZD 2016, 459.

Hoeren, Thomas, Thesen zum Verhältnis von Big Data und Datenqualität - Erstes Raster zum Erstellen juristischer Standards, MMR 2016, 8.

Hoeren, Thomas (Hrsg.), Phänomene des Big-Data-Zeitalters - Eine rechtliche Bewertung im wirtschaftlichen und gesellschaftspolitischen Kontext, 2019, Münster.

Hoeren, Thomas / Sieber, Ulrich / Holznagel, Bernd (Hrsg.), Handbuch Multimedia-Recht - Rechtsfragen des elektronischen Geschäftsverkehrs, 54. EL 2020, München.

Hofer, Christian / Weiß, Rainer, Effektives Schadenmanagement in der Komposit-Versicherung, in: Aschenbrenner/Dicke/Karnarski/Schweiggert, Informationsverarbeitung in Versicherungsunternehmen, 2010, 293.

Hoffmann, Bernhard, Zweckbindung als Kernpunkt eines prozeduralen Datenschutzansatzes, 1991, Baden-Baden.

Hoffmann-Riem, Wolfgang, Verhaltenssteuerung durch Algorithmen - Eine Herausforderung für das Recht, AöR 2017, 1.

Hoffmann-Riem, Wolfgang (Hrsg.), Big Data - Regulative Herausforderungen, 2018, Baden-Baden.

Hoffmann-Riem, Wolfgang, Rechtliche Rahmenbedingungen für und regulative Herausforderungen durch Big Data, in: Hoffmann-Riem, Big Data - Regulative Herausforderungen, 2018, 1.

Hofmann, Johanna / Johannes, Paul Christopher, DS-GVO: Anleitung zur autonomen Auslegung des Personenbezugs - Begriffsklärung der entscheidenden Frage des sachlichen Anwendungsbereichs, ZD 2017, 221.

Hohmann-Dennhardt, Christine, Freiräume - Zum Schutz der Privatheit, NJW 2006, 545.

Home Office, Social network analysis: How to guide, 2016 (verfügbar unter: https://assets.publishing.service.gov.uk/government/uploads/system/uploads/attachment_data/file/491572/socnet_howto.pdf).

Höra, Knut (Hrsg.), Münchener Anwaltshandbuch Versicherungsrecht, 4. Aufl. 2017, München.

Hornung, Gerrit, Der Personenbezug biometrischer Daten - Zugleich eine Erwiderung auf Saeltzer, DuD 2004, 218ff., DuD 2004, 429.

Hornung, Gerrit, Ein neues Grundrecht - Der verfassungsrechtliche Schutz der "Vertraulichkeit und Integrität informationstechnischer Systeme", CR 2008, 299.

Hornung, Gerrit, Eine Datenschutz-Grundverordnung für Europa, ZD 2012, 99.

Hornung, Gerrit, Grundrechtsinnovationen, 2015, Tübingen.

Hornung, Gerrit, Datensparsamkeit - Zukunftsfähig statt überholt, Spektrum Spezial Physik Mathematik Technik 2017, Heft 1, 62.

Hornung, Gerrit, Erosion traditioneller Prinzipien des Datenschutzrechts durch Big Data, in: Hoffmann-Riem, Big Data - Regulative Herausforderungen, 2018, 81.

Hornung, Gerrit, Sind neue Technologien datenschutzrechtlich regulierbar?, in: Roßnagel/Friedewald/Hansen, Die Fortentwicklung des Datenschutzes, 2018, 315.

Hornung, Gerrit / Gilga, Carolin, Einmal öffentlich – für immer schutzlos?, CR 2020, 367.

Hornung, Gerrit / Herfurth, Constantin, Datenschutz bei Big Data - Rechtliche und politische Implikationen, in: König/Schröder/Wiegand, Big Data - Chancen, Risiken, Entwicklungstendenzen, 2018, 149.

Hornung, Gerrit / Hofmann, Kai, Die Auswirkungen der europäischen Datenschutzreform auf die Markt- und Meinungsforschung, ZD-Beilage 2017, 1.

Hornung, Gerrit / Schallbruch, Martin (Hrsg.), IT-Sicherheitsrecht - Praxishandbuch, 2021.

Hornung, Gerrit / Schindler, Stephan / Schneider, Jana, Die Europäisierung des strafverfahrensrechtlichen Datenschutzes - Zum Anwendungsbereich der neuen Datenschutzrichtlinie für Polizei und Justiz, ZIS 2018, 566.

Hornung, Gerrit / Wagner, Bernd, Der schleichende Personenbezug - Die Zwickmühle der Re-Identifizierbarkeit in Zeiten von Big Data und Ubiquitous Computing, CR 2019, 565.

Hornung, Gerrit / Wagner, Bernd, Anonymisierung als datenschutzrelevante Verarbeitung - Rechtliche Anforderungen und Grenzen für die Anonymisierung personenbezogener Daten, ZD 2020, 223.

Huff, Julian / Götz, Thomas, Evidenz statt Bauchgefühl - Möglichkeiten und rechtliche Grenzen von Big Data im HR-Bereich, NZA-Beilage 2019, 73.

Huppertz, Peter / Ohrmann, Christoph, Wettbewerbsvorteile durch Datenschutzverletzungen, CR 2011, 449.

IBM, Information Governance Principles and Practices for a Big Data Landscape, 2014 (verfügbar unter: http://www.redbooks.ibm.com/redbooks/pdfs/sg248165.pdf).

IEEE (Hrsg.), Proceedings of the 8th conference on Visualization, 1997.

Information and Privacy Commissioner Ontario, De-identification Guidelines for Structured Data, 2016 (verfügbar unter: https://www.ipc.on.ca/wp-content/uploads/2016/08/Deidentification-Guidelines-for-Structured-Data.pdf).

Information Commissioner's Office (ICO), Principle (e): Storage limitation (verfügbar unter: https://ico.org.uk/for-organisations/guide-to-data-protection/guide-to-the-general-data-protection-regulation-gdpr/principles/storage-limitation/).

Information Commissioner's Office (ICO), Big data and data protection, 2014 (verfügbar unter: https://rm.coe.int/big-data-and-data-protection-ico-information-commissioner-s-office/1680591220).

Information Commissioner's Office (ICO), Big data, artificial intelligence, machine learning and data protection, 2017 (verfügbar unter: https://ico.org.uk/media/for-organisations/documents/2013559/big-data-ai-ml-and-data-protection.pdf).

Information Commissioner's Office (ICO), Data sharing code of practice, 2019 (verfügbar unter: https://ico.org.uk/media/2615361/data-sharing-code-for-public-consultation.pdf).

Information Commissioner's Office (ICO), Accountability Framework, 2020 (verfügbar unter: https://ico.org.uk/media/for-organisations/accountability-framework-0-0.pdf).

Insurance Europe, Insurance fraud - not a victimless crime, 2019 (verfügbar unter: https://www.insuranceeurope.eu/sites/default/files/attachments/Insurance%20fraud%20-%20not%20a%20victimless%20crime_0.pdf).

Insurance Fraud Bureau, Crash for Cash (verfügbar unter: https://www.insurancefraudbureau.org/insurance-fraud/crash-for-cash/).

International Conference of Data Protection and Privacy Commissioners (ICDPPC), Resolution Big Data, 2014 (verfügbar unter: https://globalprivacyassembly.org/wp-content/uploads/2015/02/Resolution-Big-Data.pdf).

Internationale Arbeitsgruppe für Datenschutz in der Telekommunikation, Arbeitspapier zu Big Data und Datenschutz - Bedrohung der Grundsätze des Datenschutzes in Zeiten von Big-Data-Analysen, 2014 (verfügbar unter: https://www.datenschutz-berlin.de/infothek-und-service/veroeffentlichungen/working-paper).

Ishwarappa, Kalbandi / Anuradha, J., A Brief Introduction on Big Data 5Vs Characteristics and Hadoop Technology, Procedia Computer Science 2015, Heft 48, 319.

Jarass, Hans Dieter (Hrsg.), Charta der Grundrechte der Europäischen Union - Kommentar, 4. Aufl. 2021, München.

Johannes, Paul Christopher / Weinhold, Robert, Das neue Datenschutzrecht bei Polizei und Justiz - Europäisches Datenschutzrecht und deutsche Datenschutzgesetze, 2018, Baden-Baden.

Jung, Aeryung, Grundrechtsschutz auf europäischer Ebene - Am Beispiel des personenbezogenen Datenschutzes, 2016, Hamburg.

Jung, Alexander, Key Performance Indicators zur Messung der Effizienz eines Datenschutz-Management-Systems, CCZ 2018, 224.

Jüttner, Markus, Die 42 der Compliance - Das Kriterium der Wirksamkeit eines Compliance Management Systems, CCZ 2018, 168.

Kahneman, Daniel / Rosenfield, Andrew M. / Gandhi, Linnea / Blaser, Tom, Immer ins Schwarze treffen, HBM 2016, Heft 12, 62.

Kamp, Meike / Rost, Martin, Kritik an der Einwilligung - Ein Zwischenruf zu einer fiktiven Rechtsgrundlage in asymmetrischen Machtverhältnissen, DuD 2013, 80.

Kamps, Michael / Schneider, Florian, Transparenz als Herausforderung: Die Informations- und Meldepflichten der DSGVO aus Unternehmenssicht, K&R-Beilage 2017, 24.

Karg, Moritz, Die Renaissance des Verbotsprinzips im Datenschutz, DuD 2013, 75.

Karg, Moritz, Anonymität, Pseudonyme und Personenbezug revisited?, DuD 2015, 520.

Karg, Moritz / Kühn, Ulrich, Datenschutzrechtlicher Rahmen für „Device Fingerprinting" - Das klammheimliche Ende der Anonymität im Internet, ZD 2014, 285.

Kartheuer, Ingemar / Schmitt, Florian, Der Niederlassungsbegriff und seine praktischen Auswirkungen - Anwendbarkeit des Datenschutzrechts eines Mitgliedstaats auf ausländische EU-Gesellschaften, ZD 2016, 155.

Katko, Peter / Babaei-Beigi, Ayda, Accountability statt Einwilligung? - Führt Big Data zum Paradigmenwechsel im Datenschutz?, MMR 2014, 360.

Katko, Peter / Knöpfle, Kornel / Kirschner, Teresa, Archivierung und Löschung von Daten - Unterschätzte Pflichten in der Praxis und Umsetzung, ZD 2014, 238.

Kelsen, Hans, Reine Rechtslehre, 2. Aufl. 1960, Wien.

Keppeler, Lutz Martin / Berning, Wilhelm, Technische und rechtliche Probleme bei der Umsetzung der DS-GVO-Löschpflichten - Anforderungen an Löschkonzepte und Datenbankstrukturen, ZD 2017, 314.

Klar, Manuel, Künstliche Intelligenz und Big Data - algorithmenbasierte Systeme und Datenschutz im Geschäft mit Kunden, BB 2019, 2243.

Klein, Dominik / Tran-Gia, Phuoc / Hartmann, Matthias, Big Data, Informatik-Spektrum 2013, Heft 3, 319.

Klose, Bernhard, Zeit und Recht - Zeit schafft Recht - Zeit hindert Recht, NJ 2019, 239.

Klous, Sander, Sustainable Harvesting of the Big Data Potential, in: van der Sloot/Broeders/Schrijvers, Exploring the Boundaries of Big Data, 2016, 27.

Knoll, Jessica, Management von Betrugsrisiken in Versicherungsunternehmen, 2011, Baden-Baden.

Knopp, Michael, Pseudonym - Grauzone zwischen Anonymisierung und Personenbezug, DuD 2015, 527.

Koch, Frank, Big Data und der Schutz der Daten - Über die Unvereinbarkeit des deutsche und europäischen Datenschutzrechts mit Big Data, ITRB 2015, 13.

Köneke, Vanessa / Müller-Peters, Horst / Fetchenhauer, Detlef, Versicherungsbetrug verstehen und verhindern, 2015, Wiesbaden.

Konferenz der unabhängigen Datenschutzbehörden des Bundes und der Länder (DSK), Kurzpapier Nr. 10 - Informationspflichten bei Dritt- und Direkterhebung, 2018 (verfügbar unter: https://www.datenschutzkonferenz-online.de/media/kp/dsk_kpnr_10.pdf).

Konferenz der unabhängigen Datenschutzbehörden des Bundes und der Länder (DSK), Kurzpapier Nr. 16 - Gemeinsam für die Verarbeitung Verantwortliche, Art. 26 DS-GVO, 2018 (verfügbar unter: https://www.datenschutzkonferenz-online.de/media/kp/dsk_kpnr_16.pdf).

Konferenz der unabhängigen Datenschutzbehörden des Bundes und der Länder (DSK), Kurzpapier Nr. 17 - Besondere Kategorien personenbezogener Daten, 2018 (verfügbar unter: https://www.datenschutzkonferenz-online.de/media/kp/dsk_kpnr_17.pdf).

Konferenz der unabhängigen Datenschutzbehörden des Bundes und der Länder (DSK), Kurzpapier Nr. 18 - Risiko für Rechte und Freiheiten natürlicher Personen, 2018 (verfügbar unter: https://www.datenschutzkonferenz-online.de/media/kp/dsk_kpnr_18.pdf).

Konferenz der unabhängigen Datenschutzbehörden des Bundes und der Länder (DSK), Kurzpapier Nr. 19 - Unterrichtung und Verpflichtung von Beschäftigten auf Beachtung der datenschutzrechtlichen Anforderungen nach der DS-GVO, 2018 (verfügbar unter: https://www.datenschutzkonferenz-online.de/media/kp/dsk_kpnr_19.pdf).

Konferenz der unabhängigen Datenschutzbehörden des Bundes und der Länder (DSK), Kurzpapier Nr. 6 - Auskunftsrecht der betroffenen Person, Art. 15 DS-GVO, 2018 (verfügbar unter: https://www.datenschutzkonferenz-online.de/media/kp/dsk_kpnr_6.pdf).

Konferenz der unabhängigen Datenschutzbehörden des Bundes und der Länder (DSK), Kurzpapier Nr. 20 - Einwilligung, 2019 (verfügbar unter: https://www.datenschutzkonferenz-online.de/media/kp/dsk_kpnr_20.pdf).

Konferenz der unabhängigen Datenschutzbehörden des Bundes und der Länder (DSK), Das Standard-Datenschutzmodell - Eine Methode zur Datenschutzberatung und -prüfung auf der Basis einheitlicher Gewährleistungsziele, 2020 (verfügbar unter: https://www.datenschutzzentrum.de/uploads/sdm/SDM-Methode_V2.0b.pdf).

König, Christian / Schröder, Jette / Wiegand, Erich (Hrsg.), Big Data - Chancen, Risiken, Entwicklungstendenzen, 2018, Wiesbaden.

Koreng, Ansgar / Lachenmann, Matthias (Hrsg.), Formularhandbuch Datenschutzrecht, 2. Aufl. 2018, München.

KPMG, Mit Daten Werte Schaffen, 2016 (verfügbar unter: https://hub.kpmg.de/mit-daten-werte-schaffen-report-2016).

Krcmar, Helmut, Informationsmanagement, 6. Aufl. 2015, Berlin Heidelberg.

Kremer, Sascha, Wer braucht warum das neue BDSG - Auseinandersetzung mit wesentlichen Inhalten des BDSG n.F., CR 2017, 367.

Krohm, Niclas, Abschied vom Schriftformgebot der Einwilligung - Lösungsvorschläge und künftige Anforderungen, ZD 2016, 368.

Kruchen, David, Telekommunikationskontrolle zur Prävention und Aufdeckung von Straftaten im Arbeitsverhältnis - Private Arbeitgeber im Spannungsverhältnis zwischen Datenschutz und Compliance, 2013, Frankfurt am Main.

Krüger, Philipp, Datensouveränität und Digitalisierung - Probleme und rechtliche Lösungsansätze, ZRP 2016, 190.

Krüger, Wolfgang / Rauscher, Thomas (Hrsg.), Münchener Kommentar zur Zivilprozessordnung - Mit Gerichtsverfassungsgesetz und Nebengesetzen, 6. Aufl. 2020, München.

Krusche, Jan, Kumulation von Rechtsgrundlagen zur Datenverarbeitung - Verhältnis der Einwilligung zu anderen Erlaubnistatbeständen, ZD 2020, 232.

Kühling, Jürgen, Das "Recht auf Vergessenwerden" vor dem BVerfG - November(r)evolution für die Grundrechtsarchitektur im Mehrebenensystem, NJW 2020, 275.

Kühling, Jürgen / Buchner, Benedikt (Hrsg.), Datenschutz-Grundverordnung, Bundesdatenschutzgesetz - Kommentar, 3. Aufl. 2020.

Kühling, Jürgen / Klar, Manuel, Unsicherheitsfaktor Datenschutzrecht - Das Beispiel des Personenbezugs und der Anonymität, NJW 2013, 3611.

Kühling, Jürgen / Klar, Manuel, Löschpflichten vs. Datenaufbewahrung - Vorschläge zur Auflösung eines Zielkonflikts bei möglichen Rechtsstreitigkeiten, ZD 2014, 506.

Kühling, Jürgen / Klar, Manuel / Sackmann, Florian, Datenschutzrecht, 4. Aufl. 2018, Heidelberg.

Kühling, Jürgen / Martini, Mario, Die Datenschutz-Grundverordnung und das nationale Recht - Erste Überlegungen zum innerstaatlichen Regelungsbedarf, 2016, Münster.

Kühling, Jürgen / Martini, Mario, Die Datenschutz-Grundverordnung: Revolution oder Evolution im europäischen und deutschen Datenschutzrecht?, EuZW 2016, 448.

Kühling, Jürgen / Seidel, Christian / Sivridis, Anastasios, Datenschutzrecht, 3. Aufl. 2015, Heidelberg.

Laney, Doug, 3D Data Management - Controlling Data Volume, Velocity, and Variety, 2001 (verfügbar unter: https://community.aiim.org/blogs/doug-laney/2012/08/25/deja-vvvu-gartners-original-volume-velocity-variety-definition-of-big-data).

Langheid, Theo / Rixecker, Roland (Hrsg.), Versicherungsvertragsgesetz - Mit Einführungsgesetz und VVG-Informationspflichtenverordnung, 6. Aufl. 2019.

Langheid, Theo / Wandt, Manfred (Hrsg.), Münchener Kommentar zum Versicherungsvertragsgesetz - Band 1, 2. Aufl. 2016, München.

Langheid, Theo / Wandt, Manfred (Hrsg.), Münchener Kommentar zum Versicherungsvertragsgesetz - Band 2 - Band 2, 2. Aufl. 2017, München.

Larenz, Karl / Canaris, Claus-Wilhelm, Lehrbuch des Schuldrechts - Band II/2, 13. Aufl. 1994.

Laue, Philip / Kremer, Sascha, Das neue Datenschutzrecht in der betrieblichen Praxis, 2. Aufl. 2019, Baden-Baden.

Leeb, Christina-Maria / Lorenz, Luisa, Datenschutzkonforme Dokumentenentsorgung - Dos and Don´ts im Unternehmen, ZD 2018, 573.

Lemcke, Hermann, Probleme des Haftpflichtprozesses bei behaupteter Unfallmanipulation (Teil A), r + s 1993, 121.

Leopold, Nils, Big Data - eine neue Herausforderung für den Datenschutz, Vorgänge 2012, 74.

von Lewinski, Kai, Die Matrix des Datenschutzes - Besichtigung und Ordnung eines Begriffsfeldes, 2014, Tübingen.

Liedke, Bernd, Die Einwilligung im Datenschutzrecht, 2012, Edewecht.

Liedke, Bernd, BIG DATA - small information: muss der datenschutzrechtliche Auskunftsanspruch reformiert werden?, K&R 2014, 709.

Litzel, Nico, Was ist Predictive Maintenance? (verfügbar unter: https://www.bigdata-insider.de/was-ist-predictive-maintenance-a-640755/).

Loomans, Dirk / Matz, Manuela / Wiedemann, Michael, Praxisleitfaden zur Implementierung eines Datenschutzmanagementsystems - Ein risikobasierter Ansatz für alle Unternehmensgrößen, 2014, Wiesbaden.

Lorenz, Bernd, Datenschutzrechtliche Informationspflichten, VuR 2019, 213.

Lubba, Thorsten, Just DSGVO?, CCZ 2019, 240.

Ludwigs, Markus / Sikora, Patrick, Grundrechtsschutz im Spannungsfeld von Grundgesetz, EMRK und Grundrechtecharta, JuS 2017, 385.

Maier, Karl / Biela, Anno, Die Kraftfahrt-Haftpflichtversicherung, 2001, München.

Makoski, Bernadette, Kooperativer Grundrechtsschutz im europäischen Mehrebenensystem - Teil I: Grundrechtsschutz im Mehrebenensystem, EuZW 2020, 1012.

Mallmann, Otto, Zielfunktionen des Datenschutzes - Schutz der Privatsphäre, korrekte Information; mit einer Studie zum Datenschutz im Bereich von Kreditinformationssystemen, 1977, Frankfurt am Main.

Mantelero, Alessandro, The future of consumer data protection in the E.U. - Re-thinking the "notice and consent" paradigm in the new era of predictive analytics, CLSR 2014, 643.

Marnau, Ninja, Anonymisierung, Pseudonymisierung und Transparenz für Big Data - Technische Herausforderungen und Regelungen in der Datenschutz-Grundverordnung, DuD 2016, 428.

Marsch, Nikolaus, Das europäische Datenschutzgrundrecht - Grundlagen, Dimensionen, Verflechtungen, 2018, Tübingen.

Marschall, Kevin / Herfurth, Constantin / Winter, Christian / Allwinn, Mirko, Chancen und Risiken des Einsatzes digitaler Bildforensik - Aufdeckung und Beweisbarkeit von Versicherungsbetrug aus rechtlicher, technischer und psychologischer Sicht, MMR 2017, 152.

Martini, Mario, Big Data als Herausforderung für den Persönlichkeitsschutz und das Datenschutzrecht, DVBl 2014, 1481.

Martini, Mario / Nink, David, Wenn Maschinen entscheiden … – vollautomatisierte Verwaltungsverfahren und der Persönlichkeitsschutz, NVwZ - Extra 2017/10, 1.

Masing, Johannes, Herausforderungen des Datenschutzes, NJW 2012, 2305.

Matejek, Michael / Mäusezahl, Steffen, Gewöhnliche vs. sensible personenbezogene Daten - Abgrenzung und Verarbeitungsrahmen von Daten gemäß Art. 9 DS-GVO, ZD 2019, 551.

Maunz, Theodor / Dürig, Günter (Hrsg.), Grundgesetz-Kommentar, 92. EL 2020, München.

de Mauro, Andrea / Greco, Marco / Grimaldi, Michele, What is big data? - A consensual definition and a review of key research topics, AIP Conf. Proc. 2015, Heft 1644, 97.

Mayer-Schönberger, Viktor, Was uns Mensch sein lässt - Anmerkungen zum Recht auf Vergessen, DANA 2012, 9.

Mayer-Schönberger, Viktor, Zur Beschleunigung menschlicher Erkenntnis, in: bpb, Big Data, 2015, 14.

Mayer-Schönberger, Viktor / Padova, Yann, Regime Change: Enabling Big Data through Europe's New Data Protection Regulation, Colum. Sci. & Tech. L. Rev. 2016, 315.

Menezes, Alfred J. / van Oorschot, Paul C. / Vanstone, Scott Alexander, Handbook of applied cryptography, 1996, Boca Raton.

Menzel, Hans-Joachim, Datenschutzrechtliche Einwilligungen - Plädoyer für eine Rückkehr zur Selbstbestimmung, DuD 2008, 400.

Meschkat, Norbert / Nauert, Ralf (Hrsg.), Betrug in der Kraftfahrzeugversicherung, 2008, München.

Meyer, Ernst / Jacobi, Ernst, Typische Unfallursachen im deutschen Straßenverkehr - Band III - Ihre Bekämpfung als Aufgabe für Gesetzgebung, Polizei und Justiz, 1966, Frankfurt/M., Hamburg, Köln.

Meyer, Jürgen / Hölscheidt, Sven (Hrsg.), Charta der Grundrechte der Europäischen Union, 5. Aufl. 2019, Baden-Baden.

Michaelis, Patrick, Der „Stand der Technik" im Kontext regulatorischer Anforderungen, DuD 2016, 458.

Michl, Walther, Das Verhältnis zwischen Art. 7 und Art. 8 GRCh - Zur Bestimmung der Grundlage des Datenschutzgrundrechts im EU-Recht, DuD 2017, 349.

Miebach, Klaus / Joecks, Wolfgang (Hrsg.), Münchener Kommentar zum Strafgesetzbuch - Band 3, 3. Aufl. 2017, München.

Möller, Jan / Florax, Björn-Christoph, Kreditwirtschaftliche Scoring-Verfahren - Verbot automatisierter Einzelentscheidungen gem. § 6a BDSG, MMR 2002, 806.

Monreal, Manfred, Weiterverarbeitung nach einer Zweckänderung in der DS-GVO, ZD 2016, 507.

Moore, Gordon Earle, Cramming more components onto integrated circuits, Electronics 1965, 114.

Moos, Flemming / Schefzig, Jens / Arning, Marian (Hrsg.), Die neue Datenschutz-Grundverordnung - Mit Bundesdatenschutzgesetz 2018, 2018, Berlin.

Müller-Prothmann, Tobias, Netzwerkanalyse in der Innovations- und Wissensmanagementpraxis, in: Stegbauer/Häußling, Handbuch Netzwerkforschung, 2010, 835.

Mutschke, Peter, Zentralitäts- und Prestigemaße, in: Stegbauer/Häußling, Handbuch Netzwerkforschung, 2010, 365.

Narayanan, Arvind / Shmatikov, Vitaly, Robust De-anonymization of Large Datasets - How To Break Anonymity of the Netflix Prize Dataset, 2008 (verfügbar unter: http://arxiv.org/pdf/cs/0610105v2).

Naumann, Kolja, Art. 52 Abs. 3 GrCh zwischen Kohärenz des europäischen Grundrechtsschutzes und Autonomie des Unionsrechts, EuR 2008, 424.

Nell, Martin, Risikotheoretische Überlegungen, in: Hamburger Gesellschaft zur Förderung des Versicherungswesens, Pflichtversicherung - Segnung oder Sündenfall, 2005, 85.

Nettesheim, Martin, Normenhierarchien im EU-Recht, EuR 2006, 737.

Neumann, Alexander, Die Haftung bei Verkehrsunfällen - Eine Einführung, JA 2016, 167.

Newman, Mark, The Structure and Function of Complex Networks, SIAM Review 2003, 167.

Nguyen, Tristan / Romeike, Frank, Versicherungswirtschaftslehre - Grundlagen für Studium und Praxis, 2013, Wiesbaden.

Niehoff, Maurice / Straker, Christian, Die Regulierung der Mensch-Maschine-Schnittstelle algorithmischer Entscheidungssysteme, DSRITB 2019, 451.

Nordrhein-Westfälische Akademie der Wissenschaften (Hrsg.), Vorträge: Geisteswissenschaften, Band: 367, 2000, Wiesbaden.

Office of the Australian Information Commissioner (OAIC), Automated Assistance in Administrative Decision-Making - Better Practice Guide, 2007 (verfügbar unter: https://www.ombudsman.gov.au/__data/assets/pdf_file/0030/109596/OMB1188-Automated-Decision-Making-Report_Final-A1898885.pdf (nur noch gekürzte Version aus 2019)).

Office of the Australian Information Commissioner (OAIC), Privacy management framework - Enabling compliance and encouraging good practice, 2015 (verfügbar unter: https://web.archive.org.au/awa/20190509075508mp_/https://www.oaic.gov.au/resources/agen cies-and-organisations/guides/privacy-management-framework.pdf).

Office of the Australian Information Commissioner (OAIC), Guide to data analytics and the Australian Privacy Principles, 2018 (verfügbar unter: https://web.archive.org.au/awa/20190509081200mp_/https://www.oaic.gov.au/resources/agen cies-and-organisations/guides/guide-to-data-analytics-and-the-australian-privacy-principles.pdf).

Office of the Australian Information Commissioner (OAIC), Australian Privacy Principles Guidelines, 2019 (verfügbar unter: https://www.oaic.gov.au/assets/privacy/app-guidelines/app-guidelines-july-2019.pdf).

Office of the Privacy Commissioner of Canada (OPC), Getting Accountability Right with a Privacy Management Program, 2012 (verfügbar unter: https://www.priv.gc.ca/media/2102/gl_acc_201204_e.pdf).

Ohlenburg, Anna, Die neue EU-Datenschutzrichtlinie 2002/58/EG - Auswirkungen und Neuerungen für elektronische Kommunikation, MMR 2003, 82.

Ohly, Ansgar, Volenti non fit iniuria - Die Einwilligung im Privatrecht, 2002, Tübingen.

Ohm, Paul, Broken Promises of Privacy - Responding to the surprising Failure of Anonymization, UCLA L. Rev. 2010, 1701.

Ohrtmann, Jan-Peter / Schwiering, Sebastian, Big Data und Datenschutz - Rechtliche Herausforderungen und Lösungsansätze, NJW 2014, 2984.

Organisation für wirtschaftliche Entwicklung und Zusammenarbeit (OECD), Exploring the Economics of Personal Data - A Survey of Methodologies for Measuring Monetary Value, 2013 (verfügbar unter: https://www.oecd-ilibrary.org/docserver/5k486qtxldmq-en.pdf?expires=1616924946&id=id&accname=guest&checksum=2386BCE20278B7BE8FB B0774668671DD).

Ossenbühl, Fritz, Die Not des Gesetzgebers im naturwissenschaftlich-technischen Zeitalter, in: Nordrhein-Westfälische Akademie der Wissenschaften, Vorträge: Geisteswissenschaften, Band: 367, 2000, 7.

Paal, Boris / Hennemann, Moritz, Big Data im Recht - Wettbewerbs- und daten(schutz)rechtliche Herausforderungen, NJW 2017, 1697.

Paal, Boris / Pauly, Daniel (Hrsg.), Datenschutz-Grundverordnung Bundesdatenschutzgesetz - Kommentar, 3. Aufl. 2021, München.

Palandt, Otto (Hrsg.), Bürgerliches Gesetzbuch: BGB, 80. Aufl. 2021, München.

Pape, Jonas, Zur Wirksamkeit von Corporate Compliance, CCZ 2009, 233.

Papier, Hans-Jürgen, Verfassungsrechtliche Grundlegung des Datenschutzes, in: Schmidt/Weichert, Datenschutz, 2012, 67.

Parasuraman, Raja / Sheridan, Thomas / Wickens, Christopher, A model for types and levels of human interaction with automation, IEEE Transactions on Systems, Man, and Cybernetics - Part A: Systems and Humans 2000, 286.

Plath, Kai-Uwe (Hrsg.), BDSG/DSGVO - Kommentar zum BDSG und zur DSGVO sowie den Datenschutzbestimmungen des TMG und TKG, 3. Aufl. 2018, Köln.

Podszun, Rupprecht / Toma, Michael de, Die Durchsetzung des Datenschutzes durch Verbraucherrecht, Lauterkeitsrecht und Kartellrecht, NJW 2016, 2987.

Pollmann, Maren, Das Marktortprinzip in der DS-GVO, DuD 2018, 383.

Pollmann, Maren / Kipker, Dennis-Kenji, Informierte Einwilligung in der Online-Welt, DuD 2016, 378.

Polonetsky, Jules / Tene, Omer, Privacy and Big Data: Making Ends Meet, Stan. L. Rev. 2013, 25.

Pombriant, Denis, Data, Information and Knowledge - Transformation of data is key, CRi 2013, 97.

Press, Gil, A Very Short History Of Big Data (verfügbar unter: https://www.forbes.com/sites/gilpress/2013/05/09/a-very-short-history-of-big-data/#7f3fcabd65a1).

Prietz, Christian, Musterprozesse zum Datenschutzmanagement, DuD 2012 - Eine Beschreibung von Musterprozessen zum inner-organisationellen Datenschutzmanagement, DuD 2012, 14.

Privacy Commissioner for Personal Data, Hong Kong (PCPD), Privacy Management Programme, 2018 (verfügbar unter: https://www.pcpd.org.hk/pmp/files/pmp_guide2018.pdf).

Prölss, Erich Robert / Martin, Anton (Hrsg.), Versicherungsvertragsgesetz - Mit Nebengesetzen, Vermittlerrecht und allgemeinen Vertragsbedingungen, 31. Aufl. 2020, München.

Puppe, Frank, Einführung in Expertensysteme, 2. Aufl. 1991, Berlin.

Raabe, Oliver / Wagner, Manuela, Verantwortlicher Einsatz von Big Data - Ein Zwischenfazit zur Entwicklung von Leitplanken für die digitale Gesellschaft, DuD 2016, 434.

Radlanski, Philip, Das Konzept der Einwilligung in der datenschutzrechtlichen Realität, 2016, Tübingen.

Räther, Philipp, Die Anwendung der neuen EU-Datenschutz-Grundverordnung im Unternehmen, ZHR 2019, 94.

Reding, Viviane, Sieben Grundbausteine der europäischen Datenschutzreform, ZD 2012, 195.

Reinhardt, Jörn, Konturen des europäischen Datenschutzgrundrechts - Zu Gehalt und horizontaler Wirkung von Art. 8 GRCh, AöR 2017, 528.

Richter, Philipp, Datenschutz zwecklos - Das Prinzip der Zweckbindung im Ratsentwurf der DSGVO, DuD 2015, 735.

Richter, Philipp, Big Data, Statistik und die Datenschutz-Grundverordnung, DuD 2016, 581.

Richter, Philipp, Instrumente zwischen rechtlicher Steuerung und technischer Entwicklung, DuD 2016, 89.

Ricke, Andreas / Kamp, Markus, Stichwort: Informationsasymmetrie, BKR 2003, 527.

von Rintelen, Claus, Die Fälligkeit und Durchsetzbarkeit des abgetretenen Freistellungsanspruchs in der Haftpflichtversicherung, r + s 2010, 133.

Risse, Jörg, Mathematik, Statistik und die Juristerei, NJW 2020, 2383.

Ritter, Franziska / Reibach, Boris / Lee, Morris, Lösungsvorschlag für eine praxisgerechte Risikobeurteilung von Verarbeitungen - Ansatz zur Bestimmung von Eintrittswahrscheinlichkeit und Schadensausmaß bei der Bewertung datenschutzrechtlicher Risiken, ZD 2019, 531.

Robrahn, Rasmus / Bremert, Benjamin, Interessenskonflikte im Datenschutzrecht - Rechtfertigung der Verarbeitung personenbezogener Daten über eine Abwägung nach Art. 6 Abs. 1 lit. f DS-GVO, ZD 2018, 291.

Robrecht, Bettina, EU-Datenschutzgrundverordnung: Transparenzgewinn oder Information-Overkill, 2015, Edewecht.

Rogosch, Patricia Maria, Die Einwilligung im Datenschutzrecht, 2013, Baden-Baden.

Rohn, Jürgen, "Unfallservice" der kriminellen Art (verfügbar unter: https://www.bo.de/lokales/ortenau/unfallservice-der-kriminellen-art).

Roßnagel, Alexander, Rechtswissenschaftliche Technikfolgenforschung - Umrisse einer Forschungsdisziplin, 1993, Baden-Baden.

Roßnagel, Alexander (Hrsg.), Handbuch Datenschutzrecht - Die neuen Grundlagen für Wirtschaft und Verwaltung, 2003, München.

Roßnagel, Alexander, Datenschutz in einem informatisierten Alltag - Gutachten im Auftrag der Friedrich-Ebert-Stiftung, 2007.

Roßnagel, Alexander, Big Data – Small Privacy? - Konzeptionelle Herausforderungen für das Datenschutzrecht, ZD 2013, 562.

Roßnagel, Alexander, Fahrzeugdaten - wer darf über sie entscheiden?, SVR 2014, 281.

Roßnagel, Alexander (Hrsg.), Europäische Datenschutz-Grundverordnung - Vorrang des Unionsrechts - Anwendbarkeit des nationalen Rechts, 2017, Baden-Baden.

Roßnagel, Alexander, Datenschutzgrundsätze - unverbindliches Programm oder verbindliches Recht? - Bedeutung der Grundsätze für die datenschutzrechtliche Praxis, ZD 2018, 339.

Roßnagel, Alexander, Pseudonymisierung personenbezogener Daten - Ein zentrales Instrument im Datenschutz nach der DS-GVO, ZD 2018, 243.

Roßnagel, Alexander, Datenschutz in der Forschung - Die neuen Datenschutzregelungen in der Forschungspraxis von Hochschulen, ZD 2019, 157.

Roßnagel, Alexander, Kein "Verbotsprinzip" und kein "Verbot mit Erlaubnisvorbehalt" im Datenschutzrecht - Zur Dogmatik der Datenverarbeitung als Grundrechtseingriff, NJW 2019, 1.

Roßnagel, Alexander, Technik, Recht und Macht - Aufgabe des Freiheitsschutzes in Rechtssetzung und -anwendung im Technikrecht, MMR 2020, 222.

Roßnagel, Alexander / Friedewald, Michael / Hansen, Marit (Hrsg.), Die Fortentwicklung des Datenschutzes - Zwischen Systemgestaltung und Selbstregulierung, 2018, Wiesbaden.

Roßnagel, Alexander / Geminn, Christian / Jandt, Silke / Richter, Philipp, Datenschutzrecht 2016 - Smart genug für die Zukunft? - Ubiquitous Computing und Big Data als Herausforderungen des Datenschutzrechts, 2016, Kassel.

Roßnagel, Alexander / Kroschwald, Steffen, Was wird aus der Datenschutzgrundverordnung?, ZD 2014, 495.

Roßnagel, Alexander / Nebel, Maxi, (Verlorene) Selbstbestimmung im Datenmeer - Privatheit im Zeitalter von Big Data, DuD 2015, 455.

Roßnagel, Alexander /Pfitzmann, Andreas /Garstka, Hansjürgen, Modernisierung des Datenschutzrechts - Gutachten im Auftrag des Bundesministeriums des Innern, 2001.

Roßnagel, Alexander / Scholz, Philip, Datenschutz durch Anonymität und Pseudonymität - Rechtsfolgen der Verwendung anonymer und pseudonymer Daten, MMR 2000, 721.

Rost, Martin, Zur gesellschaftlichen Funktion von Anonymität - Anonymität im soziologischen Kontext, DuD 2003, 155.

Rost, Martin, Was meint eigentlich „Datenschutz"?, DL 2014, 72.

Roth, Wulf-Henning, Verfassungsrecht, Wettbewerbsrecht, Europarecht, in: Hamburger Gesellschaft zur Förderung des Versicherungswesens, Pflichtversicherung - Segnung oder Sündenfall, 2005, 141.

Röthel, Anne, Gefährdungshaftung, Jura 2012, 444.

Rubinstein, Ira S., Big Data: The End of Privacy or a New Beginning?, IDPL 2013, 74.

Rüffer, Wilfried / Halbach, Dirk / Schimikowski, Peter (Hrsg.), Versicherungsvertragsgesetz - VVG, EGVVG, VVG-InfoV, AltZertG, PflVG, KfzPflVV, Allgemeine Versicherungsbedingungen, 4. Aufl. 2019, Baden-Baden.

Rüpke, Giselher / von Lewinski, Kai / Eckhardt, Jens (Hrsg.), Datenschutzrecht - Grundlagen und europarechtliche Neugestaltung, 2018, München.

Rüthers, Bernd / Fischer, Christian / Birk, Axel, Rechtstheorie - Mit Juristischer Methodenlehre, 10. Aufl. 2018, München.

Säcker, Franz Jürgen / Rixecker, Roland / Oetker, Hartmut / Limperg, Bettina (Hrsg.), Münchener Kommentar zum Bürgerlichen Gesetzbuch - Band 1 - Allgemeiner Teil, §§ 1 - 240, ProstG, AGG, 8. Aufl. 2018, München.

Säcker, Franz Jürgen / Rixecker, Roland / Oetker, Hartmut / Limperg, Bettina (Hrsg.), Münchener Kommentar zum Bürgerlichen Gesetzbuch - Band 3 - Schuldrecht - Allgemeiner Teil, 8. Aufl. 2019, München.

Saeltzer, Gerhard, Sind diese Daten personenbezogen oder nicht - Wie der Personenbezug von Daten, auch biometrischer, sich prüfen lässt..., DuD 2004, 218.

Salvenmoser, Steffen / Hauschka, Christoph E., Korruption, Datenschutz und Compliance, NJW 2010, 331.

Saretzki, Thomas, Entstehung und Status der Technikfolgenabschätzung, in: bpb, Technik, Folgen, Abschätzung, 2014, 11.

Sarunski, Maik, Big Data - Ende der Anonymität, DuD 2016, 424.

Save, Luca / Feuerberg, Beatrice, Designing Human-Automation Interaction: a new level of Automation Taxonomy, in: de Waard/Brookhuis/Dehais/Weikert/Röttger/Manzey/Biede/Reuzeau/Terrier, Human Factors: a view from an integrative perspective, 2012, 43.

Schantz, Peter, Die Datenschutz-Grundverordnung - Beginn einer neuen Zeitrechnung im Datenschutzrecht, NJW 2016, 1841.

Schantz, Peter / Wolff, Heinrich Amadeus (Hrsg.), Das neue Datenschutzrecht - Datenschutz-Grundverordnung und Bundesdatenschutzgesetz in der Praxis, 2017, München.

Schefzig, Jens, Big Data = Personal Data - Der Personenbezug von Daten bei Big Data-Analysen, K&R 2014, 772.

Schepers, Vanessa, Der Umgang mit einem Auskunftsersuchen nach der DSGVO, DStR 2019, 1109.

Schermer, Bart Willem, The limits of privacy in automated profiling and data mining, CLSR 2011, 45.

Schiedermair, Stephanie, Der Schutz des Privaten als internationales Grundrecht, 2012, Tübingen.

Schimikowski, Peter, Versicherungsvertragsrecht, 6. Aufl. 2017, München.

Schleifenbaum, Christian, Datenschutz oder Tatenschutz in der Versicherungswirtschaft - Die datenschutzrechtliche Zulässigkeit von Datenübermittlungen zwischen privaten Versicherungsgebern zur Bekämpfung des Versicherungsbetrugs, 2009, Berlin.

Schleipfer, Stefan, Pseudonymität in verschiedenen Ausprägungen - Wie gut ist die Unterstützung der DS-GVO?, ZD 2020, 284.

Schmidt, Jan-Hinrik / Weichert, Thilo (Hrsg.), Datenschutz - Grundlagen, Entwicklungen und Kontroversen, 2012, Bonn.

Schmitz, Barbara / von Dall'Armi, Jonas, Datenschutz-Folgenabschätzung – verstehen und anwenden - Wichtiges Instrument zur Umsetzung von Privacy by Design, ZD 2017, 57.

Schmitz, Peter, E-Privacy-VO - unzureichende Regeln für klassische Dienste, ZRP 2017, 172.

Schnabel, Christoph, Das Recht der informationellen Selbstbestimmung für Unternehmen, WM 2019, 1384.

Schneider, Hans, Verfassungsrechtliche Beurteilung des Volkszählungsgesetzes 1983, DÖV 1984, 161.

Schneider, Jana / Schindler, Stephan, Videoüberwachung als Verarbeitung besonderer Kategorien personenbezogener Daten - Datenschutzrechtliche Anforderungen beim Erheben von Videodaten, ZD 2018, 463.

Schneider, Jochen, Schließt Art. 9 DS-GVO die Zulässigkeit der Verarbeitung bei Big Data aus? - Überlegeungen, wie weit die Untersagung bei besonderen Datenkategorien reicht, ZD 2017, 303.

Schreiber, Kristina, Gemeinsame Verantwortlichkeit gegenüber Betroffenen und Aufsichtsbehörden - Anwendungsbereiche, Vertragsgestaltung und Folgen nicht gleichwertiger Verantwortung, ZD 2019, 55.

Schulte, Willem / Welge, Jonas, Der datenschutzrechtliche Kopieanspruch im Arbeitsrecht, NZA 2019, 1110.

Schulze, Reiner / Janssen, André / Kadelbach, Stefan (Hrsg.), Europarecht - Handbuch für die deutsche Rechtspraxis, 4. Aufl. 2020, Baden-Baden.

Schulz-Merkel, Philipp / Meier, Dominik, Grundfälle zur Haftung bei Verkehrsunfällen, JuS 2015, 201.

Schwartmann, Rolf / Weiß, Steffen, Leitlinien für die rechtssichere Nutzung von Pseudonymisierungslösungen unter Berücksichtigung der Datenschutz-Grundverordnung - Whitepaper zur Pseudonymisierung der Fokusgruppe Datenschutz der Plattform Sicherheit, Schutz und Vertrauen für Gesellschaft und Wirtschaft im Rahmen des Digital-Gipfels 2017, 2017 (verfügbar unter: https://www.gdd.de/downloads/whitepaper-zur-pseudonymisierung).

Schwartmann, Rolf / Weiß, Steffen, Anforderungen an den datenschutzkonformen Einsatz von Pseudonymisierungslösungen - Ein Arbeitspapier der Fokusgruppe Datenschutz der Plattform Sicherheit, Schutz und Vertrauen für Gesellschaft und Wirtschaft im Rahmen des Digital-Gipfels 2018, 2018 (verfügbar unter: https://www.gdd.de/downloads/anforderungen-an-datenschutzkonforme-pseudonymisierung).

Schwarze, Jürgen / Becker, Ulrich / Hatje, Armin / Schoo, Johann (Hrsg.), EU-Kommentar, 4. Aufl. 2019, Baden-Baden.

Schwichtenberg, Simon, Die "kleine Schwester" der DSGVO: Die Richtline zur Datenverarbeitung bei Polizei und Justiz, DuD 2016, 605.

Sheridan, Thomas / Verplank, William, Human and Computer Control of Undersea Teleoperators, 1978 (verfügbar unter: https://apps.dtic.mil/dtic/tr/fulltext/u2/a057655.pdf).

Siegel, Thomas, Beweisanzeichen für einen gestellten Verkehrsunfall, SVR 2017, 281.

Simitis, Spiros, Die informationelle Selbstbestimmung - Grundbedingung einer verfassungskonformen Informationsordnung, NJW 1984, 398.

Simitis, Spiros, Die EU-Datenschutzrichtlinie - Stillstand oder Anreiz?, NJW 1997, 281.

Simitis, Spiros (Hrsg.), Bundesdatenschutzgesetz - Kommentar, 8. Aufl. 2014, Baden-Baden.

Simitis, Spiros / Hornung, Gerrit / Spiecker gen. Döhmann, Indra (Hrsg.), Datenschutzrecht - DSGVO mit BDSG, 2019, Baden-Baden.

Simon, Herbert, Spurious Correlation - A Causal Interpretation, JASA 1954, 467.

Sivarajah, Uthayasankar / Kamal, Muhammad Mustafa / Irani, Zahir / Weerakkody, Vishanth, Critical analysis of Big Data challenges and analytical methods, JBR 2017, Heft 70, 263.

Skistims, Hendrik / Voigtmann, Christian / David, Klaus / Roßnagel, Alexander, Datenschutzgerechte Gestaltung von kontextvorhersagenden Algorithmen, DuD 2012, 31.

Skouris, Vassilios, Leitlinien der Rechtsprechung des EuGH zum Datenschutz, NVwZ 2016, 1359.

van der Sloot, Bart / Broeders, Dennis / Schrijvers, Erik (Hrsg.), Exploring the Boundaries of Big Data, 2016, Amsterdam.

Specht, Louisa / Mantz, Reto (Hrsg.), Handbuch europäisches und deutsches Datenschutzrecht - Bereichsspezifischer Datenschutz in Privatwirtschaft und öffentlichem Sektor, 2019, München.

Spiecker gen. Döhmann, Indra, Wissensverarbeitung im Öffentlichen Recht, RW 2010, 247.

Spiecker gen. Döhmann, Indra / Bretthauer, Sebastian, Dokumentation zum Datenschutz mit Informationsfreiheitsrecht, 77. Aufl. 2020.

SPIEGEL Online, Großfamilie soll mehr als 70 Unfälle vorgetäuscht haben (verfügbar unter: http://www.spiegel.de/panorama/justiz/grossfamilie-soll-mehr-als-70-unfaelle-vorgetaeuscht-haben-15-festnahmen-a-880629.html).

Statista, Größte Kfz-Haftpflichtversicherer in Deutschland nach der Anzahl ihrer Verträge im Jahr 2019 (verfügbar unter: https://de.statista.com/statistik/daten/studie/462472/umfrage/kfz-haftpflichtversicherer-in-deutschland-nach-anzahl-der-vertraege/).

Statista, Meinung zu den wichtigsten Kfz-Versicherungsleistungen im Schadensfall (verfügbar unter: https://de.statista.com/statistik/daten/studie/173183/umfrage/meinung-zu-den-wichtigsten-kfz-versicherungsleistungen-im-schadensfall/).

Statista, Erwartungen von Autofahrern an Schadenservice ihrer Kfz-Versicherung (verfügbar unter: https://de.statista.com/statistik/daten/studie/226509/umfrage/erwartungen-von-autofahrern-an-schadenservice-ihrer-kfz-versicherung/).

Statista, Welches wären für Sie Gründe Ihre KFZ-Versicherung zu wechseln? (verfügbar unter: https://de.statista.com/statistik/daten/studie/629168/umfrage/umfrage-zu-gruenden-fuer-den-wechsel-der-kfz-versicherung-in-deutschland/).

Statistisches Bundesamt (DESTATIS), Fahrzeugbestand (verfügbar unter: https://www.destatis.de/DE/Themen/Branchen-Unternehmen/Transport-Verkehr/Unternehmen-Infrastruktur-Fahrzeugbestand/Tabellen/fahrzeugbestand.html).

Statistisches Bundesamt (DESTATIS), Polizeilich erfasste Unfälle (verfügbar unter: https://www.destatis.de/DE/Themen/Gesellschaft-Umwelt/Verkehrsunfaelle/Tabellen/unfaelle-verungllueckte-.html).

Statistisches Bundesamt (DESTATIS), Unfallursachen - Fehlverhalten der Fahrzeugführer bei Unfällen mit Personenschaden (verfügbar unter: https://www.destatis.de/DE/Themen/Gesellschaft-Umwelt/Verkehrsunfaelle/Tabellen/fehlverhalten-fahrzeugfuehrer.html).

Stegbauer, Christian/ Häußling, Roger (Hrsg.), Handbuch Netzwerkforschung, 2010, Wiesbaden.

Steinebach, Martin / Jung, Christian / Krempel, Erik / Hoffmann, Mario, Datenschutz und Datenanalyse - Herausforderungen und Lösungsansätze, DuD 2016, 440.

Steinmüller, Wilhelm, Informationstechnologie und Gesellschaft - Einführung in die Angewandte Informatik, 1993, Darmstadt.

Steinmüller, Wilhelm /Lutterbeck, Bernd /Mallmann, Christoph /Harbort, Uwe /Kolb, Gerhard /Schneider, Jochen, Grundfragen des Datenschutzes - Gutachten im Auftrag des Bundesministeriums des Innern, 1971 (verfügbar unter: https://dipbt.bundestag.de/doc/btd/06/038/0603826.pdf).

Stern, Klaus / Sachs, Michael (Hrsg.), Europäische Grundrechte-Charta - Kommentar, 2016, München.

Stiefel, Ernst / Maier, Karl (Hrsg.), Kraftfahrtversicherung - Kommentar zu den AKB sowie zu weiteren Gesetzes- und Regelwerken in der Kraftfahrtversicherung, 19. Aufl. 2017, München.

Stiemerling, Oliver, Künstliche Intelligenz - Automatisierung geistiger Arbeit, Big Data und das Internet der Dinge, CR 2015, 762.

Streinz, Rudolf (Hrsg.), EUV/AEUV - Vertrag über die Europäische Union, Vertrag über die Arbeitsweise der Europäischen Union, Charta der Grundrechte der Europäischen Union, 3. Aufl. 2018, München.

Streinz, Rudolf / Michl, Walther, Die Drittwirkung des europäischen Datenschutzgrundrechts (Art. 8 GRCh) im deutschen Privatrecht, EuZW 2011, 384.

Stürner, Rolf (Hrsg.), Bürgerliches Gesetzbuch - Mit Rom-I-, Rom-II-, Rom-III-VO, EG-UntVO/HUntProt und EuErbVO : Kommentar, 18. Aufl. 2021, München.

Šubelj, Lovro / Furlan, Štefan / Bajec, Marko, An expert system for detecting automobile insurance fraud using social network analysis, Expert Systems with Applications 2011, 1039.

Sydow, Gernot (Hrsg.), Europäische Datenschutzgrundverordnung, 2. Aufl. 2018, Baden-Baden.

Sydow, Gernot (Hrsg.), Bundesdatenschutzgesetz - Handkommentar, 2020, Baden-Baden.

Sydow, Gernot / Kring, Markus, Die Datenschutzgrundverordnung zwischen Technikneutralität und Technikbezug - Konkurrierende Leitbilder für den europäischen Rechtsrahmen, ZD 2014, 271.

Taeger, Jürgen / Gabel, Detlev (Hrsg.), Kommentar zum BDSG und zu den Datenschutzvorschriften des TKG und TMG, 2. Aufl. 2013, Frankfurt am Main.

Taeger, Jürgen / Gabel, Detlev (Hrsg.), DSGVO - BDSG - Kommentar, 3. Aufl. 2019, Frankfurt am Main.

Taeger, Jürgen / Pohle, Jan (Hrsg.), Computerrechts-Handbuch - Computertechnologie in der Rechts- und Wirtschaftspraxis, 35. Aufl. 2020, München.

Täube, Volker G., Cliquen und andere Teilgruppen sozialer Netzwerke, in: Stegbauer/Häußling, Handbuch Netzwerkforschung, 2010, 397.

TechAmerica Foundation, Demystifying Big Data - A Practical Guide To Transforming The Business of Government, 2012 (verfügbar unter: https://bigdatawg.nist.gov/_uploadfiles/M0068_v1_3903747095.pdf).

Tenbieg, Jochen, Manipulierte Schadenfälle als Herausforderung für die Praxis, ZVersWiss 2010, 571.

Tene, Omer / Polonetsky, Jules, Big Data for All: Privacy and User Control in the Age of Analytics, Nw. J. Tech. & Intell. Prop 2013, 239.

The Data Warehousing Institute (TDWI), Big Data - Ein Überblick, 2016 (verfügbar unter: https://de.nttdata.com/files/2016-de-wp-big-data-ein-ueberblick.pdf).

The Geneva Association, Big Data and Insurance - Implications for Innovation, Competition and Privacy, 2018 (verfügbar unter: https://www.genevaassociation.org/sites/default/files/research-topics-document-type/pdf_public/big_data_and_insurance_-_implications_for_innovation_competition_and_privacy.pdf).

Thoma, Florian, Risiko im Datenschutz - Stellenwert eines systematischen Risikomanagements in BDSG und DS-GVO-E, ZD 2013, 578.

Thym, Daniel, Die Reichweite der EU-Grundrechte-Charta - Zu viel Grundrechtsschutz?, NVwZ 2013, 889.

Tiedemann, Klaus, Datenübermittlung als Straftatbestand, NJW 1981, 945.

Tinnefeld, Marie-Theres / Buchner, Benedikt / Petri, Thomas, Einführung in das Datenschutzrecht - Datenschutz und Informationsfreiheit in europäischer Sicht, 5. Aufl. 2012, München.

Tinnefeld, Marie-Theres / Conrad, Isabell, Die selbstbestimmte Einwilligung im europäischen Recht - Voraussetzungen und Probleme, ZD 2018, 391.

Trautwein, Frank / Kurpierz, Dennis, Datenschutz-Folgenabschätzung und die neu veröffentlichte ISO/IEC 29134:2017, PinG 2018, 26.

Tukey, John Wilder, Exploratory data analysis, 1977, Reading.

Uecker, Philip, Die Einwillung im Datenschutzrecht und ihre Alternativen - Mögliche Lösungen für Unternehmen und Vereine, ZD 2019, 248.

Ulmer, Claus-Dieter, BIG DATA - neue Geschäftsmodelle, neue Verantwortlichkeiten?, RDV 2013, 227.

Unabhängiges Landeszentrum für Datenschutz Schleswig-Holstein (ULD), Hinweis- und Informationssystem der Versicherungswirtschaft (verfügbar unter: https://www.datenschutzzentrum.de/artikel/726-Hinweis-und-Informationssystem-der-Versicherungswirtschaft.html).

Unabhängiges Landeszentrum für Datenschutz Schleswig-Holstein (ULD), Scoringsysteme zur Beurteilung der Kreditwürdigkeit - Chancen und Risiken für Verbraucher, 2005 (verfügbar unter: https://www.datenschutzzentrum.de/uploads/projekte/scoring/2005-studie-scoringsysteme-uld-bmvel.pdf).

Unabhängiges Landeszentrum für Datenschutz Schleswig-Holstein (ULD), TAUCIS - Technikfolgenabschätzung Ubiquitäres Computing und Informationelle Selbstbestimmung, 2006 (verfügbar unter: http://publica.fraunhofer.de/eprints/urn_nbn_de_0011-n-518903.pdf).

Unabhängiges Landeszentrum für Datenschutz Schleswig-Holstein (ULD), Verkettung digitaler Identitäten, 2007 (verfügbar unter: https://www.datenschutzzentrum.de/uploads/projekte/verkettung/2007-uld-tud-verkettung-digitaler-identitaeten-bmbf1.pdf).

Unabhängiges Landeszentrum für Datenschutz Schleswig-Holstein (ULD), 34. Tätigkeitsbericht 2013, 2013 (verfügbar unter: https://www.datenschutzzentrum.de/tb/tb34/uld-34-taetigkeitsbericht-2013.pdf).

United Nations Office on Drugs and Crime (UNODC), Criminal Intelligence - Manual for Analysts, 2011 (verfügbar unter: https://www.unodc.org/documents/organized-crime/Law-Enforcement/Criminal_Intelligence_for_Analysts.pdf).

Vedder, Christoph / Heintschel von Heinegg, Wolff (Hrsg.), Europäisches Unionsrecht - EUV, AEUV, GRCh, EAGV, 2. Aufl. 2018, Baden-Baden.

Veil, Winfried, DS-GVO: Risikobasierter Ansatz statt rigides Verbotsprinzip - Eine erste Bestandsaufnahme, ZD 2015, 347.

Veil, Winfried, Accountability – Wie weit reicht die Rechenschaftspflicht der DS-GVO? - Praktische Relevanz und Auslegung eines unbestimmten Begriffs, ZD 2018, 9.

Veil, Winfried, Die Datenschutz-Grundverordnung: des Kaisers neue Kleider - Der gefährliche Irrweg des alten wie des neuen Datenschutzrechts, NVwZ 2018, 686.

Veil, Winfried, Einwilligung oder berechtigtes Interesse? - Datenverarbeitung zwischen Skylla und Charybdis, NJW 2018, 3337.

Veith, Jürgen / Gräfe, Jürgen / Gebert, Yvonne (Hrsg.), Der Versicherungsprozess - Ansprüche und Verfahren, Praxishandbuch, 4. Aufl. 2020, Baden-Baden.

Viaene, Stijn / Ayuso, Mercedes / Guillen, Montserrat / van Gheel, Dirk / Dedene, Guido, Strategies for detecting fraudulent claims in the automobile insurance industry, EJOR 2007, 565.

Viaene, Stijn / Dedene, Guido, Insurance Fraud: Issues and Challenges, The Geneva Papers on Risk and Insurance 2004, 313.

Vivgen, Tyler, Per capita consumption of Mozzarella cheese correlates with Civil engineering doctorates awarded (verfügbar unter: https://www.tylervigen.com/spurious-correlations).

Voitel, Björn, Sind Hash-Werte personenbezogene Daten? - Auf Kollisionskurs mit der EU-DSGVO, DuD 2017, 686.

de Waard, Dick / Brookhuis, Karel / Dehais, Frédéric / Weikert, Clemens / Röttger, Stefan / Manzey, Dietrich / Biede, Sonja / Reuzeau, Florence / Terrier, Patrice (Hrsg.), Human Factors: a view from an integrative perspective - Proceedings HFES Europe Chapter Conference Toulouse 2012, 2012.

Wagner, Bernd, Disruption der Verantwortlichkeit - Private Nutzer als datenschutzrechtliche Verantwortliche im Internet of Things, ZD 2018, 307.

Wagner, Bernd, Transparenzpflichten nach der DS-GVO und dem BDSG, ZD-Aktuell 2018, 6150.

Wagner, Fred (Hrsg.), Gabler Versicherungslexikon, 2. Aufl. 2017, Wiesbaden.

Wagner, Lorin-Johannes, Der Datenschutz in der Europäischen Union, 2015, Wien.

Wagner, Manuela / Raabe, Oliver, 7 Irrtümer zum Datenschutz im Kontext von Smart Data, Datenbank-Spektrum 2016, 173.

Waldkirch, Conrad, Die Verarbeitung von Gesundheitsdaten durch Versicherer, VersR 2020, 1141.

Walter, Stefan, Die datenschutzrechtlichen Transparenzpflichten nach der Europäischen Datenschutz-Grundverordnung, DSRITB 2016, 367.

Weber, Heiko, Internationale Datenverarbeitung und systematisches Datenschutzmanagement mit der Datenschutz-Grundverordnung, DuD 2017, 282.

Weber, Michael, Die Aufklärung des Kfz-Versicherungsbetrugs - Grundlagen der Kompatibilitätsanalyse und Plausibilitätsprüfung, 1995, Münster.

Wehkamp, Nils, Weiterverarbeitung zu anderen Zwecken: Praktische Kompatibilitätsprüfung bei Zwischenspeicherung für zweckfremde Datenanalysen, DSRITB 2020, 215.

Weichert, Thilo, Der Datenschutzanspruch auf Negativauskunft, NVwZ 2007, 1004.

Weichert, Thilo, Big Data und Datenschutz - Chancen und Risiken einer neuen Form der Datenanalyse, ZD 2013, 251.

Weichert, Thilo, Big Data, Gesundheit und der Datenschutz, DuD 2014, 831.

Weichert, Thilo, "Sensitive Daten" revisited, DuD 2017, 538.

Weichert, Thilo, Die Forschungsprivilegierung in der DS-GVO - Gesetzlicher Änderungsbedarf bei der Verarbeitung personenbezogener Daten für Forschungszwecke, ZD 2020, 18.

Werkmeister, Christoph / Brandt, Elena, Datenschutzrechtliche Herausforderungen für Big Data, CR 2016, 233.

Wichtermann, Marco, Die Datenschutz-Folgenabschätzung in der DS-GVO - Die Folgenabschätzung als Nachfolger der Vorabkontrolle, DuD 2016, 797.

Wichtermann, Marco, Einführung eines Datenschutz-Management-Systems im Unternehmen - Pflicht oder Kür? - Kurzüberblick über die Erweiterungen durch die DS-GVO, ZD 2016, 421.

Wieczorek, Mirko, Der räumliche Anwendungsbereich der EU-Datenschutz-Grundverordnung, DuD 2013, 644.

Wikipedia, Autobumser (verfügbar unter: https://de.wikipedia.org/wiki/Autobumser).

Wille, Stefan, Einführung in die Straßenverkehrshaftung, JA 2008, 210.

Wirth, Christian / Paul, Frederik, Organisationspflichten nach § 64 a VAG - Beginnende Vereinheitlichung der Organisationspflichten in der Finanzwirtschaft, CCZ 2010, 95.

WirtschaftsWoche (WiWo), Big Data: 2,5 Trillionen Byte Daten jeden Tag, wächst vier Mal schneller als Weltwirtschaft (verfügbar unter: http://blog.wiwo.de/look-at-it/2015/04/22/big-data-25-trillionen-byte-daten-jeden-tag-wachst-vier-mal-schneller-als-weltwirtschaft/).

WNS DecisionPoint, Insurance Fraud Detection and Prevention in the Era of Big Data - Curbing Fraud by Application of Advanced Analytics across Policy Lifecycle, 2016 (verfügbar unter: https://www.wnsdecisionpoint.com/Portals/1/Documents/Reports/PDFFiles/5283/38/WNS%20DecisionPoint_Report_Fighting%20Insurance%20Fraud%20with%20Big%20Data%20Analytics.pdf).

Wójtowciz, Monika, Wirksame Anonymisierung im Kontext von Big Data, PinG 2013, 65.

Wolff, Heinrich Amadeus / Brink, Stefan (Hrsg.), Beck´scher Onlinekommentar Datenschutzrecht, 28. Edition 2017, München.

Wolff, Heinrich Amadeus / Brink, Stefan (Hrsg.), Beck´scher Onlinekommentar Datenschutzrecht, 34. Edition 2020, München.

Wolfsgruber, Axel, Es kann jeden treffen (verfügbar unter: https://www.focus.de/auto/neuheiten/kriminalitaet-es-kann-jeden-treffen_aid_190082.html).

Würthele, Volker, Datenqualitätsmetrik für Informationsprozesse, 2003.

Wybitul, Tim, Welche Folgen hat die EU-Datenschutz-Grundverordnung für Compliance?, CCZ 2016, 194.

Wybitul, Tim / Brams, Isabelle, Welche Reichweite hat das Recht auf Auskunft und auf eine Kopie nach Art. 15 I DS-GVO - Zugleich eine Analyse des Urteils des LAG Baden-Württemberg vom 20.12.2018, NZA 2019, 672.

Zachary, Wayne W., An Information Flow Model for Conflict and Fission in Small Groups, J. Anthropol. Res. 1977, 452.

Ziegenhorn, Gero / von Heckel, Katharina, Datenverarbeitung durch Private nach der europäischen Datenschutzreform - Auswirkungen der Datenschutz-Grundverordnung auf die materielle Rechtmäßigkeit der Verarbeitung personenbezogener Daten, NVwZ 2016, 1585.

Zieger, Christoph / Smirra, Nikolas, Fallstricke bei Big Data-Anwendungen - Rechtliche Gesichtspunkte bei der Analyse fremder Datenbestände, MMR 2013, 418.

Zikesch, Philipp / Sörup, Thorsten, Der Auskunftsanspruch nach Art. 15 DS-GVO - Reichtweite und Begrenzung, ZD 2019, 239.

Zilkens, Martin, Europäisches Datenschutzrecht - Ein Überblick, RDV 2007, 196.

Zuiderveen Borgesius, Frederik J., Singling out people without knowing their names - Behavioural targeting, pseudonymous data, and the new Data Protection Regulation, CLSR, 2016, 256.

Zurlutter, Henning, Datenschutzrechtliche Aspekte der Auskunfts- und Aufklärungsobliegenheit über Kfz-Daten in der Kfz-Haftpflichtversicherung - Am Beispiel von Unfalldatenspeichern und Telematik-Tarifen, 2016, Münster.

Printed in the United States
by Baker & Taylor Publisher Services